Die Terrorismusbekämpfung im Rahmen der Europäischen Sicherheits- und Verteidigungspolitik (ESVP)

Dresdner Schriften zu Recht und Politik der Vereinten Nationen
Dresden Papers on Law and Policy of the United Nations

Herausgegeben von/edited by
Sabine von Schorlemer

Zentrum für Internationale Studien/
School of International Studies,
Technische Universität Dresden/
University of Dresden

Band 8

PETER LANG
Frankfurt am Main · Berlin · Bern · Bruxelles · New York · Oxford · Wien

Martin Ramsperger

Die Terrorismusbekämpfung im Rahmen der Europäischen Sicherheits- und Verteidigungspolitik (ESVP)

PETER LANG
Internationaler Verlag der Wissenschaften

Bibliografische Information der Deutschen Nationalbibliothek
Die Deutsche Nationalbibliothek verzeichnet diese Publikation in der Deutschen Nationalbibliografie; detaillierte bibliografische Daten sind im Internet über http://dnb.d-nb.de abrufbar.

Zugl.: Dresden, Techn. Univ., Diss., 2009

D 88
ISSN 1862-443X
ISBN 978-3-631-59827-6

www.peterlang.de

Meinen Eltern

Vorwort

Die vorliegende Arbeit wurde im Sommersomester 2009 von der Juristischen Fakultät der Technischen Universität Dresden als Dissertation angenommen. Die Entwicklung in Gesetzgebung, Literatur und Rechtsprechung konnte bis August 2009 berücksichtigt werden.

Danken möchte ich zunächst meiner Doktormutter Frau Prof. Dr. iur. habil. Dr. rer. pol. habil. *Sabine von Schorlemer*. Sie hat diese Arbeit aufmerksam begleitet und durch ihre wertvolle Unterstützung wesentlich zu ihrem gelingen beigetragen. Überdies möchte ich ihr für die Aufnahme der Arbeit in die Schriftenreihe „Dresdner Schriften zu Recht und Politik der Vereinten Nationen" danken. Mein Dank gilt auch Herrn Prof. Dr. iur. *Carsten Nowak* für die schnelle Erstellung eines ebenso detaillierten wie konstruktiven Zweitgutachtens.

Mein größter Dank gilt schließlich meinen Eltern, die mich während meiner Ausbildung samt Promotion stets unterstützt und gefördert haben. Ihnen ist diese Arbeit gewidmet.

Düsseldorf, im August 2009 *Martin Ramsperger*

INHALTSÜBERSICHT

INHALTSVERZEICHNIS

ABKÜRZUNGSVERZEICHNIS

a. F.	alte Fassung
ABC	Atomar, Biologisch, Chemisch
ABl.	Amtsblatt
Abs.	Absatz
Abschn	Abschnitt
AEUV	Vertrag über die Arbeitsweise der Union
AFSOUTH	Allied Forces South Europe
AIDS	Acquired Immune Deficiency Syndrome oder Acquired Immunodeficiency Syndrome
Allg.	Allgemeiner
AMIS	African Union Mission in Sudan (Unterstützungsmission der Afrikanischen Union im Sudan)
AMM	Aceh Monitoring Mission (Aceh-Beobachtermission)
Anm.	Anmerkung
ARGUS	Sicheres allgemeines Schnellwarnsystem
Art.	Artikel
ASEAN	Association of South-East Asian Nations
ASEM	Asia-Europe-Meeting (Asien-Europa-Treffen)
AU	African Union (Afrikanische Union)

Aug.	August
AWACS	Airborne Warning and Control System
biolog.	biologisch
bspw.	beispielsweise
Bull.BReg.	Bulletin des Presse- und Informationsdienstes der Bundesregierung
BVerfGE	Bundesverfassungsgerichtsentscheidung
bzgl.	bezüglich
bzw.	beziehungsweise
C·A·P	Centrum für angewandte Politikforschung
C3	Bereich Führung und Information
CBRN	Chemical, Biological, Radiological, Nuclear
CDM	Capability Development Mechanism (Mechanismus zur Entwicklung der Fähigkeiten)
CESDP	Common European Security and Defence Policy
chem.	chemisch
CMCO	Civil Military Co-ordination (zivil-militärische Koordinierung im Krisenmanagement)
CME/CMX	Crisis Management Exercise (Krisenmanagement-Übung)
CONV	Dokument des Konvents
COTER	Counter Terrorism Group (GASP-Arbeitsgruppe „Terrorismus“)

CSIS	Center for Strategic & International Studies
DGVN	Deutsche Gesellschaft für die Vereinten Nationen
DPKO	Department for Peace Keeping Operations
DR Kongo	Demokratische Republik Kongo
DRK	Demokratische Republik Kongo
E.L. Rev.	European Law Review
EAG	Europäische Atomgemeinschaft
EC	European Community
ECAP	European Capabilities Action Plan (Europäischer Aktionsplan zu den Fähigkeiten)
EEA	Einheitliche Europäische Akte
EG	Europäische Gemeinschaft
EGF	European Gendarmerie Force (Europäischen Gendarmerietruppe)
EGV	Vertrag zur Gründung der Europäischen Gemeinschaft
Einl.	Einleitung
EJIL	European Journal of International Law
EL	Ergänzungslieferung
ELINT	Electronic Intelligence
EP	Europäische Parlament
EPCIP	European Programme for Critical Infrastructure Protection (Europäisches Programm für den Schutz kritischer Infrastrukturen)

ER	Europäischer Rat
ERRF	European Rapid Reaction Force
ESDP	European Security and Defence Policy
ESS	Europäische Sicherheitsstrategie
ESVP	Europäische Sicherheits- und Verteidigungspolitik
ESVU	Europäische Sicherheits- und Verteidigungsunion
ETA	Euskadi Ta Askatasuna (Baskenland und dessen Freiheit – baskische Terrororganisation)
EU	Europäische Union oder European Union
EU BAM	European Border Assistance Mission (Mission der Europäischen Union zur Unterstützung des Grenzschutzes)
EUFOR	European Union Force
EuGH	Europäischer Gerichtshof
EUJUST	EU Rule of Law Mission (Rechtsstaatlichkeitsmission der Europäischen Union)
EUMM	EU Monitoring Mission
EUPAT	EU Police Advisory Team (Gruppe von Polizeiberatern der Europäischen Union
EUPM	European Union Police Mission (Polizeimission der Europäischen Union)
EUPOL	European Union Police Mission (Polizeimission der Europäischen Union)

EUPOL COPPS	EU Coordinating Office for Palestinian Police Support (Koordinationsbüro der EU für die Unterstützung der palästinensischen Polizei)
EuR	Europarecht
EURODAC	Europäisches System zur Registrierung von Fingerabdrücken von Asylbewerbern und illegalen Einwanderern
Europ.	Europäische
Europol	Europäisches Polizeiamt
EUSA Review Essay	European Union Studies Association Review Essay
EUSEC	EU advisory and assistance mission for security reform
EUV	Vertrag über die Europäische Union
EuZW	Europäische Zeitschrift für Wirtschaftsrecht
F&T-Strategie	Forschungs- und Technologieaktivitäten-Strategie
f./ff.	folgende Seite(n)
FAZ	Frankfurter Allgemeine Zeitung
Fn.	Fußnote
FR	Frankfurter Rundschau
franz.	französische
GAM	Gerakan Aceh Merdeka (Bewegung freies Aceh)
GASP	Gemeinsame Außen- und Sicherheitspolitik
gem.	gemäß

GESVP	Gemeinsame Europäische Sicherheits- und Verteidigungspolitik
GG	Grundgesetz
GSVP	Gemeinsame Sicherheits- und Verteidigungspolitik
HIV	Humane Immundefizienz-Virus
Hj.	Halbjahr
Hrsg.	Herausgeber
i. d. R.	in der Regel
i. S. d.	im Sinne des
ICAO	International Civil Aviation Organization
ICJ	International Court of Justice (Internationaler Gerichtshof)
ICJ Rep.	International Court of Justice, Reports of Judgments, Advisory Opinions and Orders
IGH	Internationaler Gerichtshof
IISS	International Institute für Strategic Studies
ILM	International Legal Materials
insb.	insbesondere
int	Integration, Vierteljahreszeitschrift des Instituts für Europäische Politik
Int.	international
ISS	Institut für Sicherheitsstudien

JCMS	Journal of Common Market Studies
Jur. Diss.	Juristische Dissertation
JZ	Juristenzeitung
Kap.	Kapitel
KOM	Dokument der Europäischen Kommission
LoI	Letter of Intent (LoI-Absichtserklärung)
MERCOSUR	Mercado Común del Sur
MONUC	Mission de l'Organisation des Nations Unies en République Démocratique du Congo (Mission der Vereinten Nationen in der Demokratischen Republik Kongo)
NATO	North Atlantic Treaty Organization (Nordatlantikpakt)
NATO-SACEUR	Deputy Supreme Allied Commander Europe (stellvertretende militärische Oberbefehlshaber der NATO)
NAVFOR	Naval Forces (Seestreitkräfte)
NGO	Non-Governmental Organization
NJW	Neue Juristische Wochenschrift
No.	Number (Nummer)
Nr.	Nummer
NRF	NATO Response Force
NSS	National Security Strategy (Nationale Sicherheitsstrategie der USA)
nukl.	nuklearen

NZWehrR	Neue Zeitschrift für Wehrrecht
NZZ	Neue Züricher Zeitung
OCCAR	Organisation Conjointe de Coopération en matiére d`Armement (Organisationen wie die für die Rüstungszusammenarbeit)
OSZE	Organisation für Sicherheit und Zusammenarbeit in Europa
PJZS	Polizeiliche und Justitielle Zusammenarbeit in Strafsachen
PSK	Politische und Sicherheitspolitische Komitee
radiolog.	radiologisch
Ratsdok.	Ratsdokument
RC 05	Requirement Catalogue 05
Rn.	Randnummer
S.	Seite
SAE	Scrutinizing, Assessing, Evaluating (Prüfung, Bewertung und Beurteilung)
SALIS	Strategic Airlift Interim Solution (Übergangslösung im strategischen Lufttransport)
Sec.	Section
SEK	Dokument der Europäischen Kommission
Sep.	September
SFOR	Stabilization Force (multinationale Friedenstruppe in Bosnien- Herzegowina unter NATO-Kommando)

SHAPE	Supreme Headquarters Allied Powers Europe (Militärisches strategisches Hauptquartier der NATO in Europa)
SIGINT	Signal Intelligence
SITCEN	Situation Center (Gemeinsames Lagezentrum der EU)
Slg.	Amtliche Sammlung der Entscheidungen des EuGH
SN	Sans Numero (Akronym für Sitzungsdokumente des Rates, die aus Gründen der Archivierung mit *S*ans *N*umero klassifiziert werden)
span.	spanische
SSR	Security Sector Reform (Sicherheitssektorreform)
SWP	Stiftung Wissenschaft und Politik (vom Deutschen Institut für Internationale Politik und Sicherheit)
SZ	Süddeutsche Zeitung
SZIER	Schweizerische Zeitschrift für internationales und europäisches Recht
u.	und
u. a.	unter anderem
UBWV	Unterrichtsblätter für Bundesverwaltung
UN	United Nations (Vereinte Nationen)
UNIFIL	United Nations Interim Force in Lebanon (Interimstruppe der Vereinten Nationen im Libanon)
UNO	United Nations Organization
Unterabs.	Unterabsatz

USA	United States of America (Vereinigte Staaten von Amerika)
USS	United States Ship
v.	vom bzw. von
VerfEU	Vertrag über eine Verfassung für Europa
vgl.	vergleiche
VN	Vereinte Nationen
Vol.	Volume (Band)
VVE	Vertrag über eine Verfassung für Europa
W & F	Wissenschaft & Frieden
Washington D.C.	Washington, District of Columbia
WEAG	Western European Armaments Group (Westeuropäische Rüstungsgruppe)
WEAO	Western European Armaments Organization (Westeuropäische Rüstungsorganisation)
WEU	West Europäische Union
WTO	World Trade Organization (Welthandelsorganisation)
WVRK	Wiener Vertragsrechtskonvention vom 23.5.1969
z. B.	zum Beispiel
ZaöRV	Zeitschrift für ausländisches öffentliches Recht und Völkerrecht
ZEI	Zentrum für Europäische Integrationsforschung
ZEuS	Zeitschrift für europarechtliche Studien

Ziff.	Ziffer
ZÖR	Zeitschrift für öffentliches Recht
ZSE	Zeitschrift für Staats- und Europawissenschaften

EINFÜHRUNG

A. Problemaufriss

Der Terrorismus ist spätestens seit den Anschlägen vom 11. September 2001 zu einer Hauptbedrohung in der heutigen Welt geworden. Die Anschläge vom 11. September 2001 trafen nicht nur die USA, sondern versetzten die gesamte internationale Staatengemeinschaft in Schock. Sie haben gezeigt, dass der Terrorismus eine vollkommen neue Qualität besitzt. Seit dem 11. September 2001 wurden viele weitere Terroranschläge gegen Menschen und Einrichtungen auf der ganzen Welt verübt. Die große Anzahl terroristischer Anschläge sowie Anschlagsversuche zeigt, wie groß die weltweite Bedrohung durch den internationalen Terrorismus tatsächlich geworden ist. Vergleichbare Szenarien könnten sich jederzeit in Deutschland oder an anderen Orten Europas oder in der Welt wiederholen.

Auch wenn diese Bedrohung keine vollkommen neuartige ist, stellt sich doch die Frage, wie der Terrorismus zu bekämpfen ist, vor allem vor dem Hintergrund, dass der „neue" Terrorismus eine ausgeprägte internationale Dimension und neue Charakteristika besitzt. Bei der Bekämpfung könnten viele Akteure handeln und wichtige Akzente setzen. Einer dieser Akteure ist die Europäische Union (EU). Denn auch Europa ist inzwischen in das Fadenkreuz des Terrorismus gerückt. Dies haben speziell die Terroranschläge vom 11. März 2004 in Madrid gezeigt. Bei der Terrorismusbekämpfung in Europa ist zu beachten, dass sie nicht mehr nur nationale Sache ist. Die Globalisierung hat Staaten dazu gebracht, Teile ihrer Souveränität aus nationalem Interesse an überstaatliche Institutionen abzugeben oder sie im Zusammenspiel mit anderen Staaten multilateral auszuüben. Die Europäer waren die ersten, die erkannt haben, dass der Multilateralismus zu einem der wichtigsten Schutzschilder gegen jegliche Art globaler Sicherheitsbedrohungen geworden ist. Die EU, als Zusammenschluss von nunmehr 27 Staaten mit fast 500 Millionen Einwohnern, die ein Viertel des Bruttosozialprodukts weltweit erwirtschaften, ist heute zwangsläufig zu einem Global Player geworden. Die zunehmende Konvergenz europäischer Interessen und die Stärkung der gegenseitigen Solidarität haben die EU zu einem glaubwürdigen und handlungsstarken Akteur werden lassen. *„Europa muss daher bereit sein, Verantwortung für die globale Sicherheit und für eine bessere Welt* *mit zu tragen*"[1]. Deshalb muss die EU auch eine Rolle bei der Terrorismusbekämpfung übernehmen, was sie auch in der Vergangenheit bereits getan hat. Dabei war die Terrorismusbekämpfung aber eine Aufgabe der innenpolitischen Politikfelder und fiel in den Rahmen der polizeilichen und justitiellen Zusammenarbeit in Strafsachen, der dritten Säule der EU. Heute stellen jedoch nicht nur Bedrohungen auf dem Gebiet der EU eine Gefahr für Europa dar, sondern im Zeitalter der Globalisierung können auch weit entfernte Konflikte eine ernsthafte Bedrohung für die EU sein, denn Terroristen sind in der Lage weltweit zu operieren. Diese internationale Dimension der Terrorismusbekämpfung kann aufgrund ihrer außen- und sicherheitspolitischen Implikationen und der dazu notwendigen externen Maßnahmen auf internationaler Ebene nicht in den Bereich der polizeilichen und justitiellen Zusammenarbeit in Strafsachen fallen. Vielmehr ist der Bereich der Gemeinsamen Außen- und Sicherheitspolitik (GASP) der EU betroffen. Wie der Terrorismus im Rahmen dieser zweiten Säule der EU bekämpft werden könnte, wurde bis zu den Terroranschlägen vom 11. September 2001 nahezu gar nicht im Rahmen der GASP behandelt. Vor allem die Europäische Sicherheits- und Verteidigungspolitik (ESVP), die als Bestandteil der GASP prädestiniert zur Terrorismusbekämpfung wäre, müsste Akzente bei der Terrorismusbekämpfung setzen können. Dementsprechend hat die EU nach den Anschlägen vom 11. September 2001 erklärt, dass sie *„am effizientesten (bei der Terrorismusbekämpfung) handeln (könnte), wenn sie die Gemeinsame Außen- und Sicherheitspolitik weiter ausbaut und aus der Europäischen Sicherheits- und Verteidigungspolitik umgehend ein einsatzbereites Instrument macht*"[2]. Ob die Europäische Sicherheits- und Verteidigungspolitik tatsächlich Akzente bei der Terrorismusbekämpfung setzen konnte oder kann, will diese Arbeit untersuchen.

B. Ziel, Aufbau und Methodik der Untersuchung

Ziel dieser Arbeit ist es, zu untersuchen, welchen Beitrag die Europäische Sicherheits- und Verteidigungspolitik zur Terrorismusbekämpfung leisten kann. Es sollen die Fortschritte in diesem Bereich aufgezeigt werden, ebenso wie die Defizite. Darüber hinaus versucht die Arbeit aufzuzeigen, wie die vorhandenen Defizite beseitigt werden könnten, um den Beitrag der ESVP zur Terrorismusbekämpfung zu erhöhen.

---

1 Vgl. Europäische Sicherheitsstrategie, „Ein sicheres Europa in einer besseren Welt" v. 12.12.2003, Ratsdok. 15895/03, S. 3.

2 Außerordentliche Tagung des ER v. 21.9.2001, Schlussfolgerungen u. Aktionsplan, SN 140/01, Punkt 3.

Um das Untersuchungsziel zu erreichen, soll wie folgt vorgegangen werden.

Die Arbeit soll in sechs Kapitel aufgegliedert werden. Die ersten drei Kapitel sollen sich mit dem *de lege lata* befassen. Das vierte Kapitel soll sich mit dem *de lege ferenda* auseinander setzen. Das fünfte und sechste Kapitel sollen dann insbesondere auf den Ergebnissen der vorangegangenen Kapitel beruhen.

Das erste Kapitel soll sich mit den rechtlichen Grundlagen für die Terrorismusbekämpfung im Rahmen der ESVP befassen. Es soll analysiert werden, ob die Terrorismusbekämpfung zu den Aufgaben der ESVP gehört, die der 17 Abs. 2 EUV benennt. Sollte die Terrorismusbekämpfung nicht zu den Aufgaben des Art. 17 Abs. 2 EUV gehören, sind weitere Möglichkeiten in Betracht zu ziehen, wie die Terrorismusbekämpfung trotzdem rechtlich eine der Aufgaben der ESVP darstellen könnte. Denkbar wären etwa eine konkludente Vertragsänderung oder eine dynamische Auslegung des Art. 17 EUV.
Im Anschluss an das erste Kapitel soll im zweiten Kapitel aufgezeigt werden, ob mit den der EU im Rahmen der ESVP zur Verfügung stehenden Rechtsinstrumenten konkrete Maßnahmen in der Praxis zur Terrorismusbekämpfung ergriffen wurden. Als Ausgangspunkt der Untersuchung bietet sich der Zeitpunkt der Gründung der ESVP an. Entscheidende Ereignisse in der Untersuchung könnten die Terroranschläge vom 11. September 2001 in den USA und vom 11. März 2004 in Madrid sein.
Im dritten Kapitel sollen praktische Erfordernisse untersucht werden, die für eine effektive Terrorismusbekämpfung unerlässlich sind. Zu denken ist hier an das Vorhandensein von Ressourcen sowie an die Zusammenarbeit innerhalb der EU und an die Zusammenarbeit mit anderen internationalen Akteuren. Des Weiteren könnte zu untersuchen sein, wie die Koordination zu einer effektiven Terrorismusbekämpfung beitragen könnte.
Mit dem Gesicht der zukünftigen Terrorismusbekämpfung im Rahmen der ESVP soll sich das vierte Kapitel beschäftigen. Dazu soll auf den „Vertrag über eine Verfassung für Europa“ und den „Vertrag von Lissabon zur Änderung des Vertrags über die Europäische Union und des Vertrags zur Gründung der Europäischen Gemeinschaft“ eingegangen werden. Beide Verträge sollen rechtlich untersucht werden. Danach bietet sich an, zu prüfen, ob es Regelungen im Rahmen der ESVP zur Terrorismusbekämpfung gibt und ob es Regelungen gibt, die Einfluss auf die Terrorismusbekämpfung im Rahmen der ESVP nehmen könnten. Sollten solche Regelungen aufgefunden werden, so werden diese analysiert und bewertet.
Das fünfte Kapitel soll auf Grundlage der zuvor gewonnenen Erkenntnisse mögliche Fallgruppen für ein Handeln im Bereich der ESVP zur Terrorismusbekämpfung aufzeigen. In Betracht dürften dabei vorbeugende und vorbereiten-

de Maßnahmen sowie Maßnahmen nach einem erfolgten Terroranschlag kommen.
Im sechsten Kapitel soll eine Zusammenfassung der erarbeiteten Ergebnisse und basierend auf den Ergebnissen der vorangehenden Kapitel eine Gesamtwürdigung der Terrorismusbekämpfung im Rahmen der ESVP erfolgen.

ERSTES KAPITEL: RECHTLICHE GRUNDLAGEN

Die Terrorismusbekämpfung wurde in der EU lange Zeit dem Bereich der polizeilichen und justitiellen Zusammenarbeit in Strafsachen, der dritten Säule der EU, zugeordnet. Aber spätestens seit den Terroranschlägen vom 11. September 2001 gibt es in der Welt, und speziell in der EU, Ansätze, die eine stärkere militärisch und außenpolitisch orientierte Vorgehensweise befürworten. Darum wurde in der EU insbesondere die Möglichkeit einer gemeinsamen Sicherheitspolitik immer häufiger erörtert. Dieser Bereich betrifft jedoch nicht die dritte Säule, sondern ist vielmehr dem Bereich der Sicherheits- und Verteidigungspolitik, demzufolge der ESVP, zuzuordnen. Die ESVP wiederum ist der GASP, der zweiten Säule der EU[3], zuzuordnen[4].

A. Vertragliche Grundlagen der Sicherheits- und Verteidigungspolitik

Die Regelungen zur Sicherheits- und Verteidigungspolitik sind dem Vertrag über die Europäische Union (EU-Vertrag) zu entnehmen. Die derzeitige vertragliche Grundlage bildet der EU-Vertrag in der Fassung von Nizza[5].

Die erste vertragliche Grundlage bildet Art. 11 Abs. 1 EUV. Er nennt die außen- und sicherheitspolitischen Ziele in allgemeiner und umfassender Art und Weise mittels eines breit gefächerten Katalogs von Prinzipien. Die fünf Ziele der GASP gemäß Art. 11 Abs. 1 EUV sind *„die Wahrung der gemeinsamen Werte (...)“* (Spstr. 1), *„die Stärkung der Sicherheit der Union in allen ihren Formen“* (Spstr. 2), *„die Wahrung des Friedens (...)“* (Spstr. 3), *„die Förderung der internationalen Zusammenarbeit“* (Spstr. 4) sowie *„die Entwicklung und Stärkung von Demokratie und Rechtsstaatlichkeit und die Achtung der Menschenrechte und Grundfreiheiten“* (Spstr. 5). Damit konkretisiert Art. 11 EUV die Zielbestimmung der EU in Art. 2 Spstr. 2 EUV, der *„die Behauptung der Identität (der EU) auf internationaler Ebene“* als Ziel vorgibt[6].

---

3 Die Bestimmungen zur GASP liegen im Teil V des EU-Vertrags (Art. 11 bis 28 EUV).

4 Dies ergibt sich aus Art. 17 Abs. 1 EUV. Dort heißt es, dass *„die GASP (...) sämtliche Fragen (umfasst), welche die Sicherheit der Union betreffen (...)“*.

5 Vertrag von Nizza zur Änderung des Vertrags über die Europäische Union, der Verträge zur Gründung der Europäischen Gemeinschaften sowie einiger damit zusammenhängender Rechtsakte, abgedruckt in: ABl. 2001 Nr. C 80, S. 1.

6 *W. Kaufmann-Bühler*, in: E. Grabitz/M. Hilf, Art. 11 EUV, Rn. 1 (30. EL Juni 2006).

Die entscheidende Norm zur ESVP stellt Art. 17 EUV dar. Er legt die grundsätzliche und umfassende Zuständigkeit der EU für die Sicherheits- und Verteidigungspolitik fest[7]. Aus Abs. 1 geht hervor, dass die Sicherheits- und Verteidigungspolitik Bestandteil der GASP ist. Damit konkretisiert Art. 17 Abs. 1 EUV, in Anlehnung an die im neunten Erwägungsgrund der Präambel zum EU-Vertrag sowie den in Art. 2 Spstr. 2 EUV enthaltenen Formulierungen, den Art. 11 Abs. 1 EUV, indem er feststellt, dass die GASP *„sämtliche Fragen, welche die Sicherheit der Europäischen Union betreffen"* umfasst und zusätzlich zum Ausdruck bringt, dass dazu prinzipiell auch die Verteidigungspolitik und die Verteidigung gehören[8].
Während Art. 17 Abs. 2 EUV die Aufgaben und Ziele der ESVP benennt[9], betreffen die Absätze 3 und 4 sowie Abs. 1 UAbs. 2 den Status der ungebundenen Mitgliedstaaten und das Verhältnis zu dem europäischen beziehungsweise dem transatlantischen Verteidigungsbündnis WEU und NATO[10]. Art. 17 Abs. 1 UAbs. 3 EUV bezieht sich auf die rüstungspolitische Zusammenarbeit, während sich der Abs. 5 die Überprüfung der Bestimmung im allgemeinen Vertragsänderungsverfahren vorsieht[11].

B. Terrorismusbekämpfung als Bestandteil der ESVP

Im Folgenden soll geklärt werden, ob die Terrorismusbekämpfung eine Aufgabe der ESVP darstellt.

I. Aufgaben und Ziele der ESVP – die Petersberg-Aufgaben (Art. 17 Abs. 2 EUV)

Die Aufgaben und Ziele der ESVP sind seit dem Vertrag von Amsterdam[12] in Art. 17 Abs. 2 EUV aufgezählt. Er lautet:

---

7 *W. Kaufmann-Bühler*, in: E. Grabitz/M. Hilf, Art. 17 EUV, Rn. 1 (30. EL Juni 2006).

8 *G. Burghard/G. Tebbe/S. Marquardt*, in: H. von der Groeben/J. Schwarze, EU (2003), Art. 17, Rn. 5.

9 Zu den Aufgaben u. Zielen der ESVP siehe 1. Kap. B. I.

10 Zum Verhältnis zur WEU u. NATO siehe 3. Kap. C. III. u. II.

11 *W. Kaufmann-Bühler*, in: E. Grabitz/M. Hilf, Art. 17 EUV, Rn. 5 (30. EL Juni 2006).

12 Vertrag von Amsterdam zur Änderung des Vertrags über die Europäische Union, der Verträge zur Gründung der Europäischen Gemeinschaften sowie einiger damit zusammenhängender Rechtsakte, abgedruckt in: ABl. 1997 Nr. C 340, S. 0308.

Die Fragen, auf die in diesem Artikel Bezug genommen wird, schließen humanitäre Aufgaben und Rettungseinsätze, friedenserhaltende Aufgaben sowie Kampfeinsätze bei der Krisenbewältigung einschließlich friedensschaffender Maßnahmen ein.

1. Analyse des Art. 17 Abs. 2 EUV

Art. 17 Abs. 2 EUV enthält die so genannten „Petersberg-Aufgaben“[13]. Sie bilden die politischen Kernelemente der ESVP[14]. Wie der Wortlaut des Art. 17 Abs. 2 EUV zeigt, ist die Terrorismusbekämpfung nicht explizit erwähnt. Fraglich ist, ob Art. 17 Abs. 2 EUV dennoch die Terrorismusbekämpfung umfasst.

a.) Inhalt des Art. 17 Abs. 2 EUV

Der Petersberg-Aufgabenkatalog ist vom Inhalt her mit einer Steigerung der Intensität der Aufgaben konzipiert. Dementsprechend beinhaltet er zuerst mit den humanitären Aufgaben und Rettungseinsätzen Aufgaben mit geringer Intensität, während er zuletzt militärische Einsätze mit hoher Intensität nennt[15].

aa.) Humanitäre Aufgaben und Rettungseinsätze

Der Wortlaut *„humanitäre Aufgaben und Rettungseinsätze“* bietet keine Interpretationsschwierigkeiten. Hierunter sind etwa die Vor-Ort-Unterstützung der Zivilbevölkerung in Katastrophengebieten, die Hilfeleistungen bei Hungersnöten, der Wiederaufbau zerstörter Infrastrukturen, die Hilfeleistung bei der Minenräumung sowie die Evakuierung von Zivilisten aus Kriegs- und Krisengebieten zu verstehen[16].

---

13 Anm.: Die Petersberg-Aufgaben wurden 1992 im Rahmen der WEU auf dem Petersberg bei Bonn verabschiedet. Die Bezeichnung Petersberg-Aufgaben geht folglich auf den damaligen Verhandlungsort zurück. Sie wurden seinerzeit aufgeführt in Punkt II. 4. der Petersberg-Erklärung der Außen- u. Verteidigungsminister der WEU, Bull.BReg. v. 23.6.1992, Nr. 68, S. 649, 652.

14 *W. Kaufmann-Bühler*, in: E. Grabitz/M. Hilf, Art. 17 EUV, Rn. 7 (30. EL Juni 2006); *G. Burghard/G. Tebbe/S. Marquardt*, in: H. von der Groeben/J. Schwarze, EU (2003), Art. 17, Rn. 14; *R. Geiger*, EUV (2004), Art. 17, Rn. 2.

15 *S. Graf v. Kielmansegg*, Die Verteidigungspolitik der EU (2005), S. 149.

16 Dazu siehe etwa WEU-Ministerrat, Noordwijk-Erklärung, 14.11.1994, Rn. 35-36, abrufbar unter www.weu.int unter Key texts, letzter Zugriff: 2.8.2009; WEU-Ministerrat, Oostende-Erklärung, 19.11.1996, Rn. 10, abrufbar unter www.weu.int unter Key texts, letzter

bb.) Friedenserhaltende Aufgaben

Aber schon dem weiteren Wortlaut der Petersberg-Aufgaben, der von „*friedenserhaltenden Aufgaben*" (peace keeping) spricht, stehen Interpretationsschwierigkeiten entgegen.
Zunächst dürfte noch unproblematisch sein, dass friedenserhaltende Aufgaben voraussetzen, dass schon ein gewisses Maß an Frieden im Konfliktgebiet herrscht, demzufolge keine unmittelbare bewaffnete Auseinandersetzung zwischen den Konfliktparteien droht. So ist im Gegensatz zu den friedensschaffenden Maßnahmen, die die vorläufige Beendigung von Kampfhandlungen zum Ziel haben, die Friedenserhaltung erst in einer späteren Phase des Konflikts möglich[17].
Aber weder der EU-Vertrag noch die Erklärungen der WEU enthalten bezüglich der Friedenserhaltung genauere Aussagen. Es ist nicht feststellbar, ob sich die EU auf Maßnahmen der „ersten Generation"[18] beschränkt oder ob darüber hinaus Maßnahmen der „zweiten Generation"[19] des peace keepings mit umfasst sind[20]. Dennoch stellen heute auch Maßnahmen der zweiten Generation friedenserhaltende Aufgaben im Sinne des Art. 17 Abs. 2 EUV dar. Hierfür sprechen die Anforderungen an ein effektives Krisenmanagement in umfassenden Krisensituationen und die sich abzeichnende Praxis nach Beendigung des Kal-

---

Zugriff: 2.8.2009; *C. Patten*, Die Zukunft der ESVP u. die Rolle der Europäischen Kommission, in: int 2000, 7, 13-14.

17 *S. Graf v. Kielmansegg*, Die Verteidigungspolitik der EU (2005), S. 151.

18 Anm.: Unter Maßnahmen der ersten Generation (vgl. dazu auch Kapitel VI der UN-Charta) sind Aufträge zur Beobachtung von Waffenstillstandsabkommen (monitoring) oder Trennung der Parteien einer solchen Vereinbarung durch zwischen ihren Streitkräften stationierte Puffereinheiten (interpositioning) zu verstehen. In einem solchen Fall sind die Einwilligungen aller Parteien des Konflikts notwendig. Ferner dürfen nur leicht bewaffnete Friedenstruppen eingesetzt werden, die von ihren Waffen nur in einer Notwehrsituation Gebrauch machen dürfen. *S. Fröhlich*, Das Projekt der GESVP: Entwicklungen u. Perspektiven, in: ZEI Discussion Paper, C 116, 2002, S. 33; vgl. *M. Bothe* zu nach Art. 38, Rn. 32-37, in: B. Simma, Charta der VN, Kommentar (1991).

19 Anm.: Unter Maßnahmen der zweiten Generation (vgl. dazu auch Kapitel VII der UN-Charta) sind auch solche mit politischen Aufträgen zu verstehen, wie die Vorbereitung und Durchführung demokratischer Wahlen oder humanitäre Hilfe, und insb. nicht bloß defensive militärische Aufgaben. Darunter fallen bspw. der Schutz von Sicherheitszonen oder die Durchsetzung von Flugverboten. Nicht klar ist bei Maßnahmen der zweiten Generation aber, ob ein UN-Sicherheitsmandat vorliegen muss oder ob die EU sich selbst ein Mandat erteilen kann. *S. Fröhlich*, Das Projekt der GESVP: Entwicklungen u. Perspektiven, in: ZEI Discussion Paper, C 116, 2002, S. 33.

20 *S. Fröhlich*, Das Projekt der GESVP: Entwicklungen u. Perspektiven, in: ZEI Discussion Paper, C 116, 2002, S. 33, wo es in Bezug auf die UN-Charta Art. 6 bzw. 7 anstatt Kapitel VI bzw. VII heißt.

ten Krieges. So ist etwa die erste militärische Operation der EU, die Operation Concordia[21], als Maßnahme der zweiten Generation einzuordnen[22].

cc.) Kampfeinsätze bei der Krisenbewältigung einschließlich friedensschaffender Maßnahmen

Noch viel schwieriger ist die Bedeutung der *„Kampfeinsätze bei der Krisenbewältigung einschließlich friedensschaffenden Maßnahmen“* einzuordnen. Grundsätzlich betreffen solche Einsätze alle militärischen Maßnahmen, die über die Selbstverteidigung der Friedenstruppe hinausgehen[23], also auch die Anwendung von Waffengewalt zu nicht nur defensiven Zwecken[24]. Dennoch kann der Wortlaut keinen Aufschluss darüber geben, wo die Grenzen der Kampfeinsätze bei der Krisenbewältigung einschließlich friedensschaffender Maßnahmen liegen. Aufschluss könnte eine Analyse des Wortlauts geben:

Aus dem Wortlaut *„Kampfeinsätze“* lassen sich allerdings keine Rückschlüsse über die Reichweite möglicher Einsätze gewinnen. Er enthält keinerlei Beschränkungen. Von daher dürfte der Begriff *„Kampfeinsätze“* die gesamten militärischen Handlungsmöglichkeiten mit umschließen[25].

Mehr Rückschlüsse kann dagegen der Wortlaut *„friedensschaffende Maßnahmen“* geben. Er umschreibt eine relativ spezifische Konstellation von Kampfeinsätzen. Hierunter ist die zwangsweise Beendigung eines gewaltsamen Konflikts zwischen mindestens zwei Drittstaaten oder sonstigen Parteien zu

---

21 Anm.: Die erste militärische Operation der EU begann am 31. März 2003 in Mazedonien. Die Mission umfasste etwa 350 Mann. Zielsetzung dieser im Dezember 2003 erfolgreich abgeschlossenen Mission war es, zu einem sicheren und stabilen Umfeld beizutragen und die Umsetzung des Rahmenabkommens von Ohrid vom Dezember 2001 zu ermöglichen. Vgl. Gemeinsame Aktion 2003/92/GASP des Rates v. 27.1.2003 über die militärische Operation der EU in der ehemaligen jugoslawischen Republik Mazedonien, abgedruckt in: ABl. 2003 Nr. L 34, S. 26.

22 *S. Graf v. Kielmansegg*, Die Verteidigungspolitik der EU (2005), S. 152.

23 *S. Graf v. Kielmansegg*, Die Verteidigungspolitik der EU (2005), S. 152.

24 Anm.: Problematisch ist in einem solchen Fall, dass nach geltendem Völkerrecht der Einsatz von Waffengewalt zu nicht defensiven Zwecken nur nach Ermächtigung durch den Sicherheitsrat der Vereinten Nationen nicht rechtswidrig ist. Ein Eigenmandat der EU würde dementsprechend nicht ausreichen und wäre völkerrechtswidrig. Dies zeigt, dass in solchen Fällen das Verhältnis zwischen EU und Vereinten Nationen eine wichtige Rolle spielt. Vgl. dazu *S. Fröhlich*, Das Projekt der GESVP: Entwicklungen u. Perspektiven, in: ZEI Discussion Paper, C 116, 2002, S. 33-34 sowie 3. Kap. C. I. 1.

25 *S. Graf v. Kielmansegg*, Die Verteidigungspolitik der EU (2005), S. 153.

verstehen. Die EU ist in einem solchen Konflikt selbst nicht originäre Konfliktpartei, sondern sie greift als außen stehende Partei in den Konflikt ein. In Abgrenzung zu den friedenserhaltenden Aufgaben muss bei friedensschaffenden Maßnahmen nicht schon ein gewisses Maß an Frieden im Konfliktgebiet bestehen[26].

Jedoch lässt sich dem Wortlaut mangels Bestimmtheit keine Unterscheidung zwischen zwischenstaatlichen Konflikten, einem innerstaatlichen Bürgerkrieg, einem einseitigen Gewaltakt oder gegenseitigen Gewaltakt entnehmen. Dennoch dürften diese möglichen Krisensituationen unter Art. 17 Abs. 2 EUV fallen, da eine Unterscheidung willkürlich wäre[27].

Zudem deutet der Wortlaut nicht auf eine Beschränkung auf neutrale Einsätze oder auf ein Zustimmungserfordernis der Konfliktparteien hin. Folglich umfasst Art. 17 Abs. 2 EUV auch so genannte friedenserzwingende Maßnahmen („peace enforcing"-Operationen)[28], da für diese keine Zustimmung des betroffenen Staates erforderlich ist. Dennoch wird teilweise vorgetragen[29], dass peace enforcing-Operationen nicht von Art. 17 Abs. 2 EUV umfasst sein können und demnach ein Zustimmungserfordernis des betroffenen Staates Voraussetzung für eine friedensschaffende Maßnahme sei[30]. Argumentiert wird mit dem englischen Wortlaut des Art. 17 Abs. 2 EUV, der von „*peacemaking*" spricht. Denn den Begriff „*peacemaking*" verwendet ebenfalls die „Agenda for Peace"[31], nach der für das peacemaking nur die zivilen Konfliktlösungsmechanismen des Kapitel VI der UN-Charta zur Verfügung stehen können[32]. Gegen den Vergleich mit dem Wortlaut der Agenda for Peace spricht allerdings, dass bei der Verabschiedung der Petersberg-Aufgaben im Jahr 1992 die Agenda for Peace noch gar nicht existiert hat. Deshalb kann der peacemaking-Begriff der Agenda for Peace gar nicht herangezogen werden, sondern es kommt darauf an, was bei Erstellung der Petersberg-Aufgaben unter peacemaking verstanden wurde. Damals jedenfalls war der peacemaking-Begriff nicht auf zivile Konfliktlösungsmöglichkeiten begrenzt[33]. Gegen ein Zustimmungserfordernis spricht außerdem, dass friedensschaffende Maßnahmen im Sinne des Art. 17 Abs. 2 EUV einen Unterfall der „*Kampfeinsätze bei der Krisenbewältigung*" darstellen[34], weshalb

26 *S. Graf v. Kielmansegg*, Die Verteidigungspolitik der EU (2005), S. 154.
27 *S. Graf v. Kielmansegg*, Die Verteidigungspolitik der EU (2005), S. 154.
28 *H.-J. Cremer*, in: C. Calliess/M. Ruffert, EU (2007), Art. 17, Rn. 25.
29 *K. Gerteiser*, Die Sicherheits- u. Verteidigungspolitik der EU (2002), S. 122 u. 137.
30 *K. Gerteiser*, Die Sicherheits- u. Verteidigungspolitik der EU (2002), S. 122.
31 Agenda for Peace v. 17.6.1992, A/47/277-S/24111, abrufbar unter www.un.org/docs/SG/-agpeace.html, letzter Zugriff: 2.8.2009.
32 Agenda for Peace v. 17.6.1992, A/47/277-S/24111, Rn. 20.
33 *S. Graf v. Kielmansegg*, Die Verteidigungspolitik der EU (2005), S. 154-155.
34 Vgl. Wortlaut: „*(...) einschließlich friedensschaffender Maßnahmen*".

schon begrifflich nicht die Zustimmung der Konfliktparteien Voraussetzung sein kann[35]. Also umfasst Art. 17 Abs. 2 EUV auch Einsätze gegen den Willen der Konfliktparteien (peace enforcing-Operationen).

Der Wortlaut „*Krisenbewältigung*" ist noch weitreichender. Denn bei der Krisenbewältigung handelt es sich, wie zuvor bereits erläutert, um einen Oberbegriff, im Gegensatz zum Spezialfall friedensschaffende Maßnahmen. Dementsprechend ist die Krisenbewältigung nicht auf eine Intervention in noch unbefriedete Konflikte begrenzt, sondern beinhaltet ebenfalls die Durchsetzung einer zumindest schon vorläufig etablierten Friedensordnung[36].
Allerdings kann der Wortlaut keine Aufklärung über die Zielrichtung bringen. Es ist nicht erkennbar, ob die EU nur auf die Beendigung eines Konflikts abzielt, folglich humanitäre Aspekte ihr Schutzgut sind. Aufschluss über die Zielrichtung können aber Art. 11 EUV und die Präambel des EUV geben. Art. 11 Abs. 1 Spstr. 3 EUV spricht von der „*Wahrung des Friedens und (der) Stärkung der internationalen Sicherheit entsprechend den Grundsätzen der Charta der Vereinten Nationen (...)*" und die Präambel des EUV führt die Förderung von „*Frieden, Sicherheit und Fortschritt in Europa und der Welt*" als Ziele der gemeinsamen Verteidigungspolitik auf. Art. 11 EUV und die Präambel lassen daher darauf schließen, dass es um Frieden und Sicherheit geht, sofern die europäische Sicherheit berührt ist. Eine Beschränkung auf humanitäre Aspekte ist nicht ersichtlich. Demzufolge ist etwa die Bekämpfung eines Friedensbruchs und die Beseitigung der völkerrechtswidrigen Folgen[37] durch Art. 17 Abs. 2 EUV gedeckt[38].

Ebenfalls kann der Wortlaut keinen Aufschluss darüber geben, ob präventive Kampfeinsätze von Art. 17 Abs. 2 EUV gedeckt sind. Jedoch dürften präventive Maßnahmen in Betracht kommen, sofern die UN-Charta in Kapitel VII präventive Zwangsmaßnahmen erlaubt[39].

---

35 *S. Graf v. Kielmansegg*, Die Verteidigungspolitik der EU (2005), S. 155.
36 *S. Graf v. Kielmansegg*, Die Verteidigungspolitik der EU (2005), S. 156.
37 Anm.: Ein Beispiel wäre die Unterstützung des angegriffenen Staates in seinem Selbstverteidigungsrecht mit dem Ziel der Vertreibung des angreifenden Staates. Ein konkretes Beispiel ist der zweite Golfkrieg.
38 *S. Graf v. Kielmansegg*, Die Verteidigungspolitik der EU (2005), S. 158-159.
39 *S. Graf v. Kielmansegg*, Die Verteidigungspolitik der EU (2005), S. 159.

dd.) Ergebnis

Wie die Analyse des Wortlauts des Art. 17 Abs. 2 EUV zeigt, ist die Terrorismusbekämpfung nicht von den Petersberg-Aufgaben erfasst. Zudem ist feststellbar, dass Art. 17 Abs. 2 EUV nicht genau definiert, was die einzelnen im Art. 17 Abs. 2 EUV genannten Aufgaben umfassen. Insofern ist der Wortlaut des Art. 17 Abs. 2 EUV unbestimmt und vage formuliert.

b.) Geltungsbereich – die räumliche Dimension der ESVP

Zum Geltungsbereich der ESVP trifft Art. 17 EUV ebenfalls keine Aussagen. Der Wortlaut kann keinen Aufschluss darüber geben, ob die Aufgaben des Art. 17 Abs. 2 EUV auf Gebiete außerhalb des Territoriums der EU beschränkt sind oder ob im Rahmen der ESVP Aufgaben im Territorium der EU übernommen werden können.

Aufschluss hierüber könnte eine Analyse des Art. 17 Abs. 1 EUV geben. Art. 17 Abs. 1 UAbs. 1 S. 1 EUV lautet:

> *Die Gemeinsame Außen- und Sicherheitspolitik umfasst sämtliche Fragen, welche die Sicherheit der Union betreffen, wozu auch die schrittweise Festlegung einer gemeinsamen Verteidigungspolitik gehört, die zu einer gemeinsamen Verteidigung führen könnte, falls der Europäische Rat dies beschließt.*

Aus Art. 17 Abs. 1 UAbs. 1 S. 1 EUV ergibt sich, dass zur GASP die Sicherheitspolitik sowie die Entwicklung der Verteidigungspolitik und der Verteidigung gehören können. Die Einbeziehung der Verteidigungspolitik und der Verteidigung in den Rahmen für ein Tätigwerden der EU entspricht Art. 2 Spstr. 2 EUV[40]. Das Vorhandensein des Art. 17 EUV als eigener Artikel über die Verteidigungspolitik und Verteidigung zeigt auf, dass die ESVP zwar grundsätzlich der GASP zuzuordnen ist, andererseits offenbart es ebenfalls, dass die Verteidigungspolitik und Verteidigung schrittweise entwickelt werden und deshalb einer besonderen Regelung unterliegen sollen[41].
Um festzustellen, wie der räumliche Geltungsbereich der Aufgaben im Sinne des Art. 17 Abs. 2 EUV aussieht, könnte die Unterscheidung zwischen der Si-

---

[40] Anm.: In Art. 2 Spstr. 2 EUV heißt es, dass „*nach Maßgabe des Artikels 17 auch die schrittweise Festlegung einer gemeinsamen Verteidigungspolitik gehört, die zu einer gemeinsame Verteidigung führen könnte*“ zur GASP gehört.

[41] *G. Burghard/G. Tebbe/S. Marquardt*, in: H. von der Groeben/J. Schwarze, EU (2003), Art. 17, Rn. 1.

cherheitspolitik, der Verteidigungspolitik und der Verteidigung weiterhelfen. Entscheidend ist dabei, welche dieser Bereiche derzeit schon zum Aufgabenbereich der ESVP gehören.

aa.) Geltungsbereich der Sicherheitspolitik

Unter die Sicherheitspolitik werden sämtliche Fragen gefasst, die die Sicherheit der EU im Verhältnis nach außen betreffen[42]. Sicherheit im Sinne des Titel V des EU-Vertrags ist zu unterscheiden vom Begriff der inneren Sicherheit im Sinne des Art. 33 EUV, der öffentlichen Sicherheit und Ordnung im Sinne des Art. 30 EGV und der sozialen Sicherheit im Sinne der Art. 137, 140 EGV[43]. Fragen der territorialen Sicherheit, wie die klassische Landesverteidigung, spielen im Rahmen der Sicherheitspolitik im Sinne des Art. 17 EUV derzeit keine Rolle. Dies bedeutet demzufolge, dass die Sicherheitspolitik sich auf Gebiete außerhalb des Territoriums der EU bezieht und nicht auf Gebiete innerhalb des Territoriums der EU.

bb.) Geltungsbereich der gemeinsamen Verteidigungspolitik

Die Möglichkeit der Einführung einer gemeinsamen Verteidigungspolitik durch den Vertrag von Maastricht[44] in den Bereich der GASP entspricht der Ausdehnung der außenpolitischen Zusammenarbeit auf „*alle Bereiche der Außen- und Sicherheitspolitik*“ (Art. 11 Abs. 1 EUV)[45]. Die EU war also befugt eine gemeinsame Verteidigungspolitik schrittweise festzulegen[46]. Von dieser Befugnis machte sie Gebrauch durch die Einführung der Petersberg-Aufgaben in Art. 17 Abs. 2 EUV in den Vertrag von Amsterdam. Gebiete der Verteidigungspolitik sind folglich die Aufgaben, die der Art. 17 Abs. 2 EUV nennt, demzufolge Aufgaben der Krisenprävention und Krisenbewältigung. In den Rahmen der ESVP fällt demnach die politische und militärische Sicherheit vor dem Hintergrund eines weltweiten Bedrohungspotentials[47]. Eine Verteidigungslage ist keine Vor-

---

42 *R. Geiger*, EUV (2004), Art. 17, Rn. 2.

43 *W. Kaufmann-Bühler*, in: E. Grabitz/M. Hilf, Art. 17 EUV, Rn. 6 (30. EL Juni 2006).

44 Vertrag über die Europäische Union (Vertrag von Maastricht), abgedruckt in: ABl. 1992 Nr. C 191, S. 1.

45 *G. Burghard/G. Tebbe/S. Marquardt*, in: H. von der Groeben/J. Schwarze, EU (2003), Art. 17, Rn. 1.

46 Vgl. *R. Geiger*, EUV (2004), Art. 17, Rn. 4.

47 *W. Kaufmann-Bühler*, in: E. Grabitz/M. Hilf, Art. 17 EUV, Rn. 6 (30. EL Juni 2006).

aussetzung für die Erfüllung der Aufgabe[48]. Deshalb fällt unter die Verteidigungspolitik nicht die klassische Landesverteidigung[49]. Dies bedeutet, dass die Verteidigungspolitik sich auf Aufgaben außerhalb des Geltungsbereiches des EU-Vertrags erstreckt.

cc.) Geltungsbereich der gemeinsamen Verteidigung

Dennoch könnte der Geltungsbereich der ESVP so auszulegen sein, dass er ebenso das Territorium der EU mit umfasst. Denn die gemeinsame Verteidigung wird in Art. 17 Abs. 1 EUV ausdrücklich genannt. Wenn nämlich diese in den Geltungsbereich der ESVP fallen sollte, dann gehören auch externe Angriffe auf einen EU-Staat, also Angriffe auf das Territorium der EU, zum Aufgabenspektrum der ESVP[50]. Dies sind folglich Fälle der klassischen Landesverteidigung. Allerdings fällt die gemeinsame Verteidigung nach der derzeitigen gültigen Fassung des EU-Vertrags nicht in den Rahmen der ESVP. Wie der Wortlaut des Art. 17 Abs. 1 EUV eindeutig erkennen lässt, wird eine gemeinsame Verteidigung lediglich in Aussicht gestellt. So heißt es im Konjunktiv in Art. 17 Abs. 1 EUV, dass zur Sicherheit der EU auch *„die schrittweise Festlegung einer gemeinsamen Verteidigungspolitik gehört, die zu einer gemeinsamen Verteidigung führen könnte, falls der Europäische Rat diese beschließt"*. Die In-Aussicht-Stellung der Einführung einer gemeinsamen Verteidigung zeigt daher deutlich auf, dass derzeit die gemeinsame Verteidigungspolitik nicht in den Aufgabenbereich der ESVP fällt. Dies könnte sich dann jedoch ändern, wenn der Europäische Rat von der Evolutivklausel in Art. 17 Abs. 1 UAbs. 1 EUV Gebrauch machen würde und eine gemeinsame Verteidigung durch eine vereinfachte Vertragsänderung beschließen würde[51].

dd.) Zwischenergebnis

Deswegen ist die EU nach der derzeitig gültigen Fassung des EU-Vertrags für die Sicherheits- und Verteidigungspolitik zuständig, findet jedoch dort ihre Grenze, wo es um die gemeinsame Verteidigung geht. Dies bedeutet, dass nur Gebiete außerhalb des Geltungsbereichs des EG-Vertrags, Bedeutung für die

---

48 *H.-J. Cremer*, in: C. Calliess/M. Ruffert, EU (2007), Art. 17, Rn. 25.
49 *W. Kaufmann-Bühler*, in: E. Grabitz/M. Hilf, Art. 17 EUV, Rn. 39 (30. EL Juni 2006).
50 *H.-J. Cremer*, in: C. Calliess/M. Ruffert, EU (2007), Art. 17, Rn. 6.
51 *R. Geiger*, EUV (2004), Art. 17, Rn. 4; *H.-J. Cremer*, in: C. Calliess/M. Ruffert, EU (2007), Art. 17, Rn. 3.

ESVP haben können. Einsätze im Rahmen der ESVP könnten infolgedessen nur außerhalb des Territoriums der EU erfolgen (Out of Area-Einsätze).

ee.) Reichweite des Geltungsbereichs – Europa oder weltweit?

Zusätzlich stellt sich die Frage, wo außerhalb des Territoriums der EU Aufgaben nach Art. 17 Abs. 2 EUV vorgenommen werden können. Beschränken sich mögliche Out-of-Area-Einsätze auf Drittstaaten in Europa, also grenznahe Staaten, oder kann die EU im Rahmen von ESVP-Aufgaben weltweit agieren?
Dabei dürfte der Aktionsradius von humanitären Aufgaben und Rettungseinsätzen und von friedenserhaltenden Maßnahmen weltweit liegen[52]. Aber auch der Geltungsbereich von friedensschaffenden Maßnahmen dürfte global zu sehen sein. Hierfür spricht der eigene Anspruch der EU, ein globaler Akteur zu sein[53]. Will die EU dieser Rolle gerecht werden, so muss sie aufgrund der neuartigen weltweiten Bedrohungen, weltweit Aufgaben übernehmen. Zudem hat sich die EU bereit erklärt, unter dem Dach der Vereinten Nationen Petersberg-Aufgaben durchzuführen[54], was für ein weltweites Handlungsfeld der EU spricht[55].
Des Weiteren spricht für ein weltweites Handlungsfeld der EU, dass der Wortlaut des Art. 17 Abs. 2 EUV den Geltungsbereich nicht einschränkt. Grenzen ergeben sich nur aus den technischen Möglichkeiten und dem Umfang der Operationen[56].

ff.) Ergebnis

Der räumliche Geltungsbereich der ESVP erstreckt sich demzufolge auf weltweite Gebiete außerhalb des Territoriums der EU.

c.) Die zur Erfüllung der Aufgaben zur Verfügung stehenden Fähigkeiten

Welche Fähigkeiten zur Erfüllung der Petersberg-Aufgaben zur Verfügung stehen, wird ebenso nicht von Art. 17 Abs. 2 EUV geklärt. Grundsätzlich in Betracht kommen Mittel ziviler und/oder militärischer Art. Aufschluss zur Klä-

---

[52] *S. Fröhlich*, Das Projekt der GESVP: Entwicklungen u. Perspektiven, in: ZEI Discussion Paper, C 116, 2002, S. 35.
[53] Dazu siehe Ausführungen zur ESS, 2. Kap. E.
[54] Dazu siehe 3. Kap. C. I.
[55] *K. Gerteiser*, Die Sicherheits- u. Verteidigungspolitik der EU (2002), S. 79.
[56] Anm.: Zu denken ist etwa an fehlende Transportmöglichkeiten für militärische Einheiten.

rung, welche Mittel zur Krisenprävention und Krisenbewältigung gemäß Art. 17 Abs. 2 EUV eingesetzt werden können, könnte ein Vergleich mit dem Ursprung der Petersberg-Aufgaben des Art. 17 Abs. 2 EUV bringen.

Die Petersberg-Aufgaben wurden im Jahr 1992 im Rahmen der WEU konzipiert und am 19. Juni 1992 in der so genannten Petersberg-Erklärung[57] von den Außen- und Verteidigungsminister der WEU verabschiedet. Dort heißt es im zweiten Teil zur „Stärkung der operationellen Rolle der WEU" unter Punkt 4:

> *Militärische Einheiten der WEU-Mitgliedstaaten, die unter der Befehlsgewalt der WEU eingesetzt werden, könnten neben ihrem Beitrag zur gemeinsamen Verteidigung in Übereinstimmung mit Artikel 5 des Washingtoner Vertrags bzw. Artikel V des geänderten Brüsseler Vertrags auch für folgende Zwecke eingesetzt werden:*
> - *humanitäre Aufgaben und Rettungseinsätze;*
> - *friedenserhaltende Aufgaben;*
> - *Kampfeinsätze bei der Krisenbewältigung, einschließlich Maßnahmen zur Herbeiführung des Friedens.*

Wie der Wortlaut des Punktes 4 zur Stärkung der operationellen Rolle der WEU unmissverständlich zeigt, stehen zur Erfüllung der drei dort genannten Aufgaben nur „*militärische Einheiten der WEU-Mitgliedstaaten*" zur Verfügung. Vergleicht man dann den Wortlaut der Petersberg-Erklärung mit den Aufgaben des heute gültigen Art. 17 Abs. 2 EUV, so wird ersichtlich, dass die Aufgaben der Petersberg-Erklärung von 1992 identisch sind mit den Aufgaben des Art. 17 Abs. 2 EUV[58]. Da bis heute keine Ergänzung der Petersberg-Aufgaben erfolgt ist, deutet dies darauf hin, dass die Aufgaben des Art. 17 Abs. 2 EUV noch immer mit den gleichen Mitteln erfüllt werden, wie zu dem Zeitpunkt als die Petersberg-Aufgaben konzipiert wurden. Daher können der EU zur Erfüllung des Spektrums der Aufgaben des Art. 17 Abs. 2 EUV nur militärische Mittel zur Verfügung stehen. Die Krisenprävention und Krisenbewältigung mit zivilen Mitteln werden von den Petersberg-Aufgaben des Art. 17 Abs. 2 EUV demzufolge nicht erfasst.

2. Ergebnis

Art. 17 Abs. 2 EUV stellt klar, dass Aufgabe und Ziel der ESVP die Krisenprävention und Krisenbewältigung in Krisen und Konflikten von lokaler Bedeu-

---

[57] Petersberg-Erklärung der Außen- u. Verteidigungsminister der WEU, Bull.BReg. v. 23.6.1992, Nr. 68, S. 649, 652.

[58] Anm.: Die Petersberg-Aufgaben wurden in der englischen Version wortgleich durch den Vertrag von Amsterdam in den EU-Vertrag integriert.

tung außerhalb des Geltungsbereichs des EG-Vertrags, welche gleichwohl auch Auswirkungen auf die Sicherheit der Union haben könnten, sind[59]. Das Ziel der Union besteht also darin, autonom in der Lage zu sein, Beschlüsse zu fassen und in den Fällen, in denen die NATO als Ganzes nicht einbezogen ist, als Reaktion auf internationale Krisen EU-geführte Operationen einzuleiten und durchzuführen damit sie ihre Rolle auf der internationalen Bühne uneingeschränkt wahrnehmen kann[60]. Nach Art. 17 Abs. 2 EUV stehen dabei der EU nur militärische Fähigkeiten zur Verfügung. Nach dem genauen Wortlaut des Art. 17 Abs. 2 EUV wird die Terrorismusbekämpfung nicht explizit von den Petersberg-Aufgaben erfasst. Jedoch erlaubt der Wortlaut ebenfalls festzustellen, dass die Petersberg-Aufgaben unbestimmt und vage formuliert sind.

II. Breiteres ESVP-Aufgabenspektrum möglich?

Aufgrund des unbestimmten und vagen Wortlauts könnte Art. 17 Abs. 2 EUV einen großen Interpretationsspielraum zulassen, durch den die Terrorismusbekämpfung doch eine Aufgabe der ESVP darstellen könnte.

1. Beispiel zivile Fähigkeiten

Aufschluss, ob Art. 17 Abs. 2 EUV Aufgaben über seinen Wortlaut hinaus zulässt, könnten die Fähigkeiten der ESVP geben. Denn wie bereits erläutert, können die Aufgaben des Art. 17 Abs. 2 EUV entsprechend dem Wortlaut des Art. 17 Abs. 2 EUV lediglich mit militärischen Mitteln erfüllt werden[61]. Dennoch ist heute unumstritten, dass die EU im Rahmen der ESVP zivile Fähigkeiten besitzt. Zum Aufbau der ESVP seit ihrer Gründung durch den Europäischen Rat in Köln im Juni 1999[62] gehörte nämlich neben dem Ausbau militärischer Fähigkeiten ebenfalls der Ausbau eines nicht-militärischen Krisenbewältigungsinstrumentariums. So wurde auf dem Europäischen Rat in Köln erstmals darauf hingewiesen, dass zum Aufgabenspektrum der ESVP zivile Aspekte gehören[63]. Entsprechend dem Mandat vom Europäischen Rat in Köln wurde auf dem Eu-

---

59 *W. Kaufmann-Bühler*, in: E. Grabitz/M. Hilf, Art. 17 EUV, Rn. 7 (30. EL Juni 2006).

60 Erklärung des ER zur Stärkung der GESVP, Anhang III zu den Schlussfolgerungen des Vorsitzes des ER in Köln, SN 150/99, Rn. 1; European-NATO-Declaration on ESDP v. 16.12.2002, abgedruckt in: *J.-Y. Haine*, From Laeken to Copenhagen, European defence: core documents, volume III, in: Chaillot Papers 57, S. 178.

61 Dazu siehe 1. Kap. B. I. 1. c.).

62 Schlussfolgerungen des Vorsitzes des ER in Köln v. 3./4.6.1999, SN 150/99.

63 Schlussfolgerungen des Vorsitzes des ER in Köln v. 3./4.6.1999, SN 150/99, Rn. 56.

ropäischen Rat in Helsinki im Dezember 1999[64] ein Mechanismus zur nicht-militärischen Krisenbewältigung geschaffen, *„um parallel zu den militärischen auch die verschiedenen nicht-militärischen Mittel und Ressourcen, die der Union und den Mitgliedstaaten zur Verfügung stehen, zu koordinieren und ihre Wirksamkeit zu erhöhen"*[65]. Der Bericht des Vorsitzes zur nicht-militärischen Krisenbewältigung der EU[66] nannte wichtige Zielvorgaben für das zivile Krisenmanagement der EU. In der Folgezeit wurde dementsprechend am Ausbau der zivilen Fähigkeiten des Krisenmanagements gearbeitet[67].
Obwohl also die Übernahme von zivilen Aufgaben nicht von Art. 17 Abs. 2 EUV erfasst wird, hat die Praxis aufgezeigt, dass die Erfüllung von zivilen Aufgaben zum Aufgabenspektrum der ESVP gehört. Deshalb könnte die Terrorismusbekämpfung, wie auch andere Aufgaben, die nicht vom Wortlaut des Art. 17 Abs. 2 EUV erfasst werden, zu den Aufgaben der ESVP gehören.

2. Rechtliche Zulässigkeit eines breiteren Aufgabenspektrums

Die Aufgaben der ESVP gehen damit über den Petersberg-Aufgabenkatalog des Art. 17 Abs. 2 EUV hinaus. Zu klären ist infolgedessen, ob ein breiteres Aufgabenspektrum durch den EU-Vertrag gedeckt ist. Liegt keine Deckung durch den EU-Vertrag vor, so würde etwa die Übernahme von zivilen Aufgaben im Rahmen der ESVP, die das Vorhandensein eines breiteren Aufgabenspektrums der ESVP belegen, gegen den EU-Vertrag verstoßen. Sollte dies der Fall sein, so würde die Aufgabe Terrorismusbekämpfung, falls diese in das breitere Aufgabenspektrum der ESVP fallen sollte, gegen EU-Recht verstoßen.

a.) Vertragsänderung

Aufgaben die dem erweiterten Aufgabenspektrum der ESVP zuzuordnen sind, wie zum Beispiel die Krisenprävention und Krisenbewältigung mit zivilen Mitteln, könnten durch eine Vertragsänderung in den Aufgabenbereich der ESVP gefallen sein.

---

64 Schlussfolgerungen des Vorsitzes des ER in Helsinki v. 10./11.12.1999, SN 300/99.

65 Schlussfolgerungen des Vorsitzes des ER in Helsinki v. 10./11.12.1999, SN 300/99, Rn. 28, 5. Spstr.

66 Bericht über die nichtmilitärische Krisenbewältigung der EU, Anlage 2 zu Anlage IV zu den Schlussfolgerungen des Vorsitzes des ER in Helsinki.

67 Zum Ausbau der nicht-militärischen Fähigkeiten siehe 3. Kap. A. II.

aa.) Ausdrückliche Vertragsänderung

Allgemein ist Voraussetzung für eine Vertragsänderung die Übereinkunft der Vertragsparteien, die bestehende vertragliche Rechtslage zu ändern[68]. Der Rechtsbindungswille muss in einem Ratifizierungsverfahren zum Ausdruck kommen (vgl. Art. 14 WVRK[69]). Ein Ratifizierungsverfahren, wie es der EU-Vertrag in Art. 48 EUV vorsieht, zur Erweiterung des Aufgabenspektrums des Art. 17 Abs. 2 EUV wurde jedoch in der Vergangenheit nicht durchgeführt, weshalb keine ausdrückliche Vertragsänderung vollzogen wurde.

bb.) Konkludente Vertragsänderung

Neben der ausdrücklichen Vertragsänderung ist völkerrechtlich anerkannt, dass konkludente Vertragsänderungen möglich sind. Dementsprechend kann eine Vertragsänderung durch einfachen schriftlichen oder mündlichen Konsens oder sogar durch einfache abweichende nachfolgende Praxis vollzogen werden[70]. Dies könnte bedeuten, dass Art. 17 Abs. 2 EUV um weitere Aufgaben, wie etwa um zivile Aufgaben, konkludent erweitert beziehungsweise abgeändert wurde.

Fraglich ist allerdings, ob im EU-Recht eine solche konkludente Vertragsänderung möglich ist. Denn das Vorhandensein der speziellen Abänderungsvorschrift des Art. 48 EUV führt zu der umstrittenen Frage, ob das Verfahren des Art. 48 EUV die einzige Abänderungsmöglichkeit für das primäre Unionsrecht ist oder ob daneben die Mitgliedstaaten konkludent den Vertrag abändern können[71].

---

68 BVerfGE 90, 286, 361.

69 Anm.: Die WVRK regelt ausschließlich das Recht der Verträge zwischen Staaten und ist auf Verträge in Schriftform beschränkt (Art. 2 u. 3 WVRK). Sie ist gem. Art. 84 Abs. 1 WVRK am 27.1.1980 mit Hinterlegung der 35. Ratifikationsurkunde in Kraft getreten. Sie stellt selbst einen völkerrechtlichen Vertrag dar und besitzt deshalb lediglich Bindungswirkung *inter partes*. Zudem sind viele der Bestimmungen der WVRK kodifiziertes Völkerrecht, wodurch sie nahezu eine universelle Geltung besitzt. *K. Ipsen*, Völkerrecht (2004), Vor § 9, Rn. 5.

70 *W. Meng*, in: H. von der Groeben/J. Schwarze, EU (2003), Art. 48, Rn. 24.

71 *W. Meng*, in: H. von der Groeben/J. Schwarze, EU (2003), Art. 48, Rn. 24; *H.-J. Cremer*, in: C. Calliess/M. Ruffert, EU (2007), Art. 48, Rn. 4.

Teilweise wird vertreten[72], dass eine solche konkludente Vertragsänderung möglich sei. Dazu müssen alle Beteiligten, bei höher entwickelten Organisationen einschließlich der Organe der Organisation, konkludent zustimmen. Dies bedeutet, dass beispielsweise kein Beteiligter eine Gegenvorstellung oder mögliche Klagen vor einem Gericht der Organisation erhoben haben darf[73].

Nach der herrschenden Meinung[74] ist Art. 48 EUV dagegen die einzig wirksame Abänderungsmöglichkeit. Er ist eine gemeinschaftsrechtlich zwingende Vorschrift. Dies entspricht auch der Auffassung des EuGH in ständiger Rechtsprechung[75]. Insbesondere kann ein Organhandeln Vertragsvorschriften nicht abändern[76].

Für die herrschende Meinung spricht, dass gemäß Art. 40 Abs. 1 WVRK, der als *lex specialis* für multilaterale Verträge Art. 39 WVRK[77] verdrängt, sich das Verfahren zur Änderung von Gründungsverträgen internationaler Organisationen nach den in solchen Verträgen enthaltenen besonderen Regelungen richtet. Die Mitgliedstaaten haben sich völkerrechtlich verpflichtet, den EU-Vertrag und die Gemeinschaftsverträge nur nach dem Verfahren des Art. 48 EUV zu ändern. Für die Anwendung allgemein-völkerrechtlicher Regelungen besteht daher keine Entfaltungsmöglichkeit[78].
Gegen eine konkludente Vertragsänderung spricht außerdem, dass die Existenz eines solchen Handelns die rechtsstaatlichen Strukturen des gesamten europäischen Rechtssystems „zum Erschüttern" bringen könnte, wenn die Mitgliedstaaten einvernehmlich vom Gemeinschaftsrecht abweichen dürften. Dies zeigt sich daran, dass es nicht mehr als eine Zuspitzung der Idee stillschweigender Vertragsänderung wäre, wenn man in jeder nichtförmlichen Vertragsänderung auch

---

72 *I. Seidl-Hohenveldern/G. Loibl*, Das Recht der internationalen Organisationen einschließlich der Supranationalen Gemeinschaften (2000), Rn. 1529, 1538-1539; *H. G. Schermers/N. M. Blokker*, International Institutional Law (1995), § 1163.

73 *C. Vedder/H.-P. Folz*, in: E. Grabitz/M. Hilf, Art. 48 EUV, Rn. 47 (14. EL Juni 1999).

74 *H.-J. Cremer*, in: C. Calliess/M. Ruffert, EU (2007), Art. 48, Rn. 4; *D. Booß*, in: C. O. Lenz/K.-H. Borchardt, EUV (2006), Art. 48, Rn. 1.

75 EuGH, Urteil v. 8.4.1976, Rs. 43/75, *Gabrielle Defrenne/Société anonyme belge de navigation aérienne Sabena*, Slg. 1976, 455, Rn. 56/58; vgl. auch *S. U. Pieper/A. Schollmeier/D. Krimphove*, Europarecht – Das Casebook (2000), S. 126; *W. Hummer/C. Vedder*, Europarecht in Fällen (2005), S. 337.

76 *H.-J. Cremer*, in: C. Calliess/M. Ruffert, EU (2007), Art. 48, Rn. 4.

77 Anm.: Art. 39 WVRK enthält eine allg. Regel über die Änderung von Verträgen. Danach kann ein Vertrag durch die Übereinkunft zwischen den Vertragsparteien geändert werden.

78 *C. Vedder/H.-P. Folz*, in: E. Grabitz/M. Hilf, Art. 48 EUV, Rn. 47 (14. EL Juni 1999).

eine nichtförmliche Außerkraftsetzung des Art. 46 EUV sähe und damit der gerichtlichen Kontrolle durch den EuGH den Boden entzöge[79].
Insbesondere dürfte zudem für eine konkludente Vertragsänderung des Art. 17 Abs. 2 EUV kein Raum bestehen, da Art. 17 Abs. 5 EUV ausdrücklich sagt, dass *„zur Förderung der Ziele dieses Artikels, dessen Bestimmungen nach Art. 48 EUV überprüft werden"*. Daraus wird ersichtlich, dass für eine Überprüfung der Ziele der ESVP das Verfahren nach Art. 48 EUV vorgesehen ist, weshalb kein Bedürfnis für eine konkludente Vertragsänderung besteht.

Der herrschenden Meinung ist aufgrund dieser Argumentation Folge zu leisten. In der Erweiterung des Aufgabenspektrums der ESVP über die Aufgaben des Art. 17 Abs. 2 EUV hinaus ist daher keine konkludente Vertragsänderung zu sehen.

b.) Dynamische Vertragsauslegung

Das breitere Aufgabenspektrum der ESVP könnte aufgrund einer dynamischen Auslegung des Art. 17 EUV rechtlich zulässig sein. Die dynamische Vertragsauslegung ist dabei vergleichbar mit der im anglo-amerikanischen Rechtskreis entwickelten implied powers-Lehre. Nach dieser stehen einer Organisation über den in ihren Verträgen ausdrücklich zugewiesenen Aufgabenstellungen auch diejenigen Aufgaben zu, die für die Aufgabenerfüllung der Organisation erforderlich sind[80].

Durch die dynamische Vertragsauslegung erfahren Verträge eine Konkretisierung[81]. Verträge, durch die eine eigene Organisation gegründet wird und deren Glieder im Rahmen des Vertrags selbständig handeln, sind in der Regel auf eine solche Dynamik angelegt. Insbesondere enthalten Verträge weit gefasste normative Aufgabenbestimmungen und Zielvorgaben, die es den Vertragsparteien erlauben, sich auf neue Entwicklungen einzustellen[82]. Denn Verträge sind von ei-

---

[79] *H.-J. Cremer*, in: C. Calliess/M. Ruffert, EU (2007), Art. 48, Rn. 5.

[80] ICJ, *Reparations for Injuries Suttered in the Service of the United Nations ("Bernadotte")*, ICJ. Rep. 1949, 182, wo es heißt: *"Under international law, the Organization must be deemed to have those powers which, though not expressly provided in the Charter, are conferred upon it by necessary implication as being essential to the performance of its duties"*; vgl. auch *G. Nolte*, Die „neuen Aufgaben" von NATO u. WEU: Völker- u. verfassungsrechtliche Fragen, in: ZaöRV 54 (1994), 95, 102; *K. Ipsen*, Völkerrecht (2004), § 6, Rn. 8.

[81] BVerfGE 90, 286, 362.

[82] BVerfGE 90, 286, 361-362.

ner gewissen Lückenhaftigkeit geprägt, weil nicht alle zur Verwirklichung der Zielvorgaben notwendigen Maßnahmen schon im Voraus genau bestimmt werden können[83]. Nur durch eine solche Auslegung der Vorschriften kann die Förderung der Verwirklichung der Vertragsziele ermöglicht werden[84].
Rechtlich zulässig ist eine solche dynamische Vertragsauslegung deshalb, weil die Vertragsparteien dem Vertrag zugestimmt haben und dabei Kenntnis von der Bedeutung von Präambeln und Zielvorgaben hatten. Eine Weiterentwicklung des Vertragsrechts durch eine dynamische Auslegung und *„eine sich auf dieser Grundlage entfaltende oder jene Rechtsfortbildung allererst bewirkende Vertragspraxis stützt sich mithin auf den bestehenden Vertrag*", dem die Vertragsparteien zugestimmt haben[85].

Voraussetzung für eine dynamische Auslegung der Vorschrift des Art. 17 EUV muss demnach zunächst sein, dass sie interpretationsbedürftig ist oder einen Interpretationsspielraum zulässt. Der Art. 17 EUV lässt, wie bereits festgestellt, einen großen Interpretationsspielraum zu[86].

Des Weiteren müssten Aufgaben, die unter das breitere Aufgabenspektrum fallen und nicht von Art. 17 Abs. 2 EUV erfasst sind, zum Bereich der Aufgabenbestimmungen und Zielvorgaben der ESVP gehören. Gemäß Art. 17 Abs. 1 EUV gehören zur GASP sämtliche Fragen der Sicherheitspolitik und der Verteidigungspolitik. Insbesondere die Verwendung der Worte *„sämtliche Fragen*" könnte dabei die Grundlage für die dynamische Vertragsauslegung sein, damit auch Aufgaben in den Rahmen der ESVP fallen könnten, die nicht von Art. 17 Abs. 2 EUV erfasst werden.

Dementsprechend müssten die als Beispiel für ein breiteres Aufgabenspektrum der ESVP beschriebenen zivilen Aufgaben, eine dieser *„sämtliche(n) Fragen*" der Sicherheits- und Verteidigungspolitik sein. Ist dies der Fall, dann gehören die zivilen Aufgaben aufgrund der dynamischen Auslegung des Art. 17 EUV zu den Aufgaben der ESVP.
Diesbezüglich ist festzuhalten, dass eine umfassende sicherheits- und verteidigungspolitische Handlungsfähigkeit der EU erst dann gegeben sein kann, wenn sie über effiziente zivile Fähigkeiten verfügt[87]. Die Krisenbewältigung mit

---

83 Vgl. *A. Epiney*, in: B. Beutler/R. Bieber/J. Pipkorn/J. Streil, Die EU (2001), Rn. 517.
84 *A. Epiney*, in: B. Beutler/R. Bieber/J. Pipkorn/J. Streil, Die EU (2001), Rn. 536.
85 BVerfGE 90, 286, 361-362.
86 Dazu siehe 1. Kap. B. I.
87 Vgl. *C. Gramsch*, Europa auf dem Weg zu einer gemeinsamen Sicherheits- u. Verteidigungspolitik (2003), S. 113; *C. Patten*, Die Zukunft der ESVP u. die Rolle der Europäi-

nicht-militärischen Mittel zählt deshalb zweifelsohne zu den Aufgaben der Sicherheits- und Verteidigungspolitik. Dies entspricht der Entwicklung seit dem Europäischen Rat von Köln[88]. Dort wurde erstmals darauf hingewiesen, dass zum Aufgabenspektrum der ESVP auch zivile Aspekte gehören[89].

Damit folglich die Terrorismusbekämpfung in das breitere Aufgabenspektrum der ESVP fallen kann, müsste sie ebenfalls zu den *„sämtliche(n) Fragen“* der Sicherheits- und Verteidigungspolitik gehören. Losgelöst davon, ob sie in der Praxis tatsächlich in das breitere Aufgabenspektrum der ESVP fällt - diese Frage wird im weiteren Verlauf der Bearbeitung untersucht werden – stellt der internationale Terrorismus spätestens seit den Terroranschlägen vom 11. September 2001 eine der Hauptbedrohungen für die Sicherheit in der heutigen Welt dar. Die Anschläge haben gezeigt, dass der Terrorismus heute eine vollkommen neue Qualität besitzt. Die neuartigen Bedrohungen, zu denen der Terrorismus gehört, stellen nicht nur auf dem Territorium der EU eine Gefahr für die Sicherheit in Europa dar, sondern im Zeitalter der Globalisierung können auch weit entfernte Konflikte eine ernsthafte Bedrohung für die EU darstellen. So sind Terroristen heutzutage in der Lage, weltweit zu operieren. Diese internationale Dimension der Terrorismusbekämpfung kann aufgrund ihrer außen- und sicherheitspolitischen Implikationen und der dazu notwendigen externen Maßnahmen auf internationaler Ebene, wie etwa eine militärisch-operative Vorgehensweise gegen Terroristen, nicht in den Bereich der dritten Säule der EU, der polizeilichen und justitiellen Zusammenarbeit in Strafsachen, fallen. Vielmehr ist der Bereich der Außen- und Sicherheitspolitik der EU betroffen. Will die EU also auf internationaler Ebene gegen den Terrorismus vorgehen, was ihrem Anspruch ein Global Player zu sein entsprechen würde[90], dann ist der Bereich der Sicherheits- und Verteidigungspolitik betroffen. Deshalb kann die Terrorismusbekämpfung zu den *„sämtlichen Fragen“* der Sicherheits- und Verteidigungspolitik gehören und somit in das breite Aufgabenspektrum der EU aufgrund einer dynamischen Vertragsauslegung fallen.
Ob sie wirklich zum breiteren Aufgabenspektrum gehört, wird erst nachgewiesen werden können nach einer Untersuchung, ob in der Praxis Maßnahmen zur Terrorismusbekämpfung im Rahmen der ESVP vorgenommen wurden[91].

---

schen Kommission, in: int 2000, 7, 9; *J. Solana*, Die GESVP – Das Integrationsprojekt der nächsten Dekade, in: int 2000, 1, 5.

88 Dazu siehe 1. Kap. B. II. 1. u. 3. Kap. A. II.

89 Schlussfolgerungen des Vorsitzes des ER in Köln v. 3./4.6.1999, SN 150/99, Rn. 56.

90 Vgl. Europäische Sicherheitsstrategie, „Ein sicheres Europa in einer besseren Welt“ v. 12.12.2003, Ratsdok. 15895/03, S. 3.

91 Eine solche Untersuchung erfolgt im 2. Kap.

c.) Ergebnis

Aufgrund der dynamischen Vertragsauslegung des Art. 17 EUV ist ein breiteres Aufgabenspektrum im Rahmen der ESVP vom EU-Vertrag gedeckt. Es liegt kein Verstoß gegen das EU-Recht vor.

3. Ergebnis

Die Aufgaben der ESVP sind in Art. 17 Abs. 2 EUV abschließend formuliert. Der EU steht im Rahmen der ESVP dennoch ein breiteres Aufgabenspektrum aufgrund einer dynamischen Auslegung des Art. 17 EUV zu. So umfasst die ESVP nicht nur eine militärische Komponente, sondern ebenfalls eine zivile Komponente. Dies bedeutet, dass die EU in der Lage ist, sowohl zivile als auch militärische Operationen durchzuführen. Daher können grundsätzlich weitere Aufgaben, wie etwa die Terrorismusbekämpfung, trotz der Nicht-Erwähnung im Petersberg-Aufgabenkatalog, zu den Aufgaben der ESVP gehören.

III. Mögliche Rechtsinstrumente für Maßnahmen zur Terrorismusbekämpfung im Rahmen der ESVP

Ob die Terrorismusbekämpfung tatsächlich Bestandteil des breiteren Aufgabenspektrums der ESVP durch eine dynamische Vertragsauslegung ist, kann bewiesen werden, indem belegt wird, dass in der Praxis Maßnahmen zur Terrorismusbekämpfung im Rahmen der ESVP ergriffen wurden. Hierzu ist zunächst zu klären, ob und mit welchen Rechtsinstrumenten mögliche Maßnahmen zur Terrorismusbekämpfung im Rahmen der ESVP ergriffen werden könnten. Denn um die Aufgaben und Ziele der ESVP umzusetzen, müssen der ESVP Rechtsinstrumente zur Verfügung stehen. Allerdings enthält Art. 17 EUV keinen Hinweis darauf mit welchen Rechtsinstrumenten der Rat verteidigungspolitische Maßnahmen ergreifen kann[92]. Da die ESVP jedoch der GASP zuzuordnen ist[93], gelten die Rechtsinstrumente der GASP zugleich auch für die ESVP[94]. Folglich können Maßnahmen im Rahmen der ESVP und damit zur Terrorismusbekämpfung nur durch Rechtsinstrumente der GASP eingeleitet werden. Die Rechtsin-

92 *G. Burghard/G. Tebbe/S. Marquardt*, in: H. von der Groeben/J. Schwarze, EU (2003), Art. 17, Rn. 4.

93 Anm.: Deshalb handelt es sich bei der ESVP um einen Bereich der intergouvernementalen Zusammenarbeit. Damit sind die Mitgliedstaaten jederzeit Herren aller Entscheidungen im Bereich der ESVP.

94 *T. Oppermann*, Europarecht (2005), § 33, Rn. 11.

strumente für die Erarbeitung und Verwirklichung der GASP werden in Art. 12 EUV aufgezählt. Er nennt fünf Instrumente. Es sind Grundsätze und allgemeine Leitlinien, gemeinsame Strategien, gemeinsame Aktionen, gemeinsame Standpunkte sowie der Ausbau der regelmäßigen Zusammenarbeit der Mitgliedstaaten.

1. Gemeinsame Aktionen - Das Rechtsinstrument für ESVP-Operationen zur Terrorismusbekämpfung

Aufschluss darüber, mit welchem der fünf Instrumente der in Art. 12 EUV aufgezählten Rechtsinstrumente eine Operation zur Terrorismusbekämpfung durchgeführt werden könnte, kann ein Blick auf die bisher erfolgten ESVP-Operationen geben. So beruhen alle bisherigen ESVP-Operationen auf gemeinsamen Aktionen im Sinne des Art. 14 EUV[95]. Somit ist Art. 14 EUV die zentrale Vorschrift für ein operatives Handeln der EU im Rahmen der ESVP.

---

[95] Folgende ESVP-Operationen gab es bisher:
European Union Police Mission (EUPM) - Gemeinsame Aktion des Rates 2002/210/-GASP v. 11.3.2002 über die Polizeimission der EU, abgedruckt in: ABl. 2002, Nr. L 70, S. 1; Operation Concordia - Gemeinsame Aktion 2003/92/GASP des Rates v. 27.1.2003 über die militärische Operation der EU in der ehemaligen jugoslawischen Republik Mazedonien, abgedruckt in: ABl. 2003 Nr. L 34, S. 26; Operation Artemis - Gemeinsame Aktion 2003/423/GASP des Rates v. 5.6.2003 über die militärische Operation der EU in der DR Kongo, abgedruckt in: ABl. 2003 Nr. L 143, S. 50; EUPOL Proxima - Gemeinsame Aktion des Rates 2003/681/GASP v. 29.9.2003 über die Polizeimission der EU in der ehemaligen jugoslawischen Republik Mazedonien, abgedruckt in: ABl. 2003, Nr. L 249, S. 66; EUFOR Althea - Gemeinsame Aktion 2004/570/GASP des Rates v. 12.6.2004 über die militärische Operation der EU in Bosnien und Herzegowina, abgedruckt in: ABl. 2004 Nr. L 252, S. 10; EUJUST THEMIS - Gemeinsame Aktion 2004/523/GASP des Rates v. 28.6.2004 betreffend die Mission der EU zur Stützung der Rechtsstaatlichkeit in Georgien, abgedruckt in: ABl. 2004 Nr. L 228, S. 21; EUPOL Kinshasa - Gemeinsame Aktion 2004/847/GASP des Rates v. 9.12.2004 zur Polizeimission der EU in Kinshasa (DRK) betreffend die Integrierte Polizeieinheit, abgedruckt in: ABl. 2004 Nr. L 367, S. 30; EUJUST LEX - Gemeinsame Aktion 2005/190/GASP des Rates v. 7.3.2005 betreffend die Integrierte Mission der EU zur Stützung der Rechtsstaatlichkeit im Irak, abgedruckt in: ABl. 2005 Nr. L 62, S. 37; EUSEC RD Congo - Gemeinsame Aktion 2005/355/GASP des Rates v. 2.5.2005 betreffend die Beratungs- u. Unterstützungsmission der EU im Zusammenhang mit der Reform des Sicherheitssektors in der DR Kongo, abgedruckt in: ABl. 2005 Nr. L 112, S. 20; AMIS II-EU Unterstützungsaktion - Gemeinsame Aktion 2005/557/GASP des Rates v. 18.6.2005 betreffend die zivil-militärische Unterstützungsaktion der EU für die Mission der AU in der Region Darfur in Sudan, abgedruckt in: ABl. 2005 Nr. L 188, S. 46; Beobachtermission der EU in Aceh (AMM) - Gemeinsame Aktion 2005/643/GASP des Rates v. 9.9.2005 zur Beobachtermission der EU in Aceh, abgedruckt in: ABl. 2005 Nr. L 234, S. 13; EU BAM Moldau/Ukraine - Gemein-

a.) Gemeinsame Aktionen (Art. 14 EUV)

Gemeinsame Aktionen stellen eines der Hauptinstrumente der GASP dar. Unter anderem dienen sie dazu gemeinsame Strategien durchzuführen. Sie werden durch Art. 13 Abs. 3, Art. 14 und Art. 23 EUV näher bestimmt. Danach betreffen sie spezifische Situationen, in denen eine näher zu regelnde operative Aktion der EU für notwendig erachtet wird. Dies bedeutet, dass die EU über das Stadium von Erklärungen hinaus zu aktivem Handeln schreitet[96].
In den jeweiligen gemeinsamen Aktionen sind ihre Ziele, ihr Umfang, die der EU zur Verfügung zu stellenden Mittel sowie die Bedingungen und erforderlichenfalls der Zeitraum für ihre Durchführung festzulegen[97]. Gemeinsame Akti-

---

same Aktion 2005/776/GASP des Rates v. 7.11.2005 zur Änderung des Mandats des Sonderbeauftragten der EU für Moldau, abgedruckt in: ABl. 2005 Nr. L 292, S. 13; EU Police Advisory Team in the Former Yugoslav Republic of Macedonia (EUPAT) - Gemeinsame Aktion 2005/826/GASP des Rates v. 24.11.2005 zur Einsetzung einer Gruppe von EU Polizeiberatern in der ehemaligen jugoslawischen Republik Mazedonien, abgedruckt in: ABl. 2005 Nr. L 307, S. 61; EUPOL COPPS - Gemeinsame Aktion 2005/797/-GASP des Rates v. 24.11.2005 zur Polizeimission der EU für die Palästinensischen Gebiete, abgedruckt in: ABl. 2005 Nr. L 300, S. 65; EU BAM Rafah - Gemeinsame Aktion 2005/889/GASP des Rates v. 12.12.2005 zur Einrichtung einer Mission der EU zur Unterstützung des Grenzschutzes am Grenzübergang Rafah, abgedruckt in: ABl. 2005 Nr. L 327, S. 28; EUFOR RD Congo - Gemeinsame Aktion 2006/319/GASP des Rates v. 27.4.2006 über die militärische Operation der EU zur Unterstützung der Mission der Organisation der VN in der DR Kongo (MONUC) während der Wahlen, abgedruckt in: ABl. 2006 Nr. L 116, S. 98; EUPOL Afghanistan - Gemeinsame Aktion 2007/369/GASP des Rates v. 30.5.2007 über die Einrichtung einer Polizeimission der EU in Afghanistan, abgedruckt in: ABl. 2007 Nr. L 139, S. 33; EUPOL RD Congo - Gemeinsame Aktion 2007/405/GASP des Rates v. 12.6.2007 betreffend die Polizeimission der EU im Rahmen der Reform des Sicherheitssektors u. seiner Schnittstelle zur Justiz in der DR Kongo, abgedruckt in: ABl. 2007 Nr. L 151, S. 46; EUFOR Tchad/RCA - Gemeinsame Aktion 2007/677/GASP des Rates v. 15.10.2007 über die militärische Operation der EU in der Republik Tschad u. der Zentralafrikanischen Republik, abgedruckt in: ABl. Nr. L 279, S. 21; EULEX Kosovo – Gemeinsame Aktion 2008/124/GASP des Rates v. 4.2.2008 über die Rechtstaatlichkeitmission der EU im Kosovo, abgedruckt in: ABl. 2008 Nr. L 42, S. 92; EU SSR Guinea-Bissau - Gemeinsame Aktion 2008/112/GASP des Rates v. 12.2.2008 betreffend die Mission der EU zur Unterstützung der Reform des Sicherheitssektors in der Republik Guinea-Bissau, abgedruckt in: ABl. Nr. L 40, S. 11; EUMM Georgia – Gemeinsame Aktion 2008/736/GASP des Rates v. 15.9.2008 über die Beobachtermission der EU in Georgien, abgedruckt in: ABl. Nr. L 248, S. 26; EU NAVFOR Somalia - Gemeinsame Aktion 2008/851/GASP des Rates v. 10.11.2008 über die Militäroperation der EU als Beitrag zur Abschreckung, Verhütung u. Bekämpfung von seeräuberischen Handlungen u. bewaffneten Raubüberfällen vor der Küste Somalias, abgedruckt in: ABl. Nr. L 301, S. 33.

96 *W. Kaufmann-Bühler*, in: E. Grabitz/M. Hilf, Art. 14 EUV, Rn. 1 (30. EL Juni 2006).

97 *T. Oppermann*, Europarecht (2005), § 30, Rn 41; *R. Geiger*, EUV (2004), Art. 14, Rn. 1.

onen sind für die Mitgliedstaaten bindend (Art. 14 Abs. 3 EUV) und auch völkerrechtlich bindend. Eine Ausnahme gilt nur für die Mitgliedstaaten, die sich konstruktiv enthalten haben. Die Bindungswirkung bleibt solange bestehen bis der Rat einen Änderungs- oder Aufhebungsbeschluss gefasst hat[98].

b.) Verfahren

Zuständig für die Annahme von gemeinsamen Aktionen ist nach Art. 14 Abs. 1 EUV der Rat. Ihm obliegen zusätzlich alle Folgeentscheidungen. Der Rat beschließt die gemeinsamen Aktionen im Sinne des Art. 23 EUV, der die Willensbildung des Rates im Bereich von Titel V des EU-Vertrags zentral und einheitlich regelt[99]. Nach Art. 23 Abs. 1 EUV unterliegen verteidigungspolitische Beschlüsse der Einstimmigkeit mit der Möglichkeit der konstruktiven Enthaltung (Konsensprinzip). Bei einer konstruktiven Enthaltung nach Art. 23 Abs. 1 U-Abs. 2 EUV blockiert ein sich der Stimme enthaltender Mitgliedstaat eine einstimmige Beschlussfassung nicht, wodurch für diesen Staat keine Pflicht zur Durchführung getroffen wird[100]. Ausnahmsweise genügt auch eine qualifizierte Mehrheit (Art. 23 Abs. 2 EUV). Im Bereich der ESVP wird jedoch die Möglichkeit mit qualifizierter Mehrheit zu entscheiden durch Art. 23 Abs. 2 UAbs. 4 EUV stark eingeschränkt. Maßnahmen mit militärischen oder verteidigungspolitischen Bezügen unterliegen danach dem Konsensprinzip. Allerdings können zivile Maßnahmen mit qualifizierter Mehrheit entschieden werden. Dies bezieht sich jedoch nur auf Folge- und Durchführungsbeschlüsse. Der Grundsatzbeschluss bedarf einer einstimmigen Entscheidung[101].
Bei der Beschlussfassung ist außerdem Art. 17 Abs. 3 EUV zu berücksichtigen, wonach Beschlüsse mit verteidigungspolitischen Bezügen unbeschadet der Politiken und Verpflichtungen im Sinne des Art. 17 Abs. 1 UAbs. 2 EUV gefasst werden[102].

c.) Mögliche Formen von ESVP-Operationen zur Terrorismusbekämpfung

Grundsätzlich kommen drei Formen von Operationen in Betracht, mit denen die EU im Rahmen der ESVP operativ handeln könnte. Dies sind zunächst autonom geführte Operationen der EU. Des Weiteren kommen EU-Operationen in Be-

---

[98] *R. Geiger*, EUV (2004), Art. 14, Rn. 2 u. 3.
[99] *H.-J. Cremer*, in: C. Calliess/M. Ruffert, EU (2007), Art. 14, Rn. 18; Art. 23, Rn. 1.
[100] *H.-J. Cremer*, in: C. Calliess/M. Ruffert, EU (2007), Art. 23, Rn. 2.
[101] *W. Kaufmann-Bühler*, in: E. Grabitz/M. Hilf, Art. 17 EUV, Rn. 11 (30. EL Juni 2006).
[102] Zur Bedeutung des Art. 17 Abs. 3 EUV siehe 1. Kap. A.

tracht, die mit Hilfe einer internationalen Organisation oder eines anderen Staates durchgeführt werden. Zudem könnte die EU Operationen im Auftrag von internationalen Organisationen oder von anderen Staaten durchführen.

aa.) Autonom geführte EU-Operationen

Die EU kann autonom Beschlüsse fassen und militärische Operationen in eigener Leitung durchführen. Dies wurde auf dem Europäischen Rat in Köln beschlossen, wo es in der Erklärung des Europäischen Rates zur Stärkung der Gemeinsamen Europäischen Sicherheits- und Verteidigungspolitik[103] hieß, dass „*die Union die Fähigkeit zu autonomen Handeln*“ besitzt[104]. Übertragen auf die Terrorismusbekämpfung bedeutet dies, dass die EU autonom Operationen als Reaktion auf einen Terroranschlag durchführen könnte. Jedoch ist bei einem autonomen Handeln der EU zu beachten, dass in der Regel ein UN-Mandat Handlungsvoraussetzung ist[105].

Bedeutung für die autonome Entwicklung besitzt zusätzlich das Verhältnis zur NATO. Denn einige Mitgliedstaaten der EU sind gegen eine selbständige Entwicklung der ESVP und befürworten eine enge Anbindung der ESVP an die NATO. Dennoch besitzt die NATO im Verhältnis zur EU keinen Vorrang[106]. Die EU kann daher im Prinzip unabhängig von der NATO autonom Operationen durchführen. Allerdings sind im Verhältnis EU-NATO die Berlin plus-Vereinbarungen zu berücksichtigen[107].

bb.) Operationen mit Hilfe einer internationalen Organisation oder eines Staates

Des Weiteren kann die Durchführung von militärischen Aufgaben mit Hilfe einer internationalen Organisation oder eines Staates erfolgen, also einer Form der Organleihe. Dies hatte schon der EU-Vertrag bis zum Vertrag von Nizza vorgesehen, als die EU zur Durchführung von Entscheidungen und Aktionen mit verteidigungspolitischen Bezügen die WEU ersuchen sollte (vgl. Art. 17 Abs. 3 EUV a. F.).

---

103 Erklärung des ER zur Stärkung der GESVP, Anhang III zu den Schlussfolgerungen des Vorsitzes des ER in Köln, SN 150/99.

104 Erklärung des ER zur Stärkung der GESVP, Anhang III zu den Schlussfolgerungen des Vorsitzes des ER in Köln, SN 150/99, Rn. 1.

105 Dazu, ob und wann ein UN-Mandat erforderlich ist siehe 3. Kap. C. I. 1. b.).

106 Dazu siehe 3. Kap. C. II. 1.

107 Zu den Berlin plus-Vereinbarungen siehe 3. Kap. C. II. 2. b.).

Denkbar wäre heute insbesondere ein Ersuchen an die NATO durch die EU, damit die NATO eine EU-Operation durchführt. Dies wäre deshalb denkbar, weil die NATO nach wie vor die Grundlage der kollektiven Verteidigung ihrer Mitglieder bildet und zudem eine wichtige Rolle bei der Krisenbewältigung durch die EU spielt, solange die EU nicht selbst über ausreichende Kapazitäten verfügt[108].
Übertragen auf die Terrorismusbekämpfung könnte die EU demzufolge die NATO ersuchen, für die EU eine Operation als Reaktion auf einen Terroranschlag durchzuführen. Denkbar wäre aber nicht nur das Ersuchen an die NATO, sondern auch an einen einzelnen Staat, wie etwa die USA, die über hervorragende militärische Fähigkeiten verfügen[109].

cc.) Operationen für eine internationale Organisation oder einen Staat

Zudem könnten internationale Organisationen oder anderer Staaten die EU ersuchen, eine Operation zur Terrorismusbekämpfung durchzuführen, also eine Form der Organleihe.
Dabei sind zwei Konstellationen denkbar. Zum einen die Durchführung einer ESVP-Operation auf ein Ersuchen der internationalen Organisation oder eines Staates, das heißt, dass die ersuchende internationale Organisation Mandatsgeber ist, und zum anderen der Rückgriff auf einzelstaatliche militärische Fähigkeiten im Rahmen von Operationen der ersuchenden internationalen Organisation oder eines Staates, das heißt, dass die EU-Mitgliedstaaten Fähigkeiten zur Verfügung stellen[110].

(1.) Durchführung einer Operation auf Ersuchen einer internationalen Organisation oder eines Staates

In dieser Konstellation obliegen der EU die politische Kontrolle und die strategische Leitung der Operationen. Insbesondere als ersuchende internationale Organisation kämen die Vereinten Nationen in Betracht aufgrund der engen Zusammenarbeit zwischen EU und Vereinten Nationen[111]. Hierbei sind verschiedene Formen der Durchführung möglich.

---

108 *W. Kaufmann-Bühler*, in: E. Grabitz/M. Hilf, Art. 17 EUV, Rn. 18 (30. EL Juni 2006).
109 Zum Verhältnis der EU zu den USA siehe 3. Kap. C. IV. 1.
110 EU–VN, Anlage II zum Bericht des Vorsitzes über die ESVP v. 14.6.2004, Ratsdok. 10547/04, Rn. 3.
111 Zum Verhältnis der EU zu den Vereinten Nationen siehe 3. Kap. C. I.

(a.) Stand alone-Modell

Beim so genannten „stand alone-Modell" führt die EU mit einem entsprechenden Mandat, etwa der Vereinten Nationen, eigenständig Operationen durch. Die ersuchende internationale Organisation beziehungsweise der ersuchende Staat wären nicht beteiligt.

(b.) Stand by-Modell

Beim so genannten „stand by-Modell" befinden sich neben EU-Einheiten ebenfalls Einheiten der ersuchenden internationalen Organisation beziehungsweise des ersuchenden Staates vor Ort, die ergänzende Aufgaben ausüben.
Die EU würde dann etwa eine Reserve an „Over-the-horizon-Kräften" oder Kräfte für Herauslöseinterventionen zur Unterstützung eines Einsatzes der ersuchenden internationalen Organisation/des ersuchenden Staates bereitstellen. Over-the-horizon-Kräfte würden außerhalb des eigentlichen Einsatzgebietes bereitstehen, um im Fall einer Lageverschärfung kurzfristig eingreifen zu können und dann Truppen der ersuchenden internationalen Organisation/des ersuchendes Staates zu unterstützen oder zu evakuieren. Insbesondere die Fähigkeiten der EU zur raschen Reaktion auf eine Krise[112] könnten dabei von Nutzen sein. Solche Einsätze erfordern allerdings eine komplizierte Koordination zwischen der EU und der ersuchenden internationalen Organisation/des ersuchenden Staates, da sie mit erheblichen Risiken verbunden wären[113].
Auch denkbar im stand by-Modell ist die Übernahme der Verantwortung für eine spezifische Komponente in der Struktur einer Mission der internationalen Organisation (Modulkonzept)[114], wie etwa eine Polizeimission zu einer UN-Mission.

(c.) Bridging-Modell

Denkbar sind zudem EU-Operationen nach dem „bridging-Modell", die geeignet sind, schwierige Phasen zu überbrücken, beziehungsweise Lücken bei Operationen einer internationalen Organisation/eines Staates zu schließen. Diese Überbrückungsaufgaben sollen der internationalen Organisation/dem Staat Zeit

112 Dazu siehe Ausführungen zu den Battle Groups siehe 3. Kap. A. I. 2. a.) aa.).
113 EU–VN, Anlage II zum Bericht des Vorsitzes über die ESVP v. 14.6.2004, Ratsdok. 10547/04, Rn. 13.
114 EU–VN, Anlage II zum Bericht des Vorsitzes über die ESVP v. 14.6.2004, Ratsdok. 10547/04, Rn. 7.

verschaffen, um einen neuen Einsatz vorzubereiten oder eine laufende Operation neu zu organisieren beziehungsweise zu unterstützen. Voraussetzung für solche Aufgaben ist die schnelle Verlegung von geeigneten militärischen Fähigkeiten[115]. Truppen der internationalen Organisation/des Staates können dann die Aufgaben der EU-Einsatzkräfte übernehmen[116]. Durch das bridging-Modell kann daher ein reibungsloser Übergang garantiert werden, wodurch Unterbrechungen vermieden werden, die die Gegner für ihre Zwecke nutzen könnten[117].

(2.) Rückgriff auf einzelstaatliche militärische Fähigkeiten im Rahmen von Operationen einer internationalen Organisation

In der zweiten genannten Konstellation steht die Entscheidung, ob militärische Fähigkeiten für eine Operation einer internationalen Organisation/eines Staates zur Verfügung gestellt werden alleine den Mitgliedstaaten zu. Denn es ist zu berücksichtigen, dass die militärischen Fähigkeiten nicht nur zur Verwendung im Rahmen der ESVP vorbehalten sind[118]. Deshalb würde es sich in dieser Konstellation nicht um eine ESVP-Operation handeln, sondern die Mitgliedstaaten der EU können sich ohne Koordinierung durch die EU als Einzelstaat an einer Operation einer internationalen Organisation/eines Staates beteiligen.

2. Weitere Rechtsinstrumente zur Terrorismusbekämpfung im Rahmen der ESVP

Die vier weiteren Rechtsinstrumente des Art. 12 EUV könnten ebenfalls zur Terrorismusbekämpfung beitragen. Zudem kommt als weiteres Instrument der GASP, und damit auch der ESVP, das jedoch nicht in Art. 12 EUV aufgezählt ist, der Abschluss internationaler Abkommen nach Art. 24 EUV in Betracht. Die Nichterwähnung in Art. 12 EUV wird darauf zurückgeführt, dass die Frage der Vertragsschlusskompetenz der EU bis zum Ende der Verhandlungen über den Vertrag von Amsterdam nicht geklärt war[119]. Neben diesen speziellen In-

[115] EU–VN, Anlage II zum Bericht des Vorsitzes über die ESVP v. 14.6.2004, Ratsdok. 10547/04, Rn. 9.

[116] EU–VN, Anlage II zum Bericht des Vorsitzes über die ESVP v. 14.6.2004, Ratsdok. 10547/04, Rn. 10.

[117] EU–VN, Anlage II zum Bericht des Vorsitzes über die ESVP v. 14.6.2004, Ratsdok. 10547/04, Rn. 11.

[118] EU–VN, Anlage II zum Bericht des Vorsitzes über die ESVP v. 14.6.2004, Ratsdok. 10547/04, Rn. 4.

[119] *S. Marquardt*, in: H. von der Groeben/J. Schwarze, EU (2003), Art. 12, Rn. 2.

strumenten bedient sich die EU noch anderer nicht benannter diplomatischer Handlungsformen. Dazu gehören etwa Erklärungen, Demarchen, Konsultationen, Kontaktmissionen, Konferenzen oder Verhandlungen[120].

a.) Grundsätze und allgemeine Leitlinien (Art. 13 Abs. 1 EUV)

Grundsätze und allgemeine Leitlinien sind allgemeine Vorgaben, die der Europäische Rat gemäß Art. 13 Abs. 1 EUV auf seinen Sitzungen für die Entscheidungen des Rates im Rahmen der GASP (Art. 13 Abs. 3 EUV) erlässt[121]. Der Europäische Rat besitzt die Leitlinienkompetenz. Die Grundsätze und allgemeinen Leitlinien bilden den Rahmen für alle Aktivitäten der EU im Bereich der GASP. Sie benennen den politischen Rahmen und stecken zugleich die Grenzen ab, innerhalb derer die EU-Organe und Mitgliedstaaten die Ziele verfolgen können[122]. Besonders wichtig für die ESVP ist dabei, dass Art. 13 Abs. 1 EUV ausdrücklich erklärt, dass auch Fragen mit verteidigungspolitischen Bezügen betroffen sind. Die Mehrzahl der Grundsätze und allgemeinen Leitziele ergeben sich nicht aus dem Primärrecht, sondern insbesondere aus den Schlussfolgerungen des Europäischen Rates. Bei den Schlussfolgerungen ist zu beachten, dass sie im EU-Vertrag keine Erwähnung finden. Es handelt sich bei einer Schlussfolgerung um die Zusammenfassung einer Tagung des Europäischen Rates. Sie und ihre Anhänge legen die Leitlinien und Grundsätze für die GASP/ESVP fest, wobei nicht zwischen Grundsätzen und allgemeinen Leitzielen unterschieden wird[123]. Eine solche Abgrenzung wäre schwer durchzuführen[124]. Auch müssen die Grundsätze und allgemeinen Leitlinien in den Schlussfolgerungen nicht so bezeichnet werden, sondern es genügt, wenn es aus der Formulierung und dem Inhalt der betreffenden Textstelle hervorgeht, dass es sich um handlungsorientierte Vorgaben für die Ausformulierung der GASP durch den Rat handelt[125].
Die Grundsätze und allgemeinen Leitlinien sind im politischen Sinne verbindlich[126], geben daher lediglich bloße politische Richtungsvorgaben an[127].

---

120 *H.-J. Cremer*, in: C. Calliess/M. Ruffert, EU (2007), Art. 12, Rn. 2.
121 *T. Oppermann*, Europarecht (2005), § 30, Rn. 40; *M. Herdegen*, Europarecht (2006), § 30, Rn. 3.
122 *R. Geiger*, EUV (2004), Art. 13, Rn. 2; *W. Kaufmann-Bühler/N. Meyer-Landrut*, in: E. Grabitz/M. Hilf, Art. 13 EUV, Rn. 5 (30. EL Juni 2006).
123 *S. Fröhlich*, Das Projekt der GESVP: Entwicklungen u. Perspektiven, in: ZEI Discussion Paper, C 116, 2002, S. 11.
124 *H.-J. Cremer*, in: C. Calliess/M. Ruffert, EU (2007), Art. 13, Rn. 2.
125 *G. Burghard/G. Tebbe/S. Marquardt*, in: H. von der Groeben/J. Schwarze, EU (2003), Art. 13, Rn. 2.
126 *T. Oppermann*, Europarecht (2005), § 30, Rn. 40.
127 *H.-J. Cremer*, in: C. Calliess/M. Ruffert, EU (2007), Art. 13, Rn. 5.

Da Grundsätze und allgemeine Leitlinien den Rahmen für sämtliche Aktivitäten der EU im Bereich der GASP bilden, könnte mit Hilfe der Grundsätze und allgemeinen Leitlinien hinsichtlich der Terrorismusbekämpfung klargestellt werden, dass sie zu den Zielen der GASP und damit der ESVP gehört. Eine solche Klarstellung könnte etwa in einer Schlussfolgerung des Europäischen Rates erfolgen.

b.) Gemeinsame Strategien (Art. 13 Abs. 2 EUV)

Die gemeinsamen Strategien (Art. 13 Abs. 2 EUV) wurden durch den Vertrag von Amsterdam in den EU-Vertrag eingeführt. Sie betreffen konkrete Politikfelder, in denen wichtige gemeinsame Interessen der Mitgliedstaaten bestehen[128]. Sie geben jeweils Zielsetzung und Dauer der Aktion sowie die von der EU und den Mitgliedstaaten bereitzustellenden Mittel an (Art. 13 Abs. 2 UAbs. 2 EUV). Daher ist eine gemeinsame Strategie wesentlich präziser als ein Grundsatz oder allgemeines Leitziel.
Sie sind ein förmliches Instrument mit Verbindlichkeit für den Rat, der sie durchführt[129]. Sie entfalten lediglich eine politische Bindung. Aus der mitgliedschaftlichen Kooperations- und Förderungspflicht ergibt sich allerdings eine Bemühensverpflichtung, der sich ein Mitgliedstaat nicht ohne weiteres entziehen kann. Dies gilt aber auch für die Grundsätze und allgemeinen Leitziele[130].

Beschlüsse über gemeinsame Strategien werden nach Art. 13 Abs. 2 und 3 EUV auf Empfehlung des Rates vom Europäischen Rat beschlossen. Eine gemeinsame Strategie wird dann hauptsächlich durch gemeinsame Aktionen und gemeinsame Standpunkte durchgeführt (vgl. Art. 23 Abs. 2 Spstr. 1 EUV). Der Rat beschließt ein solches Handeln dann gemäß Art. 23 Abs. 2 UAbs. 1 Spstr. 1 EUV mit qualifizierter Mehrheit, wobei aber Art. 23 Abs. 2 UAbs. 4 EUV zu beachten ist. Maßnahmen mit militärischen oder verteidigungspolitischen Bezügen unterliegen danach dem Konsensprinzip.

Gemeinsame Strategien könnten Bedeutung für die Terrorismusbekämpfung erlangen, weil sie jeweils Zielsetzung, Dauer und die bereitzustellenden Mittel anzugeben haben. Zwar müssen dies auch gemeinsame Aktionen angeben, aber der Vorteil einer gemeinsamen Strategie gegenüber einer gemeinsamen Aktion

---

128 *R. Geiger*, EUV (2004), Art. 13, Rn. 4; *M. Herdegen*, Europarecht (2006), § 30, Rn. 6.
129 *T. Oppermann*, Europarecht (2005), § 30, Rn. 40.
130 *R. Geiger*, EUV (2004), Art. 13, Rn. 8.

könnte darin zu sehen sein, dass die gemeinsamen Strategien wesentlich präziser sind als Grundsätze und allgemeine Leitlinien[131].

c.) Gemeinsame Standpunkte (Art. 15 EUV)

Die gemeinsamen Standpunkte (Art. 15 EUV) sind das zweite Hauptinstrument der GASP. Sie werden näher in Art. 13 Abs. 3, Art. 15 und Art. 23 EUV erläutert und können gemeinsame Strategien konkretisieren. In ihnen *„wird das Konzept der Union für eine bestimmte Frage geographischer oder thematischer Art bestimmt"*. Damit soll ein übereinstimmendes Handeln der Mitgliedstaaten und der Kommission erreicht werden. Im Gegensatz dazu will eine gemeinsame Aktion ein gemeinsames Handeln der EU erreichen. Die Mitgliedstaaten sollen dafür sorgen, dass ihre nationale Politik im Einklang mit den gemeinsamen Standpunkten steht (Art. 15 S. 2 EUV). Es handelt sich also bei ihnen um autonome Angelegenheiten der Mitgliedstaaten[132].
Im Gegensatz zu den gemeinsamen Aktionen enthalten die Bestimmungen zu den gemeinsamen Standpunkten keine Aussagen zu der Bindungswirkung. Von daher kann eine rechtliche Bindungswirkung allenfalls indirekt über allgemeine Förderungspflichten (Grundsatz der Unionstreue) hergeleitet werden sowie über das Verbot des *venire contra factum proprium*. Dieses ergibt sich aus dem Wortlaut des Satz 2, wonach die Mitgliedstaaten *„dafür Sorge tragen, dass ihre einzelstaatliche Politik mit den gemeinsamen Standpunkten im Einklang steht"*[133].

Zuständig für die Annahme von gemeinsamen Standpunkten ist nach Art. 15 EUV der Rat. Der Rat beschließt die gemeinsamen Standpunkte im Sinne des Art. 23 EUV[134].

Gemeinsame Standpunkte könnten ein Rechtsinstrument darstellen, mit dem der Terrorismus bekämpft werden könnte. Denn mit gemeinsamen Standpunkten

131 *W. Kaufmann-Bühler/N. Meyer-Landrut*, in: E. Grabitz/M. Hilf, Art. 13 EUV, Rn. 7 (30. EL Juni 2006).

132 *G. Burghard/G. Tebbe/S. Marquardt*, in: H. von der Groeben/J. Schwarze, EU (2003), Art. 15, Rn. 3; *W. Kaufmann-Bühler*, in: E. Grabitz/M. Hilf, Art. 15 EUV, Rn. 9 (30. EL Juni 2006); *T. Oppermann*, Europarecht (2005), § 30, Rn. 42.

133 *R. Geiger*, EUV (2004), Art. 15, Rn. 3.

134 Vgl. Erläuterungen zum Verfahren der gemeinsamen Aktionen, 1. Kap. B. III. 1. b.).

kann Position zu spezifischen Themen, wozu auch der Terrorismus gehören kann, bezogen werden[135].

d.) Ausbau der Zusammenarbeit der Mitgliedstaaten im Rat (Art. 16 EUV)

Art. 16 EUV bestimmt eine Pflicht zur gegenseitigen Unterrichtung und Abstimmung zwischen den Mitgliedstaaten zu jeder außen- und sicherheitspolitischen Frage von allgemeiner Bedeutung. Diese Kooperation wird im Rat vollzogen. Dadurch soll erreicht werden, dass der Einfluss der EU durch konzentriertes und konvergierendes Handeln möglichst wirksam zum Tragen kommt. Dabei handelt es sich um eine grundlegende Pflicht, die in Bezug auf die Zusammenarbeit in internationalen Organisationen und auf internationalen Konferenzen sowie die Tätigkeit diplomatischer und konsularischer Vertretungen in Art. 19 und 20 EUV für Einzelbereiche noch konkretisiert wird[136]. Mangels Justitiabilität kommt ihr aber kaum rechtliche Bedeutung zu[137].
Dieses „Mittel" wird allerdings durch keine Umsetzungsbestimmung konkretisiert und ist daher eher als Ergänzung der allgemeinen Verpflichtung der Mitgliedstaaten zur Zusammenarbeit im Sinne des Art. 11 Abs. 2 EUV zu verstehen[138].

Unmittelbare Bedeutung besitzt dieses Rechtsinstrument mangels Justitiabilität nicht für die Terrorismusbekämpfung. Allerdings kann die Verpflichtung zur Kooperation im Rat dahingehend Bedeutung für die Terrorismusbekämpfung haben, dass in Fragen zum Terrorismus ein Meinungsaustausch erfolgt, wodurch die Mitgliedstaaten ihre Standpunkte aufeinander abstimmen können.

e.) Abschluss internationaler Abkommen gemäß Art. 24 EUV

Im Amsterdamer Vertrag wurde durch Art. 24 EUV ein Instrument der GASP über den Abschluss von Übereinkünften mit Drittstaaten und internationalen Organisationen, die zur Durchführung der GASP notwendig sind, eingeführt. Art. 24 EUV stellt daher erstmals eine Rechtsgrundlage für die Verhandlung und den Abschluss internationaler Abkommen der EU dar. Diese Vorschrift wurde durch den Vertrag von Nizza überarbeitet.

---

[135] *E. Regelsberger*, GASP, in: W. Weidenfeld/W. Wessels (Hrsg.), Jahrbuch der Europäischen Integration 2001/2002 (2002), 233, 237.
[136] *R. Geiger*, EUV (2004), Art. 16, Rn. 1.
[137] *H.-J. Cremer*, in: C. Calliess/M. Ruffert, EU (2007), Art. 16, Rn. 1.
[138] *S. Marquardt*, in: H. von der Groeben/J. Schwarze, EU (2003), Art. 12, Rn. 2.

Zum Abschluss internationaler Abkommen wird nach Art. 14 Abs. 1 EUV der Rat ermächtigt. Zu diesem Zweck kann der Rat den Vorsitz, der gegebenenfalls von der Kommission unterstützt wird, ermächtigen, Verhandlungen aufzunehmen. Betrifft die Übereinkunft eine Frage, bei der zur Annahme internationaler Beschlüsse Einstimmigkeit erforderlich ist, beschließt der Rat einstimmig (Art. 24 Abs. 2 EUV). Handelt es sich um eine Übereinkunft zur Durchführung einer gemeinsamen Aktion oder eines gemeinsamen Standpunkts, so reicht die qualifizierte Mehrheit aus (Art. 24 Abs. 3 EUV). Nach Art. 24 Abs. 5 EUV ist ein Mitgliedstaat durch einen solchen Vertrag dann nicht gebunden, wenn dessen Vertreter im Rat erklärt, dass in seinem Land bestimmte verfassungsrechtliche Vorschriften eingehalten werden müssen. Die anderen Mitglieder des Rates können dann allerdings trotzdem beschließen, dass die Übereinkunft vorläufig gilt.
Art. 24 EUV gilt dabei sowohl für die GASP als auch für Übereinkünfte auf dem Gebiet der polizeilichen und justitiellen Zusammenarbeit in Strafsachen gemäß Titel 6 des EU-Vertrags.
Über Art. 24 EUV können vor allem auch friedenserhaltende Maßnahmen zur Konfliktverhütung und friedensschaffende Maßnahmen zur Krisenbewältigung im Sinne der Petersberg-Aufgaben nach Art. 17 Abs. 2 EUV beschlossen werden, da für ihre Durchführung die Mitwirkung der Regierungen und der Verwaltungsstellen vor Ort erforderlich ist[139].

Internationale Abkommen könnten dabei bezüglich der Terrorismusbekämpfung getroffen werden, wenn diese in den Aufgabenbereich der ESVP fallen sollte. Etwa könnten in Abkommen Anti-Terrorismusklauseln eingefügt werden, um die gemeinsame Haltung hinsichtlich terroristischer Aktivitäten zum Ausdruck zu bringen.

f.) Sonstige Instrumente

Wie bereits erwähnt bedient sich die EU neben den genannten speziellen Instrumenten zusätzlich anderer nicht im Unionsvertrag benannter diplomatischer Handlungsformen. Es handelt sich um Äußerungsformen des Rates in der Form von sonstigen Beschlüssen[140]. Dazu gehören etwa Erklärungen, Demarchen, Konsultationen, Kontaktmissionen, Konferenzen, Verhandlungen oder Schlussfolgerungen[141]. Teilweise[142] werden in diesen Instrumenten gemeinsame Stand-

[139] *W. Kaufmann-Bühler*, in: E. Grabitz/M Hilf, Art. 24 EUV, Rn. 1 (30. EL Juni 2006).
[140] *W. Kaufmann-Bühler*, in: E. Grabitz/M. Hilf, Art. 12 EUV, Rn. 8 (30. EL Juni 2006).
[141] Zu den Schlussfolgerungen siehe 1. Kap. B. III. 2. a.).

punkte gesehen, da jede Aussage des Rates zu einer außen- und sicherheitspolitischen Frage ein gemeinsamer Standpunkt sei. Gegen eine solche Einordnung sprechen allerdings die Formerfordernisse bei der Verabschiedung gemeinsamer Standpunkte[143]. So müssen gemeinsame Standpunkte ausdrücklich als solche bezeichnet werden und werden in der Regel im Amtsblatt der EG veröffentlicht[144]. Deshalb hängt die rechtliche Wirkung dieser Instrumente vom Willen und den Kompetenzen ihrer Urheber im Einzelfall ab[145].

Erklärungen stellen unter den Rechtsinstrumenten der EU sogar das in der Praxis am häufigsten angewendete Instrument dar. Erklärungen sind traditioneller Bestandteil der außenpolitischen Zusammenarbeit und sind inzwischen gewohnheitsrechtlich verfestigt. Ihre Wirkung ist abhängig von der jeweiligen Lage, dem jeweiligen Adressaten und der etwaigen Verbindung mit wirtschaftlichen Maßnahmen[146]. Mit diesem flexiblen Instrument kann sehr schnell auf Ereignisse in allen Teilen der Welt reagiert werden und der Standpunkt der Mitgliedstaaten der EU zu einer bestimmten internationalen Frage zum Ausdruck gebracht werden[147]. Daher könnte mit einer Erklärung sehr schnell auf einen Terroranschlag reagiert werden.

3. Fazit

Grundsätzlich könnten mit dem Rechtsinstrument Gemeinsame Aktionen ESVP-Operationen zur Terrorismusbekämpfung eingeleitet werden. Aber auch mit den Grundsätzen und allgemeinen Leitlinien, den gemeinsamen Strategien, den gemeinsamen Standpunkten, dem Abschluss internationaler Abkommen und mit Erklärungen könnten Maßnahmen zur Terrorismusbekämpfung aufgenommen werden.

---

142 *F. Fink-Hooijer*, The Common Foreign and Security Policy of the EU, in: EJIL 5 (1994), 173, 179; vgl. auch *G. Burghard/G. Tebbe*, in: H. von der Groeben/J. Thiesing/C.-D. Ehlermann, EU (1997), Art. J.2, Rn. 5.

143 *G. Burghard/G. Tebbe*, in: H. von der Groeben/J. Thiesing/C.-D. Ehlermann, EU (1997), Art. J.2, Rn. 6.

144 Geschäftsordnung des Rates v. 15.4.2004, abgedruckt in: ABl. 2004 L 106, S. 22, 45.

145 *R. Geiger*, EUV (2004), Art. 12, Rn. 3.

146 *L. Münch*, Die GASP: ein Schaf im Wolfspelz?, in: ZÖR 52 (1997), 389, 390.

147 *A. Haratsch/C. Koenig/M. Pechstein*, Europarecht (2006), Rn. 1130.

ZWEITES KAPITEL: DER WANDEL DER PRAXIS IM ANSCHLUSS AN DIE TERRORANSCHLÄGE VOM 11. SEPTEMBER 2001

Im Folgenden soll aufgezeigt werden, ob mit den in Betracht kommenden Rechtsinstrumenten tatsächlich bereits im Rahmen der ESVP zur Terrorismusbekämpfung gehandelt wurde. Sollte dies der Fall sein, dann würde dies belegen, dass die Terrorismusbekämpfung Bestandteil des breiteren Aufgabenspektrums der ESVP ist, welches durch eine dynamische Vertragsauslegung des Art. 17 EUV rechtlich zulässig ist.

A. Terrorismusbekämpfung im Rahmen der ESVP in der Anfangsphase der ESVP (Juni 1999 bis zum 11. September 2001)

In der Anfangszeit der ESVP beginnend mit dem Europäischen Rat in Köln im Juni 1999 bis zum Ende der ersten Jahreshälfte des Jahres 2001 wurden weder unter deutscher[148], finnischer[149], portugiesischer[150], französischer[151] noch unter

---

148 Vgl. dazu Schlussfolgerungen des Vorsitzes des ER in Köln v. 3./4.6.1999, SN 150/99, Rn. 55-56; Erklärung des ER zur Stärkung der GESVP, Anhang III zu den Schlussfolgerungen des Vorsitzes des ER in Köln, SN 150/99.

149 Vgl. dazu Schlussfolgerungen des Vorsitzes des ER in Tampere v. 15./16.10 1999, SN 200/99; Schlussfolgerungen des Vorsitzes des ER in Helsinki v. 10./11.12.1999, SN 300/99, Rn. 25-29; Bericht des Vorsitzes über die Stärkung der GESVP u. Bericht über die nichtmilitärische Krisenbewältigung der EU, Anlage IV zu den Schlussfolgerungen des Vorsitzes des ER in Helsinki, SN 300/99; siehe auch Bericht des Vorsitzes an den ER (Helsinki) über die Stärkung der GESVP u. die nichtmilitärische Krisenbewältigung der EU, Ratsdok. 13619/1/99 REV 1.

150 Vgl. dazu Schlussfolgerungen des Vorsitzes des ER in Santa Maria da Feira v. 19./20.6.2000, Rn. 6-12; Bericht des Vorsitzes über die Stärkung der GESVP, Anlage I zu den Schlussfolgerungen des Vorsitzes des ER in Santa Maria da Feira v. 19./20.6.2000; Anlagen 1-4 zur Anlage I zu den Schlussfolgerungen des Vorsitzes des ER in Santa Maria da Feira; siehe dazu auch Ratsdok. 9149/00; Schlussfolgerungen des Vorsitzes der Sondertagung des ER in Lissabon v. 23./24.3.2000, SN 100/00, Rn. 42-45; Entwurf eines Berichtes des Vorsitzes für die Tagung des ER in Lissabon, Ratsdok. 6933/00; Informelle Tagung der Verteidigungsminister der EU-Mitgliedstaaten in Sintra v. 28.2.2000, abgedruckt in: *M. Rutten*, From St. Malo to Nice: European defence, core documents, in: Chaillot Papers 47, S. 94; Allg. Rat v. 14./15.2.2000, abgedruckt in: *M. Rutten*, From St. Malo to Nice: European defence, core documents, in: Chaillot Papers 47, S. 93; WEU-Ministerrat, Porto-Erklärung, 15./16.5.2000, abrufbar unter www.weu.int unter Key texts, letzter Zugriff: 2.8.2009; Deutsch-franz. Verteidigungs- u. Sicherheitsrat-Erklärung v.

schwedischer Ratspräsidentschaft[152] Maßnahmen zur Terrorismusbekämpfung im Rahmen der ESVP ergriffen. Der Terrorismus wurde zwar in den Schlussfolgerungen des Vorsitzes des Europäischen Rates in Tampere[153] im Zusammenhang mit der Intensivierung bei der Kriminalitätsbekämpfung erwähnt[154], dies betraf jedoch nicht den Bereich der ESVP. Ebenfalls wurde in Bezug auf die Terrorismusbekämpfung auf dem Gipfel in Santa Maria da Feira[155] im Zusammenhang mit dem Raum für Freiheit, Sicherheit und Recht die Aussage getroffen, dass der Europäische Rat fest entschlossen sei, *„die durch die Verträge*

Mainz v. 9.6.2000, abgedruckt in: *M. Rutten*, From St. Malo to Nice: European defence, core documents, in: Chaillot Papers 47, S. 118.

151 Vgl. dazu Schlussfolgerungen des Vorsitzes des ER in Nizza v. 7.-9.12.2000, SN 400/1/00 ADD 1 REV 1, Rn. 13-14; Bericht des Vorsitzes über die ESVP, Anlage VI zu den Schlussfolgerungen des Vorsitzes des ER in Nizza, SN 400/00 ADD 1 REV 1; Erklärung über die Bereitstellung militärischer Fähigkeiten, Anlage I zur Anlage VI zu den Schlussfolgerungen des Vorsitzes des ER in Nizza v. 7./8./9.12.2000, SN 400/00 ADD 1 REV 1; Erreichung des Planziels (Headline Goal), Mechanismus zur Beurteilung der militärischen Fähigkeiten, Anhang zur Anlage I der Anlage VI zu den Schlussfolgerungen des Vorsitzes des ER in Nizza, SN 400/00 ADD 1 REV 1; Stärkung der Fähigkeiten der EU im Bereich der nichtmilitärischen Aspekte der Krisenbewältigung, Anlage II zur Anlage VI zu den Schlussfolgerungen des Vorsitzes des ER in Nizza, SN 400/00 ADD 1 REV 1; Dauervereinbarungen über die Konsultation u. die Zusammenarbeit EU/NATO, Anlage VII der Anlage VI der Schlussfolgerungen des Vorsitzes des ER in Nizza v. 7.-9.12.2000, SN 400/1/00 ADD 1 REV 1; WEU-Ministerrat, Marseille-Erklärung, 13.11.2000, abrufbar unter www.weu.int unter Key texts, letzter Zugriff: 2.8.2009; Deutsch-franz. Verteidigungs- u. Sicherheitsrat-Erklärung v. Vittel v. 10.11.2000, abrufbar unter www.deutschland-und-frankreich.de/public/index.php?sess_id=rDmQrCzF52i7ZMqeVa2YRK3iYSPHcB&id_menu=14&id_contentLanguage=2, letzter Zugriff: 23.3.2005; Beitrag des Generalsekretärs/Hohen Vertreters: Bezugsrahmen für die Krisenbewältigung, Ratsdok. 13957/1/00 REV 1; Beitrag des Generalsekretärs/Hohen Vertreters für den ER (Nizza) zum Thema Konfliktverhütung, Ratsdok. 14088/00.

152 Vgl. dazu Schlussfolgerungen des Vorsitzes des ER in Göteborg v. 15./16.6.2001, SN 200/1/01 REV 1, Rn. 47-54; Bericht des Vorsitzes an den ER (Göteborg) über die ESVP, Ratsdok. 9526/1/01 REV 2; Aktionsplan für die Polizei, Anlage I zu den Schlussfolgerungen des Vorsitzes des ER in Göteborg v. 15./16.6.2001, SN 200/1/01 REV 1; Neue konkrete Ziele für die zivilen Aspekte der Krisenbewältigung, Anlage III zu den Schlussfolgerungen des Vorsitzes des ER in Göteborg v. 15./16.6.2001, SN 200/1/01 REV 1; Übungspolitik der EU, Anlage IV zu den Schlussfolgerungen des Vorsitzes des ER in Göteborg v. 15./16.6.2001, SN 200/1/01 REV 1; Entwurf eines Programms der EU zur Verhütung gewaltsamer Konflikte, Ratsdok. 9537/1/01 REV 1; Deutsch-franz. Verteidigungs- u. Sicherheitsrat-Erklärung v. Freiburg v. 12.6.2001, abgedruckt in: *M. Rutten*, From Nice to Laeken: European defence, core documents, volume 2, in: Chaillot Papers 51, S. 20.

153 Schlussfolgerungen des Vorsitzes des ER in Tampere v. 15./16.10 1999, SN 200/99.

154 Schlussfolgerungen des Vorsitzes des ER in Tampere v. 15./16.10 1999, SN 200/99, Rn. 43.

155 Schlussfolgerungen des Vorsitzes des ER in Santa Maria da Feira v. 19./20.6.2000.

gebotenen Möglichkeiten voll auszuschöpfen"[156]. Ob allerdings *„mit den durch die Verträge gebotenen Möglichkeiten"* auch der Bereich der ESVP gemeint war, wird nicht ersichtlich. Vielmehr ist wegen der Bezugnahme auf den Raum für Freiheit, Sicherheit und Recht davon auszugehen, dass sich diese Aussagen auf die dritte Säule der EU bezogen haben.
Da somit in diesem Zeitraum keine Aussagen zur Terrorismusbekämpfung im Rahmen der ESVP getroffen wurden, ist nicht erkennbar, ob die Terrorismusbekämpfung zu Beginn der ESVP in das breitere Aufgabenspektrum der ESVP durch eine dynamische Vertragsauslegung des Art. 17 EUV gefallen ist. Deshalb können aus der Anfangsphase der ESVP keine Rückschlüsse gewonnen werden, ob die Terrorismusbekämpfung heute Teil der Aufgaben und Ziele der ESVP ist.

B. Maßnahmen infolge der Terroranschläge vom 11. September 2001

Zu Veränderungen in der ESVP im Bezug auf die Frage, ob die Terrorismusbekämpfung in ihren Bereich fallen kann, kam es durch die Terroranschläge vom 11. September 2001[157]. Die Terroranschläge vom 11. September 2001 hatten eine weit reichende Bedeutung für die Sicherheitspolitik in der Welt und damit für die ESVP. Die Menschen in der Welt fühlten sich bis zu diesen Anschlägen sicher vor Terroranschlägen. Zwar hat es vorher schon Terroranschläge gegeben, aber nie zuvor in dieser Größenordnung. Nie zuvor wurde ein Terroranschlag mit solch einer Präzision ausgeführt[158]. Die Anschläge haben somit der Welt gezeigt, dass die bisherige Sicherheitspolitik nicht ausreichend war, um

---

156 Schlussfolgerungen des Vorsitzes des ER in Santa Maria da Feira v. 19./20.6.2000, Rn. 51.

157 Anm.: Am Morgen des 11. September 2001 wurden durch die Terrororganisation Al-Qaida in den USA gleichzeitig mehrere Terroranschläge verübt durch die etwa 3.000 Menschen zu Tode kamen. Ziele dieser Terroranschläge waren Symbole der US-amerikanischen Macht. Dazu wurden vier Passagierflugzeuge entführt, wovon zwei innerhalb von 18 Minuten in die beiden Türme des World Trade Centers in New York gesteuert wurden und eines in das Pentagon in Washington D.C. In New York stürzten als Folge der Kollision die 411 Meter hohen Zwillingstürme des World Trade Centers in sich zusammen, wodurch etwa 2.600 Menschen getötet wurden. In Washington D.C. wurde das Pentagon, der Hauptsitz des US-amerikanischen Verteidigungsministeriums, teilweise zerstört, wodurch 124 Menschen zu Tode kamen. Das vierte Flugzeug stürzte, bevor es sein unbekanntes Ziel erreichen konnte, in der Nähe von Pittsburgh (Pennsylvania) ab. Zu den Terroranschlägen vgl. SZ, 12.9.2001, Nr. 210, S. 1; The Guardian, 12.9.2001, S. 5; FR, 12.9.2001, Nr. 212, S. 1; *J. Krauze*, America under attack, in: Le Monde, 13.9.2001, S. 3; FAZ, 12.9.2001, Nr. 212, S. 1; NZZ, 12.9.2001, Nr. 211, S. 1.

158 Vgl. *E.-O. Czempiel*, Die Globalisierung schlägt zurück, in: FR, 5.11.2001, Nr. 257, S. 6.

die Menschen vor solchen Terroranschlägen zu schützen. Daher musste es nach den Terroranschlägen vom 11. September 2001 zu einem Umdenken in der Sicherheits- und Verteidigungspolitik kommen. Spielte die Terrorismusbekämpfung bis dahin in diesem Politikbereich eine eher untergeordnete Rolle, so rückte sie nun in den Mittelpunkt. Dies bedeutete, dass nun Maßnahmen im Bereich der ESVP zur Terrorismusbekämpfung in Betracht zu ziehen waren.

I. Unmittelbare Reaktionen der EU auf die Terroranschläge vom 11. September 2001

Die EU reagierte sehr schnell auf die Terroranschläge vom 11. September 2001. Schon einen Tag nach den Terroranschlägen drückte der Europäische Rat in einer Erklärung auf der Sondertagung für Allgemeine Angelegenheiten[159] sein Entsetzen aus und verurteilte die Terroranschläge auf Schärfste. Der Rat erklärte *„seine uneingeschränkte Solidarität mit der Regierung der Vereinigten Staaten und dem amerikanischen Volk in dieser schrecklichen Stunde“* und bewertete die Terroranschläge nicht nur als Angriff gegen die USA, sondern *„gegen die gesamte Menschheit und gegen die Werte und Freiheiten“* in denen alle Menschen leben. Er gab bekannt, dass die EU den internationalen Terrorismus zusammen mit den USA und ihren anderen Partnern bekämpfen wolle[160].
Zudem brachte der Rat zum Ausdruck, dass die EU möglichst schnell alle zweckmäßigen Maßnahmen ergreifen wolle, damit der Terrorismus bekämpft werden könne und weitere Anschläge vereitelt werden könnten. Dazu wolle der Rat alle ihm zur Verfügung stehenden Mittel nutzen. Im Bereich der GASP forderte der Rat den Vorsitz, den Hohen Vertreter der GASP und die Kommission auf, möglichst schnell einen Bericht über Empfehlungen für konkrete Maßnahmen vorzulegen[161].
Dementsprechend kam einige Tage später der Europäische Rat zu einer Außerordentlichen Tagung für Justiz, Inneres und Katastrophenschutz[162] zusammen. Auf dieser Tagung wurden erste Maßnahmen zur Bekämpfung des Terrorismus ergriffen. Es handelte sich um Maßnahmen aus dem Bereich der justitiellen Zusammenarbeit, der polizeilichen Zusammenarbeit/Nachrichtendienst, der Finan-

159 Sondertagung des Rates für Allg. Angelegenheiten am 12.9.2001, Ratsdok. 11795/01.

160 Erklärung der EU, Sondertagung des Rates für Allg. Angelegenheiten am 12.9.2001, Ratsdok. 11795/01.

161 Schlussfolgerungen des Rates, Sondertagung des Rates für Allg. Angelegenheiten am 12.9.2001, Ratsdok. 11795/01.

162 Außerordentliche Tagung des Rates – Justiz, Inneres u. Katastrophenschutz – am 20.9.2001, Ratsdok. 12019/01.

zierung des Terrorismus und von Maßnahmen an den Außengrenzen der EU[163]. Diese Maßnahmen waren allerdings nicht dem Bereich der ESVP, sondern dem Bereich der polizeilichen und justitiellen Zusammenarbeit in Strafsachen zuzuordnen.

II. Die Außerordentliche Tagung des Europäischen Rates am 21. September 2001

Erste Maßnahmen zur Bekämpfung des Terrorismus, die dann die ESVP betrafen, wurden auf der für die Terrorismusbekämpfung sehr bedeutsamen „Außerordentlichen Tagung des Europäischen Rates am 21. September 2001"[164] beschlossen. Ziel dieser Sondertagung war es, die bereits unmittelbar nach den Anschlägen getroffenen Maßnahmen weiter zu präzisieren und sie durch konkrete Aufträge weiterzuentwickeln. Dazu erklärte der Europäische Rat zunächst allgemein, dass *„der Terrorismus eine beispiellose Herausforderung für die Welt und Europa"* darstelle und dass seine Bekämpfung nun eines der vorrangigen Ziele der EU sei. Konkret wurde die Solidarität mit den USA *„in Anbetracht der mörderischen Terroranschläge"* mit Nachdruck bekräftigt. Es hieß, dass die EU mit den USA zusammenarbeiten wolle, um die Täter, die Verantwortlichen und die Komplizen vor Gericht zu bringen und zu bestrafen. Insbesondere wurde erklärt, dass ein US-amerikanischer Gegenschlag auf Grundlage der Resolution 1368 des Sicherheitsrates der Vereinten Nationen[165] nach Art. 51 UN-Charta gerechtfertigt sei. In einem solchen Fall seien die EU-Mitgliedstaaten im Rahmen ihrer Möglichkeiten bereit, sich an gezielten Aktionen zu beteiligen, wobei sich diese Aktionen auch gegen Terrorismus unterstützende Staaten richten könnten. Ferner rief die EU zu einer umfassenden Koalition gegen den Terrorismus unter der Führung der Vereinten Nationen auf[166].

Sehr bedeutsam für die Bekämpfung des Terrorismus war zudem der Beschluss über einen „Aktionsplan zur Bekämpfung des Terrorismus"[167]. Diese „road map" der EU nahm ein ganzes Bündel von Maßnahmen in Angriff, dessen Um-

---

[163] Zu Einzelheiten siehe Außerordentliche Tagung des Rates – Justiz, Inneres u. Katastrophenschutz – am 20.9.2001, Ratsdok. 12019/01.

[164] Außerordentliche Tagung des ER v. 21.9.2001, Schlussfolgerungen u. Aktionsplan, SN 140/01.

[165] UN-Sicherheitsratresolution 1368 (2001) v. 12.9.2001.

[166] Außerordentlichen Tagung des ER v. 21.9.2001, Schlussfolgerungen u. Aktionsplan, SN 140/01, Punkt 1.

[167] Außerordentliche Tagung des ER v. 21.9.2001, Schlussfolgerungen u. Aktionsplan, SN 140/01.

setzung als besonders dringend erachtet wurde. Dabei spielten langfristige politische Strategien eine wichtige Rolle. Dazu gehörten die Intensivierung der polizeilichen und justitiellen Zusammenarbeit[168], der Aufruf zur Umsetzung aller der Terrorismusbekämpfung dienenden internationalen Verträge, der Auftrag Maßnahmen zur Bekämpfung der Finanzierung des Terrorismus zu treffen, die Verstärkung der Flugsicherheit sowie die Aussage, dass der Allgemeine Rat die Gesamtkoordinierung übernehmen solle[169]. Insbesondere im letztgenannten Punkt wurde betont, dass *„der Kampf gegen den Terrorismus (...) stärker in die Gemeinsame Außen- und Sicherheitspolitik einbezogen werden (müsse)"*[170]. Da die ESVP Bestandteil der GASP ist, könnte diese Aussage dann Konsequenzen für die ESVP haben.

Dieses Maßnahmenbündel war nicht nur deshalb beachtenswert, weil es eine sehr schnelle Reaktion darstellte, sondern vor allem auch, weil sich diese Maßnahmen über alle Säulen der EU erstreckten[171]. Es wurden im Aktionsplan interne und externe Maßnahmen miteinander verbunden. Es lagen also säulenübergreifende Maßnahmen vor (cross-pillarisation)[172]. Trotzdem muss beachtet werden, dass solche Maßnahmen und Maßnahmen des externen Bereichs in diesem Aktionsplan eher die Ausnahme dargestellt haben. Das Maßnahmenbündel, insgesamt gesehen, hat als Antwort auf den 11. September 2001 wichtige langfristige Beiträge bei der Terrorismusbekämpfung gebracht, vor allem weil der Aktionsplan bis heute regelmäßig aktualisiert wird[173].

---

168 Vgl. Außerordentliche Tagung des Rates – Justiz, Inneres u. Katastrophenschutz – am 20.9.2001, Ratsdok. 12019/01.

169 Außerordentlichen Tagung des ER v. 21.9.2001, Schlussfolgerungen u. Aktionsplan, SN 140/01, Punkt 2.

170 Außerordentlichen Tagung des ER v. 21.9.2001, Schlussfolgerungen u. Aktionsplan, SN 140/01, Punkt 2, Rn. 7.

171 Anm.: Er beinhaltete Maßnahmen im justitiellen und polizeilichen Bereich, Instrumente der zweiten Säule und finanzielle Instrumente der ersten Säule, vgl. *J. Monar,* Die EU als Raum der Freiheit, der Sicherheit u. des Rechts u. die Herausforderung des internationalen Terrorismus, in: int 2002, 171, 180.

172 *J. Monar,* Die EU als Raum der Freiheit, der Sicherheit u. des Rechts u. die Herausforderung des internationalen Terrorismus, in: int 2002, 171, 180.

173 So wurde der Aktionsplan bereits unter span. Ratspräsidentschaft (1. Hj. 2002) überarbeitet (dazu siehe Aktionsplan der EU zur Bekämpfung des Terrorismus, Ratsdok. 10773/2/02 REV 2). Eine weitere Aktualisierung erfolgte nach den Terroranschlägen von Madrid (dazu siehe Aktualisierter EU-Aktionsplan zur Bekämpfung des Terrorismus, Ratsdok. 10010/3/04 u. 2. Kap. F. II. 5.) a.)). Danach wurde der Aktionsplan im Februar 2006 aktualisiert, der nun mehr als 160 Einzelmaßnahmen in den vier Arbeitsfeldern Prävention, Schutz, Verfolgung und Reaktion enthielt (dazu siehe Durchführung des Aktionsplans zur Bekämpfung des Terrorismus, Ratsdok. 9589/06). In der Folgezeit wurde der Aktionsplan vom Rat und vom Generalsekretär/Hohen Vertreter *Solana* in regelmäßigen Abständen aktualisiert.

Da die Maßnahmen im Wesentlichen nicht die Terrorismusbekämpfung im Rahmen der ESVP betrafen, waren die Erläuterungen auf dieser Außerordentlichen Tagung zum weltweiten Engagement der EU von Bedeutung für die ESVP[174]. Unabdingbar bei der Bekämpfung des Terrorismus sei es nämlich, dass „*die EU sich stärker an den Bemühungen der internationalen Gemeinschaft zur Verhütung und Stabilisierung der regionalen Konflikte*" beteilige. Dazu müsse „*ein eingehender politischer Dialog mit den Ländern und Regionen der Welt (geführt werden), in denen sich der Terrorismus entwickelt*". Dadurch könne der Kampf gegen die „*Geißel Terrorismus*" wirksamer geführt werden. Denn „*die Integration aller Länder in einem gerechten System für Sicherheit, Wohlstand und weitere Entwicklung (sei) die Voraussetzung für eine starke und dauerhafte Gemeinschaft beim Kampf gegen den Terrorismus*". Hierbei wurde erstmals betont, dass eine effiziente ESVP wichtige Beiträge bei der Bekämpfung des Terrorismus leisten könne und müsse, weshalb aus ihr zunächst „*umgehend ein einsatzbereites Instrument*" gemacht werden müsse[175].
Aus dieser Aussage zum weltweiten Engagement wird somit erstmals der ESVP explizit eine Rolle bei der Bekämpfung des Terrorismus zugewiesen. Sie zeigt, dass von nun an die Bekämpfung des Terrorismus Teil der Aufgaben der ESVP war.

III. Die Operation Enduring Freedom (Afghanistan-Krieg) – eine militärische Operation zur Terrorismusbekämpfung im Rahmen der ESVP?

Als Reaktion auf die Terroranschläge begann knapp vier Wochen nach den Terroranschlägen von New York und Washington D.C. am 7. Oktober 2001 die Operation Enduring Freedom mit Bombardierungen in Afghanistan. Gestützt auf die Resolution 1368 des Sicherheitsrates der Vereinten Nationen richteten sich die Angriffe gegen das Taliban-Regime und das in Afghanistan operierende Terrornetzwerk Al-Qaida, das für die Terroranschläge verantwortlich gemacht wurde. Ziel war es insbesondere, den Anführer der Al-Qaida *Osama Bin Laden* ausfindig zu machen. Die erste Phase der Kampfhandlungen war schließlich wenige Wochen später zugunsten der US-Streitkräfte beendet, allerdings ohne *Osama Bin Laden* ausfindig gemacht zu haben[176]. Dieser amerikanische

[174] Außerordentlichen Tagung des ER v. 21.9.2001, Schlussfolgerungen u. Aktionsplan, SN 140/01, Punkt 3.
[175] Außerordentlichen Tagung des ER v. 21.9.2001, Schlussfolgerungen u. Aktionsplan, SN 140/01, Punkt 3.
[176] *T. Delpech*, International terrorism and Europe, in: Chaillot Papers 56, Fn. 2.

Gegenschlag wurde sowohl durch die NATO und als auch durch die EU[177], zumindest politisch, unterstützt.

Trotz dieser Einigkeit wurden die Angriffe nahezu im US-amerikanischen Alleingang vollzogen. Sowohl die NATO als auch die EU blieben als Akteure unsichtbar. Lediglich Großbritannien war durch Streitkräfteeinheiten beteiligt[178]. Dieses Vorgehen zeigte, dass die USA multilaterale Maßnahmen mieden. Sie bevorzugten unilaterale beziehungsweise bilaterale Maßnahmen mit ausgewählten Partnern, wie in diesem Fall mit Großbritannien.

Zwar kündigte der belgische Außenminister *Louis Michel*[179] in missverständlicher Weise an, dass die EU eine gemeinsame multinationale Streitkraft für Afghanistan aufstellen werde und damit einen historischen Wendepunkt erreiche, jedoch wurde schnell klargestellt, dass es sich lediglich um einzelne Beiträge von Mitgliedstaaten zu einer Friedenstruppe unter UN-Mandat handeln konnte[180]. Dass die EU, und damit die ESVP, am „ersten Teil" des „Kampfes gegen den Terrorismus"[181] nicht beteiligt war, dürfte nicht förderlich für die sich noch in der Anfangsphase befindliche ESVP gewesen sein[182]. Allerdings muss ebenfalls betont werden, dass der unfertige Entwicklungsstand der ESVP kaum eine andere Situation erwarten ließ[183].

---

177 So heißt es etwa in Punkt 1 der Außerordentlichen Tagung des ER v. 21.9.2001, Schlussfolgerungen u. Aktionsplan, SN 140/01 und in der Erklärung des Rates zum Vorgehen gegen die Taliban, 2372. Tagung des Rates – Allg. Angelegenheiten - v. 8. u. 9.10.2001, Ratsdok. 12330/01, dass ein US-amerikanischer Gegenschlag auf Grundlage des Selbstverteidigungsrechts und der Resolution 1368 gerechtfertigt sei.

178 *M. Jopp*, ESVP, in: W. Weidenfeld/W. Wessels (Hrsg.), Jahrbuch der Europäischen Integration 2001/2002 (2002), 223, 223.

179 Anm.: Belgien hatte im zweiten Halbjahr 2001 den Ratsvorsitz inne.

180 So *Michel* auf dem Europäischen Rat in Laeken, dazu vgl. Ausführungen von *H. Bacia*, Widerspruch zwischen Wollen u. Können, in: FAZ, 17.12.2001, Nr. 293, S. 5.

181 Anm.: So und ähnlich bezeichnete US-Präsident *George W. Bush* den Angriff auf Afghanistan. Bspw. sprach er in seiner Rede an die Nation am 7. Oktober 2001 von „*campaign against terrorism*" (siehe: www.whitehouse.gov/news/releases/2001/10/20011007-8.html, letzter Zugriff: 26.4.2007). Insb. in seiner Ansprache vom 20. September 2001 vor dem Kongress sprach er vom „*war on terrorism*". Damit sprach er das Taliban-Regime in Afghanistan an. abrufbar unter www.whitehouse.gov/news/releases/2001/09/20010920-8.html, letzter Zugriff: 26.4.2007.

182 Vgl. *M. Jopp*, ESVP, in: W. Weidenfeld/W. Wessels (Hrsg.), Jahrbuch der Europäischen Integration 2001/2002 (2002), 223, 223; *J. Howorth*, CESDP after 11 September: From Shortterm Confusion to Longterm Cohesion, in: EUSA Review Essay, Winter 2002, S. 1.

183 *H. Bacia*, Widerspruch zwischen Wollen u. Können, in: FAZ, 17.12.2001, Nr. 293, S. 5; zum Entwicklungsstand der ESVP siehe 3. Kap. A.

Die Operation Enduring Freedom war also keine militärische ESVP-Operation zur Bekämpfung des Terrorismus. Jedoch beteiligte sich die EU beim politischen und ökonomischen Wiederaufbau Afghanistans. Nachdem die EU lange Zeit nicht in Afghanistan in Erscheinung getreten ist, leistet sie seit dem 15. Juni 2007 mit der Polizeimission EUPOL Afghanistan[184] einen Beitrag beim Wiederaufbau Afghanistans.

IV. Weitere Maßnahmen zur Terrorismusbekämpfung im Rahmen der ESVP im Jahr 2001

Die in der Zeit nach den Terroranschlägen vom 11. September 2001 abgehaltenen Treffen innerhalb der EU waren vornehmlich von Solidaritätsbekundungen gegenüber den USA und von Rechtfertigungen für den Afghanistan-Krieg geprägt[185]. Hinsichtlich der Terrorismusbekämpfung versuchte die EU in dieser Zeit Stellung zu ihrem weiteren Vorgehen zu beziehen. So bewertete der Rat den Terrorismus auf seiner Tagung für Allgemeine Angelegenheiten am 8. und 9. Oktober 2001, wie schon auf der Außerordentlichen Tagung des Europäischen Rates am 21. September 2001[186], als *„beispiellose Herausforderung"* und als *„eine Bedrohung für unsere Sicherheit und unsere Stabilität"*. Darum müsse

[184] Anm.: Am 15. Juni 2007 hat die vom Rat der EU gebilligte Polizeimission EUPOL Afghanistan ihre Arbeit aufgenommen. Das Mandat läuft über drei Jahre. Diese Mission baut auf dem deutschen Polizeiprojektbüro in Kabul auf, das zusammen mit seinen Dependancen in Mazar-e Sharif, Kundus und Faizabad sowie dem afghanischen Innenministerium Ausbildung, Infrastruktur und Ausstattung der afghanischen Polizei koordiniert. Zu der Mission fanden sich 195 Polizei- und Rechtsstaatsexperten aus 21 Staaten zusammen. EUPOL Afghanistan soll zum Aufbau tragfähiger und effizienter ziviler Polizeistrukturen beitragen, die ein angemessenes Zusammenwirken mit dem weiter gefassten System der Strafrechtspflege unter afghanischer Eigenverantwortung und im Einklang mit internationalen Standards sicherstellen werden. Vgl. Gemeinsame Aktion 2007/369/GASP des Rates v. 30.5.2007 über die Einrichtung einer Polizeimission der EU in Afghanistan, abgedruckt in: ABl. 2007 Nr. L 139, S. 33; ESVP-Bericht, Ratsdok. 10910/07, Rn. 25.

[185] Erklärung des Rates zum Vorgehen gegen die Taliban, 2372. Tagung des Rates –Allg. Angelegenheiten- v. 8. u. 9.10.2001, Ratsdok. 12330/01; Außerordentliche Tagung des Rates – Allg. Angelegenheiten – am 17.10.2001, Ratsdok. 12859/01; Erklärung der Staats- oder Regierungschefs der EU u. des Präsidenten der Kommission: Die Maßnahmen nach den Terroranschlägen v. 11. September u. die Terrorismusbekämpfung, Brüssel, 19.10.2001, SN 4296/2/01 REV 2.

[186] Außerordentliche Tagung des ER v. 21.9.2001, Schlussfolgerungen u. Aktionsplan, SN 140/01.

dieser bekämpft werden[187]. Die dementsprechend ergriffenen Maßnahmen sind allerdings im Wesentlichen den Bereichen der ersten und dritten Säule der EU[188] zuzuordnen[189].

Aber auch bezüglich der Terrorismusbekämpfung im Rahmen der ESVP handelte die EU. Es wurde betont, dass die ESVP einen Beitrag bei der Terrorismusbekämpfung übernehmen müsse. Der Rat erklärte auf seiner Außerordentlichen Tagung für Allgemeine Angelegenheiten am 17. Oktober 2001[190], dass *„die ESVP (dafür) so rasch wie möglich operativ gemacht (werden müsse)"*[191]. Es sollten die wesentlichen Schwachstellen der ESVP beseitigt werden, die vor allem im militärischen Bereich lagen. Aufgrund ihres nicht sehr weiten Entwicklungsstandes konnte die ESVP keinen Beitrag zur militärischen Bekämpfung des Terrorismus leisten[192], wie die Nichtbeteiligung an der Operation Enduring Freedom gezeigt hatte. Demgemäß setzte die EU ihre Prioritäten bei der Terrorismusbekämpfung damals mehr auf den diplomatischen Bereich.

Auf dem Europäischen Rat in Laeken im Dezember 2001[193] wurden weitere Aussagen zur Terrorismusbekämpfung im Rahmen der ESVP getroffen. Dort wurde die ESVP trotz noch bestehender Defizite bei den europäischen Fähigkeiten und der verbreiteten Skepsis unter den Mitgliedstaaten auf Drängen der Präsidentschaft und mit Unterstützung der französischen Seite die ESVP für einsatzbereit erklärt[194]. Es wurde erklärt, dass die Einsatzbereitschaft der ESVP

---

187 Schlussfolgerungen des Rates zum Vorgehen der EU, 2372. Tagung des Rates –Allg. Angelegenheiten- v. 8. u. 9.10.2001, Ratsdok. 12330/01, Rn. 1.

188 Anm.: Vgl. dazu die schon vorgenommenen Erläuterungen. Zudem soll auf diese und weitere Maßnahmen der ersten und dritten Säule in dieser Arbeit nicht weiter eingegangen werden.

189 *M. Jopp*, ESVP, in: W. Weidenfeld/W. Wessels (Hrsg.), Jahrbuch der Europäischen Integration 2001/2002 (2002), 223, 223.

190 Außerordentliche Tagung des Rates – Allg. Angelegenheiten – am 17.10.2001, Ratsdok. 12859/01.

191 Außerordentliche Tagung des Rates – Allg. Angelegenheiten – am 17.10.2001, Ratsdok. 12859/01, Rn. 13.

192 *M. Jopp*, ESVP, in: W. Weidenfeld/W. Wessels (Hrsg.), Jahrbuch der Europäischen Integration 2001/2002 (2002), 223, 223.

193 Schlussfolgerungen des Vorsitzes des ER in Laeken v. 14./15.12.2001, SN 300/1/01 REV 1.

194 Anm.: Es wurde vorgetragen, dass durch die Weiterentwicklung der ESVP, die Stärkung der zivilen und militärischen Fähigkeiten und die Schaffung der entsprechenden EU-Strukturen sowie nach den Konferenzen über die militärischen und die polizeilichen Fähigkeiten die EU nun zur Durchführung von Operationen zur Krisenbewältigung in der Lage sei. Dazu vgl. Schlussfolgerungen des Vorsitzes des ER in Laeken v. 14./15.12.2001, SN 300/1/01 REV 1, Rn. 6; Erklärung zur Einsatzbereitschaft auf dem

dazu beitragen werde, dass die EU eine effektive Rolle bei der Terrorismusbekämpfung übernehmen könne. Denn aufgrund der großen Bedrohung für Europa durch den Terrorismus, stelle dieser eine besondere Herausforderung dar. Deshalb müsse die Umsetzung der ESVP weiterhin *„entschieden beschleunigt“* werden. Insbesondere wurde unterstrichen, dass die schon beschleunigte Entwicklung der *„zivilen und militärischen Krisenmanagementfähigkeiten (der ESVP) (...) einen wirksameren Beitrag zur Verhütung und Kontrolle der terroristischen Bedrohung (...) leisten“* könne[195].
Dennoch ist zu bedenken, dass die erklärte Einsatzbereitschaft nur so zu verstehen war, dass die EU fähig war, „einige“ Krisenbewältigungsoperationen durchzuführen. Damit waren nur Operationen im unteren Spektrum der Petersberg-Aufgaben gemeint und solche mit nicht-militärischen Bezügen, wie zum Beispiel Polizeioperationen[196]. Dieser Mangel wird vor allem in der „Erklärung zur Einsatzbereitschaft auf dem Gebiet der Gemeinsamen Sicherheits- und Verteidigungspolitik“[197] aufgezeigt, in der das Wort „einsatzbereit“ im Text sorgfältig vermieden wurde. Dort heißt es nur, dass durch die Stärkung ihrer militärischen und zivilen Fähigkeiten zum internationalen Krisenmanagement und die Schaffung neuer Strukturen die EU *„nunmehr in der Lage sei, einige Operationen zur Krisenbewältigung durchzuführen“*. Mit einer Verbesserung der militärischen Fähigkeiten werde sie *„nach und nach immer anspruchsvollere Operationen“* übernehmen können[198]. Durch die Wortwahl kommt deutlich zum Ausdruck, dass die Einsatzfähigkeit allenfalls beschränkt gegeben war[199]. Auf die Terrorismusbekämpfung im Rahmen der ESVP bezogen bedeutete dies, dass die EU trotz der Einsatzbereitschaftserklärung zu dem Zeitpunkt nicht in der Lage war, Operationen zur Terrorismusbekämpfung durchzuführen.

Gebiet der GSVP, Anlage II zu den Schlussfolgerungen des Vorsitzes des ER in Laeken v. 14./15.12.2001, SN 300/1/01 REV 1; vgl. *M. Clarke/P. Cornish*, International Affairs 78, 4 (2002), 777, 786.

195 Entwurf eines Berichtes des Vorsitzes über die ESVP v. 11.12.2001, Ratsdok. 15193/01, Rn. 4; vgl. auch *G. Weiler*, Streitkräfte zur Terrorismusbekämpfung: Eine taugliche Option?, in: H. Frank/K. Hirschmann (Hrsg.), Terrorismus als internationale Herausforderung (2002), 381, 386.

196 *M. Jopp*, ESVP, in: W. Weidenfeld/W. Wessels (Hrsg.), Jahrbuch der Europäischen Integration 2001/2002 (2002), 223, 225.

197 Erklärung zur Einsatzbereitschaft auf dem Gebiet der GSVP, Anlage II zu den Schlussfolgerungen des Vorsitzes des ER in Laeken v. 14./15.12.2001, SN 300/1/01 REV 1.

198 Entwurf eines Berichtes des Vorsitzes über die ESVP v. 11.12.2001, Ratsdok. 15193/01, Rn. 29.

199 *H. Bacia*, Widerspruch zwischen Wollen u. Können, in: FAZ, 17.12.2001, Nr. 293, S. 5.

V. Fazit

Die EU reagierte auf die Terroranschläge vom 11. September 2001 sehr schnell durch einige Maßnahmen, die hauptsächlich Materien der ersten und dritten Säule der EU betrafen. Bedenkt man den notwendigen Koordinationsaufwand und die unvermeidlichen Einschätzungsunterschiede zwischen den fünfzehn Regierungen sowie den EU-Organen, so ist die Erklärung auf der Sondertagung für Allgemeine Angelegenheiten am 12. September 2001 als schnelle Reaktion zu bewerten. Dies gilt zudem für den auf der Außerordentlichen Tagung des Europäischen Rates am 21. September 2001 beschlossenen Aktionsplan. Seine Annahme in so kurzer Zeit ist als besondere Leistung des Unionsystems zu betrachten, insbesondere wenn man dies mit der Langwierigkeit der Entscheidungsprozesse bei früheren Krisen- und Konfliktsituationen, wie etwa im ehemaligen Jugoslawien oder bei der Entwicklung der gemeinsamen Strategien der GASP vergleicht[200].

Zwar betrafen die erfolgten Maßnahmen vornehmlich Bereiche der ersten und dritten Säule der EU[201], jedoch erkannte die EU ebenfalls, dass die Außenpolitik und dabei speziell die Sicherheitspolitik Beiträge zur Terrorismusbekämpfung liefern kann. Dies kam erstmalig auf der Außerordentlichen Tagung des Europäischen Rates am 21. September 2001 deutlich zum Ausdruck, wo erklärt wurde, dass die ESVP eine zentrale Rolle bei der Terrorismusbekämpfung übernehmen solle. Die Folgezeit lässt gar erkennen, dass der Terrorismus aufgrund seiner großen Gefahr für die Welt und Europa und seine Bekämpfung Hauptziele der ESVP darstellen könnten. Jedenfalls wird deutlich, dass die Terrorismusbekämpfung Teil der Ziele der ESVP ist. Damit wird Art. 17 EUV aufgrund der dynamischen Auslegung so konkretisiert, dass in dieser Zeit erstmalig deutlich wurde, dass die Terrorismusbekämpfung in das Aufgabenspektrum der ESVP fällt, auch wenn noch keine konkreten Maßnahmen im Bereich der ESVP zur Terrorismusbekämpfung ergriffen wurden, sondern bis hierhin nur deklaratorische Aussagen zur Terrorismusbekämpfung im Rahmen der ESVP getätigt wurden.

---

200 *J. Monar,* Die EU als Raum der Freiheit, der Sicherheit u. des Rechts u. die Herausforderung des internationalen Terrorismus, in: int 2002, 171, 172; *E. Regelsberger,* GASP, in: W. Weidenfeld/W. Wessels (Hrsg.), Jahrbuch der Europäischen Integration 2001/2002 (2002), 233, 233; *J. Howorth,* CESDP after 11 September: From Shortterm Confusion to Longterm Cohesion, in: EUSA Review Essay, Winter 2002, S. 3.

201 Anm.: Die Maßnahmen der ersten und dritten Säule werden in dieser Arbeit nicht bewertet.

C. Erklärung des Europäischen Rates über den Beitrag der GASP, einschließlich der ESVP, zur Bekämpfung des Terrorismus (Erklärung von Sevilla)

Entsprechend der Entscheidung des Europäischen Rates auf seiner Außerordentlichen Tagung am 21. September 2001, sich mehr im Kampf gegen den Terrorismus durch einen abgestimmten und interdisziplinären Ansatz zu engagieren, der in alle Politiken der EU einfließt[202], gehörte hierzu auch der weitere Ausbau der GASP und die Einsatzbereitschaft der ESVP[203]. Dazu wurde auf dem Europäischen Rat in Sevilla[204] unter spanischer Ratspräsidentschaft im ersten Halbjahr 2002 die „Erklärung des Europäischen Rates über den Beitrag der GASP, einschließlich der ESVP, zur Bekämpfung des Terrorismus"[205] getroffen. Die Erklärung zielte darauf ab, dass den für die Terrorismusbekämpfung erforderlichen Fähigkeiten ausreichend Rechnung getragen werde[206]. Wie der Wortlaut „Erklärung" zeigt, hat die EU im Rahmen der ESVP vom Rechtsinstrument Erklärung Gebrauch gemacht.

I. Der Inhalt der Erklärung von Sevilla

In der Erklärung wurde zunächst die aufgrund der großen Sicherheits- und Stabilitätsbedrohung besondere Bedeutung der Terrorismusbekämpfung hervorgehoben und als *„ein vorrangiges Ziel der EU und (als) ein Kernstück ihrer Außenpolitik"* dargestellt[207]. Zudem enthielt sie die Aussage, dass *„Solidarität und internationale Zusammenarbeit die wesentlichen Instrumente zur Bekämpfung dieser Geißel"* sind. Deshalb sollte eine enge Abstimmung mit den USA und anderen Partnern erfolgen. Eng zusammengearbeitet werden sollte ebenfalls innerhalb der EU sowie mit Drittländern und internationalen Organisationen, wie

---

202 Siehe 2. Kap. B. 2.

203 Erklärung des ER über den Beitrag der GASP, einschließlich der ESVP, zur Bekämpfung des Terrorismus, Anlage V zu den Schlussfolgerungen des Vorsitzes des ER in Sevilla v. 21./22.6.2002, Ratsdok. 13463/02, Rn. 1.

204 Schlussfolgerungen des Vorsitzes des ER in Sevilla v. 21./22.6.2002, Ratsdok. 13463/02.

205 Erklärung des ER über den Beitrag der GASP, einschließlich der ESVP, zur Bekämpfung des Terrorismus, Anlage V zu den Schlussfolgerungen des Vorsitzes des ER in Sevilla v. 21./22.6.2002, Ratsdok. 13463/02.

206 Schlussfolgerungen des Vorsitzes des ER in Sevilla v. 21./22.6.2002, Ratsdok. 13463/02, Rn. 11.

207 Erklärung des ER über den Beitrag der GASP, einschließlich der ESVP, zur Bekämpfung des Terrorismus, Anlage V zu den Schlussfolgerungen des Vorsitzes des ER in Sevilla v. 21./22.6.2002, Ratsdok. 13463/02, Rn. 1 u. 2.

etwa mit den Vereinten Nationen, der NATO und der OSZE um Beiträge zu den internationalen Anstrengungen zu leisten[208].
Insbesondere der ESVP sollte dabei eine wichtige Funktion bei der Bekämpfung des Terrorismus zukommen[209].
Des Weiteren wurde in der Erklärung festgestellt, dass die Terrorismusbekämpfung ein weltweites Konzept zur Stärkung der internationalen Koalition und zur Verhütung und Eindämmung regionaler Konflikte benötige. Dazu wurden einige konkrete Punkte aufgezählt, die die EU in Angriff nehmen sollte. Diese Punkte waren der Ausbau des Instrumentariums zur langfristigen Konfliktverhütung, die Konzentration auf den politischen Dialog mit Drittländern bezüglich der Bekämpfung des Terrorismus sowie der Nichtverbreitung und der Rüstungskontrolle, die Unterstützung von Drittländern beim Ausbau ihrer Fähigkeiten um auf die internationale terroristische Bedrohung wirksam reagieren zu können, die Einbeziehung von Klauseln über die Terrorismusbekämpfung in EU-Abkommen mit Drittländern, die Überprüfung der Beziehungen zu Drittländern bezüglich deren Haltung zum Terrorismus mit dementsprechender Ergreifung von geeigneten Maßnahmen, sowie die Anwendung von konkreten Antiterrormaßnahmen gemäß der Resolution 1373 des Sicherheitsrates der Vereinten Nationen[210], in der eine breite Palette umfassender Aktionen und Strategien zur Terrorismusbekämpfung, darunter Maßnahmen finanzieller Art, vorgesehen sind[211].
Ferner enthielt die Erklärung die Aussage, dass die ESVP seit Laeken durch die Schaffung von zivilen und militärischen Fähigkeiten für die Krisenbewältigung gestärkt wurde. Diese Stärkung könnte speziell auch für die Terrorismusbekämpfung von großem Nutzen sein. In diesem Zusammenhang wurden die Fortschritte, die bei der Umsetzung der ESVP nach der Erklärung zur Einsatzbereitschaft auf dem Gebiet der ESVP erreicht worden sind, hervorgehoben. Als wichtiges Beispiel für die Fortschritte bei der Krisenbewältigung wurde in diesem Zusammenhang die Polizeimission der EU in Bosnien und Herzegowina (EUPM) genannt, deren Beginn damals kurz bevorstand[212]. Diese Mission zeig-

---

208 Erklärung des ER über den Beitrag der GASP, einschließlich der ESVP, zur Bekämpfung des Terrorismus, Anlage V zu den Schlussfolgerungen des Vorsitzes des ER in Sevilla v. 21./22.6.2002, Ratsdok. 13463/02, Rn. 2.

209 Erklärung des ER über den Beitrag der GASP, einschließlich der ESVP, zur Bekämpfung des Terrorismus, Anlage V zu den Schlussfolgerungen des Vorsitzes des ER in Sevilla v. 21./22.6.2002, Ratsdok. 13463/02, Rn. 3.

210 UN-Sicherheitsratresolution 1373 (2001) v. 28.9.2001.

211 Erklärung des ER über den Beitrag der GASP, einschließlich der ESVP, zur Bekämpfung des Terrorismus, Anlage V zu den Schlussfolgerungen des Vorsitzes des ER in Sevilla v. 21./22.6.2002, Ratsdok. 13463/02, Rn. 4.

212 Anm.: Die erste Operation zur Krisenbewältigung mit zivilen Mitteln, damit auch erste ESVP-Operation überhaupt, begann am 1. Januar 2003 und war ursprünglich bis Ende

te nämlich, dass die EU gewillt war, Regionen nach Beendigung von Konflikten zu stabilisieren und bei der Errichtung von rechtsstaatlichen Strukturen zu helfen. Indem die EU den Stabilisierungsprozess[213] sowie die entsprechenden Normen und Standards fördert, trägt sie dazu bei, dass terroristischen Organisationen die Möglichkeit genommen wird, sich zu etablieren[214].
Zusätzlich wurde erklärt, dass bei der Verbesserung der militärischen und zivilen Fähigkeiten, die notwendig sind zur Verbesserung der ESVP, im Einklang mit der rechtzeitigen Umsetzung der Planziele[215] insbesondere jenen Fähigkeiten stärker Rechnung getragen werden sollten, die in Übereinstimmung mit den Petersberg-Aufgaben zur Terrorismusbekämpfung beitragen könnten[216]. Dazu wurde erklärt, auf welche Bereiche sich die ESVP bei der Bekämpfung des Terrorismus konzentrieren sollte. Dies sollte zunächst die Intensivierung der Konfliktverhütung sein. Des Weiteren sollten Fragen der Terrorismusbekämpfung verstärkt im Dialog mit Drittstaaten beantwortet werden. Dazu sollte beispielsweise gehören, dass Menschenrechte und die Demokratie in Drittstaaten gefördert werden sowie die Rüstung kontrolliert wird. Auch sollten Regelungen für den Austausch von Erkenntnissen ausgebaut werden und die Erarbeitung von Lagebeurteilungen und Frühwarnberichten weiterentwickelt werden, wozu verschiedene Quellen zu Hilfe genommen werden sollten. Zusätzlich sollte eine gemeinsame Bewertung der terroristischen Bedrohung, die sich gegen die Mitgliedstaaten oder die zu Krisenbewältigungsoperationen im Rahmen der ESVP außerhalb der EU eingesetzten Kräfte richtet, vorgenommen werden, wobei eine Bedrohung durch Massenvernichtungswaffen berücksichtigt werden sollte. Ü-

---

2005 angesetzt. Die EU löste die internationale Polizeieinsatztruppe der Vereinten Nationen in Bosnien und Herzegowina ab. Ziel der etwa 900 Mitarbeiter, davon 500 Polizeibeamte, starken European Union Police Mission (EUPM) war es, die Polizei von Bosnien und Herzegowina beim Aufbau effektiver rechtsstaatlicher Strukturen zu beraten, zu kontrollieren und zu überwachen (Gemeinsame Aktion des Rates 2002/210/GASP v. 11.3.2002 über die Polizeimission der EU, abgedruckt in: ABl. 2002, Nr. L 70, S. 1). Im November 2005 wurde die Fortsetzung dieser Mission beschlossen. Dazu wurden das Mandat und die Personalstärke angepasst. Diese Folgemission begann am 1. Januar 2006 und wurde auf zwei Jahre eingerichtet (Gemeinsame Aktion 2005/824/GASP des Rates v. 24.11.2005 über die Polizeimission der EU in Bosnien und Herzegowina, abgedruckt in: ABl. 2005 Nr. L 307, S. 25).

213 Anm.: Zum Stabilisierungsprozess gehört etwa die Verbesserung der Fähigkeiten zur Strafverfolgung auf lokaler Ebene.

214 Erklärung des ER über den Beitrag der GASP, einschließlich der ESVP, zur Bekämpfung des Terrorismus, Anlage V zu den Schlussfolgerungen des Vorsitzes des ER in Sevilla v. 21./22.6.2002, Ratsdok. 13463/02, Rn. 5.

215 Zu den Fähigkeitszielen siehe 3. Kap. A.

216 Erklärung des ER über den Beitrag der GASP, einschließlich der ESVP, zur Bekämpfung des Terrorismus, Anlage V zu den Schlussfolgerungen des Vorsitzes des ER in Sevilla v. 21./22.6.2002, Ratsdok. 13463/02, Rn. 6.

berdies sollten die militärischen Fähigkeiten zum Schutz der in den Operationen eingesetzten Kräfte ermittelt werden, wie auch Möglichkeiten, wie die Zivilbevölkerung durch den Einsatz von militärischen und zivilen Fähigkeiten geschützt werden kann[217]. Zuletzt enthielt diese Erklärung die Aussage, dass der Europäische Rat den Vorsitz, den Generalsekretär/Hohen Vertreter sowie gegebenenfalls die Kommission ersuchen sollte, zukünftig weitere Bemühungen in diesem Bereich zu unternehmen. Dazu sollte die Koordinierung in den Ratsgremien und mit internationalen Organisationen, wie die Vereinten Nationen und die NATO, vorangebracht werden[218].

II. Die Umsetzung der Erklärung von Sevilla

Dementsprechend wurde in der Folgezeit an der Umsetzung dieser Erklärung gearbeitet. Dazu wurde bereits unter der nächsten Ratspräsidentschaft[219] im zweiten Halbjahr 2002 Maßnahmen ergriffen. Es wurden neue Mechanismen zum Schutz vor terroristischen Anschlägen eingeführt. Konkret erstreckten sich diese neuen Mechanismen auf die Weiterentwicklung einer gemeinsamen Bewertung der terroristischen Bedrohung, die sich gegen die Mitgliedstaaten oder die im Rahmen der ESVP zu Krisenbewältigungsoperationen außerhalb der EU eingesetzten Kräfte richtet.

---

217 Erklärung des ER über den Beitrag der GASP, einschließlich der ESVP, zur Bekämpfung des Terrorismus, Anlage V zu den Schlussfolgerungen des Vorsitzes des ER in Sevilla v. 21./22.6.2002, Ratsdok. 13463/02, Rn. 7.

218 Erklärung des ER über den Beitrag der GASP, einschließlich der ESVP, zur Bekämpfung des Terrorismus, Anlage V zu den Schlussfolgerungen des Vorsitzes des ER in Sevilla v. 21./22.6.2002, Ratsdok. 13463/02, Rn. 8.

219 Anm.: Im zweiten Halbjahr 2002 besaß Dänemark den Vorsitz des Rates der EU. Allerdings wurden die verteidigungspolitischen Aspekte während der dänischen Ratspräsidentschaft aufgrund des Opt-outs Dänemarks in diesen Fragen von der nächstfolgenden griechischen Ratspräsidentschaft abgewickelt. Griechenland, das dann Anfang des ersten Halbjahres 2003 turnusgemäß die eigene Ratspräsidentschaft antrat, hatte demzufolge faktisch eine einjährige ESVP-Präsidentschaft inne. Das dänische Opt-out geht dabei auf das Jahr 1992 zurück, als das dänische Volk in einem Referendum dem Vertrag von Maastricht zunächst die Zustimmung verweigerte. Auf dem Europäischen Rat von Edinburgh im Dezember 1992 wurden deshalb Opt-outs für Dänemark vereinbart, die schließlich dazu führten, dass Dänemark in einem zweiten Referendum im Mai 2003 dem Maastricht-Vertrag zugestimmt hatte. Zum Opt-out Dänemarks siehe Schlussfolgerungen des Vorsitzes des ER in Edinburgh v. 11./.12.12.1992, SN 456/92, Teil B, Anlage 2: Erklärung betreffend der Verteidigung. Zu weiteren Einzelheiten siehe *F. Laursen/B. L. Laursen*, The Danish Presidency 2002: Completing the Circle from Copenhagen to Copenhagen, in: ZEI Discussion Paper, C 123, 2003, S. 7 u. 8.

Zur Umsetzung der Erklärung von Sevilla gehörte ferner die Präzisierung der Auswirkungen der terroristischen Bedrohung auf die militärischen Fähigkeiten, insbesondere im Rahmen des ECAP-Prozesses[220] und dem möglichen Einsatz von militärischen Fähigkeiten, um zum Schutz der Zivilbevölkerung vor den Folgen von Terroranschlägen beizutragen[221].
Dazu gehörte ebenfalls, dass das CBRN-Programm 2002[222] beschlossen wurde. Mit diesem Programm wurde die Aufforderung an den Rat und die Kommission vom Europäischen Rat in Laeken erfüllt. Es sollte die Zusammenarbeit der Mitgliedstaaten verbessern sowie weitere Verbesserungen für den bestmöglichen Schutz der Zivilbevölkerung vor CBRN-Angriffen vorantreiben[223]. Diese neuen Mechanismen führten dazu, dass der Helsinki-Planzielkatalog[224] präzisiert wurde. Dazu wurde der Aspekt der terroristischen Bedrohung von eingesetzten Kräften behandelt und eine neue, den ABC-Schutz betreffende Anforderung in den Katalog aufgenommen[225].

Eine Zwischenbilanz hinsichtlich der Umsetzung der Erklärung von Sevilla wurde auf dem Gipfel des Europäischen Rates in Thessaloniki am 19. und 20. Juni 2003[226] gezogen. Die erzielten Fortschritte wurden im „Bericht des Vorsitzes an den Europäischen Rat über das außenpolitische Handeln der EU bei der Terrorismusbekämpfung (GASP, einschließlich ESVP)"[227] dargelegt. Neben Fortschritten in den Beziehungen der EU zu Drittländern[228], bei der technischen

220 Zum ECAP-Prozess siehe 3. Kap. A. I. 1. a.).

221 Bericht des Vorsitzes über die ESVP v. 10.12.2002, Ratsdok. 15428/02, Rn. 5.

222 Programm zur Verbesserung der Zusammenarbeit in der EU im Hinblick auf die Prävention u. die Begrenzung der Folgen chem., biolog., radiolog. oder nukl. terroristischer Bedrohungen, Ratsdok. 14627/02.

223 Programm zur Verbesserung der Zusammenarbeit in der EU im Hinblick auf die Prävention u. die Begrenzung der Folgen chem., biolog., radiolog. oder nukl. terroristischer Bedrohungen, Ratsdok. 14627/02, Rn. 2.

224 Zum Helsinki-Planzielkatalog siehe 3. Kap. A. I. 1.

225 Bericht des Vorsitzes über die ESVP v. 10.12.2002, Ratsdok. 15428/02, Rn. 5; *M. Jopp/S. Sandawi,* ESVP, in: W. Weidenfeld/W. Wessels (Hrsg.), Jahrbuch der Europäischen Integration 2002/2003 (2003), 241, 242.

226 Schlussfolgerungen des Vorsitzes des ER in Thessaloniki v. 19./20.6.2003, Ratsdok. 11638/03.

227 Bericht des Vorsitzes an den Europäischen Rat über das außenpolitische Handeln der EU bei der Terrorismusbekämpfung (GASP, einschließlich ESVP), Anlage I zu den Schlussfolgerungen des Vorsitzes des ER in Thessaloniki v. 19./20.6.2003, Ratsdok. 11638/03.

228 Dazu siehe Bericht des Vorsitzes an den Europäischen Rat über das außenpolitische Handeln der EU bei der Terrorismusbekämpfung (GASP, einschließlich ESVP), A., Anlage I zu den Schlussfolgerungen des Vorsitzes des ER in Thessaloniki v. 19./20.6.2003, Ratsdok. 11638/03.

Unterstützung von Drittländern[229], bei der Bekämpfung der Finanzierung des Terrorismus[230], bei der Zusammenarbeit mit internationalen und regionalen Organisationen und anderen Partnern[231] sowie bei der säulenübergreifenden Zusammenarbeit[232] wurden ausdrücklich die Fortschritte der Terrorismusbekämpfung im Rahmen der ESVP[233] begrüßt. Dazu wurde die Beantwortung der Frage erörtert, wie die militärischen Mittel und Fähigkeiten zum Schutz der Zivilbevölkerung vor den Folgen von Terroranschlägen, einschließlich chemischer, biologischer, radiologischer und nuklearer (CBRN-) Anschläge unterstützend eingesetzt werden können. Zur Lösung dieser Frage wurde der Aufbau einer Datenbank zu Informationszwecken vorangetrieben. Diese Datenbank erfasst die militärischen Mittel und Fähigkeiten zum Schutz der Zivilbevölkerung vor den Folgen von Terroranschlägen, einschließlich der Folgen von CBRN-Anschlägen. Zur Ermittlung der für den Aufbau dieser Datenbank erforderlichen Informationen hatte der Militärstab der EU den Mitgliedstaaten einen Fragebogen zugesandt. Die daraus gewonnenen Informationen sollen zu einer verbesserten Zusammenarbeit zwischen den Mitgliedstaaten führen, falls diese den Einsatz von einschlägigen militärischen Mitteln und Fähigkeiten bei Krisenbewältigungsoperationen oder zur Unterstützung entsprechender Maßnahmen einzelner Mitgliedstaaten im Rahmen der EU erwägen. Jedoch ist im letzteren Fall davon auszugehen, dass die in der Datenbank erfassten militärischen Mittel und Fähigkeiten freiwillig auf Antrag der betroffenen Mitgliedstaaten zur Verfü-

[229] Dazu siehe Bericht des Vorsitzes an den Europäischen Rat über das außenpolitische Handeln der EU bei der Terrorismusbekämpfung (GASP, einschließlich ESVP), B., Anlage I zu den Schlussfolgerungen des Vorsitzes des ER in Thessaloniki v. 19./20.6.2003, Ratsdok. 11638/03.

[230] Dazu siehe Bericht des Vorsitzes an den Europäischen Rat über das außenpolitische Handeln der EU bei der Terrorismusbekämpfung (GASP, einschließlich ESVP), C., Anlage I zu den Schlussfolgerungen des Vorsitzes des ER in Thessaloniki v. 19./20.6.2003, Ratsdok. 11638/03.

[231] Dazu siehe Bericht des Vorsitzes an den Europäischen Rat über das außenpolitische Handeln der EU bei der Terrorismusbekämpfung (GASP, einschließlich ESVP), D., Anlage I zu den Schlussfolgerungen des Vorsitzes des ER in Thessaloniki v. 19./20.6.2003, Ratsdok. 11638/03.

[232] Dazu siehe Bericht des Vorsitzes an den Europäischen Rat über das außenpolitische Handeln der EU bei der Terrorismusbekämpfung (GASP, einschließlich ESVP), E., Anlage I zu den Schlussfolgerungen des Vorsitzes des ER in Thessaloniki v. 19./20.6.2003, Ratsdok. 11638/03.

[233] Dazu siehe Bericht des Vorsitzes an den Europäischen Rat über das außenpolitische Handeln der EU bei der Terrorismusbekämpfung (GASP, einschließlich ESVP), F., Anlage I zu den Schlussfolgerungen des Vorsitzes des ER in Thessaloniki v. 19./20.6.2003, Ratsdok. 11638/03.

gung gestellt werden können[234]. Überdies wurde vereinbart, dass die Modalitäten, Verfahren und Kriterien für den Einsatz dieser militärischen Mittel und Fähigkeiten von den zuständigen Gremien ausgearbeitet werden, und zwar sowohl unter Berücksichtigung der übrigen Aktivitäten in der EU als auch bezüglich einer umfassenden Reaktion der EU[235]. Der Aufbau dieser Datenbank wurde dann unter der nachfolgenden italienischen Ratspräsidentschaft weiter forciert, damit der Inhalt dieser militärischen Datenbank für das gemeinschaftliche Katastrophenschutzverfahren zur Verfügung gestellt werden kann[236].
Ferner wurde in Bezug auf die militärischen Fähigkeiten erörtert, wie die Streitkräfte, die an den Krisenbewältigungsmaßnahmen teilnehmen, vor Terroranschlägen, einschließlich CBRN-Anschlägen, geschützt werden können. Diese Problematik wurde im Rahmen des Europäischen Aktionsplans zu den Fähigkeiten genauer untersucht, weshalb eine einschlägige (ABC-) Projektgruppe eingesetzt wurde[237].
Außerdem wurde im Rahmen der ESVP durch das EU-Lagezentrum (SITCEN)[238] im Auftrag des Generalsekretariats des Rates eine Analyse zur Bedrohungslage im Hinblick auf CBRN-Terroranschläge erstellt[239].
Des Weiteren wurde der Austausch von Informationen auf allen Ebenen über Aktivitäten auf dem Gebiet der Terrorismusbekämpfung zwischen der EU und der NATO fortgesetzt. Hinsichtlich des Schutzes der Zivilbevölkerung vor

---

[234] Dazu siehe Bericht des Vorsitzes an den Europäischen Rat über das außenpolitische Handeln der EU bei der Terrorismusbekämpfung (GASP, einschließlich ESVP), F. a), Anlage I zu den Schlussfolgerungen des Vorsitzes des ER in Thessaloniki v. 19./20.6.2003, Ratsdok. 11638/03.

[235] Dazu siehe Bericht des Vorsitzes an den Europäischen Rat über das außenpolitische Handeln der EU bei der Terrorismusbekämpfung (GASP, einschließlich ESVP), F. a), Anlage I zu den Schlussfolgerungen des Vorsitzes des ER in Thessaloniki v. 19./20.6.2003, Ratsdok. 11638/03.

[236] Bericht des Vorsitzes über die ESVP v. 9.12.2003, Ratsdok. 15814/03, Rn. 18.

[237] Dazu siehe Bericht des Vorsitzes an den Europäischen Rat über das außenpolitische Handeln der EU bei der Terrorismusbekämpfung (GASP, einschließlich ESVP), F. b), Anlage I zu den Schlussfolgerungen des Vorsitzes des ER in Thessaloniki v. 19./20.6.2003, Ratsdok. 11638/03.

[238] Anm.: SITCEN (EU-Lagezentrum) ist eine im Sekretariat des Hohen Vertreters angesiedelte Dienstelle. Es ist eine Koordinierungsstelle für Geheimdienstler aus den Mitgliedstaaten der EU (im Jahr 2003 beteiligten sich Deutschland, Frankreich, Großbritannien, Italien, Spanien, die Niederlande u. Schweden). Es bündelt alle verfügbaren zivilen, militärischen und diplomatischen Erkenntnisse. Vgl. dazu *D. Koch*, Augen u. Ohren, Der Spiegel, 8/2003, S. 106, 107.

[239] Dazu siehe Bericht des Vorsitzes an den Europäischen Rat über das außenpolitische Handeln der EU bei der Terrorismusbekämpfung (GASP, einschließlich ESVP), F. c), Anlage I zu den Schlussfolgerungen des Vorsitzes des ER in Thessaloniki v. 19./20.6.2003, Ratsdok. 11638/03.

CBRN-Anschlägen sorgten EU und NATO durch den Austausch der Verzeichnisse über ihre jeweiligen Aktivitäten und Fähigkeiten bezüglich des Schutzes der Zivilbevölkerung vor CBRN-Anschlägen für mehr Transparenz. In der Folgezeit prüfte die EU weitere Wege für eine Vertiefung der Zusammenarbeit mit der NATO bei der Terrorismusbekämpfung[240].

III. Fazit zur Erklärung von Sevilla

Wie der Wortlaut Erklärung von Sevilla erkennen lässt, hat die EU im Rahmen der ESVP mit dem Rechtsinstrument Erklärung gehandelt. Mit dieser Erklärung hat der Europäische Rat anerkannt, dass die ESVP eine tragende Rolle bei der Antiterrorismuspolitik der EU übernehmen sollte. So erwähnte sie explizit, dass die militärischen und zivilen Fähigkeiten der ESVP ganz wichtige Beiträge zur Terrorismusbekämpfung leisten können.

D. Die Operation Iraqui Freedom (Irak-Krieg) – eine militärische Operation zur Terrorismusbekämpfung im Rahmen der ESVP?

Am 20. März 2003 starteten die USA mit Großbritannien sowie einigen weiteren Verbündeten die völkerrechtlich umstrittene Invasion in den Irak (Operation Iraqui Freedom[241])[242]. Sechs Wochen nach Beginn des Krieges erklärte der US-amerikanische Präsident *George W. Bush* am 1. Mai 2003 die wesentlichen Kampfhandlungen für beendet und proklamierte den Sieg im Irak. Er erklärte in seiner Rede an Bord des Flugzeugträgers USS Abraham Lincoln, dass der Sturz des Diktators *Saddam Hussein „ein Sieg im Krieg gegen den Terror, der am 11.*

---

240 Dazu siehe Bericht des Vorsitzes an den Europäischen Rat über das außenpolitische Handeln der EU bei der Terrorismusbekämpfung (GASP, einschließlich ESVP), F. d), Anlage I zu den Schlussfolgerungen des Vorsitzes des ER in Thessaloniki v. 19./20.6.2003, Ratsdok. 11638/03.

241 Anm.: Kurz nach Ablauf des Ultimatums an den irakischen Machthaber *Saddam Hussein*, den Irak innerhalb von 48 Stunden zu verlassen, begannen die USA mit dem Krieg gegen den Irak. Erste Kampfhandlungen waren Bombardierungen ausgewählter Ziele in Bagdad. Die irakische Führung war Hauptziel dieser ersten Angriffswelle. Gleichzeitig mit dem Luftangriff verließen Soldaten der 3. US-Infanterie-Division ihr Lager in der kuwaitischen Wüste und rückten in Richtung irakischer Grenze vor, um vorgeschobene Stellungen zu errichten. Bagdad war schließlich am 9. April unter amerikanischer Kontrolle. Dazu vgl. NZZ, 21.3.2003, Nr. 67, S. 1; SZ, 21.3.2003, Nr. 67, S. 1.

242 *U. Häußler*, Irak-Krieg u. Völkerrecht, in: NZWehrR 2004, 221, 221.

September 2001 begann“[243] sei[244]. Ziel dieses dritten Golfkrieges war es, *Saddam Hussein* zu stürzen und Massenvernichtungswaffen ausfindig zu machen. Mit der Zeit wurde jedoch deutlich, dass der Irak nicht im Besitz von Massenvernichtungswaffen war[245]. *Saddam Hussein* wurde schließlich am 13. Dezember 2003 in der Nähe seiner Heimatstadt Tikrit von US-amerikanischen Truppen festgenommen[246].

Die Operation Iraqui Freedom wurde zwar unter Beteiligung von militärischen Einheiten einzelner EU-Staaten durchgeführt, stellte aber keine Operation der EU mit ESVP-Fähigkeiten dar. Sie wurde von den USA mit Großbritannien sowie einigen weiteren Verbündeten, der so genannten „Koalition der Willigen“, durchgeführt, ohne dass ein UN-Mandat vorlag. Selbst wenn die EU eine ESVP-Operation im Irak in Betracht gezogen hätte, wäre diese aufgrund der Meinungsverschiedenheiten der EU-Mitgliedstaaten untereinander nicht zustande gekommen, da es nicht zu einem erforderlichen Konsens gemäß Art. 23 EUV gekommen wäre[247].

E. Die Europäische Sicherheitsstrategie

Anfang Mai 2003 wurde von den EU-Außenministern auf ihrem informellen Treffen in Kastellorizo eine Europäische Sicherheitsstrategie in Auftrag gegeben. Ein Entwurf einer solchen Europäischen Sicherheitsstrategie[248] wurde auf dem EU-Gipfel von Thessaloniki von *Javier Solana* präsentiert. Er war die Grundlage für eine intensive Debatte zwischen den Mitgliedstaaten. In insgesamt drei Seminaren wurden unter Beteiligung von Vertretern von Drittstaaten (u. a. USA, Japan, China) und internationalen Organisationen (z. B. die NATO) einzelne Aspekte des Entwurfes erörtert. Die Ergebnisse flossen in die abschließende Bearbeitung mit ein. Die Europäische Sicherheitsstrategie mit dem

---

243 Wortwörtlich sagte er: “*The battle of Iraq is one victory in a war on terror that began on September the 11, 2001*“. Die Rede ist abrufbar unter www.whitehouse.gov/news/-releases/2003/05/20030501-15.html, letzter Zugriff: 29.7.2008.

244 FAZ, 3.5.2003, Nr. 102, S. 1; NZZ, 3./4.5.2003, Nr. 101, S. 1; SZ, 3./4.5.2003, Nr. 101, S. 1.

245 *U. Häußler*, Irak-Krieg u. Völkerrecht, in: NZWehrR 2004, 221, Fn. 2.

246 NZZ, 15.12.2003, Nr. 291, S. 1; FAZ, 15.12.2003, Nr. 291, S.1.

247 Zu den innereuropäischen Meinungsverschiedenheiten siehe 3. Kap. B. II. 2.

248 Entwurf der Europäische Sicherheitsstrategie, „Ein sicheres Europa in einer besseren Welt“ v. 20.6.2003, abgedruckt in: *A. Missiroli*, From Copenhagen to Brussels, European defence: core documents, volume IV, in: Chaillot Papers 67, S. 160.

Titel „Ein sicheres Europa in einer besseren Welt“[249] wurde schließlich im Dezember 2003 im Rahmen der Tagung des Europäischen Rates in Brüssel[250] endgültig angenommen[251]. Sie sollte eine bedeutende Etappe bei der Entwicklung der ESVP darstellen.

I. Der Inhalt der Europäischen Sicherheitsstrategie

Inhaltlich wird das Strategie-Konzept nach einer Einführung in drei Abschnitte gegliedert. In der Einführung wird in einer globalen Lagebeurteilung der „weite Sicherheitsbegriff“ verwendet. Dieser geht über die militärischen Bedrohungen hinaus und schließt auch politische, ökonomische und diplomatische Probleme mit ein[252]. Im ersten Abschnitt wird das Bedrohungsmuster des 21. Jahrhunderts identifiziert. Hieraus ergeben sich im zweiten Abschnitt die strategischen Ziele der ESVP. Im dritten Abschnitt werden die Auswirkungen auf die Europäische Politik erläutert.

1. Erster Abschnitt: Das Sicherheitsumfeld: Globale Herausforderungen und Hauptbedrohungen

Im ersten Abschnitt werden, nachdem zunächst ein Überblick über die Probleme in der Welt gegeben wird, die Hauptbedrohungen der Welt genannt. Es wird festgestellt, dass die Mitgliedstaaten in der heutigen Zeit keinen größeren Angriffen durch andere Staaten ausgesetzt sind. Trotzdem muss Europa mit *„verschiedenartigen, weniger sichtbaren und vorhersehbaren (Bedrohungen)“* rechnen. Die fünf gegenwärtigen Hauptbedrohungen sind der Terrorismus, die Verbreitung von Massenvernichtungswaffen, Regionalkonflikte, gescheiterte Staaten und die organisierte Kriminalität[253].

Bezüglich des Terrorismus werden die möglichen Auswirkungen und Ursachen behandelt. Vor allem ist der heutige Terrorismus im Gegensatz zu früheren Er-

---

249 Europäische Sicherheitsstrategie, „Ein sicheres Europa in einer besseren Welt“ v. 12.12.2003, Ratsdok. 15895/03.

250 Schlussfolgerungen des Vorsitzes des ER v. Brüssel v. 12./13.12.2003, Ratsdok. 5381/04.

251 Schlussfolgerungen des Vorsitzes des ER v. Brüssel v. 12./13.12.2003, Ratsdok. 5381/04, Rn. 84.

252 *E. Reiter*, Die Europäische Sicherheitsstrategie, in: Europäische Sicherheit 10/2003, 12, 12.

253 Europäische Sicherheitsstrategie, „Ein sicheres Europa in einer besseren Welt“ v. 12.12.2003, Ratsdok. 15895/03, S. 5, 6.

scheinungsformen *„gut ausgestattet, elektronisch vernetzt und gewillt, unbegrenzt Gewalt“* einzusetzen. Zudem hängt er meist mit religiösem Fundamentalismus zusammen. Es wird hervorgehoben, dass *„Europa (...) sowohl Ziel als auch Stützpunkt (des) Terrorismus“* sein kann.

Der Terrorismus ist dabei eng mit den anderen Hauptbedrohungen verknüpft, die untereinander in Verbindung stehen. In Verbindung mit dem Terrorismus wird die Verbreitung von Massenvernichtungswaffen gebracht. Sollten nämlich terroristische Gruppierungen in den Besitz von Massenvernichtungswaffen gelangen, so *„wäre (schon) eine kleine Gruppe in der Lage, einen Schaden anzurichten, der eine Größenordnung erreichen (könnte), (zu der) bisher nur (...) Staaten und Armeen (fähig)“* waren.
Ebenfalls in Verbindung mit dem Terrorismus stehen regionale Konflikte. Denn die regionalen Konflikte können den Nährboden für Extremismus und Terrorismus bilden sowie zum Zusammenbruch von Staaten führen. Ferner könnte die Nachfrage nach Massenvernichtungswaffen, wie auch die organisierte Kriminalität, gefördert werden. Deshalb will die EU Konflikte an den Grenzen der EU vermeiden, um eine Gefahr für die regionale Stabilität zu verhindern.
Im Zusammenhang mit dem Terrorismus wird überdies das Scheitern von Staaten gesehen. Denn der Terrorismus kann, wie auch die organisierte Kriminalität, eine Ursache für das Scheitern eines Staates sein. Als Folge bestünde dann wiederum die Gefahr des Entstehens eines regionalen Konflikts.
Europa gilt zudem als eines der Hauptziele der fünften Hauptbedrohung, der organisierten Kriminalität, die in Verbindung mit terroristischen Vereinigungen stehen kann. Neben dieser internen Bedrohung sind zusätzlich die externen Dimensionen, wie der *„grenzüberschreitende Handel mit Drogen, Frauen, illegalen Einwanderern und Waffen“*, zu bekämpfen[254].

2. Zweiter Abschnitt: Die strategischen Ziele

Um die Sicherheit Europas zu gewährleisten und die genannten Bedrohungen zu bewältigen, werden im zweiten Abschnitt der Sicherheitsstrategie drei strategische Ziele der EU hervorgehoben:

Die erste Strategie betrifft das Vorgehen gegen die Bedrohungen. In diesem Bereich ist die EU in der Vergangenheit bereits aktiv geworden, wie ein Maßnah-

[254] Die Hauptbedrohungen werden auf den Seiten 5-7 der Europäischen Sicherheitsstrategie, „Ein sicheres Europa in einer besseren Welt“ v. 12.12.2003, Ratsdok. 15895/03 beschrieben.

mepaket nach den Ereignissen vom 11. September 2001 und Unterstützungshandlungen zur Beilegung von regionalen Konflikten sowie die Unterstützung von gescheiterten Staaten gezeigt haben. Durch das Ende des Kalten Krieges haben sich in der Vergangenheit zudem die Gefahren stark verändert. Damals ist noch von einer militärischen Invasion als größter Bedrohung ausgegangen worden. Heute existieren jedoch hauptsächlich neuartige Bedrohungen, weshalb ein Wandel im strategischen Denken erforderlich ist. Die erste Verteidigungslinie muss jetzt vermehrt im Ausland zu suchen sein, damit die Konfliktprävention und Gefahrenprävention möglichst früh beginnen kann[255]. Dazu soll eine Kombination von Instrumenten von Nöten sein. Die zu verwendenden Mittel können nämlich nicht nur militärische sein, da *„die neuen Bedrohungen (nicht nur) rein militärischer Natur“* sind. Die Terrorismusbekämpfung kann dementsprechend etwa eine Kombination aus Aufklärungsarbeit sowie aus polizeilichen, justitiellen, militärischen und sonstigen Mitteln erfordern[256].

Die zweite Priorität ist die Etablierung einer stabilen Sicherheit in der Nachbarschaft der EU. Zu diesem Zweck strebt die EU an, dass an ihren Außengrenzen *„ein Ring (stabiler und) verantwortungsvoller Staaten“* entsteht. Dabei ist zu berücksichtigen, dass die EU durch ihre Erweiterung näher an Krisengebiete gerückt ist. Deshalb sollen weitere Anstrengungen in nahen Krisengebieten, wie dem Balkan, dem Kaukasus und als strategische Priorität im arabisch-israelischen Konflikt unternommen werden[257].

Das dritte strategische Ziel stellt die Stärkung einer in effektivem Multilateralismus begründeten Weltordnung dar. Für eine geregelte Weltordnung spielt die *„Qualität der sie tragenden Regierungen“* eine maßgebliche Rolle. Folglich will die EU die Stärkung der wichtigsten internationalen Institutionen erreichen, wobei insbesondere die *„Wahrung und Weiterentwicklung des Völkerrechts“* von enormer Wichtigkeit ist. Die Charta der Vereinten Nationen bildet den Kern für die internationalen Beziehungen. Auch weitere Institutionen, wie die Welthandelsorganisation WTO, die NATO und die internationalen Finanzinstitutionen sind von großer Bedeutung. Von Gewicht für die verantwortungsvolle Staatsführung sollen ebenso regionale Organisationen sein, wie für die EU die

---

[255] Anm.: *„(...) we should be ready to act before a crisis occurs.“*

[256] Europäische Sicherheitsstrategie, „Ein sicheres Europa in einer besseren Welt“ v. 12.12.2003, Ratsdok. 15895/03, S. 8, 9; *F. Cameron*, Europas neue Sicherheitsstrategie, in: Internationale Politik 1/2004, 39, 41.

[257] Europäische Sicherheitsstrategie, „Ein sicheres Europa in einer besseren Welt“ v. 12.12.2003, Ratsdok. 15895/03, S. 9, 10.

OSZE und der Europarat sowie für andere Regionen in der Welt ASEAN, MERCOSUR und die Afrikanische Union[258].

3. Dritter Abschnitt: Auswirkungen auf die europäische Politik

Im dritten Abschnitt der Sicherheitsstrategie wird festgestellt, dass die „*EU Fortschritte auf dem Weg zu einer kohärenten Außenpolitik und einer wirksamen Krisenbewältigung*“ gemacht hat. Vor allem verfügt die EU inzwischen über wirksame Instrumente, um die strategischen Ziele zu erreichen. Dennoch muss die EU zukünftig, damit ihr gesamtes Potenzial abgerufen werden und sie ihren Einfluss in der Welt geltend machen kann, „*noch aktiver, kohärenter und handlungsfähiger sein*“ und muss die langfristige Zusammenarbeit mit ihren Partnern fördern[259].
Um noch aktiver die strategischen Ziele zu verfolgen, will die EU eine „*Strategiekultur entwickeln, die ein frühzeitiges, schnelles und wenn nötig ein robustes militärisches Eingreifen fördert*“. Dazu muss aber „*die gesamte Palette der (der EU) zur Verfügung stehenden Instrumente der Krisenbewältigung und Konfliktverhütung*“ zur Verfügung stehen[260]. Dies bedeutet daher, dass unter Beachtung internationaler völkerrechtlicher Normen der Einsatz von militärischen Instrumenten als letztes Mittel nicht ausgeschlossen werden darf[261].
Zur Verbesserung der Handlungsfähigkeit sollen die militärischen Fähigkeiten verbessert werden sowie vorhandene Kapazitäten zusammengeführt werden. Überdies sollen die notwendigen zivilen Mittel in und nach Krisen besser eingesetzt werden. Des Weiteren sollen die diplomatischen Fähigkeiten gesteigert werden. Zu Verbesserungen soll dann insbesondere in diesen Bereichen die Rüstungsagentur beitragen[262].
Entscheidend für den Erfolg der europäischen Außen- und Sicherheitspolitik ist zudem ein kohärenteres Handeln. Dazu muss die EU ihre verschiedenen Instrumente, wozu die militärischen und zivilen Fähigkeiten der Mitgliedstaaten, die europäischen Hilfsprogramme und andere wirtschaftspolitische Instrumente

[258] Europäische Sicherheitsstrategie, „Ein sicheres Europa in einer besseren Welt“ v. 12.12.2003, Ratsdok. 15895/03, S. 11.

[259] *F. Cameron*, Europas neue Sicherheitsstrategie, in: Internationale Politik 1/2004, 39, 41; Europäische Sicherheitsstrategie, „Ein sicheres Europa in einer besseren Welt“ v. 12.12.2003, Ratsdok. 15895/03, S. 13.

[260] Europäische Sicherheitsstrategie, „Ein sicheres Europa in einer besseren Welt“ v. 12.12.2003, Ratsdok. 15895/03, S. 13.

[261] *E. Reiter*, Die Europäische Sicherheitsstrategie, in: Europäische Sicherheit 10/2003, 12, 12.

[262] Europäische Sicherheitsstrategie, „Ein sicheres Europa in einer besseren Welt“ v. 12.12.2003, Ratsdok. 15895/03, S. 14.

zählen, bündeln. Das auswärtige Handeln der EU soll in allen Politikbereichen derselben Agenda folgen, denn gerade in Krisen ist eine einheitliche Führung von großer Bedeutung. Für die Terrorismusbekämpfung ist deshalb eine bessere Abstimmung zwischen dem außenpolitischen Handeln und der Justiz- und Innenpolitik von größter Wichtigkeit[263].
Des Weiteren wurde in der Sicherheitsstrategie der Ausbau der Zusammenarbeit mit Partnern gefordert. Denn heutzutage sei niemand mehr in der Lage, die komplexen Probleme in der Welt im Alleingang zu bewältigen. Infolgedessen soll die EU ihre strategischen Ziele, um den gemeinsamen Bedrohungen in der Welt entgegenzutreten, sowohl im Rahmen der multilateralen Zusammenarbeit in den internationalen Organisationen als auch durch Partnerschaften mit wichtigen Akteuren verfolgen. Zu diesen Partnern gehören speziell die USA. Darüber hinaus sollen strategische Partnerschaften vor allem mit Russland, Japan, China und Indien erreicht werden[264].

II. Analyse und Bewertung der Europäischen Sicherheitsstrategie

Die Europäische Sicherheitsstrategie wurde insgesamt von den Mitgliedstaaten positiv aufgenommen. Alle Mitgliedstaaten der EU haben die Sicherheitsstrategie als bedeutende Grundlage für die Zukunft und deren Prägnanz und Verständlichkeit unterstrichen. Auch die USA begrüßten den „neuen Realismus“ und beschrieben die Strategie als „Zeichen des Heranreifens der transatlantischen Beziehung“. Befürwortet wurden insbesondere die Schwerpunktbildung gemäß den Hauptbedrohungen und die Betonung der Bedeutung der NATO und des transatlantischen Verhältnisses als Kernelement des internationalen Systems[265].

1. Zweck der Europäischen Sicherheitsstrategie

Die Europäische Sicherheitsstrategie wird als konstruktive Lehre aus der fehlenden gemeinsamen Politik innerhalb der EU im Vorfeld des Irak-Kriegs angesehen. Mit ihr sollten die unterschiedlichen Auffassungen, die sich zwischen

---

263 Europäische Sicherheitsstrategie, „Ein sicheres Europa in einer besseren Welt“ v. 12.12.2003, Ratsdok. 15895/03, S. 15.

264 Europäische Sicherheitsstrategie, „Ein sicheres Europa in einer besseren Welt“ v. 12.12.2003, Ratsdok. 15895/03, S. 15, 16.

265 US arms talk test `realism` in EU Relations, in: Financial Times v. 24.6.2003; *J. Frank/G. E. Gustenau/E. Reiter,* Anmerkungen zum Entwurf einer Europäischen Sicherheitsstrategie (2003), S. 8.

den Mitgliedstaaten der EU über ihre globale Ordnungspolitik im Zusammenhang mit dem Irak-Krieg offen gezeigt haben, beseitigt werden. Die Sicherheitsstrategie sollte dazu gemeinsame Positionen darlegen. Mit Hilfe dieser gemeinsamen strategischen Linie sollten zukünftig Streitigkeiten vermieden und der Welt Einigkeit demonstriert werden. Hierzu sollte ebenfalls der transatlantische Dialog wiederbelebt werden. Daher betont sie die Gemeinsamkeiten Europas mit den USA. Sie sollte folglich Grundlage für den strategischen Dialog mit den wichtigsten Partnern sein[266].
Aber nicht nur auf diese Problematik ist die Sicherheitsstrategie zurückzuführen. Als Ausgangspunkt, der die neuen Bedrohungen in der Welt deutlich sichtbar gemacht hat, sind die Ereignisse vom 11. September 2001 anzusehen. Sie haben zu einigen sicherheitspolitischen Reaktionen geführt, insbesondere auf Seiten der USA, und führten zu fundamentalen Veränderungen für die Sicherheit in der Welt[267]. Zusätzlich hatte die Ausdehnung der EU gen Osten die Sicherheitsstrategie zu einem Erfordernis gemacht, denn durch die Osterweiterung der EU wurde ihr Territorium enorm erweitert[268].
Des Weiteren musste berücksichtigt werden, dass die ESVP bei ihrer Gründung „lediglich" als Programm zur militärischen Befähigung konzipiert wurde, das mögliche Missionen nur minimal und allgemein umriss. Die EU hatte aber schon erste Missionen durchgeführt, die Ziele und normative Leitbilder eines kollektiven Gewalteinsatzes erforderlich machten[269]. Daher muss, damit die EU Verantwortung als sicherheitspolitischer Akteur übernehmen kann, Klarheit über Ziele und Mittel bestehen. Es sollte also das auf EU-Ebene bestehende Vakuum beseitigt werden und die Voraussetzung für ein glaubwürdiges, effizientes und einheitliches sicherheitspolitisches Auftreten der EU geschaffen werden[270]. Die Sicherheitsstrategie ist der erste Versuch in der Geschichte der EU,

---

266 *E. Reiter*, Die Europäische Sicherheitsstrategie, in: Europäische Sicherheit 10/2003, 12, 12; *M. Jopp/S. Sandawi*, ESVP, in: W. Weidenfeld/W. Wessels (Hrsg.), Jahrbuch der Europäischen Integration 2003/2004 (2004), 229, 230; *A. J. K. Bailes*, Die Europäische Sicherheitsstrategie: programmatische u. praktische Perspektiven für GASP u. ESVP, in: int 2005, 107, 108; *F. Cameron*, Europas neue Sicherheitsstrategie, in: Internationale Politik 1/2004, 39, 40.

267 Anm.: Hier ist vor allem an die NSS der USA zu denken. Zu ihr siehe 2. Kap. E. II. 4.

268 *A. J. K. Bailes*, Die Europäische Sicherheitsstrategie: programmatische u. praktische Perspektiven für GASP u. ESVP, in: int 2005, 107, 107; *F. Cameron*, Europas neue Sicherheitsstrategie, in: Internationale Politik 1/2004, 39, 39.

269 *A. J. K. Bailes*, Die Europäische Sicherheitsstrategie: programmatische u. praktische Perspektiven für GASP u. ESVP, in: int 2005, 107, 108.

270 *F. Cameron*, Europas neue Sicherheitsstrategie, in: Internationale Politik 1/2004, 39, 40; *E. Reiter*, Die Europäische Sicherheitsstrategie, in: Europäische Sicherheit 10/2003, 12, 12; *J. Frank/G. E. Gustenau/E. Reiter*, Anmerkungen zum Entwurf einer Europäischen Sicherheitsstrategie (2003), S. 3.

ein einheitliches strategisches Konzept zu entwickeln, demzufolge eine gemeinsame Basis für ihr Selbstverständnis als strategischer Akteur in der internationalen Politik zu finden[271].
Daneben sollte dieses Strategie-Konzept den konzeptiv-strategischen Überbau sowohl für die Erstellung ergänzender Teilstrategien und Aktionspläne als auch für die Weiterentwicklung der nationalen Sicherheits- und Verteidigungsdoktrinen bilden[272].

2. Rechtscharakter der Europäischen Sicherheitsstrategie

Die Europäische Sicherheitsstrategie erzeugt keine rechtliche Bindung für die Mitgliedstaaten[273]. Sie ist weder die rechtliche Grundlage für bestimmte Politiken und Handlungen noch stellt sie hierfür Ressourcen bereit[274]. Lediglich eine politische Bindung wird durch sie bewirkt[275]. Daher könnte sie entsprechend den Erläuterungen zu den Rechtsinstrumenten entweder den „Grundsätzen und allgemeinen Leitlinien" im Sinne des Art. 13 Abs. 1 EUV zuzuordnen oder als „gemeinsame Strategie" im Sinne des Art. 13 Abs. 2 EUV einzustufen sein[276].

Betrachtet man den Namen „Sicherheitsstrategie" so könnte dies aufgrund des Wortes „Strategie" für eine Einordnung als gemeinsame Strategie im Sinne des Art. 13 Abs. 2 EUV sprechen. Jedoch kann der Name nicht entscheidend für die Zuordnung sein. Vielmehr kommt es auf den Inhalt der Sicherheitsstrategie an. Daher muss der Inhalt darüber Aufschluss geben, ob die Europäische Sicherheitsstrategie ein Rechtsinstrument im Sinne des Art. 13 Abs. 1 EUV oder des Art. 13 Abs. 2 EUV ist. Der wesentliche Unterschied zwischen den in Frage kommenden Rechtsinstrumenten liegt darin, dass die gemeinsamen Strategien wesentlich präziser sind als Grundsätze und allgemeine Leitlinien. Insbesondere müssen sie zeitlich und inhaltlich konkreter sein. So müssen gemeinsame Stra-

---

271 *J. Frank/G. E. Gustenau/E. Reiter,* Anmerkungen zum Entwurf einer Europäischen Sicherheitsstrategie (2003), S. 3.

272 *J. Frank/G. E. Gustenau/E. Reiter,* Anmerkungen zum Entwurf einer Europäischen Sicherheitsstrategie (2003), S. 4.

273 *S. Flechtner*, Neue Impulse in der europäischen Außen- u. Sicherheitspolitik: Der Verfassungsentwurf des Konvents u. die Sicherheitsstrategie v. *Solana* (2003), S. 10; *E. Reiter*, Die Sicherheitsstrategie der EU, in: Aus Politik u. Zeitgeschichte 3-4/2004, 26, 26.

274 *A. J. K. Bailes*, Die Europäische Sicherheitsstrategie: programmatische u. praktische Perspektiven für GASP u. ESVP, in: int 2005, 107, 109.

275 *E. Reiter*, Die Sicherheitsstrategie der EU, in: Aus Politik u. Zeitgeschichte 3-4/2004, 26, 26.

276 Zu den Rechtsinstrumenten siehe 1. Kap. B. III. Zu den Grundsätzen und allg. Leitlinien siehe dort unter 2. a.), zu gemeinsamen Strategien siehe dort unter 2. b.).

tegien auch Zielsetzung und Dauer der Aktion sowie die von der EU und den Mitgliedstaaten bereitzustellenden Mittel angeben. Grundsätze und allgemeine Leitlinien geben dagegen eher bloße politische Richtungsvorgaben an[277].

Beim Inhalt der Sicherheitsstrategie fällt auf, dass es ihr teilweise an Deutlichkeit und genaueren Konkretisierungen fehlt. So werden etwa mögliche Aufgabenstellungen für das Militär angesprochen, aber nicht näher konkretisiert. Ferner wird nicht angesprochen, welche der genannten Bedrohungen mit militärischen oder zivilen Mitteln bekämpft werden sollen oder wie beispielsweise der Terrorismus im konkreten Fall mit oder ohne militärische Mittel bekämpft werden kann.

Zudem ist zu bemängeln, dass die Europäische Sicherheitsstrategie im Bereich der multilateralen Zusammenarbeit zu unbestimmt ist. Statt eine multilaterale Weltordnung zu definieren, fasst sie lediglich mehrere Institutionen unter diesen Begriff zusammen. Dementsprechend finden die Vereinten Nationen, internationale Finanzinstitutionen, regionale Organisationen sowie die transatlantischen Beziehungen Erwähnung. Aber was wirklich unter der Forderung nach mehr Unterstützung der „effektiven multilateralen Institutionen" zu verstehen ist, wird aus der Sicherheitsstrategie nicht deutlich. Offen bleibt beispielsweise, ob eine Reform des UN-Sicherheitsrates angestrebt wird, mehr Mittel für die WTO eingefordert werden oder ein gemeinsamer Sitz der EU im internationalen Währungsfonds erwünscht wird[278].

Aber nicht nur hinsichtlich der multilateralen Weltordnung ist die Europäische Sicherheitsstrategie zu ungenau. Ein zentrales Problem des Sicherheits-Konzeptes sind die verschiedenen Interpretationsmöglichkeiten bei der Frage, ob ein präemptives Handeln der EU gewollt ist[279]. Grund für diese Interpretationsprobleme sind die zu unpräzisen Ausführungen, obwohl dieser Bereich einen eigenen sicherheitspolitischen Weg der EU aufzeigen sollte. So wird auch die Frage des Strategie-Mixes von Krisenprävention und Krisenintervention beziehungsweise von militärischen, wirtschaftlichen und diplomatischen Sicherheitsinstrumenten nicht beantwortet. Stattdessen vermeidet die Sicherheitsstrategie die Nennung klarer Prioritäten und geht vielmehr der Forderung nach mehr militärischen Mitteln sowie der Stärkung der zivilen und diplomatischen Fähigkeiten nach[280].

277 Dazu vgl. 1. Kap. B. III. 2. a.) u. b.).

278 *F. Cameron*, Europas neue Sicherheitsstrategie, in: Internationale Politik 1/2004, 39, 46.

279 Dazu siehe 2. Kap. E. II. 4.

280 *S. Flechtner*, Neue Impulse in der europäischen Außen- u. Sicherheitspolitik: Der Verfassungsentwurf des Konvents u. die Sicherheitsstrategie v. *Solana* (2003), S. 10.

Die demnach vorhandene Unbestimmtheit der Europäischen Sicherheitsstrategie spricht dafür, dass sie „nur" Leitlinien setzen kann. Insbesondere werden in der Sicherheitsstrategie nicht Dauer und die Mittel angegeben, was aber für die Einordnung als gemeinsame Strategie notwendige Voraussetzung ist[281]. Deshalb kann es sich bei der Europäischen Sicherheitsstrategie nur um Grundsätze und allgemeine Leitlinien im Sinne des Art. 13 Abs. 1 EUV handeln.

3. Analyse der Abschnitte und Bedeutung für die Terrorismusbekämpfung

a.) Analyse des ersten Abschnitts

Mit dem ersten Abschnitt der Sicherheitsstrategie wird der Komplexität der heutigen Welt und den neuen Hauptbedrohungen der EU Rechnung getragen. Dadurch wird eine auf EU-Ebene bestehende Lücke beseitigt, die spätestens seit dem 11. September 2001 zum Vorschein kam, dass einige wichtige Bedrohungen nicht explizit zu den Aufgaben der EU gehören, wie etwa die Terrorismusbekämpfung im Rahmen der ESVP. Vor allem für die Terrorismusbekämpfung im Rahmen der ESVP war also sehr bedeutsam, dass ihre Wichtigkeit in der Sicherheitsstrategie erkannt wird. Bis zu dieser Sicherheitsstrategie war nicht klar erkennbar, ob die Terrorismusbekämpfung zu den Aufgaben der ESVP gehört. Lediglich aus der bisherigen Praxis konnte man darauf zurückschließen. Durch die Europäische Sicherheitsstrategie wird daher deutlich, dass die Terrorismusbekämpfung in das Aufgabenspektrum der ESVP fällt. Die Europäische Sicherheitsstrategie setzt als Grundsatz und allgemeine Leitlinie im Sinne des Art. 13 Abs. 1 EUV den Rahmen, dass die Terrorismusbekämpfung eine Aktivität im Bereich der zweiten Säule der EU ist.

b.) Analyse des zweiten Abschnitts

Aus dem zweiten Abschnitt geht hervor, dass die Hauptbedrohungen, zu denen der Terrorismus gehört, ein Problem der Außen- und Sicherheitspolitik geworden sind. Dies wird daraus ersichtlich, dass festgestellt wird, dass Terroristen heute in der Lage sind, weltweit zu agieren. Damit können terroristische Aktivitäten irgendwo auf der Welt zur Gefahr für Europa werden. Des Weiteren werden Nachbarstaaten der EU als Bedrohung hervorgehoben. Auch dies betrifft den externen Bereich der EU. Deshalb wird aus dem zweiten Abschnitt deutlich, dass externe Maßnahmen zur Problembewältigung erforderlich sind. Ex-

---

[281] Vgl. Art. 13 Abs. 2 UAbs. 2 EUV u. 1. Kap. B. III. 2. b.).

terne Maßnahmen sind solche Mittel, die dem Bereich der GASP zuzuordnen sind. An Mitteln werden im Strategie-Konzept ausdrücklich militärische Mittel genannt, was bedeutet, dass damit Fähigkeiten der ESVP gemeint sind. Während die klassische Landesverteidigung, die mit reinen militärischen Fähigkeiten ausgeübt wird, nicht mehr als primäre Aufgabe der Sicherheits- und Verteidigungspolitik angesehen wird, können die neuartigen Bedrohungen nicht mit rein militärischen Fähigkeiten verhindert werden. Demzufolge wird entsprechend der Sicherheitsstrategie eine Kombination von Instrumenten erforderlich. Dies bedeutet zwar, dass die militärische Bekämpfung einer Bedrohung, wie es der Terrorismus ist, notwendig werden kann, dass aber militärische Maßnahmen *ultima ratio* sein sollen. Folglich sind primär zivile Maßnahmen zur Terrorismusbekämpfung erforderlich. Dies betont die Sicherheitsstrategie, indem es heißt, dass es keine rein militärische Lösung für den Terrorismus gäbe. Die EU will daher einen langfristigen und umfassenden Ansatz entwickeln.
Die EU bekennt sich insbesondere im zweiten Abschnitt zu den Vereinten Nationen, deren Charta den „*grundlegenden Rahmen für die internationalen Beziehungen*" bilden. Darüber hinaus wird die Wichtigkeit weiterer internationaler Organisationen hervorgehoben. Hieraus wird deutlich, dass die EU multilateral gegen die neuen Bedrohungen vorgehen will.

c.) Analyse des dritten Abschnitts

Aus der Forderung aktiver zu handeln, wird der Anspruch der EU, ein globaler Akteur zu sein deutlich. Um jedoch aktiver sein zu können, wird betont, dass die Fähigkeiten der EU ausgebaut werden müssen. Dies betrifft sowohl die militärischen als auch zivilen Fähigkeiten der ESVP. Daraus wird ebenfalls ersichtlich, dass in der Sicherheitsstrategie erkannt wird, dass die derzeitigen Fähigkeiten der ESVP nicht ausreichend sind. Der Aufbau der Fähigkeiten soll daher vorangetrieben werden.
Um eine kohärentes Auftreten der EU zu erreichen, soll insbesondere das transatlantische Verhältnis verbessert werden. Voraussetzung dafür ist ein intaktes Verhältnis zwischen der EU und den USA, auf dessen Verbesserung die Europäische Sicherheitsstrategie unter anderem abzielt. Es ist für die EU von zentraler Bedeutung, da die USA in allen internationalen Fragen Europas wichtigster Partner sind. Allerdings bestehen bei den transatlantischen Beziehungen nach wie vor viele ungelöste Fragen. Infolgedessen könnte die Sicherheitsstrategie die Grundlage für den notwendigen strategischen Dialog zwischen der EU und den USA bilden. Zusätzlich könnte der Aspekt, dass die Europäische Sicher-

heitsstrategie der National Security Strategy der USA in vielen Punkten ähnelt[282], zu einer Annäherung im transatlantischen Verhältnis führen[283].
Aber nicht nur das Verhältnis zu den USA, sondern auch die Differenzen der Europäer untereinander haben Bedeutung für das transatlantische Verhältnis. Wie sich im Irak-Konflikt gezeigt hat, betrifft eine zentrale ungelöste Frage der Europäer die Positionierung zu den USA. So gibt es auf der einen Seite die Anhänger der engen Positionierung zu den USA und auf der anderen Seite die Anhänger einer gewissen Selbständigkeit der EU in der Außen- und Sicherheitspolitik[284]. Deswegen ist die Lösung dieser Frage ebenfalls von enormer Bedeutung für die EU und für das transatlantische Verhältnis[285].
Teil der transatlantischen Beziehungen ist zudem die Frage des Verhältnisses zwischen der NATO und der ESVP. Die Vertreter der engen Anbindung an die USA und die USA selbst sehen teilweise in der ESVP eine unnötige Konkurrenz zur NATO. Deshalb sei in ihren Augen die weitere Entwicklung der EU in Richtung einer vollständigen sicherheits- und verteidigungspolitischen Autonomie nicht erstrebenswert. Sie beobachten die zunehmenden Kompetenz- und Aufgabenüberschneidungen äußerst kritisch, die speziell in Bereichen der Krisenbewältigung und Konfliktverhütung bereits existieren. Hierzu ist festzustellen, dass diese Bereiche, seit der Neuausrichtung und Umorientierung der NATO aufgrund der Beendigung des Ost-West-Konflikts, den Kern beider Organisationen bilden. Die Entwicklung eines Konkurrenzverhältnisses zwischen NATO und EU lässt daher befürchten, dass dauerhafte Spannungen entstehen, die dem transatlantischen Verhältnis nachhaltig schaden könnten[286]. Aus diesem Grund hebt die Europäische Sicherheitsstrategie hervor, dass *„die transatlantischen Beziehungen (...) zu den tragenden Elementen des internationalen Systems (zählen)“* und *„die NATO (...) ein besonderer Ausdruck dieser Beziehung (ist)“*[287]. Konkret in Bezug auf das Verhältnis zwischen der EU und der NATO

---

282 Dazu siehe Vergleich im 2. Kap. E. II. 4.

283 *S. Flechtner*, Neue Impulse in der europäischen Außen- u. Sicherheitspolitik: Der Verfassungsentwurf des Konvents u. die Sicherheitsstrategie v. *Solana* (2003), S. 9; *J. Faust/D. Messner*, Entwicklungspolitik u. internationale Sicherheit, Die EU-Sicherheitsstrategie als Herausforderung für die Entwicklungspolitik, in: D. Messner/I. Scholz (Hrsg.), Zukunftsfragen der Entwicklungspolitik (2005), 137, 140.

284 Anm.: Zu den Vertretern der engen Positionierung zu den USA gehört insb. Großbritannien. Demgegenüber gehört vor allem Frankreich zu den Vertretern einer autonomen ESVP-Entwicklung. Dazu siehe 3. Kap. C. II. 2.

285 *S. Flechtner*, Neue Impulse in der europäischen Außen- u. Sicherheitspolitik: Der Verfassungsentwurf des Konvents u. die Sicherheitsstrategie v. *Solana* (2003), S. 12, 13.

286 Europäische Sicherheitsstrategie, „Ein sicheres Europa in einer besseren Welt“ v. 12.12.2003, Ratsdok. 15895/03, S. 11; dazu vgl. auch 3. Kap. C. II. 1.

287 Europäische Sicherheitsstrategie, „Ein sicheres Europa in einer besseren Welt“ v. 12.12.2003, Ratsdok. 15895/03, S. 11.

wird aus diesem Grund die Dauervereinbarung (Berlin plus-Vereinbarungen) zwischen der EU und der NATO hervorgehoben, die die Einsatzfähigkeit der EU verbessert und den Rahmen für die strategische Partnerschaft zwischen beiden Organisationen bei der Krisenbewältigung bildet[288]. Mit Hilfe dieser Dauervereinbarung sollen Konkurrenzprobleme verhindert werden[289].
Die EU strebt demzufolge eine transatlantische Partnerschaft „auf gleicher Augenhöhe“ an. Dafür will die EU speziell erreichen, dass die Vereinten Nationen eine tragende Rolle übernehmen. Sie sollen im Zentrum eines effektiven Multilateralismus stehen. Denn die internationalen Organisationen, Regime und Verträge seien wirksame Mittel gegen die Bedrohungen des internationalen Friedens und der Sicherheit.

4. Vergleich mit der National Security Strategy der USA vom September 2002

Wie die verschiedenen Standpunkte während des Irak-Konflikts zeigen[290], will die EU den USA nicht die alleinige Rolle in der Weltordnungspolitik überlassen, sondern sieht sich inzwischen selbst als Global Player[291]. Dies entspricht dem Zweck der Europäischen Sicherheitsstrategie, dass ein erstarktes Europa gemeinsam mit den USA einen Beitrag für die weltweite Sicherheit leistet[292]. Allerdings war die US-amerikanische Strategie-Debatte mit der National Security Strategy vom September 2002[293] der europäischen weit voraus[294]. Immerhin konnte die EU mit der Europäischen Sicherheitsstrategie nachziehen, mit der Europa endlich auch Stellung zu seiner Rolle in der weltweiten Sicherheitspolitik beziehen konnte. Von daher bietet sich ein Vergleich der Europäischen Sicherheitsstrategie mit der National Security Strategy der USA an.

---

288 Europäische Sicherheitsstrategie, „Ein sicheres Europa in einer besseren Welt“ v. 12.12.2003, Ratsdok. 15895/03, S. 14.

289 Zu den Berlin plus-Vereinbarungen siehe 3. Kap. C. II. 2. b.).

290 Zu den verschiedenen Standpunkten siehe 3. Kap. B. II. 2. u. 3. Kap. C. IV. 2.

291 Zu diesem Anspruch vgl. 2. Kap. E. I. u. 2. Kap. E. II. 3. c.).

292 Zum Zweck der Europäischen Sicherheitsstrategie siehe 2. Kap. E. II. 1.

293 National Security Strategy of the United States of America, abrufbar unter www.whitehouse.gov/nsc/nss.pdf, letzter Zugriff: 12.10.2005

294 Anm.: Die National Security Strategy (NSS) der USA wurde als außenpolitische Sicherheitsstrategie der USA im September 2002 von der US-amerikanischen Regierung veröffentlicht. Sie wurde bereits 1992 von *Paul Wolfowitz* unter dem damaligen Präsidenten *George Bush senior* als „Defense Planning Guidance“ ausgearbeitet, die der damalige Verteidigungsminister *Richard Cheney* jedoch zurückziehen musste, da es die Vormachtstellung der USA gegenüber Russland und Europa einforderte. Zudem kam es seinerzeit aufgrund der Wahlniederlage von *George Bush senior* gegen *Bill Clinton* im gleichen Jahr nicht zu ihrer Umsetzung.

a.) Inhalt der National Security Strategy von 2002

Die National Security Strategy von 2002 ist im Vergleich zu den vorherigen[295] mit 31 Seiten kurz gefasst, verständlich formuliert und legt die Grundzüge einer amerikanischen Hegemonialordnung in der Welt dar[296]. Inhaltlich befasst sich die National Security Strategy mit dem Einsatz für die Menschenwürde, der gemeinsamen Bekämpfung des globalen Terrorismus, der Entschärfung regionaler Konflikte, der Abhaltung von Feinden vom Einsatz von Massenvernichtungswaffen, der Förderung des Wirtschaftswachstums durch freie Märkte und freien Handel, der Öffnung von Gesellschaften und der Förderung von Demokratie, die Kooperation mit anderen Machtzentren und der Umgestaltung der eigenen Sicherheitsstrukturen[297]. Besonders hervorgehoben wird aufgrund der Terroranschläge vom 11. September 2001 die Terrorismusbekämpfung, die im Mittelpunkt der National Security Strategy steht, ebenso wie die Verhinderung der Proliferation von Massenvernichtungswaffen[298]. Zwar stellten viele der genannten Punkte keine Neuerungen dar, dennoch haben sie besondere Aufmerksamkeit hervorgerufen, hauptsächlich aufgrund der Möglichkeit einer präemptiven Vorgehensweise[299].

Hinsichtlich der Terrorismusbekämpfung wird im dritten Kapitel der National Security Strategy Stellung bezogen und ihre Bedeutung hervorgehoben.
Erste Priorität im Kampf gegen den Terrorismus hat danach die Zerschlagung und Zerstörung global agierender Terrororganisationen und der Angriff auf ihre Führung, Kommandostrukturen, Kontrolle und Kommunikation, materielle Unterstützung und Finanzierung. Damit können die Planungs- und Operationsfähigkeiten der Terroristen lahm gelegt werden[300]. Zur Zerschlagung und Zerstörung von Terrororganisationen sei ein unmittelbares und kontinuierliches Handeln erforderlich, das sich aller Elemente nationaler und internationaler Macht bedient. Der unmittelbare Schwerpunkt werden die weltweit agierenden Terrororganisationen sowie die terroristischen und staatlichen Sponsoren sein, die

---

295 Anm.: Eine NSS muss seit 1986 von jeder Regierung gegenüber dem Kongress veröffentlicht werden. Dazu siehe Sec. 603 Goldwater-Nichols Department of Defense Reorganization Act (PL99-433, October 1, 1986, 100 Stat 992), die in den National Security Act von 1947 eingefügt wurde.

296 *E. Bohne*, Die Europäische Sicherheitsstrategie u. die Nationale Sicherheitsstrategie der USA im Vergleich, in: Festschrift für Hans Herbert Arnim zum 65. Geburtstag, S. 42, 45.

297 National Security Strategy of the United States of America, Kap. I, S. 1-2.

298 Siehe Kap. III. u. Kap. V. der National Security Strategy of the United States of America.

299 Dazu siehe National Security Strategy of the United States of America, Kap. III, S. 6.

300 National Security Strategy of the United States of America, Kap. III, S. 5.

versuchen, Massenvernichtungswaffen oder deren Vorstufen zu beschaffen oder anzuwenden[301].

Als zweites wird die Verteidigung der USA selbst genannt. Dazu wollen die USA Bedrohungen ausmachen und ausschalten, bevor sie die Landesgrenzen erreichen. Insbesondere wurde die die National Security Strategy prägende Aussage getroffen, dass die USA, wenn es notwendig ist, präemptiv gegen Terroristen vorgehen würden[302].

Als dritte Maßnahme soll den Terroristen weitere Finanzierung, Unterstützung und Zuflucht verwehrt werden, indem die USA Staaten überzeugen oder zwingen, ihrer souveränen Verantwortung gerecht zu werden[303].

b.) Gemeinsamkeiten

Im Vergleich mit der Bedrohungsanalyse der EU bestehen grundsätzlich viele Gemeinsamkeiten. Insbesondere besteht weitestgehend Einigkeit über die heutigen Sicherheitsbedrohungen. In beiden Strategiekonzepten werden der Terrorismus und die Proliferation von Massenvernichtungswaffen als Hauptbedrohungen eingeordnet. Beide erkennen hinsichtlich der Bedrohung Terrorismus, dass er insbesondere weltweit organisiert ist und der auf religiösen Fanatismus basiert, der zu Selbstmordattentaten der Terroristen führt. Hinsichtlich der Ursachen für die neuartigen Bedrohungen besteht auch Einigkeit. Dazu werden gescheiterte staatliche Regime, regionale Konflikte, organisierte Kriminalität, Armut, Hunger und Seuchen genannt[304].

c.) Unterschiede

Dennoch bestehen zwischen den beiden Sicherheitskonzepten einige wesentliche Unterschiede.

---

301 National Security Strategy of the United States of America, Kap. III, S. 6.

302 *"(...) we will not hesitate to act alone, if necessary, to exercise our right of self-defense by acting preemptively against such terrorists, to prevent them from doing harm against our people and our country."* National Security Strategy of the United States of America, Kap. III, S. 6.

303 National Security Strategy of the United States of America, Kap. III, S. 6.

304 *E. Bohne*, Die Europäische Sicherheitsstrategie u. die Nationale Sicherheitsstrategie der USA im Vergleich, in: Festschrift für Hans Herbert Arnim zum 65. Geburtstag, S. 42, 60; *S. B. Gareis*, Sicherheitspolitiken zwischen ‚Mars und Venus'?, in: J. Varwick (Hrsg.), Die Beziehungen zwischen NATO u. EU (2005), S. 81, 85.

Der bedeutendste Unterschied betrifft die in der National Security Strategy enthaltenen und sie prägenden Aussagen über die Anwendung von Präventiv- und Präemptivschlägen. Die National Security Strategy rechtfertigt selbst dann eine Militäraktion und hält eine unmittelbare Bedrohung für gegeben, wenn eine Bedrohung durch Massenvernichtungswaffen oder Terroristen erst in Zukunft virulent werden könnte. Im Kapitel III wird dazu explizit zum Terrorismus Stellung bezogen. Aus diesem Grund wird die National Security Strategy als „*Bush*-Doktrin des präemptiven Erstschlags" bezeichnet. Das präemptive Handeln ist allerdings völkerrechtlich äußerst kritisch zu betrachten[305]. Deshalb und aufgrund der starken Kritik an der National Security Strategy in der Öffentlichkeit wurde in der Endfassung der Europäischen Sicherheitsstrategie der umstrittene Begriff „*preemptive engagement*" durch „*preventive engagement*" ersetzt. Im Erstentwurf der Europäischen Sicherheitsstrategie vom Juni 2003[306], der sich stark an der National Security Strategy orientiert hatte, wurde noch der Begriff „*preemptive engagement*" verwendet[307]. Durch die Ersetzung des Begriffs „*preemptive engagement*" ist jedoch zusätzlich das Problem unterschiedlicher Interpretationsmöglichkeiten entstanden. Dieses zeigt sich dadurch, dass teilweise in der Forderung der Europäischen Sicherheitsstrategie nach einem „*frühzeitigen, raschen und wenn nötig robusten Eingreifen*" der EU ein Versuch gesehen wird, die Tür für eine vorbeugende, also präemptive Militäraktion zu öff-

[305] Zu dieser Problematik siehe 5. Kap. B. I. 2.

[306] Zum Erstentwurf Entwurf der Europäische Sicherheitsstrategie, „Ein sicheres Europa in einer besseren Welt" v. 20.6.2003, abgedruckt in: *A. Missiroli*, From Copenhagen to Brussels, European defence: core documents, volume IV, in: Chaillot Papers 67, S. 160: Im Vergleich zum Erstentwurf sind in der Endfassung noch weitere Unterschiede aufzufinden. Auf der Grundlage des Erstentwurfs wurden insb. auf den drei Seminaren in Rom, Paris und Stockholm unter Beteiligung von Vertretern von Drittstaaten (u. a. USA, Japan, China) und internationalen Organisationen (z. B. die NATO) einzelne Aspekte des Entwurfes erörtert und überarbeitet.
Das Rom-Seminar widmete sich dabei den Bedrohungen. Insb. wurde darüber diskutiert, welchen Stellenwert dem Terrorismus und der Verbreitung von Massenvernichtungswaffen zukommen sollte. In Bezug auf den Terrorismus wurde auf eine Terrorismusdefinition verzichtet. Im Vergleich zum Erstentwurf wurde in der Endfassung zwischen gescheiterten Staaten und dem organisierten Verbrechen unterschieden sowie wurden regionale Konflikte als Bedrohung eingefügt.
Das Paris-Seminar beschäftigte sich mit der Stärkung des multilateralen Systems und der Ausdehnung des Sicherheitsgürtels auf die Nachbarländer. Insb. wurde hier im Vergleich zum Erstentwurf vom Konzept der Präemptivschläge Abstand genommen.
Das Stockholm-Seminar behandelte Fragen der Kohärenz und der Fähigkeiten. Vor allem wurde hier die Bedeutung der zivilen Fähigkeiten hervorgehoben.

[307] Dazu siehe Entwurf der Europäische Sicherheitsstrategie, „Ein sicheres Europa in einer besseren Welt" v. 20.6.2003, abgedruckt in: *A. Missiroli*, From Copenhagen to Brussels, European defence: core documents, volume IV, in: Chaillot Papers 67, S. 160, 165.

nen. Gegen eine solche Einordnung spricht allerdings, dass in der Betonung der zivilen Krisenprävention vielmehr ein expliziter Gegenentwurf zur National Security Strategy zu sehen ist[308]. Deshalb ist hier ein wichtiger Unterschied zur National Security Strategy zu sehen. Die Betonung der zivilen Krisenprävention in der Europäischen Sicherheitsstrategie könnte die Position der EU im transatlantischen Verhältnis stärken und daher die Positionierung der EU als globaler Akteur unterstreichen. Vor dem Hintergrund, dass trotz der Fortschritte, die die EU im Bereich der militärischen Fähigkeiten erzielt hat und noch erzielen wird, die Vormachtstellung der USA im militärischen Bereich unantastbar ist, die EU aber im Bereich der zivilen Krisenprävention, der Konfliktbearbeitung und der Stabilisierung gefährdeter Staaten den USA voraus ist, könnte die EU sich eine Vormachtstellung im Bereich der „soft power-Kapazitäten" erarbeiten. Dann wäre in Zukunft eine Arbeitsteilung im transatlantischen Verhältnis vorstellbar, die vorsehen könnte, dass die USA „robuste" Militäreinsätze realisieren und die EU ihre „soft power-Kapazitäten" zum Einsatz bringt. Dass die USA in diesem Bereich erhebliche Defizite haben, zeigt sich exemplarisch im Irak nach dem dortigen Krieg. Deshalb könnten zukünftig die USA die „soft power-Kapazitäten und Erfahrungen" der EU in Anspruch nehmen[309]. Trotzdem bedeutet die Präferierung der zivilen Fähigkeiten der EU nicht, dass die militärischen Mittel geringer geschätzt werden. Auch in der Europäischen Sicherheitsstrategie wird der Einsatz von militärischen Fähigkeiten in manchen Situationen für unverzichtbar erklärt, allerdings sollen militärische Aktionen nur das letzte Mittel darstellen. Die Europäische Sicherheitsstrategie stellt klar, dass der Einsatz von militärischen Fähigkeiten bei der Terrorismusbekämpfung erforderlich sein wird. Zudem muss bedacht werden, dass eine Zivilmacht ohne Zwangsmittel keine Möglichkeit besitzt, einen wirksamen Beitrag zur Wahrung der internationalen Ordnung zu leisten. Das gleiche gilt für eine bloß interessengeleitete Militärmacht, die stabilitätspolitisch verhängnisvoll wäre[310]. Insgesamt ist daher zur Behandlung der neuen Bedrohungen eine Mischung aus politischen, diplomatischen, wirtschaftlichen und militärischen Mitteln erforderlich[311].

---

[308] *S. Flechtner*, Neue Impulse in der europäischen Außen- u. Sicherheitspolitik: Der Verfassungsentwurf des Konvents u. die Sicherheitsstrategie v. *Solana* (2003), S. 10.

[309] *J. Faust/D. Messner,* Entwicklungspolitik u. internationale Sicherheit, Die EU-Sicherheitsstrategie als Herausforderung für die Entwicklungspolitik, in: D. Messner/I. Scholz (Hrsg.), Zukunftsfragen der Entwicklungspolitik (2005), 137, 140 u. 144; vgl. auch *R. Cooper*, Macht u. Ohnmacht – aus europäischer Sicht, in: Internationale Politik 5/2003, 31, 32.

[310] *S. Fröhlich*, Das Projekt der GESVP: Entwicklungen u. Perspektiven, in: ZEI Discussion Paper, C 116, 2002, S. 8.

[311] Vgl. Europäische Sicherheitsstrategie, „Ein sicheres Europa in einer besseren Welt" v. 12.12.2003, Ratsdok. 15895/03, S. 9.

Obwohl auch in der National Security Strategy die Krisenprävention das zentrale Handlungsprinzip ist, ist das Präventionsverständnis der USA im Gegensatz zur Europäischen Sicherheitsstrategie militärisch orientiert[312]. Dies kommt stark durch die Wortwahl zum Ausdruck, in dem der Kampf gegen den Terrorismus von den USA als Krieg („*war on terror*") bezeichnet wird.

Ein weiterer wesentlicher Unterschied zwischen der Europäischen Sicherheitsstrategie und der National Security Strategy ist darin zu sehen, dass im europäischen Strategiekonzept die Stärkung einer multilateralen Weltordnung und des Völkerrechts eingefordert wird[313]. Zwar spricht ebenfalls die National Security Strategy von der Wichtigkeit des Multilateralismus[314], dennoch ist darunter ein selektiver Multilateralismus zu verstehen[315]. Wie sich bereits in der Vergangenheit, speziell unmittelbar nach dem 11. September 2001, gezeigt hat, präferieren die USA bilaterale Schulterschlüsse mit ausgewählten Partnern anstelle einer multilateralen Vorgehensweise[316]. Ebenso ist daraus zu schließen, dass die USA die Auswahl und Anwendung ihrer Mittel den Erfordernissen entsprechend an die jeweilige Situation anpassen wollen. So werden die Vereinten Nationen und das Völkerrecht in der National Security Strategy nicht erwähnt[317]. Die EU hingegen will nur auf Grundlage der internationalen Regeln handeln[318]. Die „*Hauptverantwortung für die Wahrung des Weltfriedens und der internationalen Sicherheit*" soll also beim UN-Sicherheitsrat liegen und nicht etwa bei den USA oder bei der EU selbst[319].

312 *E. Bohne*, Die Europäische Sicherheitsstrategie u. die Nationale Sicherheitsstrategie der USA im Vergleich, in: Festschrift für Hans Herbert Arnim zum 65. Geburtstag, S. 42, 64.

313 *J. Faust/D. Messner*, Entwicklungspolitik u. internationale Sicherheit, Die EU-Sicherheitsstrategie als Herausforderung für die Entwicklungspolitik, in: D. Messner/I. Scholz (Hrsg.), Zukunftsfragen der Entwicklungspolitik (2005), 137, 140.

314 Dazu vgl. insb. Kap. VIII der National Security Strategy of the United States of America.

315 *F. Cameron*, Europas neue Sicherheitsstrategie, in: Internationale Politik 1/2004, 39, 47.

316 Dazu vgl. *J. Howorth*, CESDP after 11 September: From Shortterm Confusion to Longterm Cohesion, in: EUSA Review Essay, Winter 2002, S. 3; *M. Jopp*, ESVP, in: W. Weidenfeld/W. Wessels (Hrsg.), Jahrbuch der Europäischen Integration 2001/2002 (2002), 223, 223.

317 Anm.: Die NSS enthält lediglich einen Hinweis auf die Vereinten Nationen, nach dem die USA das vom Generalsekretär der Vereinten Nationen *Kofi Annan* organisierte Programm gegen die Seuche HIV/AIDS unterstützen. Siehe *E. Bohne*, Die Europäische Sicherheitsstrategie u. die Nationale Sicherheitsstrategie der USA im Vergleich, in: Festschrift für Hans Herbert Arnim zum 65. Geburtstag, S. 42, 56.

318 *J. Frank/G. E. Gustenau/E. Reiter*, Anmerkungen zum Entwurf einer Europäischen Sicherheitsstrategie (2003), S. 7.

319 Europäische Sicherheitsstrategie, „Ein sicheres Europa in einer besseren Welt" v. 12.12.2003, Ratsdok. 15895/03, S. 11.

Diese verschiedenen Sichtweisen über den Multilateralismus kommen zusätzlich durch das Selbstverständnis der USA und der EU zu ihrer Rolle in der Welt zum Ausdruck. Beide beanspruchen zwar noch übereinstimmend für sich in ihrem jeweiligen Sicherheitskonzept eine globale Rolle. Die EU jedoch sieht sich selbst nicht als Weltmacht, sondern bezeichnet sich „nur" als Global Player im Rahmen der Weltgemeinschaft. Eine Rolle als Weltmacht kann die EU zudem gar nicht beanspruchen, wie die Uneinigkeit der EU-Mitgliedstaaten während des Irak-Kriegs gezeigt hat[320]. Die USA dagegen beanspruchen für sich die Rolle als Weltmacht. Dies kommt gleich zu Beginn der National Security Strategy eindeutig zum Ausdruck, indem es dort heißt:

> *„The United States possesses unprecedented - and unequaled – strength and influence in the world."*[321]

Dieser Anspruch der USA über ihre Rolle in der Welt kam nach Veröffentlichung National Security Strategy schon durch den Irak-Krieg zum Vorschein, den die USA begonnen haben ohne dass der Irak im Besitz von Massenvernichtungswaffen war und ohne dass die Invasion durch ein UN-Mandat gestützt wurde[322]. Dies zeigt, dass die USA gelegentliche Verletzungen des Völkerrechts aus nationalem Interesse in Kauf nehmen, wodurch eine Art Geringschätzung der Vereinten Nationen zum Ausdruck zu kommen scheint[323].

Ein weiterer Unterschied zwischen beiden Sicherheitsaspekten besteht in geographischer Hinsicht. Die Europäische Sicherheitsstrategie spricht von „*Stärkung der Sicherheit in unserer Nachbarschaft*". Denn es „*liegt im Interesse Europas, dass die angrenzenden Länder verantwortungsvoll regiert werden*". Ansonsten würden diese Länder eine Gefahr für die EU darstellen (vgl. zweites strategisches Ziel[324]). Die USA besitzen dagegen aufgrund ihrer geographischen Lage mit Mexiko und Kanada lediglich zwei Nachbarstaaten, von denen keine

---

320 *E. Bohne*, Die Europäische Sicherheitsstrategie u. die Nationale Sicherheitsstrategie der USA im Vergleich, in: Festschrift für Hans Herbert Arnim zum 65. Geburtstag, S. 42, 49.

321 Anm.: *„Die Stärke und der Einfluss der Vereinigten Staaten in der Welt sind beispiel- und konkurrenzlos."*

322 Zum Irak-Krieg siehe 2. Kap. D., zu den innereuropäischen Meinungsverschiedenheiten siehe 3. Kap. B. II. 2.

323 *E. Bohne*, Die Europäische Sicherheitsstrategie u. die Nationale Sicherheitsstrategie der USA im Vergleich, in: Festschrift für Hans Herbert Arnim zum 65. Geburtstag, S. 42, 57 u. 59.

324 Vgl. 2. Kap. E. I. 2. u. 2. Kap. E. II. 3. b.).

Sicherheitsprobleme ausgehen. Dementsprechend ist für die USA die Grenzsicherung im Gegensatz zur EU kein Sicherheitsproblem[325].

d.) Fazit

Die Unterschiede zwischen der National Security Strategy der USA vom September 2002 und der Europäischen Sicherheitsstrategie belegen, dass die Europäischen Sicherheitsstrategie keine Kopie der National Security Strategy darstellt. Vielmehr kann man feststellen, dass der Europäischen Sicherheitsstrategie ein eigener Stempel aufgedrückt wurde.

5. Kritik an der Europäischen Sicherheitsstrategie

Neben der Kritik, dass sie zu unbestimmt sei[326], könnte die Art und Weise der Verwendung des „weiten Sicherheitsbegriffes" der über die militärischen Bedrohungen hinausgeht und Unsicherheiten und Gewalteskalationen aufgrund komplexer politischer, ökonomischer, soziokultureller oder umweltpolitischer Ursachen mit einbezieht, zu kritisieren sein. In der Verwendung des „weiten Sicherheitsbegriffes" ist ebenfalls ein Unterschied zur National Security Strategy zu sehen, die vom Sicherheitsbegriff nicht so weit geht. Obwohl die Europäische Sicherheitsstrategie aufgrund des „weiten Sicherheitsbegriffs" auch die genannten komplexen Probleme als mögliche Ursachen für potentielle Konflikte erkennt und sie deshalb diese möglichst frühzeitig durch eine Kombination aus zivilen und militärischen Mitteln[327] entschärfen will, setzt sie dennoch ihr Hauptaugenmerk auf die neuen sicherheitspolitischen Hauptbedrohungen. Die anderen erwähnten potentiellen Gefahrenherde, die der „weite Sicherheitsbegriff" erfasst, werden dagegen weitestgehend vernachlässigt, obwohl beispielsweise eine machtpolitische Bedrohung ebenso denkbar wäre wie eine Gefährdung durch eine der neuen Bedrohungen[328]. Trotzdem kann konstatiert werden,

---

325 *E. Bohne*, Die Europäische Sicherheitsstrategie u. die Nationale Sicherheitsstrategie der USA im Vergleich, in: Festschrift für Hans Herbert Arnim zum 65. Geburtstag, S. 42, 63.

326 Dazu siehe 2. Kap. E. II. 2.

327 Anm.: Diese Kombination aus zivilen und militärischen Mitteln soll ein breites Spektrum an entwicklungs-, außen-, außenwirtschafts- und umweltpolitischen Instrumenten sowie klassischen sicherheitspolitischen Maßnahmen, wie polizeiliche Zusammenarbeit, Geheimdienstkooperation und bis hin zu militärischen Aktionen umfassen.

328 *J. Frank/G. E. Gustenau/E. Reiter*, Anmerkungen zum Entwurf einer Europäischen Sicherheitsstrategie (2003), S. 11; *J. Faust/D. Messner*, Entwicklungspolitik u. internationale Sicherheit, Die EU-Sicherheitsstrategie als Herausforderung für die Entwicklungspolitik, in: D. Messner/I. Scholz (Hrsg.), Zukunftsfragen der Entwicklungspolitik (2005), 137,

dass durch die Erweiterung des Sicherheitsbegriffes andere Gemeinschaftspolitiken, wie im Bereich der Entwicklungspolitik, des Außenhandels oder etwa der Migration, zukünftig einfacher und auch stärker mit der GASP und ihren Zielen abgestimmt werden können. Positive Folge wäre dann möglicherweise, dass die Neuerungen zu einer stärkeren Kohärenz der europäischen Außen- und Sicherheitspolitik führen könnten[329].
Trotz der Verwendung des „weiten Sicherheitsbegriffes" darf nicht außer Acht gelassen werden, dass die Europäische Sicherheitsstrategie im Gesamtkontext der europäischen Außenbeziehungen lediglich auf die Sicherheitspolitik begrenzt ist. Damit erfasst sie nur eine der vielen Facetten der europäischen Außenbeziehungen. Andere wichtige Herausforderungen, wie das Management weltwirtschaftlicher Verflechtungen oder technologisch-wissenschaftliche Kooperationen zur Stärkung der Wettbewerbsfähigkeit der EU, werden nicht berücksichtigt[330]. Gegen die Einbeziehung dieser Herausforderungen lässt sich jedoch einwenden, dass die Sicherheitspolitik die zentrale Herausforderung der Außenbeziehungen ist und dass die Sicherheitsstrategie keinen Entwurf zur Gestaltung der vielfältigen Außenbeziehungen darstellen sollte[331]. Daher ist die Begrenzung der Europäischen Sicherheitsstrategie auf die Sicherheitspolitik sinnvoll.

6. Positive Auswirkungen durch die Europäische Sicherheitsstrategie

Die erstmalige Schaffung eines für die Öffentlichkeit nachvollziehbaren strategischen Bezugsrahmens für die gemeinsame Außen- und Sicherheitspolitik, an dem sich die Mitgliedstaaten und die Institutionen der EU orientieren können, könnte zu einem einheitlichen Auftreten der EU beigetragen haben. Dies hat der Irak-Konflikt deutlich gemacht, der gezeigt hat, wie gering die Gemeinsamkeiten der Europäer waren, wenn es um bedeutende Fragen ging, wie etwa die Frage, wann, ob und unter welchen Umständen ein Krieg geführt werden soll. Deshalb muss das Problem der mangelnden Kohärenz gelöst werden, wenn sich die

---

140; *A. J. K. Bailes*, Die Europäische Sicherheitsstrategie: programmatische u. praktische Perspektiven für GASP u. ESVP, in: int 2005, 107, 108.

329 *S. Flechtner*, Neue Impulse in der europäischen Außen- u. Sicherheitspolitik: Der Verfassungsentwurf des Konvents u. die Sicherheitsstrategie v. *Solana* (2003), S. 10, 11.

330 *J. Faust/D. Messner,* Entwicklungspolitik u. internationale Sicherheit, Die EU-Sicherheitsstrategie als Herausforderung für die Entwicklungspolitik, in: D. Messner/I. Scholz (Hrsg.), Zukunftsfragen der Entwicklungspolitik (2005), 137, 138.

331 *J. Faust/D. Messner,* Entwicklungspolitik u. internationale Sicherheit, Die EU-Sicherheitsstrategie als Herausforderung für die Entwicklungspolitik, in: D. Messner/I. Scholz (Hrsg.), Zukunftsfragen der Entwicklungspolitik (2005), 137, 138-139.

GASP beziehungsweise ESVP weiter fortentwickeln will. Diese sind von einem gemeinsamen Willen abhängig. Aus diesem Grund ist die Schaffung einer von allen Seiten akzeptierten Strategie als sehr wichtiger Brückenschlag zu bewerten.
Diesbezüglich darf allerdings nicht übersehen werden, dass die GASP durch die Sicherheitsstrategie keinen wirklichen qualitativen Sprung machen wird. Letztendlich bleibt die Außen- und Sicherheitspolitik Aufgabe der einzelnen Mitgliedstaaten und wird nicht Aufgabe der Gemeinschaftsinstitutionen. Demgemäß werden die Entscheidungen weiterhin nur einstimmig beschlossen, wodurch die Möglichkeit entfällt, sich über den Willen eines Mitgliedstaats hinwegzusetzen. Somit bleibt der Dialog zwischen den Mitgliedstaaten weiterhin eine Grundbedingung der Außen- und Sicherheitspolitik. Trotzdem kann die Europäische Sicherheitsstrategie, aufgrund der strategischen Positionsbestimmung, eine große Hilfe bei der Konsensfindung darstellen. Daher bieten die neuen Möglichkeiten, den innereuropäischen Dialog zu gestalten, durchaus die Aussicht auf eine aktivere und kohärentere Außen- und Sicherheitspolitik der EU. Dessen ungeachtet darf ebenfalls in diesem Zusammenhang nicht vergessen werden, dass die Europäische Sicherheitsstrategie keine rechtliche Bindung der Mitgliedstaaten zur Folge hat, sondern lediglich eine politische.
Zudem kann die Europäische Sicherheitsstrategie durch eine stärkere „Europäisierung“ der nationalen Strategiedebatten zu mehr Kohärenz der Mitgliedstaaten beitragen. Das Strategie-Konzept wird nämlich nicht nur den EU-Institutionen, sondern auch den Mitgliedstaaten als Orientierungshilfe bei der Bestimmung ihrer jeweiligen eigenen Außen- und Sicherheitspolitik dienen. Positive Folge wäre dann ein kohärenteres Auftreten der Mitgliedstaaten aufgrund der Annäherung ihrer verschiedenen außen- und sicherheitspolitischen Strategien[332].
Im Hinblick auf die Frage der Kohärenz innerhalb der EU kann zusätzlich die Erweiterung der EU, der sich die Europäische Sicherheitsstrategie ebenfalls annimmt[333], einen wichtigen Beitrag leisten. Sicherlich ist zunächst festzuhalten, dass mit einer größeren Zahl an Mitgliedstaaten in der EU die politisch-strategische Entscheidungsfindung wesentlich komplexer wird, insbesondere weil mehr Interessen unter einen Hut gebracht werden müssen. Und außerdem wird die territoriale Erweiterung mit neuen Belastungen, Risiken und Verantwortungsbereichen eine große Herausforderung für die EU darstellen, die durchaus zur Folge haben könnte, dass der Kohärenz innerhalb Europas nachhaltig Schaden zugefügt wird. Allerdings kann die Erweiterung ebenso das Gegenteil bewirken, denn die Erweiterung könnte zu einer Art neuer Triebkraft

---

332 *S. Flechtner*, Neue Impulse in der europäischen Außen- u. Sicherheitspolitik: Der Verfassungsentwurf des Konvents u. die Sicherheitsstrategie v. *Solana* (2003), S. 11.

333 Siehe bspw. Europäischen Sicherheitsstrategie, „Ein sicheres Europa in einer besseren Welt“ v. 12.12.2003, Ratsdok. 15895/03, S. 10.

werden, die das strategische Bewusstsein, eine notwendige Ernsthaftigkeit bei der Verfolgung der Ziele sowie eine Gruppendisziplin auslösen könnte[334]. Ferner könnte positiv für die Kohärenz innerhalb Europas die bloße Erinnerung an den Irak-Konflikt, in dem eine der Ursachen für die Erstellung der Sicherheitsstrategie liegt, sein. Denn die Mitgliedstaaten besitzen die Zielsetzung, zukünftig die Wiederholung einer solchen Krise zu vermeiden, was als Folge eine „Flucht nach vorne" hervorgerufen haben könnte. Dieses Phänomen hat sich schon durch schnelle Innovationen seit Mitte 2003 offenbart, denen deshalb durchaus eine gewisse Dynamik für die ESVP und die Kohärenz zu zuerkennen ist[335].

7. Fazit

Bei der Europäischen Sicherheitsstrategie handelt es sich um ein Rechtsinstrument im Sinne des Art. 13 Abs. 1 EUV (Grundsätze und allgemeine Leitlinien). Damit kann sie zukünftig als konkrete Handlungsanleitung fungieren und einen allgemein anerkannten Rahmen für den sicherheitspolitischen Aktionsradius der EU bilden[336]. Zudem kann sie wichtige Grundlagen für weiterführende Strategien und Konzepte schaffen. Man kann sie daher als grundlegendes Konzept zur Weiterentwicklung der GASP und ESVP charakterisieren[337].

Mit der Europäischen Sicherheitsstrategie wurde also ein sehr bedeutender Schritt zur Entwicklung einer zukünftigen Basis der GASP und ESVP eingeleitet. Die eigentliche Ursache für die Erstellung der Europäischen Sicherheitsstrategie, der Irak-Konflikt, hat den Realitätssinn der Europäer geschärft. Wie sich in den Debatten gezeigt hat, will Europa den USA nicht die alleinige Rolle in der Weltordnungspolitik überlassen, sondern betrachtet sich inzwischen selbst als Global Player, der bereit ist, für die globale Sicherheit einen Beitrag zu leisten. Daher kann die Europäische Sicherheitsstrategie, trotz der Kritikpunkte, als bemerkenswert betrachtet werden. Allein die Verabschiedung an sich ist ein großer Erfolg, denn diesem Zusammenhang sind die unterschiedlichen strategi-

---

334 *A. J. K. Bailes*, Die Europäische Sicherheitsstrategie: programmatische u. praktische Perspektiven für GASP u. ESVP, in: int 2005, 107, 111.

335 *A. J. K. Bailes*, Die Europäische Sicherheitsstrategie: programmatische u. praktische Perspektiven für GASP u. ESVP, in: int 2005, 107, 111.

336 *J. Frank/G. E. Gustenau/E. Reiter*, Anmerkungen zum Entwurf einer Europäischen Sicherheitsstrategie (2003), S. 4; vgl. 1. Kap. B. III. a.).

337 *E. Reiter*, Die Sicherheitsstrategie der EU, in: Aus Politik u. Zeitgeschichte 3-4/2004, 26, 30.

schen Denkmuster, Traditionen und Fähigkeiten in den Mitgliedstaaten zu bedenken[338].
Positiv ist festzuhalten, dass die Sicherheitsstrategie anstrebt, vor dem Hintergrund der Probleme während des Irak-Konflikts, sowohl das innereuropäische als auch das transatlantische Verhältnis zu verbessern. Das *Solana*-Papier stellt daher eine wichtige Etappe bei den Bemühungen der EU, eine glaubwürdige Außen- und Sicherheitspolitik zu entwickeln, dar. Sie könnte wichtige Beiträge zur Weiterentwicklung von GASP und ESVP leisten, wobei zu bedenken ist, dass sich eine wirksame GASP nur über einen längeren Zeitraum entwickeln kann und insbesondere auf Übereinstimmung und gemeinsamem Handeln basiert[339]. Dass die EU hierzu durchaus in der Lage war und nicht nur aus Uneinigkeit besteht, hat sich in der Vergangenheit in den Bereichen der Konfliktverhütung und friedenserhaltender Maßnahmen gezeigt. Die ersten Operationen der ESVP sind positiv verlaufen. Die Zukunft muss aber erst zeigen, wie es mit der GASP und der ESVP weitergeht. Für das Funktionieren der GASP und ESVP wird die Identifizierung der europäischen Interessen von zentraler Wichtigkeit sein. Dabei wird es sich um die Identifizierung der gesamteuropäischen Interessen handeln müssen, die über den nationalen stehen müssen, denn zur Erreichung der sicherheitspolitischen Ziele wird kein Staat im Alleingang in der Lage sein. Die Entwicklung zur Zusammenarbeit der Staaten wird noch einige Zeit in Anspruch nehmen. Dazu könnte die Europäische Sicherheitsstrategie einen Anschub geleistet haben[340].

Trotz der positiven Prognose im Hinblick auf die Kohärenz zwischen den Mitgliedstaaten der EU, ist dennoch Vorsicht geboten. Ein einzelnes Ereignis könnte diese positive Vorhersage zunichte machen. Etwa könnte eine einzige Verhaltensweise der USA, ähnlich wie während der Irak-Krise, erneut eine innereuropäische Spaltung hervorrufen. Zu denken wäre beispielsweise an ein Vorgehen der USA gegen einen weiteren der so genannten „Schurkenstaaten“. Aber auch ein Einsatz von militärischen Kapazitäten im Rahmen der ESVP könnte Europa spalten. Obwohl europaweite Meinungsumfragen eine allgemeine Befürwortung eines größeren Engagements der EU für die eigene und die globale Sicherheit ergeben, könnten zum Beispiel eine große Anzahl an Verlusten unter den ESVP-Kräften, eine Verursachung von großen Verlusten durch die ESVP-

338 *F. Cameron*, Europas neue Sicherheitsstrategie, in: Internationale Politik 1/2004, 39, 44.
339 Vgl. *F. Cameron*, Europas neue Sicherheitsstrategie, in: Internationale Politik 1/2004, 39, 45.
340 *E. Reiter*, Die Sicherheitsstrategie der EU, in: Aus Politik u. Zeitgeschichte 3-4/2004, 26, 29.

Kräfte oder gar eine Beteiligung von ESVP-Kräften an Gräueltaten die öffentliche Meinung in eine andere Richtung bewegen und Europa entzweien[341].

III. Die Umsetzung der Europäischen Sicherheitsstrategie

Den Willen, der Europäischen Sicherheitsstrategie Rechnung zu tragen, haben die Staats- und Regierungschefs schon auf ihrer Tagung im Dezember 2003[342] gezeigt. Der Europäische Rat hat den künftigen Vorsitz und den Generalsekretär/Hohen Vertreter ersucht, im Benehmen mit der Kommission konkrete Vorschläge zur Umsetzung der Sicherheitsstrategie vorzulegen. Dabei handelte es sich um die Bereiche des wirksamen Multilateralismus und des Kampfes gegen den Terrorismus sowie um eine Strategie gegenüber der Region des Nahen und Mittleren Ostens und eine umfassende Politik gegenüber Bosnien und Herzegowina[343].
In Umsetzung der Europäischen Sicherheitsstrategie nahm der Europäische Rat bereits auf seiner Tagung im Dezember 2003 eine umfassende Strategie zur Nichtverbreitung von Massenvernichtungswaffen an[344]. In dieser Strategie wurde kundgetan, dass die Verbreitung von Massenvernichtungswaffen und ihren Trägermitteln, wie ballistischen Flugkörpern, eine Gefahr für den Frieden und die Sicherheit in der Welt darstellen. Vor allem das Risiko, dass sich Terroristen chemisches, biologisches, radiologisches oder spaltbares Material verschaffen, gibt dieser Bedrohung eine vollkommen neue Dimension[345]. Bedenkt man den Fall, dass eine terroristische Gruppe mit diesen Materialien einen Anschlag verüben würde, so erkennt man die Wichtigkeit dieser Strategie[346]. Daher spielen die Nichtverbreitung, Abrüstung und Rüstungskontrolle eine wichtige Rolle bei der Bekämpfung des Terrorismus. Denn durch solch eine Strategie sinkt das Risiko, dass nichtstaatliche Akteure, wie Terroristen, Zugang zu Massenvernich-

---

341 Vgl. *A. J. K. Bailes*, Die Europäische Sicherheitsstrategie: programmatische u. praktische Perspektiven für GASP u. ESVP, in: int 2005, 107, 113 u. 118.

342 Schlussfolgerungen des Vorsitzes des ER v. Brüssel v. 12./13.12.2003, Ratsdok. 5381/04.

343 Schlussfolgerungen des Vorsitzes des ER v. Brüssel v. 12./13.12.2003, Ratsdok. 5381/04, Rn. 86.

344 Strategie der EU gegen die Verbreitung von Massenvernichtungswaffen, Ratsdok. 15708/03.

345 Strategie der EU gegen die Verbreitung von Massenvernichtungswaffen, Ratsdok. 15708/03, Rn. 1.

346 Strategie der EU gegen die Verbreitung von Massenvernichtungswaffen, Ratsdok. 15708/03, Rn. 5.

tungswaffen, radioaktivem Material und Trägermitteln erhalten und folglich einen terroristischen Anschlag mit diesen Mitteln verüben können[347].
Entsprechend dem Auftrag aus den Schlussfolgerungen des Rates von Brüssel vom 12./13. Dezember 2003 an den irischen Vorsitz und den Generalsekretär/Hohen Vertreter war angedacht, im ersten Halbjahr 2004 weitere Implementierungsschritte im Bereich Terrorismus zu erarbeiten, um damit den strategischen Leitlinien der Europäischen Sicherheitsstrategie Rechnung zu tragen[348].
Durch die Terroranschläge von Madrid im März 2004 erhielt die Terrorismusbekämpfung nochmals viel an Dynamik. Es kam zur Erklärung zum Kampf gegen den Terrorismus, in der die Umsetzung der Europäischen Sicherheitsstrategie aufgenommen wurde. Dementsprechend wurden durch die Erklärung zum Kampf gegen den Terrorismus Maßnahmen zur Umsetzung der Europäischen Sicherheitsstrategie getroffen[349].

IV. Bilanz nach 5 Jahren – Der Bericht über die Umsetzung der Europäischen Sicherheitsstrategie – Sicherheit schaffen in einer Welt im Wandel -

Im Dezember 2008 hat die EU fünf Jahre nach Verabschiedung der Europäischen Sicherheitsstrategie im „Bericht über die Umsetzung der Europäischen Sicherheitsstrategie – Sicherheit schaffen in einer Welt im Wandel -"[350] Bilanz über die Umsetzung der Europäischen Sicherheitsstrategie gezogen. Grundsätzlich wurde im Bericht festgestellt, dass in den fünf Jahren wichtige Fortschritte erzielt wurden. Zugleich wird betont, dass die Umsetzung der Europäischen Sicherheitsstrategie noch nicht abgeschlossen ist[351]. Deshalb will der Bericht dazu beitragen, die weitere Umsetzung der Europäischen Sicherheitsstrategie zu verstärken[352], um das *„Potential (der EU) voll auszuschöpfen"*[353].

---

347 Strategie der EU gegen die Verbreitung von Massenvernichtungswaffen, Ratsdok. 15708/03, Rn. 3.

348 Europeans – Working together, Programme of the Irish Presidency of the European Union, January – June 2004, Punkt IV., abrufbar unter www.eu2004.ie/templates/standard.-asp?sNavlocator=5,11,153, letzter Zugriff: 16.1.2006; Schlussfolgerungen des Vorsitzes des ER v. Brüssel v. 12./13.12.2003, Ratsdok. 5381/04, Rn. 86; *A. J. K. Bailes*, Die Europäische Sicherheitsstrategie: programmatische u. praktische Perspektiven für GASP u. ESVP, in: int 2005, 107, 110.

349 Dazu siehe 2. Kap. F. II. 2.

350 Bericht über die Umsetzung der Europäischen Sicherheitsstrategie – Sicherheit schaffen in einer Welt im Wandel -, Ratsdok. 17104/08.

351 Bericht über die Umsetzung der Europäischen Sicherheitsstrategie – Sicherheit schaffen in einer Welt im Wandel -, Ratsdok. 17104/08, S. 4.

352 Bericht über die Umsetzung der Europäischen Sicherheitsstrategie – Sicherheit schaffen in einer Welt im Wandel -, Ratsdok. 17104/08, S. 5.

Der Bericht stellte inhaltlich hinsichtlich der globalen Herausforderungen und Hauptbedrohungen fest, die die Europäische Sicherheitsstrategie im ersten Abschnitt nannte, dass sie immer noch vorhanden und sogar komplexer geworden sind. Vor allem ist der Terrorismus „*weiterhin eine große Bedrohung für unsere Existenzgrundlage*". Mehr Bedeutung haben Terrorgruppen erhalten, die in den jeweiligen EU-Staaten selbst ihren Ursprung haben[354]. Weiterhin im engen Zusammenhang mit der Bedrohung Terrorismus stehen die organisierte Kriminalität[355] und die Verbreitung von Massenvernichtungswaffen. Die Gefahr, dass Terroristen in den Besitz von Massenvernichtungswaffen gelangen, wird „*als potenziell größte Bedrohung für (die) Sicherheit bezeichnet*"[356].
Der Bericht legt dar, dass die zur Bekämpfung des Terrorismus ergriffenen Maßnahmen schwerpunktmäßig im internen Bereich der EU lagen. Dennoch wurde der externe Bereich nicht außer Acht gelassen. Explizit finden etwa die umfangreiche EU-weite Strategie zur Terrorismusbekämpfung vom Dezember 2005[357] und die Einführung des Amtes des Terrorismuskoordinators[358] Erwähnung[359]. Positive Resonanz findet zudem die bereits 2003 verabschiedete Strategie zur Nichtverbreitung von Massenvernichtungswaffen[360].
Der Bericht nennt hinsichtlich der Terrorismusbekämpfung aber auch Bereiche in denen Verbesserungen notwendig sind. Diese beziehen sich etwa auf Krisenkoordinationsregelungen und Katastrophenschutzverfahren nach einem größeren Terroranschlag, auf Informationsaustausche sowie auf die Bekämpfung von Radikalisierung und Anwerbung[361].

Bezug nehmend auf den zweiten Abschnitt der Europäischen Sicherheitsstrategie, der die strategischen Ziele der EU bezeichnete, legt der Bericht dar, dass die EU Anstrengungen zur Etablierung einer stabilen Sicherheit in der Nachbarschaft der EU unternommen hat. Problematisch sind aber Situationen in Geor-

---

353 Bericht über die Umsetzung der Europäischen Sicherheitsstrategie – Sicherheit schaffen in einer Welt im Wandel -, Ratsdok. 17104/08, S. 4.

354 Bericht über die Umsetzung der Europäischen Sicherheitsstrategie – Sicherheit schaffen in einer Welt im Wandel -, Ratsdok. 17104/08, S. 6.

355 Bericht über die Umsetzung der Europäischen Sicherheitsstrategie – Sicherheit schaffen in einer Welt im Wandel -, Ratsdok. 17104/08, S. 6.

356 Bericht über die Umsetzung der Europäischen Sicherheitsstrategie – Sicherheit schaffen in einer Welt im Wandel -, Ratsdok. 17104/08, S. 5.

357 Zur EU-weiten Strategie zur Terrorismusbekämpfung siehe 2. Kap. F. II. 2. a.).

358 Zum Terrorismuskoordinator siehe 2. Kap. F. II. 3.

359 Bericht über die Umsetzung der Europäischen Sicherheitsstrategie – Sicherheit schaffen in einer Welt im Wandel -, Ratsdok. 17104/08, S. 6.

360 Dazu siehe 2. Kap. E. III.

361 Bericht über die Umsetzung der Europäischen Sicherheitsstrategie – Sicherheit schaffen in einer Welt im Wandel -, Ratsdok. 17104/08, S. 7.

gien, im Mittelmeerraum (Nahost-Konflikt) und im Iran[362]. Der Bericht empfiehlt deshalb, dass die EU zukünftig in diesen Regionen mehr Engagement zeigen soll[363]. Aber auch für Konflikte in Gebieten, die nicht zur unmittelbaren Nachbarschaft gehören, wie etwa in Afghanistan, soll die EU zukünftig Lösungen finden[364].

Entsprechend dem dritten Abschnitt der Europäischen Sicherheitsstrategie, der die Auswirkungen auf die europäische Politik beschrieb, werden Fortschritte im Rahmen der ESVP hervorgehoben. Der Erfolg der ESVP spiegelt sich durch die gesteigerte Nachfrage wieder. Dennoch wird betont, dass insbesondere die Ressourcen weiter gestärkt werden müssen[365].
Positiv betrachtet werden des Weiteren die Verbesserungen der internationalen Partnerschaften, „*die zu einer wirksameren multilateralen Weltordnung*“ beitragen sollen. Dabei wird vor allem die Partnerschaft zu den USA hervorgehoben, aber auch die Beziehungen zu den Vereinten Nationen, zur NATO und weiteren Staaten und Organisationen werden als positiv bewertet[366].
Für die Fortschritte in allen Bereichen soll in Zukunft der Vertrag von Lissabon sorgen. Seine Wichtigkeit wird explizit betont[367].

F. Die Erklärung zum Kampf gegen den Terrorismus vom 25. März 2004

Auslöser für die „Erklärung zum Kampf gegen den Terrorismus“[368] vom 25. März 2004 waren die Terroranschläge in Madrid vom 11. März 2004[369]. Die

---

362 Bericht über die Umsetzung der Europäischen Sicherheitsstrategie – Sicherheit schaffen in einer Welt im Wandel -, Ratsdok. 17104/08, S. 9 ff.

363 Bericht über die Umsetzung der Europäischen Sicherheitsstrategie – Sicherheit schaffen in einer Welt im Wandel -, Ratsdok. 17104/08, S. 15.

364 Bericht über die Umsetzung der Europäischen Sicherheitsstrategie – Sicherheit schaffen in einer Welt im Wandel -, Ratsdok. 17104/08, S. 11.

365 Bericht über die Umsetzung der Europäischen Sicherheitsstrategie – Sicherheit schaffen in einer Welt im Wandel -, Ratsdok. 17104/08, S. 14.

366 Bericht über die Umsetzung der Europäischen Sicherheitsstrategie – Sicherheit schaffen in einer Welt im Wandel -, Ratsdok. 17104/08, S. 16-17.

367 Bericht über die Umsetzung der Europäischen Sicherheitsstrategie – Sicherheit schaffen in einer Welt im Wandel -, Ratsdok. 17104/08, S. 13.

368 Erklärung zum Kampf gegen den Terrorismus, Ratsdok. 7906/04.

369 Anm.: Am 11. März 2004 explodierten in Madrid in Nahverkehrszügen zehn Bomben, durch die 191 Menschen zu Tode kamen und über 1.500 Menschen verletzt wurden. Nachdem zunächst die baskische Separatistenorganisation ETA für die Anschläge verantwortlich gemacht wurde (dazu vgl. UN-Sicherheitsratresolution 1530 (2004) v. 11.3.2004), mehrten sich schnell die Anzeichen, dass die Tat einen islamistischen Hinter-

Terroranschläge von Madrid machten erstmals deutlich sichtbar, dass der internationale Terrorismus nicht nur außerhalb der Grenzen der Europäischen Union zuschlägt. Auch Menschen und Einrichtungen innerhalb der EU sind ins Fadenkreuz des internationalen Terrorismus gerückt. Noch am selben Tag verurteilte der Präsident der EU-Kommission *Romano Prodi* in einer Erklärung den Terrorangriff *„als feigen Angriff auf wehrlose Menschen, den nur ein perverser terroristischer Geist in solch abscheulicher und abstruser Weise planen konnte“*[370]. Der irische Ministerpräsident *Bertie Ahern* hatte in seiner Funktion als Präsident des Europäischen Rates am 15. März 2004 ebenfalls eine Erklärung[371] abgegeben, in der er die Terroranschläge verurteilte und sie als Angriff gegen die Grundwerte der EU bewertete. Zudem erklärte er, dass schon auf der Ministertagung am 25./26. März 2004 Maßnahmen zur Intensivierung der Bemühungen im Kampf gegen den Terrorismus präsentiert werden sollten[372]. Dementsprechend wurde zwei Wochen nach den Terroranschlägen auf der Ministertagung des Europäischen Rates in Brüssel[373] die Erklärung zum Kampf gegen den Terrorismus präsentiert. Wie der Wortlaut „Erklärung“ zeigt, handelt es sich bei der Erklärung zum Kampf gegen den Terrorismus um das Rechtsinstrument Erklärung.

I. Der Inhalt der Erklärung zum Kampf gegen den Terrorismus

In ihr drückte der Europäische Rat den Opfern, ihren Familien und dem spanischen Volk sein Mitgefühl und seine Solidarität aus. Er betonte, dass dieser Anschlag, wie auch jede andere terroristische Handlung, als Anschlag gegen die Grundwerte der EU angesehen wird. Ein Terrorakt gegen ein Land sei wie ein Anschlag gegen die gesamte internationale Gemeinschaft. Darum solle der Terrorismus durch Solidarität und kollektives Handeln bekämpft werden, wobei es keine Kompromisse geben werde. In diesem Kampf wolle die EU im Einklang

---

grund besaß. Das Terrornetzwerk Al-Qaida übernahm schließlich die Verantwortung für die Terroranschläge. Diese Anschlagserie stellte damit nach dem Anschlag auf ein Pan Am-Flugzeug über dem schottischen Lockerbie im Jahr 1988 den nach Opferzahlen größten Terroranschlag auf dem Gebiet der EU dar.

370 Erklärung von Präsident Prodi zu den Anschlägen v. Madrid v. 11.3.2004, EC Press Release (IP/04/327), abrufbar unter http://europa.eu/rapid/pressReleasesAction.do?reference=IP/04/327&format=HTML&aged=1&language=DE&guiLanguage=fr, letzter Zugriff: 2.8.2009.

371 Pressemitteilung des Rates der EU v. 15.3.2004, Europäischer Rat: Terrorismusbekämpfung im Mittelpunkt, Ratsdok. 7429/04 (Presse 81).

372 Pressemitteilung des Rates der EU v. 15.3.2004, Europäischer Rat: Terrorismusbekämpfung im Mittelpunkt, Ratsdok. 7429/04 (Presse 81).

373 Schlussfolgerungen des Vorsitzes des ER v. Brüssel v. 25./26.3.2004, Ratsdok. 9048/04.

mit den Grundprinzipien der EU, der Charta der Vereinten Nationen und den Verpflichtungen im Rahmen der Resolution 1373 des Sicherheitsrates der Vereinten Nationen handeln[374]. Konkret wurden mit der Erklärung zum Kampf gegen den Terrorismus wichtige Maßnahmen mit sofortiger Wirkung eingeführt. Dabei intensivierten die Mitgliedstaaten ihre sicherheits- und verteidigungspolitische Zusammenarbeit und trieben Maßnahmen zur Bekämpfung des Terrorismus voran, richteten das Amt eines europäischen Anti-Terrorismuskoordinators im Ratssekretariat ein und beschlossen, ab sofort *„im Geiste der Solidaritätsklausel nach Art. I-42 des Entwurfs einer Verfassung für Europa gemeinsam gegen Terrorakte vorzugehen"*.

1. Die Solidaritätsklausel

Erste wichtige Maßnahme war die mit sofortiger Wirkung geltende Einführung der Solidaritätsklausel. Sie wurde dem Entwurf einer Verfassung für Europa entnommen, wo sie in Art. 43 VVE enthalten ist. Sie ist somit separat vom Verfassungsvertrag in Kraft getreten. Die Mitgliedstaaten gehen mit ihr die politische Verpflichtung ein, gemeinsam gegen Terrorakte vorzugehen. Dies bekundeten die Staats- und Regierungschefs der Mitgliedstaaten der EU sowie die damals noch beizutretenden Staaten in der „Erklärung zur Solidarität gegen Terrorismus"[375], die der Erklärung zum Kampf gegen den Terrorismus gesondert beigefügt war. Konkret verpflichtet dies die Mitgliedstaaten, gemeinsam alle politischen, juristischen und militärischen Mittel gegen den Terrorismus anzuwenden, wenn ein Mitgliedstaat Opfer eines Terroranschlags wird[376].

2. Die Sicherheitsstrategie

Des Weiteren erklärte der Europäische Rat in der Erklärung zum Kampf gegen den Terrorismus, dass die vollständige Umsetzung der Maßnahmen der Europäischen Sicherheitsstrategie zur Terrorismusbekämpfung dringend erforderlich sei. Denn in der Europäischen Sicherheitsstrategie wurde der Terrorismus als eine der Hauptbedrohungen für die Interessen der EU eingestuft. Dementspre-

---

374 Erklärung zum Kampf gegen den Terrorismus, Ratsdok. 7906/04, Punkt 1.

375 Gesonderte Erklärung zur Erklärung zum Kampf gegen Terrorismus, Ratsdok. 7906/04.

376 Erklärung zum Kampf gegen den Terrorismus, Ratsdok. 7906/04, Punkt 2 sowie gesonderte Erklärung zur Solidarität gegen Terrorismus. Auf eine weitere Erläuterung der Solidaritätsklausel wird an dieser Stelle verzichtet. Auf sie wird erst im weiteren Verlauf der Bearbeitung eingegangen. Es sei somit auf die dortigen Erläuterungen verwiesen. Dazu siehe 4. Kap. B. IV. 2.

chend wurde der Vorsitz und *Javier Solana* in seiner Funktion als Generalsekretär/Hoher Vertreter im Benehmen mit der EU ersucht, konkrete Vorschläge zur Umsetzung der Sicherheitsstrategie vorzulegen. In Bezug auf den Terrorismus fordert der Europäische Rat, dass eine langfristige EU-Strategie entwickelt werden sollte, die an den Faktoren ansetzt, die zum Terrorismus beitragen. Insbesondere aber forderte der Europäische Rat, dass die Arbeiten zur Konzipierung des Beitrags der ESVP zur Terrorismusbekämpfung auf der Grundlage der Maßnahmen, die seit der Tagung des Europäischen Rates in Sevilla getroffen worden sind, schnell fortgeführt werden[377].

3. Die Schaffung der Stelle eines Koordinators für die Terrorismusbekämpfung

Zudem stimmte der Europäische Rat in der Erklärung zum Kampf gegen den Terrorismus der Schaffung der Stelle eines Koordinators für die Terrorismusbekämpfung zu. Dieser Koordinator, der seine Tätigkeit im Rahmen des Ratssekretariats ausüben wird, soll die Arbeiten des Rates zur Terrorismusbekämpfung koordinieren und soll unter gebührender Berücksichtigung der Befugnisse der Kommission alle der Union zur Verfügung stehenden Instrumente im Auge behalten. Dabei soll er dem Rat regelmäßig Bericht erstatten und soll ein wirksames Vorgehen aufgrund von Ratsbeschlüssen gewährleisten. Mit dieser Tätigkeit wurde von *Javier Solana* der Niederländer *Gijs de Vries* betraut. Im Verhältnis zueinander ist der Koordinator für die Terrorismusbekämpfung dem Hohen Vertreter untergeordnet[378].

4. Weitere Maßnahmen

Die Erklärung zum Kampf gegen den Terrorismus enthielt daneben noch weitere Aussagen zur Terrorismusbekämpfung. Dies waren Aussagen zur Unterstützung der Opfer von Straftaten und von Terroranschlägen, zum Ausbau der bestehenden Zusammenarbeit in Bezug auf den Aktionsplan vom 21. September 2001 hinsichtlich gesetzgeberischer Maßnahmen, der operativen Zusammenarbeit sowie der Erhöhung der Wirksamkeit von Informationssystemen, zur Verstärkung der Grenzkontrollen und Verbesserung der Dokumentensicherheit, zu Leitlinien der EU für einen gemeinsamen Ansatz zur Terrorismusbekämpfung, zur gemeinsamen Nutzung nachrichtendienstlicher Erkenntnisse, zur Verhinderung der Finanzierung des Terrorismus und zu Maßnahmen zum Schutz des

---

[377] Erklärung zum Kampf gegen den Terrorismus, Ratsdok. 7906/04, Punkt 3.
[378] Erklärung zum Kampf gegen den Terrorismus, Ratsdok. 7906/04, Punkt 14.

Verkehrs und der Bevölkerung[379]. Diese Maßnahmen betrafen allerdings nicht Bereiche der GASP und damit der ESVP, sondern fallen in Bereiche der ersten und dritten Säule der EU.

Bedeutung für die GASP hatten dagegen die Punkte „Internationale Zusammenarbeit"[380] und „Zusammenarbeit mit den USA und anderen Partnern"[381]. Denn diese Bereiche betreffen die Außen- und Sicherheitspolitik und daher auch die Verteidigungspolitik der EU. Im Bereich der internationalen Zusammenarbeit will die EU insbesondere mit den Vereinten Nationen zusammenarbeiten beziehungsweise sie unterstützen. Dazu hat die EU kundgetan, dass sie sich weiterhin für die Umsetzung aller Resolutionen und Übereinkommen der Vereinten Nationen zum Terrorismus und diesbezüglichen Protokollen einsetzen werde. Ebenfalls will die EU mit anderen internationalen, regionalen und subregionalen Organisationen zusammenarbeiten, um die internationale Solidarität bei der Terrorismusbekämpfung zu stärken. Dies gilt zudem für die Zusammenarbeit mit Drittländern bei der Bekämpfung des Terrorismus. Außerdem will sich der Europäische Rat für den weiteren Ausbau der Zusammenarbeit mit den USA und anderen Partnern bei der Bekämpfung der Bedrohung durch den Terrorismus einsetzen. Grundlage dafür sei die Solidarität und Zusammenarbeit, wie sie im Aktionsplan zur Bekämpfung des Terrorismus von 2001 verankert ist. In diesem Zusammenhang ist die Aussage des Koordinators für die Terrorismusbekämpfung *Gijs de Vries* zu sehen, nach der er von Europa und den USA *„als natürliche Partner"* im Kampf gegen den Terrorismus ausgeht[382].

Bedeutsam für die ESVP war die Einigung auf die aktualisierten strategischen Ziele zur Stärkung des EU-Aktionsplans zur Bekämpfung des Terrorismus[383]. Die sieben dort genannten strategischen Ziele waren die Vertiefung des internationalen Konsenses und der internationalen Anstrengungen zur Bekämpfung des Terrorismus; die Eindämmung des Zugangs von Terroristen zu finanziellen und anderen wirtschaftlichen Ressourcen; die Maximierung der Kapazitäten innerhalb EU-Instanzen und Mitgliedstaaten zur Aufdeckung, Ermittlung und Verfolgung von Terroristen und zur Verhinderung terroristischer Anschläge; die Gewährleistung der Sicherheit des internationalen Verkehrs und wirksamer Grenzkontrollsysteme; die Stärkung der Fähigkeiten der EU und der Mitglied-

---

379 Zu Einzelheiten siehe Erklärung zum Kampf gegen den Terrorismus, Ratsdok. 7906/04. Punkte 4-7 u. 9-11.

380 Erklärung zum Kampf gegen den Terrorismus, Ratsdok. 7906/04, Punkt 12.

381 Erklärung zum Kampf gegen den Terrorismus, Ratsdok. 7906/04, Punkt 13.

382 Die Aussage traf *Gijs de Vries* in einer Rede in Washington D.C. (CSIS European Dialogue Lunch) am 13.5.2004. Wortwörtlich sagte er: *„America and Europa are natural partners in the fight against terrorism."* Die Rede ist abrufbar unter www.consilium.europa.-eu/uedocs/cmsUpload/CSIS_Washington.13_May_2004.pdf, letzter Zugriff: 2.8.2009.

383 Erklärung zum Kampf gegen den Terrorismus, Ratsdok. 7906/04, Punkt 8.

staaten zur Bewältigung der Folgen eines Terroranschlags; die Untersuchung der Faktoren, die der Unterstützung und dem Anwachsen terroristischer Kreise Vorschub leisten und die Ausrichtung der Maßnahmen der EU im Bereich der auswärtigen Beziehungen auf prioritäre Drittländer, in denen die Kapazitäten beziehungsweise die Bereitschaft zur Terrorismusbekämpfung gestärkt werden müssen[384]. Von diesen genannten Punkten könnten das erste sowie das letztgenannte Ziel aufgrund ihrer internationalen Dimension Bedeutung für die GASP/ESVP haben. Aber auch das strategische Ziel, das von der Stärkung der Fähigkeiten der EU und der Mitgliedstaaten zur Bewältigung von Folgen eines Terroranschlags spricht, hat Bedeutung für die GASP/ESVP. Denn wie die Politik innerhalb der ESVP in der Vergangenheit veranschaulicht hat, spielten CBRN-Programme oder die Ermittlung von Bereichen für eine enge Zusammenarbeit mit der NATO, die nun im fünften strategischen Ziel des überarbeiteten Aktionsplans Erwähnung finden, bereits eine Rolle. Dies zeigen beispielsweise die unter griechischer Ratspräsidentschaft getroffenen Maßnahmen hinsichtlich der Nutzung der militärischen Mittel und Fähigkeiten zum Schutz der Zivilbevölkerung vor den Folgen von Terroranschlägen, weshalb damals der Aufbau einer Datenbank zu Informationszwecken vorangetrieben wurde, der unter der italienischen Ratspräsidentschaft weiter forciert wurde[385] oder der bereits unter griechischer Ratspräsidentschaft betriebene Austausch von Informationen auf allen Ebenen über Aktivitäten auf dem Gebiet der Terrorismusbekämpfung zwischen der EU und der NATO auf. In dieser Hinsicht sorgten damals EU und NATO im Bereich des Schutzes der Zivilbevölkerung vor CBRN-Anschlägen durch den Austausch der Verzeichnisse über ihre jeweiligen Aktivitäten und Fähigkeiten zum Schutz der Zivilbevölkerung vor CBRN-Anschlägen für mehr Transparenz[386].

II. Die Umsetzung der Erklärung zum Kampf gegen den Terrorismus

Entsprechend den Vorgaben aus der Erklärung zum Kampf gegen den Terrorismus legte der Rat in Zusammenarbeit mit dem Generalsekretär/Hohen Vertreter und der Kommission im Rahmen des EU-Gipfels von Brüssel im Juni

---

384 Zu Einzelheiten siehe Strategische Ziele der EU für die Bekämpfung des Terrorismus (Überarbeiteter Aktionsplan), Anlage I der Erklärung zum Kampf gegen den Terrorismus, Ratsdok. 7906/04; Aktualisierter EU-Aktionsplan zur Bekämpfung des Terrorismus, Ratsdok. 10010/3/04, S. 5.

385 Der Aufbau dieser Datenbank geht auf die Erklärung von Sevilla zurück. Zum Aufbau der Datenbank siehe 2. Kap. C. II.

386 Dieser Informationsaustausch geht auf die Erklärung von Sevilla zurück. Zum Informationsaustausch siehe 2. Kap. C. II.

2004[387] einen detaillierten Bericht[388] über den Stand der Umsetzung der Maßnahmen vor.

1. Die Solidaritätsklausel

Wie aus der Erklärung zur Solidarität gegen Terrorismus hervorgegangen ist, erlangte die Solidaritätsklausel[389] mit sofortiger Wirkung am 25. März 2004 Geltung[390]. Deshalb hat der Rat unmittelbar nach dem 25. März 2004 zu prüfen begonnen, wie die Solidaritätsklausel praktisch zur Geltung gebracht werden könne. Er kam bei der Prüfung zu dem Ergebnis, dass das Katastrophenschutzverfahren der Gemeinschaft dazu genutzt werden kann, die nach einem Terroranschlag möglichst schnelle und gegenseitige Katastrophenschutzhilfe der Mitgliedstaaten der EU zu unterstützen und zu erleichtern.
Des Weiteren wurde im Bericht an den Europäischen Rat über die Umsetzung der Erklärung zum Kampf gegen den Terrorismus kundgetan, dass Beratungen über den Ausbau des Gemeinschaftsverfahren gestartet werden sollten, die insbesondere auch Aspekte von EU-FAST, das ein EU-Unterstützungsteam im Bereich der Ersten Hilfe ist, beinhalteten[391].

2. Die Sicherheitsstrategie

Wie aus der Erklärung zum Kampf gegen den Terrorismus zu entnehmen ist, sollten konkrete Vorschläge zur Umsetzung der Sicherheitsstrategie in Bezug auf den Terrorismus vorgelegt werden. Die hierzu ergriffenen Maßnahmen lagen schwerpunktmäßig im internen Bereich der EU. Dennoch wurde der externe Bereich nicht außer Acht gelassen. Dies haben die Entwicklung einer langfristigen EU-Strategie und der Beitrag der ESVP zur Terrorismusbekämpfung gezeigt.

---

[387] Schlussfolgerungen des Vorsitzes des ER v. Brüssel v. 17./18.6.2004, Ratsdok. 10679/2/04 REV 2.

[388] Bericht an den ER über die Umsetzung der Erklärung zum Kampf gegen den Terrorismus, Ratsdok. 10009/3/04 REV 3.

[389] Anm.: Auf eine Erläuterung der Solidaritätsklausel wird an dieser Stelle verzichtet. Auf sie wird erst im weiteren Verlauf der Bearbeitung eingegangen. Es sei somit auf die dortigen Erläuterungen verwiesen. Dazu siehe 4. Kap. B. IV. 2.

[390] Dazu vgl. 2. Kap. F. I. 1.

[391] Bericht an den ER über die Umsetzung der Erklärung zum Kampf gegen den Terrorismus, Ratsdok. 10009/3/04 REV 3, Punkt 2.

a.) Die Entwicklung einer langfristigen EU-Strategie

In Bezug auf die Forderung, dass eine langfristige EU-Strategie entwickelt werden müsse, die an den Faktoren ansetzt, die zum Terrorismus beitragen, wurde in einem ersten Schritt eine säulenübergreifende Studie über das Anwachsen terroristischer Kreise ausgearbeitet. In ihr wurden die wesentlichen Faktoren ermittelt, die zu einer Radikalisierung, zur Unterstützung terroristischer Vereinigungen und zum Einstieg in terroristische Kreise beitragen können. Des Weiteren wurden in ihr Prioritäten für die laufenden Maßnahmen genannt. Dazu gehörten spezifische Initiativen zur Vertiefung des internationalen Konsenses über die Bekämpfung des Terrorismus, Kontakte zu islamischen Ländern, um sie bei ihren Anstrengungen zur Eindämmung von Extremismus und zur Ausweitung von Bildungsmöglichkeiten zu unterstützen, und die Durchführung umfassender Studien über die Rekrutierung für den Terrorismus in einem spezifischen Umfeld[392] [393].

Demgemäß wurde eine umfangreiche EU-weite Strategie zur Terrorismusbekämpfung durch die EU-Justiz- und Innenminister am 1. Dezember 2005[394], offiziell durch die Staats- und Regierungschefs am 15./16. Dezember 2005 auf dem EU-Gipfel in Brüssel[395], angenommen. Mit dieser Strategie begann die nächste Phase des Arbeitsprogramms, das auf der Tagung des Europäischen Rates im März 2004 im Anschluss an die Bombenanschläge in Madrid festgelegt wurde[396]. Diese EU-Strategie beruht auf der Annahme, dass der Terrorismus eine *„Bedrohung für alle Staaten und Völker“* darstellt[397]. Um dieser Bedrohung entgegenzutreten, strebte sie die Vernetzung mitgliedstaatlicher Außen- und Innenpolitik in der Terrorabwehr an. Durch die Vernetzung wird deutlich, dass es sich bei dieser Strategie um ein säulenübergreifendes Projekt handelt. Dadurch sollte der mangelnden Kohärenz entgegengetreten werden, jedoch handelte es sich nicht um eine Vergemeinschaftung[398].

---

392 Anm.: Zu diesem Umfeld gehören Gefängnisse, Schulen, Universitäten sowie auch Moscheen.

393 Bericht an den ER über die Umsetzung der Erklärung zum Kampf gegen den Terrorismus, Ratsdok. 10009/3/04 REV 3, Punkt 3.

394 Strategie der EU zur Terrorismusbekämpfung, Ratsdok. 14469/4/05 REV 4.

395 Schlussfolgerungen des Vorsitzes des ER v. Brüssel v. 15./16.12.2005, Ratsdok. 15914/05.

396 Strategie der EU zur Terrorismusbekämpfung, Ratsdok. 14469/4/05 REV 4, Rn. 3.

397 Strategie der EU zur Terrorismusbekämpfung, Ratsdok. 14469/4/05 REV 4, Rn. 1.

398 *A. Bendiek*, Terrorismusbekämpfung der EU, in: SWP-Studie, Aug. 2006, S. 5.

Die EU-Strategie will dem Terrorismus mit den vier Schwerpunktbereichen Prävention, Schutz, Verfolgung und Reaktion entgegentreten, wozu ein Handeln auf nationaler, europäischer und internationaler Ebene erforderlich ist.
Diese Rahmenvorgaben für Maßnahmen zielen zunächst darauf ab, zu verhindern, dass sich Personen dem Terrorismus zuwenden. Deshalb muss dagegen gearbeitet werden, dass sich diese radikalisieren oder für den Terrorismus angeworben werden (Prävention[399])[400].
Zudem sollen Bürger und Infrastrukturen vor Terroranschlägen geschützt werden, indem deren Verwundbarkeit verringert sowie die Sicherheit der Grenzen, des Verkehrs und kritischer Infrastrukturen gewährleistet wird (Schutz[401])[402].
Ferner sollen Terroristen weltweit verfolgt und gegen sie ermittelt, deren Planungen, Reisen und Kommunikation unterbunden, Unterstützungsnester zerschlagen, die Finanzierung von Anschlagsmaterial unterbunden sowie Terroristen vor Gericht gestellt werden (Verfolgung[403])[404].
Bezüglich der Rahmenvorgabe Reaktion wurde festgestellt, dass, um die Folgen von Terroranschlägen zu bewältigen und diese möglichst gering zu halten, die Reaktionsfähigkeit, die Koordinierung der Reaktion und die Betreuung der Opfer verbessert werden soll[405].

b.) Der Beitrag der ESVP zur Terrorismusbekämpfung

Neben der Entwicklung einer langfristigen EU-Strategie wurden in Bezug auf die Umsetzung der Europäischen Sicherheitsstrategie insbesondere wichtige Fortschritte hinsichtlich des Beitrags der ESVP zur Terrorismusbekämpfung erzielt. Denn damit wurde der Forderung der Erklärung zum Kampf gegen den

---

399 Anm.: In diesen Zusammenhang fällt die Strategie zur Bekämpfung von Radikalisierung und Anwerbung für den Terrorismus, die im November 2005 verabschiedet wurde. Im Mittelpunkt dieser Strategie steht die Bekämpfung der Radikalisierung und der Anwerbung von Menschen für Terrorgruppen wie Al Qaida und die von Al Qaida inspirierten Gruppen. Diese stellen derzeit die größte Bedrohung für die EU dar. Zu dieser Strategie siehe Ratsdok. 14781/1/05.

400 Strategie der EU zur Terrorismusbekämpfung, Ratsdok. 14469/4/05 REV 4, Rn. 6-13.

401 Anm.: Dazu gehören etwa der Ausbau des Schengener Informationssystems, die Durchführung des neuen Aktionsplans der Zollzusammenarbeit, ein erweiterter Zugriff auf die europäische Datenbank EURODAC für Ermittlungsansätze sowie ein Programm zum Schutz kritischer Infrastrukturen (EPCIP).

402 Strategie der EU zur Terrorismusbekämpfung, Ratsdok. 14469/4/05 REV 4, Rn. 14-21.

403 Anm.: Dazu gehört insb. die Bekämpfung der Finanzierung des Terrorismus. Darunter fallen vor allem Maßnahmen auf internationaler Ebene.

404 Strategie der EU zur Terrorismusbekämpfung, Ratsdok. 14469/4/05 REV 4, Rn. 22-31.

405 Strategie der EU zur Terrorismusbekämpfung, Ratsdok. 14469/4/05 REV 4, Rn. 32-38.

Terrorismus nach einer schnellen Fortführung der Arbeiten zur Konzipierung des Beitrags der ESVP zur Terrorismusbekämpfung auf der Grundlage der Maßnahmen, die seit der Tagung des Europäischen Rates von Sevilla getroffen worden sind, Rechnung getragen.

aa.) Das Planziel 2010

Dazu wurde im Bericht an den Europäischen Rat über die Umsetzung der Erklärung zum Kampf gegen den Terrorismus dargelegt, dass die Mitgliedstaaten ein Dokument mit dem Titel Planziel 2010[406] beschlossen haben, welches am 17. Mai 2004 angenommen wurde[407]. Es baut auf dem Planziel und den Fähigkeitszielen auf, die der Europäische Rat in Helsinki festgelegt hatte. Dieses neue Headline Goal soll die Hauptparameter für die Entwicklung der militärischen Fähigkeiten der EU mit Blick auf das Jahr 2010 bestimmen. Damit will die EU zum einen der Europäischen Sicherheitsstrategie Rechnung tragen und zum anderen dem Beitrag der ESVP zur Terrorismusbekämpfung im Rahmen der Sicherheitsstrategie[408].
Konkret auf die Terrorismusbekämpfung bezogen spielt die Umsetzung des Planziels 2010 eine wichtige Rolle. Denn die Terrorismusbekämpfung im Rahmen der ESVP kann ohne zivile und militärische Fähigkeiten nicht erfolgen. Zur Umsetzung des Planziels 2010 sollten im Jahr 2004 eine Reihe typischer Szenarien, die sich auf nachrichtendienstliche Erkenntnisse stützen, auf der Grundlage der gemeinsamen Bewertungen des EU-Lagezentrums (SITCEN) ausgearbeitet werden. Eines dieser Szenarien betraf die Bedrohung durch den Terrorismus[409].

bb.) Die Erarbeitung eines konzeptuellen Rahmens

Zusätzlich stellte der Europäische Rat bezüglich des Beitrags der ESVP zur Terrorismusbekämpfung fest, dass das Politische und Sicherheitspolitische Komitee einen konzeptuellen Rahmen erarbeiten werde, der die wichtigsten Elemente der ESVP-Dimension bei der Bekämpfung des Terrorismus, einschließlich prä-

---

406 Planziel 2010, Ratsdok. 6309/6/04.
407 Anm.: Auf das Planziel 2010 wird ausführlich im weiteren Verlauf der Bearbeitung eingegangen. Es sei somit auf die dortigen Ausführungen verwiesen. Dazu siehe 3. Kap. A. I. 2.
408 Planziel 2010, Ratsdok. 6309/6/04, Rn. 2.
409 Bericht an den ER über die Umsetzung der Erklärung zum Kampf gegen den Terrorismus, Ratsdok. 10009/3/04 REV 3, 3., der Beitrag der ESVP, 2. Punkt.

ventiver Aspekte, umfassen werde[410]. Dementsprechend wurde in der Folgezeit als Antwort am „Konzeptrahmen für die ESVP-Dimensionen der Terrorismusbekämpfung" gearbeitet, der dem Europäischen Rat in der zweiten Jahreshälfte vorgelegt und schließlich auch gebilligt wurde[411].

cc.) Weitere Beiträge der ESVP zur Terrorismusbekämpfung im Rahmen der Umsetzung der Erklärung zum Kampf gegen den Terrorismus

Daneben wurden noch weitere Beiträge zur Terrorismusbekämpfung im Rahmen der Umsetzung der Erklärung zum Kampf gegen den Terrorismus erzielt. So wurde festgestellt, dass der Rat (Allgemeine Angelegenheiten und Außenbeziehungen) im Mai 2004[412] als erste praktische Maßnahme, die zur Durchführung der vom Europäischen Rat angenommenen Erklärung zum Kampf gegen den Terrorismus beiträgt, einen Bericht des Politischen und Sicherheitspolitischen Komitees über Modalitäten, Verfahren und Kriterien gebilligt hat. Diese sind anzuwenden, damit für das Katastrophenschutzverfahren der Gemeinschaft der Inhalt der Datenbank[413] zur Verfügung gestellt wird, in der die militärischen Mittel und Fähigkeiten erfasst sind, die dem Schutz der Zivilbevölkerung vor den Folgen von Terroranschlägen, einschließlich CBRN-Anschlägen, dienen. An der Umsetzung dieser Modalitäten sowie an Maßnahmen zur Erhöhung der Effizienz dieser militärischen Datenbank und ihrer Interoperabilität mit zivilen Mitteln arbeiteten damals die zuständigen Gremien[414].
Zusätzlich stellte der Europäische Rat fest, dass die EU nach Mitteln und Wegen für eine Zusammenarbeit mit der NATO bei der Terrorismusbekämpfung gesucht hat[415]. Dabei war die EU besonders aktiv im Bezug auf die Reaktion auf zivile Notfälle im Rahmen der Krisenbewältigung. Im Zusammenhang mit der Terrorismusbekämpfung konnte man zudem durch einen allgemeinen Informationsaustausch Rückschlüsse über die Verbreitung von Massenvernichtungs-

---

410 Bericht an den ER über die Umsetzung der Erklärung zum Kampf gegen den Terrorismus, Ratsdok. 10009/3/04 REV 3, 3., der Beitrag der ESVP, 3. Punkt.

411 Anm.: Auf den Konzeptrahmen für die ESVP-Dimension bei der Terrorismusbekämpfung wird ausführlich im weiteren Verlauf der Bearbeitung eingegangen. Es sei somit auf die dortigen Ausführungen verwiesen. Dazu siehe 2. Kap. G.

412 General Affairs and External Relations Council in Brüssel v. 17.5.2004, abgedruckt in: EU security and defence, core documents 2004, volume V, in: Chaillot Papers 75, S. 63.

413 Der Aufbau dieser Datenbank geht auf die Erklärung von Sevilla zurück. Zum Aufbau der Datenbank siehe 2. Kap. C. II.

414 Bericht an den ER über die Umsetzung der Erklärung zum Kampf gegen den Terrorismus, Ratsdok. 10009/3/04 REV 3, 3., der Beitrag der ESVP, 1. Punkt.

415 Bericht an den ER über die Umsetzung der Erklärung zum Kampf gegen den Terrorismus, Ratsdok. 10009/3/04 REV 3, 3., der Beitrag der ESVP, 4. Punkt.

waffen und über die Sicherheitslage in Afghanistan ziehen[416], die ebenso Bedeutung für die Terrorismusbekämpfung besitzen.

3. Die Schaffung der Stelle eines Koordinators für die Terrorismusbekämpfung

Die Einsetzung des Koordinators für die Terrorismusbekämpfung durch die Erklärung zum Kampf gegen den Terrorismus hat sich ebenfalls positiv bemerkbar gemacht. Damit hat der Kampf gegen den Terrorismus eine neue Qualität bekommen[417], denn dieser Koordinator hat sich im Bereich der Terrorismusbekämpfung sehr aktiv bei der Koordinierung der Arbeiten des Rates eingesetzt. Konkret hat er ein Programm ausgearbeitet, bei dem er durch Besuche in den Mitgliedstaaten diese im Zusammenhang mit seinen Aufgaben beraten und sich mit ihren Anliegen vertraut machen kann. Zudem hat er Kontakte zu den wichtigsten Entscheidungsträgern der USA geknüpft[418]. Ferner hat er Verbesserungsvorschläge bezüglich der Arbeitsstrukturen des Rates vorgelegt sowie Vorschläge zur besseren Kontrolle der Umsetzung der Rechtsvorschriften der EU unterbreitet. Damit verbunden war ein Zwischenbericht über zwei im Rat laufende Verfahren der gegenseitigen Begutachtung in Bezug auf den Kampf der EU gegen den Terrorismus. Hervorzuheben ist noch, dass der Terrorismuskoordinator an den Ausarbeitungen des neuen Aktionsplans im großen Maße beteiligt war.

4. Weitere Maßnahmen

Im Bericht über den Stand der Umsetzung der Maßnahmen wurde des Weiteren noch zu Maßnahmen Stellung bezogen, die Bedeutung für die GASP/ESVP und damit direkt oder indirekt Einfluss auf die Terrorismusbekämpfung im Rahmen der ESVP haben[419].

---

416 Bericht des Vorsitzes zur ESVP v. 14.6.2004, Ratsdok. 10547/04, Rn. 19.

417 Anm.: So der Koordinator für die Terrorismusbekämpfung *Gijs de Vries* selbst über seinen Posten, siehe: *K. Ridderbusch,* Selbstbewusster Verwalter im Kampf gegen den Extremismus, in: Welt am Sonntag v. 21.11.2004.

418 Anm.: Insb. hat *Gijs de Vries* sehr engen Kontakt mit seinem amerikanischen Counterpart *Tom Ridge*, dem Minister für Heimatschutz, gepflegt.

419 Anm.: Der Bericht an den Europäischen Rat über die Umsetzung der Erklärung zum Kampf gegen den Terrorismus enthält daneben noch weitere bedeutsame Aussagen zur Bekämpfung des Terrorismus. Diese betrafen allerdings nicht die Bereiche der GASP bzw. ESVP und haben daher keinen Einfluss auf die Terrorismusbekämpfung im Rahmen der ESVP. Daher wird auf die Fortschritte in diesen Bereichen (Unterstützung der Opfer von Straftaten bzw. von Terroranschlägen, Ausbau der bestehenden Zusammenarbeit hin-

a.) Der aktualisierte EU-Aktionsplan zur Bekämpfung des Terrorismus

Entsprechend den vom Europäischen Rat im März gebilligten strategischen Zielen wurde ein überarbeiteter Aktionsplan zur Bekämpfung des Terrorismus[420] am 7. Juni 2004 erstellt. Mit dem Aktionsplan aus dem Jahr 2001 als Basis wird in dem neuen Aktionsplan die Strategie der EU zur Bekämpfung der Bedrohung durch den weltweiten Terrorismus dargelegt. Der Aktionsplan enthält Vorgaben für die künftigen Beratungen für die Umsetzung der Erklärung des Europäischen Rates. Des Weiteren ist der Aktionsplan als Fahrplan für diese Beratungen angedacht und gibt, soweit angebracht, zeitliche Vorgaben für die Erreichung spezieller Ziele und beziehungsweise oder für die Erzielung von Fortschritten in Bezug auf konkrete Maßnahmen. Zukünftig soll der Aktionsplan vom Rat und vom Generalsekretär/Hohen Vertreter *Solana* in regelmäßigen Abständen aktualisiert werden. Dadurch soll gewährleistet werden, dass jederzeit klar ist, wie jeweils in Bezug auf einzelne Maßnahmen agiert werden soll[421]. Konkret enthielt der Aktionsplan sieben strategische Zielsetzungen. Sie bestanden aus innen- und außenpolitischen Zielen[422]. Zur Erreichung dieser strategischen Ziele hat die EU in der Folgezeit Maßnahmen eingeleitet.

b.) Die internationale Zusammenarbeit

Im Bereich der internationalen Zusammenarbeit wurden Fortschritte bei der Unterstützung der Vereinten Nationen und der Stärkung der internationalen Solidarität erzielt. Es wurden Sitzungen der Counter Terrorism Group (COTER -

---

sichtlich gesetzgeberischer Maßnahmen, hinsichtlich operativer Zusammenarbeit sowie hinsichtlich der Erhöhung der Wirksamkeit von Informationssystemen, Verstärkung der Grenzkontrollen und Verbesserung der Dokumentensicherheit, Leitlinien der EU für einen gemeinsamen Ansatz zur Terrorismusbekämpfung, zur gemeinsamen Nutzung nachrichtendienstlicher Erkenntnisse, Verhinderung der Finanzierung des Terrorismus und Maßnahmen zum Schutz des Verkehrs und der Bevölkerung) nicht eingegangen. Dazu sei verwiesen auf den Bericht an den ER über die Umsetzung der Erklärung zum Kampf gegen den Terrorismus, Ratsdok. 10009/3/04 REV 3, Rn. 4-7 u. 9-11.

420 Aktualisierter EU-Aktionsplan zur Bekämpfung des Terrorismus, Ratsdok. 10010/3/04.

421 Bericht an den ER über die Umsetzung der Erklärung zum Kampf gegen den Terrorismus, Ratsdok. 10009/3/04 REV 3, 8; Aktualisierter EU-Aktionsplan zur Bekämpfung des Terrorismus, Ratsdok. 10010/3/04.

422 Zu den sieben strategischen Zielsetzungen siehe 2. Kap. F. I. 4. Zu weiterführenden Einzelheiten siehe Strategische Ziele der EU für die Bekämpfung des Terrorismus (Überarbeiteter Aktionsplan), Anlage I der Erklärung zum Kampf gegen den Terrorismus, Ratsdok. 7906/04; Aktualisierter EU-Aktionsplan zur Bekämpfung des Terrorismus, Ratsdok. 10010/3/04, S. 5.

GASP-Arbeitsgruppe „Terrorismus") mit dem UN-Ausschuss für Terrorismusbekämpfung abgehalten sowie mit Vertretern des UN-Sanktionsausschusses. Bei diesen Gesprächen ging es vor allem um die Frage wie die EU und die Vereinten Nationen zusammenarbeiten können. Auch hat die COTER strategische Kriterien für Programme zur technischen Hilfe beim Aufbau von Kapazitäten zur Terrorismusbekämpfung in Drittländern vereinbart. Diese Arbeiten sollen mit Hilfe des EU-Koordinators für die Terrorismusbekämpfung fortgesetzt werden. Zudem führte die COTER einige Troika-Treffen durch, um die Bedrohungslage bezüglich bestimmter Länder und Regionen abzuschätzen.

c.) Die Zusammenarbeit mit den USA und anderen Partnern

In diesem Zusammenhang veranstaltete die COTER einige Troika-Treffen. So wurden etwa Kriterien für COTER-Troikas angenommen. Mit den USA wurde überdies ein Dialog über Grundsatzfragen der Grenz- und Verkehrssicherheit begonnen. Zusätzlich stellte die Terrorismusbekämpfung einen Schwerpunkt auf dem EU-USA-Gipfeltreffen am 26. Juni 2004 dar. Dementsprechend wurde dort eine Erklärung zum Terrorismus verfasst. In dieser wurde die enge Zusammenarbeit von USA und EU im Bereich der Terrorismusbekämpfung betont, die in der Folgezeit weiter verstärkt werden soll[423].

G. Der Konzeptrahmen für die ESVP-Dimension der Terrorismusbekämpfung

In der Erklärung zum Kampf gegen den Terrorismus hatte der Europäische Rat das Politische und Sicherheitspolitische Komitee bezüglich des Beitrags der ESVP zur Terrorismusbekämpfung aufgefordert, einen konzeptuellen Rahmen, der die wichtigsten Elemente der ESVP-Dimension bei der Bekämpfung des Terrorismus, einschließlich präventiver Aspekte, umfasst, auszuarbeiten. Ein solcher „Konzeptrahmen für die ESVP-Dimension der Terrorismusbekämpfung"[424] wurde dem Europäischen Rat im November 2004 vorgelegt und anlässlich des Europäischen Rates im Dezember 2004[425] gebilligt. Inhaltlich werden

[423] EU/US-Declaration on Combating Terrorism, Anlage zum EU-US-Summit in Dromoland Castle, 26.6.2004, Ratsdok. 10809/04, dazu siehe 3. Kap. C. IV. 2.

[424] Konzeptrahmen für die ESVP-Dimension der Terrorismusbekämpfung, Anlage, Ratsdok. 14797/04.

[425] Schlussfolgerungen des Vorsitzes des ER v. Brüssel v. 16./17.12.2004, Ratsdok. 16238/04.

in dem Dokument zunächst die Grundprinzipien und Haupttätigkeitsfelder erläutert, bevor konkrete Maßnahmen genannt werden.

I. Die Grundprinzipien

Die sechs Grundprinzipien sind: Solidarität zwischen den EU-Mitgliedstaaten; Beiträge der Mitgliedstaaten auf freiwilliger Basis; klares Erfassen der terroristischen Bedrohung und umfassende Nutzung der verfügbaren Bedrohungsanalysen; säulenübergreifende Koordinierung zur Unterstützung der gemeinsamen Zielsetzung der EU bei der Terrorismusbekämpfung; Zusammenarbeit mit einschlägigen Partnern sowie die Komplementarität des ESVP-Beitrags bei umfassender Wahrung der Verantwortung, die die Mitgliedstaaten für die Terrorismusbekämpfung tragen, unter gebührender Berücksichtigung der Kriterien der Angemessenheit und Wirksamkeit[426].

II. Die Haupttätigkeitsfelder

Hinsichtlich der Haupttätigkeitsfelder wird in dem Dokument dargelegt, dass die EU als Reaktion auf Krisen auf ein breites Spektrum an zivilen und militärischen Mitteln und Instrumenten zurückgreifen kann, also mit umfassenden Krisenmanagement- und Konfliktverhütungsfähigkeiten. Mit diesen Fähigkeiten soll wirksam auf Situationen mit multiplen Herausforderungen[427] reagiert werden. Dies soll dazu führen, dass die EU einen wichtigen Beitrag für langfristige Maßnahmen zur Terrorismusvorbeugung leisten kann[428]. Die ESVP will hierzu entweder direkt oder durch Unterstützung anderer Instrumente einen zusätzlichen Beitrag zur Terrorismusbekämpfung leisten. Die sich aufdrängenden Tätigkeitsbereiche stellen Prävention, Schutz, Reaktion/Folgebewältigung und Unterstützung von Drittländern bei der Terrorismusbekämpfung dar. In diesen Tätigkeitsbereichen will sich die EU mit Aspekten wie der Interoperabilität von

---

426 Konzeptrahmen für die ESVP-Dimension der Terrorismusbekämpfung, Anlage, Ratsdok. 14797/04, Rn. 5.

427 Anm.: Zu diesen Situationen gehören etwa Ansätze mit denen das Scheitern von Staaten verhindert wird, Ordnung wiederhergestellt wird, zivile Regierungen wieder eingesetzt werden, humanitäre Krisen begegnet werden und regionale Konflikte abgewendet werden.

428 Konzeptrahmen für die ESVP-Dimension der Terrorismusbekämpfung, Anlage, Ratsdok. 14797/04, Rn. 10.

militärischen und zivilen Fähigkeiten im Bereich der Terrorismusbekämpfung und der Ausarbeitung von generischen Szenarien beschäftigen[429].
Im Hinblick auf die Prävention sollen alle Ressourcen der Mitgliedstaaten mobilisiert werden. Die Abwendung einer asymmetrischen Bedrohung, wie es der Terrorismus ist, im Rahmen einer EU-geführten Krisenbewältigungsoperation verlangt von den Mitgliedstaaten, dass eine solche Operation mit der dazu erforderlichen Informationsbeschaffung und wirksamen nachrichtendienstlichen Maßnahmen einhergeht. Dazu sollen Szenarien vorgesehen werden, bei denen es zu Operationen vom Typ Kontrolle des See- und Luftraums kommt[430].
Bezüglich der Schutzmaßnahmen ist festzuhalten, dass sie ein bedeutender Gesichtspunkt jeder Krisenbewältigungsoperation sind. Die Schutzmaßnahmen betreffen vornehmlich die Verhinderung der Gefährdung von Personal/Einsatzkräften, Material, Mitteln und gegebenenfalls möglicher ziviler Ziele, einschließlich kritischer Infrastrukturen, im Einsatzgebiet durch eine terroristische Bedrohung[431].
Im Bereich der Reaktion/Folgenbewältigung nach einem Terroranschlag sollen die zivilen und militärischen Mittel entweder direkt oder durch eine unterstützende Rolle zum Einsatz kommen. Im Zusammenhang mit einer Krisenbewältigungsoperation nach Titel V des EU-Vertrags sollen die EU-Einsatzkräfte in der Regel mit den lokalen Behörden zusammenarbeiten. Da die EU-Einsatzkräfte sehr schnell vor Ort sein sollen, sollten sie unter eingeschränkter Wahrung der Ziele der Mission versuchen, sowohl mit militärischen als auch mit zivilen Mitteln die „Lücken zu schließen", bis andere internationale Hilfe in Form von Bevölkerungsschutz-Sofortmaßnahmen bereit steht. Im Fall eines Terroranschlags auf dem Territorium der EU sollen die militärischen Mittel ebenfalls eine Rolle bei der Unterstützung ziviler Mittel übernehmen. In diesem Zusammenhang hat die EU schon Vorarbeit geleistet. So soll der Inhalt der Datenbank[432], in der die militärischen Mittel und Fähigkeiten erfasst sind, die für den Schutz der Zivilbevölkerung vor den Folgen von Terroranschlägen, einschließlich CBRN-Anschlägen, verwendbar sind, für das Katastrophenschutzverfahren der EU zur Verfügung stehen[433].

---

429 Konzeptrahmen für die ESVP-Dimension der Terrorismusbekämpfung, Anlage, Ratsdok. 14797/04, Rn. 11.

430 Konzeptrahmen für die ESVP-Dimension der Terrorismusbekämpfung, Anlage, Ratsdok. 14797/04, Rn. 12 u. 13.

431 Konzeptrahmen für die ESVP-Dimension der Terrorismusbekämpfung, Anlage, Ratsdok. 14797/04, Rn. 14.

432 Der Aufbau dieser Datenbank geht auf die Erklärung von Sevilla zurück. Zum Aufbau der Datenbank siehe 2. Kap. C. II.

433 Konzeptrahmen für die ESVP-Dimension der Terrorismusbekämpfung, Anlage, Ratsdok. 14797/04, Rn. 15-17.

Wie schon aus der Europäischen Sicherheitsstrategie zu entnehmen war, könnten ESVP-Missionen zur Unterstützung von Drittstaaten bei der Terrorismusbekämpfung aufgenommen werden. In diesem Zusammenhang gehört zum Beispiel die Frage des Schutzes von EU-Bürgern in Drittländern und insbesondere der Fall, dass EU-Bürger von terroristischen Gruppierungen als Geiseln genommen werden[434].

III. Konkrete Maßnahmen

Um diese Tätigkeitsbereiche auszufüllen, hat die EU im Konzeptrahmen konkrete Maßnahmen vorgeschlagen.
Als erste Maßnahme wird die Unterstützung der Entwicklung militärischer Fähigkeiten für EU-geführte Krisenbewältigungsoperationen durch Einbeziehung der terroristischen Bedrohung in alle einschlägigen beispielhaften Szenarien im Rahmen des Planziels 2010 aufgeführt. Die Festlegung des militärischen Bedarfs sollte daher in die Ausarbeitung des Bedarfskatalogs 2005 einfließen. In diesen Bereich sollten vor allem mögliche Präventiv- und Schutzmaßnahmen einbezogen werden. Ferner sollten eventuelle Maßnahmen im Zusammenhang mit der Abwendung terroristischer Bedrohungen einschließlich Operationen vom Typ Kontrolle des See- und Luftraums berücksichtigt werden[435].
Zudem wird als konkrete Maßnahme aufgeführt, dass das künftige zivile Planziel den Einsatz und die Weiterentwicklung der zivilen Fähigkeiten[436] berücksichtigen soll, um in den Grenzen des Mandats terroristische Bedrohungen abwenden zu können[437].
Als weitere konkrete Maßnahme erwähnt das Dokument, dass die Dienststellen des militärischen Nachrichtenwesens das gemeinsame EU-Lagezentrum (SITCEN) durch einen verstärkten Austausch nachrichtendienstlicher Erkenntnisse unterstützen sollen. Damit wird der Bericht des Generalsekretärs/Hohen Vertreters an den Europäischen Rat vom Juni 2004 umgesetzt, der die Einrichtung einer nachrichtendienstlichen Kapazität vorschlug, mit der das gesamte

---

434 Konzeptrahmen für die ESVP-Dimension der Terrorismusbekämpfung, Anlage, Ratsdok. 14797/04, Rn. 18.

435 Konzeptrahmen für die ESVP-Dimension der Terrorismusbekämpfung, Anlage, Ratsdok. 14797/04, Rn. 19 a).

436 Anm.: Insb. Polizei, Rechtsstaatlichkeit, Zivilbevölkerung und Schutz der Zivilverwaltung.

437 Konzeptrahmen für die ESVP-Dimension der Terrorismusbekämpfung, Anlage, Ratsdok. 14797/04, Rn. 19 b).

Spektrum terroristischer Bedrohungen für die EU-Interessen sowohl innerhalb als auch außerhalb der EU abgedeckt werden soll[438].
Die nächste Maßnahme soll die Ausarbeitung eines detaillierten Berichts an den Rat über Modalitäten, Verfahren und Kriterien zur Herstellung einer angemessenen Interoperabilität von militärischen und zivilen Fähigkeiten im Rahmen des Schutzes der Zivilbevölkerung nach einem Terroranschlag, einschließlich bei Krisenbewältigungsoperationen nach Titel V des EU-Vertrags, sein. Der Bericht, der im ersten Halbjahr 2005 fertig gestellt werden sollte, soll konkrete Vorschläge enthalten, die auf Erfahrungen und tatsächliche Vorfälle sowie Planungsszenarien beruhen, die wiederum bewährten Praktiken Rechnung tragen[439].
Des Weiteren wird die Verbesserung des Schutzes des gesamten Personals und Materials sowie sämtlicher Mittel, die für Krisenbewältigungsoperationen nach Titel V EU-Vertrag eingesetzt werden, angestrebt. Dazu gehört ebenfalls die Fähigkeit, mögliche wichtige zivile Ziele, wie kritische Infrastrukturen im Einsatzgebiet mit den verfügbaren Mitteln und Fähigkeiten und auf der Grundlage einer Einzelfallprüfung, die von der Bedrohungsanalyse ausgeht, zu schützen. Daher sollte das Politische und Sicherheitspolitische Komitee dem Rat bis zur Tagung des Europäischen Rates im Juni 2005 vorläufige Empfehlungen vorlegen und auch die laufenden Beratungen in der ECAP-Projektgruppe für ABC-Abwehr fördern, insbesondere zur Frage eines Kompetenzzentrums für ABC-Abwehr einschließlich ziviler Expertise[440].
Eine weitere konkrete Maßnahme beinhaltete die Konsolidierung der laufenden Arbeit zur inhaltlichen Erweiterung und Ergänzung der Datenbank[441], in der die militärischen Mittel und Fähigkeiten erfasst werden, welche für den Schutz der Zivilbevölkerung gegen Terroranschläge, einschließlich CBRN-Anschläge, von Bedeutung sind. Dies betrifft den Tätigkeitsbereich Schutz. Dabei gilt den Instrumenten besondere Aufmerksamkeit, die für die Hilfe für die Opfer zur Verfügung stehen sollen. Dazu wurde ein Bietverfahren eingeleitet, um die freiwilligen Beiträge der Mitgliedstaaten in ein *Addendum* zum derzeitigen Streitkräftekatalog aufzunehmen. Ferner sollte das Politische und Sicherheitspolitische Komitee auf Grundlage einer ersten Analyse des Militärausschusses eine Reihe pragmatischer Empfehlungen an den Rat zur Rolle dieser Datenbank im weite-

438 Konzeptrahmen für die ESVP-Dimension der Terrorismusbekämpfung, Anlage, Ratsdok. 14797/04, Rn. 19 c).

439 Konzeptrahmen für die ESVP-Dimension der Terrorismusbekämpfung, Anlage, Ratsdok. 14797/04, Rn. 19 d).

440 Konzeptrahmen für die ESVP-Dimension der Terrorismusbekämpfung, Anlage, Ratsdok. 14797/04, Rn. 19 e).

441 Der Aufbau dieser Datenbank geht auf die Erklärung von Sevilla zurück. Zum Aufbau der Datenbank siehe 2. Kap. C. II.

ren Zusammenhang mit dem Planziel 2010 und zur Lage, wie sie künftig systematischer aktualisiert werden könnte, formulieren. Zusätzlich sollte die Gruppe Katastrophenschutz in den entsprechenden Zuständigkeitsbereich eingebunden werden[442].
Überdies sollen im Bereich der Unterstützung von Drittstaaten bei der Terrorismusbekämpfung Maßnahmen ergriffen werden. Diese könnten in speziellen Maßnahmen der Entwicklung geeigneter Kooperationsprogramme zur Förderung von Vertrauen und Transparenz liegen, wie auch in der Unterstützung von Planungsaktivitäten im Zusammenhang mit der Terrorismusbekämpfung, einschließlich Folgenbewältigung oder Unterstützung bei Ausbildung und Übungen[443].
Zudem sollten die konzeptionellen Arbeiten zur konsularischen Zusammenarbeit und zur Evakuierung von EU-Bürgern aus Drittländern in den zuständigen Gruppen weiter verfolgt werden. Sie sollten in die entsprechenden Szenarien des Planziels 2010 und in die EU-Übungen mit einbezogen werden[444].
Außerdem sollte eine sichtbare und wirksame schnell einsetzbare Abwehrfähigkeit im Sinne des Tätigkeitsbereichs Schutz entwickelt werden. Sie soll als Schutzkomponente in eine EU-geführte Krisenbewältigungsoperation nach Titel V des EU-Verfassungsvertrags integriert werden. Diese als freiwilliger Beitrag von den Mitgliedstaaten bereitgestellte Fähigkeit würde unmittelbar nach einem Terroranschlag eine sofortige Reaktion in dem betroffenen Gebiet ermöglichen und in der Regel die Behörden unterstützen bis weitere zu erwartende Hilfe der internationalen Gemeinschaft eintrifft. Sie würde sich mit allen Gesichtspunkten des Schutzes beschäftigen. Um die Ressourcen, die zur Verfügung stehen, effektiv nutzen zu können, sollen die Mitgliedstaaten ihre Mittel gemeinsam nutzen und zusammenlegen. Gegebenenfalls sollten die Mitgliedstaaten in Erwägung ziehen, weitere Beiträge zum Katastrophenschutzverfahren der Gemeinschaft zu leisten. Das Politische und Sicherheitspolitische Komitee sollte sich mit der Frage des Zusammenwirkens dieser schnell einsetzbaren ESVP-Abwehrfähigkeit mit anderen bestehenden EU-Instrumenten befassen und bis zum Juni 2005 ein entsprechendes Konzept erarbeiten[445].
Des Weiteren findet in dem Dokument Erwähnung, dass maßgebliche Aspekte der Erklärung zur Solidarität gegen den Terrorismus beübt werden sollten. Da-

442 Konzeptrahmen für die ESVP-Dimension der Terrorismusbekämpfung, Anlage, Ratsdok. 14797/04, Rn. 19 f).
443 Konzeptrahmen für die ESVP-Dimension der Terrorismusbekämpfung, Anlage, Ratsdok. 14797/04, Rn. 19 g).
444 Konzeptrahmen für die ESVP-Dimension der Terrorismusbekämpfung, Anlage, Ratsdok. 14797/04, Rn. 19 h).
445 Konzeptrahmen für die ESVP-Dimension der Terrorismusbekämpfung, Anlage, Ratsdok. 14797/04, Rn. 19 i).

bei sollte gegebenenfalls geprüft werden, ob sie in das EU-Übungsprogramm aufgenommen werden können[446].
Auch wurde verkündet, dass bis zum März 2005 ein Seminar des EU-Instituts für Sicherheitsstudien (ISS) zum Beitrag der ESVP zur Terrorismusbekämpfung im größeren Zusammenhang des EU-Ansatzes in diesem Bereich veranstaltet werden sollte. An diesem Seminar sollten zusätzlich Vertreter und Experten wichtiger Partner, wie es die USA, die Vereinten Nationen und die NATO sind, teilnehmen dürfen. Aus den Gedankenaustäuschen sollten sich weitere wichtige Anstöße für die Beratungen im Politischen und Sicherheitspolitischen Komitee über mögliche weitere Maßnahmen im Rahmen des Beitrags der ESVP zur Terrorismusbekämpfung ergeben[447].
Als letzter Punkt wird in dem Dokument die Zusammenarbeit mit der NATO angesprochen. Dazu sollen nicht bindende Leitlinien und Mindeststandards für den Schutz der Zivilbevölkerung vor CBRN-Risiken, Rahmenabkommen über die Erleichterung grenzüberschreitender Transporte, die Benennung zuständiger nationaler Kontaktstellen in Hinblick auf die Einrichtung einer gemeinsamen Datenbank der Kontaktstellen sowie die gegenseitige Beteiligung an den Folgenbewältigungsübungen der jeweils anderen Seite als Beobachter angestrebt werden[448].

IV. Die Umsetzung

Der Rat billigte am 23. Mai 2005 den ersten Bericht über die Umsetzung des Konzeptrahmens für die ESVP-Dimension der Terrorismusbekämpfung. In diesem Bericht wird der Stand der Umsetzung der Aktionspunkte aufgezeigt und zu jedem Aktionspunkt des Aktionsrahmens werden konkrete Empfehlungen genannt, die möglichst schnell umgesetzt werden sollen[449].
Zudem hat das Institut der EU für Sicherheitsstudien, wie geplant, am 7. März 2005 im Rahmen des Mandats des Konzeptrahmens ein Seminar über den ESVP-Beitrag zur Terrorismusbekämpfung veranstaltet, bei dem Ansätze für

---

446 Konzeptrahmen für die ESVP-Dimension der Terrorismusbekämpfung, Anlage, Ratsdok. 14797/04, Rn. 19 j).

447 Konzeptrahmen für die ESVP-Dimension der Terrorismusbekämpfung, Anlage, Ratsdok. 14797/04, Rn. 19 k).

448 Konzeptrahmen für die ESVP-Dimension der Terrorismusbekämpfung, Anlage, Ratsdok. 14797/04, Rn. 19 l).

449 Bericht des Vorsitzes zur ESVP v. 13.6.2005, Ratsdok. 10032/05, Rn. 49; Durchführung des Aktionsplans zur Bekämpfung des Terrorismus, Ratsdok. 9809/1/05, Punkt 7; ESVP-Schlussfolgerungen des Rates Allg. Angelegenheiten u. Außenbeziehungen (mit Beteiligung der Verteidigungsminister) v. 23.5.2005, Ratsdok. 9004/05, Rn. 19.

weitere Überlegungen zu dieser wichtigen Frage ermittelt werden konnten. Ferner wurde auf dem Seminar der Dialog mit den USA behandelt und vertieft[450].

H. EU-Solidaritätsprogramm zu den Folgen terroristischer Bedrohungen und Anschläge

Im EU-Aktionsplan zur Bekämpfung des Terrorismus[451] hatte der Rat unter Ziel 5 erklärt, den vom Europäischen Rat erteilten Auftrag, das CBRN-Programm zu aktualisieren, zu erfüllen und es auf alle terroristischen Bedrohungen auszudehnen sowie ein verstärktes Kontrollsystem für die säulenübergreifende Umsetzung einzubauen. Folgerichtig wurde unter niederländischer Ratspräsidentschaft im Dezember 2004 ein revidiertes/erweitertes CBRN-Programm vorgelegt, das „EU-Solidaritätsprogramm zu den Folgen terroristischer Bedrohungen und Anschläge"[452]. Dieses Programm erweitert und revidiert das gemeinsame Programm von Rat und Kommission vom 20. Dezember 2002 zur Verbesserung der Zusammenarbeit in der EU im Hinblick auf die Prävention und die Begrenzung der Folgen chemischer, biologischer, radiologischer oder nuklearer terroristischer Bedrohungen (CBRN-Programm 2002[453]). Die neuen Elemente gehen auf die Schlussfolgerungen der EU vom 25. März und 17./18. Juni 2004 zurück[454]. Das EU-Solidaritätsprogramm zu den Folgen terroristischer Bedrohungen und Anschläge hebt die Gefahr der Folgen eines terroristischen Anschlags, insbesondere die eines CBRN-Anschlags, hervor, der mehr als nur einen Staat betreffen könnte. Deshalb sei die gegenseitige Unterstützung und ein gemeinsames Handeln der Staaten ein politisches sowie praktisches Muss. Denkbare Reaktionen könnten von traditionellen Katastrophenschutzmaßnahmen bis zu Maßnahmen mit mehr technischen und wissenschaftlichen Mitteln reichen. Hierbei kann ein gemeinsames Vorgehen auf solidarischer Grundlage eine rechtzeitige und adäquate Reaktion auf Terroranschläge darstellen. Folglich setzt das EU-

---

450 Bericht des Vorsitzes zur ESVP v. 13.6.2005, Ratsdok. 10032/05, Rn. 52; Durchführung des Aktionsplans zur Bekämpfung des Terrorismus, Ratsdok. 9809/1/05, Punkt 7.

451 Aktualisierter EU-Aktionsplan zur Bekämpfung des Terrorismus, Ratsdok. 10010/3/04, dazu siehe 2. Kap. F. II. 4. a.).

452 Entwurf EU-Solidaritätsprogramm zu den Folgen terroristischer Bedrohungen u. Anschläge (revidiertes/erweitertes CBRN-Programm), Anlage, Ratsdok. 15480/04.

453 Programm zur Verbesserung der Zusammenarbeit in der EU im Hinblick auf die Prävention u. die Begrenzung der Folgen chem., biolog., radiolog. oder nukl. terroristischer Bedrohungen, Ratsdok. 14627/02, dazu siehe 2. Kap. C. II.

454 Entwurf EU-Solidaritätsprogramm zu den Folgen terroristischer Bedrohungen u. Anschläge (revidiertes/erweitertes CBRN-Programm), Anlage, Ratsdok. 15480/04, Rn. 2, 10 u. 11.

Solidaritätsprogramm auf den gemeinsamen Willen der Mitgliedstaaten zur Solidarität im Kampf gegen den Terrorismus[455].

I. Die Gesamtzielsetzung

Das EU-Solidaritätsprogramm zielt darauf ab, die Wirksamkeit der Maßnahmen der Mitgliedstaaten und der EU zur Prävention terroristischer Bedrohungen und Anschläge und zur Begrenzung ihrer Folgen zu steigern. Kernbereiche bilden die kritischen Infrastrukturen und so genannte „weiche Ziele“, wie öffentliche Versammlungen und Konzerte, aber sie betreffen ebenfalls das Gesundheitswesen, die Lebensmittelkette, die Umwelt sowie anfällige Industrie- und Verkehrsbereiche[456].

II. Die strategischen Ziele

Damit diese Gesamtzielsetzung erreicht werden kann, ist das EU-Solidaritätsprogramm in sechs strategische Zielvorgaben unterteilt worden. Es sind: die Risikoabschätzung und –analyse; Präventivmaßnahmen; die Erkennung, Identifizierung und Alarmierung; die Abwehrbereitschaft und das Folgenmanagement; die Forschung und Entwicklung sowie die internationale Zusammenarbeit[457]:
Schwerpunkt der Abschätzung und Analyse terroristischer Bedrohungen ist die Ermittlung von Existenz, Kapazität und Aktionsformen terroristischer Gruppen. Diese Analyse ist Teil des strategischen Ziels Nr. 3 der Erklärung zum Kampf gegen den Terrorismus, das dann im Aktionsplan zur Bekämpfung des Terrorismus ausgearbeitet wurde. Damit liegt es außerhalb des Rahmens dieses Programms. Dennoch können die Ergebnisse dieser Abschätzung und die Analyse von Bedrohungen nützlich für die Präzisierung der Risikoabschätzung, die Prävention, die Abwehrbereitschaft und das Folgenmanagement sein. Die Risikoabschätzung und –analyse betreffen die Anfälligkeit potenzieller terroristischer Ziele sowie die potenzielle Wirkung auf Gesellschaft, Wirtschaft und Umwelt. Diese können den Notfalldiensten Informationen und Kenntnisse zuspielen, damit Terroranschläge verhindert werden können oder erfolgreich auf sie rea-

---

455 Entwurf EU-Solidaritätsprogramm zu den Folgen terroristischer Bedrohungen u. Anschläge (revidiertes/erweitertes CBRN-Programm), Anlage, Ratsdok. 15480/04, Rn. 1.

456 Entwurf EU-Solidaritätsprogramm zu den Folgen terroristischer Bedrohungen u. Anschläge (revidiertes/erweitertes CBRN-Programm), Anlage, Ratsdok. 15480/04, Rn. 13.

457 Entwurf EU-Solidaritätsprogramm zu den Folgen terroristischer Bedrohungen u. Anschläge (revidiertes/erweitertes CBRN-Programm), Anlage, Ratsdok. 15480/04, Rn. 14.

giert werden kann. Dazu sah der Rat vor, dass die Bedrohungsabschätzung und –analyse im Rahmen des strategischen Ziels Nr. 3 besser und strukturierter durch die zuständigen Stellen, wie das Lagezentrum (SITCEN) oder Europol, eingesetzt werden. Des Weiteren sollte eine verbesserte Zusammenarbeit zwischen den einschlägigen einzelstaatlichen Behörden, Nachrichtendiensten, Notfalldiensten und Polizeidiensten gefördert werden. Auch sollten die in den einzelnen Mitgliedstaaten angewandten Methoden ausgetauscht werden, um die Gesamtqualität zu verbessern. Zudem sollte der bilaterale Informationsaustausch über grenzüberschreitende Risiken verbessert werden[458].
Bezüglich der strategischen Zielvorgabe Präventivmaßnahmen ist festzuhalten, dass diese im Vorfeld getroffenen Maßnahmen die Anfälligkeit potenzieller Ziele verringern oder ihren Schutz verbessern sollen. Im Rahmen dieser Zielvorgabe liegt insbesondere der Schutz der kritischen Infrastrukturen, der aber eigentlich in den Zuständigkeitsbereich der Mitgliedstaaten fällt. Über das Subsidiaritätsprinzip kann jedoch die Kommission ihre Anstrengungen auf den Schutz der Infrastrukturen mit grenzüberschreitendem Charakter richten. Dazu wird sie ihr Augenmerk auf die Risikoanalyse, Entwicklung von Schutztechniken richten und laufende beziehungsweise geplante rechtliche Schritte analysieren. Des Weiteren wird sie Verbesserungen und organisatorische Maßnahmen auf horizontaler Ebene vorschlagen, die Harmonisierung, Koordinierung und Zusammenarbeit erfordern. Die daraus ermittelten Ergebnisse sollten Grundlage eines Europäischen Programms für den Schutz kritischer Infrastrukturen (EPCIP) werden. Es sollte die betreffenden Wirtschaftszweige und Regierungen unterstützen. Unterstützt werden sollte die Erstellung des Programms durch ein Netz von Spezialisten der Mitgliedstaaten (Critical Infrastructure Warning Information Network), wodurch ein Informationsaustausch über gemeinsame Gefährdung und über geeignete Maßnahmen und Strategien zur Verringerung der Risiken gewährleistet werden sollte[459]. Im Bereich der Präventivmaßnahmen sollte zudem die Kommission weitere Anstrengungen unternehmen[460].
Hinsichtlich der Erkennung, Identifizierung und Alarmierung wurde festgestellt, dass es von großer Wichtigkeit sei, dass adäquate Mechanismen bereitstehen, die die Bedrohungen schnell erkennen, identifizieren und die Einsatz-

---

[458] Entwurf EU-Solidaritätsprogramm zu den Folgen terroristischer Bedrohungen u. Anschläge (revidiertes/erweitertes CBRN-Programm), Anlage, Ratsdok. 15480/04, Rn. 18-20.

[459] Entwurf EU-Solidaritätsprogramm zu den Folgen terroristischer Bedrohungen u. Anschläge (revidiertes/erweitertes CBRN-Programm), Anlage, Ratsdok. 15480/04, Rn. 21, 24 u. 25.

[460] Anm.: Dies betrifft bspw. die Futter- und Lebensmittelsicherheit, gefährliche Tätigkeiten, Trinkwasser, Verkehr, Nuklearanlagen, Energie und Telekommunikation. Aber auch der Kampf gegen die Verbreitung von Massenvernichtungswaffen soll unterstützt werden.

kräfte und die Öffentlichkeit alarmieren können. Dazu sollte unter anderem ein sicheres allgemeines Schnellwarnsystem (ARGUS) geschaffen werden[461].
Durch Abwehrbereitschaft und Folgenmanagement sollte erreicht werden, dass alle Fähigkeiten aktiviert, gestärkt und genutzt werden, die notwendig sind, um die Folgen terroristischer Bedrohungen und Anschläge zu reduzieren und zu beheben. Dadurch sollte die Rückkehr zur Normalsituation einfacher gemacht werden. Im Zentrum dieser strategischen Zielvorgabe stehen die Fähigkeit zur gegenseitigen Unterstützung, die Ausbildung, Schulung und Übungen[462], Verfahren und Organisationen[463] sowie die Information der Öffentlichkeit[464].
Im Rahmen der fünften strategischen Zielvorgabe spielt die Forschung eine gewichtige Rolle. Sie ist Voraussetzung für die effiziente Verwirklichung der strategischen Zielvorgaben 1 bis 4 dieses Programms. So hat die Kommission auch eine vorbereitende Maßnahme mit dem Titel „Stärkung des Industriepotenzials in Europa auf dem Gebiet der Sicherheitsforschung 2004 bis 2006“ aufgenommen, womit zur Verbesserung der Sicherheit der Bürger und zur Stärkung des technologischen und industriellen Potenzials in diesem Bereich beigetragen werden sollte. Eines der dabei bedeutsamen Prioritätsfelder betrifft den Schutz vor Terrorismus und der technologischen Unterstützung des Folgenmanagements. Zukünftig sollte vor allem auch die Zusammenarbeit zwischen den Mitgliedstaaten bei ihren Forschungstätigkeiten verbessert werden, um terroristische Bedrohungen zu verhüten und die Folgen zu begrenzen. Ferner sollte die Herstellung von Arzneimitteln, die wichtig sind, um die gesundheitlichen Folgen einer Freisetzung von CBRN-Wirkstoffen zu bekämpfen, durch Zusammenarbeit zwischen Industrie, Forschungsstellen und Kommission gefördert werden[465].
Die internationale Zusammenarbeit als Zielvorgabe Nr. 6 sollte einen Beitrag zur Bereitstellung, zum Austausch und zur Abstimmung von entscheidenden

---

461 Entwurf EU-Solidaritätsprogramm zu den Folgen terroristischer Bedrohungen u. Anschläge (revidiertes/erweitertes CBRN-Programm), Anlage, Ratsdok. 15480/04, Rn. 26 u. 27.

462 Anm.: Dies sind bspw. spezielle Ausbildungsgänge zum Umgang mit den Folgen terroristischer Anschläge.

463 Anm.: Hierzu gehört etwa die Ausarbeitung von innerhalb der bestehenden Strukturen und unter uneingeschränkter Wahrung der nationalen Zuständigkeiten integrierte und koordinierte EU-Krisenbewältigungsregelungen für Krisen mit grenzüberschreitender Wirkung innerhalb der EU.

464 Entwurf EU-Solidaritätsprogramm zu den Folgen terroristischer Bedrohungen u. Anschläge (revidiertes/erweitertes CBRN-Programm), Anlage, Ratsdok. 15480/04, Rn. 28-41.

465 Entwurf EU-Solidaritätsprogramm zu den Folgen terroristischer Bedrohungen u. Anschläge (revidiertes/erweitertes CBRN-Programm), Anlage, Ratsdok. 15480/04, Rn. 42-45.

Informationen sowie zur Ergänzung der Verhütungsmaßnahmen und der einzelstaatlichen Folgenmanagementkapazitäten im betroffenen Land leisten. So wird in diesem Zusammenhang die Zusammenarbeit mit Drittländern angesprochen und dabei vor allem die mit den USA und Russland, aber auch die Zusammenarbeit mit internationalen Organisationen[466].

III. Die Umsetzung der Zielvorgaben

Erfüllt werden sollten diese sechs Zielvorgaben durch eine verbesserte Zusammenarbeit und Koordinierung zwischen den Mitgliedstaaten, dem Rat und der Kommission; die Leistung praktischer Unterstützung für die Mitgliedstaaten auf deren Ersuchen, besonders in Situationen, in denen das Ausmaß der Katastrophe die Kapazität eines einzelnen Mitgliedstaat übersteigt; einen optimalen, koordinierten und bereichsübergreifenden Einsatz der Instrumente der EU, die im Rahmen des Programms überprüft werden, um Lücken und Unstimmigkeiten zwischen ihnen zu ermitteln und zu beseitigen sowie die Schaffung neuer Instrumente, sofern erforderlich[467]. Dazu wurde dem Dokument ein Umsetzungsschema beigefügt[468]. Dieses Umsetzungsschema enthielt Vorgaben, bis wann die einzelnen Maßnahmen der jeweiligen strategischen Zielvorgaben umgesetzt werden sollten[469].
Hinsichtlich der Arbeiten am Europäischen Programm für den Schutz Kritischer Infrastrukturen (EPCIP) legte die Kommission im Dezember 2006 ein Paket bestehend aus einer Mitteilung und einem Richtlinienvorschlag vor[470]. Die Stärkung des Schutzes kritischer Infrastrukturen ist ein zentraler Punkt im Rahmen einer umfassend angelegten Terrorismusprävention und –bekämpfung. Der Richtlinienentwurf beruht auf dem so genannten Grünbuch der EU-Kommission über ein Europäisches Programm für den Schutz kritischer Infrastrukturen vom

---

[466] Entwurf EU-Solidaritätsprogramm zu den Folgen terroristischer Bedrohungen u. Anschläge (revidiertes/erweitertes CBRN-Programm), Anlage, Ratsdok. 15480/04, Rn. 46-50.

[467] Entwurf EU-Solidaritätsprogramm zu den Folgen terroristischer Bedrohungen u. Anschläge (revidiertes/erweitertes CBRN-Programm), Anlage, Ratsdok. 15480/04, Rn. 15.

[468] Umsetzungsschema zum Entwurf EU-Solidaritätsprogramm zu den Folgen terroristischer Bedrohungen u. Anschläge (revidiertes/erweitertes CBRN-Programm), Anhang zur Anlage, Ratsdok. 15480/04.

[469] Dazu siehe im Einzelnen: Umsetzungsschema zum Entwurf EU-Solidaritätsprogramm zu den Folgen terroristischer Bedrohungen u. Anschläge (revidiertes/erweitertes CBRN-Programm), Anhang zur Anlage, Ratsdok. 15480/04.

[470] Mitteilung der Kommission über ein Europäisches Programm für den Schutz kritischer Infrastrukturen, KOM (2006), 786.

November 2005[471]. Darin werden Maßnahmen vorgeschlagen, wie kritische europäische Infrastrukturen zu ermitteln und auszuweisen sind. Hinzu kommen Kriterien zur Bewertung der Notwendigkeit, den Schutz dieser Infrastrukturen zu verbessern. Bis heute wurde aber eine solche Richtlinie nicht vereinbart.

I. Erklärung zur Stärkung der internationalen Sicherheit

Im Dezember 2008 hat der Rat unter französischer Ratspräsidentschaft die „Erklärung zur Stärkung der internationalen Sicherheit"[472], die im engen Zusammenhang zur Europäischen Sicherheitsstrategie steht, gebilligt[473]. Wie der Wortlaut „Erklärung" zeigt, handelt es sich bei der Erklärung zur Stärkung der internationalen Sicherheit um das Rechtsinstrument Erklärung.

In dieser Erklärung heißt es, dass die EU sich in die Lage versetzen muss, besser und wirksamer auf die heutigen Herausforderungen und Bedrohungen reagieren zu können. Sie zielt dabei neben der Bekämpfung des Drogenhandels und der Nichtverbreitung von Massenvernichtungswaffen vor allem auf die Terrorismusbekämpfung ab[474]. Dementsprechend will die EU hinsichtlich der Bedrohung Terrorismus *„mit unerbittlicher Entschlossenheit (...) gegen den Terrorismus in allen seinen Erscheinungsformen, insbesondere gegen die internationalen Terrororganisationen, vorgehen"*[475]. Dazu gehört, dass die EU in enger Abstimmung mit ihren wichtigsten Partnern in der Welt, zu denen vor allem die Vereinten Nationen zählen, *„vorbeugend und abschreckend (handelt) und entschlossen (regiert)"*[476]. Zusätzlich soll insbesondere mit solchen Staaten bei der Terrorismusbekämpfung zusammengearbeitet werden, die besonders vom Terrorismus und der Radikalisierung bedroht sind[477].
Um die Sicherheit für Europa zu erreichen, soll außerdem innerhalb der EU auf strafrechtlichem Gebiet zusammengearbeitet werden und ein wirksamerer Informationsaustausch zwischen den europäischen Behörden betrieben werden.

---

471 Grünbuch über ein Europäisches Programm für den Schutz kritischer Infrastrukturen. KOM (2005), 576.

472 Erklärung zur Stärkung der internationalen Sicherheit, Ratsdok. 16751/08.

473 Erklärung des ER zum Ausbau der ESVP, Anlage 2 der Schlussfolgerungen des Vorsitzes des ER v. Brüssel v. 11./12.12.2008, Ratsdok. 17271/08, Rn. 8; Schlussfolgerungen des Vorsitzes des ER v. Brüssel v. 11./12.12.2008, Ratsdok. 17271/08, Rn. 30.

474 Erklärung zur Stärkung der internationalen Sicherheit, Ratsdok. 16751/08, Rn. 1 u. 18.

475 Erklärung zur Stärkung der internationalen Sicherheit, Ratsdok. 16751/08, Rn. 3.

476 Erklärung zur Stärkung der internationalen Sicherheit, Ratsdok. 16751/08, Rn. 2.

477 Anm.: Dazu gehören etwa Staaten in Nordafrika, Mittelasien und am Horn von Afrika, siehe Erklärung zur Stärkung der internationalen Sicherheit, Ratsdok. 16751/08, Rn. 5.

Des Weiteren sollen die Systeme zur Prävention und Früherkennung von Radikalisierung und Anwerbung verbessert werden. Auch soll die Bekämpfung der Terrorismusfinanzierung vertieft werden[478]. Mehr Aufmerksamkeit soll ebenfalls der Nutzung des Internets durch Terrornetze entgegengebracht werden. Dabei sollen die Anwerbung und die Anstiftung zum Terrorismus über das Internet unter einen Straftatbestand fallen[479].
Zusätzlich stellt die Erklärung klar, dass desgleichen die anderen Bedrohungen im Zusammenhang mit dem Terrorismus zu sehen sind und deshalb zu bekämpfen sind. So wird etwa die Gefahr einer Verbindung zwischen Massenvernichtungswaffen und dem Terrorismus befürchtet, sodass die EU gegen die Verbreitung von Massenvernichtungswaffen vorgehen will[480].
Ferner wird aufgrund der Verflechtung von Drogenhandelsnetzen und Terrornetzen der Bekämpfung des Drogenschmuggels zum europäischen Kontinent große Bedeutung zuerkannt[481].

J. Sonstige Maßnahmen seit dem 11. September 2001 mit Relevanz für die Terrorismusbekämpfung im Rahmen der ESVP

Neben den beschriebenen Maßnahmen hat die EU in der Vergangenheit wiederholt mit anderen internationalen Organisationen und Staaten Übereinkünfte im Sinne des Art. 24 EUV zur Terrorismusbekämpfung getroffen[482]. So hat die EU Vertragsschlüsse mit ausgewählten strategischen Partnern getroffen, wie mit den Vereinten Nationen und der NATO[483]. Ebenso gehörten hierzu etwa bilaterale Abkommen mit den USA, Russland, Kanada, Australien, Japan oder China sowie regionalen Gruppen, wie mit dem Golfkooperationsrat, ASEAN, MERCOSUR. Hierbei wurden sowohl in Partnerschafts- und Kooperationsabkommen als auch in Assoziierungsabkommen und dazugehörigen Aktionsplänen so genannte Anti-Terrorismusklauseln eingefügt, um die gemeinsame Haltung hinsichtlich terroristischer Aktivitäten zum Ausdruck zu bringen[484].

---

478 Erklärung zur Stärkung der internationalen Sicherheit, Ratsdok. 16751/08, Rn. 3.
479 Erklärung zur Stärkung der internationalen Sicherheit, Ratsdok. 16751/08, Rn. 4.
480 Erklärung zur Stärkung der internationalen Sicherheit, Ratsdok. 16751/08, Rn. 8.
481 Erklärung zur Stärkung der internationalen Sicherheit, Ratsdok. 16751/08, Rn. 15.
482 Dazu siehe ausführlicher 3. Kap. C. V.
483 Dazu siehe 3. Kap. C.
484 *A. Bendiek*, Terrorismusbekämpfung der EU, in: SWP-Studie, Aug. 2006, S. 19.

K. Ergebnis

Aus der dargestellten Entwicklung der ESVP geht hervor, dass die Terrorismusbekämpfung als Bestandteil der ESVP schrittweise entwickelt worden ist. War es anfangs noch unklar, ob sie Teil der Aufgaben der ESVP ist, so ist sie es heute eindeutig. Die Ereignisse vom 11. September 2001 haben Anlass gegeben, Maßnahmen im Rahmen der ESVP zur Terrorismusbekämpfung zu ergreifen. Die Ereignisse vom 11. September 2001 wirkten dabei als Katalysator für die Entwicklung von Konzepten zur Terrorismusbekämpfung. Sie führten zu ersten konkreten Entscheidungen hinsichtlich der Terrorismusbekämpfung, die innerhalb der EU breiten Konsens gefunden haben. Es wurden erste Fortschritte auf der Außerordentlichen Tagung des Europäischen Rates am 21. September 2001 erzielt, auf der erstmals ausdrücklich klargestellt wurde, dass die ESVP eine zentrale Rolle bei der Terrorismusbekämpfung übernehmen soll. Beschleunigt wurde diese Entwicklung seit dem 11. September 2001 insbesondere aus den Konsequenzen der Irak-Krise, zu denken ist vor allem an die Europäische Sicherheitsstrategie, und durch die Reaktionen auf die Terroranschläge von Madrid vom März 2004, zu denken ist insbesondere an die Erklärung zum Kampf gegen den Terrorismus.

Dass die Terrorismusbekämpfung in das breitere Aufgabenspektrum der EU fällt, zeigen konkret die Erklärung von Sevilla, die Europäische Sicherheitsstrategie und die Erklärung zum Kampf gegen den Terrorismus sowie die jeweiligen Folgemaßnahmen. Obwohl die Bekämpfung des Terrorismus nicht vom Petersberg-Aufgabenkatalog explizit erfasst wird, ist die Einbeziehung der Terrorismusbekämpfung als Aufgabe der ESVP durch die dynamische Auslegung des Art. 17 EUV rechtlich zulässig.

Wie die Erläuterungen gezeigt haben, wurde zur Terrorismusbekämpfung im Rahmen der ESVP insbesondere vom Rechtsinstrument Erklärung Gebrauch gemacht. Dies belegen die Erklärung von Sevilla, die Erklärung zum Kampf gegen den Terrorismus und die Erklärung zur Stärkung der internationalen Sicherheit. Auf Grundlage dieser Erklärungen wurden wichtige Maßnahmen zur Terrorismusbekämpfung umgesetzt, wozu beispielsweise der Konzeptrahmen für die ESVP-Dimension der Terrorismusbekämpfung gehörte.

Zudem wurde vom Rechtsinstrument der allgemeinen Leitlinien im Sinne des Art. 13 Abs. 1 EUV Gebrauch gemacht. Dies zeigt die Europäische Sicherheitsstrategie, die als allgemeine Leitlinie rechtlich einzuordnen ist. Auf der Grundlage dieser allgemeinen Leitlinie wurden Maßnahmen zur Terrorismusbekämpfung eingeleitet.

Ferner wurde regelmäßig in den Schlussfolgerungen Stellung zur Terrorismusbekämpfung im Rahmen der ESVP bezogen. Dadurch wurden Grundsätze und allgemeine Leitlinien für die ESVP und die Terrorismusbekämpfung in ihrem Rahmen festgelegt.

Das Rechtsinstrument gemeinsame Aktion wurde dagegen zur Terrorismusbekämpfung im Rahmen der ESVP bisher nicht angewendet. Dennoch könnte es Bedeutung für die Terrorismusbekämpfung im Rahmen der ESVP erlangen. Denn operative Maßnahmen beruhen auf diesem Rechtsinstrument, wie die bisher durchgeführten ESVP-Einsätze belegen. Bisher wurden jedoch keine ESVP-Einsätze zur Terrorismusbekämpfung durchgeführt. Insbesondere stellten die Operationen Enduring Freedom und Iraqui Freedom keine ESVP-Operationen dar. Sollte es jedoch zu einer ESVP-Operation zur Terrorismusbekämpfung kommen, so wird diese auf Grundlage einer gemeinsamen Aktion durchgeführt werden.

Ebenfalls wurde vom Rechtsinstrument gemeinsamer Standpunkt im Rahmen der ESVP zur Terrorismusbekämpfung kein Gebrauch gemacht. Allerdings wurden im Bereich der GASP wichtige gemeinsame Standpunkte zur Terrorismusbekämpfung beschlossen. Dies waren die Einigung des Rates am 27. Dezember 2001 auf die gemeinsamen Standpunkte „über die Bekämpfung zum Terrorismus“[485] und „über die Anwendung besonderer Maßnahmen zur Bekämpfung des Terrorismus“[486]. Diese beiden Standpunkte stellten damals, da sie in dem externen Bereich der EU zuzuordnen sind, zu dem auch die ESVP gehört, Neuerungen im Vergleich zur bisherigen Antiterrorismus-Politik dar[487].

Mit dem Rechtsinstrument gemeinsame Strategie wurde im Rahmen der ESVP bisher nicht gehandelt. Die Vergangenheit deutet sogar darauf hin, dass auch zukünftig mit einer Nutzung dieses Rechtsinstrumentes nicht zu rechnen ist. Denn die Vergangenheit hat gezeigt, dass gemeinsame Strategien kaum in Anspruch genommen wurden[488]. Dies lag wahrscheinlich daran, dass es schwierig

---

485 Gemeinsamer Standpunkt 2001/930/GASP des Rates v. 27.12.2001 über die Bekämpfung des Terrorismus, abgedruckt in: ABl. 2001 L 344, S. 90.

486 Gemeinsamer Standpunkt 2001/931/GASP des Rates der v. 27.12.2001 über die Anwendung besonderer Maßnahmen zur Bekämpfung des Terrorismus, abgedruckt in: ABl. 2001 L 344, S. 93.

487 Der Gemeinsame Standpunkt 2001/930/GASP enthielt Aussagen zur allg. Vorgehensweisen bei der Terrorismusbekämpfung. Der Gemeinsame Standpunkt 2001/931/GASP enthielt konkretere Aussagen. Er enthielt etwa eine Liste von natürlichen und juristischen Personen, Vereinen sowie Körperschaften, die als terroristisch eingeordnet werden.

488 Anm.: Bisher gab es drei gemeinsame Strategien. Von ihnen wurde für Russland, die Ukraine und für den Mittelmeerraum Gebrauch gemacht.

ist, sich jeweils auf Regionalstrategien der Mitgliedstaaten zu verständigen. Zudem spricht gegen eine zukünftige Ingebrauchnahme eines solchen Instrumentes zur Terrorismusbekämpfung, dass die bisherigen gemeinsamen Strategien sehr allgemein gehalten waren und wenig operativ einsetzbar waren. So haben sie bisher keine wirklichen Fortschritte gebracht, da sie oftmals nur vorhandene Politikansätze und Strategien dupliziert haben[489].

Vom Rechtsinstrument des Abschlusses von internationalen Abkommen wurde dagegen häufig Gebrauch gemacht. Die EU hat mit internationalen Organisationen und Staaten Übereinkünfte zur Terrorismusbekämpfung getroffen.

L. Defizite und Verbesserungsmöglichkeiten

Obwohl also die Terrorismusbekämpfung damit heute zweifelsohne zu den Aufgaben der ESVP zählt, wäre dennoch die explizite Erwähnung der Terrorismusbekämpfung in den Petersberg-Aufgaben anstrebenswert. Dadurch würde die Terrorismusbekämpfung als Teil der Aufgaben der ESVP vertraglich fixiert werden. Demgemäß wäre es sinnvoll, die Terrorismusbekämpfung in den Wortlaut des Art. 17 Abs. 2 EUV aufzunehmen, um der Entwicklung in den letzten Jahren Rechnung zu tragen. Dies wurde in der Vergangenheit schon von der spanischen Ratspräsidentschaft im Jahr 2002 gefordert[490]. Ferner sollte eine Ergänzung beziehungsweise Erweiterung der Petersberg-Aufgaben dahingehend vorgenommen werden, dass der geographische Rahmen der ESVP den heutigen sicherheitspolitischen Herausforderungen angepasst wird. Denn die Petersberg-Aufgaben lassen nur Einsätze außerhalb des Territoriums der EU zu. Aufgrund der zunehmend verschwimmenden Grenzen zwischen Krisenmanagement und Verteidigung sollten Einsätze auch im Territorium der EU ermöglicht werden[491]. Bisher ist der Einsatz von ESVP-Kräften im Inneren der EU nur über die Solidaritätsklausel möglich.
Die Ergänzung beziehungsweise Erweiterung des Art. 17 Abs. 2 EUV müsste über das Vertragsänderungsverfahren gemäß Art. 48 EUV vollzogen werden. Dies stellt Art. 17 Abs. 5 EUV ausdrücklich klar. Diese Bestimmung zum legislativen Verfahren besagt, dass zur Förderung der Ziele des Art. 17 EUV dessen

---

489 Dazu vgl. die Kritik von *Javier Solana*, dargestellt in: *H.-J. Cremer*, in: C. Calliess/M. Ruffert, EU, Art. 13 (2007), Rn. 6.

490 Rede des spanischen Ministerpräsidenten *Aznar* vor dem spanischen Parlament am 10.12.2001, Quelle: www.auswaertiges-amt.de/www/de/eu_politik/aktuelles/zukunft/-span_praes_html, letzter Aufruf: 17.10.2005.

491 *H. Farnleitner/R. E. Bösch*, Ein neuer Impuls für die ESVP, in: CONV 437/02, S. 4.

Bestimmungen nach Art. 48 EUV überprüft werden. Damit unterstreicht Art. 17 Abs. 5 EUV den Willen der Mitgliedstaaten der EU, die sicherheits- und verteidigungspolitischen Komponenten der GASP durch Änderungen des EU-Vertrags fortzuentwickeln[492]

492 *H.-J. Cremer*, in: C. Calliess/M. Ruffert, EU (2007), Art. 17, Rn. 28.

DRITTES KAPITEL: PRAKTISCHE ERFORDERNISSE EINER EFFEKTIVEN TERRORISMUSBEKÄMPFUNG

Für eine effektive Terrorismusbekämpfung sind weitere praktische Erfordernisse unentbehrlich. Für ein Tätigwerden der EU zur Terrorismusbekämpfung müssen zwingend die entsprechenden Ressourcen vorhanden sein. Grundlegende Bedeutung hat zudem aufgrund des EU-Systems im Bereich der GASP die Zusammenarbeit zwischen den Mitgliedstaaten. Aber auch die internationale Zusammenarbeit ist aufgrund der internationalen Dimension des modernen Terrorismus von Wichtigkeit für eine erfolgreiche Terrorismusbekämpfung im Rahmen der ESVP. Des Weiteren ist aufgrund des Handelns etwa verschiedener Ministerien und Einrichtungen und den damit verbundenen Überschneidungen ein koordiniertes Vorgehen erforderlich um mehr Effizienz im Kampf gegen den Terror zu erreichen. Diese Voraussetzungen werden im Folgenden vorgestellt.

A. Ressourcen für die Terrorismusbekämpfung im Rahmen der ESVP

Eine ernst zunehmende Sicherheits- und Verteidigungspolitik steht und fällt mit ihren zivilen und militärischen Ressourcen (Fähigkeiten)[493]. Die Terrorismusbekämpfung im Rahmen der ESVP kann nur dann effektiv sein, wenn entsprechende Fähigkeiten zur Verfügung stehen. Bereits unmittelbar nach dem 11. September 2001 wurde auf der Außerordentlichen Tagung des Europäischen Rates am 21. September 2001 erklärt, dass für eine effiziente Terrorismusbekämpfung im Rahmen der ESVP aus ihr zunächst ein einsatzbereites Instrument gemacht werden müsse[494]. Noch unmissverständlicher kam dies in der Erklärung von Sevilla zum Ausdruck, indem es in ihr hieß, dass „*die ESVP durch die von der EU geschaffenen militärischen und zivilen Fähigkeiten zur Krisenbewältigung gestärkt (wird), so dass sie einen wirksamen Beitrag zur Terroris-*

493 Vgl. Bericht des Vorsitzes über die Stärkung der GESVP, Anhang III zu den Schlussfolgerungen des Vorsitzes des ER in Köln, SN 150/99, 1. Einleitung; vgl. auch Deutsch-franz. Verteidigungs- u. Sicherheitsrat-Erklärung v. Schwerin v. 30.7.2002, abgedruckt in: *J.-Y. Haine*, From Laeken to Copenhagen, European defence: core documents, volume III, in: Chaillot Papers 57, S. 115.

494 Siehe dazu 2. Kap. B. II.

musbekämpfung leisten kann, der allen betroffenen Ländern von Nutzen ist"[495]. Für ein erfolgreiches Krisenmanagement ist folglich notwendige Voraussetzung, dass neben militärischen Fähigkeiten effiziente zivile Fähigkeiten vorhanden sind. Nur dann kann die EU über eine umfassende sicherheits- und verteidigungspolitische Handlungsfähigkeit verfügen[496].

I. Die militärische Konfliktbewältigung im Rahmen der ESVP

Dementsprechend erkannte die EU, dass sie erst mit den notwendigen militärischen Fähigkeiten ausgestattet werden müsse, um ihre gestiegene Verantwortung für Europa und die Welt wirksam wahrnehmen zu können[497].

1. Das militärische Fähigkeitsziel – der Helsinki-Planzielkatalog

In Ausführung des Art. 17 Abs. 2 EUV hatte der Europäische Rat in Helsinki im Dezember 1999 den so genannten Helsinki-Planzielkatalog (Helsinki European Headline Goal)[498] festgeschrieben. Er sollte den Grundsatzbeschluss des Europäischen Rates von Köln[499], die EU mit militärischen Kapazitäten auszustatten, konkretisieren. Der Helsinki-Planzielkatalog stellte also das militärische Planziel der EU dar und bestimmte den Grad der militärischen Eigenständigkeit der EU[500].

Inhaltlich bestimmte der Helsinki-Planzielkatalog, dass die Mitgliedstaaten im Rahmen der freiwilligen Zusammenarbeit bei EU-geführten Missionen bis zum

---

495 Erklärung des ER über den Beitrag der GASP, einschließlich der ESVP, zur Bekämpfung des Terrorismus, Anlage V zu den Schlussfolgerungen des Vorsitzes des ER in Sevilla v. 21./22.6.2002, Ratsdok. 13463/02, Rn. 5.

496 *C. Gramsch*, Europa auf dem Weg zu einer gemeinsamen Sicherheits- u. Verteidigungspolitik (2003), S. 113; *C. Patten*, Die Zukunft der ESVP u. die Rolle der Europäischen Kommission, in: int 2000, 7, 9; *J. Solana*, Die GESVP – Das Integrationsprojekt der nächsten Dekade, in: int 2000, 1, 5.

497 *J. Howorth*, CESDP after 11 September: From Shortterm Confusion to Longterm Cohesion, in: EUSA Review Essay, Winter 2002, S. 4; *H. Farnleitner/R. E. Bösch*, Ein neuer Impuls für die ESVP, in: CONV 437/02, S. 2.

498 Schlussfolgerungen des Vorsitzes des ER in Helsinki v. 10./11.12.1999, SN 300/99, Rn. 28.

499 Dazu siehe Erklärung des ER zur Stärkung der GESVP, Anhang III zu den Schlussfolgerungen des Vorsitzes des ER in Köln, SN 150/99.

500 *C. Gramsch*, Europa auf dem Weg zu einer gemeinsamen Sicherheits- u. Verteidigungspolitik (2003), S. 91.

Jahr 2003 in der Lage sein sollten, innerhalb von 60 Tagen Streitkräfte im Umfang von 50.000 bis 60.000 Personen bereit zu stellen. Diese sollten in der Lage sein, den Petersberg-Aufgaben im vollem Umfang gerecht zu werden, Streitkräfte zu verlegen und dafür zu sorgen, das diese Kräfte mindestens ein Jahr lang eingesetzt werden könnten. Die Streitkräfte sollten militärisch durchhaltefähig sein und über die erforderlichen Fähigkeiten in Bezug auf Streitkräfteführung und strategische Aufklärung, die entsprechende Logistik, andere Kampfunterstützungsdienste und gegebenenfalls zusätzlich über Komponenten der See- und Luftstreitkräfte verfügen[501].

Nach der Tagung von Helsinki wurde dementsprechend an der Umsetzung des Helsinki-Planzielkatalogs gearbeitet[502]. Insbesondere haben die Mitgliedstaaten am 20. November 2000 an einer ersten Beitragskonferenz[503] teilgenommen, auf der die jeweiligen Beiträge entsprechend den vom Europäischen Rat in Helsinki festgelegten Fähigkeitszielen erfasst werden konnten (Helsinki Force Catalogue 2003)[504]. Neben der Aufstellung des Streitkräftekatalogs (Helsinki Force Catalogue 2003) wurde auf der Beitragskonferenz speziell der Mechanismus zur Entwicklung der Fähigkeiten (CDM)[505] entwickelt, der einige Wochen später

---

501 Zwischenbericht des Vorsitzes an den ER (Helsinki) über die Stärkung der GESVP, Anlage 1 zu Anlage IV zu den Schlussfolgerungen des Vorsitzes des ER in Helsinki v. 10./11.12.1999, SN 300/99; Schlussfolgerungen des Vorsitzes des ER in Helsinki v. 10./11.12.1999, SN 300/99, Rn. 28.

502 Dazu siehe Schlussfolgerungen des Vorsitzes des ER in Santa Maria da Feira v. 19./20.6.2000, Rn. 7, 8; Bericht des Vorsitzes über die Stärkung der GESVP, Anlage I zu den Schlussfolgerungen des Vorsitzes des ER in Santa Maria da Feira v. 19./20.6.2000, Kap. II.; Bericht des Vorsitzes über die ESVP, Anlage VI zu den Schlussfolgerungen des Vorsitzes des ER in Nizza, SN 400/00 ADD 1 REV 1, I. 1); Erklärung über die Bereitstellung militärischer Fähigkeiten, Anlage I zur Anlage VI zu den Schlussfolgerungen des Vorsitzes des ER in Nizza v. 7./8./9.12.2000, SN 400/00 ADD 1 REV 1; Erreichung des Planziels (Headline Goal), Mechanismus zur Beurteilung der militärischen Fähigkeiten, Anhang zur Anlage I der Anlage VI zu den Schlussfolgerungen des Vorsitzes des ER in Nizza, SN 400/00 ADD 1 REV 1; Bericht des Vorsitzes an den ER (Göteborg) über die ESVP, Ratsdok. 9526/1/01 REV 2, Rn. 8 ff.

503 Capabilities Commitment Conference, Brüssel, 20./21.11.2000, abgedruckt in: *M. Rutten*, From St. Malo to Nice: European defence, core documents, in: Chaillot Papers 47, S. 158.

504 Erklärung über die Bereitstellung militärischer Fähigkeiten, Anlage I zur Anlage VI zu den Schlussfolgerungen des Vorsitzes des ER in Nizza v. 7./8./9.12.2000, SN 400/00 ADD 1 REV 1, Rn. 3.

505 Erreichung des Planziels (Headline Goal), Mechanismus zur Beurteilung der militärischen Fähigkeiten, Anhang zur Anlage I der Anlage VI zu den Schlussfolgerungen des Vorsitzes des ER in Nizza, SN 400/00 ADD 1 REV 1.

auf der Tagung des Europäischen Rates in Nizza[506] gebilligt wurde[507]. Der Mechanismus zur Entwicklung der Fähigkeiten, der die für den ständigen, detaillierten Prozess erforderlichen Instrumente umfassen sollte, hat die Überprüfung und das Voranbringen der Entwicklung der europäischen militärischen Fähigkeiten zur Aufgabe[508]. Er sollte ermöglichen, die zugesagten Beiträge zur Erreichung des Planziels zu kontrollieren und zu fördern. Zudem sollte er die Ziele der EU im Lichte veränderter Umstände überprüfen und zur Kohärenz zwischen den im Rahmen der EU zugesagten Beiträgen und den im Rahmen der NATO-Verteidigungsplanung beziehungsweise des Planungs- und Überprüfungsprozesses der Partnerschaft für den Frieden festgelegten Ziele beitragen[509]. Der Mechanismus zur Entwicklung der Fähigkeiten ist also Grundlage für die Analyse der bestehenden Defizite und deshalb zugleich Ansatz zur Problembehebung.

In der Zeit nach den Terroranschlägen vom 11. September 2001, als betont wurde, dass die ESVP einen Beitrag zur Terrorismusbekämpfung übernehmen müsse[510], wurde vom Rat auf seiner Außerordentlichen Tagung für Allgemeine Angelegenheiten am 17. Oktober 2001 erklärt, dass die ESVP so schnell wie möglich operativ gemacht werden müsse[511]. Es hieß, dass die wesentlichen Schwachstellen der ESVP beseitigt werden müssten, die sich vor allem im militärischen Bereich befänden. Deutlich sichtbar machte den mangelhaften Entwicklungsstand der ESVP die Operation Enduring Freedom[512], an der sich die EU aufgrund ihres nicht sehr weiten Entwicklungsstandes bei den militärischen Fähigkeiten nicht beteiligen konnte[513]. Daraus wird erkennbar, dass die EU, um ihre gestiegene Verantwortung für Europa und die Welt wirksam wahrnehmen

---

506 Schlussfolgerungen des Vorsitzes des ER in Nizza v. 7./8./9.12.2000, SN 400/00 ADD 1 REV 1.

507 Bericht des Vorsitzes über die ESVP, Anlage VI zu den Schlussfolgerungen des Vorsitzes des ER in Nizza, SN 400/00 ADD 1 REV 1, I. 1).

508 Entwurf eines Berichtes des Vorsitzes über die ESVP v. 11.12.2001, Ratsdok. 15193/01, Rn. 7; Erklärung über die Verbesserung der europäischen militärischen Fähigkeiten, Anlage I zum Entwurf eines Berichtes des Vorsitzes über die ESVP v. 11.12.2001, Ratsdok. 15193/01, Rn. 9.

509 Bericht des Vorsitzes über die ESVP, Anlage VI zu den Schlussfolgerungen des Vorsitzes des ER in Nizza, SN 400/00 ADD 1 REV 1.

510 Zur unmittelbaren Zeit nach dem 11. September 2001 siehe auch 2. Kap. B.

511 Außerordentliche Tagung des Rates – Allg. Angelegenheiten – am 17.10.2001, Ratsdok. 12859/01, Rn. 13.

512 Zur Operation Enduring Freedom siehe 2. Kap. B. III.

513 *M. Jopp*, ESVP, in: W. Weidenfeld/W. Wessels (Hrsg.), Jahrbuch der Europäischen Integration 2001/2002 (2002), 223, 223.

zu können, sich erst mit den notwendigen militärischen Fähigkeiten ausstatten musste[514].

a.) Umsetzung

aa.) Europäischer Aktionsplan zu den Fähigkeiten (European Capabilities Action Plan – ECAP)

Deshalb haben die Mitgliedstaaten auf der Konferenz über die Verbesserung der militärischen Fähigkeiten am 19. und 20. November 2001 in Brüssel[515] Maßnahmen ergriffen, um die Mängel in Bezug auf das Helsinki Headline Goal zu beseitigen. Die Mitgliedstaaten bekräftigten ihre Zusage, das in Helsinki festgelegte Headline Goal planmäßig bis 2003 vollständig zu erfüllen und bereits ermittelte Lücken zu schließen[516]. Festgestellte Defizite wurden dadurch beseitigt, dass die Beiträge der Mitgliedstaaten, die sie auf ihrer Konferenz vom November 2000 (Helsinki Force Catalogue 2003) zugesagt hatten, bestätigt und sowohl in quantitativer als auch in qualitativer Hinsicht erheblich verbessert wurden. Weitere Lücken konnten dadurch geschlossen werden, dass bestimmte Fähigkeiten mehrere Funktionen übernehmen konnten sowie durch den Substitutionsprozess[517]. Konkret bedeutete dies, dass sowohl quantitative und qualitative Fortschritte hinsichtlich militärischer Kräfte als auch Fortschritte hinsichtlich strategischer Fähigkeiten erzielt wurden[518]. Dennoch wies die Konferenz auch

---

514 *J. Howorth*, CESDP after 11 September: From Shortterm Confusion to Longterm Cohesion, in: EUSA Review Essay, Winter 2002, S. 4; *H. Farnleitner/R. E. Bösch*, Ein neuer Impuls für die ESVP, in: CONV 437/02, S. 2.

515 Conference on EU Capability Improvement, Brüssel, 19.11.2001, abgedruckt in: *M. Rutten*, From Nice to Laeken: European defence, core documents, volume 2, in: Chaillot Papers 51, S. 95.

516 Erklärung über die Verbesserung der europäischen militärischen Fähigkeiten, Anlage I zum Entwurf eines Berichtes des Vorsitzes über die ESVP v. 11.12.2001, Ratsdok. 15193/01, Rn. 2.

517 Erklärung über die Verbesserung der europäischen militärischen Fähigkeiten, Anlage I zum Entwurf eines Berichtes des Vorsitzes über die ESVP v. 11.12.2001, Ratsdok. 15193/01, Rn. 3.

518 Anm.: Im Bereich der militärischen Kräfte gab es quantitative Verbesserungen beim Gesamtbestand an Mittel. So gab es mehr als 100.000 Personen (Landstreitkräfte), 100 Schiffe (Seestreitkräfte) und etwa 400 Kampfflugzeuge (Luftstreitkräfte für Luftverteidigung und Luftunterstützung der Bodentruppen). Bestehende Lücken, die behoben wurden, betrafen im Bereich der Landstreitkräfte die Mehrfachraketenwerfereinheiten, Fernmeldeeinheiten, Einheiten für die elektronische Kampfführung, Panzerinfanterieeinheiten und Pioniereinheiten zur Überwindung von Gewässern. Im Bereich der Seestreitkräfte waren die Marineflieger und im Bereich der Luftstreitkräfte waren die Suche und Rettung sowie

darauf hin, dass weiterhin noch Bemühungen erforderlich seien, um komplexe Operationen erfolgreich durchführen zu können[519]. Es waren sowohl Verbesserungen bei den militärischen Kräften als auch bei den strategischen Fähigkeiten notwendig[520].

Dazu beschloss die Konferenz den Europäischen Aktionsplan zu den Fähigkeiten (European Capabilities Action Plan - ECAP)[521]. Er zielte darauf ab, die bestehenden Mängel zu beheben, um das Headline Goal von Helsinki tatsächlich zu erreichen[522]. Er stützt sich auf das so genannte „Bottom-up"-Konzept. Dieses beinhaltet, dass der Aktionsplan auf nationalen Beschlüssen basiert. Mittels einer Rationalisierung der jeweiligen Verteidigungsanstrengungen der Mitgliedstaaten und einer Verstärkung der Synergie ihrer nationalen und multinationalen Projekte soll er die Verbesserung der europäischen militärischen Fähigkeiten ermöglichen. Konkret wird in dem Aktionsplan ein Verfahren festgelegt, nach dem auf freiwilliger Basis alle nationalen und multinationalen Bemühungen,

---

Präzisionswaffen betroffen.

Im Bereich der strategischen Führung gab es Mittel für Streitkräfteführung, Fernmelde- und Nachrichtenwesen. Dafür bestehen ausreichend Hauptquartiere auf operativer sowie auf Streitkraft- und Teilstreitkraftebene und verlegefähige Fernmeldemodule.

Die qualitativen Verbesserungen konzentrierten sich auf Mittel für Strukturen der Streitkräfte, Haushalt, Personal, multinationale Zusammenarbeit, Logistik, Ausbildung und Training, Forschung und Technologie, industrielle Zusammenarbeit, öffentliche Auftragsvergabe und zivil-militärische Zusammenarbeit. Mit diesen Verbesserungen konnte die Verfügbarkeit, die Verlegefähigkeit, der Schutz der Kräfte, die Durchhaltefähigkeit und die Interoperabilität der Streitkräfte verbessert werden.

519 Erklärung über die Verbesserung der europäischen militärischen Fähigkeiten, Anlage I zum Entwurf eines Berichtes des Vorsitzes über die ESVP v. 11.12.2001, Ratsdok. 15193/01, Rn. 3.

520 Anm.: Bei den militärischen Kräften sind dies die Bereiche Schutz der dislozierten Kräfte, Fähigkeiten des Einsatzes und der Logistik. Dies gilt auch beim Bereitschaftsgrad der Elemente der Landstreitkräfte, der operativen Mobilität und der Flexibilität der dislozierten Kräfte. Ferner gilt dies für den Bereich Marineflieger und Verwundetentransport zur See, sowie bei den Luftstreitkräften für die Bereiche Suche und Rettung sowie Präzisionswaffen.

Bei den strategischen Fähigkeiten sind noch Prüfungen im Bereich des Fernmelde- und Nachrichtenwesen notwendig. Verbesserungen sind in den Bereichen der Unterstützung der Entschlussfassung auf strategischer Ebene erforderlich. Zudem gilt es die strategische Mobilität zu verbessern.

521 Erklärung über die Verbesserung der europäischen militärischen Fähigkeiten, Anlage I zum Entwurf eines Berichtes des Vorsitzes über die ESVP v. 11.12.2001, Ratsdok. 15193/01, Rn. 9 ff.

522 Erklärung über die Verbesserung der europäischen militärischen Fähigkeiten, Anlage I zum Entwurf eines Berichtes des Vorsitzes über die ESVP v. 11.12.2001, Ratsdok. 15193/01, Rn. 9.

Investitionen, Entwicklungen und Koordinationsmaßnahmen mobilisiert werden können, um die vorhandenen Mittel zu verbessern und die für die Krisenmanagementmaßnahmen der EU erforderlichen Fähigkeiten Schritt für Schritt weiter zu entwickeln. Fortsetzung findet die Analyse und Bewertung der Lücken unter Leitung des Militärausschusses.

bb.) Einsatzbereitschaft im Dezember 2001 erreicht?

Trotz bestehender Defizite bei den europäischen Fähigkeiten und der verbreiteten Skepsis unter den Mitgliedstaaten wurde früher als geplant auf dem Europäischen Rat in Laeken im Dezember 2001 auf Drängen der Präsidentschaft und mit Unterstützung der französischen Seite die ESVP für einsatzbereit erklärt[523]. Es wurde erklärt, dass *„durch die Weiterentwicklung der ESVP, die Stärkung ihrer - zivilen wie auch militärischen - Fähigkeiten und die Schaffung der entsprechenden EU-Strukturen (sowie nach den Konferenzen über die militärischen und polizeilichen Fähigkeiten) die Union nunmehr in der Lage (ist), Operationen zur Krisenbewältigung durchzuführen“*[524].

Dennoch ist zu bedenken, dass die erklärte Einsatzbereitschaft nur so zu verstehen war, dass die EU fähig war, „einige“ Krisenbewältigungsoperationen durchzuführen. Damit waren Operationen im unteren Spektrum der Petersberg-Aufgaben gemeint und solche mit nicht-militärischen Bezügen (z. B. Polizeioperationen)[525]. Dieser Mangel wird vor allem in der „Erklärung zur Einsatzbereitschaft auf dem Gebiet der Gemeinsamen Sicherheits- und Verteidigungspolitik“[526] deutlich, in der das Wort „einsatzbereit“ sorgfältig vermieden wurde. Dort heißt es nur, dass durch die Stärkung ihrer militärischen und zivilen Fähigkeiten zum internationalen Krisenmanagement und die Schaffung neuer Strukturen die EU *„nunmehr in der Lage sei, einige Operationen zur Krisenbewältigung durchzuführen“*. Mit einer Verbesserung der militärischen Fähigkeiten werde sie *„nach und nach immer anspruchsvollere Operationen“* überneh-

523 Erklärung zur Einsatzbereitschaft auf dem Gebiet der GSVP, Anlage II zu den Schlussfolgerungen des Vorsitzes des ER in Laeken v. 14./15.12.2001, SN 300/1/01 REV 1; vgl. *M. Clarke/P. Cornish*, International Affairs 78, 4 (2002), 777, 786.

524 Erklärung zur Einsatzbereitschaft auf dem Gebiet der GSVP, A), Anlage II zu den Schlussfolgerungen des Vorsitzes des ER in Laeken v. 14./15.12.2001, SN 300/1/01 REV 1; Schlussfolgerungen des Vorsitzes des ER in Laeken v. 14./15.12.2001, SN 300/1/01 REV 1, Rn. 6.

525 *M. Jopp*, ESVP, in: W. Weidenfeld/W. Wessels (Hrsg.), Jahrbuch der Europäischen Integration 2001/2002 (2002), 223, 225.

526 Erklärung zur Einsatzbereitschaft auf dem Gebiet der GSVP, Anlage II zu den Schlussfolgerungen des Vorsitzes des ER in Laeken v. 14./15.12.2001, SN 300/1/01 REV 1.

men können[527]. Durch die Wortwahl kommt klar zum Ausdruck, dass die Einsatzfähigkeit allenfalls beschränkt gegeben war[528]. Somit war die ESVP damals noch nicht in der Lage, gegen den Terrorismus effektiv vorzugehen.

In der Folgezeit wurde deshalb an der Umsetzung des Aktionsplans zur Verbesserung der militärischen Fähigkeiten (ECAP), die Mitte Februar 2002 begann, gearbeitet. Spanien und Griechenland vermeldeten erste Erfolge[529]. Weitere Beiträge wurden auf dem informellen Treffen der EU-Verteidigungsminister am 4. und 5. Oktober 2002 in Rethymnon/Griechenland[530] und auf dem offiziellen EU-Verteidigungsministertreffen im Rahmen des Rates für Allgemeine und Auswärtige Angelegenheiten am 19. November 2002 in Brüssel[531] erreicht[532]. Hier konzentrierten sich die Verteidigungsminister auf eine Verbesserung der Fähigkeiten im kritischen Bereich der strategischen EU-Autonomie und auf das „Pooling" von Ressourcen, Möglichkeiten des „Leasing" von Transportkapazitäten sowie Rollen und Aufgabenspezialisierungen[533].
Bewertet man allerdings diese Maßnahmen, so ist zu schlussfolgern, dass die Verteidigungsminister nur geringe Verbesserungen erreichen konnten[534]. Denn dass sich die Verteidigungsminister nur auf die besagten Bereiche konzentriert haben, lag daran, dass auf den Treffen deutlich geworden ist, dass keine vollständige Transparenz über die Umsetzung des Europäischen Aktionsplans zu

---

527 Entwurf eines Berichtes des Vorsitzes über die ESVP v. 11.12.2001, Ratsdok. 15193/01, Rn. 29.

528 *H. Bacia*, Widerspruch zwischen Wollen u. Können, in: FAZ, 17.12.2001, Nr. 293, S. 5.

529 Bericht des Vorsitzes über die ESVP v. 10.12.2002, Ratsdok. 15428/02, Rn. 7; vgl. auch *D. K. Xenakis/D. N. Chryssochoou*, The 2002 Hellenic Presidency of the European Union, Mediterranean Perspectives on the ESDP, in: ZEI Discussion Paper, C 128, 2003, S. 15.

530 Informal meeting of EU defence ministers, Rethymnon, 4.-5.10.2002, abgedruckt in: *J.-Y. Haine*, From Laeken to Copenhagen, European defence: core documents, volume III, in: Chaillot Papers 57, S. 132.

531 General Affairs and and External Relations Council, Brüssel, 19.11.2002, abgedruckt in: *J.-Y. Haine*, From Laeken to Copenhagen, European defence: core documents, volume III, in: Chaillot Papers 57, S. 142.

532 *M. Jopp/S. Sandawi*, ESVP, in: W. Weidenfeld/W. Wessels (Hrsg.), Jahrbuch der Europäischen Integration 2002/2003 (2003), 241, 242.

533 *M. Jopp/S. Sandawi*, ESVP, in: W. Weidenfeld/W. Wessels (Hrsg.), Jahrbuch der Europäischen Integration 2002/2003 (2003), 241, 242; Summary of the intervention of *Javier Solana*, Informal meeting of EU defence ministers, Rethymnon, 4.-5.10.2002, abgedruckt in: *J.-Y. Haine*, From Laeken to Copenhagen, European defence: core documents, volume III, in: Chaillot Papers 57, S. 132.

534 Hierzu vgl. auch Kritik von *Javier Solana* in: General Affairs Relations Council, Summary of the intervention of *Javier Solana*, abgedruckt in: *J.-Y. Haine*, From Laeken to Copenhagen, European defence: core documents, volume III, in: Chaillot Papers 57, S. 147.

den Fähigkeiten bestanden hatte und deshalb nur wenige Projekte generiert werden konnten[535].

cc.) Pralinengipfel vom 29. April 2003

Wichtige Aussagen in Bezug auf die militärischen Fähigkeiten wurden auf dem negativ als „Pralinengipfel" bezeichneten Treffen der vier Staats- und Regierungschefs Belgiens, Deutschlands, Frankreichs und Luxemburgs am 29. April 2003[536] getroffen. Die Vorschläge der vier Staats- und Regierungschefs betrafen mögliche Verbesserungen der Planungs- und Führungsfähigkeiten der EU. Die vier Länder einigten sich darauf, den Kern einer Europäischen Sicherheits- und Verteidigungsunion (ESVU) bilden zu wollen. Daraus sollte sich ein sicherheitspolitisches Kerneuropa mit militärischen Fähigkeiten zur Krisenreaktion und Friedenssicherung entwickeln[537]. Konkret gehörten hierzu die Umgestaltung der deutsch-französischen Brigade unter Heranziehung belgischer Kommandoteile und luxemburgischer Aufklärungselemente zu einer reaktionsschnellen europäischen Eingreifgruppe. Zudem wurde die Einrichtung eines strategischen Lufttransportkommandos bis spätestens Juni 2004, eines streitkräfteübergreifenden mobilen Hauptquartiers, eines Nukleus einer unabhängigen militärischen Planungskapazität für die EU in Tervuren sowie die Bündelung von Kapazitäten im Bereich der ABC-Abwehr vorgeschlagen[538]. Diese ESVU sollte als Entwicklungsperspektive in den Verfassungsvertrag übernommen werden und sollte ähnlich wie die Währungsunion für alle Mitgliedstaaten offen stehen, die bestimmte Kriterien und Verpflichtungen bereit waren einzugehen[539]. Diese Vorschläge entsprachen im Wesentlichen den Vorschlägen

---

535 *M. Jopp/S. Sandawi*, ESVP, in: W. Weidenfeld/W. Wessels (Hrsg.), Jahrbuch der Europäischen Integration 2002/2003 (2003), 241, 242; vgl. auch General Affairs Relations Council, Summary of the intervention of *Javier Solana*, abgedruckt in: *J.-Y. Haine*, From Laeken to Copenhagen, European defence: core documents, volume III, in: Chaillot Papers 57, S. 147-148.

536 European Defence Meeting – `Tervuren`-, 29.4.2003, abgedruckt in: *A. Missiroli*, From Copenhagen to Brussels, European defence: core documents, volume IV, in: Chaillot Papers 67, S. 76.

537 *T. Risse*, Auf dem Weg zu einer gemeinsamen Außenpolitik? Der Verfassungsentwurf u. die europäische Außen- u. Sicherheitspolitik, in: int 2003, 564, 572.

538 Gemeinsame Erklärung Deutschlands, Frankreichs, Luxemburgs u. Belgiens zur ESVP v. 29.4.2003 in Brüssel, abgedruckt in: Internationale Politik, 9/2003, S. 85-88; *M. Jopp/S. Sandawi*, ESVP, in: W. Weidenfeld/W. Wessels (Hrsg.), Jahrbuch der Europäischen Integration 2002/2003 (2003), 241, 245.

539 Gemeinsame Erklärung Deutschlands, Frankreichs, Luxemburgs u. Belgiens zur ESVP v. 29.4.2003 in Brüssel, abgedruckt in: Internationale Politik, 9/2003, S. 85-88; *M. Jopp/S.*

Deutschlands und Frankreichs vom deutsch-französischen Gipfel vom Januar 2003 in Paris[540].

Der Pralinengipfel wurde allerdings äußerst stark kritisiert, vornehmlich aus den Reihen der Irak-Kriegsbefürworter. Sie kritisierten die Initiative als Schwächung der NATO und bewerteten sie als Spaltung des EU-Kerns. Durch die unterschiedlichen Meinungen innerhalb der EU wurde abermals aufgezeigt, dass durch den Irak-Krieg nicht nur das transatlantische, sondern auch das innereuropäische Verhältnis stark beschädigt wurde. Solche Differenzen innerhalb der ESVP gab es bei der strategischen Konzeption, bei der Ausrüstung, bei der Wehrpflicht, beim Führungsstil sowie ebenfalls bei den Mitgliedstaaten im Rahmen der WEU und der NATO[541]. Wie sich jedoch später herausstellen sollte, wurden Ende des Jahres, auch im Bereich der Europäischen Verfassung, bedeutende Fortschritte erzielt, die auf diesen Pralinengipfel zurückzuführen waren[542].

dd.) Erklärung zu den militärischen Fähigkeiten der EU vom Mai 2003

Im Mai 2003 wurde durch den Rat der EU auf der Konferenz zu den Fähigkeiten die „Erklärung zu den militärischen Fähigkeiten der EU"[543] abgefasst. Hier wurden die Fortschritte begrüßt, die seit der letzten Konferenz über die Fähigkeiten im November 2001 erzielt wurden. Es wurde die Aussage getroffen, „*dass die EU nunmehr im gesamten Spektrum der Petersberg-Aufgaben einsatzfähig ist*". Allerdings wies der Rat gleichzeitig auf „*Einschränkungen und Zwänge durch anerkannte Lücken*" hin, die jedoch in der Vergangenheit verringert werden konnten[544]. Darum wollte die EU in der Folgezeit darauf hinarbei-

---

Sandawi, ESVP, in: W. Weidenfeld/W. Wessels (Hrsg.), Jahrbuch der Europäischen Integration 2002/2003 (2003), 241, 247.

540 Deutsch-Französischer Verteidigungs- u. Sicherheitsrat-Erklärung v. Paris, 22.1.2003, III., abgedruckt in: *A. Missiroli*, From Copenhagen to Brussels, European defence: core documents, volume IV, in: Chaillot Papers 67, S. 22.

541 *P. Fitschen/M. Stehr*, Eine gemeinsame Armee für Europa, Stand u. Zukunft der ESVP, in: Kieler Analysen zur Sicherheitspolitik, Nr. 11, Juni 2003, S. 1.

542 Dazu siehe das Dokument „Europäische Verteidigung: Konsultationen, Planung und Operationen NATO/EU (European Defence: NATO/EU Consultation, Planning and Operations)", 3. Kap. C. II. 2. c.)

543 Entwurf einer Erklärung zu den militärischen Fähigkeiten v. 19.5.2003, Ratsdok. 9132/2/03 REV 2.

544 Anm.: Diese Einschränkungen und Zwänge bestanden bei der Verlegungszeit sowie am oberen Ende des Spektrums von Größenordnung und Intensität des Einsatzes, insbesondere wenn Operationen gleichzeitig durchgeführt werden sollen. Dabei können sich diese

ten, dass diese Einschränkungen beseitigt werden. Minderung sollte zum einen durch die Befolgung der abgegebenen Empfehlungen zur Behebung der Defizite erreicht werden. Zum anderen sollten sich die Mitgliedstaaten beispielsweise um die Bereitstellung von mehr Beiträgen aus derzeitigen Beständen, die Verpflichtung zur Einleitung von Projekten und Initiativen im Rahmen der bestehenden Programme der Mitgliedstaaten, sowie die Verpflichtung zur Bereitstellung verstärkter, neuer und zusätzlicher Fähigkeiten im Rahmen des ECAP-Prozesses durch die Aktivierung von Projektgruppen, die sich mit dem gesamten Spektrum der Fähigkeitslücken befassen, bemühen[545]. Mit Hilfe dieser Anstrengungen sollte bewirkt werden, dass die volle militärische Handlungsfähigkeit erreicht werden könnte. Bei diesen Anstrengungen bleibt jedoch zu berücksichtigen, dass die militärischen Kapazitäten aufgrund der begrenzten budgetären Spielräume möglichst sinnvoll und synergetisch eingesetzt werden müssen und zugleich systematisch auf die Vorgaben der ESVP wie auch der NATO auszurichten sind. Vor allem, angesichts der neuartigen Bedrohungen, zu denen der Terrorismus gehört, denen Europa und die Welt ausgesetzt ist und denen aus nationaler Kraft heraus kaum zu begegnen ist, bietet sich eine verstärkte Bündelung von Ressourcen der EU-Staaten an[546]. Als Form der Bündelung beziehungsweise der Kooperation ist in diesem Zusammenhang an die Zusammenarbeit mit der NATO zu denken. Ein Erfolg bei dieser Zusammenarbeit stellte die Rahmenvereinbarung (Berlin plus-Vereinbarungen) zwischen der EU und der NATO dar, die am 14. März 2003 unter griechischer Ratspräsidentschaft zum Abschluss kam[547].

Zudem wurde in der Erklärung vom Mai 2003 zum weiteren Vorgehen beim Europäischen Aktionsplan zu den Fähigkeiten Stellung bezogen. Nachdem zunächst die Ergebnisse der ersten Phase des ECAP-Prozesses, in der Optionen für den Erwerb von zusätzlichen Fähigkeiten ermittelt wurden, hervorgehoben wurden, sollte zu der nächsten Phase des ECAP-Programms, die eingeläutet werden sollte, insbesondere die Einsetzung von Projektgruppen gehören. Diese

---

Einschränkungen von Fall zu Fall je nach Art der jeweiligen Operation und ihrer spezifischen Anforderung sowie anhand des voraussichtlichen Beitrags der benötigten Fähigkeiten unterschiedlich auswirken. Dazu siehe Entwurf einer Erklärung zu den militärischen Fähigkeiten v. 19.5.2003, Ratsdok. 9132/2/03 REV 2, Rn. 1 u. 2.

545 Entwurf einer Erklärung zu den militärischen Fähigkeiten v. 19.5.2003, Ratsdok. 9132/2/03 REV 2, Rn. 2.

546 *U. Diedrichs/M. Jopp/S. Sandawi*, Möglichkeiten u. Grenzen militärischer Integration im Rahmen der ESVP, in: int 2004, 223, 223.

547 Zu den Berlin plus-Vereinbarungen siehe 3. Kap. C. II. 2. b.). Vgl. auch *G. Hauser*, Das europäische Sicherheits- u. Verteidigungssystem u. seine Akteure (2004), S. 20; *M. Jopp/S. Sandawi*, ESVP, in: W. Weidenfeld/W. Wessels (Hrsg.), Jahrbuch der Europäischen Integration 2002/2003 (2003), 241, 241; Schlussfolgerungen des Vorsitzes des ER in Thessaloniki v. 19./20.6.2003, Ratsdok. 11638/03, Rn. 60.

Projektgruppen sollten sich vornehmlich mit der Durchführung konkreter Projekte befassen, wobei sie ebenfalls nach Lösungen im Bereich Beschaffung oder anderen Lösungen, wie Leasing und Multinationalisierung, suchen und die Möglichkeiten einer Rollenspezialisierung prüfen sollten[548].
Grundlage für die Feststellung der Einsatzfähigkeit waren der Europäische Aktionsplan zu den Fähigkeiten, der Helsinki-Streitkräfte-Katalog 2003 (Helsinki Force Catalogue 2003)[549], welcher die militärischen Beiträge der Mitgliedstaaten zur ESVP aufgelistet hatte und der Helsinki Progress Catalogue 2003[550], welcher die militärischen Versäumnisse aufgezeigt hatte. Der Helsinki Progress Catalogue 2003 kam dabei zu dem Ergebnis, dass die volle Einsatzbereitschaft der europäischen Rapid Reaction Force von 60.000 Personen frühestens Ende 2003 erreicht werden könne. Bis dahin sollten zumindest die größten der von 19 Projektgruppen im Rahmen des Europäischen Aktionsplans zu den Fähigkeiten ausgearbeiteten Rapid Reaction Force-Rückstande verringert werden[551].
Der zukünftigen militärischen Kapazitätssteigerung sollte außerdem die im Anschluss an die Frühjahrstagung 2003 in Auftrag gegebene zwischenstaatliche Rüstungsagentur[552] dienen, die für die Entwicklung der Verteidigungsfähigkeit, Forschung, Beschaffung von Verteidigungsgütern und Rüstung zuständig sein sollte[553].

---

548 Entwurf einer Erklärung zu den militärischen Fähigkeiten v. 19.5.2003, Ratsdok. 9132/2/03 REV 2, Rn. 9.

549 Anm.: Dieser Streitkräftekatalog geht auf die Beitragskonferenz v. 20.11.2000 in Brüssel zurück. Er basierte auf den Beschlüssen des Europäischen Rates von Helsinki und Santa Maria da Feira, wo sich die Mitgliedstaaten freiwillig zu nationalen Beiträgen verpflichtet haben, die den zur Erreichung des Planziels ermittelten Krisenreaktionsfähigkeiten entsprachen. Dazu siehe Erklärung über die Bereitstellung militärischer Fähigkeiten, Anlage I zur Anlage VI der Schlussfolgerungen des Vorsitzes des ER in Nizza v. 7./8./9.12.2000, SN 400/00 ADD 1 REV 1, Rn. 4.

550 Anm.: Der Helsinki Progress Catalogue geht ebenfalls auf die Beitragskonferenz v. 20.11.2000 in Brüssel zurück. Dazu siehe Erklärung über die Bereitstellung militärischer Fähigkeiten, Anlage I zur Anlage VI der Schlussfolgerungen des Vorsitzes des ER in Nizza v. 7./8./9.12.2000, SN 400/00 ADD 1 REV 1.

551 *M. Jopp/S. Sandawi*, ESVP, in: W. Weidenfeld/W. Wessels (Hrsg.), Jahrbuch der Europäischen Integration 2002/2003 (2003), 241, 243.

552 Anm.: Seit dem Europäischen Rat von Thessaloniki wurde die zuvor im EU-Verfassungsentwurf (Art. I-40) als Europäisches Amt für Rüstung, Forschung und militärische Fähigkeiten verwendete Bezeichnung nicht mehr verwendet, sondern die Bezeichnung Rüstungsagentur bzw. Verteidigungsagentur. Zu ihr siehe 3. Kap. A. I. 3. u. 4. Kap. B. IV. 3. b.).

553 Schlussfolgerungen des Vorsitzes des ER in Thessaloniki v. 19./20.6.2003, Ratsdok. 11638/03, Rn. 65; *M. Jopp/S. Sandawi*, ESVP, in: W. Weidenfeld/W. Wessels (Hrsg.), Jahrbuch der Europäischen Integration 2002/2003 (2003), 241, 243; Entwurf einer Erklärung zu den militärischen Fähigkeiten v. 19.5.2003, Ratsdok. 9132/2/03 REV 2, Rn. 12.

In der Folgezeit wurde dementsprechend an der Verbesserung der militärischen Fähigkeiten der ESVP gearbeitet.
Dazu wurde der Mechanismus zur Entwicklung der Fähigkeiten (CDM) weiter umgesetzt. Es wurde ein einheitlicher Sachstandsbericht zu den militärischen Fähigkeiten vom 17. November 2003 zur Kenntnis genommen mit der Feststellung, dass Fortschritte bei der Behebung bestimmter Defizite erreicht worden seien.
Ebenfalls waren Fortschritte beim Europäischen Aktionsplan zu den Fähigkeiten (ECAP) zu verzeichnen, die aufzeigten, dass die Mitgliedstaaten gewillt waren, die bestehenden Defizite zu beheben. Dazu gehörte, dass der Europäische Aktionsplan zu den Fähigkeiten (ECAP) durch ein Vorgehen, bei dem in enger Abstimmung mit jeder Projektgruppe Ziele, Zeitvorgaben und Verfahren für die Berichterstattung im Rat festgelegt werden, ergänzt wurde[554].
Dennoch wurde dann im einheitlichen Sachstandsbericht zu den militärischen Fähigkeiten der irischen Ratspräsidentschaft vom Mai 2004[555] festgestellt, dass innerhalb der vergangenen zwei Jahre nur viermal Fortschritte unter 64 aufgelisteten Defizitbereichen und siebenmal ein Schließen der Fähigkeitslücken erreicht wurden[556]. Daher bleibt festzuhalten, dass der ECAP-Prozess aufgrund mangelnder Verbindlichkeit die Erwartungen nicht erfüllen konnte[557].
Dennoch wurden wichtige Fortschritte im Hinblick auf die militärischen Fähigkeiten durch die Erklärung zum Kampf gegen den Terrorismus als Reaktion auf die Terroranschläge von Madrid erzielt. Gerade bei der Umsetzung der Sicherheitsstrategie hinsichtlich des Beitrags der ESVP zur Terrorismusbekämpfung wurde auf das Planziel 2010 und auf die Erarbeitung eines konzeptuellen Rahmens eingegangen[558].

ee.) Der Helsinki-Planzielkatalog und die Terrorismusbekämpfung

Wie zuvor bereits erläutert kann die Terrorismusbekämpfung im Rahmen der ESVP nur dann effektiv sein, wenn entsprechende Fähigkeiten zur Verfügung

---

554 Bericht des Vorsitzes über die ESVP v. 9.12.2003, Ratsdok. 15814/03, Rn. 5.

555 Dazu siehe Capability Improvement Chart 2004, Annex zum EU Meeting of defence ministers, Brüssel, 17.5.2004, abgedruckt in: EU security and defence, core documents 2004, volume V, in: Chaillot Papers 75, S. 74.

556 *M. Jopp/S. Sandawi*, ESVP, in: W. Weidenfeld/W. Wessels (Hrsg.), Jahrbuch der Europäischen Integration 2003/2004 (2004), 229, 231.

557 *U. Diedrichs/M. Jopp/S. Sandawi*, Möglichkeiten u. Grenzen militärischer Integration im Rahmen der ESVP, in: int 2004, 223, 225.

558 Zum Planziel 2010 siehe 2. Kap. F. II. 2. a.) aa.) u. zur Erarbeitung eines konzeptuellen Rahmens siehe 2. Kap. F. II. 2. b.) bb.).

stehen. So wurde in der Zeit nach dem 11. September 2001 erklärt, dass die Einsatzbereitschaft der ESVP dazu beitragen werde, dass die EU eine effektive Rolle bei der Terrorismusbekämpfung übernehmen könne. Insbesondere wurde unterstrichen, dass die schon beschleunigte Entwicklung der zivilen und militärischen Krisenmanagementfähigkeiten der ESVP einen wirksamen Beitrag zur Prävention und zur Bewältigung der terroristischen Bedrohung leisten könne[559]. Ebenso wurde in der Erklärung von Sevilla[560] explizit erklärt, dass die militärischen Fähigkeiten von großer Bedeutung für die Terrorismusbekämpfung seien und diese deswegen weiter gestärkt werden müssten[561]. Auch die Europäische Sicherheitsstrategie brachte zum Ausdruck, dass die Bedrohungen der heutigen Zeit ebenfalls mit militärischen Mitteln bekämpft werden müssten, weshalb die militärischen Fähigkeiten weiter verstärkt werden sollten[562]. Da der Helsinki-Planzielkatalog der Fortentwicklung der militärischen Fähigkeiten diente, hat er folglich Bedeutung für die Terrorismusbekämpfung im Rahmen der ESVP.

b.) Fazit

Es wurden einige Anstrengungen unternommen, das Helsinki Headline Goal zu erreichen. Die aufgezeigten Defizite bei der Entwicklung der militärischen Fähigkeiten zeigen aber, dass das Helsinki European Headline Goal nicht vollständig erreicht werden konnte.

2. EU Planziel 2010 – das neue Headline Goal

Aufgrund der Defizite wurde in der zweiten Jahreshälfte 2003 unter italienischer Ratspräsidentschaft beschlossen, dass die EU über das Jahr 2003 hinweg blicken und für den Zeitraum bis 2010 neue Ziele für die Weiterentwicklung der europäischen Krisenbewältigungsfähigkeiten festlegen müsse. Denn mit der Europäischen Sicherheitsstrategie, dem Verfassungsentwurf und den Erfahrungen aus den EU-Operationen habe sich die Notwendigkeit ergeben, das European

---

[559] Entwurf eines Berichtes des Vorsitzes über die ESVP v. 11.12.2001, Ratsdok. 15193/01, Rn. 4; vgl. auch *G. Weiler*, Streitkräfte zur Terrorismusbekämpfung: Eine taugliche Option?, in: H. Frank/K. Hirschmann (Hrsg.), Terrorismus als internationale Herausforderung (2002), 381, 386.

[560] Zur Erklärung von Sevilla siehe 2. Kap. C.

[561] Erklärung des ER über den Beitrag der GASP, einschließlich der ESVP, zur Bekämpfung des Terrorismus, Anlage V zu den Schlussfolgerungen des Vorsitzes des ER in Sevilla v. 21./22.6.2002, Ratsdok. 13463/02, Rn. 5 u. 6.

[562] Dazu siehe 2. Kap. E. I. 3.

Headline Goal zu überarbeiten und anzupassen. Daher müsse bestimmt werden, wie hoch sie ihre qualitativen und quantitativen Fähigkeitsziele stecken wolle.

Dementsprechend wurde das Dokument „Planziel 2010“[563] am 17. Mai 2004 angenommen. Es baut auf dem Planziel und den Fähigkeitszielen auf, die der Europäische Rat in Helsinki festgelegt hatte. Unabhängig vom Planziel 2010 sollten weiterhin die noch bestehenden Fähigkeitslücken im Helsinki-Planziel behoben werden[564]. Ferner wurden die Entwicklungen in strategischer und technischer Hinsicht sowie die Erkenntnisse und Erfahrungen aus den EU-geführten Operationen berücksichtigt[565].
Das neue Headline Goal sollte die Hauptparameter für die Entwicklung der militärischen Fähigkeiten der EU mit Blick auf das Jahr 2010 bestimmen. Damit wollte die EU der Europäischen Sicherheitsstrategie Rechnung tragen und im Speziellen dem Beitrag der ESVP zur Terrorismusbekämpfung im Rahmen der Sicherheitsstrategie[566]. Bei der Terrorismusbekämpfung im Rahmen der ESVP war zu beachten, dass ohne zivile und militärische Fähigkeiten die ESVP keinen Beitrag zur Terrorismusbekämpfung leisten kann. In dem neuen Planziel verpflichteten sich daher die Mitgliedstaaten bis zum Jahr 2010 zu einer schnellen und entschiedenen Krisenreaktion in der Lage zu sein. Sie wollten ein vollkommen kohärentes Konzept auf das gesamte Spektrum der durch den Vertrag über die EU abgedeckten Krisenbewältigungsoperationen anwenden. Dieses Spektrum des EU-Vertrags bezieht sich dabei auf die so genannten Petersberg-Aufgaben (Art. 17 Abs. 2 EUV). Die EU will also mit dem neuen Planziel bis zum Jahr 2010 erreichen, sich die nötigen zivilen und militärischen Instrumente in die Hand zu geben, um Krisenbewältigungen, vom gesamten Spektrum von humanitären Aufgaben über Polizeimissionen bis hin zu Kampfeinsätzen, leisten zu können. Dies bedeutet folglich, dass die EU durch das Planziel 2010 handlungsfähig werden wollte. Zusätzlich zu den Krisenbewältigungsoperationen des Art. 17 Abs. 2 EUV sollen hierunter gemeinsame Entwaffnungsaktionen, die Unterstützung von Drittländern bei der Terrorismusbekämpfung sowie die Reform des Sicherheitssektors gehören. Dass hierzu ebenfalls Krisenbewältigungsoperationen durchgeführt werden können, hatte bereits die Europäische Sicherheitsstrategie ausdrücklich betont[567].

---

563 Planziel 2010, Ratsdok. 6309/6/04.
564 Dazu siehe Ausführungen zum ECAP, 3. Kap. A. I. 2. a.) ff.).
565 Planziel 2010, Ratsdok. 6309/6/04, Rn. 2.
566 Planziel 2010, Ratsdok. 6309/6/04, Rn. 2.
567 Bericht des Vorsitzes über die ESVP v. 14.6.2004, Ratsdok. 10547/04, Rn. 10.

Interoperabilität, wie auch die Verlegefähigkeit und Durchhaltefähigkeit[568] stehen dabei im Zentrum des Planziels 2010. Die EU wird danach Streitkräfte benötigen, die durch eine größere Flexibilität, Mobilität und Interoperabilität gekennzeichnet sind. Die dazu verfügbaren Ressourcen müssen daher besser genutzt werden und auch die Reaktionsschnelligkeit der multinationalen Einsatzkräfte muss erhöht werden[569]. Daraus folgernd stellt die Fähigkeit der EU, in Reaktion auf eine Krise Streitkräftepakete, die einen hohen Beschäftigungsgrad aufweisen, entweder als eigenständig operierende Kräfte oder im Rahmen einer umfassenden Operation als Befähigungskräfte für die nachfolgenden Phasen zu verlegen, ein Schlüsselelement des neuen Headline Goals dar (Konzept der schnell verlegefähigen Gefechtsverbände - Battle Groups)[570].

Des Weiteren sieht das neue Headline Goal vor, im Hinblick auf die Zielsetzungen für 2010, spezifische Etappenziele zu erreichen, die in einer unverbindlichen Liste aufgezählt werden[571]. Diese enthält den Aufbau der Europäischen Rüstungsagentur noch im Jahr 2004 und die Einrichtung der zivil-militärischen Zelle im EU-Militärstab, die Koordinierung des strategischen Transports bis zum Jahr 2005 und die Einrichtung eines EU-Lufttransportkommandos bis zum Jahr 2010, die Verfügung über einen (britisch-französischen) Flugzeugträger bis zum Jahr 2008 und die Vornahme der Computervernetzung aller für die Durchführung von EU-Operationen relevanten militärischen Leistungsebenen bis zum Jahr 2010. Zusätzlich sollten ab dem Jahr 2005 ein Bewertungsverfahren für die Beitragszusagen der Mitgliedstaaten eingeführt, regelmäßige militärische Übungen abgehalten und die nationalen Einsatzdoktrinen harmonisiert werden[572]. Mit der Zeit sollten die EU-Krisenreaktionskräfte dann schließlich auch aufgrund der Entwicklung und der Stärkung ihrer Fähigkeiten in der Lage sein, Maßnahmen auf Ersuchen der Vereinten Nationen zu ergreifen[573].

---

568 Anm.: Laut dem Planziel 2010 wird die Interoperabilität allgemein als die Befähigung der Streitkräfte zur Zusammenarbeit und zum Zusammenwirken mit anderen zivilen Instrumenten definiert. Interoperabilität ist ein Mittel zur wirksamen Nutzung militärischer Fähigkeiten und spielt eine Schlüsselrolle bei der Erreichung der Ziele der EU im Bereich der Krisenbewältigungsoperationen. Die Verlegefähigkeit bezieht sich auf die Fähigkeit, Truppen und Ausrüstung in das Einsatzgebiet zu bringen. Durchhaltefähigkeit impliziert die gegenseitige logistische Unterstützung der verlegten Streitkräfte.

569 Planziel 2010, Ratsdok. 6309/6/04, Rn. 3.

570 Planziel 2010, Ratsdok. 6309/6/04, Rn. 4.

571 Planziel 2010, Ratsdok. 6309/6/04, Rn. 5.

572 Planziel 2010, Ratsdok. 6309/6/04, Rn. 5 a)-h); *M. Jopp/S. Sandawi*, ESVP, in: W. Weidenfeld/W. Wessels (Hrsg.), Jahrbuch der Europäischen Integration 2003/2004 (2004), 229, 232.

573 Vgl. zu diesen Ausführungen, Planziel 2010, Ratsdok. 6309/6/04; Bericht des Vorsitzes über die ESVP v. 14.6.2004, Ratsdok. 10547/04, Rn. 10-12; Schlussfolgerungen des Ra-

a.) Umsetzung

aa.) Battle Groups

Entsprechend dem Planziel 2010 wurde der Aufbau der Battle Groups vorangetrieben[574]. Ziel war, dass diese Streitkräftepakete in Mindeststärke militärisch wirksam, glaubwürdig und kohärent sein sollten und weitgehend nach dem Gefechtsverbandkonzept zusammengestellt werden sollten. Dies stellt eine spezielle Form der Krisenreaktion dar und umfasst zum Kampf mit verbundenen Waffen befähigte Streitkräfte in Bataillonsstärke, einschließlich Kampfunterstützungstruppen und logistischer Unterstützungstruppen. Diese Battle Groups sollten in der Lage sein, dreißig Tage lang auf sich allein gestellt operieren zu können, bis sie verstärkt würden oder ihren Auftrag erfüllt hätten. Bei angemessener Versorgung sollte ein Einsatz bis zu vier Monate dauern können. Diese hochmobilen Kampfverbände bilden die „Speerspitze" der schnellen Eingreiftruppe der EU, die nach dem Beschluss des Europäischen Rates von Helsinki 60.000 Soldaten umfassen sollten und im Jahr 2003 für einsatzbereit erklärt wurde[575]. Die Battle Groups selbst sollten bis zum Jahr 2007 voll einsatzbereit sein. Mit den Battle Groups wird im Ergebnis eine Tendenz zur strukturierten Zusammenarbeit[576] sichtbar[577].

Neben der schnellen Verlegung der Einsatzkräfte, bei der sie innerhalb von zehn Tagen nach Annahme eines Operationskonzeptes im Krisengebiet einsatzbereit sein sollen[578], ist zuvor jedoch eine schnelle Beschlussfassung und Pla-

---

tes zur ESVP v. 11.5.2004, Ratsdok. 9485/04, Rn. 4-8; *M. Jopp/S. Sandawi*, ESVP, in: W. Weidenfeld/W. Wessels (Hrsg.), Jahrbuch der Europäischen Integration 2003/2004 (2004), 229, 232.

574 Anm.: Dieses Konzept der schnell verlegefähigen Gefechtsverbände geht auf eine britisch-französische Initiative mit deutscher Beteiligung zurück sowie auf Erfahrungen aus der Operation Artemis, der zweiten militärischen Operation der EU.

575 FAZ, 23.11.2004, Nr. 274, S. 6; Erste Schritte der EU-Verteidigungsagentur, in: NZZ Online v. 17.9.2004, abrufbar unter www.nzz.ch/2004/09/17/al/page-newzzDZ89L9H6-12.html, letzter Zugriff: 2.8.2009.

576 Dazu vgl. Ausführungen zur Ständigen Strukturierten Zusammenarbeit, 4. Kap. B. IV. 3. a.) bb.).

577 Vgl. *J. Solana*, Gemeinsame Außen- u. Sicherheits- u. Verteidigungspolitik der erweiterten EU, in: Europäische Sicherheit 6/2004, 8, 10; FAZ, 23.11.2004, Nr. 274, S. 6.

578 Anm.: Hierbei sind auch die relevanten Komponenten der See- oder Luftstreitkräfte zu berücksichtigen, ebenso wie der Bedarf an Reservetruppen. Des Weiteren müssen die Gefechtsverbände gegebenenfalls vom Operation Commander auf die spezifischen Bedürfnisse einer Operation zugeschnitten werden. Gestützt werden müssen sie durch entsprechende Verfahren zur Krisenbewältigung sowie durch angemessene Führungsstrukturen, die der EU zur Verfügung stehen. Dazu müssen Verfahren zur Beurteilung und Bewilli-

nung notwendig. Diesbezüglich will die EU binnen fünf Tagen nach Billigung des Krisenmanagementkonzepts durch den Rat in der Lage sein, den Beschluss über die Einleitung der Operation zu fassen.

Auf der Beitragskonferenz zu den militärischen Fähigkeiten der EU-Verteidigungsminister am 22. November 2004 in Brüssel[579], die eine wichtige Phase des Streitkräfteplanziels 2010 darstellte und ebenfalls der Umsetzung der Europäischen Sicherheitsstrategie diente, gaben die Mitgliedstaaten bekannt, welche Beiträge sie für die hochmobilen und schnell einsatzfähigen Kampftruppen (Battle Groups), leisten wollten. Danach sollten 13 rotierende Kampftruppen von jeweils 1.500 Mann gebildet werden[580]. Davon sollte mindestens eine bereits im Jahr 2005 einsatzbereit sein. Als EU-Gefechtsverbände kamen nur solche Streitkräftepakete in Betracht, die gemeinsam definierte und vereinbarte, detaillierte Normen für die militärischen Fähigkeiten erfüllten. Diese Normen beziehen sich auf die Verlegefähigkeit, Einsetzbarkeit und Verlegefähigkeit, die Bereitschaft, Flexibilität, Anbindbarkeit, Durchhaltefähigkeit und Überlebensfähigkeit sowie auf den sanitätsdienstlichen Schutz und die Interoperabilität[581]. Diese Ersteinsätze betreffende Truppe wird überschneidend mit der NATO-Eingreiftruppe „Response Force" arbeiten. Zu Ersteinsätzen könnten beispielsweise Evakuierungen von EU-Bürgern aus Krisengebieten zählen. Es wurde geplant, die vollständige Einsatzfähigkeit bis zum Jahr 2007 zu erreichen, wobei die EU dann in der Lage sein sollte, zwei Krisenreaktionsoperationen in Gefechtsverband-Stärke gleichzeitig durchzuführen. Diese Truppen sollten inner-

---

gung dieser teilstreitkraftübergreifenden Truppenpakete mit hohem Beschäftigungsgrad ausgearbeitet werden.

579 Beitragskonferenz zu den militärischen Fähigkeiten, Anlage II zum Entwurf v. Schlussfolgerungen des Rates zur ESVP, Ratsdok. 14887/2/04 REV 2.

580 Anm.: Frankreich, Italien, Spanien und Großbritannien stellen jeweils eine rein nationale Battle Group. Die weiteren neun Battle Groups stellen multinationale Gefechtsverbände da. Sie bestehen aus Frankreich, Deutschland, Belgien, Luxemburg und gegebenenfalls Spanien; aus Frankreich und Belgien; aus Deutschland, den Niederlanden und Finnland; aus Deutschland, Österreich und Tschechien; aus Italien, Ungarn und Slowenien; aus Italien, Spanien, Griechenland und Portugal; aus Deutschland, Polen, der Slowakei, Lettland und Litauen; aus Schweden, Finnland und einschließlich Norwegen als Drittstaat sowie aus Großbritannien und den Niederlanden.
An der Bildung der Battle Groups sind demgemäß nicht alle Mitgliedstaaten beteiligt. Nichtbeteiligte Staaten sind Dänemark, Estland, Zypern, Malta und Irland. Dagegen ist Norwegen, obwohl kein EU-, allerdings NATO-Mitglied, beteiligt.

581 Beitragskonferenz zu den militärischen Fähigkeiten, Anlage II zum Entwurf v. Schlussfolgerungen des Rates zur ESVP, Ratsdok. 14887/2/04 REV 2, Rn. 12.

halb von fünf bis zehn Tagen für das gesamte Spektrum möglicher EU-Operationen einsatzfähig sein[582].
Jeder Einsatz muss dabei einstimmig von allen Mitgliedstaaten genehmigt werden.

Zur Erreichung dieses Zieles wurden in der Folgezeit einige Anstrengungen unternommen. Dazu gehörte die Einberufung einer Konferenz zur Koordinierung der EU-Gefechtsverbände am 11. Mai 2005. Dort wurde ermittelt, dass das für die Phase der ersten Einsatzfähigkeit (2005 und 2006) gesetzte Ziel, einen ständig verfügbaren Gefechtsverband aufzubauen, aufgrund der Zusagen der Mitgliedstaaten erreicht werden konnte. Überdies wurde ermittelt, dass in den ersten beiden Jahren der vollen Einsatzfähigkeit (2007 und 2008), im Einklang mit den Schlussfolgerungen des Rates vom 22. November 2004[583], zwei Gefechtsverbände ständig zur Verfügung standen, mit Ausnahme des zweiten Halbjahres 2007, für das der erforderliche zweite Beitrag noch ausstand[584].
Zudem wurden damals die konzeptuellen Arbeiten zu den Gefechtsverbänden fortgesetzt. Es wurden Normen und Kriterien für die Gefechtsverbände vereinbart. Darüber hinaus wurden Anstrengungen durch den Generalsekretär/Hohen Vertreter unternommen, den Beschlussfassungs- und Planungsprozess für Krisenreaktionsoperationen zu beschleunigen. Dazu schlug er in seinem Bericht Maßnahmen zur Erfüllung der vom Rat festgelegten Zielvorgaben vor, was konkret bedeutete, dass die Durchführung dieses Prozesses innerhalb von fünf Tagen zwischen der Billigung des Krisenbewältigungskonzepts durch den Rat und der Entscheidung über die Einleitung einer Operation, insbesondere bei Operationen mit Gefechtsverbänden vollzogen werden sollte. Die vom Politischen und Sicherheitspolitischen Komitee auf Grundlage dieses Berichts ausgearbeiteten Empfehlungen wurde vom Rat gebilligt[585].
Des Weiteren hat die Änderung des Mechanismus ATHENA durch Beschluss des Rates vom 24. Januar 2005 die Anpassung des Instrumentariums der EU an die Anforderungen einer schnellen Krisenreaktion ermöglicht[586].

---

582 FAZ, 23.11.2004, Nr. 274, S. 6; Beitragskonferenz zu den militärischen Fähigkeiten, Anlage II zum Entwurf v. Schlussfolgerungen des Rates zur ESVP, Ratsdok. 14887/2/04 REV 2, Rn. 13 u. Anlage A zur Anlage II.

583 Dazu siehe Beitragskonferenz zu den militärischen Fähigkeiten, Anlage II zum Entwurf v. Schlussfolgerungen des Rates zur ESVP, Ratsdok. 14887/2/04 REV 2.

584 Bericht des Vorsitzes zur ESVP v. 13.6.2005, Ratsdok. 10032/05, Rn. 17; Schlussfolgerungen des Vorsitzes des ER v. Brüssel v. 16./17.6.2005, Ratsdok. 10255/05, Rn. 79; ESVP-Schlussfolgerungen des Rates Allg. Angelegenheiten u. Außenbeziehungen (mit Beteiligung der Verteidigungsminister) v. 23.5.2005, Ratsdok. 9004/05, Rn. 4.

585 ESVP-Schlussfolgerungen des Rates Allg. Angelegenheiten und Außenbeziehungen (mit Beteiligung der Verteidigungsminister) v. 23.5.2005, Ratsdok. 9004/05, Rn. 5 u. 6.

586 Bericht des Vorsitzes zur ESVP v. 13.6.2005, Ratsdok. 10032/05, Rn. 17.

Auf der zweiten Konferenz zur Koordinierung der Gefechtsverbände am 8. November 2005 machten Griechenland, Bulgarien, Rumänien und Zypern Beitragszusagen für einen Gefechtsverband. Dadurch konnte die Lücke im zweiten Halbjahr 2007 geschlossen werden. Damit wurde bereits damals sichergestellt, dass die EU ab 2007 zwei Krisenreaktionsoperationen in Gefechtsverbandstärke durchführen konnte[587].
Zusätzlich wurde eine Ausarbeitung über Erfahrungen in Verbindung mit der ersten Einsatzfähigkeit von Gefechtsverbänden vorgelegt. Für zukünftige Auswertungen von Erfahrungen sollte ein Verfahren festgelegt werden[588].

Auf der Konferenz zur Koordinierung der Gefechtsverbände unter der österreichischen Ratspräsidentschaft im ersten Halbjahr 2006 sagten die Mitgliedstaaten die erforderlichen Zahlen an Gefechtsverbandpaketen für die Jahre 2007, 2008 und 2009 zu. Lediglich im Jahr 2009 bestand damals noch eine Lücke. Die erste Jahreshälfte 2010 würde dagegen bereits voll abgedeckt sein. Zudem wurden die Arbeiten am Gefechtsverbandkonzept fortgeführt[589].

Das Ziel der EU, bis zum Jahr 2007 die volle Einsatzfähigkeit zu erreichen, um zwei Krisenreaktionseinsätze zeitgleich in Gefechtsverbandsstärke durchführen zu können, wurde von der EU am 1. Januar 2007 erreicht[590]. Die ersten zwei abrufbereiten Battle Groups bestanden aus einer französisch-belgischen und einer deutsch-dänisch-finnischen Battle Group[591]. Zusätzlich stellten die Mitgliedstaaten einen multinationalen Marineverband (Maritime Task Group) zur Verfügung, der die im ersten Halbjahr 2007 einsetzbaren EU-Gefechtsverbände bei Bedarf unterstützen könnte. Zudem konnte durch die Beitragszusagen der Mitgliedstaaten ein lückenloser Zeitplan für die Aufstellung der Battle Groups bis zum ersten Halbjahr 2010 garantiert werden[592].

Auf der Konferenz zur Koordinierung der Gefechtsverbände unter der französischen Ratspräsidentschaft im Oktober 2008 sagten die Mitgliedstaaten die er-

---

587 ESVP-Bericht des Vorsitzes v. 15./16.12.2005, Ratsdok. 15891/05, Rn. 30; *M. Jopp/S. Sandawi*, ESVP, in: W. Weidenfeld/W. Wessels (Hrsg.), Jahrbuch der Europäischen Integration 2006 (2007), 241, 242.

588 ESVP-Bericht des Vorsitzes v. 15./16.12.2005, Ratsdok. 15891/05, Rn. 31.

589 ESVP-Bericht des Vorsitzes v. 12.6.2006, Ratsdok. 10418/06, Rn. 41.

590 ESVP-Bericht des Vorsitzes v. 18.6.2007, Ratsdok. 10910/07, Rn. 52; Schlussfolgerungen des Rates zur ESVP v. 14.5.2007, Ratsdok. 9491/07, Rn. 10.

591 EU Battlegroups, Factsheets, abgedruckt in: *C. Glière*, EU security and defence, core documents 2007, volume VIII, in: Chaillot Papers 112, S. 40.

592 ESVP-Bericht des Vorsitzes v. 18.6.2007, Ratsdok. 10910/07, Rn. 52; Schlussfolgerungen des Rates zur ESVP v. 14.5.2007, Ratsdok. 9491/07, Rn. 10.

forderlichen Gefechtsverbände bis einschließlich zum ersten Halbjahr 2011 zu[593].

bb.) Bedarfskatalog 2005

Hinsichtlich des Planziels 2010 billigte der Rat unter britischer Ratspräsidentschaft (2. Hj. 2005) den Bedarfskatalog 2005 (RC 05)[594]. Dieser nennt die militärischen Fähigkeiten und die Kräfteanforderungen, die die EU zur Erfüllung der ihr aus dem Vertrag über die EU (Art. 17 Abs. 2 EUV) und aus der Europäischen Sicherheitsstrategie erwachsenen Aufgaben sowie zur Erreichung der im Planziel 2010 gemachten Vorgaben benötigt. Die strategischen Planungsdaten und fünf illustrative Szenarien bildeten die Grundlage für die weitere Entwicklung der militärischen Anforderungen sowie den weiteren Ausbau der militärischen Fähigkeiten[595]. Sein Schwerpunkt liegt in der Weiterentwicklung des im Planziel 2010 geforderten qualitativen Ansatzes für die Fähigkeitsplanung. Dazu zählen insbesondere die schnell verlegbaren Streitkräfte mit hohem Grad an Interoperabilität, die gegebenenfalls durch Kräfterotation und Bereitstellung der nötigen Befähiger-, Unterstützungs- und Logistikelemente über längere Zeit im Einsatz gehalten werden können[596]. Mit Hilfe des Bedarfskatalogs sollten die Mitgliedstaaten unter Verwendung eines erarbeiteten Planziel-Fragenkatalogs Beitragszusagen abgeben. Aus diesen Zusagen wären dann bestehende Fähigkeitslücken feststellbar und behebbar. Im Rahmen des Bedarfskatalogs wurde eine Liste von Referenzeinheiten ausgearbeitet, aus der hervorging, welche Truppenteile oder militärischen Mittel zur Erreichung der Fähigkeiten notwendig wären[597].

---

593 ESVP-Bericht des Vorsitzes v. 9.12.2008, Ratsdok. 16686/08, III. b).

594 Requirement Catalogue 05, Ratsdok. 13732/05 EXT 1.

595 Schlussfolgerungen des Rates Allg. Angelegenheiten u. Außenbeziehungen, Ratsdok. 14758/05, A., Planziel 2010; ESVP-Bericht des Vorsitzes v. 15./16.12.2005, Ratsdok. 15891/05, Rn. 24; *M. Jopp/S. Sandawi*, ESVP, in: W. Weidenfeld/W. Wessels (Hrsg.), Jahrbuch der Europäischen Integration 2006 (2007), 241, 242.

596 Schlussfolgerungen des Rates Allg. Angelegenheiten u. Außenbeziehungen, Ratsdok. 14758/05, A., Planziel 2010; ESVP-Bericht des Vorsitzes v. 15./16.12.2005, Ratsdok. 15891/05, Rn. 25.

597 ESVP-Bericht des Vorsitzes v. 15./16.12.2005, Ratsdok. 15891/05, Rn. 27.

cc.) Streitkräftekatalog 2006, 2007 u. 2009

Unter finnischer Ratspräsidentschaft im zweiten Halbjahr 2006 konnte zur Erreichung des Planziels 2010 der Streitkräftekatalog 2006 (Force Catalogue 2006)[598] erfolgreich abgeschlossen werden. Dadurch wurde ein detaillierter Überblick über die zugesagten Streitkräfte und Fähigkeiten der Mitgliedstaaten vor dem Hintergrund des im Bedarfskatalogs 2005 definierten Fähigkeitsbedarfs ermöglicht[599]. Zusammen mit dem Verfahren zur Prüfung, Bewertung und Beurteilung der Fähigkeiten (SAE-Methode - Scrutinizing, Assessing, Evaluating) sollte er Defizite aufzeigen. Die SAE-Methode sollte konkret eine Evaluierung der Kräfte nach qualitativen und quantitativen Kriterien ermöglichen. An der Finalisierung und Implementierung dieser SAE-Methode wurde daher gearbeitet[600].
Der Streitkräftekatalog 2006 wurde 2007 um die Beiträge der neuen EU-Mitgliedstaaten Bulgarien und Rumänien erweitert. Hieraus entstand der Streitkräftekatalog 2007[601]. Er ermöglichte die Durchführung einer neuen Bewertungsphase als Teil des Prüfungs-, Bewertungs- und Beurteilungsverfahrens, um Defizite bei der Gesamtheit der Beiträge zu den Fähigkeiten gegenüber dem Bedarfskatalog 2005 festzustellen[602].
Der Streitkräftekatalog 2007 wurde dann im zweiten Halbjahr 2007 überarbeitet, nachdem zehn Mitgliedstaaten neue Beiträge zugesagt hatten, um die bei der Ausarbeitung des Fortschrittskatalogs 2007 festgestellten Mängel zu beseitigen[603].
Eine erneute Überarbeitung fand im Mai 2009 statt. Der neue Streitkräftekatalog 2009 berücksichtigte die revidierten Beiträge von neun Mitgliedstaaten[604].

dd.) Fortschrittskatalog 2007

Unter portugiesischer Ratspräsidentschaft im zweiten Halbjahr 2007 wurde, wie geplant[605], der Fortschrittskatalog 2007 (Progress Catalogue 2007) gebilligt, der

598 Development of European Military Capabilities: The Force Catalogue 2006, abgedruckt in: *C. Glière*, EU security and defence, core documents 2006, volume VII, in: Chaillot Papers 98, S. 366.

599 ESVP-Bericht des Vorsitzes v. 11.12.2006, Ratsdok. 16696/06, Rn. 35; Schlussfolgerungen des Rates zur ESVP v. 13.11.2006, Ratsdok. 15188/06, Rn. 3.

600 Schlussfolgerungen des Rates zur ESVP v. 13.11.2006, Ratsdok. 15188/06, Rn. 5.

601 Force Catalogue 07, Ratsdok. 5637/07.

602 ESVP-Bericht des Vorsitzes v. 18.6.2007, Ratsdok. 10910/07, Rn. 48.

603 ESVP-Bericht des Vorsitzes v. 10.12.2007, Ratsdok. 16426/07, Rn. 65.

604 ESVP-Bericht des Vorsitzes v. 15.6.2009, Ratsdok. 10748/09, Rn. 57.

auf Grundlage des Bedarfs gemäß dem Bedarfskatalog 2005 und aus den geprüften Beiträgen der Mitgliedstaaten gemäß dem Streitkräftekatalog 2007 zusammengestellt wurde[606]. Der Fortschrittskatalog bestätigte weitestgehend die Ergebnisse des Helsinki-Fortschrittskatalogs und ermöglichte darüber hinaus auf strukturierte Weise eine Einschätzung der Fähigkeiten und eine systematische Evaluierung der defizitären Fähigkeiten[607]. Zudem wurde die Schlussfolgerung gezogen, dass die EU das gesamte Spektrum militärischer ESVP-Operationen im Rahmen der strategischen Planungseckdaten durchführen könne, wobei aber ebenfalls durch die festgestellten Defizite unterschiedlich große Risiken bestünden[608].
Der Fortschrittskatalog 2007 und die Folgearbeiten zur Festlegung von Prioritäten bei den Fähigkeitsdefiziten stellten einen bedeutenden Beitrag zum Fähigkeitenentwicklungsplan dar, der von den Mitgliedstaaten als Orientierungshilfe für ihre Arbeit zu Investitionen im Bereich der Fähigkeiten aufgebaut werden sollte[609] und zu dem unter der slowenischen Ratspräsidentschaft im ersten Halbjahr 2008 schon erste Fortschritte erzielt wurden[610].

ee.) Weitere Fortschritte im Rahmen des Planziels 2010

Entsprechend den Vorgaben des Planziels 2010 wurde die Europäische Verteidigungsagentur eingerichtet[611].
Des Weiteren wurde im Dezember 2004 entsprechend dem Planziel 2010 beschlossen, dass die zivil-militärische Zelle ihre Arbeit aufnehmen sollte[612].

---

605 Anm.: Zur Erleichterung der Umsetzung des Planziels 2010 wurde unter österreichischer Ratspräsidentschaft (1. Hj. 2006) ein Fahrplan zum Fortschrittskatalog als eine wichtige Grundlage zu Erreichung eines fortschrittlicheren Verfahrens zu Entwicklung von Fähigkeiten erarbeitet. Dieses Verfahren führte ein gemeinsames Verständnis des Verfahrens zur Prüfung, Bewertung und Beurteilung von Fähigkeiten unter Anwendung des Mechanismus zur Entwicklung der Fähigkeiten ein und definierte vor allem, welche Zwischenschritte auf dem Weg zum Fortschrittskatalog zu unternehmen waren. Dazu siehe ESVP-Bericht des Vorsitzes v. 12.6.2006, Ratsdok. 10418/06, Rn. 32.

606 ESVP-Bericht des Vorsitzes v. 10.12.2007, Ratsdok. 16426/07, Rn. 66; Schlussfolgerungen des Rates zur ESVP v. 19.11.2007, Ratsdok. 15417/07, Rn. 24.

607 Anm.: Die größten Defizite lagen beim Schutz der eigenen Streitkräfte, bei der Verlegefähigkeit sowie bei der Informationsüberlegenheit. Dazu siehe Schlussfolgerungen des Rates zur ESVP v. 19.11.2007, Ratsdok. 15417/07, Rn. 24.

608 ESVP-Bericht des Vorsitzes v. 10.12.2007, Ratsdok. 16426/07, Rn. 66; Schlussfolgerungen des Rates zur ESVP v. 19.11.2007, Ratsdok. 15417/07, Rn. 24.

609 ESVP-Bericht des Vorsitzes v. 10.12.2007, Ratsdok. 16426/07, Rn. 68.

610 ESVP-Bericht des Vorsitzes v. 16.6.2008, Ratsdok. 10415/08, Rn. 69; Schlussfolgerungen des Rates zur ESVP v. 26.5.2008, Ratsdok. 9841/08, Rn. 28.

611 Zur Einrichtung der Verteidigungsagentur siehe 3. Kap. A. I. 3.

Zudem wurden Schritte zur Umsetzung der gemeinsamen Koordination des strategischen Transportes der EU, unternommen. Denn der strategische Transport stellt eine wesentliche Voraussetzung für die EU-Gefechtsverbände dar. Auf der Beitragskonferenz zu den militärischen Fähigkeiten am 22. November 2004 wurde ein Konzept für die Verlegefähigkeit[613] beschlossen, dass in erster Linie einen effizienteren Einsatz aller verfügbaren Mittel für die Koordinierung des Transports anstrebte. Geplant war die Koordinierung aller Mittel, Mechanismen und Initiativen im Bereich des strategischen Transports zur Unterstützung von EU-geführten Operationen[614]. Dieses Konzept wurde unter luxemburgischer Ratspräsidentschaft (1. Hj. 2005) fast abgeschlossen[615].
Beim Ausbau der militärischen Fähigkeiten im Sinne des Planziels 2010 wurde außerdem die Verbesserung der strategischen Lufttransportfähigkeiten durch die formelle Billigung der Interimslösung für den strategischen Lufttransport (SALIS) durch die 15 beteiligten EU-Staaten sowie Kanada eingeleitet. Auch ist die Einleitung der Initiative zur Verbesserung der strategischen Lufttransportkapazitäten in ganz Europa hervorzuheben, wozu die Verteidigungsagentur Lösungen ermittelte[616].
Im Juli 2008 wurde unter französischer Ratspräsidentschaft der Plan zur Fähigkeitenentwicklung gebilligt. Er soll den Mitgliedstaaten als Orientierungshilfe bei der Entwicklung ihrer Fähigkeiten dienen, in denen die Einsatzfähigkeit der EU Mängel hatte[617].
Zudem wurden die „Zusagen der Verteidigungsminister für die Entwicklung der militärischen Fähigkeiten“[618] gebilligt. Dadurch konnten Anstrengungen unternommen werden, um mit konkreten operativen Initiativen Beiträge zur Behe-

---

612 Schlussfolgerungen des Vorsitzes des ER v. Brüssel v. 16./17.12.2004, Ratsdok. 16238/04, Rn. 62. Zur zivil-militärischen Zelle siehe 3. Kap. C. II. 2. c.).

613 Umfassendes Konzept für die Verlegefähigkeit, Anlage C zur Beitragskonferenz zu den militärischen Fähigkeiten, Anlage II zum Entwurf v. Schlussfolgerungen des Rates zur ESVP, Ratsdok. 14887/2/04 REV 2.

614 Beitragskonferenz zu den militärischen Fähigkeiten, Anlage II zum Entwurf v. Schlussfolgerungen des Rates zur ESVP, Ratsdok. 14887/2/04 REV 2, Rn. 23; Umfassendes Konzept für die Verlegefähigkeit, Anlage C zur Beitragskonferenz zu den militärischen Fähigkeiten, Anlage II zum Entwurf v. Schlussfolgerungen des Rates zur ESVP, Ratsdok. 14887/2/04 REV 2, Rn. 1 u. 3.

615 ESVP-Bericht des Vorsitzes v. 12.6.2006, Ratsdok. 10418/06, Rn. 39.

616 ESVP-Bericht des Vorsitzes v. 12.6.2006, Ratsdok. 10418/06, Rn. 37 u. 38; *M. Jopp/S. Sandawi*, ESVP, in: W. Weidenfeld/W. Wessels (Hrsg.), Jahrbuch der Europäischen Integration 2006 (2007), 241, 244.

617 ESVP-Bericht des Vorsitzes v. 9.12.2008, Ratsdok. 16686/08, III b).

618 Zusagen der Verteidigungsminister für die Entwicklung der militärischen Fähigkeiten, Anlage zu den Schlussfolgerungen des Rates zur ESVP, Tagung des Rates (Allg. Angelegenheiten u. Außenbeziehungen) am 10.11.2008, Ratsdok. 15465/08.

bung der Mängel zu erreichen und zugleich zur Stärkung der externen Handlungsfähigkeit der EU beizutragen[619].

ff.) Weiterführung des Europäischen Aktionsplans zu den Fähigkeiten

Auf der Beitragskonferenz zu den militärischen Fähigkeiten der EU-Verteidigungsminister am 22. November 2004 wurde die Beurteilung des Europäischen Aktionsplans zu den Fähigkeiten (ECAP)[620] im Lichte der Ausarbeitung des Planziels 2010 begrüßt. Diese Beurteilung sollte aufzeigen wie der Europäische Aktionsplan zu den Fähigkeiten künftig unter Berücksichtigung der Errichtung der Europäischen Verteidigungsagentur[621] und im Einklang mit dem Mechanismus zur Entwicklung der Fähigkeiten (CDM) weitergeführt und verbessert werden könnte, denn diese machten eine Anpassung des Europäischen Aktionsplans zu den Fähigkeiten notwendig. Kerngedanke des Europäischen Aktionsplans zu den Fähigkeiten blieb der Bottom-Up-Ansatz. Dadurch wurde der Tatsache Rechnung getragen, dass gemäß dem Prinzip der Freiwilligkeit der verteidigungspolitischen Zusammenarbeit im Rahmen der ESVP die Mitgliedstaaten für die Behebung der Defizite zuständig sind. Allerdings haben einige ECAP-Projektgruppen erklärt, dass zusätzliche Vorgaben hilfreich wären. Dazu sollte zukünftig die Verteidigungsagentur Beiträge leisten[622].
Durch die ECAP-Beurteilung vom November 2004 erfolgte eine Bestandsaufnahme der bisherigen Fortschritte bei der Schließung der Lücken und der noch bestehenden militärischen Lücken, um auf diese Weise eine Basis für den Prozess zur Erreichung des Planziels 2010 zu erhalten. Dazu wurden neue Referenzlinien für den neuen Planzielprozess aufgestellt[623]. Des Weiteren wurde festgestellt, dass von den noch zu schließenden Lücken einige erst mittel- oder langfristig zu beheben seien und einige gar noch erst in Angriff zu nehmen seien. Bei der Lösung für die bestehenden Fähigkeitslücken sollte der Europäische Aktionsplan zu den Fähigkeiten eine Hauptrolle übernehmen, wobei aber auch

---

619 ESVP-Bericht des Vorsitzes v. 9.12.2008, Ratsdok. 16686/08, III. b); zu den konkreten operativen Initiativen siehe Zusagen der Verteidigungsminister für die Entwicklung der militärischen Fähigkeiten, Anlage zu den Schlussfolgerungen des Rates zur ESVP, Tagung des Rates (Allg. Angelegenheiten u. Außenbeziehungen) am 10.11.2008, Ratsdok. 15465/08, Rn. 2.

620 ECAP-Beurteilung, Anlage B zur Anlage II zum Entwurf v. Schlussfolgerungen des Rates zur ESVP, Ratsdok. 14887/2/04 REV 2.

621 Anm.: Ihre Rolle soll in regelmäßigen Abständen beurteilt werden.

622 ECAP-Beurteilung, Anlage B zur Anlage II zum Entwurf v. Schlussfolgerungen des Rates zur ESVP, Ratsdok. 14887/2/04 REV 2, Rn. 11.

623 ECAP-Beurteilung, Anlage B zur Anlage II zum Entwurf v. Schlussfolgerungen des Rates zur ESVP, Ratsdok. 14887/2/04 REV 2, Rn. 7 ff.

politische Zusagen der Mitgliedstaaten von Nöten seien, dass sie in die Defizitbereiche investieren und nach multinationalen Lösungen suchen würden. Die Verteidigungsagentur sollte hierbei als „Gewissen" und „Katalysator" fungieren. Ferner sollte der Europäische Aktionsplan zu den Fähigkeiten als ein Instrument der Mitgliedstaaten zur Verbesserung der militärischen Fähigkeiten beurteilt werden[624]. Fortschritte waren in diesem Bereich insbesondere deshalb notwendig, weil der ECAP-Prozess bisher aufgrund mangelnder Verbindlichkeit die Erwartungen nicht erfüllen konnte[625].

Unter luxemburgischer Ratspräsidentschaft (1. Hj. 2005) wurde die Evaluierung des Europäischen Aktionsplans zu den Fähigkeiten abgeschlossen. Der Rat billigte den vom Militärausschuss und der Verteidigungsagentur ausgearbeiteten ECAP-Evaluierungsbericht. Dieser Bericht enthielt eine eingehende Überprüfung der im Rahmen des Europäischen Aktionsplans zu den Fähigkeiten eingerichteten Projektgruppen, anhand derer die Arbeit dieser Gruppen im Lichte des neuen Planziels 2010 neu ausgerichtet werden konnte. Daraus folgernd wurden die meisten dieser Projektgruppen in einen neuen, stärker integrierten Prozess eingebunden, der mit den Funktionen und Aufgaben der Verteidigungsagentur verknüpft war, wie sie in der Gemeinsamen Aktion des Rates vom 12. Juli 2004 über die Einrichtung der Agentur festgelegt sind[626]. Dazu gehören die Koordination der Umsetzung des Europäischen Aktionsplans zu den Fähigkeiten und aller daran anschließenden Pläne. Die Neuordnung der Arbeit der Projektgruppen stellte einen wichtigen Beitrag zur Beseitigung der Defizite dar[627].

Unter slowenischer Ratspräsidentschaft (1. Hj. 2008) wurde vom Rat dann beschlossen, den Europäischen Aktionsplan zu den Fähigkeiten abzuschließen[628].

---

624 Beitragskonferenz zu den militärischen Fähigkeiten, Anlage II zum Entwurf v. Schlussfolgerungen des Rates zur ESVP, Ratsdok. 14887/2/04 REV 2, Rn. 4 u. 18; Anlage B, Rn. 10.

625 Zu dieser Einschätzung vgl. die Feststellungen bzgl. des ECAP unter irischer Ratspräsidentschaft, 3. Kap. A. I. 1. a.) dd.).

626 Gemeinsame Aktion 2004/551/GASP des Rates v. 12.7.2004 über die Einrichtung der Europäischen Verteidigungsagentur, abgedruckt in: ABl. 2004 Nr. L 245, S. 17.

627 Bericht des Vorsitzes zur ESVP v. 13.6.2005, Ratsdok. 10032/05, Rn. 20; ESVP-Schlussfolgerungen des Rates Allg. Angelegenheiten u. Außenbeziehungen (mit Beteiligung der Verteidigungsminister) v. 23.5.2005, Ratsdok. 9004/05, Rn. 3.

628 ESVP-Bericht des Vorsitzes v. 16.6.2008, Ratsdok. 10415/08, Rn. 72; Schlussfolgerungen des Rates zur ESVP v. 26.5.2008, Ratsdok. 9841/08, Rn. 29.

gg.) Das EU Planziel 2010 und die Terrorismusbekämpfung

Da das Planziel 2010 die Ergebnisse der Regierungskonferenz und der Europäischen Sicherheitsstrategie berücksichtigen sollte, bedeutete dies, dass auch die Terrorismusbekämpfung in das Planziel 2010 mit einbezogen werden sollte[629]. Dementsprechend wurde im Bericht an den Europäischen Rat über die Umsetzung der Erklärung zum Kampf gegen den Terrorismus dargelegt, dass das Planziel 2010 bei der Terrorismusbekämpfung eine Rolle spielte[630].
Bedeutsam für die Terrorismusbekämpfung im Rahmen des Planziels 2010 war, dass nach den grundsätzlichen Vorgaben des Politischen und Sicherheitspolitischen Komitees die Arbeiten zu den Szenarien fortgeführt wurden, die erforderlich sind, um die zur Erreichung des Planziels 2010 zu erfüllenden militärischen Erfordernisse bestimmen zu können. Darin wurde die terroristische Bedrohung gemäß dem Aktionsplan zur Terrorismusbekämpfung berücksichtigt[631].
Im Konzeptrahmen für die ESVP-Dimension der Terrorismusbekämpfung wurde als Tätigkeitsfeld die Reaktion auf Krisen mit militärischen Mitteln genannt. Um auf militärische Mittel zurückgreifen zu können, nannte der Konzeptrahmen konkrete Maßnahmen zur Entwicklung der militärischen Fähigkeiten, die sich insbesondere auf das Planziel 2010 bezogen[632].

b.) Fazit

Trotz der Fortschritte die durch die Umsetzung des Planziels 2010 erreicht wurden, bestehen bei den militärischen Fähigkeiten weiterhin noch erhebliche Defizite[633].

3. Die Europäische Verteidigungsagentur

Der militärischen Kapazitätssteigerung sollte die im Anschluss an die Frühjahrstagung 2003 von Thessaloniki in Auftrag gegebene zwischenstaatliche Rüstungsagentur dienen, die für die Entwicklung der Verteidigungsfähigkeit,

---

629 Zur Bedeutung der Terrorismusbekämpfung im Rahmen der ESS siehe 2. Kap. E. Zur Bedeutung der Terrorismusbekämpfung im Rahmen des Verfassungsvertrags siehe 4. Kap.

630 Dazu siehe Ausführungen im 2. Kap. F. II. 2. b.) aa.).

631 Beitragskonferenz zu den militärischen Fähigkeiten, Anlage II zum Entwurf v. Schlussfolgerungen des Rates zur ESVP, Ratsdok. 14887/2/04 REV 2, Rn. 7.

632 Dazu vgl. 2. Kap. G. III.

633 Dazu siehe ausführlich die Ausführungen im Rahmen der Bewertung, 3. Kap. A. I. 3.

Forschung, Beschaffung von Verteidigungsgütern und Rüstung zuständig ist[634]. Sie wurde dem Verfassungsvertrag entnommen[635]. Erste Maßnahmen zur Errichtung einer zwischenstaatlichen „Agentur für die Bereiche Entwicklung der Verteidigungsfähigkeiten, Forschung, Beschaffung und Rüstung“ wurden unter italienischer Ratspräsidentschaft im November 2003 getroffen[636]. Am 14. Juni 2004 erfolgte schließlich die politische Einigung über die Details des Konzepts der zwischenstaatlichen Europäischen Verteidigungsagentur. Am 12. Juli 2004 wurde dieses Konzept durch einen offiziellen Gründungsbeschluss des Rates finalisiert[637]. Damit wurde der Auftrag von Thessaloniki mit Hilfe der Vorarbeiten durch die italienische Ratspräsidentschaft erfüllt. Somit trat die Verteidigungsagentur unabhängig vom Verfassungsvertrag in Kraft. Diese Tatsache ist ein Beleg dafür, dass der politische Wille in der EU bestand, durch gemeinsames Handeln Verbesserungen im Bereich der europäischen Verteidigung zuwege zu bringen[638]. Ihre Bedeutung wird zusätzlich in der Europäischen Sicherheitsstrategie hervorgehoben[639].

a.) Aufgabe und Arbeitsweise der Verteidigungsagentur

Aufgabe dieser neuen Institution ist es, zur Umsetzung der Europäischen Sicherheits- und Verteidigungspolitik beizutragen und der EU bis zum Jahr 2010 die Instrumente in die Hand geben, die zu einer weltweiten Sicherheit und Stabilität beitragen können. Dementsprechend gehört die Einrichtung der Agentur für die Bereiche Entwicklung der Verteidigungsfähigkeiten, Forschung, Beschaffung und Rüstung (Europäische Verteidigungsagentur) zu den spezifischen Etappenzielen des Planziels 2010[640]. Die Arbeiten, mit denen die Agentur be-

---

634 Schlussfolgerungen des Vorsitzes des ER in Thessaloniki v. 19./20.6.2003, Ratsdok. 11638/03, Rn. 65; *M. Jopp/S. Sandawi*, ESVP, in: W. Weidenfeld/W. Wessels (Hrsg.), Jahrbuch der Europäischen Integration 2002/2003 (2003), 241, 243; Entwurf einer Erklärung zu den militärischen Fähigkeiten v. 19.5.2003, Ratsdok. 9132/2/03 REV 2, Rn. 12.

635 Zur Verteidigungsagentur im Rahmen des Vertrags von Lissabon siehe 4. Kap. B. IV. 3. b.).

636 Dazu siehe Beschluss des Rates v. 17.11.2003 zur Einsetzung eines Stabs zur Vorbereitung der Einrichtung einer Agentur für die Bereiche Entwicklung der Verteidigungsfähigkeiten, Forschung, Beschaffung u. Rüstung, abgedruckt in: ABl. 2003 L 318, S. 19.

637 Gemeinsame Aktion 2004/551/GASP des Rates v. 12.7.2004 über die Einrichtung der Europäischen Verteidigungsagentur, abgedruckt in: ABl. 2004 Nr. L 245, S. 17.

638 *J. Solana*, Gemeinsame Außen- u. Sicherheits- u. Verteidigungspolitik der erweiterten EU, in: Europäische Sicherheit 6/2004, 8, 9.

639 Europäische Sicherheitsstrategie, „Ein sicheres Europa in einer besseren Welt“ v. 12.12.2003, Ratsdok. 15895/03, S. 14.

640 Dazu siehe 3. Kap. A. I. 2.

auftragt wird, werden im Rat der EU von den Verteidigungsministern festgelegt und überwacht. Dabei untersteht die Agentur dem Generalsekretär des Rates[641] und soll unter Einbeziehung der Kommission Ausrüstungsanforderungen identifizieren, eine Evaluierung des ECAP-Prozesses vornehmen und sich um die Koordinierung von Rüstungsprogrammen bemühen. Auch soll die Agentur zur Optimierung der gemeinsamen europäischen Verteidigungsfähigkeiten beitragen, die Kooperation bei der Beschaffung von Waffen fördern sowie Impulse für die Konsolidierung der europäischen Rüstungsindustrie und die Schaffung eines wettbewerbsfähigen Rüstungsbinnenmarktes geben[642]. Durch mehr Zusammenarbeit bei der Entwicklung, Auswahl und Besorgung von Rüstungsgütern und durch den Abbau von Doppelspurigkeiten in den einzelnen Mitgliedstaaten will die EU mit den in den einzelnen Mitgliedstaaten insgesamt für die Rüstungspolitik verfügbaren Mitteln einen höheren Gegenwert erzielen[643]. Dabei wird es sich zunächst nur um eine Netzwerkfunktion zwischen existierenden Initiativen und Organisationen[644] handeln[645]. Ursprünglich war anstelle der Netzwerkfunktion eine rüstungspolitische Dachorganisation angedacht, von der aber vor allem aufgrund britischer Vorbehalte Abstand genommen wurde[646].

b.) Ergebnisse der Arbeiten der Verteidigungsagentur

Bereits im ersten Jahr ihres Bestehens konnte die Verteidigungsagentur Erfolge vorweisen. Insbesondere hatte der Lenkungsausschuss die Entscheidung getrof-

---

641 Anm.: Gemäß Art. 26 EUV soll der Generalsekretär eine führende Rolle in der Struktur der Agentur innehaben und die maßgebliche Verbindung zwischen der Agentur und dem Rat gewährleisten. Nach Art. 7 der Gemeinsamen Aktion 2004/551/GASP des Rates v. 12.7.2004 über die Einrichtung der Europäischen Verteidigungsagentur ist er dementsprechend der Leiter der Agentur.

642 Zu Einzelheiten siehe Gemeinsame Aktion 2004/551/GASP des Rates v. 12.7.2004 über die Einrichtung der Europäischen Verteidigungsagentur, abgedruckt in: ABl. 2004 Nr. L 245, S. 17, Art. 5 Abs. 3.

643 Erste Schritte der EU-Verteidigungsagentur, in: NZZ Online v. 17.9.2004, abrufbar unter www.nzz.ch/2004/09/17/al/page-newzzDZ89L9H6-12.html, letzter Zugriff: 2.8.2009; *J. Solana*, Gemeinsame Außen- u. Sicherheits- u. Verteidigungspolitik der erweiterten EU, in: Europäische Sicherheit 6/2004, 8, 9.

644 Anm.: In die Netzwerkfunktion fügen sich Organisationen wie die für die Rüstungszusammenarbeit (OCCAR), die Westeuropäische Rüstungsorganisation (WEAO) und die Westeuropäische Rüstungsgruppe (WEAG) oder Letter of intent (LoI-Absichtserklärung) ein.

645 *M. Jopp/S. Sandawi*, ESVP, in: W. Weidenfeld/W. Wessels (Hrsg.), Jahrbuch der Europäischen Integration 2003/2004 (2004), 229, 230.

646 *U. Diedrichs/M. Jopp/S. Sandawi*, Möglichkeiten u. Grenzen militärischer Integration im Rahmen der ESVP, in: int 2004, 223, 228.

fen, und damit den Arbeiten der Verteidigungsagentur neue Impulse verliehen, den Markt für Verteidigungsgüter in Europa zu öffnen[647]. Durch ein freiwilliges, nicht bindendes, zwischenstaatliches Regime, dem ein Verhaltenskodex für die Beschaffung von Verteidigungsgütern zugrunde liegt, soll zur Konsolidierung und Stärkung der Europäischen Verteidigungstechnologie und Verteidigungsindustrie beigetragen werden. Im Ergebnis soll der Wettbewerb gefördert und die Wettbewerbsfähigkeit verbessert werden[648].
Auch an weiteren Projekten wurden Fortschritte erzielt, nämlich den Bereichen Führung und Information (C3), unbemannte Flugkörper und gepanzerte Kampffahrzeuge im Bereich Rüstung. Zudem ergriff die Verteidigungsagentur weitere Initiativen zur Verbesserung der militärischen Fähigkeiten[649]. Des Weiteren wurde durch die Schaffung von systematischen Verfahren zur Behebung von Fähigkeitslücken der Gesamtprozess für die Fähigkeitsentwicklung vervollständigt[650].

Im zweiten Jahr ihres Bestehens stellte die Verteidigungsagentur selbst fest, dass sie weitere Ergebnisse vorzuzeigen hatte. Dazu gehörten Ergebnisse in Bezug auf den europäischen Markt für Verteidigungsgüter. Auch wurde eine erste Langzeitvision für den Bedarf an europäischen Fähigkeiten und Kapazitäten im Verteidigungsbereich (Long-term Vision for European Defence Capability and Capacity Needs)[651] und die Arbeit an der European Defence Technologie and

647 Bericht des Vorsitzes zur ESVP v. 13.6.2005, Ratsdok. 10032/05, Rn. 25; ESVP-Schlussfolgerungen des Rates Allg. Angelegenheiten u. Außenbeziehungen (mit Beteiligung der Verteidigungsminister) v. 23.5.2005, Ratsdok. 9004/05, Rn. 10.

648 ESVP-Bericht des Vorsitzes v. 15./16.12.2005, Ratsdok. 15891/05, Rn. 40.

649 ESVP-Bericht des Vorsitzes v. 15./16.12.2005, Ratsdok. 15891/05, Rn. 41.

650 ESVP-Bericht des Vorsitzes v. 15./16.12.2005, Ratsdok. 15891/05, Rn. 43.

651 Anm.: Die Langzeitversion soll als Richtschnur für den Ausbau der Fähigkeiten dienen. Basis dafür bilden die Europäische Sicherheitsstrategie und das Planziel 2010. Dazu veranstaltete die Verteidigungsagentur am 21. September 2005 ein Seminar, auf dem nationale Experten Methoden zur Entwicklung einer Langzeitvision erörterten. Der Militärausschuss untersuchte die möglichen militärischen Implikationen der strategischen Tendenzen über die nächsten zehn bis zwanzig Jahre. Die Verteidigungsagentur soll die Federführung bei der Koordinierung der Analysen des globalen Kontextes und der Tendenzen in Wissenschaft und Technologie übernehmen. Der Militärausschuss soll unter der politischen Leitung des Politischen und Sicherheitspolitischen Komitees die Führung bei der Bewertung des künftigen militärischen Umfelds übernehmen. Dazu vgl. Schlussfolgerungen des Rates Allg. Angelegenheiten und Außenbeziehungen, Ratsdok. 14758/05, A., Krisenreaktion; ESVP-Bericht des Vorsitzes v. 15./16.12.2005, Ratsdok. 15891/05, Rn. 36.

Industrial Base durchgeführt[652]. Die Verteidigungsagentur konnte zudem ihr Budget für 2007 verabschieden. Eine gewünschte dreijährige Finanzplanung konnte jedoch nicht erreicht werden[653]. Ferner müssen seit Anfang Juli 2006 Rüstungsverträge europaweit ausgeschrieben werden[654].
Erwähnenswert ist zusätzlich, dass die Verteidigungsagentur im zweiten Jahr ihres Bestehens unter finnischer Ratspräsidentschaft (2. Hj. 2006) Anstrengungen zu Beiträgen zur Terrorismusbekämpfung unternahm. Dazu zählte insbesondere der Bereich des integrierten Entwicklungsteams „Protect", bei dem es primär um die CBRN- und Meeresüberwachung ging[655].

Im dritten Jahr ihres Bestehens erreichte die Verteidigungsagentur unter deutscher Ratspräsidentschaft im ersten Halbjahr 2007 Fortschritte hinsichtlich der langfristigen Strategien. Dazu gehörte die Ausarbeitung eines Plans zur Entwicklung der Fähigkeiten mit der Festlegung einer Methodik und laufende Arbeiten an einem Fahrplan, der vom Lenkungsausschuss für Fähigkeitsfragen im Juni 2007 gebilligt wurde, die Entwicklung einer verteidigungstechnologischen und -industriellen Basis Europas mit der Annahme einer Grundsatzstrategie sowie Beginn der Arbeiten an einer europäischen Forschungs- und Technologieaktivitäten-Strategie (F&T-Strategie) im Verteidigungsbereich mit der Bestimmung von Schlüsseltechnologien für Europa[656]. Die Arbeiten an diesen langfristigen Vorhaben wurde unter der nachfolgenden portugiesischen Ratspräsidentschaft im zweiten Halbjahr 2007[657], der slowenischen Ratspräsidentschaft im ersten Halbjahr 2008[658] und der französischen Ratspräsidentschaft im zweiten 2008[659] fortgesetzt.

---

652 Schlussfolgerungen des Rates zur ESVP v. 13.11.2006, Ratsdok. 15188/06, Rn. 14; ESVP-Bericht des Vorsitzes v. 11.12.2006, Ratsdok. 16696/06, Rn. 46-49; vgl. auch ESVP-Bericht des Vorsitzes v. 12.6.2006, Ratsdok. 10418/06, Rn. 45-50.

653 Schlussfolgerungen des Rates zur ESVP v. 13.11.2006, Ratsdok. 15188/06, Rn. 17.

654 *H. Bacia*, Eine neue Ära, in: FAZ, 3.7.2006, Nr. 151, S. 12.

655 Durchführung der Strategie u. des Aktionsplans zur Bekämpfung des Terrorismus, Ratsdok. 15266/1/06 REV 1, Rn. 59.

656 ESVP-Bericht des Vorsitzes v. 18.6.2007, Ratsdok. 10910/07, Rn. 59; Schlussfolgerungen des Rates zur ESVP v. 14.5.2007, Ratsdok. 9491/07, Rn. 13.

657 Siehe dazu im Einzelnen ESVP-Bericht des Vorsitzes v. 10.12.2007, Ratsdok. 16426/07, Rn. 79; Schlussfolgerungen des Rates zur ESVP v. 19.11.2007, Ratsdok. 15417/07, Rn. 38.

658 Siehe dazu im Einzelnen ESVP-Bericht des Vorsitzes v. 16.6.2008, Ratsdok. 10415/08, Rn. 84; Schlussfolgerungen des Rates zur ESVP v. 26.5.2008, Ratsdok. 9841/08, Rn. 37.

659 ESVP-Bericht des Vorsitzes v. 9.12.2008, Ratsdok. 16686/08, III c).

c.) Fazit

Die Verteidigungsagentur könnte zukünftig hilfreich bei der Behebung der Defizite bei den militärischen Ressourcen sein. Allerdings muss sie erst noch in der Praxis beweisen, dass sie tatsächlich in der Lage sein wird, flexible Anreize zu einer effizienteren Zusammenarbeit bei der militärischen Kapazitätsbeschaffung zu setzen[660].

4. Bewertung

Obwohl der Einsatz von militärischen Mitteln zur Terrorismusbekämpfung unter anderem laut der Europäischen Sicherheitsstrategie erforderlich sein kann, konnte die EU bisher nicht zur militärischen Bekämpfung des Terrorismus beitragen. Der unfertige Entwicklungsstand der ESVP hatte nach den Terroranschlägen vom 11. September 2001 einen Beitrag der EU zur Terrorismusbekämpfung verhindert. Die EU musste als eigenständiger Akteur im Bereich der militärischen Reaktion auf den 11. September 2001 untätig bleiben. Die ergriffenen Maßnahmen auf der Konferenz über die Verbesserung der militärischen Fähigkeiten am 19. und 20. November 2001 oder die Erklärung zur Einsatzbereitschaft von Laeken, die unrichtigerweise die ESVP für einsatzbereit erklärt hatte, lassen auch keinen anderen Schluss zu, als die ESVP als „unfertig" zu bezeichnen. Ebenfalls die Erklärung des Rates der EU vom Mai 2003, nach der *„die EU nunmehr im gesamten Spektrum der Petersberg-Aufgaben einsatzfähig ist"*, kann an dieser Einschätzung nichts ändern. Denn im gleichen Atemzug wurde auf *„Einschränkungen und Zwänge durch anerkannte Lücken"* hingewiesen.

Diese Schwächen wurden folgerichtig vom Planziel 2010 aufgegriffen. Daraus wird wiederum deutlich, dass die ESVP entgegen der Erklärung vom Mai 2003 nicht voll einsatzfähig war. Zusätzlich sichtbar machten dies die Aufgaben des Mechanismus zur Entwicklung der Fähigkeiten (CDM), des Europäischen Aktionsplans zu den Fähigkeiten (ECAP) und des verfeinerten Helsinki Progress Catalogue, die die Grundlagen für die Analyse der bestehenden Defizite bilden und daher zugleich Ansatz zur Problembehebung sind. Dementsprechend stellte die irische Ratspräsidentschaft in ihrem einheitlichen Sachstandsbericht zu den militärischen Fähigkeiten vom Mai 2004 fest, dass innerhalb der Jahre 2001 und 2002 nur viermal Fortschritte unter 64 aufgelisteten Defizitbereiche und sie-

660 *W. Wessels*, Institutionelle Architektur für eine globale (Zivil-) Macht? Die GASP im „Verfassungsvertrag", in: ZSE 2003, 400, 416.

benmal ein Schließen der Fähigkeitslücken erreicht wurde[661]. Verdeutlicht wurden bestehende Mängel schließlich durch die Beitragskonferenz zu den militärischen Fähigkeiten vom 22. November 2004. Danach wurde unter österreichischer Ratspräsidentschaft (1. Hj. 2006) erneut festgestellt, dass aufgrund der wenig verbindlichen Mechanismen und Strukturen, des knappen Budgets der Verteidigungsagentur sowie der Haushaltsengpässe der Mitgliedstaaten sich die Fortschritte beim Ausbau der Fähigkeiten in Grenzen gehalten hätten. Es wurden lediglich sieben der 64 Defizitbereiche im Zeitraum 2002 bis 2006 ausgeglichen und nur in fünf Bereichen Fortschritte erzielt[662].

Die Verteidigungsagentur[663] könnte hilfreich sein bei der Behebung der Defizite bei den militärischen Ressourcen. Auffällig bei der Gründung der Europäischen Verteidigungsagentur ist, dass sich hier eine Tendenz zu einer Ständigen Strukturierten Zusammenarbeit[664] abzeichnet[665]. Sie könnte sich dabei zum Motor des Strebens nach einer größeren Leistungs- und Einsatzfähigkeit der militärischen Möglichkeiten der EU-Staaten entwickeln. Allerdings muss sie erst noch in der Praxis beweisen, dass sie tatsächlich in der Lage sein wird, flexible Anreize zu einer effizienteren Zusammenarbeit bei der militärischen Kapazitätsbeschaffung zu setzen. Schafft sie dies nicht, wird die Verteidigungsagentur als überflüssige Zusatzbürokratie eingestuft werden[666].

Die mangelnde Effektivität der ESVP in der Terrorismusbekämpfung zeigte sich insbesondere, als die britische Regierung nach den Terroranschlägen von London im Jahr 2005 nicht auf die ESVP-Fähigkeiten zurückgriff. Wären die ESVP-Fähigkeiten weiter entwickelt gewesen, sodass sie einen effektiven Beitrag bei der Folgenbewältigung garantiert hätten, dann hätte sich die britische Regierung eher der ESVP bedient. Zu denken wäre dann an die Inanspruch-

---

661 *M. Jopp/S. Sandawi*, ESVP, in: W. Weidenfeld/W. Wessels (Hrsg.), Jahrbuch der Europäischen Integration 2003/2004 (2004), 229, 231.

662 Council of the European Union: Capabiliy Improvement Chart I/2006, Brüssel, 15.5.2006, abgedruckt in: *C. Glière*, EU security and defence, core documents 2006, volume VII, in: Chaillot Papers 98, S. 139; vgl. auch *M. Jopp/S. Sandawi*, ESVP, in: W. Weidenfeld/W. Wessels (Hrsg.), Jahrbuch der Europäischen Integration 2006 (2007), 241, 244.

663 Da die Verteidigungsagentur dem Verfassungsvertrag entstammt, wird in den Ausführungen zum Vertrag von Lissabon eine detailliertere Bewertung der Verteidigungsagentur vorgenommen. Dazu siehe 4. Kap. B. V. 1.

664 Auf die Ständige Strukturierte Zusammenarbeit wird im 4. Kap. B. IV. 3. a.) bb.) ausführlich eingegangen.

665 *U. Diedrichs/M. Jopp/S. Sandawi*, Möglichkeiten u. Grenzen militärischer Integration im Rahmen der ESVP, in: int 2004, 223, 228.

666 *W. Wessels*, Institutionelle Architektur für eine globale (Zivil-) Macht? Die GASP im „Verfassungsvertrag", in: ZSE 2003, 400, 416.

nahme der Solidaritätsklausel gewesen, deren Voraussetzungen für eine Inanspruchnahme vorgelegen haben.

Deshalb ist festzustellen, dass die ESVP in ihrer Entwicklung noch lange nicht ausgereift ist. Es bedarf bis zur Erreichung der vollen militärischen Handlungsfähigkeit noch einiger Anstrengungen der Mitgliedstaaten. Erst dann kann die ESVP effektiv den Terrorismus mit den ihr zur Verfügung stehenden Mitteln bekämpfen.
Bei diesen Bewertungen muss aber berücksichtigt werden, dass die EU im militärischen Bereich ihre Schwächen erkannt hat und daher Anstrengungen zur Behebung dieser Mängel unternommen hat. Diese Anstrengungen zur Erreichung der militärischen Handlungsfähigkeit sind als Schritt in die richtige Richtung zu bewerten, die dazu beitragen könnten, dass die ESVP zukünftig gegebenenfalls einen Beitrag zur Terrorismusbekämpfung leisten kann. Neben den beschriebenen vollzogenen Maßnahmen sei nur auf die ersten Operationen der ESVP verwiesen. Bei den konkreten Krisenmanagement-Operationen war das Jahr 2003 ein bedeutender Meilenstein. In insgesamt vier Operationen haben die Europäer unter Beweis gestellt, dass sie es mit der Entwicklung ihrer gemeinsamen Außen- und Sicherheitspolitik und Verteidigungspolitik ernst meinen[667]. Die Herausbildung gemeinsamer militärischer Fähigkeiten zeigt daher trotz der Defizite auf, dass sich die EU auf dem Weg zu einem sicherheits- und verteidigungspolitischen Akteur mit globaler Reichweite befindet[668].

II. Die zivile Krisenbewältigung im Rahmen der ESVP

Wie bereits erläutert[669], gehört neben der militärischen Konfliktbewältigung ebenfalls die nicht-militärische Krisenbewältigung zu den Aufgaben der ESVP. Die zivilen Fähigkeiten fallen durch eine dynamische Auslegung des Art. 17 EUV in den Bereich der ESVP.

---

667 *J. Solana*, Gemeinsame Außen- u. Sicherheits- u. Verteidigungspolitik der erweiterten EU, in: Europäische Sicherheit 6/2004, 8, 8.

668 *F. Algieri/T. Bauer*, Eine Frage der Macht: Die EU auf dem Weg zum sicherheits- u verteidigungspolitischen Akteur mit globaler Reichweite, in: W. Weidenfeld, Die Europäische Verfassung in der Analyse (2005), 228, 228; *F. Algieri/T. Bauer*, Europa - die gespaltene Macht, Die Konventsvorschläge zur Sicherheits- u. Verteidigungspolitik, in: C. Giering (Hrsg.), Der EU-Reformkonvent- Analyse u. Dokumentation (2003), 103, 103.

669 Dazu, dass zur ESVP zivile Fähigkeiten gehören, siehe 1. Kap. B. II.

1. Das zivile Fähigkeitsziel

Entsprechend der Aufforderung des Europäischen Rates in Köln *„das nicht-militärische Krisenreaktionsinstrumentarium der Union und der Mitgliedstaaten zu verstärken und besser zu koordinieren“*[670] wurde durch den Europäischen Rat in Helsinki ein Mechanismus zur nicht-militärischen Krisenbewältigung geschaffen, *„um parallel zu den militärischen auch die verschiedenen nicht-militärischen Mittel und Ressourcen, die der Union und den Mitgliedstaaten zur Verfügung stehen, zu koordinieren und ihre Wirksamkeit zu erhöhen“*[671]. Der Bericht des Vorsitzes zur nicht-militärischen Krisenbewältigung der EU[672] nannte wichtige Zielvorgaben für das zivile Krisenmanagement der EU. In Ausführung des Art. 17 Abs. 2 EUV wurden auf dem Europäischen Rat in Santa Maria da Feira im Juni 2000 die prioritären Bereiche für die Zielsetzungen hinsichtlich der nicht-militärischen Aspekte der Krisenbewältigung und die spezifischen Ziele für die Fähigkeiten im Bereich der nicht-militärischen Polizeikräfte ermittelt[673]. Die vier vorrangigen Bereiche stellen die Polizei, die Stärkung des Rechtsstaats, die Stärkung der Zivilverwaltung und der Katastrophenschutz dar[674]. Zur Erzielung von Fortschritten in diesen vier prioritären Bereichen wurde das zivile Fähigkeitsziel der EU bekannt gegeben. Dieses beinhaltete die Vereinbarung, die Mitgliedstaaten bis zum Jahr 2003 in die Lage zu versetzen, im Rahmen einer freiwilligen Zusammenarbeit bis zu 5.000 Polizeibeamte für internationale Missionen im gesamten Spektrum von Operationen der Konfliktverhütung und Krisenbewältigung bereitzustellen. Zusätzlich sollten die Mitgliedstaaten dafür Sorge tragen, dass sie innerhalb von 30 Tagen bis zu 1.000 Polizeibeamte bestimmen und einsetzen können[675].

---

670 Schlussfolgerungen des Vorsitzes des ER in Köln v. 3./4.6.1999, SN 150/99, Rn. 56.

671 Schlussfolgerungen des Vorsitzes des ER in Helsinki v. 10./11.12.1999, SN 300/99, Rn. 28, 5. Spstr.

672 Bericht über die nichtmilitärische Krisenbewältigung der EU, Anlage 2 zu Anlage IV zu den Schlussfolgerungen des Vorsitzes des ER in Helsinki v. 10./11.12.1999, SN 300/99.

673 Studie über konkrete Ziele im Bereich der nichtmilitärischen Aspekte der Krisenbewältigung, Anlage 1 zu Anlage III der Schlussfolgerungen des Vorsitzes des ER in Santa Maria da Feira v. 19./20.6.2000; Schlussfolgerungen des Vorsitzes des ER in Santa Maria da Feira v. 19./20.6.2000, Rn. 11.

674 Studie über konkrete Ziele im Bereich der nichtmilitärischen Aspekte der Krisenbewältigung, Anlage 1 zu Anlage III der Schlussfolgerungen des Vorsitzes des ER in Santa Maria da Feira v. 19./20.6.2000, B.

675 Schlussfolgerungen des Vorsitzes des ER in Santa Maria da Feira v. 19./20.6.2000, Rn. 11; Konkrete Ziele für die Polizeikräfte, Anlage 4 zum Bericht des Vorsitzes an den ER (Feira) über die „Stärkung der GESVP“, Ratsdok. 9149/00.

Dementsprechend wurde in der Folgezeit am Aufbau der zivilen Fähigkeiten in den genannten vier vorrangigen Bereichen gearbeitet[676]. Dabei stand zunächst die Stärkung des Bereichs Polizei im Mittelpunkt, wozu insbesondere die Beitragskonferenz auf Ministerebene am 19. November 2001 beitragen konnte[677]. Auf dieser Konferenz wurden die nationalen Beiträge erfasst, mit denen die in Santa Maria da Feira gesetzten Ziele erreicht werden sollten[678] und die von den Mitgliedstaaten zugesagt wurden, wodurch die in Santa Maria da Feira gesetzten Ziele erreicht werden konnten[679].
Die Beitragskonferenz für die zivile Krisenbewältigung[680], die am 19. November 2002 auf Ministerebene abgehalten wurde, zeigte auf, dass die konkreten Ziele in den vier vorrangigen Bereichen Polizei, Rechtsstaatlichkeit, Zivilschutz und Zivilverwaltung, die laut Auftrag des Rates bis 2003 erreicht sein sollten, durch die freiwilligen Zusagen der Mitgliedstaaten sogar überschritten wurden. Fortschritte wurden bei der Entwicklung der konzeptionellen Aspekte der EU-Fähigkeiten zur zivilen Krisenbewältigung erzielt. Somit wurde die EU in die Lage versetzt, ein breites Spektrum an Krisenbewältigungsoperationen zu übernehmen[681]. Dennoch wurde darauf hingewiesen, dass die Entwicklung der zivi-

---

676 Dazu siehe Bericht des Vorsitzes über die ESVP, Anlage VI zu den Schlussfolgerungen des Vorsitzes des ER in Nizza, SN 400/00 ADD 1 REV 1, I. 2); Stärkung der Fähigkeiten der EU im Bereich der nichtmilitärischen Aspekte der Krisenbewältigung, Anlage II zur Anlage VI zu den Schlussfolgerungen des Vorsitzes des ER in Nizza, SN 400/00 ADD 1 REV 1; Schlussfolgerungen des Vorsitzes des ER in Göteborg v. 15./16.6.2001, SN 200/1/01 REV 1, Rn. 4; Bericht des Vorsitzes an den ER (Göteborg) über die ESVP, Ratsdok. 9526/1/01 REV 2, Rn. 13 ff.; Aktionsplan für die Polizei, Anlage I zu den Schlussfolgerungen des Vorsitzes des ER in Göteborg v. 15./16.6.2001, SN 200/1/01 REV 1; Neue konkrete Ziele für die zivilen Aspekte der Krisenbewältigung, Anlage III zu den Schlussfolgerungen des Vorsitzes des ER in Göteborg v. 15./16.6.2001, SN 200/1/01 REV 1; Entwurf eines Berichtes des Vorsitzes über die ESVP v. 11.12.2001, Ratsdok. 15193/01, Rn. 8 u. 11.

677 Entwurf eines Berichtes des Vorsitzes über die ESVP v. 11.12.2001, Ratsdok. 15193/01, Rn. 9.

678 Beitragskonferenz auf Ministerebene über die polizeilichen Fähigkeiten, Anlage II zum Entwurf eines Berichtes des Vorsitzes über die ESVP v. 11.12.2001, Ratsdok. 15193/01, Rn. 4.

679 Beitragskonferenz auf Ministerebene über die polizeilichen Fähigkeiten, Anlage II zum Entwurf eines Berichtes des Vorsitzes über die ESVP v. 11.12.2001, Ratsdok. 15193/01, Rn. 5.

680 Dazu siehe Erklärung der Minister auf der Beitragskonferenz für die zivile Krisenbewältigung v. 19.11.2002, Annex zu den Council Conclusions, General Affairs and External Relations Council, 19.11.2002, abgedruckt in: *J.-Y. Haine*, From Laeken to Copenhagen, European defence: core documents, volume III, in: Chaillot Papers 57, S. 145.

681 Erklärung der Minister auf der Beitragskonferenz für die zivile Krisenbewältigung v. 19.11.2002, Annex zu den Council Conclusions, General Affairs and External Relations Council, 19.11.2002, abgedruckt in: *J.-Y. Haine*, From Laeken to Copenhagen, European

len Fähigkeiten ein weiter andauernder Prozess sei, der noch weiter verbessert werden müsse[682]. Zudem wurden die Vorbereitungen zur ersten Krisenbewältigungsoperation mit zivilen Mitteln und damit ersten ESVP-Operation überhaupt, die European Union Police Mission (EUPM) in Bosnien und Herzegowina, die einige Wochen später am 1. Januar 2003 begann, getroffen[683].
In der Folgezeit wurden weitere Fortschritte bei der Entwicklung von Fähigkeiten und konzeptionellen Aspekten der vier prioritären Bereiche erreicht[684]. Fortschritte unter italienischer Ratspräsidentschaft (2. Hj. 2003) betrafen die Bereiche der Polizei und der Zivilverwaltung[685]. Zudem wurde mit Hilfe der „Gemeinsamen Kriterien für die Ausbildung in Bezug auf die zivilen Aspekte der Krisenbewältigung" ein strategisches Ausbildungskonzept gebilligt[686]. Diesbezüglich wurde auf der EU-Konferenz über die Ausbildung am 20./21. Oktober 2003 in Rom darüber beraten, wie die Instrumente, die der EU auf dem Gebiet der Ausbildung in Bezug auf die zivilen Aspekte der Krisenbewältigung zur Verfügung stehen, konkret verbessert werden könnten[687].
Dass die Verstärkung der zivilen Fähigkeiten weiter vorangetrieben müsse, kam dann explizit in der Europäischen Sicherheitsstrategie zum Ausdruck. In ihr hieß es, dass durch die notwendige Stärkung der zivilen Mittel erst die Handlungsfähigkeit der EU erreicht werden könne[688].
Weitere Akzente wurden unter irischer Ratspräsidentschaft (1. Hj. 2004) gesetzt. Es wurde an weiteren Maßnahmen zur Verbesserung der Fähigkeiten in diesem Bereich, vor allem im Sinne der Europäischen Sicherheitsstrategie, gearbeitet. Hierbei sollte den Erfordernissen einer verstärkten Operationalität, einer raschen Einsatzfähigkeit und dem Bedarf an etwaigen weiteren Fähigkeiten Rechnung getragen werden[689]. Haupterrungenschaft in diesem Bereich war die

---

defence: core documents, volume III, in: Chaillot Papers 57, S. 145; Bericht des Vorsitzes über die ESVP v. 10.12.2002, Ratsdok. 15428/02, Rn. 10.

682 Erklärung der Minister auf der Beitragskonferenz für die zivile Krisenbewältigung v. 19.11.2002, Annex zu den Council Conclusions, General Affairs and External Relations Council, 19.11.2002, abgedruckt in: *J.-Y. Haine*, From Laeken to Copenhagen, European defence: core documents, volume III, in: Chaillot Papers 57, S. 145.

683 Results of the Danish EU Presidency, One Europe, From Copenhagen to Copenhagen, abrufbar unter www.eu2002.dk/ewebeditpro2/upload/OW.Headline/275/Broc_Et_Europa_UK.pdf, letzter Zugriff: 26.8.2005.

684 Schlussfolgerungen des Vorsitzes des ER in Thessaloniki v. 19./20.6.2003, Ratsdok. 11638/03, Rn. 57.

685 Bericht des Vorsitzes über die ESVP v. 9.12.2003, Ratsdok. 15814/03, Rn. 9.

686 Entwurf einer EU-Ausbildungspolitik im Bereich der ESVP, Ratsdok. 14176/2/03 REV 2.

687 Bericht des Vorsitzes über die ESVP v. 9.12.2003, Ratsdok. 15814/03, Rn. 10.

688 Dazu siehe 2. Kap. E. I. 3. u. 2. Kap. E. II. 3. c.).

689 Schlussfolgerungen des Rates zur ESVP v. 11.5.2004, Ratsdok. 9485/04, Rn. 20.

Billigung des Aktionsplans für die zivile Krisenbewältigung[690]. Dieser Aktionsplan bestärkt die Zielsetzungen der EU im Bereich der zivilen Krisenbewältigung. Er erläuterte Maßnahmen, die in den folgenden Jahren durchzuführen waren, um die zivilen Fähigkeiten zu entwickeln und ihren Einsatz zu ermöglichen, einschließlich der Arbeiten an einem konsolidierten zivilen Planziel und der für den November 2004 geplanten Ausrichtung einer Konferenz über die zivilen Fähigkeiten[691]. Konkret fordert der Aktionsplan regelmäßige Überprüfungen mitgliedstaatlicher Zusagen für Auslandseinsätze von Polizisten, Richtern, Staatsanwälten, Justizbeamten und Verwaltungsexperten. Auch wurden die Kohärenz- und Synergieprobleme beim Einsatz ziviler und militärischer Krisenbewältigungsinstrumente zwischen der ersten und der zweiten Säule angesprochen, wobei Hoffnungen auf eine Verbesserung durch die Einrichtung der zivil-militärischen Planungszellen sowie der Stärkung der EU-Sonderbeauftragten im Krisengebiet lagen[692].

Im Bereich der zivilen Krisenbewältigung kam es neben den vier Bereichen zusätzlich zu Aussagen hinsichtlich der Bekämpfung des Terrorismus. In der Zeit nach dem 11. September 2001, als betont wurde, dass die ESVP einen Beitrag bei der Terrorismusbekämpfung übernehmen müsse, wurde vom Rat auf seiner Außerordentlichen Tagung für Allgemeine Angelegenheiten am 17. Oktober 2001 erklärt, dass die ESVP so schnell wie möglich operativ gemacht werden müsse[693]. Damals wurde ferner von Frankreich und Deutschland in der Erklärung von Nantes des Deutsch-Französischen Verteidigungs- und Sicherheitsrates[694] auf dem 78. Deutsch-Französischen Gipfel kundgetan, dass neben den militärischen die zivilen Kapazitäten zur Prävention und Bewältigung der terroristischen Bedrohung zum Schutz der Bevölkerungen beitragen sollen[695].

---

690 Die Zukunft der zivilen Krisenbewältigung – Aktionsplan, Entwurf eines Aktionsplans für die zivilen Aspekte der ESVP, Anlage III, Ratsdok. 10547/04.

691 Bericht des Vorsitzes zur ESVP v. 14.6.2004, Ratsdok. 10547/04, Rn. 16.

692 *M. Jopp/S. Sandawi*, ESVP, in: W. Weidenfeld/W. Wessels (Hrsg.), Jahrbuch der Europäischen Integration 2003/2004 (2004), 229, 232; zu weiteren Einzelheiten siehe: Die Zukunft der zivilen Krisenbewältigung – Aktionsplan, Entwurf eines Aktionsplans für die zivilen Aspekte der ESVP, Anlage III, Ratsdok. 10547/04.

693 Außerordentliche Tagung des Rates – Allg. Angelegenheiten – am 17.10.2001, Ratsdok. 12859/01, Rn. 13.

694 Deutsch-Französischer Verteidigungs- u. Sicherheitsrat- Erklärung v. Nantes, 23.11.2001, I., abgedruckt in: *M. Rutten*, From Nice to Laeken: European defence, core documents, volume 2, in: Chaillot Papers 51, S. 103.

695 Deutsch-Französischer Verteidigungs- u. Sicherheitsrat- Erklärung v. Nantes, 23.11.2001, I., abgedruckt in: *M. Rutten*, From Nice to Laeken: European defence, core documents, volume 2, in: Chaillot Papers 51, S. 103.

Dass die zivilen Fähigkeiten wichtige Beiträge zur Terrorismusbekämpfung leisten können, erklärte ebenfalls explizit die Erklärung von Sevilla vom 21./22. Juni 2002[696]. In ihr hieß es, dass „*bei der Weiterentwicklung der ESVP jenen (zivilen) Fähigkeiten (durch die weitere Umsetzung des zivilen Fähigkeitsziel) stärker Rechnung*“ getragen muss, die „*gegebenenfalls zur Bekämpfung des Terrorismus benötigt werden*“[697]. Frankreich und Deutschland erklärten dementsprechend in der deutsch-französischen Verteidigungs- und Sicherheits-Erklärung von Schwerin[698] im Juli 2002, dass sie sich für eine konsequente Umsetzung der Erklärung von Sevilla stark machen wollten und diese insbesondere bei der Entwicklung der zivilen Fähigkeiten berücksichtigen wollten[699].

2. Das zivile Planziel 2008

Mit der Beitragskonferenz zu den zivilen Fähigkeiten vom 22. November 2004[700] wurde der nächste Schritt unternommen, der strategischen Zielsetzung und der Bestimmung der politischen Ziele der operativen Fähigkeiten der EU für die zivile Krisenbewältigung Rechnung zu tragen. Es wurden die bisher zugesagten Fähigkeiten in den vier vorrangigen Bereichen bestätigt[701]. Zudem wurden die zugesagten Fähigkeiten der zehn neuen EU-Mitgliedstaaten integriert, die der EU in Anbetracht der spezifischen Fachkompetenzen einen wichtigen zusätzlichen Nutzen brachten[702]. Des Weiteren wurde angestrebt, die quali-

---

696 Erklärung des ER über den Beitrag der GASP, einschließlich der ESVP, zur Bekämpfung des Terrorismus, Anlage V zu den Schlussfolgerungen des Vorsitzes des ER in Sevilla v. 21./22.6.2002, Ratsdok. 13463/02, Rn. 5; zur Erklärung von Sevilla siehe auch 2. Kap. C.

697 Erklärung des ER über den Beitrag der GASP, einschließlich der ESVP, zur Bekämpfung des Terrorismus, Anlage V zu den Schlussfolgerungen des Vorsitzes des ER in Sevilla v. 21./22.6.2002, Ratsdok. 13463/02, Rn. 6.

698 Deutsch-franz. Verteidigungs- u. Sicherheitsrat-Erklärung v. Schwerin v. 30.7.2002, abgedruckt in: *J.-Y. Haine*, From Laeken to Copenhagen, European defence: core documents, volume III, in: Chaillot Papers 57, S. 115, 116-117.

699 Deutsch-franz. Verteidigungs- u. Sicherheitsrat-Erklärung v. Schwerin v. 30.7.2002, abgedruckt in: *J.-Y. Haine*, From Laeken to Copenhagen, European defence: core documents, volume III, in: Chaillot Papers 57, S. 115, 116-117.

700 Beitragskonferenz zu den zivilen Fähigkeiten, Erklärung der Minister v. 22.11.2004, Anlage I zum Entwurf v. Schlussfolgerungen des Rates zur ESVP, Ratsdok. 14887/2/04 REV 2.

701 Beitragskonferenz zu den zivilen Fähigkeiten, Erklärung der Minister v. 22.11.2004, Anlage I zum Entwurf v. Schlussfolgerungen des Rates zur ESVP, Ratsdok. 14887/2/04 REV 2, Rn. 4.

702 Beitragskonferenz zu den zivilen Fähigkeiten, Erklärung der Minister v. 22.11.2004, Anlage I zum Entwurf v. Schlussfolgerungen des Rates zur ESVP, Ratsdok. 14887/2/04 REV 2, Rn. 3.

tativen Aspekte der Zusagen weiter zu verbessern[703]. Die Konferenz knüpfte insbesondere am Aktionsplan für die zivilen Aspekte der ESVP[704] an mit dem auf das sich ändernde Sicherheitsumfeld reagiert wurde.

Hohen Stellenwert auf dieser Konferenz besaß die Ausarbeitung eines neuen zivilen Planziels, das schließlich als „ziviles Planziel 2008“[705] vom Europäischen Rat auf seinem Gipfel im Dezember 2004 gebilligt wurde[706]. Es stellte neben dem Streitkräfte-Planziel 2010 für die militärischen Fähigkeiten[707] einen wichtigen Schritt zur Operationalisierung der Europäischen Sicherheitsstrategie im Bereich der ESVP dar[708]. Deshalb wurde der Prozess des zivilen Planziels 2008 in enger Abstimmung mit dem Prozess gesteuert, den der EU-Militärstab im Hinblick auf das Streitkräfte-Planziel 2010 führte. Folglich wurde auch für beide Planziele eine Kompatibilität der zivil-militärischen Szenarien gewährleistet[709].

Das zivile Planziel 2008 definierte die strategischen Parameter bis zum Jahr 2008 für das zivile Krisenmanagement und bezeichnet den Beginn einer systematischen Entwicklung der zivilen Fähigkeiten. Angestrebt wurde mit dem zivilen Planziel 2008, dass die EU neben den vier prioritären Bereichen der zivilen Krisenbewältigung in der Lage versetzt wird, „*verschiedene Arten von Überwachungsmissionen durchzuführen und Sonderbeauftragte der EU zu unterstützen*“. Die EU soll im Wege ziviler Missionen „*einen Beitrag zu Tätigkeiten wie der Reform des Sicherheitssektors leisten und Entwaffnungs-, Demobilisierungs- und Reintegrationsprozesse unterstützen*“ können[710]. Dabei soll die EU die Fähigkeiten erhalten, mehrere Missionen parallel über einen längeren Zeitraum durchführen zu können, weil der Bedarf an zivilen Überwachungsmissionen angestiegen sei. Dazu gehört der Aufbau von durchhaltefähigem und hoch qualifiziertem Personal[711]. Erforderlich für eine effektive Krisenprävention und

703 Bericht des Vorsitzes zur ESVP v. 14.6.2004, Ratsdok. 10547/04, XIV.
704 Zum Aktionsplan für zivile Aspekte der ESVP siehe 3. Kap. A. II. 1.
705 Ziviles Planziel 2008, Ratsdok. 15863/04.
706 Schlussfolgerungen des Vorsitzes des ER v. Brüssel v. 16./17.12.2004, Ratsdok. 16238/04, Rn. 61.
707 Zum Streitkräfte-Planziel 2010 für die militärischen Fähigkeiten siehe 3. Kap. A. I. 2.
708 Deutsch-franz. Verteidigungs- u. Sicherheitsrat-Erklärung v. Berlin v. 26.10.2004, III., abrufbar unter www.deutschland-und-frankreich.de/Erklarung-des-Deutsch,444.html, letzter Zugriff: 17.4.2007.
709 Bericht des Vorsitzes zur ESVP v. 13.6.2005, Ratsdok. 10032/05, Rn. 30.
710 Ziviles Planziel 2008, Ratsdok. 15863/04, Rn. 3.
711 Ziviles Planziel 2008, Ratsdok. 15863/04, Rn. 4.

Krisenbewältigung ist dabei die Fähigkeit zu einer wirksamen und vor allem schnellen Reaktion[712].

Zur Erreichung des zivilen Planziels 2008 nannte es vier Etappen, die Ausarbeitung von Planungseckdaten und illustrativen Szenarios, die Erstellung der Liste des Fähigkeitenbedarfs, die Beurteilung der nationalen Beiträge zur Liste des zivilen Fähigkeitenbedarfs und Ermittlung der Fähigkeitslücken sowie den Folgeprozess des zivilen Planziels. An diesen Etappen wurde in der Folgezeit gearbeitet. Ergänzt wurden die Arbeiten am zivilen Planziel 2008 im Rahmen der Konferenz über die Verbesserung der zivilen Fähigkeiten[713] am 21. November 2005, auf der von den Außenministern die Prioritäten und Leitlinien für das weitere Vorgehen zur Erreichung des zivilen Planziels 2008 bekannt gegeben wurden. Diese bildeten den Rahmen für den Aktionsplan zur Verbesserung der zivilen Fähigkeiten vom Dezember 2005[714], auf den sich die Arbeiten im Jahr 2006 dann gestützt haben[715]. Die im Jahr 2006 erzielten Fortschritte wurden dann im November 2006 am Rande der Tagung des Rates Allgemeine Angelegenheiten und Außenbeziehungen auf der Konferenz zur Verbesserung der zivilen Fähigkeiten in einer vom Rat gebilligten Ministererklärung[716] festgehalten. Diese bildeten die Grundlage für den Plan zur Verbesserung der zivilen Fähigkeiten für das Jahr 2007, der vom Rat am 11. Dezember 2006 gebilligt wurde[717].

Eingehend auf die vier genannten Etappen, wurde in der ersten Etappe ein Prozess der strategischen Planung für die zivilen Fähigkeiten der EU eingeleitet. Die erste Phase wurde planungsgemäß im April 2005 abgeschlossen. Sie um-

---

712 Ziviles Planziel 2008, Ratsdok. 15863/04, Rn. 5.

713 Dazu siehe Civilian Capabilities Improvement Conference in Brüssel v. 21.11.2005, abgedruckt in: EU security and defence, core documents 2005, volume VI, in: Chaillot Papers 87, S. 346.

714 Elements of a Civilian Capabilities Improvement Plan, Annex zur Civilian Capabilities Improvement Conference in Brüssel v. 21.11.2005, abgedruckt in: EU security and defence, core documents 2005, volume VI, in: Chaillot Papers 87, S. 348.

715 Anm.: Dieser Aktionsplan sah neben der Behebung von Lücken die aktive Förderung der Einbindung der wichtigsten nationalen Beteiligten und des Austausches bewährter Verfahren, besonders was die Rekrutierung von Missionspersonal anbelangt, vor, außerdem Maßnahmen zur Missionsunterstützung, einschließlich der Beschaffung und Bereitstellung von Ausrüstung, der Logistik und der Einsatzunterstützung, der Sicherheit, der Humanressourcen und der Finanzierung sowie weitere Arbeiten zu den schnell einsetzbaren Fähigkeiten. Dazu siehe ESVP-Bericht des Vorsitzes v. 15./16.12.2005, Ratsdok. 15891/05, Rn. 49.

716 Civilian Capabilities Improvement Conference 2006 – Ministerial Declaration, abgedruckt in: *C. Glière*, EU security and defence, core documents 2006, volume VII, in: Chaillot Papers 98, S. 369.

717 ESVP-Bericht des Vorsitzes v. 11.12.2006, Ratsdok. 16696/06, Rn. 32.

fasste die Ausarbeitung von Planungseckdaten und illustrativen Szenarien im Hinblick auf die Stabilisierung und den Wiederaufbau, die Konfliktprävention, den gezielten Aufbau von Institutionen und die zivile Unterstützung humanitärer Operationen[718].
In der zweiten Etappe, die 2005 abgeschlossen wurde, führten die Szenarios zu einer detaillierten Bestimmung des Bedarfs an Fähigkeiten in quantitativer und qualitativer Hinsicht (Liste des Fähigkeitenbedarfs). Sie umfasste die Bereiche *„Personal, Ausrüstung, Planung, Logistik und Unterstützung von Missionen sowie Führungsstrukturen in Brüssel, die erforderlich sind, um dem gesamten Spektrum der Aufgaben und Ziele der EU im Hinblick auf zivile EVSP-Missionen gerecht zu werden*" und *„(befasste) sich auch mit den multifunktionalen Kontingenten (...), die im gesamten Spektrum der zivilen Fähigkeiten erforderlich sind*"[719].
In der dritten Etappe überprüften die Mitgliedstaaten nach Billigung der zivilen Planzielanfordungen ihre nationalen Beiträge. Es wurden die zivilen Fähigkeiten, die für die EU erforderlich sind, um ihre Ziele im Sinne der Europäischen Sicherheitsstrategie zu erfüllen, in einem ins Detail gehenden Fähigkeitsbedarf genau definiert. Dazu haben die Mitgliedstaaten Beiträge in Aussicht gestellt, auch zu Fähigkeiten in neuen Bereichen, wie etwa Experten in den Bereichen Grenzüberwachung, organisierte Kriminalität, Sexual- und Gewaltverbrechen, Menschenhandel und Menschenrechte[720]. Nach Ermittlung des Bedarfs und der Ressourcen bestätigten die Mitgliedstaaten unter britischer Ratspräsidentschaft planmäßig ihre Zusagen auf der Konferenz zur Verbesserung der zivilen Fähigkeiten[721] am 21. November 2005[722].
In der vierten Etappe wurde als Folgeprozess das zivile Planziel 2008 regelmäßig überprüft, um festgestellte Lücken zu schließen[723].

Im Rahmen des zivilen Planziels 2008 wurde insbesondere damit begonnen, Überlegungen über die rasche Verlegung von Fähigkeiten zur zivilen Krisenbewältigung und dabei auch über das Konzept der „zivilen Krisenreaktionsteams" anzustellen[724]. Unter britischer Ratspräsidentschaft im zweiten Halbjahr

718 Ziviles Planziel 2008, Ratsdok. 15863/04, Rn. 13, Etappe 1; Bericht des Vorsitzes zur ESVP v. 13.6.2005, Ratsdok. 10032/05, Rn. 29; Schlussfolgerungen des Vorsitzes des ER v. Brüssel v. 16./17.6.2005, Ratsdok. 10255/05, Rn. 81.
719 Ziviles Planziel 2008, Ratsdok. 15863/04, Rn. 13, Etappe 2.
720 ESVP-Bericht des Vorsitzes v. 15./16.12.2005, Ratsdok. 15891/05, Rn. 47.
721 Dazu siehe Civilian Capabilities Improvement Conference in Brüssel v. 21.11.2005, abgedruckt in: EU security and defence, core documents 2005, volume VI, in: Chaillot Papers 87, S. 346.
722 Ziviles Planziel 2008, Ratsdok. 15863/04, Rn. 13, Etappe 3.
723 Ziviles Planziel 2008, Ratsdok. 15863/04, Rn. 13, Etappe 4.
724 Bericht des Vorsitzes zur ESVP v. 13.6.2005, Ratsdok. 10032/05, Rn. 31.

2005 wurde ein Konzept für die Aufstellung und Entsendung von Krisenreaktionsteams vereinbart, in dessen Rahmen als Anfangsziel bis 2006 ein Krisenreaktionsteam-Pool von bis zu 100 Experten angestrebt wurde[725]. Unter österreichischer Ratspräsidentschaft (1. Hj. 2006) wurden 95 Experten in den prioritären Bereichen und den wichtigsten Unterstützungskompetenzen ausgewählt und darauf geschult[726].
Zudem wurden neue Verfahrensgrundsätze beziehungsweise neue Strategien für den Schnelleinsatz von Polizeikräften, einschließlich robuster Fähigkeiten wie integrierte Polizeieinheiten und formierte Polizeieinheiten, entwickelt[727].
Dies führte dazu, dass gegen Ende der finnischen Ratspräsidentschaft (2 Hj. 2006) die vorläufige Einsatzbereitschaft der zivilen Krisenreaktionsteams erreicht werden konnte[728]. Das Anfangsziel wurde schließlich Mitte 2008 erreicht[729].

Im Rahmen des zivilen Planziels 2008 wird der Terrorismusbekämpfung im Rahmen der ESVP dahingehend Rechnung getragen, dass bei der Umsetzung der Erklärung zum Kampf gegen den Terrorismus anlässlich des Europäischen Rates im Dezember 2004 der Konzeptrahmen für die ESVP-Dimension der Terrorismusbekämpfung angenommen wurde[730]. In ihm wird als Tätigkeitsfeld die Reaktion auf Krisen mit zivilen Mitteln genannt. Für die Entwicklung der zivilen Fähigkeiten führt der Konzeptrahmen aus, dass das zivile Planziel 2008 den Einsatz und die Weiterentwicklung der zivilen Fähigkeiten berücksichtigen sollte, um in den Grenzen des Mandats terroristische Bedrohungen abwenden zu können[731].

3. Das zivile Planziel 2010

Das zivile Planziel 2008 wurde erfolgreich abgeschlossen, wodurch eine solide Grundlage für künftige Maßnahmen zur Entwicklung von ESVP-Fähigkeiten

---

725 ESVP-Bericht des Vorsitzes v. 15./16.12.2005, Ratsdok. 15891/05, Rn. 48.

726 ESVP-Bericht des Vorsitzes v. 12.6.2006, Ratsdok. 10418/06, Rn. 30; *M. Jopp/S. Sandawi*, ESVP, in: W. Weidenfeld/W. Wessels (Hrsg.), Jahrbuch der Europäischen Integration 2006 (2007), 241, 243.

727 ESVP-Bericht des Vorsitzes v. 12.6.2006, Ratsdok. 10418/06, Rn. 31, siehe auch ESVP-Bericht des Vorsitzes v. 15./16.12.2005, Ratsdok. 15891/05, Rn. 48.

728 ESVP-Bericht des Vorsitzes v. 11.12.2006, Ratsdok. 16696/06, Rn. 27 ff.

729 ESVP-Bericht des Vorsitzes v. 9.12.2008, Ratsdok. 16686/08, III a).

730 Zum Konzeptrahmen für die ESVP-Dimension der Terrorismusbekämpfung siehe 2. Kap. G.

731 Dazu siehe 2. Kap. G. III.

für die zivile Krisenbewältigung geschaffen wurde[732]. Dazu verabschiedeten die Minister auf der Konferenz über die Verbesserung der zivilen Fähigkeiten am 19. November 2007[733] eine Erklärung[734], mit der sie den Abschlussbericht über das zivile Planziel 2008 billigten. Zugleich wurde das neue zivile Planziel 2010[735] sowie eine zivile Fähigkeitenplanung vereinbart[736]. Denn durch die geographische Ausdehnung der ESVP und der Diversifizierung ihrer Aufgaben und Missionen ist ein zunehmender Bedarf an Krisenbewältigungsfähigkeiten entstanden damit die EU das gesamte Spektrum der Krisenbewältigungsaufgaben abdecken und dabei alle verfügbaren Mittel kohärent und koordiniert nutzen kann[737]. Durch das zivile Planziel 2010 sollte erreicht werden, dass die EU Krisenbewältigungsmaßnahmen im Einklang mit der Europäischen Sicherheitsstrategie durchführen kann, indem sie rechtzeitig die geeigneten zivilen Fähigkeiten entwickelt. Zu den Hauptzielen gehören die Verbesserung der Qualität und der Verfügbarkeit der zivilen Ressourcen und die Schaffung von Synergien mit den militärischen Fähigkeiten der ESVP, mit der EG und mit den Akteuren der dritten Säule und externen Akteuren, sowie gegebenenfalls die Verbesserung oder Stärkung der Koordinierung und Zusammenarbeit mit externen Akteuren[738]. Die Verwirklichung des zivilen Planziels 2010 soll entsprechend der vom Rat vereinbarten zivilen Fähigkeitenplanung erfolgen[739].

Unter slowenischer Ratspräsidentschaft im ersten Halbjahr 2008 hat das Politische und Sicherheitspolitische Komitee im Einklang mit der Einleitung der Fähigkeitenplanung einen Durchführungsbeschluss für das zivile Planziel 2010 vereinbart[740]. Den ersten Schritt zur Umsetzung wurde mit der Erstellung eines neuen gemeinsamen illustrativen Szenarios geschaffen, das die Entwicklung sowohl der zivilen als auch der militärischen Fähigkeiten im Rahmen der ESVP unter Berücksichtigung der der EG zur Verfügung stehenden einschlägigen Ressourcen unterstützen soll. Dadurch sollen die Fähigkeiten der EU, die für

[732] ESVP-Bericht des Vorsitzes v. 10.12.2007, Ratsdok. 16426/07, Rn. 57.

[733] Civilian Capabilities Improvement Conference 2007, Brüssel, 19.11.2007, abgedruckt in: *C. Glière*, EU security and defence, core documents 2007, volume VIII, in: Chaillot Papers 112, S. 369.

[734] Ministerial Declaration, Civilian Capabilities Improvement Conference 2007, Brüssel, 19.11.2007, abgedruckt in: *C. Glière*, EU security and defence, core documents 2007, volume VIII, in: Chaillot Papers 112, S. 369.

[735] Ziviles Planziel 2010, Ratsdok. 14823/07.

[736] ESVP-Bericht des Vorsitzes v. 10.12.2007, Ratsdok. 16426/07, Rn. 60; Schlussfolgerungen des Rates zur ESVP v. 19.11.2007, Ratsdok. 15417/07, Rn. 35.

[737] ESVP-Bericht des Vorsitzes v. 10.12.2007, Ratsdok. 16426/07, Rn. 58.

[738] ESVP-Bericht des Vorsitzes v. 10.12.2007, Ratsdok. 16426/07, Rn. 59.

[739] ESVP-Bericht des Vorsitzes v. 10.12.2007, Ratsdok. 16426/07, Rn. 59.

[740] ESVP-Bericht des Vorsitzes v. 16.6.2008, Ratsdok. 10415/08, Rn. 57.

mögliche zivile Missionen der ESVP benötigt werden, zu bestimmen sein, wobei alle verfügbaren Ressourcen der EU und mögliche Synergien zwischen ihnen zu berücksichtigen seien[741].

Unter französischer Ratspräsidentschaft im zweiten Halbjahr 2008 richteten sich die Arbeiten der zivilen Fähigkeitenplanung primär entsprechend dem Plan zur Umsetzung des zivilen Planziels 2010 auf die Ausarbeitung einer zivilen strategischen Option, die auf dem vorher entwickelten illustrativen Szenario aufbaute. Diese zivile strategische Option ermöglichte die Festlegung einer Liste der erforderlichen Fähigkeiten mit dem Schwerpunkt Personalbedarf[742]. Zusätzlich wurden in Fortsetzung der Arbeiten zu den zivilen Fähigkeiten die „Zusagen der Minister für die Entwicklung der zivilen Fähigkeiten“[743] gebilligt[744]. Dabei sind die Minister übereingekommen, die Beitragszusagen für die zivilen Missionen qualitativ zu verbessern. Sie haben dazu die vorrangigen Maßnahmen für das Jahr 2009 bestimmt[745].

Im Januar 2009 unter tschechischer Ratspräsidentschaft nahm das Politische und Sicherheitspolitische Komitee einen Plan zur Verbesserung der zivilen Fähigkeiten an[746], der die Schwerpunkte für das erste Halbjahr 2009 festlegte[747].

4. Bewertung

Trotz der Fortschritte, die durch die Umsetzung des zivilen Fähigkeitsziels von Helsinki und des zivilen Planziels 2008 erzielt wurden, sowie trotz der Arbeiten an der Umsetzung des zivilen Planziels 2010, bestehen bei den zivilen Fähigkeiten weiterhin noch erhebliche Defizite. Diese sind sogar als größer einzustufen

741 ESVP-Bericht des Vorsitzes v. 16.6.2008, Ratsdok. 10415/08, Rn. 58; Schlussfolgerungen des Rates zur ESVP v. 26.5.2008, Ratsdok. 9841/08, Rn. 23.

742 ESVP-Bericht des Vorsitzes v. 9.12.2008, Ratsdok. 16686/08, III a).

743 Zusagen der Minister für die Entwicklung der zivilen Fähigkeiten, Anlage zu den Schlussfolgerungen des Rates zur ESVP, Tagung des Rates (Allg. Angelegenheiten u. Außenbeziehungen) am 10.11.2008, Ratsdok. 15465/08.

744 ESVP-Bericht des Vorsitzes v. 9.12.2008, Ratsdok. 16686/08, III a); Schlussfolgerungen des Rates zur ESVP, Tagung des Rates (Allg. Angelegenheiten u. Außenbeziehungen) am 10.11.2008, Ratsdok. 15465/08, II.

745 Zu den vorrangigen Maßnahmen siehe Zusagen der Minister für die Entwicklung der zivilen Fähigkeiten, Anlage zu den Schlussfolgerungen des Rates zur ESVP, Tagung des Rates (Allg. Angelegenheiten u. Außenbeziehungen) am 10.11.2008, Ratsdok. 15465/08, S. 29.

746 ESVP-Bericht des Vorsitzes v. 15.6.2009, Ratsdok. 10748/09, Rn. 51.

747 Anm.: Zu den Schwerpunkten gehörten ein Tool zur Verwaltung der zivilen Fähigkeiten (Entwicklung der Sofwareumgebung „Goalkeeper“) und Überlegungen zu nationalen Strategien für eine Vereinfachung der Entsendung von Zivilpersonal im Rahmen der ESVP. Dazu siehe ESVP-Bericht des Vorsitzes v. 15.6.2009, Ratsdok. 10748/09, Rn. 52.

als die bei den militärischen Fähigkeiten. Dies zeigt sich etwa darin, dass den zivilen Fähigkeiten weitaus geringere finanzielle Mittel zur Verfügung stehen als den militärischen Fähigkeiten[748]. Zudem entspricht dies der Politik spätestens seit den Terroranschlägen vom 11. September 2001. Nach den Terroranschlägen standen die militärischen Fähigkeiten im Mittelpunkt der Fortentwicklung der ESVP-Fähigkeiten und drängten die Weiterentwicklung der zivilen Fähigkeiten in den Hintergrund[749], obwohl eigentlich den militärischen Fähigkeiten keine Priorität eingeräumt wird. So führt etwa die Europäische Sicherheitsstrategie zivile und militärische Fähigkeiten gleichberechtigt nebeneinander auf. Erstaunlich ist diese Entwicklung zulasten der zivilen Ressourcen, weil in der Praxis der Einsatz von militärischen Mitteln im Vergleich zum Einsatz von zivilen Fähigkeiten weitaus weniger Bedeutung hatte. Von daher ist ein hoher Entwicklungsstand bei den soft power-Kapazitäten erforderlich, um gegen die Bedrohungen, wozu auch der Terrorismus gehört, vor dem Einsatz von militärischen Mitteln effektiv vorgehen zu können.

Trotz dieser offensichtlichen geringeren Beachtung der zivilen Ressourcen wurden durch die EU Anstrengungen unternommen, das zivile Handlungsinstrumentarium zu verbessern. Dazu wurden in der Vergangenheit Vorhaben gestartet, wie unter irischer Ratspräsidentschaft mit der Billigung des Aktionsplans für die zivile Krisenbewältigung und durch die Beitragskonferenz zu den zivilen Fähigkeiten vom 22. November 2004. Dort wurde das zivile Planziel 2008 aufgestellt, das sehr bedeutsam für den weiteren Ausbau der zivilen Fähigkeiten ist[750]. Dieses zivile Planziel 2008 wurde dann durch das zivile Planziel 2010 abgelöst. Dieses Planziel muss, um zu wichtigen Fortschritten in diesem Bereich führen zu können, quantitativ und qualitativ weiter ausgebaut werden[751], um die zivilen Ressourcen weiter aufzuwerten. Derzeit ist sogar festzustellen, dass die EU mit ihren zivilen Ressourcen, trotz der großen Defizite, besser ausgestattet ist als andere Staaten und Organisationen[752]. Im Bereich der zivilen Krisenprävention, der Konfliktbearbeitung und der Stabilisierung gefährdeter Staaten besitzt die EU sogar eine Art Vormachtstellung. Diese Vormachtstellung liegt allerdings nicht darin begründet, dass die EU über gute zivile Res-

748 *S. von Schorlemer*, Empfehlungen zur ESVP in den VN, in: DGVN Policy Paper 1/2007, 1, 4.

749 Dazu vgl. Ausführungen im 3. Kap. A. I. u. II.

750 Siehe 3. Kap. A. II. 2.

751 Vgl. dazu zum zivilen Planziel 2008 *S. von Schorlemer*, Empfehlungen zur ESVP in den VN, in: DGVN Policy Paper 1/2007, 1, 4.

752 Vgl. dazu etwa Entwurf einer Erklärung zur Verstärkung der Fähigkeiten v. 5.12.2008, Ratsdok. 16840/08, S. 3, wo es heißt, dass „*die Union (…) aufgrund dieser einzigartigen Fähigkeit in zunehmenden Maße um Hilfe gebeten (wird)*“.

sourcen verfügt, sondern darin, dass andere Staaten beziehungsweise internationale Organisationen noch größere Defizite bei den zivilen Ressourcen aufweisen. Die USA haben etwa in diesem Bereich erhebliche Defizite[753].

III. Fazit

Trotz der genannten erzielten Fortschritte durch die vorgenommenen Maßnahmen ist die ESVP nicht vollständig entwickelt. Die zur Verfügung stehenden Möglichkeiten genügen nicht, um eine effiziente Konfliktpräventions- und Krisenmanagementpolitik auszuüben. Es bedarf weiterer rechtlicher, politischer, administrativer und finanzieller Instrumente, die die bestehenden Fähigkeiten ergänzen. Dabei sind die Defizite bei den zivilen Fähigkeiten sogar gravierender als bei den militärischen Fähigkeiten. Hinsichtlich der Terrorismusbekämpfung bedeutet dies, dass aufgrund fehlender militärischer und ziviler Ressourcen derzeit keine effektive Operation zur Terrorismusbekämpfung durchgeführt werden kann.

B. Zusammenarbeit der EU-Mitgliedstaaten

Unbedingte Voraussetzung für eine effektive Terrorismusbekämpfung im Rahmen der ESVP ist die Zusammenarbeit der Mitgliedstaaten untereinander, weil die ESVP zum Bereich der intergouvernementalen Zusammenarbeit gehört und gerade im Bereich der ESVP zwingend das Konsensprinzip vorgeschrieben ist. Die Bedeutung der Zusammenarbeit für die Terrorismusbekämpfung kam bereits in der Erklärung von Sevilla klar zum Ausdruck. Es hieß, dass eine enge Zusammenarbeit zwischen den Mitgliedstaaten eine wichtige Funktion bei der Bekämpfung des Terrorismus besitzt[754]. Später kam die Wichtigkeit der Zusammenarbeit deutlich im Präsidentschaftsprogramm zur deutschen Ratspräsidentschaft (1. Hj. 2007)[755] hervor. Dort hieß es, dass *„gerade in den Außenbe-*

---

753 Vgl. dazu Ausführungen im 2. Kap. E. II. 4.

754 Erklärung des ER über den Beitrag der GASP, einschließlich der ESVP, zur Bekämpfung des Terrorismus, Anlage V zu den Schlussfolgerungen des Vorsitzes des ER in Sevilla v. 21./22.6.2002, Ratsdok. 13463/02, Rn. 2; dazu siehe auch 2. Kap. C. I.

755 Europa gelingt gemeinsam, Präsidentschaftsprogramm der deutschen Bundesregierung, abrufbar unter www.eu2007.de/includes/Downloads/Praesidentschaftsprogramm/EU-P-AProgr-d-2911.pdf, letzter Zugriff: 2.8.2009.

ziehungen (...) die Mitgliedstaaten enger zusammenarbeiten (müssen), um (...) Sicherheit zu gewährleisten"[756].

I. Formen der Zusammenarbeit

1. Grundsätzliches – das Konsensprinzip

Entscheidungen in der GASP werden im Rahmen der zwischenstaatlichen Zusammenarbeit getroffen[757]. Bei der ESVP als Bestandteil der GASP handelt es sich deshalb um eine Koordinierung des mitgliedschaftlichen Handelns im Sinne einheitlicher Positionen. Die EU erscheint hier als Forum der Zusammenarbeit der Mitgliedstaaten und als begriffliches Kürzel für das gesamthändische Wirken der Mitgliedstaaten nach außen[758]. Dabei werden die Beschlüsse in Angelegenheiten der Sicherheits- und Verteidigungspolitik nach Art. 23 EUV durch den Europäischen Rat beschlossen. Nach Art. 23 Abs. 1 EUV unterliegen verteidigungspolitische Beschlüsse der Einstimmigkeit (Konsensprinzip). Ausnahmsweise ist eine qualifizierte Mehrheit ausreichend (Art. 23 Abs. 2 EUV). Im Bereich der ESVP wird jedoch die Möglichkeit mit qualifizierter Mehrheit zu entscheiden durch Art. 23 Abs. 2 UAbs. 4 EUV stark eingeschränkt. Maßnahmen mit militärischen oder verteidigungspolitischen Bezügen unterliegen danach dem Konsensprinzip. Allerdings können zivile Maßnahmen mit qualifizierter Mehrheit entschieden werden. Dies bezieht sich jedoch nur auf Folge- und Durchführungsbeschlüsse. Der Grundsatzbeschluss bedarf einer einstimmigen Entscheidung[759].
Demgemäß kann jeder Mitgliedstaat einen Beschluss zu einem gemeinsamen Vorgehen verhindern mit der Einschränkung gemäß Art. 23 Abs. 1 UAbs. 1 S. 2 EUV, dass „*die Stimmenthaltung von anwesenden oder vertretenen Mitgliedern (...) dem Zustandekommen dieser Beschlüsse nicht entgegen*" stehen[760]. Deshalb müssen die Mitgliedstaaten, damit einstimmige Entscheidungen im Rahmen der ESVP getroffen werden können zusammenarbeiten. So führt das Einstimmig-

[756] Europa gelingt gemeinsam, Präsidentschaftsprogramm der deutschen Bundesregierung, S. 21, abrufbar unter www.eu2007.de/includes/Downloads/Praesidentschaftsprogramm/EU-P-AProgr-d-2911.pdf, letzter Zugriff: 2.8.2009.

[757] *K.-H. Borchardt*, Die rechtl. Grundlagen der EU (2006), Rn. 1267.

[758] *M. Herdegen*, Europarecht (2006), § 30 Rn. 2.

[759] *W. Kaufmann-Bühler*, in: E. Grabitz/M. Hilf, Art. 17 EUV, Rn. 11 (30. EL Juni 2006).

[760] *M. Herdegen*, Europarecht (2006), § 30 Rn. 2.

keitsprinzip zur Notwendigkeit von Kompromissen, die nur durch gemeinsames Vorgehen der Mitgliedstaaten gefunden werden können[761].

Für Entscheidungen zur Bekämpfung des Terrorismus im Rahmen der ESVP bedeutet dies, dass sie ebenfalls nur einstimmig getroffen werden können.

2. Besondere Formen der Zusammenarbeit im EU-Vertrag auf die ESVP anwendbar?

Weitere besondere Formen der Zusammenarbeit, wie die verstärkte Zusammenarbeit oder die engere Zusammenarbeit könnten Bedeutung für die ESVP besitzen, wenn sie für die ESVP anwendbar wären.

a.) Verstärkte Zusammenarbeit

Eine besondere Form der Zusammenarbeit ist die verstärkte Zusammenarbeit, die seit dem Vertrag von Amsterdam unter bestimmten Voraussetzungen möglich ist. Mit dem Instrument der verstärkten Zusammenarbeit wird die Grundlage für die Umsetzung der Idee von der Integration mit verschiedenen Geschwindigkeiten geschaffen. Damit soll einem kleineren Kreis von Mitgliedstaaten die Möglichkeit gegeben werden, auf einem bestimmten Gebiet in der Integration fortzuschreiten, ohne dabei durch die zögernden oder ablehnenden Staaten gehindert zu werden[762]. Kommt es beispielsweise bei einer Entscheidung nach Art. 23 EUV aufgrund des Vetos eines Mitgliedstaats nicht zu einem Beschluss, dann könnte die verstärkte Zusammenarbeit einen Lösungsweg für die übrigen Staaten anbieten[763].
In der Praxis hat allein schon der Hinweis auf die mögliche Inanspruchnahme dieses Instrumentes die Mitgliedstaaten teilweise dazu bewogen, ihre isolierten Positionen zu überdenken und Einwände gegen EU-Beschlüsse zurückzunehmen[764]. Dementsprechend hat sich die verstärkte Zusammenarbeit in der Vergangenheit als konsensfördernd erwiesen.

---

761 *W. Kaufmann-Bühler/N. Meyer-Landrut*, in: E. Grabitz/M. Hilf, Art. 23 EUV, Rn. 3 (24. EL Sep. 2004).
762 *K.-H. Borchardt*, Die rechtl. Grundlagen der EU (2006), Rn. 1261.
763 *W. Kaufmann-Bühler/N. Meyer-Landrut*, in: E. Grabitz/M. Hilf, Art. 23 EUV, Rn. 23 (24. EL Sep. 2004).
764 *H. Farnleitner/R. E. Bösch*, Ein neuer Impuls für die ESVP, in: CONV 437/02, S. 7.

Jedoch ist die verstärkte Zusammenarbeit nicht auf die ESVP übertragbar. Dem steht Art. 27 b EUV entgegen, der ausdrücklich „*Fragen mit militärischen oder verteidigungspolitischen Bezügen*" aus dem Anwendungsbereich der verstärkten Zusammenarbeit herausnimmt. Deshalb ist die verstärkte Zusammenarbeit nicht zur Terrorismusbekämpfung im Rahmen der ESVP anwendbar.

b.) Engere Zusammenarbeit (Art. 17 Abs. 4 EUV)

Eine weitere Form der Zusammenarbeit, die der EU-Vertrag explizit nennt, ist die engere Zusammenarbeit. Sie ist in Art. 17 Abs. 4 EUV geregelt. Danach steht Art. 17 EUV „*der Entwicklung einer engeren Zusammenarbeit zwischen zwei oder mehr Mitgliedstaaten auf zweiseitiger Ebene sowie im Rahmen der EU und der NATO nicht entgegen, soweit sie der nach diesem Titel vorgesehenen Zusammenarbeit nicht zuwiderläuft und diese nicht behindert*". Die engere Zusammenarbeit erfolgt dabei ohne Zustimmung des Rates und ohne eine erforderliche Mindestanzahl von Mitgliedstaaten, wie es etwa die verstärkte Zusammenarbeit vorsieht[765]. Denn es handelt sich hierbei nicht um eine Zusammenarbeit im Rahmen der ESVP, sondern außerhalb des Forums der GASP[766]. Dennoch kann die engere Zusammenarbeit der Entwicklung einer gemeinsamen Verteidigungspolitik und Verteidigung zu gute kommen. Ein Beispiel ist hierfür das Eurokorps, denn aus solchen multilateralen Truppen könnte sich eventuell zukünftig eine Europa-Armee entwickeln[767].
Da jedoch die engere Zusammenarbeit außerhalb des Rahmens der GASP und dementsprechend außerhalb der ESVP erfolgt, hat sie keine unmittelbare Bedeutung für die Terrorismusbekämpfung im Rahmen der ESVP.

c.) Ergebnis

Damit haben die besonderen Formen der Zusammenarbeit keinen unmittelbaren Einfluss auf die ESVP. Die verstärkte Zusammenarbeit ist auf die ESVP nicht anwendbar und die engere Zusammenarbeit erfolgt außerhalb des Rahmens der ESVP.

---

[765] *W. Kaufmann-Bühler*, in: E. Grabitz/M. Hilf, Art. 17 EUV, Rn. 31 (30. EL Juni 2006).
[766] *H.-J. Cremer*, in: C. Calliess/M. Ruffert, EU (2007), Art. 17, Rn. 27.
[767] *W. Kaufmann-Bühler*, in: E. Grabitz/M. Hilf, Art. 17 EUV, Rn. 32 (30. EL Juni 2006); *G. Burghard/G. Tebbe/S. Marquardt*, in: H. von der Groeben/J. Schwarze, EU (2003), Art. 17, Rn. 15.

II. Probleme bei der Zusammenarbeit in der Praxis – die mangelnde Kohärenz

In der Vergangenheit gab es häufig Probleme bei der Zusammenarbeit zwischen den EU-Mitgliedstaaten. Damit haben sie die Möglichkeit von substantiellen Beschlüssen im Rahmen der EU verhindert und die ESVP geschwächt.

1. Die Zeit nach dem 11. September 2001

Bereits in der unmittelbaren Zeit nach dem 11. September 2001 kam die mangelnde Kohärenz zwischen den Mitgliedstaaten zum Vorschein. Alleingänge von Mitgliedstaaten haben die ESVP-Entwicklung damals erheblich geschwächt. Dies betraf nicht nur die Terrorismusbekämpfung im Rahmen der ESVP, sondern ebenso die Terrorismusbekämpfung im Rahmen der gesamten EU.

So sah es danach aus, als führe die internationale Krise außenpolitisch zu einem Rückfall in nationalstaatliche Politikschemen. Es wurde nicht auf die gerade erst neu aufgebauten Strukturen und Verfahren der ESVP zurückgegriffen, sondern es entwickelte sich ein wahres Wettrennen zu Fototerminen im Weißen Haus, zu Solidaritätsbekundungen sowie zu militärischen Unterstützungsangeboten der einzelnen Staaten an die USA[768]. Vor allem die „großen Drei" *Tony Blair*, *Gerhard Schröder* und *Jacques Chirac* legten dieses Verhalten an den Tag. Dementsprechend wurde die informelle Tagung des Europäischen Rates vom 19. Oktober 2001 in Gent[769] durch ein Treffen der „großen Drei" überschattet, das die militärische Beteiligung der jeweiligen nationalen Streitkräfte in Afghanistan zum Inhalt hatte[770].

Die mangelnde Kohärenz kam einige Wochen später erneut zum Vorschein, als der britische Premierminister *Tony Blair* zunächst nur *Gerhard Schröder* und *Jacques Chirac* zu einem Abendessen im „kleinen Kreis" in die Downing Street Number Ten einlud. Auch wenn nach heftigen Protesten von EU-Partnern der Kreis um Spanien, Italien, Niederlande, Belgien als Ratspräsidentschaft und den

---

768 *J. Howorth*, CESDP after 11 September: From Shortterm Confusion to Longterm Cohesion, in: EUSA Review Essay, Winter 2002, S. 1.

769 Erklärung der Staats- oder Regierungschefs der EU u. des Präsidenten der Kommission: Die Maßnahmen nach den Terroranschlägen v. 11. September u. die Terrorismusbekämpfung, Brüssel, 19.10.2001, SN 4296/2/01 REV 2.

770 *E. Regelsberger*, GASP, in: W. Weidenfeld/W. Wessels (Hrsg.), Jahrbuch der Europäischen Integration 2001/2002 (2002), 233, Fn. 3; *C. Grant*, A stronger European foreign and defence policy, in: E. Bannermann/S. Everts/H. Grabbe/C. Grant/A. Murray (Hrsg.), Europe after September 11th (2001), 31, 39.

Hohen Vertreter der GASP erweitert wurde, zeigte dies sehr deutlich, dass es in der EU eine Mehrklassengesellschaft gab[771].
Vor allem das Verhalten der britischen Regierung verhinderte in dieser Zeit ein kohärentes Auftreten der EU. Dementsprechend wurde der britische Premierminister *Tony Blair* für seinen Anti-Europa-Kurs kritisiert[772], der sich insbesondere bei der Afghanistan-Operation Enduring Freedom gezeigt hatte. Diese von den EU-Staaten gebilligte Operation wurde nämlich nahezu im US-amerikanischen und britischen Alleingang vollzogen, der die EU in eine militärische Zwei-Klassen-Gesellschaft teilte. Dadurch wurde das Misstrauen der „Kleinen" gegenüber den „Großen" beziehungsweise in diesem Fall das Misstrauen „Kontinentaleuropas" gegenüber Großbritannien weiter geschürt[773], auch wenn der unfertige Entwicklungsstand der ESVP kaum eine Beteiligung der ESVP an der Afghanistan-Operation erwarten ließ. Selbst wenn die ESVP einsatzbereit gewesen wäre, hätten die Meinungsverschiedenheiten unter den Mitgliedstaaten wohl einen militärischen Einsatz mit ESVP-Fähigkeiten verhindert, da eine solche Entscheidung die Einstimmigkeit erfordert hätte[774].

2. Der Irak-Krieg und die Teilung des europäischen Lagers

Noch viel mehr offenbarte sich die fehlende Zusammenarbeit während des Irak-Konflikts[775]. Hier wurde neben dem transatlantischen Verhältnis[776] auch das innereuropäische Verhältnis beschädigt. Vor allem in der EU kam es zu großen politischen Differenzen zwischen den Befürwortern und Gegnern des Krieges. Die Gruppe der Kriegsgegner mit Frankreich und Deutschland an der Spitze

---

771 *C. Grant*, A stronger European foreign and defence policy, in: E. Bannermann/S. Everts/H. Grabbe/C. Grant/A. Murray (Hrsg.), Europe after September 11th (2001), 31, 39; *G. Nonnenmacher*, Was die EU tun muss, in: FAZ, 6.11.2001, Nr. 258, S. 1; *J. Howorth*, CESDP after 11 September: From Shortterm Confusion to Longterm Cohesion, in: EUSA Review Essay, Winter 2002, S. 1; *E. Regelsberger*, GASP, in: W. Weidenfeld/W. Wessels (Hrsg.), Jahrbuch der Europäischen Integration 2001/2002 (2002), 233, Fn. 3.

772 *C. Grant*, A stronger European foreign and defence policy, in: E. Bannermann/S. Everts/H. Grabbe/C. Grant/A. Murray (Hrsg.), Europe after September 11th (2001), 31, 42.

773 *M. Jopp*, ESVP, in: W. Weidenfeld/W. Wessels (Hrsg.), Jahrbuch der Europäischen Integration 2001/2002 (2002), 223, 223; *C. Grant*, A stronger European foreign and defence policy, in: E. Bannermann/S. Everts/H. Grabbe/C. Grant/A. Murray (Hrsg.), Europe after September 11th (2001), 31, 37.

774 Zur Operation Enduring Freedom siehe 2. Kap. B. III., zum Entwicklungsstand der ESVP siehe 3. Kap. A.

775 Zum Irak-Krieg siehe 2. Kap. D.

776 Zum transatlantischen Verhältnis vgl. Ausführungen im 3. Kap. C.

weigerte sich einer militärischen Lösung des Konflikts zuzustimmen und blieb dieser Haltung bis zum Schluss treu. Die Gruppe der Kriegsbefürworter mit Großbritannien, Spanien und Italien an der Spitze schlug sich frühzeitig auf die Seite der USA, um das *Saddam Hussein*-Regime mit gewaltsamen Mitteln zu Fall zu bringen. Neben der Frage, ob militärische Mittel eingesetzt werden sollten, konzentrierten sich die unterschiedlichen Positionen auf die Frage nach dem Grad an Solidarität mit den USA. Die Folge der unterschiedlichen Standpunkte war, dass beide Seiten ihre Differenzen vor der europäischen und der Weltöffentlichkeit austrugen[777]. Der Höhepunkt der Differenzen wurde am 30. Januar 2003 erreicht, als die acht Staats- und Regierungschefs Dänemarks, Großbritanniens, Italiens, Polens, Portugals, Spaniens, Tschechiens und Ungarns eine Erklärung[778] abgaben, in der sie der US-Regierung ihre volle Unterstützung entgegen brachten. Diese beinhaltete auch eine militärische Entwaffnung des Irak. Unterstützung erhielten die „Acht" einige Tage später durch eine gemeinsame Stellungnahme[779] von zehn mittel- und osteuropäischen Staaten im Rahmen der „Vilnius-Gruppe", zu der sieben EU-Anwärter[780] gehörten[781]. Mit diesen Stellungnahmen setzten sich diese Länder deutlich von der Haltung Deutschlands, Frankreichs und einiger weiterer EU-Mitgliedstaaten ab, die auf ein stärkeres UN-Inspektionsregime drängten und dadurch einen Irak-Krieg verhindern wollten[782]. Auf diese Solidarisierung der Beitrittsländer mit den „Acht" und den USA reagierte die andere Seite mit dem französischen Präsidenten *Chirac* als Wortführer in der Weise, dass die „Neuen" aufgefordert wurden,

---

777 *T. Risse,* Auf dem Weg zu einer gemeinsamen Außenpolitik? Der Verfassungsentwurf u. die europäische Außen- u. Sicherheitspolitik, in: int 2003, 564, 564; vgl. auch *S. Everts/D. Keohane*, The European Convention and EU Foreign Policy: Learning from Failure, in: Survival, vol. 45, Number 3, 167, 167; vgl. auch *T. Delpech,* International terrorism and Europe, in: Chaillot Papers 56, S. 36.

778 Offener Brief der acht EU-Länder zum Irak, abrufbar unter www.tagesschau.de/aktuell/-meldungen/0,1185,OID1767938_TYP1_NAVSPM3~1765902_REF,00.html, letzter Zugriff: 15.2.2009.

779 Statement of the Vilnius Group Countries in Response to the Presentation by the United States Secretary of State to the United Nation Security Council Concerning Iraq, 5.2.2003, abgedruckt in: *A. Missiroli,* From Copenhagen to Brussels, European defence: core documents, volume IV, in: Chaillot Papers 67, S. 345.

780 Anm.: Die Beitrittskandidaten waren Bulgarien, Estland, Lettland, Litauen, Rumänien, Slowakei und Slowenien. Daneben gehörten zur Vilnius-Gruppe Albanien, Kroatien und Mazedonien.

781 FAZ, 7.2.2003, Nr. 32, S. 4; *M. Jopp/S. Sandawi,* ESVP, in: W. Weidenfeld/W. Wessels (Hrsg.), Jahrbuch der Europäischen Integration 2002/2003 (2003), 241, 241.

782 *M. Jopp/S. Sandawi,* ESVP, in: W. Weidenfeld/W. Wessels (Hrsg.), Jahrbuch der Europäischen Integration 2002/2003 (2003), 241, 241.

sich besser zu benehmen und den „*(…) Mund zu halten*“[783]. Trotz dieser offenkundigen Differenzen einigten sich die Staats- und Regierungschefs in der „Gemeinsamen Erklärung zum Irak“ vom 17. Februar 2003 auf dem EU-Sondergipfel zum Irak auf eine einheitliche Position[784]. Hierbei handelte es sich um einen Kompromiss durch den laut *Jacques Chirac* die „europäische Mini-Krise“ beendet wurde[785]. In der Realität war jedoch durch diese Erklärung niemanden wirklich geholfen. Ungeachtet der verabschiedeten Erklärung zur Irak-Krise bestanden die Meinungsverschiedenheiten der EU-Partner fort[786].

Aus der Irak-Krise wird deshalb deutlich, dass die „Fünfzehn“ es nicht geschafft haben, zusammenzuarbeiten. Die Meinungen der Mitgliedstaaten waren einfach zu verschieden, um über das Problem der mangelnden Kohärenz hinwegsehen zu können. Wie nach dem 11. September 2001 kam abermals das Dilemma zum Vorschein, dass die Staaten eigene Vorgehensweisen bevorzugten anstatt gemeinsam die Probleme anzugehen. Logische Folge der Trennung Europas in zwei Lager war, dass die Außen- und Sicherheitspolitik der EU, und damit auch die ESVP, zunächst für einige Zeit gelähmt wurde. Damit haben die Probleme in der Irak-Frage der Fortentwicklung der Außen- und Sicherheitspolitik nachhaltig geschadet. Denn die Grundpositionen der Länder, gerade im Hinblick auf die Politik zu den transatlantischen Beziehungen, bleiben wahrscheinlich auch zukünftig weiter bestehen. Es ist zu befürchten, dass in weiteren ähnlichen Fällen eine Konsensfindung, vor allem im Bereich der ESVP, nur schwer zu erreichen sein wird[787].

3. Weitere Kohärenzprobleme

Weitere nicht abgestimmte Verhaltensweisen zeigten sich durch den Pralinengipfel vom 29. April 2003, der als Spaltung des EU-Kerns bewertet wurde[788]. Ebenfalls kam die Uneinigkeit der Mitgliedstaaten untereinander durch das

---

783 So *Jacques Chirac* auf dem Sondergipfel zum Irak-Konflikt, dazu siehe *D. Brössler*, Chirac u. der ferne Osten, in: SZ, 19.2.2003, Nr. 41, S. 4; FAZ, 19.2.2003, Nr. 42, S. 1.

784 Siehe Schlussfolgerungen des Vorsitzes der Sondertagung des ER zum Irak am 17.2.2003 in Brüssel, abgedruckt in: Internationale Politik, 3/2003, S. 121–122.

785 So *Jacques Chirac* nachdem sich die Staats- und Regierungschefs auf die gemeinsame Erklärung zum Irak geeinigt hatten, dazu vgl. *M. Stabenow*, Kurzer Burgfrieden, in: FAZ, 19.2.2003, Nr. 42, S. 3.

786 *K. Küster*, Europas Kompromiss, in: SZ, 19.2.2003, Nr. 41, S. 4; FAZ, 19.2.2003, Nr. 42, S. 1.

787 *E. Regelsberger,* GASP, in: W. Weidenfeld/W. Wessels (Hrsg.), Jahrbuch der Europäischen Integration 2002/2003 (2003), 251, 251-252.

788 Zum Pralinengipfel siehe 3. Kap. A. I. 1. a.) cc.).

Nicht-Zustandekommen des Europäischen Verfassungsvertrags zum Vorschein[789].

4. Fazit

Die genannten Beispiele belegen, dass das EU-Lager durch die unterschiedlichen Vorgehensweisen der EU-Mitgliedstaaten immer wieder entzweit wurde. Diese Spaltungen Europas schwächten die Außen- und Sicherheitspolitik der EU und die EU als außenpolitischer Akteur erheblich. Es zeigte sich, dass gerade in Zeiten von Krisen die Tendenz besteht, die Sicherheits- und Verteidigungspolitik national zu lösen, nicht aber auf europäischer Ebene.

III. Die mangelnde Kohärenz – Rechtlich ein Verstoß gegen das EU-Recht?

Zu klären ist, ob in der mangelnden Kohärenz, die die EU-Mitgliedstaaten in der Vergangenheit mehrfach im Rahmen der ESVP gezeigt haben, Verstöße gegen das EU-Recht zu sehen sind. In Betracht könnten Verstöße gegen Art. 11 Abs. 2 EUV kommen, aus dem das „Gebot der Unionstreue“ und die „Pflicht zur Zusammenarbeit“ abgeleitet werden. Nach Art. 11 Abs. 2 EUV sind die EU-Mitgliedstaaten verpflichtet, die *„(...) Außen- und Sicherheitspolitik aktiv und vorbehaltlos im Geiste der Loyalität und der gegenseitigen Solidarität (zu unterstützen)“* und *„(...) sich jeder Handlung (zu enthalten), die den Interessen der Union zuwiderläuft oder ihrer Wirksamkeit als kohärente Kraft in den internationalen Beziehungen schaden könnte“*. Zusätzlich könnte ein Verstoß gegen Art. 19 EUV vorliegen nach dem *„die Mitgliedstaaten (...) ihr Handeln in internationalen Organisationen und auf internationalen Konferenzen (koordinieren)“* und *„dort für die gemeinsamen Standpunkte ein(treten)“* sollen.

1. Contra Verstoß gegen EU-Recht

Gegen das Vorliegen eines Verstoßes gegen das EU-Recht könnte sprechen, dass die GASP ausschließlich dort bestehen kann, wo der Rat sich nach dem Einstimmigkeitsprinzip auf ein gemeinsames außenpolitisches Handeln einigen konnte. Nur dann kann die Solidaritäts- und Loyalitätspflicht der Art. 11 und 19 EUV greifen. Besteht aber keine Einigung in einer Sachfrage, wie etwa im Fall des Irak-Kriegs, kann diese Sachfrage kein Gegenstand der GASP sein. Jeder

[789] Zum Scheitern des Verfassungsvertrags siehe 4. Kap. A. VI.

Mitgliedstaat kann seine Politik und sein Handeln weiterhin selbst bestimmen[790].

2. Pro Verstoß gegen EU-Recht

Demgegenüber spricht für eine Einstufung des uneinheitlichen Auftretens der EU-Mitgliedstaaten als Verstöße gegen Art. 11 EUV und Art. 19 EUV, dass Europa heute den Anspruch hat, in Fragen der internationalen Beziehungen eine gemeinsame Position zu entwickeln und diese dann gemeinsam umzusetzen. Dieser Anspruch lässt sich aus Art. 11 Abs. 2 EUV entnehmen, der davon spricht, dass „*die Mitgliedstaaten die Außen- und Sicherheitspolitik der Union aktiv und vorbehaltlos im Geiste der Loyalität und gegenseitigen Solidarität*" unterstützen (Art. 11 Abs. 2 UAbs. 1 EUV) und „*(...) sich jeder Handlung (enthalten), die den Interessen der Union zuwiderläuft oder ihrer Wirksamkeit als kohärente Kraft in den internationalen Beziehungen schaden könnte*" (Art. 11 Abs. 2 UAbs. 2 EUV). Art. 11 Abs. 2 EUV fordert die Mitgliedstaaten daher auf zusammenzuarbeiten, um ihre gegenseitige politische Solidarität zu stärken und weiterzuentwickeln, das heißt, dass die Mitgliedstaaten verpflichtet werden, sich mit der GASP zu identifizieren und als Einzelne untereinander zu kooperieren[791]. Damit soll sichergestellt werden, dass die Außenpolitiken der Mitgliedstaaten im Einklang mit den in der GASP erarbeiteten Positionen stehen und dass sie diesen nicht zuwiderlaufen[792].

3. Stellungnahme

Im Ergebnis ist der Auffassung, die von einem rechtlichen Verstoß ausgeht, zuzustimmen.

Art. 11 Abs. 2 UAbs. 2 EUV beinhaltet nämlich gegenüber Art. 11 Abs. 2 UAbs. 1 EUV mehr als einen politischen Appell und überschreitet die Grenze zur rechtlichen Verpflichtung[793]. Er spricht von einer eindeutigen Pflicht zum Unterlassen und erweitert diese auf alle den Interessen der Union zuwiderlaufen-

---

[790] Dazu vgl. Ausführungen von *W. Kaufmann-Bühler*, in: E. Grabitz/M. Hilf, Art. 11 EUV, Rn. 7 (30. EL Juni 2006); *J. Bitterlich*, in: C. O. Lenz/K.-H. Borchardt, EUV (2006), Art. 11, Rn. 8 aus.

[791] *H.-J. Cremer*, in: C. Calliess/M. Ruffert, EU (2007), Art. 11, Rn. 4; *H. Wilms*, in: K. Hailbronner/H. Wilms, Art. 11, EUV, Rn. 15 (6. Lfg. 8/2004).

[792] *W. Kaufmann-Bühler*, in: E. Grabitz/M. Hilf, Art. 11 EUV, Rn. 28 (30. EL Juni 2006).

[793] *H.-J. Cremer*, in: C. Calliess/M. Ruffert, EU (2007), Art. 11, Rn. 4.

den Handlungen[794], indem er besagt, dass sich „*(die Mitgliedstaaten) jeder Handlung (enthalten), die den Interessen der Union zuwiderläuft oder ihrer Wirksamkeit als kohärente Kraft in den internationalen Beziehungen schaden könnte*“. Die Verpflichtung zum Unterlassen ergibt sich zusätzlich aus einem Vergleich mit Art. 30 Abs. 2 Buchstabe d) EEA, dem politischen Vorgänger des Art. 11 Abs. 2 EUV. Denn dieser spricht lediglich von einem „*Bemühen (...), Maßnahmen oder Stellungnahmen zu vermeiden, die ihre Wirksamkeit als kohärente Kraft in den internationalen Beziehungen oder in internationalen Organisationen schaden würden*“, während Art. 11 Abs. 2 EUV hinsichtlich Umfang und Verbindlichkeit weiter geht[795].
Durch die Unterlassungspflicht soll der EU also ermöglicht werden, einheitlich aufzutreten[796]. Im Übrigen ergibt sich aus Art. 19 Abs. 1 UAbs. 1 EUV eine Pflicht zur Koordinierung im Rahmen von internationalen Organisationen und Konferenzen[797].

Zum „*Interesse der Union*“ gemäß Art. 11 Abs. 2 UAbs. 2 EUV zählt dabei unter anderem die Erfüllung der vertraglichen Rechtspflichten. Zur Erfüllung der Rechtspflichten gehört vor allem das Kohärenzgebot[798]. Diese Verpflichtungen bestehen dabei bereits im Vorfeld. Entgegen der Auffassung, die von keinem Verstoß gegen das EU-Recht ausgeht, bestehen Pflichten demnach schon dann, wenn noch keine Einigung in einer Sachfrage erreicht wurde[799]. Demzufolge enthält Art. 11 Abs. 2 EUV den völkerrechtlichen Grundsatz der Vertragstreue und besitzt einen rechtlichen Kern[800].
Des Weiteren gehören zu den durch Art. 11 Abs. 2 EUV geschützten „*Interessen der Union*“ auch diejenigen, die in vom Europäischen Rat oder dem Rat förmlich angenommenen oder gebilligten Dokumenten oder Beschlüssen aus-

---

794 *G. Burghard/G. Tebbe/S. Marquardt*, in: H. von der Groeben/J. Schwarze, EU (2003), Art. 11, Rn. 7.
795 *G. Burghard/G. Tebbe/S. Marquardt*, in: H. von der Groeben/J. Schwarze, EU (2003), Art. 11, Rn. 7.
796 *T. Marauhn*, in: R. Schulze/M. Zuleeg, Europarecht (2006), § 7, Rn. 46.
797 *G. Burghard/G. Tebbe/S. Marquardt*, in: H. von der Groeben/J. Schwarze, EU (2003), Art. 11, Rn. 8.
798 *G. Burghard/G. Tebbe/S. Marquardt*, in: H. von der Groeben/J. Schwarze, EU (2003), Art. 11, Rn. 7; *H. Wilms*, in: K. Hailbronner/H. Wilms, Art. 11, EUV, Rn. 16 (6. Lfg. 8/2004); *H.-J. Cremer*, in: C. Calliess/M. Ruffert, EU (2007), Art. 11, Rn. 4.
799 *W. Kaufmann-Bühler*, in: E. Grabitz/M. Hilf, Art. 11 EUV, Rn. 28 (30. EL Juni 2006).
800 *H.-J. Cremer*, in: C. Calliess/M. Ruffert, EU (2007), Art. 11, Rn. 4; *H. Wilms*, in: K. Hailbronner/H. Wilms, Art. 11, EUV, Rn. 16 (6. Lfg. 8/2004).

drücklich oder implizit genannt werden[801]. Dazu gehören Grundsätze und Leitlinien des Europäischen Rates nach Art. 13 Abs. 1 EUV oder Entscheidungen des Rates gemäß Art. 13 Abs. 3 EUV, einschließlich der Annahme gemeinsamer Aktionen und gemeinsamer Standpunkte. Ebenfalls sind andere Äußerungsformen vom Rat beziehungsweise Europäischen Rat, wie Entschließungen, Erklärungen, Schlussfolgerungen und Vereinbarungen mit Drittstaaten davon mit umfasst[802].

Indem die Mitgliedstaaten in den beschriebenen Fällen nicht kohärent aufgetreten sind, sind daher Verstöße gegen das EU-Recht zu sehen.

4. Rechtsfolgen

Trotz der Bejahung eines rechtlichen Verstoßes gegen das EU-Recht durch ein uneinheitliches Auftreten der Mitgliedstaaten bleibt dann jedoch zu berücksichtigen, dass der EU-Vertrag keine Sanktionsmöglichkeiten für solche Verstöße vorsieht. Die Vertragsparteien haben keine ihnen übergeordnete Kontrollinstanz akzeptiert, die zur Feststellung von Fehlverhalten und entsprechenden Sanktionsmechanismen befugt wäre[803]. Diesbezüglich stellt Art. 46 EUV klar, dass der EU-Vertrag der Zuständigkeit des Europäischen Gerichtshofs entzogen ist, sofern er nicht selbst eine Zuständigkeit des Europäischen Gerichtshofs statuiert[804]. Anders wäre dies etwa bei einem Verstoß gegen den EG-Vertrag, bei dem das Vertragsverletzungsverfahren nach Art. 226, 227 EGV in Betracht zu ziehen wäre. Gemäß Art. 11 Abs. 2 UAbs. 3 EUV liegt vielmehr die Verantwortung für die Wahrung der Kohärenz nur beim Rat, in dem es dort heißt, dass *„der Rat (...) für die Einhaltung dieser Grundsätze Sorge (trägt)“*. Allerdings stehen dem Rat keine Möglichkeiten zur Verfügung Verstöße zu ahnden. Denn dem Generalsekretariat des Rates mangelt es an den personellen und sachlichen Mitteln, die für eine kontinuierliche Verfolgung der Politiken der Mitgliedstaaten erforderlich sind. Zudem dürfte die Einführung eines Verfahrens zum Vorgehen gegen Verstöße am Widerstand im Rat scheitern. Dem Ratsvorsitz oder

---

801 *G. Burghard/G. Tebbe/S. Marquardt*, in: H. von der Groeben/J. Schwarze, EU (2003), Art. 11, Rn. 9; *H. Wilms*, in: K. Hailbronner/H. Wilms, Art. 11, EUV, Rn. 16 (6. Lfg. 8/2004).

802 *G. Burghard/G. Tebbe/S. Marquardt*, in: H. von der Groeben/J. Schwarze, EU (2003), Art. 11, Rn. 9; *H. Wilms*, in: K. Hailbronner/H. Wilms, Art. 11, EUV, Rn. 16 (6. Lfg. 8/2004).

803 R. Streinz/*E. Regelsberger/D. Kugelmann*, Art. 11 EUV (2003), Rn. 10; *H. Wilms*, in: K. Hailbronner/H. Wilms, Art. 11, EUV, Rn. 17 (6. Lfg. 8/2004).

804 *H. Krück*, in: H. von der Groeben/J. Schwarze, EU (2003), EU, Art. 46, Rn. 21.

den einzelnen Mitgliedstaaten bleibt einzig, etwaige Verstöße gegen die Unionstreue im Rat anzusprechen[805]. Es ist von einer „politisch-moralischen Kontrolle“ auszugehen[806]. Diese kann jedoch die Mitgliedstaaten nicht daran hindern, wie die beschriebenen Vorfälle gezeigt haben, dass sie die einschlägigen EU-Vorschriften missachten.

5. Ergebnis

Das uneinheitliche Auftreten der Mitgliedstaaten stellte Verstöße gegen Art. 11 Abs. 2 EUV und Art. 19 EUV dar. Sie sind allerdings nicht justitiabel.

IV. Anstrengungen zur Verbesserung der Zusammenarbeit

Gerade um glaubwürdig zu bleiben, kann sich die EU Spaltungen in zwei oder mehrere Lager nicht leisten. Die EU muss ihre Politik so betreiben, dass im Rahmen der ESVP ein breiter Konsens zwischen den Staaten geschaffen wird. Die EU muss daher den politischen Willen zeigen, mit einer Stimme zu sprechen und gemeinsam zu handeln mit den verschiedenen Instrumenten, die im Rahmen der ESVP zur Verfügung stehen. Nur so ist eine effektive Bekämpfung des Terrorismus durch die ESVP möglich.

Ein großer Schritt zur Lösung des innereuropäischen Kohärenzproblems sollte mit der Erstellung der Europäischen Sicherheitsstrategie[807] erreicht werden. Sie verfolgte unter anderem das Ziel, eine gemeinsame Basis für das Selbstverständnis der EU als strategischer Akteur in der internationalen Politik zu finden. Dazu sollten die unterschiedlichen Auffassungen, die sich zwischen den Mitgliedstaaten der EU über ihre globale Ordnungspolitik im Zusammenhang mit dem Irak-Krieg offen gezeigt haben, beseitigt werden. Sie stellte gemeinsame strategische Linien auf und strebte dadurch wichtige Beiträge für mehr Kohärenz an. Sie könnte aufgrund des geforderten innereuropäischen Dialogs zur Konsensfindung beigetragen haben. Dennoch kam die Bewertung der Europäischen Sicherheitsstrategie zu dem Ergebnis, dass sie keinen qualitativen Fortschritt zur Beseitigung der mangelnden Kohärenz bringen wird. Denn die Au-

---

805 *G. Burghard/G. Tebbe/S. Marquardt*, in: H. von der Groeben/J. Schwarze, EU (2003), Art. 11, Rn. 10.

806 *H. Wilms*, in: K. Hailbronner/H. Wilms, Art. 11, EUV, Rn. 18 (6. Lfg. 8/2004).

807 Zur ESS siehe 2. Kap. E.

ßen- und Sicherheitspolitik bleibt Aufgabe der Mitgliedstaaten und ist nicht Aufgabe der Gemeinschaftsinstitutionen[808].
Weitere Anstrengungen zur Verbesserung der innereuropäischen Zusammenarbeit wurden mit dem Aufbau der Battle Groups[809] und der Einrichtung der Europäischen Verteidigungsagentur[810] unternommen. Mit den Battle Groups und der Europäischen Verteidigungsagentur werden Tendenzen zu einer strukturierten Zusammenarbeit sichtbar, die aufgrund ihrer Flexibilität für ein kohärenteres Auftreten sorgen könnte, insbesondere da mit ihr nicht ein vorhandener Wille aller Mitgliedstaaten erforderlich ist[811].

V. Möglichkeiten der Behebung des Kohärenzproblems

1. Einführung von Mehrheitsentscheidungen

Zur Behebung des Kohärenzproblems ist an die Einführung von Mehrheitsentscheidungen im Rahmen der GASP/ESVP und damit an eine Abkehr vom Konsensprinzip zu denken. Hierdurch würde die EU in diesem Bereich wesentlich flexibler und handlungsfähiger werden. Der Einstimmigkeitszwang im ohnehin komplizierten Mehrebenensystem EU erlaubt aufgrund mangelnder Flexibilität keine schnelle Reaktion auf unvorhergesehene Ereignisse, wie Terroranschläge. Etwa das Zustandekommen einer auf Einstimmigkeit basierenden Erklärung, die schriftlich ausgearbeitet wird, benötigt erfahrungsgemäß ein bis zwei Tage[812]. Die Einführung von Mehrheitsentscheidungen wäre auch deshalb sinnvoll, weil angesichts einer erhöhten Anzahl von EU-Mitgliedstaaten eine Entscheidungsfindung schwieriger werden wird, da einer anderen Bandbreite und einem anderen Gleichgewicht von Interessen Rechnung getragen werden muss[813]. Folglich müsste Art. 23 EUV dahingehend verändert werden, dass Entscheidungen mit qualifizierter Mehrheit als grundlegende Regelung in die GASP/ESVP eingeführt werden und zwar auch für Beschlüsse mit militärischen oder verteidigungspolitischen Bezügen. Bisher sind jedoch durch Art. 23 Abs. 2 EUV Mehr-

---

808 Dazu siehe 2. Kap. E. II. 6.

809 Zu den Battle Groups siehe 3. Kap. A. I. 2. a.) aa.).

810 Zur Verteidigungsagentur siehe 3. Kap. A. I. 3. u. 4. Kap. B. IV. 3. b.).

811 Zur Funktionsweise, zu den Schwächen, Gefahren und Vorteilen der Ständigen Strukturierten Zusammenarbeit siehe 4. Kap. B. IV. 3. a.) bb.).

812 *S. Fröhlich*, Das Projekt der GESVP: Entwicklungen u. Perspektiven, in: ZEI Discussion Paper, C 116, 2002, S. 21-22.

813 *A. J. K. Bailes*, Die Europäische Sicherheitsstrategie: programmatische u. praktische Perspektiven für GASP u. ESVP, in: int 2005, 107, 111; *M. Jopp/J. Reckmann/E. Regelsberger*, Ansatzpunkte u. Optionen zur institutionellen Weiterentwicklung von GASP u. ESVP, in: int 2002, 230, 232.

heitsentscheidungen für Beschlüsse mit militärischen oder verteidigungspolitischen Bezügen, also Entscheidungen zur ESVP, ausdrücklich ausgenommen. Vollziehen ließe sich eine solche Änderung des Art. 23 EUV über das Vertragsänderungsverfahren (Art. 48 EUV).
Allerdings ist zu dieser Möglichkeit zu sagen, dass sie sehr schwer durchzuführen wäre, da die Mitgliedstaaten derzeit nicht bereit sind, auf diesem Gebiet Kompetenzen abzugeben[814].

2. Formen der Zusammenarbeit

Ein Schritt zur Behebung des Kohärenzproblems könnte mit Hilfe von Formen der Zusammenarbeit erreicht werden.
Eine Möglichkeit wäre beispielsweise, dass die verstärkte Zusammenarbeit auf Fragen mit militärischen oder verteidigungspolitischen Bezügen auf die ESVP anwendbar gemacht wird. Denn derzeit wird dies durch Art. 27 b EUV explizit ausgeschlossen. Die verstärkte Zusammenarbeit, die seit dem Vertrag von Amsterdam unter bestimmten Voraussetzungen möglich ist, hat sich nämlich in der Vergangenheit als konsensfördernd erwiesen[815]. Alleine der Hinweis auf die mögliche Inanspruchnahme dieses Instrumentes hatte die Mitgliedstaaten dazu bewogen, ihre isolierten Positionen zu überdenken und Einwände gegen EU-Beschlüsse zurückzunehmen. Ziel müsste eine Flexibilität sein, die sowohl *Ad hoc*-Koalitionen innerhalb des Vertragsrahmens ermöglicht, als auch das mittel- bis langfristig ausgerichtete Voranschreiten in der rüstungs- und verteidigungspolitischen Zusammenarbeit der interessierten Mitgliedstaaten[816]. Vor allem könnte dann durch eine verstärkte Zusammenarbeit eine Zusammenarbeit von Mitgliedstaaten außerhalb des Rahmens der EU verhindert werden. Denkbar wären zudem Koalitionsbildungen von fortschritts- und handlungswilligen Staaten bei zukünftigen militärischen Aktionen. Um die verstärkte Zusammenarbeit auf die ESVP anwendbar zu machen, müsste Art. 27 b EUV dahingehend verändert werden, dass der Ausschluss auf Fragen mit militärischen oder verteidigungspolitischen Bezügen aus Art. 27 b EUV herausgenommen wird. Dies ließe sich über ein Vertragsänderungsverfahren gemäß Art. 48 EUV verwirklichen.
Ebenso könnten andere Formen der Zusammenarbeit zur Problembehebung beitragen. Beispielsweise könnten Formen, wie die bereits eingeführte Solidari-

814 Dazu vgl. Ausführungen zur Abkehr vom Intergouvernementalismus, 3. Kap. B. V. 3.
815 Vgl. 3. Kap. B. I. 2. a.).
816 *M. Jopp/J. Reckmann/E. Regelsberger*, Ansatzpunkte u. Optionen zur institutionellen Weiterentwicklung von GASP u. ESVP, in: int 2002, 230, 232.

tätsklausel[817], konsensfördernd wirken. Sie ist bisher das einzige Dokument im Rahmen der Terrorismusbekämpfung, welches über alle drei Säulen greift. Sie verzahnt die innere und äußere Sicherheit und trägt damit dem Umstand Rechnung, dass die Grenzen zwischen innerer und äußerer Sicherheit fließend geworden sind. Dies zeigt auch die Verschiebung der Terrorismusbekämpfung vom Bereich der dritten Säule zur zweiten Säule. Daraus wird deutlich, dass säulenübergreifende Maßnahmen in der heutigen Zeit sinnvoll wären und vor allem konsensfördernd wirken könnten.

3. Abkehr von der Säulenstruktur und vom Intergouvernementalismus

Deshalb wäre es folgerichtig, die Säulenstruktur der EU zu überdenken. Sie ist bei einem Vorgehen, das sich über mehrere Politikbereiche erstreckt, aufgrund der unterschiedlichen Zuständigkeiten der Kommission und der Brüsseler Ratsstruktur als konsenshemmend einzuordnen. Die Säulenstruktur hat oftmals ein säulenübergreifendes und damit kohärentes Vorgehen verhindert[818].
Das erwähnte positive Gegenbeispiel Solidaritätsklausel hat gezeigt, dass ein säulenübergreifendes Vorgehen bei der Terrorismusbekämpfung wichtig werden kann. Eine solche Vorgehensweise kann zur Behebung des Kohärenzproblems zwischen den Politikbereichen der EU beitragen und wichtige Beiträge zur Terrorismusbekämpfung leisten. Dies liegt daran, dass die Terrorismusbekämpfung in mehrere Politikbereiche fällt. Insbesondere vollzieht sich eine Vermischung von innen- und außenpolitischen Politikfeldern. Viele Aufgaben werden damit zu Querschnittsaufgaben, die nicht mehr in den exklusiven Zuständigkeitsbereich eines bestimmten Ressorts fallen. Ein gutes Beispiel für die Wichtigkeit eines säulenübergreifenden Vorgehens stellt der Fall dar, dass es sinnlos wäre, gegen chemische oder biologische Anschläge vorzugehen, wenn nicht

---

817 Zur Einführung der Solidaritätsklausel siehe 2. Kap. F. I. 1., zur Solidaritätsklausel im Rahmen des Vertrags von Lissabon siehe 4. Kap. B. IV. 2.

818 Anm.: Ein Beispiel für mangelnde Kohärenz und Effizienz der EU nach außen aufgrund der Säulenstruktur stellt die Wirtschaftskooperation (erste Säule – Außenwirtschaft/Kommission) mit einem Drittstaat dar, weil diese weitgehend losgelöst von GASP-Aspekten behandelt wird. Auch erwähnenswert ist die Trennung von Fragen der zweiten und dritten Säule etwa bei Migrationsbewegungen auf der einen und Bürgerkriegssituationen oder Menschenrechtsverletzungen auf der anderen Seite. Aus solchen Beispielen wird ersichtlich, dass eine Auflösung der Säulenstruktur konsensfördernde Wirkung haben kann. Dazu siehe *S. Fröhlich*, Das Projekt der GESVP: Entwicklungen u. Perspektiven, in: ZEI Discussion Paper, C 116, 2002, S. 13.

gleichzeitig eine enge Zusammenarbeit mit den für die EU-Gesundheitspolitiken zuständigen Stellen stattfindet[819].
In der Vergangenheit gab es schon Tendenzen zu säulenübergreifenden Vorgehensweisen im Bereich der Anti-Terrorismuspolitik[820]. Dies waren neben der Einführung der Solidaritätsklausel etwa der Aktionsplan zur Bekämpfung des Terrorismus vom 21. September 2001, die Europäische Sicherheitsstrategie, die EU-weite Strategie zur Terrorismusbekämpfung, der Konzeptrahmen für die ESVP-Dimension der Terrorismusbekämpfung sowie das EU-Solidaritätsprogramm zu den Folgen terroristischer Bedrohungen und Anschläge. Solche säulenübergreifenden Maßnahmen sind als sehr positiv für die Bekämpfung des Terrorismus und die Behebung des Kohärenzproblems zu bewerten. Es stellt sich die Frage, wie solche positiven Maßnahmen dauerhaft eingeführt werden könnten, denn sie sind aufgrund der Säulenstruktur und der damit vorhandenen unterschiedlichen Kompetenzen nicht selbstverständlich. Im Ergebnis sollte deshalb die Säulenstruktur aufgehoben werden.

In diesen Zusammenhang fällt ebenfalls die Frage, inwieweit die vorhandenen Strukturen der GASP und damit der ESVP verändert werden könnten, um ein kohärenteres Vorgehen zu garantieren. Beispielsweise sind die Verfahren und Abläufe der GASP, in die alle zuständigen Stellen eingebunden werden müssen, kompliziert und zeitaufwändig. Daher wäre eine Abkehr vom intergouvernementalen Charakter der GASP in Betracht zu ziehen. Dies könnte zu einer flexibleren Gestaltung der europäischen Außenbeziehungen führen. Denn bisher ist für Drittstaaten schwer zu erkennen, welche Zielsetzungen außenpolitisch verfolgt werden, jene der EU oder der einzelnen Mitgliedstaaten[821]. Ferner käme dadurch zum Tragen, dass die Übereinstimmung mit einer nationalen Interessenlage nicht notwendigerweise Voraussetzung für das Funktionieren der ESVP, sondern dass primär die Identifizierung einer europäischen Interessenlage bedeutsam für das Funktionieren der ESVP ist[822].
Allerdings ist ein solcher Schritt in naher Zukunft unrealistisch. Die Mitgliedstaaten lassen nicht die Tendenz erkennen, souveränitätseinschränkende Schritte einzuleiten. Gerade das Einstimmigkeitsprinzip ist immer noch ein Garant der Souveränität der Mitgliedstaaten und damit des intergouvernementalen Charak-

---

819 Vgl. Bericht zum Gedenken an die Opfer des Terrorismus, SEK (2005) 272, S. 5, Anlage zum Ratsdok. 6681/05.

820 Zur säulenübergreifenden Terrorismusbekämpfung siehe auch 3. Kap. D. II.

821 *S. Fröhlich*, Das Projekt der GESVP: Entwicklungen u. Perspektiven, in: ZEI Discussion Paper, C 116, 2002, S. 11.

822 *E. Reiter*, Die Situation der EU in ihrer geplanten strategischen Überdehnung (2004), S. 11.

ters der GASP/ESVP[823]. Deshalb sind einige Mitgliedstaaten, insbesondere Großbritannien und die neuen Mitgliedstaaten, grundsätzlich zurückhaltend gegenüber einer Intensivierung der ESVP[824]. Zwar sind schon kleinere Schritte in diese Richtung erkennbar, wie beispielsweise die Einführung von qualifizierten Mehrheitsentscheidungen, allerdings betreffen diese ausdrücklich nicht den Bereich der ESVP.

In der Praxis gab es für diese Problematik schon Lösungsansätze. So können „Grundsätze und allgemeine Leitlinien" sowie „gemeinsame Strategien" säulenübergreifende Programme durch den Europäischen Rat ermöglichen[825]. Besser ließe sich dieses Problem aber lösen, wenn die EU die Kompetenzausübung erhalten würde, was eine Abkehr vom Intergouvernementalismus bedeuten würde. Dazu müssten die bestehenden Verträge geändert werden. Eine solche Vertragsänderung ließe sich durch das Vertragsänderungsverfahren (Art. 48 EUV) durchführen.

4. Reform des Rotationsprinzips

Ein weiteres Strukturproblem der GASP/ESVP, das in den Zusammenhang mit der mangelnden Kohärenz fällt und damit die Handlungsfähigkeit der EU beeinträchtigt, stellt das System der rotierenden Ratspräsidentschaft dar. Das Rotationsprinzip führt zu Irritationen bei Drittstaaten im außenpolitischen Erscheinungsbild der EU und zum Bedeutungsverlust „im Konzert der internationalen Mächte" im Fall der Ratspräsidentschaft eines kleinen Mitgliedstaats. Sonderprobleme treten überdies dann auf, wenn etwa Dänemark aufgrund des Opt-outs im Verteidigungsbereich[826] die Ratspräsidentschaft innehat[827].

---

823 *S. Fröhlich*, Das Projekt der GESVP: Entwicklungen u. Perspektiven, in: ZEI Discussion Paper, C 116, 2002, S. 21.

824 *U. Diedrichs/M. Jopp/S. Sandawi*, Möglichkeiten u. Grenzen militärischer Integration im Rahmen der ESVP, in: int 2004, 223, 226.

825 *S. Fröhlich*, Das Projekt der GESVP: Entwicklungen u. Perspektiven, in: ZEI Discussion Paper, C 116, 2002, S. 14.

826 Anm.: Das dänische Opt-out im Verteidgungsbereich geht auf das Jahr 1992 zurück, als das dänische Volk in einem Referendum dem Vertrag von Maastricht zunächst die Zustimmung verweigerte. Auf dem Europäischen Rat von Edinburgh im Dezember 1992 wurden deshalb Opt-outs für Dänemark vereinbart, die schließlich dazu führten, dass Dänemark in einem zweiten Referendum im Mai 2003 dem Maastricht-Vertrag zugestimmt hatte. Zum Opt-out Dänemarks siehe Schlussfolgerungen des Vorsitzes des ER in Edinburgh v. 11./.12.12.1992, SN 456/92, Teil B, Anlage 2: Erklärung betreffend der Verteidigung.

Die Nachteile der rotierenden Ratspräsidentschaft könnten durch eine Stärkung des Hohen Vertreters für die GASP, die zumindest im Außenverhältnis das Profil der vielen und halbjährlich wechselnden „Gesichter“ der EU-Sprecher schärfen könnte, behoben werden[828]. Deshalb wäre an die Schaffung eines Außenministers der EU zu denken. Jedenfalls sollte sich die EU mit einer Persönlichkeit ausstatten, die neutral ist. Eine mehrere Jahre dauernde Wahlpräsidentschaft eines einzigen Landes wäre dagegen aufgrund mangelnder Neutralität nicht sinnvoll, auch wenn ein solcher Lösungsansatz im Vergleich zur jetzigen rotierenden Präsidentschaft besser wäre[829]. Das Vertragsänderungsverfahren (Art. 48 EUV) müsste zur Verwirklichung solcher Veränderungen durchgeführt werden.

VI. Bewertung

Für die Effektivität der ESVP spielt die Kohärenz zwischen den Mitgliedstaaten eine sehr bedeutende Rolle, weil im Bereich der ESVP zwingend das Konsensprinzip vorgeschrieben ist. Daher ist ein kohärentes Auftreten der Mitgliedstaaten zwingende Voraussetzung für eine effektive Bekämpfung des Terrorismus im Rahmen der ESVP. Eine erfolgreiche Außenpolitik setzt ein geschlossenes Auftreten in dem Sinn voraus, dass nicht unterschiedliche sich widersprechende Maßnahmen gesetzt werden. Allerdings haben die beschriebenen Probleme bei der Zusammenarbeit in der Praxis gezeigt, dass die Mitgliedstaaten oftmals ein gemeinsames Auftreten vermissen ließen. Alleingänge von Mitgliedstaaten haben der ESVP-Entwicklung Schaden zugefügt. Sie stellten sogar Verstöße gegen den EU-Vertrag dar, sind jedoch nicht justitiabel. Deshalb sind weitere Anstrengungen zur Verbesserung der Zusammenarbeit notwendig, wie beispielsweise durch die zuvor angesprochenen Möglichkeiten zur Behebung des Kohärenzproblems. Zwar könnten dann solche Anstrengungen dazu beitragen, dass erneute Konfliktsituationen teilweise verhindert werden, dennoch werden sie ein erneutes uneinheitliches Auftreten nicht gänzlich verhindern können. In Extremsituationen, wie etwa die Irak-Krise, ist erneut mit einem uneinheitlichen Auftreten der Mitgliedstaaten zu rechnen.

---

827 *M. Jopp/J. Reckmann/E. Regelsberger*, Ansatzpunkte u. Optionen zur institutionellen Weiterentwicklung von GASP u. ESVP, in: int 2002, 230, 232-233.

828 *E. Regelsberger*, GASP, in: W. Weidenfeld/W. Wessels (Hrsg.), Jahrbuch der Europäischen Integration 2001/2002 (2002), 233, 241.

829 Anm.: Ein solcher starker Ratspräsident könnte bspw. auf fünf Jahre gewählt werden und im gewissen Umfang für die Außen-, Sicherheits- und Verteidigungspolitik der EU zuständig sein. Vgl. *S. Fröhlich*, Das Projekt der GESVP: Entwicklungen u. Perspektiven, in: ZEI Discussion Paper, C 116, 2002, S. 18.

C. Internationale Zusammenarbeit

Nicht nur in der EU wurde das Problem des Terrorismus als eines der Hauptprobleme für die internationale Sicherheit erkannt. Auch andere Staaten beziehungsweise Organisationen betrachten den Terrorismus als eine der Hauptbedrohungen der heutigen Zeit. Folglich könnte die Zusammenarbeit mit anderen Akteuren zu einer Verbesserung der Terrorismusbekämpfung führen.

Dementsprechend wurde in der Erklärung von Sevilla betont, dass „*(...) die internationale Zusammenarbeit (eines der) wesentlichen Instrumente zur Bekämpfung dieser Geißel*“ ist[830]. Später wurde etwa im Präsidentschaftsprogramm[831] zur deutschen Ratspräsidentschaft (1. Hj. 2007) hervorgehoben, dass „*vor dem Hintergrund (...) des Terrorismus (...)*“ es Ziel der Gestaltung der gemeinsamen Außen- und Sicherheitspolitik sein müsse, sich „*für eine effizientere und kohärente Außenpolitik und eine vertiefte Zusammenarbeit mit den Partnern*“ einzusetzen[832]. Die Verfolgung einer vertieften Zusammenarbeit mit Partnern entspricht dabei auch den Vorgaben der Europäischen Sicherheitsstrategie[833]. Insbesondere ist eine enge und vertiefte Zusammenarbeit der EU mit ihren Partnern deshalb erforderlich, weil einerseits die EU von ihren Partnern ersucht werden könnte, ihnen die ESVP-Fähigkeiten zur Terrorismusbekämpfung zur Verfügung zustellen[834]. Andererseits könnte die EU auch ihre Partner ersuchen, für die EU Operationen zur Terrorismusbekämpfung durchzuführen[835]. Zudem bleibt zu bedenken, dass zwischen anderen Staaten beziehungsweise Organisationen und der EU Konkurrenzsituationen entstehen könnten, die dann hinderlich für eine effektive Terrorismusbekämpfung wären.

I. Verhältnis der EU zu den Vereinten Nationen im Bereich der ESVP

Die Hauptaufgabe der Vereinten Nationen ist gemäß ihrer Charta die Wahrung des Weltfriedens und der internationalen Sicherheit (vgl. Art. 1 Ziff. 1 und Art.

---

830 Zur Erklärung von Sevilla siehe 2. Kap. C.

831 Europa gelingt gemeinsam, Präsidentschaftsprogramm der deutschen Bundesregierung, abrufbar unter www.eu2007.de/includes/Downloads/Praesidentschaftsprogramm/EU-P-AProgr-d-2911.pdf, letzter Zugriff: 2.8.2009.

832 Europa gelingt gemeinsam, Präsidentschaftsprogramm der deutschen Bundesregierung, S. 21, abrufbar unter www.eu2007.de/includes/Downloads/Praesidentschaftsprogramm/EU-P-AProgr-d-2911.pdf, letzter Zugriff: 2.8.2009.

833 Vgl. Europäische Sicherheitsstrategie, „Ein sicheres Europa in einer besseren Welt“ v. 12.12.2003, Ratsdok. 15895/03, S. 15; vgl. auch 2. Kap. E. I. 3.

834 Dazu vgl. 1. Kap. B. III. 1. c.) cc.).

835 Dazu vgl. 1. Kap. B. III. 1. c.) bb.).

24 Abs. 1 UN-Charta). Deshalb fällt der Terrorismus als eine der heutigen Hauptbedrohungen für den Weltfrieden und für die internationale Sicherheit in den Aufgabenbereich der Vereinten Nationen. Somit könnten Konkurrenzprobleme zur EU entstehen, da die Terrorismusbekämpfung ebenso zu den Aufgaben der EU gehört. Insbesondere spielt das Verhältnis deswegen eine wichtige Rolle, weil die Vereinten Nationen mangels eigener Ressourcen die EU ersuchen könnten, eine Operation durchzuführen. Zudem ist zu beachten, dass die UN-Charta den völkerrechtlichen Rahmen für die Anwendung militärischer Gewalt bildet. Der UN-Sicherheitsrat kann daher Aktionen der EU rechtliche Legitimität verleihen.

1. Grundverhältnis

a.) Vorrang der Vereinten Nationen gegenüber der EU?

Der EU-Vertrag enthält keine ausdrückliche Regelung über das Verhältnis zwischen der EU und den Vereinten Nationen. Allerdings geht aus Art. 11 Abs. 1 Spstr. 3 EUV hervor, dass die EU nach der Grundausrichtung der GASP, und damit der ESVP, den Grundsätzen und Zielen der UN-Charta verpflichtet ist. Dementsprechend heißt es in Art. 11 Abs. 1 Spstr. 3 EUV, dass *„die Wahrung des Friedens und die Stärkung der internationalen Sicherheit entsprechend den Grundsätzen der Charta der Vereinten Nationen (...)“* zu den Zielen der GASP gehören. Hieraus wird ersichtlich, dass in erster Linie der UN-Sicherheitsrat für die Aufrechterhaltung des Friedens und der Sicherheit in den internationalen Beziehungen verantwortlich ist, wozu sich die EU in der Vergangenheit mehrfach bekannt hat[836]. Insbesondere wurde die Bedeutung der Vereinten Nationen in der Europäischen Sicherheitsstrategie hervorgehoben, in der es heißt, dass die *„Stärkung der Vereinten Nationen und ihrer Ausstattung mit den zur Erfüllung ihrer Aufgaben und für ein effizientes Handeln erforderlichen Mitteln (...) für Europa ein vorrangiges Ziel (ist)“*[837]. Die Vereinten Nationen besitzen demgemäß bei der Aufrechterhaltung des Friedens und der Sicherheit aus EU-Sicht Vorrang gegenüber der EU.

---

[836] Schlussfolgerungen des Vorsitzes des ER in Helsinki v. 10./11.12.1999, SN 300/99, Rn. 26; Bericht des Vorsitzes über die ESVP, Anlage VI zu den Schlussfolgerungen des Vorsitzes des ER in Nizza, SN 400/00 ADD 1 REV 1, Einl.; Schlussfolgerungen des Vorsitzes des ER in Göteborg v. 15./16.6.2001, SN 200/1/01 REV 1, Rn. 47.

[837] Europäische Sicherheitsstrategie, „Ein sicheres Europa in einer besseren Welt“ v. 12.12.2003, Ratsdok. 15895/03, S. 11.

b.) Handlungsvoraussetzung UN-Mandat?

Jedoch hat dieser Vorrang nicht automatisch zur Folge, dass die EU für die Durchführung einer ESVP-Operation als Handlungsvoraussetzung ein UN-Mandat benötigt. Weder der EU-Vertrag, noch die einschlägigen sekundärrechtlichen und politischen ESVP-Dokumente enthalten hinsichtlich des Erfordernisses eines UN-Mandats ausdrückliche Aussagen[838]. Damit könnte die EU gewährleisten wollen, handlungsfähig zu bleiben, wenn es die Vereinten Nationen nicht sind. So ist etwa in diesem Zusammenhang an die Gefahr zu denken, dass ein geplanter ESVP-Einsatz vom UN-Sicherheitsrat blockiert wird. Dies könnte dafür sprechen, dass ein UN-Mandat keine Handlungsvoraussetzung für eine ESVP-Operation ist und die EU sich selbst ein Mandat verleihen kann.

Dennoch dürfte einiges für das Erfordernis eines UN-Mandats als Handlungsvoraussetzung für eine militärische ESVP-Operation im Regelfall sprechen. So sollte ein UN-Mandat Voraussetzung sein, um die Integrität des universellen Systems der kollektiven Sicherheit zu wahren, selbst wenn dadurch die besagte Gefahr bestünde, dass ein ESVP-Einsatz vom UN-Sicherheitsrat blockiert würde[839]. Insbesondere spricht die Verpflichtung der EU zu den Grundsätzen und Zielen der UN-Charta für das Erfordernis eines UN-Mandats (vgl. Art. 11 EUV). Einen der Grundsätze der UN-Charta stellt nämlich das Gewaltverbot nach Art. 2 Ziff. 4 UN-Charta dar. Deshalb wäre ein Verstoß gegen das Gewaltverbot gleichbedeutend mit einem Verstoß gegen Art. 11 EUV. Liegt jedoch ein UN-Mandat vor, besteht kein Verstoß gegen das Gewaltverbot und damit kein Verstoß gegen Art. 11 EUV, weil das Vorliegen eines UN-Mandats die wichtigste Ausnahme vom Gewaltverbot ist[840]. Aus der Verpflichtung der EU, das Gewaltverbot zu achten, lässt sich demzufolge entnehmen, dass in der Regel eine Ermächtigung durch den UN-Sicherheitsrat vorliegen muss[841].

---

838 *S. Graf v. Kielmansegg*, Die Verteidigungspolitik der EU (2005), S. 226; *S. von Schorlemer*, Empfehlungen zur ESVP in den VN, in: DGVN Policy Paper 1/2007, 1, 3.

839 *S. von Schorlemer*, Empfehlungen zur ESVP in den VN, in: DGVN Policy Paper 1/2007, 1, 3-4.

840 Anm.: Für diese Ausnahme müssen die Voraussetzungen des Kapitels VII oder des Kapitels VIII der UN-Charta vorliegen. Vgl. dazu *M. Bothe* in W. Graf Vitzthum, Völkerrecht (2004), 8. Abschn I 1 c, Rn. 24.

841 So *H.-J. Cremer*, in: C. Calliess/M. Ruffert, EU (2007), Art. 17, Rn. 25; *S. Fröhlich*, Das Projekt der GESVP: Entwicklungen u. Perspektiven, in: ZEI Discussion Paper, C 116, 2002, S. 33; *S. Graf v. Kielmansegg*, Die Verteidigungspolitik der EU (2005), S. 226-227; *S. von Schorlemer*, Empfehlungen zur ESVP in den VN, in: DGVN Policy Paper 1/2007, 1, 3-4.

Trotzdem sind auch Konstellationen vorstellbar, in denen die EU ESVP-Operationen ohne UN-Mandat durchführen könnte und kein Verstoß gegen das Gewaltverbot des Art. 2 Ziff. 4 UN-Charta sowie damit gegen Art. 11 EUV vorliegt. Denn neben dem Vorliegen eines UN-Mandats sind weitere Ausnahmen vom Gewaltverbot anerkannt, weil es Möglichkeiten zur Aufhebung des Gewaltverbots geben muss, damit die rechtstreuen Mitgliedstaaten politische oder militärische Maßnahmen zur Wiederherstellung des Friedens ergreifen können[842]. Weitere Ausnahmen sind das in Art. 51 UN-Charta niedergeschriebene Recht auf Selbstverteidigung[843] sowie gewohnheitsrechtlich anerkannte Ausnahmen. Solche diskutierte, jedoch in der Literatur umstrittene gewohnheitsrechtliche Ausnahmen vom Gewaltverbot, sind die Ausübung des Selbstbestimmungsrechts[844], die humanitäre Intervention[845], die Rettung eigener Staats-

842 *K. Ipsen*, Völkerrecht (2004), § 60, Rn. 2.

843 Anm.: Art. 51 UN-Charta erkennt explizit das „naturgegebene Recht zur Selbstverteidigung" an. Dabei kann sich zum einen der angegriffene Staat selbst verteidigen (individuelle Selbstverteidigung) und zum anderen kann eine dritte Partei einem angegriffenen Staat zur Hilfe kommen (kollektive Selbstverteidigung). Vgl. *M. Bothe* in W. Graf Vitzthum, Völkerrecht (2004), 8. Abschn I 1 c, Rn. 19.

844 Anm.: Bei einer extensiven, aber heute überwiegend anerkannten Definition des Selbstbestimmungsrechts muss der Verband, der dieses gerechtfertigt ausübt, nicht notwendigerweise schon selbst militärisch angegriffen sein, sondern er könnte sich auf sein Sezessionsrecht berufen, das durch brutale Diskriminierung der Bevölkerungsgruppe ausgelöst wird. Die Rechtmäßigkeit eines gewaltsamen Befreiungskampfes kann sich dann ergeben, wenn entweder ein ganzes Staatsvolk oder eine Bevölkerungsgruppe in die Situation kommt, keine andere Möglichkeit in Betracht zu ziehen, ihre Autonomie oder ihre Menschenrechte zu schützen. Dazu vgl. *K. Doehring*, Völkerrecht (2004), Rn. 575. Diese Ausnahmemöglichkeit besitzt für die EU allerdings keine Bedeutung, da sie im Rahmen der ESVP nur als Drittstaat eingreifen kann.

845 Anm.: Äußerst umstritten ist, ob eine humanitäre Intervention ohne UN-Autorisierung eine Ausnahme vom Gewaltverbot darstellen kann. Die Diskussion entwickelte sich beim Vorgehen der NATO im Kosovo 1999, das ohne UN-Mandat erfolgt ist. Befürworter dieser Ausnahme stellen auf die Notwendigkeit des Tätigwerdens zur Verhütung von Schlimmeren ab, also der Schutz von Bevölkerungsteilen eines anderen Staates vor Menschenrechtsverletzungen oder Völkermord. Sie setzen Art. 2 Ziff. 4 UN-Charta in ein Verhältnis zu den an anderer Stelle der Charta anerkannten humanitären Aspirationen. Die gesamte Charta stünde unter dem Grundsatz, dass kein Staat seine Bürger terrorisieren dürfe. Vgl. dazu *S. Hobe/O. Kimminich*, Einführung in das Völkerrecht (2004), 10.1.5., der allerdings im Ergebnis die humanitäre Intervention, wie auch die herrschende Meinung, als Ausnahme zum Gewaltverbot kritisch betrachtet. Vgl. ablehnend *K. Ipsen*, Völkerrecht (2004), § 15, Rn. 26; *M. Bothe* in W. Graf Vitzthum, Völkerrecht (2004), 8. Abschn I 1 c, Rn. 22; *T. Schweisfurth*, Völkerrecht (2006), 9-303; dagegen befürwortend *M. Herdegen*, Völkerrecht (2008), § 34, Rn. 25 ff.

bürger in einem fremden Staat[846] sowie die Einwilligung durch den betroffenen Staat. Aus EU-Perspektive gehört zu den gewohnheitsrechtlich akzeptierten Ausnahmen insbesondere die Einwilligung durch den betroffenen Staat[847]. In diesem Fall kann begrifflich nicht mehr von Gewalt gegen einen Staat gesprochen werden, weil die Regierung des Staates dem anderen Staat gestattet oder ihn bittet, gegenüber Dritten, etwa Aufständische oder Terroristen, gewaltsam vorzugehen[848]. Rechtsgrundlage für eine solche Operation ist dann die jeweilige Vereinbarung mit dem betroffenen Staat. Die EU handelte selbst schon im Rahmen der ESVP ohne UN-Mandat auf Grundlage einer Vereinbarung mit einem betroffenen Staat. Zu nennen sind etwa die ersten beiden ESVP-Operationen, die Polizeimission der EU in Bosnien und Herzegowina (EUPM) sowie die Operation Concordia in Mazedonien[849].

Daher ist in der Praxis bisher keine Tendenz zu einem vollkommen eigenmächtigen Handeln der EU erkennbar. Vielmehr hat sich die EU bei ihren bisherigen Operationen an die vom UN-Sicherheitsrat erteilten Mandate beziehungsweise an die Vereinbarungen mit den ersuchenden Staaten gehalten. Liegt jedoch keine Ausnahme vom Gewaltverbot vor, so wäre die militärische ESVP-Operation durch ein Eigenmandat der EU nach geltendem Völkerrecht rechtswidrig. Alleine um eine rechtliche Legitimation für eine ESVP-Operation zu erhalten, ist deshalb das Vorliegen einer Ausnahme vom Gewaltverbot, wozu insbesondere das Vorliegen eines UN-Mandats zählt, Voraussetzung für ein militärisches Handeln im Rahmen der ESVP.

---

846 Anm.: Ebenfalls sehr umstritten ist die im engen Zusammenhang mit der humanitären Intervention stehende Ausnahme vom Gewaltverbot Rettung eigener Staatsbürger in einem fremden Staat. Wenn nämlich der Zielstaat keine Zustimmung erteilt, liegt ein Verstoß gegen das Gewaltverbot vor. Begründet wird diese Ausnahme u. a. damit, dass die Lebensbedrohung als „bewaffneter Angriff" eingestuft wird. Allerdings stuft Art. 3 der Aggressionsdefinition (zu ihr siehe UN-Generalversammlung-Resolution 3314 (XXIX) v. 14.12.1974, abgedruckt in: Sartorius II, Nr. 5) Staatsangehörige im Ausland nicht in die geschützten Außenpositionen ein. Ebenso wenig kann das Selbstverteidigungsrecht als Rechtfertigungsgrund herangezogen werden, da Art. 51 UN-Charta die individuelle Gewaltanwendung bei Rettungsaktionen illegalisiert. Aus diesen Gründen lehnt die herrschende Meinung die Rettung eigener Staatsangehöriger als Ausnahme vom Gewaltverbot ab. Vgl. *T. Schweisfurth*, Völkerrecht (2006), 9-300; vgl. auch *M. Bothe* in W. Graf Vitzthum, Völkerrecht (2004), 8. Abschn I 1 c, Rn. 21; anderer Ansicht ist dagegen *M. Herdegen*, Völkerrecht (2008), § 34, Rn. 21-22.

847 Vgl. *H.-J. Cremer*, in: C. Calliess/M. Ruffert, EU (2007), Art. 17, Rn. 25; *S. Graf v. Kielmansegg*, Die Verteidigungspolitik der EU (2005), S. 227.

848 *M. Bothe* in W. Graf Vitzthum, Völkerrecht (2004), 8. Abschn I 1 c, Rn. 23. Abgelehnt wird ein Eingreifen auf Seiten einer Bürgerkriegspartei. Insgesamt ist die Anerkennung einer Intervention auf Einladung umstritten.

849 *S. Graf v. Kielmansegg*, Die Verteidigungspolitik der EU (2005), S. 227.

c.) Abhängigkeitsverhältnis zwischen den Vereinten Nationen und der EU

Trotz des Vorrangs der Vereinten Nationen aus EU-Sicht einerseits stehen die Vereinten Nationen andererseits in einem Abhängigkeitsverhältnis zur EU. Die Vereinten Nationen verfügen nicht über eigene Streitkräfte und können daher nicht eigenständig militärische Zwangsmaßnahmen nach Kapitel VII der UN-Charta durchführen. Zwar können nach Art. 43 Abs. 1 UN-Charta Sonderabkommen mit den Mitgliedstaaten getroffen werden, nach denen diese nationale Streitkräfte den Vereinten Nationen zur Verfügung stellen müssen und diese Streitkräfte unmittelbar dem Kommando der Vereinten Nationen unterstehen, allerdings haben die Vereinten Nationen bis heute mit keinem Mitgliedstaat ein solches Sonderabkommen abgeschlossen[850].

Deshalb sind die Vereinten Nationen auf Fähigkeiten, wie die der EU, angewiesen. Insbesondere die steigende Anzahl von Blauhelm-Missionen in den vergangenen Jahren[851] hat gezeigt, dass es den Vereinten Nationen an gut ausgebildeten Soldaten sowie schlagkräftigen und hochmobilen Einheiten mit guter Ausrüstung, Transportmöglichkeiten und Logistik fehlt[852]. Zudem hat die große Anzahl an UN-Missionen die Vereinten Nationen vor strukturelle sowie personelle Herausforderungen gestellt, die zur Überlastung der UN-Kapazitäten führen können. So stellten die EU-Mitgliedstaaten im November 2006 bereits 13,5 % des Gesamtpersonals der Friedenssicherungseinsätze der Vereinten Nationen[853]. Zusätzlich ist zu berücksichtigen, dass im Jahr 2007 die EU-Mitgliedstaaten 40,6 % der finanziellen Mittel für die Friedenssicherungseinsätze der Vereinten Nationen zur Verfügung gestellt haben[854]. Ohne die ESVP-Strukturen und EU-Mittel würden die Vereinten Nationen demgemäß Probleme bei der Friedenssicherung bekommen. Blauhelm-Missionen der Vereinten Nationen bestehend nur aus Ressourcen von Entwicklungsländern dürften kaum in der Lage sein, Konflikte einzudämmen, zu befrieden und zu lösen[855]. Folglich

---

850 *M. Herdegen*, Völkerrecht (2008), § 41, Rn. 5-6; *T. Stein/C. von Buttlar*, Völkerrecht (2005), Rn. 862; *S. Hobe/O. Kimminich*, Einführung in das Völkerrecht (2004), 10.4.2.

851 Dazu siehe Size of UN Peacekeeping Forces: 1947-2007, abrufbar unter www.globalpolicy.org/security/peacekpg/data/pcekprs.htm, letzter Zugriff: 2.8.2009.

852 *P. Schmidt*, Nationale Entscheidungsspielräume in der EU u. den VN, in: S. Mair (Hrsg.), Auslandseinsätze der Bundeswehr, in: SWP-Studie, Sep. 2003, S. 50, 51.

853 Wie EU u. VN zusammenarbeiten, 2.1., abrufbar unter www.unric.org/html/german/pdf/-Leporello_EU-VN_d.pdf, letzter Zugriff: 2.8.2009.

854 Wie EU u. VN zusammenarbeiten, 1.5. u. 2.1., abrufbar unter www.unric.org/html/-german/pdf/Leporello_EU-VN_d.pdf, letzter Zugriff: 2.8.2009.

855 *S. von Schorlemer*, Empfehlungen zur ESVP in den VN, in: DGVN Policy Paper 1/2007, 1, 3.

bestünde die Gefahr, dass UN-Missionen nicht effektiv sind, wenn die EU die Vereinten Nationen nicht unterstützt.

d.) Rechtliche Rückgriffsmöglichkeiten der Vereinten Nationen auf EU-Fähigkeiten

Die EU-Fähigkeiten können die Vereinten Nationen über zwei Wege in Anspruch nehmen, um militärische Zwangsmaßnahmen nach Kapitel VII der UN-Charta einzuleiten. Sie ergeben sich rechtlich zum einen aus Art. 48 Abs. 2 UN-Charta und zum anderen aus Kapitel VIII der UN-Charta.

aa.) Rückgriffsmöglichkeit über Art. 48 Abs. 2 UN-Charta

Die UN-Charta sieht in Art. 48 UN-Charta vor, dass Beschlüsse zur Umsetzung der vom Sicherheitsrat nach Art. 42 UN-Charta angeordneten militärischen Maßnahmen nach *„Ermessen des Sicherheitsrates von allen oder von einigen Mitgliedern der Vereinten Nationen“* (Art. 48 Abs. 1 UN-Charta) oder durch *„geeignete internationale Einrichtungen“* (Art. 48 Abs. 2 UN-Charta) unter Aufsicht des UN-Sicherheitsrat durchgeführt werden[856]. Bei der Durchführung nach Art. 48 UN-Charta unterstellen die autorisierten Staaten beziehungsweise geeigneten internationalen Einrichtungen ihre Truppen nicht dem militärischen Oberbefehl des UN-Sicherheitsrates, sondern führen den Einsatz selbständig im Rahmen des Mandats durch[857]. Eine Verpflichtung zur Teilnahme besteht für die autorisierten Staaten und internationale Einrichtungen allerdings nicht.

Die EU kann dabei eine solche geeignete internationale Einrichtung im Sinne des Art. 48 Abs. 2 UN-Charta sein. Von Art. 48 Abs. 2 UN-Charta wird jede Art von internationaler Organisation und sogar internationale Einrichtungen ohne Völkerrechtssubjektivität von Art. 48 Abs. 2 UN-Charta umfasst, sofern nur Mitgliedstaaten Mitglieder sind und die internationale Organisation geeignet ist, den Sicherheitsrat bei der Durchführung seiner Beschlüsse im Rahmen des Kapitels VII der UN-Charta zu unterstützen[858]. Diese Voraussetzungen liegen vor. Zum Aufgabenspektrum der EU gehören gemäß Art. 17 Abs. 2 EUV friedens-

[856] *S. Hobe/O. Kimminich*, Einführung in das Völkerrecht (2004), 10.4.2.; *M. Herdegen*, Völkerrecht (2008), § 41, Rn. 7; *T. Stein/C. von Buttlar*, Völkerrecht (2005), Rn. 862.

[857] *T. Stein/C. von Buttlar*, Völkerrecht (2005), Rn. 862.

[858] *B.-O. Bryde/A. Reinisch*, in: B. Simma, The Charter of the United Nations, Vol. 1 (2002), Art. 48, Rn. 9-10; *B.-O. Bryde* zu Art. 48, Rn. 9-10, in: B. Simma, Charta der VN, Kommentar (1991).

erhaltende und –schaffende Maßnahmen[859]. Damit können die Mitgliedstaaten der EU durch Bereitstellung der ESVP-Ressourcen, wie etwa den Battle Groups, die Vereinten Nationen militärisch im Rahmen von UN-geführten Friedenseinsätzen unterstützten.

bb.) Rückgriffsmöglichkeit über Kapitel VIII der UN-Charta

Neben den auf Universalität angelegten Vereinten Nationen sind auch Regionalorganisationen nach Kapitel VIII der UN-Charta befugt, zur Wahrung des Frieden und der Sicherheit beizutragen, und zwar in den Bereichen, in denen regionale Maßnahmen angebracht sind[860]. Gemäß Art. 52 Abs. 1 UN-Charta müssen diese zwischenstaatlichen Regionalabmachungen aber *„mit den Zielen und Grundsätzen der Vereinten Nationen vereinbar“* sein. Als Regionalorganisation im Sinne des Art. 52 UN-Charta sind solche internationalen Organisationen zu verstehen, deren Aufgabe die Friedenssicherung ist[861]. Dabei ist allgemein anerkannt, dass die EU eine solche Regionalorganisation ist, denn die EU ist regional begrenzt, nimmt Aufgaben innerhalb des UN-Systems war und ist mit den Zielen und Grundsätzen der Vereinten Nationen vereinbar[862]. Für das Verhältnis zwischen den Vereinten Nationen und der Regionalorganisation sehen die Art. 52 ff. UN-Charta vor, dass die regionalen Friedenssicherungsmechanismen zunächst eingreifen sollen, bevor der UN-Sicherheitsrat entgegen der Hauptverantwortung des Sicherheitsrates gemäß Art. 24 Abs. 1 UN-Charta mit der Sache befasst wird. Daraus wäre zu schließen, dass die Streitbeilegung auf regionaler Ebene vorrangig vor der Inanspruchnahme des UN-Streitschlichtungssystem ist[863]. Dennoch ist dabei zu beachten, dass nach Art. 54 UN-Charta der UN-Sicherheitsrat über alle Maßnahmen zur Sicherung des Friedens und der Sicherheit zu unterrichten ist. Vor allem muss für den Einsatz von militärischen Zwangsmaßnahmen einer Regionalorganisation, ein UN-Mandat vorliegen (Art. 53 Abs. 1 UN-Charta). Daraus wird sichtbar, dass die Regionalorganisationen in das UN-System eingegliedert werden und die Letztverantwortlichkeit beim UN-Sicherheitsrat liegt[864].

---

859 Zum ESVP-Aufgabenspektum siehe 1. Kap. B. I.

860 *K. Ipsen*, Völkerrecht (2004), § 60, Rn. 32; *T. Stein/C. von Buttlar*, Völkerrecht (2005), Rn. 871.

861 *K. Ipsen*, Völkerrecht (2004), § 60, Rn. 32; *T. Stein/C. von Buttlar*, Völkerrecht (2005), Rn. 872.

862 Dazu siehe *T. Stein/C. von Buttlar*, Völkerrecht (2005), Rn. 872; *K. Ipsen*, Völkerrecht (2004), § 60, Rn. 32.

863 *T. Stein/C. von Buttlar*, Völkerrecht (2005), Rn. 873.

864 *S. Graf v. Kielmansegg*, Die Verteidigungspolitik der EU (2005), S. 218.

cc.) Unterschiede zwischen den Rückgriffsmöglichkeiten

Aus den Erläuterungen wird ersichtlich, dass sich das rechtliche Verhältnis zwischen der EU und den Vereinten Nationen aus UN-Perspektive zum einen aus Art. 48 Abs. 2 UN-Charta herleitet und zum anderen aus Kapitel VIII der UN-Charta. Beiden Verbindungsmöglichkeiten ist gemein, dass sie dem UN-Sicherheitsrat kein Zugriffsrecht für militärische Zwangsmaßnahmen geben, die Ermächtigungsmöglichkeit durch den UN-Sicherheitsrat besteht und die Anwendungsbereiche sich überschneiden. Der wesentliche Unterschied könnte darin liegen, dass im Wortlaut *„Maßnahmen regionaler Art“* des Art. 52 Abs. 1 UN-Charta eine geographische Beschränkung auf das nähere Umfeld der EU zu sehen sein könnte, während es für militärische Zwangsmaßnahmen der EU auf der Grundlage des Art. 48 Abs. 2 UN-Charta keine geographische Beschränkung gibt[865].

e.) Mögliche Probleme im Verhältnis zwischen Vereinte Nationen und EU

Probleme im Verhältnis zwischen den Vereinten Nationen und der EU könnten entstehen, wenn die EU-Staaten, wie schon in der Vergangenheit oftmals geschehen, uneinheitlich auftreten[866]. Die mangelnde Kohärenz im innereuropäischen Verhältnis kann dem Verhältnis Schaden zufügen. Im Verhältnis Vereinte Nationen-EU betrifft dies insbesondere das Auftreten der ständigen Sicherheitsratsmitglieder Großbritannien und Frankreich[867]. Auch wenn diese nach Art. 19 Abs. 2 UAbs. 2 EUV gehalten sind, sich bei der Beratung und Beschlussfassung für die „Standpunkte und Interessen der Union“ einzusetzen, ist der Vorbehalt *„unbeschadet ihrer Verantwortung aufgrund der Charta der Vereinten Nationen“* nicht so zu interpretieren, dass sie verpflichtet sind, gegen jedweden Sicherheitsratsbeschluss, der nicht in jeder Hinsicht mit der Ausrichtung der GASP übereinstimmt, ein Veto einzulegen[868]. Zwar haben sich in der Praxis Frankreich und Großbritannien zunehmend bereit erklärt, Fragen, die im Sicherheitsrat behandelt werden, in eine Abstimmung mit allen EU-Mitgliedstaaten einzubeziehen[869]. Dennoch hat andererseits die Praxis in der

---

865 *S. Graf v. Kielmansegg*, Die Verteidigungspolitik der EU (2005), S. 223.

866 Zur mangelnden Kohärenz der EU-Staaten siehe 3. Kap. B. II.

867 *S. von Schorlemer*, Empfehlungen zur ESVP in den VN, in: DGVN Policy Paper 1/2007, 1, 1.

868 *H.-J. Cremer*, in: C. Calliess/M. Ruffert, EU (2007), Art. 19, Rn. 3.

869 Anm.: Seit 1998/99 stimmen die EU-Mitgliedstaaten in etwa 97 % der Fälle übereinstimmend in der Generalversammlung ab. Dazu siehe Wie EU u. VN zusammenarbeiten,

Irak-Frage ebenfalls bewiesen, dass in bedeutenden Fragen ein abgestimmtes Verhalten gerade nicht erreicht werden konnte[870]. Sollten die EU-Mitgliedstaaten letztgenanntes Verhalten nicht wiederholen, so könnten sie durch abgestimmtes Verhalten erheblichen Einfluss auf die Vereinten Nationen nehmen.

2. Zusammenarbeit

Die Vergangenheit hat gezeigt, dass das Verhältnis zwischen der EU und den Vereinten Nationen im Bereich der ESVP spannungsfrei war. Beide Organisationen haben Anstrengungen unternommen, das Verhältnis weiter zu verbessern und zu stärken. Sie haben mehrfach den Willen kundgetan, zusammenarbeiten zu wollen. Die Europäischen Räte stellten wiederholt klar, dass die EU anerkennt, *„dass dem Sicherheitsrat der Vereinten Nationen die Hauptverantwortung für die Aufrechterhaltung des Friedens und der Sicherheit in der Welt zukommt"*[871]. Dadurch sollten Rivalitäten zwischen der EU und den Vereinten Nationen von vornherein verhindert werden. Dies unterstrich die EU auch deshalb, um unilaterale Maßnahmen der USA und damit eine Polarisierung in der internationalen Staatengemeinschaft zu verhindern[872]. Die EU will dementsprechend die Vereinten Nationen auf dem Gebiet der Krisenprävention und –bewältigung unterstützen und damit einen Beitrag zur Stärkung der Vereinten Nationen leisten. Dazu will sie ihre Fähigkeiten den Vereinten Nationen zur Verfügung stellen[873]. Daraus wird ersichtlich, dass die Bedeutung der EU für die Krisenprävention und –bewältigung sehr groß sein kann. Dies haben die Vereinten Nationen durch ihren Generalsekretär *Kofi Annan* hervorgehoben, in dem dieser zum Ausdruck brachte, dass die Vereinten Nationen etwa auf das Angebot der Battle Groups der EU zurückgreifen wollen. Denn diese Battle Groups könnten zu einem bedeutenden Mittel für die militärische Handlungsfähigkeit der Vereinten Nationen werden[874]. Insbesondere vom Ausbau der ESVP-Fähigkeiten sollten

---

1.4., abrufbar unter www.unric.org/html/german/pdf/Leporello_EU-VN_d.pdf, letzter Zugriff: 2.8.2009.

870 *W. Kaufmann-Bühler*, in: E. Grabitz/M. Hilf, Art. 19 EUV, Rn. 12 (30. EL Juni 2006).

871 Siehe etwa Schlussfolgerungen des Vorsitzes des ER in Göteborg v. 15./16.6.2001, SN 200/1/01 REV 1, Rn. 47.

872 *J. Monar*, Die EU als Raum der Freiheit, der Sicherheit u. des Rechts u. die Herausforderung des internationalen Terrorismus, in: int 2002, 171, 176.

873 Vgl. Europäische Sicherheitsstrategie, „Ein sicheres Europa in einer besseren Welt" v. 12.12.2003, Ratsdok. 15895/03, S. 11; Entwurf eines Berichtes des Vorsitzes über die ESVP v. 11.12.2001, Ratsdok. 15193/01, Rn. 22.

874 Generalsekretär *Annan* sagte etwa am 15.10.2004 in Dublin Castle zum „Forum on Europe": *„I want to leave you in no doubt of how important strengthened EU capacities*

also zugleich auch die Vereinten Nationen profitieren, indem die EU einen Beitrag zu Friedensmissionen unter deren Mandat leistet. Andererseits können ebenfalls Erfahrungen der Vereinten Nationen in der zivil-militärischen Koordinierung zur Entwicklung entsprechender EU-Systeme und Strukturen beitragen[875]. Deshalb sind der gegenseitige Informationsaustausch sowie Vereinbarungen von Standards und Kompatibilität von Ausrüstung wichtige Bedingungen für die Effektivität.

a.) Zusammenarbeit im Allgemeinen

Erste Anstöße für eine engere Zusammenarbeit wurden unter portugiesischer Ratspräsidentschaft (1. Hj. 2000) getroffen mit dem Auftrag gemeinsame Leitlinien und Vorgaben für internationale Polizei-Operationen zu entwickeln. Diese Polizeikräfte sollten insbesondere auf Ersuchen der Vereinten Nationen einsetzbar sein[876]. Durch den Europäischen Rat in Göteborg im Juni 2001[877] wurden Entscheidungen zur Verstärkung der Zusammenarbeit getroffen, die vor allem die Bereiche Konfliktverhütung und Krisenbewältigung betrafen[878]. Es wurde angeregt, dass die EU bei der Weiterentwicklung der zivilen Fähigkeiten die Erfahrungen der Vereinten Nationen bei der zivilen Krisenbewältigung durch einen Erfahrungsaustausch berücksichtigen solle[879]. In der Folgezeit fanden dann regelmäßige Treffen zwischen der EU-Troika und dem UN-Generalsekretär *Kofi Annan*, zwischen dem Hohen Repräsentanten sowie der Kommissarin für Außenbeziehungen der EU *Benita Ferrero-Waldner* und dem UN-Generalsekretär beziehungsweise seinem Vertreter sowie zwischen dem

---

are to the UN. The EU is in a position to provide specialised skills that our largest troop contributors may not be able to give us, and to deploy more rapidly than we can." Dazu siehe *D. de Bréadún*, Value of EU plan `Battlegrooup' stressed by Annan, in: Irish Times v. 15.10.2004, abrufbar unter www.forumoneurope.ie/eng/index.asp?docID=567, letzter Zugriff: 2.8.2009; vgl. auch *S. von Schorlemer*, Empfehlungen zur ESVP in den VN, in: DGVN Policy Paper 1/2007, 1, 2; ESVP-Bericht des Vorsitzes v. 15./16.12.2005, Ratsdok. 15891/05, Rn. 61.

875 ESVP-Bericht des Vorsitzes v. 15./16.12.2005, Ratsdok. 15891/05, Rn. 61.

876 Konkrete Ziele für die Polizeikräfte, Anlage 4 zu Anlage I der Schlussfolgerungen des Vorsitzes des ER in Santa Maria da Feira v. 19./20.6.2000.

877 Schlussfolgerungen des Vorsitzes des ER in Göteborg v. 15./16.6.2001, SN 200/1/01 REV 1.

878 Schlussfolgerungen des Vorsitzes des ER in Göteborg v. 15./16.6.2001, SN 200/1/01 REV 1, Rn. 53.

879 Zusammenarbeit der EU mit internationalen Organisationen bei den zivilen Aspekten der Krisenbewältigung, Anlage V zum Bericht des Vorsitzes an den ER (Göteborg) über die ESVP, Ratsdok. 9526/1/01 REV 2, Rn. 11.

Politischen und Sicherheitspolitischen Komitee und den stellvertretenden Generalsekretären der Vereinten Nationen statt.

Insbesondere jedoch mit der im September 2003 unterzeichneten „gemeinsamen Erklärung zur Zusammenarbeit bei der Krisenbewältigung“[880], die unter irischer Ratspräsidentschaft im ersten Halbjahr 2004 implementiert wurde, wurde die Kooperation verbessert. Sie sollte dazu beitragen, dass das Ziel der Europäischen Sicherheitsstrategie nach einer geregelten Weltordnung, also auch ohne terroristische Bedrohungen, erreicht werden kann. Aufbauend auf den Erfolgen bei der Zusammenarbeit durch die Ablösung der internationalen Polizeitruppe der Vereinten Nationen durch die Polizeimission der EU in Bosnien und Herzegowina (EUPM) sowie der Einleitung der ESVP-Operation Artemis[881] wurden Mittel und Wege aufgezeigt, wie die EU ihre gemachten Zusagen, die Vereinten Nationen bei der Krisenbewältigung zu unterstützen, würde umsetzen können[882]. Es wurde mit ihr ein strukturierter Rahmen für Konsultationen und Zusammenarbeit festgelegt. Mit Planung, Ausbildung, Kommunikation sowie bewährten Praktiken wurden vier Gebiete bezeichnet[883], in denen die Zusammen-

---

880 Zur EU/UN-Erklärung zur Zusammenarbeit bei der Krisenbewältigung, abgedruckt in: *A. Missiroli*, From Copenhagen to Brussels, European defence: core documents, volume IV, in: Chaillot Papers 67, S. 217.

881 Anm.: Die zweite militärische Operation der EU begann im Juni 2003 in der kongolesischen Region Ituri. Die Operation Artemis, die zeitlich auf vier Monate begrenzt war, war der erste EU-Kriseneinsatz außerhalb Europas und die erste autonome Militärmission der ESVP. Die dorthin entsandten etwa 1.400 Soldaten hatten die Aufgabe, zur Stabilisierung sowie zur Verbesserung der humanitären Lage beizutragen und damit die Bedingungen für eine fortgesetzte Blauhelm-Mission der Vereinten Nationen zu schaffen. Dazu wurde die EU durch den Sicherheitsrat ermächtigt gegebenenfalls Zwangsmittel im Sinne des Kapitel VII UN-Charta einzusetzen. Demnach handelte es sich um die erste Mission, bei der die Streitkräfte auch zu friedenserzwingenden Maßnahmen herangezogen werden konnten. Diese Mission wurde schließlich planmäßig im September 2003 erfolgreich abgeschlossen (Vgl. UN-Sicherheitsratresolution 1484 (2003) v. 30.5.2003; Gemeinsame Aktion 2003/423/GASP des Rates v. 5.6.2003 über die militärische Operation der EU in der DR Kongo, abgedruckt in: ABl. 2003 Nr. L 143, S. 50).

882 EU/UN-Erklärung zur Zusammenarbeit bei der Krisenbewältigung, Rn. 2, abgedruckt in: *A. Missiroli*, From Copenhagen to Brussels, European defence: core documents, volume IV, in: Chaillot Papers 67, S. 217; EU – VN, Anlage II zum Bericht des Vorsitzes über die ESVP v. 14.6.2004, Ratsdok. 10547/04, Rn. 2.

883 Der Bereich Planung umfasst die gegenseitige Unterstützung bei Bewertungsmissionen und engere Kontakte und Zusammenarbeit zwischen Missionsplanungseinheiten, insb. im Hinblick auf die Zuweisung von und die Erfassung des Bestands an logistischen Mitteln sowie auf die Interoperabilität der Ausrüstung.
Der Bereich Ausbildung umfasst die Einführung gemeinsamer Standards, Verfahren und Planung für die Ausbildung von militärischem und zivilem Personal, zeitliche Abstimmung der einsatzvorbereitenden Ausbildung für die Zivilpolizei, Verbindungsbeamte des

arbeit verbessert werden sollte[884]. Dazu wurde ein gemeinsamer Lenkungsausschuss (Kontrollmechanismus) eingerichtet, der auf Arbeitsebene Mittel und Wege für die Verbesserung der beiderseitigen Koordinierung und Kompatibilität in den genannten vier Gebieten prüfen soll[885]. Er trifft sich jährlich zweimal. In der Folgezeit wurden dementsprechend die Kontakte zwischen der EU und den Vereinten Nationen auf Grundlage dieser gemeinsamen Erklärung ausgebaut. Es fanden im Rahmen des gemeinsamen Konsultationsmechanismus regelmäßig Arbeitskontakte zwischen den betreffenden Stellen statt[886], unter anderem auch über Modalitäten des Übergangs zwischen einer ESVP-Operation und einer Operation der Vereinten Nationen[887].

Weitere Verbesserungen im Verhältnis wurden durch die Einigung Anfang 2007 auf die „gemeinsame Erklärung zur Zusammenarbeit zwischen Vereinte Nationen und EU bei der Krisenbewältigung“[888] angestrebt. In dieser bekräftigten beide, auf dem Gebiet der Krisenbewältigung zusammenarbeiten zu wollen. Sie vereinbarten, nach der Intensivierung der Zusammenarbeit, auf ihre gemeinsame Erklärung von 2003 aufzubauen und unter anderem einen regelmäßigeren politischen Dialog auf hochrangiger Ebene zu führen, weitere Schritte zum Ausbau der Zusammenarbeit in Erwägung zu ziehen und Mechanismen und

---

Militärs und Militärbeobachter und Institutionalisierung von Ausbildungsseminaren, -konferenzen und –übungen.

Der Bereich Kommunikation umfasst die engere Zusammenarbeit zwischen Lagezentren, Austausch von Verbindungsbeamten wann immer erforderlich (auf Ebene des Militärs, der Zivilpolizei, der Lagezentren, der politischen Beamten der Hauptquartiere); Einführung eines "desk-to-desk"-Dialogs über die jeweiligen Verbindungsbüros in New York und Brüssel.

Der Bereich bewährte Praktiken umfasst den geregelten und systematischen Austausch von Erfahrungen und Informationen über bewährte Praktiken, einschließlich Informationen über Missionsübergabe und Beschaffung.

884 Bericht des Vorsitzes über die ESVP v. 9.12.2003, Ratsdok. 15814/03, Rn. 19.

885 EU/UN-Erklärung zur Zusammenarbeit bei der Krisenbewältigung, Rn. 3, abgedruckt in: *A. Missiroli*, From Copenhagen to Brussels, European defence: core documents, volume IV, in: Chaillot Papers 67, S. 217; Bericht des Vorsitzes über die ESVP v. 14.6.2004, Ratsdok. 10547/04, Rn. 29.

886 Vgl. Bericht des Vorsitzes zur ESVP v. 13.6.2005, Ratsdok. 10032/05, Rn. 39; ESVP-Bericht des Vorsitzes v. 15./16.12.2005, Ratsdok. 15891/05, Rn. 60; ESVP-Bericht des Vorsitzes v. 12.6.2006, Ratsdok. 10418/06, Rn. 86; ESVP-Bericht des Vorsitzes v. 11.12.2006, Ratsdok. 16696/06, Rn. 89; ESVP-Bericht des Vorsitzes v. 18.6.2007, Ratsdok. 10910/07, Rn. 108.

887 Bericht des Vorsitzes zur ESVP v. 13.6.2005, Ratsdok. 10032/05, Rn. 40.

888 Gemeinsame Erklärung zur Zusammenarbeit zwischen VN u. EU bei der Krisenbewältigung, abrufbar unterwww.eu2007.de/de/News/download_docs/Juni/0607RAA/010VN-EUErklaerung.pdf, letzter Zugriff: 2.8.2009.

Übungen zur Erfahrungsauswertung betreffend Krisensituationen einzuführen, in denen sich beide Organisationen gemeinsam engagieren[889]. Diese Erklärung wurde in der Folgezeit schrittweise umgesetzt[890].

b.) Zusammenarbeit im Rahmen von ESVP-Operationen

Erfolge bei der Zusammenarbeit zwischen der EU und den Vereinten Nationen gab es im Rahmen der ESVP-Operationen. Zurückgehend auf die EU/Vereinte Nationen-Erklärung von 2003 verbesserten sich vor allem die zivilen und militärischen Beziehungen zwischen beiden Organisationen. Es wurden Möglichkeiten der Verbesserung der Zusammenarbeit zwischen der EU und den Vereinten Nationen in den möglichen Konstellationen bei der Durchführung von ESVP-Operationen eingeleitet[891].
Hinsichtlich des bridging-Modells[892] wurde erklärt, dass die Übernahme durch eine frühzeitige Verlegung der UN-Truppen noch vor dem eigentlichen Übernahmetermin erleichtert werden könnte, da sich die UN-Truppen an die taktische Situation im Einsatzgebiet gewöhnen und sich mit der bisherigen Vorgehensweise der EU-Einsatzkräfte vertraut machen könnten. Zusätzlich kann hierdurch ein Austausch nachrichtendienstlicher Erkenntnisse ermöglicht werden[893]. Weitere Erleichterungen sollten zum einen dadurch erreicht werden, dass die EU-Einsatzkräfte umfirmiert werden. Dies bedeutet, dass Einsatzkräfte, die vorher der EU-Operation zugewiesen waren, nun der UN-Operation zugewiesen werden. Zum anderen sollten Erleichterungen dadurch geschaffen werden, dass die „enabling capabilities"[894] über das Ende der EU-Operation beibehalten wer-

---

889 Gemeinsame Erklärung zur Zusammenarbeit zwischen VN u. EU bei der Krisenbewältigung, Rn. 5, abrufbar unter www.eu2007.de/de/News/download_docs/Juni/0607RAA/-010VNEUErklaerung.pdf, letzter Zugriff: 2.8.2009; ESVP-Bericht des Vorsitzes v. 18.6.2007, Ratsdok. 10910/07, Rn. 101.

890 Zur Umsetzung siehe im Einzelnen ESVP-Bericht des Vorsitzes v. 10.12.2007, Ratsdok. 16426/07, Rn. 122; Schlussfolgerungen des Rates zur ESVP v. 19.11.2007, Ratsdok. 15417/07, Rn. 48; ESVP-Bericht des Vorsitzes v. 16.6.2008, Ratsdok. 10415/08, Rn. 132; Schlussfolgerungen des Rates zur ESVP v. 26.5.2008, Ratsdok. 9841/08, Rn. 43; ESVP-Bericht des Vorsitzes v. 9.12.2008, Ratsdok. 16686/08, XIV.

891 Zu den möglichen Konstellationen siehe 1. Kap. B. III. 1. c.).

892 Zum bridging-Modell siehe 1. Kap. B. III. 1. c.) cc.) (1.) (c.).

893 EU – VN, Anlage II zum Bericht des Vorsitzes über die ESVP v. 14.6.2004, Ratsdok. 10547/04, Rn. 11.

894 Anm.: Dabei handelt es sich um knappe und teure Fähigkeiten, deren Dislozierung und Unterhaltung bzw. Instandsetzung ein besonders hohes Maß an Expertise erfordert (Feldlazarette, Mittel zur elektronischen Aufklärung (ELINT) oder zur Fernmelde- und elektronischen Aufklärung (SIGINT)).

den. Die Beibehaltung der enabling capabilities könnte etwa durch eine EU-Operation zur Unterstützung der UN-Operation erfolgen[895].
Hinsichtlich der Möglichkeit der Bereitstellung militärischer Fähigkeiten für eine UN-Operation, die alleine den Mitgliedstaaten zusteht, wurde erklärt, dass der EU im Rahmen eines „Clearing-House-Verfahrens" zwischen Mitgliedstaaten eine ergänzende Rolle zugedacht werden sollte. Ein solches Verfahren sollte einen Rahmen bilden, in dem die Mitgliedstaaten auf freiwilliger Basis Informationen über ihre Beiträge zu einer bestimmten UN-Operation austauschen und, wenn sie dies wünschen, diese nationalen Beiträge koordinieren könnten. Dies würde vor allem für die Fähigkeiten gelten, die von den Vereinten Nationen als enabling capabilities bezeichnet werden. Das Clearing-House-Verfahren sollte an den Modalitäten der Beschlussfassung auf nationaler Ebene und an der nationalen Beteiligung an einer UN-Operation zu keinen Veränderungen führen und bestehende bilaterale Vereinbarungen mit der UN-Hauptabteilung Friedenssicherungseinsätze (DPKO) nicht berühren. Über eine solche Beteiligung wird auf internationaler Ebene entschieden und ihre Bearbeitung erfolgt nach den UN-Verfahren für die Zusammenstellung von Streitkräften. Die Ständigen Vertretungen der EU bei den Vereinten Nationen in New York könnten hier eine Rolle spielen[896].

Konkret zeigte sich die gute Zusammenarbeit zwischen EU und Vereinten Nationen bei durchgeführten Operationen. Etwa führte die EU stand alone-Operationen[897] aus, bei denen die EU das gesamte UN-Mandat alleine ausfüllte. Ein Beispiel für eine Operation nach dem stand alone-Modell stellt die EUFOR Althea[898] in Bosnien und Herzegowina dar. Allerdings ist bei stand alone-

---

895 EU – VN, Anlage II zum Bericht des Vorsitzes über die ESVP v. 14.6.2004, Ratsdok. 10547/04, Rn. 12.

896 EU – VN, Anlage II zum Bericht des Vorsitzes über die ESVP v. 14.6.2004, Ratsdok. 10547/04, Rn. 5.

897 Zum stand alone-Modell siehe 1. Kap. B. III. 1. c.) cc.) (1.) (a.).

898 Anm.: Im Dezember 2004 übernahm die EU die bis dahin von der NATO geführte Friedenstruppe SFOR in Bosnien und Herzegowina. Die EUFOR, deren Mission Althea den bisher bei weitem größten ESVP-Einsatz darstellt, umfasst rund 7.000 Soldaten. Diese Militärmission ist Teil der Berufung der internationalen Gemeinschaft zur Stabilisierung und Befriedung der Balkanregion. Die Ziele dieser Mission liegen kurzfristig in der Schaffung einer sicheren und friedlichen Umgebung zur Umsetzung der Dayton/Paris-Vereinbarungen. Dazu sollen die örtlichen Institutionen und Initiativen in ihrer Arbeit gestärkt werden. Mittel- und langfristig soll der Einsatz die Bemühungen Bosniens und Herzegowinas bei der Integration in die EU fördern und eine friedliche, multi-ethnische Struktur des Landes sicherstellen. Dazu siehe Gemeinsame Aktion 2004/570/GASP des Rates v. 12.6.2004 über die militärische Operation der EU in Bosnien und Herzegowina, abgedruckt in: ABl. 2004 Nr. L 252, S. 10; UN-Sicherheitsratresolution 1551 (2004) v. 9.7.2004 zum Dayton Friedensabkommen, siehe: ILM 35 (1996), 89 ff.; *M. Martens,* Aus

Operationen zu beachten, dass die Zusammenarbeit eher gering ist, da die EU in diesem Modell gerade eigenständig handelt und nicht in Zusammenarbeit mit UN-Truppen.
Ebenfalls führte die EU stand by-Operationen[899] durch, die im Gegensatz zu stand alone-Operationen eine enge Koordination zwischen EU und den Vereinten Nationen erfordern. Beispielhaft für eine Operation nach dem stand by-Modell ist die Mission EUFOR RD Congo[900]. Bei dieser Mission wurden zum einen außerhalb Kongos in Gabun EUFOR-Einheiten als Reservekräfte stationiert, die in Notfällen den UN-MONUC-Truppen beistehen könnten. Zum anderen unterstützen die EU-Truppen die MONUC bei der Absicherung der Wahlen in Kongo. Bei der EUFOR RD Congo-Mission arbeiteten also beide Organisationen eng zusammen[901]. Dementsprechend wurde im März 2007 ein Seminar „Militärische Aspekte der Zusammenarbeit UN-EU in Krisenmanagementoperationen am Beispiel EUFOR RD Congo" veranstaltet, um mit Vertretern der Mitgliedstaaten, der Hauptabteilung Friedenssicherungseinsätze der Vereinten Nationen, des EU-Ratssekretariats und der Hauptquartiere von EUFOR RD Congo und MONUC sowie anderen Organisationen und Reflexionsgruppen im Hinblick auf eine noch effektivere EU-Hilfe für die Vereinten Nationen zu beraten[902].
Des Weiteren übte die EU Operationen nach dem bridging-Modell[903] aus, die ebenso eine enge Zusammenarbeit zwischen EU und Vereinte Nationen erfordern. Ein Beispiel für eine Operation nach dem bridging-Modell ist die Operation Artemis mit der die Bedingungen für eine fortgesetzte Blauhelm-Mission der Vereinten Nationen geschaffen wurden.
Auch arbeiteten die Vereinten Nationen und die EU in der Konstellation zusammen, nach der die EU-Mitgliedstaaten Truppen für UN-Missionen zur Ver-

---

Sfor wird Eufor, in: FAZ, 2.12.2004, Nr. 282, S. 5; *H. Bacia*, Europas neue Aufgabe, in: FAZ, 3.12.2004, Nr. 283, S. 10.

899 Zum stand by-Modell siehe 1. Kap. B. III. 1. c.) cc.) (1.) (b.).

900 Anm.: Im Sommer 2006 führte die EU, gemäß dem in der Resolution 1671 des Sicherheitsrates der Vereinten Nationen erteilten Mandat, eine EU-Militäraktion in der Demokratischen Republik Kongo während der dortigen Wahlen mit der Bezeichnung EUFOR RD Congo durch. Aufgabe war es, die UN-Friedensmission MONUC während der Wahlen militärisch zu unterstützen. Die Mission bestand aus 1.700 Soldaten. Sie endete vier Monate nach dem ersten Wahlgang am 30. November 2006. Dazu siehe Gemeinsame Aktion 2006/319/GASP des Rates v. 27.4.2006 über die militärische Operation der EU zur Unterstützung der Mission der Organisation der Vereinten Nationen in der DR Kongo (MONUC) während der Wahlen, abgedruckt in: ABl. 2006 Nr. L 116, S. 98.

901 ESVP-Bericht des Vorsitzes v. 11.12.2006, Ratsdok. 16696/06, Rn. 86; ESVP-Bericht des Vorsitzes v. 18.6.2007, Ratsdok. 10910/07, Rn. 107.

902 ESVP-Bericht des Vorsitzes v. 18.6.2007, Ratsdok. 10910/07, Rn. 109.

903 Zum bridging-Modell siehe 1. Kap. B. III. 1. c.) cc.) (1.) (c.).

fügung stellen[904]. Ein Beispiel für die Unterstützung ist die Interimstruppe der Vereinten Nationen in Libanon (UNIFIL[905]), die die Umsetzung der Resolution 1701 des Sicherheitsrats der Vereinten Nationen[906] gewährleisten soll[907]. Dennoch kommt es in dieser Konstellation nur zu geringen Abstimmungsprozessen zwischen EU und Vereinten Nationen, da die EU-Staaten die Truppen ohne Abstimmung und Koordination im Rahmen der ESVP bereitstellen[908].

c.) Zusammenarbeit bei der Terrorismusbekämpfung

Auch in Bezug auf die Terrorismusbekämpfung hat die EU wiederholt hervorgehoben, dass diese unter der Führung der Vereinten Nationen erfolgen sollte[909]. Denn die Vereinten Nationen sind schon lange aktiv in der Bekämpfung des Terrorismus. Dementsprechend haben sie bereits eine Vielzahl internationaler Abkommen ausgearbeitet, um gegen den Terrorismus vorgehen zu können. Dazu gehört das Bestreben der EU, durch die Unterzeichnung, Ratifizierung und schnelle Umsetzung aller bestehenden internationalen Abkommen über die Terrorismusbekämpfung Vorreiter für andere Staaten zu sein[910]. Folgerichtig spielt die EU für die Umsetzung der dreizehn Anti-Terrorismus-Konventionen[911] dahingehend eine Rolle, dass sie und ihre Mitgliedstaaten Vor-

904 Dazu siehe 1. Kap. B. III. 1. c.) cc.) (2.).

905 Anm.: UNIFIL steht für United Nations Interim Force in Lebanon und ist eine Beobachtermission in Libanon seit 1978. Damals wurden mit der der Aufstellung der UNIFIL die Resolutionen 425 und 426 v. 19.3.1978 umgesetzt. Die UN-Truppen sollten den Abzug der israelischen Truppen bestätigen. Am 11.8.2006 wurde aufgrund des Libanonkriegs 2006 die Resolution 1701 verabschiedet durch die das Mandat erheblich erweitert wurde. Damit wurde die Mission in eine bewaffnete Blauhelmmission auf der Grundlage des Kapitel VII der UN-Charta umgewandelt und sollte unter anderem Waffenlieferungen an die Hisbollah unterbinden.

906 UN-Sicherheitsratresolution 1701 (2006) v. 11.8.2006.

907 ESVP-Bericht des Vorsitzes v. 11.12.2006, Ratsdok. 16696/06, Rn. 88.

908 *S. von Schorlemer*, Empfehlungen zur ESVP in den VN, in: DGVN Policy Paper 1/2007, 1, 6.

909 Vgl. etwa Erklärung zum Kampf gegen den Terrorismus, Ratsdok. 7906/04, Punkt 12; Durchführung des Aktionsplans zur Bekämpfung des Terrorismus, Ratsdok. 9809/1/05, Punkt 6; Durchführung des Aktionsplans zur Bekämpfung des Terrorismus, Ratsdok. 15704/05, Rn. 28.

910 Durchführung des Aktionsplans zur Bekämpfung des Terrorismus, Ratsdok. 9809/1/05, Punkt 6.

911 Es sind:
- das Abkommen v. 14.9.1963 über strafbare und bestimmte andere an Bord von Luftfahrtzeugen begangene Handlungen (Tokioer Abkommen), abgedruckt in: *C. Walter/S.*

reiter bei der Ratifizierung der Konventionen sind[912]. Denn die EU stellt mit ih-

Vöneky/V. Röben/F. Schorkopf, Terrorism as a Challenge for National and International Law: Security versus Liberty? (2004), Annex, S. 1036 ff.;
- das Übereinkommen v. 16.12.1970 zur Bekämpfung der widerrechtlichen Inbesitznahme von Luftfahrzeugen (Haager Übereinkommen), abgedruckt in: BGBl. 1972 II, S. 1506 ff.;
- das Übereinkommen v. 23.9.1971 zur Bekämpfung widerrechtlicher Handlungen gegen die Sicherheit der Zivilluftfahrt (Montrealer Übereinkommen), abgedruckt in: BGBl. 1977 II, S. 1230 ff.;
- das Übereinkommen v. 14.12.1973 über die Verhütung, Verfolgung und Bestrafung von Straftaten gegen völkerrechtlich geschützte Personen, abgedruckt in: BGBl. 1976 II, S. 1746 ff.;
- das internationale Übereinkommen v. 18.12.1979 gegen Geiselnahme, abgedruckt in: BGBl. 1980 II, S. 1362 ff.;
- das Übereinkommen v. 3.3.1980 über den physischen Schutz von Kernmaterial, abgedruckt in: *C. Walter/S. Vöneky/V. Röben/F. Schorkopf*, Terrorism as a Challenge for National and International Law: Security versus Liberty? (2004), Annex, S. 1036 ff.;
- das Protokoll v. 24.2.1988 zur Bekämpfung widerrechtlich gewalttätiger Handlungen auf Flughäfen, die der internationalen Zivilluftfahrt dienen, abgedruckt in: *C. Walter/S. Vöneky/V. Röben/F. Schorkopf*, Terrorism as a Challenge for National and International Law: Security versus Liberty? (2004), Annex, S. 1015 ff.;
- das Übereinkommen v. 10.3.1988 zur Bekämpfung widerrechtlicher Handlungen gegen die Sicherheit der Seeschifffahrt (Römisches Seeschifffahrtsübereinkommen), abgedruckt in: BGBl. II 1990, S. 496 ff.;
- das Protokoll v. 10.3.1988 zur Bekämpfung widerrechtlicher Handlungen gegen die Sicherheit fester Plattformen, die sich auf dem Festlandsockel befinden, abgedruckt in: *C. Walter/S. Vöneky/V. Röben/F. Schorkopf*, Terrorism as a Challenge for National and International Law: Security versus Liberty? (2004), Annex, S. 1062 ff.;
- das Übereinkommen v. 1.3.1991 über die Markierung von Plastiksprengstoff zum Zweck des Aufspürens, abgedruckt in: *C. Walter/S. Vöneky/V. Röben/F. Schorkopf*, Terrorism as a Challenge for National and International Law: Security versus Liberty? (2004), Annex, S. 1068 ff.;
- das Übereinkommen v. 15.12.1997 zur Bekämpfung terroristischer Bombenanschläge, abgedruckt in: *C. Walter/S. Vöneky/V. Röben/F. Schorkopf*, Terrorism as a Challenge for National and International Law: Security versus Liberty? (2004), Annex, S. 1078 ff.;
- das Übereinkommen v. 9.12.1999 zur Bekämpfung der Finanzierung des Terrorismus, abgedruckt in: *C. Walter/S. Vöneky/V. Röben/F. Schorkopf*, Terrorism as a Challenge for National and International Law: Security versus Liberty? (2004), Annex, S. 1091 ff.;
- das Übereinkommen v. 13.4.2005 zur Verhinderung nuklearterroristischer Akte, abrufbar unter http://untreaty.un.org/English/Terrorism/English_18_15.pdf, letzter Zugriff: 15.2.2009.

912 Anm.: Bspw. rief der Europäische Rat in der Erklärung zum Kampf gegen den Terrorismus v. 15. März 2004 alle Mitgliedstaaten auf, das UN-Übereinkommen v. 9. Dezember 1999 zur Bekämpfung der Finanzierung des Terrorismus zu ratifizieren und uneinge-

ren 27 Mitgliedstaaten mehr als ein Achtel der Stimmen der UN-Generalversammlung. Zudem sind mit Frankreich und Großbritannien zwei EU-Staaten ständige Vertreter im UN-Sicherheitsrat. Bedeutsam sind diese Anti-Terrorismus-Konventionen dahingehend, dass sie seit 1963 Normen für die Terrorismusbekämpfung gesetzt haben, die die Grundlage zur Kooperation von Staaten bei der Verhinderung von Terrorfinanzierung, der Ausübung gemeinsamer Strafverfolgung und den geheimdienstlichen Anstrengungen gegen Terroranschläge schaffen. Sie bilden für die Staaten die gesetzliche Grundlage, um ihre Strafjustiz zu harmonisieren und Vereinbarungen über gegenseitige Rechtshilfe auszuhandeln[913].

Die EU hat darüber hinaus eine zentrale Rolle bei der Unterstützung der Annahme der UN-Strategie zur Terrorismusbekämpfung[914] am 8. September 2006 gespielt, die die Prioritäten der EU-Strategie widerspiegelt[915]. Sie stellte die erste weltweite Strategie zur Bekämpfung des Terrorismus dar, allerdings enthielt sie keine Terrorismusdefinition[916]. Es bleibt daher mit der UN-Strategie zur Terrorismusbekämpfung dabei, dass, wie in den verabschiedeten Konventionen und Resolutionen der Vereinten Nationen, eine Definition des Terrorismus ausgeklammert wurde[917]. Allerdings wäre gerade das Auffinden einer weltweiten Terrorismusdefinition erforderlich, weil nur durch eine möglichst präzise definitorische Eingrenzung des Terrorismusbereichs grenzübergreifend wirksame Rechts- und Eingriffsgrundlagen geschaffen werden könnten[918]. Für die EU wäre eine UN-Definition deshalb wichtig, weil eine UN-Definition, im Gegensatz zu einer EU-Definition, die nur Bedeutung für den EU-Geltungsbereich hätte, weltweite Bedeutung beziehungsweise Bedeutung für die UN-Mitgliedstaaten, die sie ratifiziert haben, hätte. Positive Folge wäre, dass, die EU sich bei ihrem

---

schränkt umzusetzen. Vgl. Erklärung zum Kampf gegen den Terrorismus, Ratsdok. 7906/04, Punkt 10.

913 *D. Cortright*, Kann die UN den Terrorismus effektiv bekämpfen?, in: W & F 4/2005, 26, 27.

914 UN-Generalversammlung-Resolution 60/288 (2006) v. 8.9.2006.

915 Durchführung der Strategie u. des Aktionsplans zur Bekämpfung des Terrorismus, Ratsdok. 15266/1/06 REV 1, Rn. 4.

916 Dazu siehe UN-Generalversammlung-Resolution 60/288 (2006) v. 8.9.2006.

917 Anm.: Vor allem die Staaten im Mittleren Osten blockierten in der Vergangenheit die Verabschiedung einer gemeinsam akzeptierten Terrorismusdefinition, weil diese Staaten keine Initiativen unterstützen wollten, die dazu verwendet werden könnten, den palästinensischen Widerstand gegen die israelische Besatzung zu verurteilen. Vgl. dazu *D. Cortright*, Kann die UN den Terrorismus effektiv bekämpfen?, in: W & F 4/2005, 26, 29.

918 *E. von Bubnoff*, Terrorismusbekämpfung – eine weltweite Herausforderung, in: NJW 2002, 2672, 2672; *K. Schmalenbach*, Der internationale Terrorismus – Ein Definitionsversuch, in: NZWehrR 2000, 15, 16.

Vorgehen gegen den Terrorismus an dieser weltweiten Definition orientieren könnte.
Einschränkend ist bezüglich der UN-Strategie zur Terrorismusbekämpfung ebenfalls zu berücksichtigen, dass sie nur Empfehlungen gibt, sodass selbst eine Terrorismusdefinition in ihr keine Bindungswirkung entfaltet hätte. Erst in einer umfassenden Konvention gegen den internationalen Terrorismus würden die Empfehlungen der UN-Strategie zur Terrorismusbekämpfung Bedeutung bekommen. Denn eine Strategie stellt im Gegensatz zu einer Konvention/Übereinkommen keinen völkerrechtlichen Vertrag dar, weil sie lediglich einen rechtlich unverbindlichen Charakter besitzt. Es handelt sich nur um politische Absichtserklärungen[919]. Ein völkerrechtlicher Vertrag dagegen besteht aus aufeinander bezogenen, sich deckenden, vom Völkerrecht bestimmten Willenserklärungen zwischen mindestens zwei Völkerrechtssubjekten, gerichtet auf Begründung, Abänderung oder Aufhebung völkerrechtlicher Beziehungen[920]. Dabei kommt es entscheidend auf den Rechtsbindungswillen der Vertragsparteien an[921]. Bei einem dieser Definition entsprechenden völkerrechtlichen Vertrag, wie es eine Konvention gegen den internationalen Terrorismus wäre, wären die EU-Mitgliedstaaten, die ihn dann ratifiziert hätten, gebunden[922]. Der räumliche Geltungsbereich wäre dann das gesamte Hoheitsgebiet der Staaten, die ihn ratifiziert hätten (vgl. auch Art. 29 WVRK)[923]. Staaten die ein solches Übereinkommen nicht ratifiziert hätten, wären dagegen nicht gebunden, da das Übereinkommen für Drittstaaten *res inter alios acta* wäre, also eine unter anderen ausgehandelte Angelegenheit, die diese nicht binden kann (vgl. Art. 34 WVRK)[924]. Bei einer solchen Konvention ist außerdem in Bezug auf die Bedeutung für die EU zu berücksichtigen, dass die EU selbst nicht Vertragspartei sein kann, da sie weder Vertragsabschlusskompetenz[925] besitzt noch Völkerrechtssubjektivität[926]. Zudem ist einzubeziehen, dass die EU schon deshalb nicht Ver-

[919] Vgl. *K. Ipsen*, Völkerrecht (2004), § 10, Rn. 15.

[920] *W. Graf Vitzthum* in W. Graf Vitzthum, Völkerrecht (2004), 1. Abschn III 1 a, Rn. 115; *T. Stein/C. von Buttlar*, Völkerrecht (2005), Rn. 27.

[921] *W. Graf Vitzthum* in W. Graf Vitzthum, Völkerrecht (2004), 1. Abschn III 1 a, Rn. 115; *T. Stein/C. von Buttlar*, Völkerrecht (2005), Rn. 31.

[922] *W. Graf Vitzthum* in W. Graf Vitzthum, Völkerrecht (2004), 1. Abschn III 1 a, Rn. 116.

[923] *W. Graf Vitzthum* in W. Graf Vitzthum, Völkerrecht (2004), 1. Abschn III 1 a, Rn. 120.

[924] *W. Graf Vitzthum* in W. Graf Vitzthum, Völkerrecht (2004), 1. Abschn III 1 a, Rn. 120; *T. Stein/C. von Buttlar*, Völkerrecht (2005), Rn. 48.

[925] Anm.: Es ist umstritten, ob die EU selbst eine Vertragsabschlusskompetenz besitzt. Insb. aufgrund der Erklärung Nr. 4 der Amsterdamer Schlusskonferenz ist eine solche nach Auffassung des Verfassers abzulehnen. Dort wird explizit klargestellt, dass der Bezugspunkt völkerrechtlicher Rechte und Pflichten der EU allein die Mitgliedstaaten sind.

[926] Anm.: Es ist umstritten, ob die EU Völkerrechtssubjektivität besitzt. Nach Auffassung des Verfassers besitzt die EU keine Völkerrechtssubjektivität.

tragspartei sei kann, weil sie selbst kein Mitglied der Vereinten Nationen ist. Vertragsparteien können daher die einzelnen EU-Mitgliedstaaten sein.

Dennoch unterstützte die EU die Vereinten Nationen hinsichtlich eines umfassenden Übereinkommens über den internationalen Terrorismus. Trotz des nachdrücklichen Drängens der EU auf eine Annahme eines solchen Abkommens, konnte im Rahmen der Vereinten Nationen aber bisher keine Einigung erzielt werden[927].

Bedeutsam war ferner, dass die EU eng mit dem UN-Counter Terrorism Executive Directorate[928] zusammengearbeitet hat[929]. Um ihre Initiativen auf internationaler Ebene besser koordinieren zu können, beteiligte sich die EU an Missionen des UN-Counter Terrorism Executive Directorate zur Evaluierung des Stands der Umsetzung der Resolution 1373 (2001) in Marokko (März 2005), in Kenia (Mai 2005) und in Albanien (Juni 2005)[930] und es nahm ein Vertreter der

---

927 Durchführung des Aktionsplans zur Bekämpfung des Terrorismus, Ratsdok. 9589/06, Rn. 33; Durchführung der Strategie u. des Aktionsplans zur Bekämpfung des Terrorismus, Ratsdok. 15266/1/06 REV 1, Rn. 4.

928 Anm.: Das Counter Terrorism Executive Directorate ergänzte in der UN-Sicherheitsratresolution 1535 (2004) v. 26.3.2004 aufgrund unzureichender Ressourcen und Kompetenzen das Counter Terrorism Comitee. Das Counter Terrorism Executive Directorate wurde mit qualifiziertem Personal ausgestattet und besaß verbesserte Möglichkeiten zur Unterstützung der Mitgliedstaaten. Dieses Exekutivgremium soll hauptsächlich die Mitgliedstaaten der Vereinten Nationen bei der Umsetzung der Resolution 1373 unterstützen und bei der Vermittlung von Unterstützung beim diesbezüglichen Kapazitätsaufbau helfen.
Das Counter Terrorism Comittee wurde vorher durch die UN-Sicherheitsratresolution 1373 (2001) v. 28.9.2001 eingeführt. Diese Resolution sah eine regelmäßige Berichtspflicht der UN-Mitgliedstaaten an das Counter Terrorism Comittee vor. Die vorrangige Aufgabe des Komitees ist die Stärkung der Anti-Terror-Kapazitäten der UN-Mitgliedstaaten. Es handelt sich um eine „Schaltzentrale“, die helfen soll die Bereitstellung technischen Beistands für Staaten zu erleichtern, die Unterstützung bei der Umsetzung von Anti-Terror-Mandaten benötigen. Vgl. Punkt 2 der UN-Sicherheitsratresolution 1535 (2004) v. 26.3.2004; *D. Cortright*, Kann die UN den Terrorismus effektiv bekämpfen?, in: W & F 4/2005, 26, 26; *N. Rostow*, Before and After: The Changed UN, Response to Terrorism since September 11th, in: Cornell International Law Journal 2002, 475, 484, 485..

929 Durchführung des Aktionsplans zur Bekämpfung des Terrorismus, Ratsdok. 9809/1/05, Punkt 6.

930 Arbeitsdokument der Kommissionsdienststellen, der Kampf gegen den Terrorismus, Bericht zum Gedenken an die Opfer des Terrorismus, SEK (2005) 272, Anlage zum Ratsdok. 6681/05, S. 11.

EU an einer Bewertungsmission in Algerien teil[931]. Hieraus konnte die EU Informationen und Erfahrungen für die Weiterentwicklung der eigenen Unterstützungsprogramme sammeln[932].

3. Fazit

Das Verhältnis EU-Vereinte Nationen ist bedeutsam, da der UN-Sicherheitsrat möglichen Aktionen der EU zur Bekämpfung des Terrorismus rechtliche Legitimität verleihen kann. Auf der anderen Seite kann die EU von großer Wichtigkeit für die Vereinten Nationen sein, da die Vereinten Nationen nicht über eigene Ressourcen verfügen und die EU ersuchen könnten, für sie Operationen durchzuführen.
Die Zusammenarbeit zwischen der EU und den Vereinten Nationen war dabei bisher spannungsfrei. Die EU war ein verlässlicher Partner der Vereinten Nationen und wird es zukünftig sehr wahrscheinlich bleiben. Dies belegt die in der Vergangenheit bereits erfolgte gute Zusammenarbeit zwischen der EU und den Vereinten Nationen. Insbesondere hat die EU in der bisherigen Praxis keine Tendenzen zu einem vollkommen eigenmächtigen Handeln ohne UN-Mandat gezeigt. Die erfolgte gute Zusammenarbeit entsprach daher dem mehrfach kund gegebenen Willen beider Akteure, zusammenarbeiten zu wollen.

II. Verhältnis der EU zur NATO im Bereich der ESVP

Die NATO hat in den letzten Jahren Bedeutung für das internationale Krisen- und Konfliktmanagement erhalten. Sie hat seit Beendigung des Kalten Krieges einen breit angelegten sicherheitspolitischen Ansatz entwickelt, der auf der Grundlage von Dialog und Zusammenarbeit mit früheren Gegnern basiert. Dieser neuen Rolle trug die NATO mit dem auf dem Washingtoner Gipfeltreffen 1999[933] verabschiedeten neuen strategischen Konzept[934] Rechnung, das den heute noch geltenden Gesamtrahmen für die Politik des Bündnisses bildet. Darin wurden die neuen Ziele und Aufgaben der NATO beschrieben, die strategi-

---

931 Durchführung des Aktionsplans zur Bekämpfung des Terrorismus, Ratsdok. 15704/05, Rn. 29.

932 Durchführung des Aktionsplans zur Bekämpfung des Terrorismus, Ratsdok. 15704/05, Rn. 29.

933 North Atlantic Council summit, Washington D.C., 24.4.1999, abgedruckt in: *M. Rutten*, From St. Malo to Nice: European defence, core documents, in: Chaillot Papers 47, S. 20.

934 The Alliance's Strategic Concept, abgedruckt in: *M. Rutten*, From St. Malo to Nice: European defence, core documents, in: Chaillot Papers 47, S. 24.

sche sicherheitspolitische Lage analysiert und diejenigen politischen und militärischen Mittel definiert, mit denen die Bündnisziele erreicht werden sollen[935]. Dazu gehörte insbesondere die Aussage, dass die NATO selbst dann militärisch aktiv werden wolle, wenn kein Fall des Art. 5 NATO-Vertrag vorliegt[936]. Daneben findet die Erweiterung des Aufgabenspektrums auf Krisenreaktionseinsätze Erwähnung[937] und es gehörten seit diesem Gipfel auch *„Risiken umfassender Natur“*[938] sowie die Verteidigung *„gegen Risiken und potenzielle Gefahren der Verbreitung von ABC-Waffen und ihrer Trägermittel“* zum neuen Aufgabenspektrum der NATO[939]. Damit sind friedenserhaltende Einsätze im Rahmen der NATO möglich sowie Maßnahmen zur Konfliktverhütung[940], also Aufgaben, die ebenfalls zum Zuständigkeitsbereich der EU im Rahmen der ESVP gehören[941]. Dementsprechend ist mit Gründung der ESVP 1999 und der damit verbundenen Möglichkeit der Durchführung von militärischen Operationen des Krisenmanagements ein Konkurrenzverhältnis zwischen NATO und EU entstanden[942]. Komplizierter wird das Verhältnis zusätzlich dadurch, dass bis auf die USA, die Türkei, Norwegen, Island und Kanada alle übrigen NATO-Mitgliedstaaten der EU angehören und bis auf Finnland, Irland, Malta, Österreich, Schweden und Zypern alle EU-Mitgliedstaaten der NATO angehören. Dadurch kommt es zwangsläufig zu Überschneidungen. Folglich stellt sich die Frage nach der Rollenverteilung zwischen beiden Organisationen, also die Fra-

---

935 NATO-Handbuch, S. 50, abrufbar unter www.nato.int, letzter Zugriff: 2.8.2009; vgl. auch die Entwicklung zum NATO-Gipfel in Washington, dazu siehe *B. Simma*, NATO, the UN and the Use of Force: Legal Aspects, in: EJIL 10 (1999), 1, 14 ff.

936 The Alliance's Strategic Concept, abgedruckt in: *M. Rutten*, From St. Malo to Nice: European defence, core documents, in: Chaillot Papers 47, S. 24, Punkt 31.

937 The Alliance's Strategic Concept, abgedruckt in: *M. Rutten*, From St. Malo to Nice: European defence, core documents, in: Chaillot Papers 47, S. 24, Punkt 10; *M. Bothe/B. Martenczuk*, Die NATO u. die VN nach dem Kosovo-Konflikt, in: Vereinte Nationen 4/1999, 125, 125.

938 The Alliance's Strategic Concept, abgedruckt in: *M. Rutten*, From St. Malo to Nice: European defence, core documents, in: Chaillot Papers 47, S. 24, Punkt 24.

939 The Alliance's Strategic Concept, abgedruckt in: *M. Rutten*, From St. Malo to Nice: European defence, core documents, in: Chaillot Papers 47, S. 24, Punkte 22 u. 40; *M. Bothe*, SZIER 10 (2000), 177, 178-179; vgl. auch www.nato.int/issues/terrorism/-evolve01.html, letzter Zugriff: 2.8.2009; *T. Schweisfurth*, Völkerrecht (2006), 12-6.

940 *G. Nolte*, Die „neuen Aufgaben“ von NATO u. WEU: Völker- u. verfassungsrechtliche Fragen, in: ZaöRV 54 (1994), 95, 95; *T. Schweisfurth*, Völkerrecht (2006), 12-6; *M. Bothe/B. Martenczuk*, Die NATO u. die VN nach dem Kosovo-Konflikt, in: Vereinte Nationen 4/1999, 125, 125; vgl *G. Geiger*, Die völker- u. verfassungsrechtlich wirksame Erweiterung des Aufgabenspektrums von NATO u. WEU um Krisenmanagementaufgaben, in: NZWehrR 2001, 133, 133 ff.

941 Zu den ESVP-Aufgaben siehe 1. Kap. B. I. 1.

942 Zum Konkurrenzverhältnis siehe auch Ausführungen zur ESS, 2. Kap. E. II. 3. c.).

ge, ob die EU oder die NATO handelt oder ob beide sogar zusammenwirken können. In Bezug auf die Terrorismusbekämpfung stellt sich etwa das Problem, welche der beiden Organisationen militärisch auf einen Terroranschlag reagiert.

1. Grundverhältnis

Rechtlich geregelt ist das Verhältnis der EU zur NATO im Rahmen der ESVP insbesondere in Art. 17 Abs. 1 UAbs. 2 EUV. Der Art. 17 Abs. 1 UAbs. 2 EUV erklärt, dass die EU Verpflichtungen von Mitgliedstaaten aus dem NATO-Vertrag *„achtet“*. Die EU erklärt ihre Politik für *„vereinbar mit der in jenem Rahmen festgelegten gemeinsamen Sicherheits- und Verteidigungspolitik“*. Damit enthält Art. 17 Abs. 1 UAbs. 2 EUV eine Klausel über die EU-interne Respektierung der unterschiedlichen und sich überschneidenden Mitgliedschaften in EU und NATO[943]. Bedeutsam in diesem Kontext ist überdies Art. 17 Abs. 3 EUV, wonach *„Beschlüsse mit verteidigungspolitischen Bezügen (...) unbeschadet der Politiken und Verpflichtungen im Sinne des Absatzes 1 Unterabsatz 2 gefasst“* werden. Daraus folgt, dass Beschlüsse im Rahmen der ESVP selbständig gefasst werden, rechtlich jedoch keine Änderung von Beschlüssen der NATO bewirken können[944].

Aus Art. 17 Abs. 1 EUV wird demzufolge ersichtlich, dass die NATO erwartet, dass ESVP-Beschlüsse so gefasst werden, dass ihre Vereinbarkeit mit der NATO nicht in Frage gestellt wird. Dieses Verständnis entspricht Art. 8 NATO-Vertrag, nach dem *„jede Partei erklärt, (...) keine dem (NATO-)Vertrag widersprechende internationale Verpflichtung einzugehen“*[945]. Daraus, dass die ESVP erst nach der NATO gegründet wurde, lässt sich entnehmen, dass die Mitgliedstaaten, die beiden Organisationen angehören, bei Gründung der ESVP nicht zukünftig sich widersprechende Verpflichtungen eingehen wollten. Die EU kann daher ihre Mitgliedstaaten nicht drängen, gegen ihre Verpflichtungen aus dem NATO-Vertrag zu verstoßen. Sie darf keine Beschlüsse fassen, die die Mitgliedstaaten zwingen würden, gegen ihre Verpflichtungen aus dem NATO-Vertrag zu verstoßen. Folglich dürfte die EU etwa keine selbständigen militärischen Operationen durchführen, wenn ein NATO-Bündnisfall nach Art. 5

---

943 *W. Kaufmann-Bühler*, in: E. Grabitz/M. Hilf, Art. 17 EUV, Rn. 23 (30. EL Juni 2006); R. Streinz/*E. Regelsberger/D. Kugelmann*, Art. 17 EUV (2003), Rn. 9.

944 *W. Kaufmann-Bühler*, in: E. Grabitz/M. Hilf, Art. 17 EUV, Rn. 23 (30. EL Juni 2006).

945 Anm.: Die wichtigsten Verpflichtungen der NATO ergeben sich aus den Art. 3-5 NATO-Vertrag.

NATO-Vertrag vorliegt[946]. Daher besteht kein Konfliktpotential zwischen beiden Organisationen im Bereich der kollektiven Verteidigung. Der EU-Vertrag enthält demnach auch keine Beistandsverpflichtung, wie sie Art. 5 NATO-Vertrag[947] enthält[948]. Dennoch besteht kein Verbot des Aufbaus von Parallelstrukturen[949].

Die EU erwartet allerdings umgekehrt von der NATO, dass sie keine Beschlüsse fasst, die der ESVP-Politik entgegenstehen[950]. Deswegen gibt es keinen rechtlichen Vorrang für eine der beiden Verteidigungsorganisationen. Hauptargument gegen einen Vorrang der NATO ist, dass ungebundene Mitgliedstaaten an der ESVP beteiligt sind und folglich ein NATO-Beschluss für sie *res inter alios acta* ist. Art. 17 Abs. 1 UAbs. 2 EUV hat ferner nicht zur Folge, dass Beschlüsse im Rahmen der ESVP identisch mit denen der NATO sein müssen. Vielmehr müssen die EU-Beschlüsse so flexibel sein, dass Staaten, die in beiden Organisationen Mitglieder sind, ihren NATO-Verpflichtungen nachkommen können. Dabei müssen aber wiederum die Interessen der ungebundenen EU-Staaten berücksichtigt werden[951]. Deshalb besteht für die NATO kein „right of first refusal". Wird die EU direkt von den Vereinten Nationen oder von ei-

---

946 Anm.: Aufgrund des großen Ermessensspielraums des Art. 5 NATO-Vertrag gibt es eigentlich keinen Vorrang für Maßnahmen aufgrund Art. 5 NATO-Vertrag. Dennoch dürfte unausgesprochen Einigkeit darüber bestehen, dass die EU keine selbständigen militärischen Operationen durchführt, wenn ein NATO-Bündnisfall nach Art. 5 NATO-Vertrag vorliegt. Dazu siehe folgende Ausführungen im 3. Kap. C. II. 2. b.) dd.).

947 Anm: Art. 5 NATO-Vertrag begründet die Verpflichtung zum gegenseitigen Beistand im Fall eines Angriffs von außen. Nach Art. 5 NATO-Vertrag gilt ein Angriff gegen einen Mitgliedstaat automatisch als Angriff auf alle Mitgliedstaaten. Sie sind dann verpflichtet, dem angegriffenen Staat beizustehen. Den Umfang ihrer Hilfe bestimmen sie nach eigenem Ermessen. Bedeutung für die Terrorismusbekämpfung kann Art. 5 NATO-Vertrag dahingehend haben, dass ein Terroranschlag als Angriff von außen im Sinne des Art. 5 NATO-Vertrag eingeordnet wird. Dies bedeutet, dass die Planungen und Vorbereitungen für einen Terroranschlag nicht in einem Mitgliedstaat stattgefunden haben dürfen. Dabei wird der Begriff des „bewaffneten Angriffs" auch auf Anschläge nichtstaatlicher Organisationen angewandt. Maßnahmen aufgrund des Art. 5 NATO-Vertrag können dann militärische Maßnahmen beinhalten, wie der Wortlaut des Art. 5 NATO-Vertrag *„(...) einschließlich der Anwendung von Waffengewalt (...)"* zeigt. Dazu vgl. auch *T. Stein/C. von Buttlar*, Völkerrecht (2005), Rn. 464.

948 Bericht des Vorsitzes über die Stärkung der GESVP u. Bericht über die nichtmilitärische Krisenbewältigung der EU, Anlage IV zu den Schlussfolgerungen des Vorsitzes des ER in Helsinki, SN 300/99, vgl. auch *J. Bitterlich*, in: C. O. Lenz/K.-H. Borchardt, EUV (2006), Art. 17, Rn. 15.

949 *S. Graf v. Kielmansegg*, Die Verteidigungspolitik der EU (2005), S. 230-231.

950 *W. Kaufmann-Bühler*, in: E. Grabitz/M. Hilf, Art. 17 EUV, Rn. 24 (30. EL Juni 2006).

951 *W. Kaufmann-Bühler*, in: E. Grabitz/M. Hilf, Art. 17 EUV, Rn. 24 (30. EL Juni 2006).

nem Drittstaat beziehungsweise einer internationalen Organisation ersucht, in Aktion zu treten, dann sind keine vorherigen Konsultationen erforderlich[952]. Diese Auffassung wurde bereits in der Praxis bestätigt. Die Operation Artemis wurde ohne Rücksprache mit der NATO beschlossen.

Dementsprechend bestehen beide Organisationen nebeneinander. Dieses Verständnis zeigt sich in der Europäischen Sicherheitsstrategie, aus der deutlich wird, dass die EU eine transatlantische Partnerschaft auf gleicher Augenhöhe anstrebt[953]. Dabei bleibt die NATO für die EU von großer Bedeutung[954], da sie die Partnerschaft mit den USA[955], die die Entwicklung der ESVP argwöhnisch beäugen und sie sogar für überflüssig erachten, sichert[956].

Dennoch ist im ESVP-NATO-Verhältnis zu beachten, dass die EU noch nicht über ausreichende Mittel und Fähigkeiten zur Krisenbewältigung verfügt[957]. Daher ist die EU bisher grundsätzlich auf die Mittel und Fähigkeiten der NATO angewiesen und folglich gewissermaßen abhängig von den militärischen Kapazitäten der NATO[958]. Dazu benötigt die EU vor allem ein gut funktionierendes Verhältnis zu den USA. Denn die Angewiesenheit auf NATO-Mittel und -Fähigkeiten ist gleichzusetzen mit der Angewiesenheit auf Mittel und Fähigkeiten der USA, die aufgrund ihres militärischen und allgemeinpolitischen Potentials eine dominierende Rolle in der NATO spielen[959]. Die Gleichsetzung der Angewiesenheit auf die NATO und auf die USA lässt sich damit erklären, dass mit Ausnahme von Finnland, Irland, Malta, Österreich, Schweden und Zypern alle EU-Staaten zugleich NATO-Mitglieder sind. Greift die EU im Rahmen der ESVP auf Fähigkeiten ihrer Mitgliedstaaten zurück, so greift sie bis auf die Fähigkeiten der Nicht-NATO-Mitglieder zugleich auf NATO-Fähigkeiten zurück[960], da die Fähigkeiten der Staaten, die beiden Organisationen angehören,

---

952 *M. Jopp/S. Sandawi*, ESVP, in: W. Weidenfeld/W. Wessels (Hrsg.), Jahrbuch der Europäischen Integration 2003/2004 (2004), 229, 235.

953 Dazu vgl. Analyse zur ESS, 2. Kap. E. II. 3. c.).

954 R. Streinz/*E. Regelsberger/D. Kugelmann*, Art. 17 EUV (2003), Rn. 11.

955 *J. Bitterlich*, in: C. O. Lenz/K.-H. Borchardt, EUV (2006), Art. 17, Rn. 15.

956 Vgl. *M. Jopp*, ESVP, in: W. Weidenfeld/W. Wessels (Hrsg.), Jahrbuch der Europäischen Integration 1999/2000 (2000), 243, 247-248; *M. Jopp*, ESVP, in: W. Weidenfeld/W. Wessels (Hrsg.), Jahrbuch der Europäischen Integration 2001/2002 (2002), 223, 227; *F. Algieri*, Die ESVP, in: W. Weidenfeld (Hrsg.), Europa-Handbuch (2002), S. 585, 593.

957 Zu den ESVP-Ressourcen siehe 3. Kap. A.

958 *W. Kaufmann-Bühler*, in: E. Grabitz/M. Hilf, Art. 17 EUV, Rn. 22 u. 23 (30. EL Juni 2006); *H.-J. Cremer*, in: C. Calliess/M. Ruffert, EU (2007), Art. 17, Rn. 15.

959 *T. Oppermann*, Europarecht (2005), § 33, Rn. 5.

960 Anm.: Ebenso wie die EU verfügt die NATO nicht über eine eigenständige Armee, sondern die Mitgliedstaaten stellen Streitkräfte für die NATO ab, die in ihrer Gesamtheit die

identisch sind[961]. Wenn aber die EU nicht über ausreichend Mittel zur Krisenbewältigung verfügt, dann können aufgrund der weitestgehenden Deckungsgleichheit von Mittel und Fähigkeiten der Staaten mit der Angewiesenheit auf die NATO nur die Fähigkeiten und Mittel der Staaten der NATO gemeint sein, die nur der NATO angehören, nicht aber der EU. Dies sind die USA, die Türkei, Norwegen, Island und Kanada. Dabei ist nicht davon auszugehen, dass mit der Angewiesenheit auf NATO-Mittel und -Fähigkeiten die der Türkei, Norwegen, Island und Kanada gemeint sind, da diese Staaten kaum über bessere Fähigkeiten und Mittel verfügen als die EU-Staaten. Vielmehr können damit nur Mittel und Fähigkeiten der USA gemeint sein[962]. Daraus wird ersichtlich, dass nur die USA über Schlüsselkapazitäten verfügen, die zur Krisenintervention relevant sind[963]. Deshalb sind keine Tendenzen zu erwarten, dass es in Zukunft eine völlig von der NATO losgelöste sicherheitspolitische Entwicklung der EU geben wird[964].

2. Zusammenarbeit

Die Zusammenarbeit zwischen der EU und der NATO war in der Vergangenheit nicht spannungsfrei. Insbesondere haben die USA als Schlüsselakteur der NATO der Entwicklung der ESVP Skepsis entgegengebracht. Die ablehnende Haltung der USA gegenüber der ESVP spiegelt sich folglich in den Beziehungen zwischen der NATO und der EU wider.
Zusätzlich waren unterschiedliche Auffassungen innerhalb der EU über die Ausrichtung der ESVP zur NATO nicht förderlich für das Verhältnis. So ist eine Gruppe innerhalb der EU, zu der Großbritannien gehört, für eine enge Anbindung der EU an die NATO, während die andere Gruppe, zu der Frankreich[965]

---

integrierte Militärstruktur der NATO bilden. Vgl. dazu NATO-Handbuch, S. 281, abrufbar unter www.nato.int, letzter Zugriff: 2.8.2009.

961 Anm.: Mit den Berlin plus-Vereinbarungen soll eine Doppelbereitstellung von Ressourcen verhindert werden. Dazu siehe 3. Kap. C. II. 2. b.).

962 Vgl. *M. Dembinski*, Die Beziehungen zwischen NATO u. EU von „Berlin" zu „Berlin plus", in: J. Varwick (Hrsg.), Die Beziehungen zwischen NATO u. EU (2005), S. 61, 71.

963 *F. Algieri*, Die ESVP, in: W. Weidenfeld (Hrsg.), Europa-Handbuch (2002), S. 585, 592.

964 *E. Reiter*, Die Situation der EU in ihrer geplanten strategischen Überdehnung (2004), S. 7.

965 Anm.: Gerade Frankreich strebt eine autonome ESVP-Entwicklung an, da es nicht an der militärischen Integration des Atlantischen Bündnisses beteiligt ist. In Wahrnehmung seiner Politik der nationalen Unabhängigkeit unterhält Frankreich seit 1966 eine eingeschränkte NATO-Mitgliedschaft. Es beteiligt sich allerdings weiter im vollen Umfang an den Aktivitäten der politischen Instanzen. Dazu vgl. NATO-Handbuch, S. 173, abrufbar unter www.nato.int, letzter Zugriff: 2.8.2009.

gehört, für eine autonome ESVP-Entwicklung ist[966]. Beispielsweise wurde der Pralinengipfel von Großbritannien, Spanien und den USA als Abkehr von der NATO und als Spaltung des EU-Kerns kritisiert[967]. Solche unterschiedlichen Auffassungen sind aufgrund des Konsensprinzips in beiden Organisationen nicht förderlich für Entscheidungen[968]. Nationale Vorbehalte können daher aufgrund von Versuchen, einen Konsens zu finden Entscheidungen verhindern oder verzögern. Vor allem hat in den ersten Jahren nach der Entstehung der ESVP die Haltung der Türkei das Verhältnis zwischen der EU und der NATO belastet. Die Türkei forderte als NATO-Mitglied eine Einbeziehung in den EU-Entscheidungsprozess[969]. Sie verweigerte lange Zeit mit ihrer Blockadepolitik im Nordatlantikrat den Zugang der EU zu den NATO-Planungskapazitäten[970]. Ferner verlangte die Türkei bei EU-Operationen ohne NATO-Unterstützung ein Mitspracherecht, um damit EU-Operationen im türkischen Interessengebiet verhindern zu können[971]. Aber auch noch später verhinderte die Türkei aufgrund der Zypern-Frage eine konstruktive Zusammenarbeit zwischen dem Politischen und Sicherheitspolitischen Komitee und dem Nordatlantikrat[972].

Trotz solcher Probleme wurde in der Vergangenheit die Bedeutsamkeit des Verhältnisses hervorgehoben. Vor allem die Ausführungen in der Europäischen Sicherheitsstrategie belegen die Wichtigkeit. Denn sie betont, dass *„die transatlantischen Beziehungen (...) zu den tragenden Elementen des internationalen Systems (zählen)“* und *„die NATO (...) ein besonderer Ausdruck dieser Beziehung (ist)“*[973]. Dementsprechend wurden Anstrengungen zur Verbesserung des

---

966 *M. Jopp*, ESVP, in: W. Weidenfeld/W. Wessels (Hrsg.), Jahrbuch der Europäischen Integration 2001/2002 (2002), 223, 228; vgl. auch *M. Jopp/S. Sandawi*, ESVP, in: W. Weidenfeld/W. Wessels (Hrsg.), Jahrbuch der Europäischen Integration 2006 (2007), 241, 248.

967 Zum Pralinengipfel siehe 3. Kap. A. I. 1. a.) cc.).

968 Anm.: Alle Bündnisvorgänge innerhalb der NATO setzen den Konsens sämtlicher Mitgliedstaaten voraus. Vgl. NATO-Handbuch, S. 167 u. 171 ff., abrufbar unter www.nato.int, letzter Zugriff: 15.2.2009; Zum Konsensprinzip im Rahmen der EU siehe 3. Kap. B. I. 1.

969 *M. Jopp*, ESVP, in: W. Weidenfeld/W. Wessels (Hrsg.), Jahrbuch der Europäischen Integration 1999/2000 (2000), 243, 248.

970 *M. Jopp*, ESVP, in: W. Weidenfeld/W. Wessels (Hrsg.), Jahrbuch der Europäischen Integration 2000/2001 (2001), 233, 238.

971 *M. Jopp/S. Sandawi*, ESVP, in: Weidenfeld/Wessels (Hrsg.), Jahrbuch der Europäischen Integration 2002/2003 (2003), 241, 244.

972 *M. Jopp/S. Sandawi*, ESVP, in: W. Weidenfeld/W. Wessels (Hrsg.), Jahrbuch der Europäischen Integration 2005 (2006), 231, 238; *M. Jopp/S. Sandawi*, ESVP, in: W. Weidenfeld/W. Wessels (Hrsg.), Jahrbuch der Europäischen Integration 2006 (2007), 241, 248.

973 Europäische Sicherheitsstrategie, „Ein sicheres Europa in einer besseren Welt“ v. 12.12.2003, Ratsdok. 15895/03, S. 11; dazu vgl. auch 2. Kap. E. I. 2.

Verhältnisses unternommen. Bereiche der Zusammenarbeit waren vornehmlich der Rückgriff auf NATO-Ressourcen, die Entwicklung von Fähigkeiten sowie die Frage, welche Organisation in Krisen Maßnahmen ergreifen soll.

a.) Zusammenarbeit in der Anfangszeit der ESVP

In der Anfangszeit der ESVP wurden Grundsatzbeschlüsse zur Konsultation und Kooperation zwischen beiden Organisationen getroffen, wozu insbesondere die Dauervereinbarungen über die Konsultation und die Zusammenarbeit EU/NATO[974] gehörten. Sie waren jedoch lediglich formaler Natur. Mit ihnen wurden etwa regelmäßige gemeinsame Treffen auf Ministerebene sowie der ständigen Räte oder Militärausschüsse festgelegt[975] und dienten lediglich dem Informations- oder Meinungsaustausch, der jedoch wichtig war für EU-Staaten, die nicht NATO-Mitglieder sind. Auf solchen Treffen basierende Beschlüsse und Entscheidungen wurden von beiden Organisationen getrennt gefasst.

b.) Berlin plus-Vereinbarungen

Zentrale Bedeutung für die Verbesserung des Verhältnisses EU-NATO hatten die Berlin plus-Vereinbarungen, die nach jahrelangen Bemühungen im März 2003 finalisiert werden konnten[976]. Der entscheidende Schritt zur Verabschiedung der Berlin plus-Vereinbarungen wurde mit der Erklärung der EU und der

974 Vgl. z. B. Dauervereinbarungen über die Konsultation u. die Zusammenarbeit EU/NATO, Anlage VII der Anlage VI der Schlussfolgerungen des Vorsitzes des ER in Nizza v. 7.-9.12.2000, SN 400/1/00 ADD 1 REV 1.

975 Dauervereinbarungen über die Konsultation u. die Zusammenarbeit EU/NATO, Anlage VII der Anlage VI der Schlussfolgerungen des Vorsitzes des ER in Nizza v. 7.-9.12.2000, SN 400/1/00 ADD 1 REV 1, II. 1.

976 Anm.: Auf dem NATO-Ministerrat in Berlin am 3.6.1996 wurden die Grundlagen des Rückgriffs der WEU auf Planungs- und Führungsmittel der NATO beschlossen (Dazu siehe Ministerial Meeting of the North Atlantic Council, Berlin, 3.6.1996, Press Communiqu M-NAC-1(96)63, abrufbar unter www.nato.int/docu/pr/1996/p96-063e.htm, letzter Zugriff: 2.8.2009). Drei Jahre später wurde auf dem Washingtoner NATO-Gipfeltreffen in einem Rahmendokument ausführlichere Regelungen über Freigabe und Rückruf der NATO-Mittel getroffen. Durch Gründung der ESVP verloren diese Vereinbarungen ihre Bedeutung. Die Vereinbarungen von Berlin zwischen der NATO und der WEU sollten nun in entsprechender Form auf die EU übertragen werden. Deshalb die Bezeichnung „Berlin plus“.

NATO über die ESVP vom 16. Dezember 2002[977] vollzogen. In dieser Erklärung haben alle NATO-Mitgliedstaaten, also auch die USA als bisheriger Kritiker der eigenständigen ESVP-Entwicklung und die Türkei, die ESVP und ihre Zwecke befürwortet, insbesondere eigenständige Krisenbewältigungsoperationen durchzuführen, „*sofern die NATO als Ganzes nicht beteiligt ist*"[978]. Grundsätze der Zusammenarbeit sollen eine enge Partnerschaft, effektive gegenseitige Konsultationen, Dialog, Kooperation und Transparenz sowie Gleichheit und Respektierung der Interessen der Organisationen sein[979].

aa.) Inhalt

Die Berlin plus-Vereinbarungen bestehen inhaltlich aus mehreren Aspekten[980]: Zu den Berlin plus-Vereinbarungen gehört ein NATO-EU-Sicherheitsabkommen, das den Austausch von geheimen Informationen unter Einhaltung von Bestimmungen über den gegenseitigen Schutz ermöglicht[981]. Zudem wurde ein gesicherter Rückgriff auf Planungsinstrumente der NATO ermöglicht, um diese im Rahmen der militärischen Planung von EU-geführten Einsätzen zur Krisenbewältigung wirksam nutzen zu können[982]. Darüber hinaus wurde der ge-

---

977 European-NATO-Declaration on ESDP v. 16.12.2002, abgedruckt in: *J.-Y. Haine*, From Laeken to Copenhagen, European defence: core documents, volume III, in: Chaillot Papers 57, S. 178.

978 „*(...) where NATO as a whole is not engaged*". European-NATO-Declaration on ESDP v. 16.12.2002, abgedruckt in: *J.-Y. Haine*, From Laeken to Copenhagen, European defence: core documents, volume III, in: Chaillot Papers 57, S. 178; vgl. auch Erklärung des ER zur Stärkung der GESVP, Anhang III zu den Schlussfolgerungen des Vorsitzes des ER in Köln, SN 150/99, Rn. 1; Schlussfolgerungen des Vorsitzes des ER in Helsinki v. 10./11.12.1999, SN 300/99, Rn. 27; Bericht des Vorsitzes über die Stärkung der GESVP u. Bericht über die nichtmilitärische Krisenbewältigung der EU, Anlage IV zu den Schlussfolgerungen des Vorsitzes des ER in Helsinki, SN 300/99; Zwischenbericht des Vorsitzes an den ER (Helsinki) über die Stärkung der GESVP, Anlage 1 zu Anlage IV zu den Schlussfolgerungen des Vorsitzes des ER in Helsinki v. 10./11.12.1999, SN 300/99, Einleitung.

979 European-NATO-Declaration on ESDP v. 16.12.2002, abgedruckt in: *J.-Y. Haine*, From Laeken to Copenhagen, European defence: core documents, volume III, in: Chaillot Papers 57, S. 178.

980 Anm.: Es ist lediglich bekannt, welche Dokumente zu den Berlin plus-Vereinbarungen zählen. Die einzelnen Dokumente der Berlin plus-Vereinbarungen sind der Öffentlichkeit nicht zugänglich.

981 Berlin Plus Agreement, abrufbar unter www.nato.int/shape/news/2003/shape_eu-/se030822a.htm, letzter Zugriff: 2.8.2009.

982 Berlin Plus Agreement, abrufbar unter www.nato.int/shape/news/2003/shape_eu-/se030822a.htm, letzter Zugriff: 2.8.2009.

sicherte Zugang zu den kollektiven NATO-Ressourcen und –Kapazitäten, wie etwa Kommunikationsabteilungen und Hauptquartiere, bei EU-geführten Einsätzen zur Krisenbewältigung erlaubt[983]. Ferner wurden Verfahren für das Management von NATO-Ressourcen und –Kapazitäten (Bereitstellung, Überwachung, Rückgabe und Rückforderung) vereinbart[984]. Zusätzlich wurden Richtlinien und Aufgabenbereiche des stellvertretenden NATO-SACEUR (Deputy Supreme Allied Commander Europe - stellvertretende militärische Oberbefehlshaber der NATO), der immer Europäer ist, getroffen und der den Oberbefehl für unter Berlin plus geführte EU-Operationen besitzt (Operation Commander)[985]. Des Weiteren wurden NATO-EU-Konsultationsvereinbarungen im Zusammenhang mit einem EU-geführten Krisenbewältigungseinsatz getroffen, bei dem NATO-Ressourcen und Kapazitäten zum Einsatz kommen[986]. Außerdem wurden der militärische Bedarf, der bei EU-geführten Einsätzen entstehen könnte, und die militärischen Fähigkeiten, die bei solchen Einsätzen verlangt werden könnten, in das System der Erstellung von NATO-Verteidigungsplänen einbezogen, um die Verfügbarkeit von gut ausgerüsteten Einsatzkräften, die für NATO- oder EU-Einsätze ausgebildet wurden, sicherstellen zu können[987].

bb.) Zweck

Die Berlin plus-Vereinbarungen sollen die „strategische Partnerschaft" zwischen beiden Organisationen sichern und die Grundlage für die Kooperation zwischen EU und NATO bilden. Durch das große Interesse an Komplementarität und Schaffung von Synergien sollte insbesondere eine unnötige Doppelbereitstellung von Ressourcen verhindert werden. Dies betrifft dabei die Entwicklung der militärischen Fähigkeiten, bei der eine enge Abstimmung von enormer Wichtigkeit ist, weil dadurch sichergestellt werden kann, dass die militärischen Fähigkeiten sich gegenseitig verstärken[988].

---

983 Berlin Plus Agreement, abrufbar unter www.nato.int/shape/news/2003/shape_eu-/se030822a.htm, letzter Zugriff: 2.8.2009.

984 Berlin Plus Agreement, abrufbar unter www.nato.int/shape/news/2003/shape_eu-/se030822a.htm, letzter Zugriff: 2.8.2009.

985 Berlin Plus Agreement, abrufbar unter www.nato.int/shape/news/2003/shape_eu-/se030822a.htm, letzter Zugriff: 2.8.2009.

986 Berlin Plus Agreement, abrufbar unter www.nato.int/shape/news/2003/shape_eu-/se030822a.htm, letzter Zugriff: 2.8.2009.

987 Berlin Plus Agreement, abrufbar unter www.nato.int/shape/news/2003/shape_eu-/se030822a.htm, letzter Zugriff: 2.8.2009.

988 Entwurf eines Berichtes des Vorsitzes über die ESVP v. 18.6.2002, Ratsdok. 10160/02, Rn. 26; *W. Kaufmann-Bühler*, in: E. Grabitz/M. Hilf, Art. 17 EUV, Rn. 25 (30. EL Juni 2006).

cc.) Rechtscharakter

Die Berlin plus-Vereinbarungen besitzen die Rechtsnatur eines Rahmenabkommens[989]. Demzufolge handelt es sich bei ihnen aus EU-Sicht um einen völkerrechtlich verbindlichen Vertrag nach Art. 24 EUV[990] und nicht nur um eine rechtlich unverbindliche politische Absichtserklärung. Dieser völkerrechtliche Vertrag beinhaltet die Zusage, zu einem späteren Zeitpunkt fest umrissene Einzelvereinbarungen[991] zu treffen[992]. Für eine solche Einordnung als völkerrechtliche Vereinbarung spricht die enge politische und militärische Verflechtung der EU mit der NATO. Die Berlin plus-Vereinbarungen sind das zentrale Verbindungselement der Beziehungen zwischen beiden Organisationen, an dem beide interessiert sind. Denn die EU kann ohne Rückgriffsmöglichkeiten auf die Planungs- und Führungsstrukturen der NATO in einigen Situationen nicht handlungsfähig sein[993]. Die NATO und speziell die USA besitzen ein Interesse an einem Verbindungselement, durch das die EU die NATO-Strukturen nutzen kann, um damit einer eigenständigen Entwicklung der ESVP unabhängig von der NATO entgegenzuwirken[994]. Diese wechselseitigen Interessen deuten auf einen Rechtsbindungswillen beider Organisationen hinsichtlich der Berlin plus-Vereinbarungen hin[995].

Die Einordnung der Berlin plus-Vereinbarungen als nicht völkerrechtlich verbindlichen Vertrag ist dagegen abzulehnen[996].
Gegen die Einordnung als völkerrechtlicher Vertrag lässt sich nicht einwenden, dass die Berlin plus-Vereinbarungen nicht in einer bestimmten Form abge-

---

989 *W. Kaufmann-Bühler*, in: E. Grabitz/M. Hilf, Art. 17 EUV, Rn. 5, 18 u. 25 (30. EL Juni 2006); ebenso *C. Gramsch*, Europa auf dem Weg zu einer gemeinsamen Sicherheits- u. Verteidigungspolitik (2003), S. 112, die von einer Ausarbeitung eines *„offiziellen und rechtsverbindlichen Abkommens“* spricht.

990 Zu Art. 24 EUV siehe 1. Kap. B. III. 2. e.).

991 Anm.: Bei den Einzelvereinbarungen handelt es sich rechtlich um völkerrechtliche Verträge. Der in solchen Vereinbarungen beschlossene Rückgriff auf NATO-Mittel ist ein rechtliches Leihverhältnis, das aus wechselseitigen Überlassungs-, Unterrichtungs-, Rückgabe-, und Finanzierungspflichten besteht. *S. Graf v. Kielmansegg*, Die Verteidigungspolitik der EU (2005), S. 352.

992 *S. Graf v. Kielmansegg*, Die Verteidigungspolitik der EU (2005), S. 352.

993 Zur Angewiesenheit der EU auf die NATO siehe 3. Kap. C. II. 1.

994 Zum Bestreben einiger, eine enge Anbindung der ESVP an die NATO zu erreichen siehe 3. Kap. C. II. 2.

995 *S. Graf v. Kielmansegg*, Die Verteidigungspolitik der EU (2005), S. 353.

996 Von der Einordnung der Berlin plus-Vereinbarungen als rechtlich unverbindliche politische Absichtserklärung geht *S. Graf v. Kielmansegg* aus. Dazu siehe *S. Graf v. Kielmansegg*, Die Verteidigungspolitik der EU (2005), S. 354.

schlossen wurden[997]. Denn völkerrechtliche Verträge bedürfen nicht einer besonderen Form[998].
Gegen die Einordnung der Berlin plus-Vereinbarungen als völkerrechtliche Vereinbarung spricht zudem nicht, dass auf Seiten der EU der Generalsekretär/Hohe Vertreter die Übereinkunft getroffen hat[999]. Zwar schließt nach Art. 24 Abs. 1 EUV der Rat Übereinkünfte mit internationalen Organisationen ab, jedoch kann der Rat den *„Präsident(en) des Rates (...) ermächtig(en), (ein) Abkommen rechtsverbindlich für die EU zu unterzeichnen“*[1000]. Der Ratsbeschluss kann zudem die Unterzeichnung durch Untervollmacht gestatten, in der Form, dass der Vorsitz ermächtigt wird, eine Person zu bestellen, die befugt ist, ein Abkommen rechtsverbindlich für die EU zu unterzeichnen[1001]. Diese Person kann der Generalsekretär/Hohen Vertreter sein, der nach Art. 18 Abs. 3 EUV den Vorsitz unterstützt.
Aber selbst wenn man in den Berlin plus-Vereinbarungen keinen völkerrechtlich verbindlichen Vertrag sehen würde, würde dieser als politische Absichtserklärung, aufgrund des großen Interesses beider Organisationen an der Einhaltung dieser Absichtserklärung, ein sehr großes politisches Gewicht besitzen[1002].

dd.) Analyse

Im Zentrum der Berlin plus-Vereinbarungen steht die Nutzung von Mitteln und Fähigkeiten der NATO für Operationen der EU. Vor dem Hintergrund, dass es Defizite im militärischen Bereich der ESVP gibt[1003], stellte diese strategische Partnerschaft eine bedeutende Stütze für die Einsatzfähigkeit der ESVP dar, auch wenn einschränkend zu berücksichtigen ist, dass die USA erhofften, hier-

---

997 Anm.: Die Berlin plus-Vereinbarungen beruhen auf einen Briefwechsel der Generalsekretäre am 17.3.2003, aus dem die einschlägigen Dokumente zu entnehmen sind.
998 *T. Stein/C. von Buttlar*, Völkerrecht (2005), Rn. 28.
999 Anm.: Auf Seiten der NATO kann der NATO-Generalsekretär diese völkerrechtlich vertreten, wenn er vorher vom Nordatlantikrat ermächtigt wurde.
1000 So in Art. 2 des Beschlusses 2003/211/GASP des Rates v. 24.2.2003 über den Abschluss des Abkommens zwischen der EU u. der NATO über den Geheimschutz, abgedruckt in: ABl. 2003 Nr. L 80, S. 35.
1001 *W. Kaufmann-Bühler/N. Meyer-Landrut*, in: E. Grabitz/M. Hilf, Art. 18 EUV, Rn. 5 (24. EL Sep. 2004); vgl. auch *G. Burghard/G. Tebbe/S. Marquardt*, in: H. von der Groeben/J. Schwarze, EU (2003), Art. 18, Rn. 8; *H.-J. Cremer*, in: C. Calliess/M. Ruffert, EU (2007), Art. 26, Rn. 4.
1002 *S. Graf v. Kielmansegg*, Die Verteidigungspolitik der EU (2005), S. 354.
1003 Zu den ESVP-Ressourcen siehe 3. Kap. A.

durch Einfluss auf die ESVP zu bekommen[1004]. Für den Fall also, dass die EU eine Operation zur Terrorismusbekämpfung unternehmen will, kann die Operation durch die Hinzuziehung von NATO-Mitteln effektiver gestaltet werden. Damit hat diese Vereinbarung Einfluss auf die Verbesserung der Arbeiten der EU bei der Terrorismusbekämpfung. Dennoch ist einschränkend zu berücksichtigen, dass die Streitkräfte der NATO-Mitgliedstaaten keine gemeinsamen NATO-Mittel darstellen, sodass die Berlin plus-Vereinbarungen keinen Rückgriff auf Verbände und Ausrüstung der nationalen Streitkräfte der NATO-Mitglieder sichern. Dies hat demnach zur Folge, dass kein Rückgriff auf die US-amerikanischen Mittel möglich ist. Ein solcher Rückgriff bedarf einer gesonderten Vereinbarung zwischen den USA und der EU[1005].

Vielmehr sind unter der Nutzung von Mittel und Fähigkeiten der NATO bündniseigene Mittel der NATO zu verstehen. Diese umfassen die Kommandostrukturen der NATO, Fernmelde- und Kommunikationssysteme, die logistische Infrastruktur der NATO, der AWACS-Verband sowie Geheimdienst- und Aufklärungsmaterial, das der NATO von ihren Mitgliedstaaten zur Verfügung gestellt wird[1006]. Die größte Relevanz besitzt dabei der Rückgriff auf die Nutzung von NATO-Hauptquartieren zur Führung von EU-Operationen[1007].

Beim Rückgriff auf die genannten NATO-Mittel und –Fähigkeiten ist zusätzlich zu bedenken, dass die NATO trotz der Berlin plus-Vereinbarungen nicht zwingend ihre Mittel und Fähigkeiten der EU zur Verfügung stellen muss. Unzweifelhaft kann die NATO bei Eigenbedarf[1008] die Freigabe verweigern und selbst wenn kein Eigenbedarf besteht, besitzen die NATO und ihre Mitgliedstaaten ein Letztentscheidungsrecht darüber, für welche Zwecke die bündniseigenen Mittel und Fähigkeiten der NATO eingesetzt werden. Letzteres ist dennoch nur bei

---

[1004] *M. Jopp/S. Sandawi,* ESVP, in: W. Weidenfeld/W. Wessels (Hrsg.), Jahrbuch der Europäischen Integration 2002/2003 (2003), 241, 245.

[1005] *S. Graf v. Kielmansegg*, Die Verteidigungspolitik der EU (2005), S. 341.

[1006] *S. Graf v. Kielmansegg*, Die Verteidigungspolitik der EU (2005), S. 341.

[1007] Anm.: Dazu gehört der Rückgriff auf das NATO-Hauptquartier Europa (SHAPE), wo zunächst die Möglichkeit bestand, *ad hoc* für jede Operation eine räumlich abgetrennte EU-Zelle einzurichten. Später wurde dann eine ständige Einrichtung eingeführt. Dazu siehe 3. Kap. C. II. 2. c.).

Des Weiteren kann ein Rückgriff auf nachgeordnete NATO-Hauptquartiere erfolgen, wie etwa auf das NATO-Hauptquartier Südeuropa in Neapel (AFSOUTH), wo ein kleines EU-Führungselement (EU Command Element) bei Bedarf eingerichtet werden kann.

Ferner können sog. Combined Joint Tasc Forces-Hauptquartiere der NATO genutzt werden. Diese können bei Bedarf von den ständigen NATO-Hauptquartieren generiert werden. Sie sind verlegbar und können eine Operation vor Ort und teilstreitkräfteübergreifend führen.

Vgl. dazu *S. Graf v. Kielmansegg*, Die Verteidigungspolitik der EU (2005), S. 343.

[1008] Anm.: Die NATO benötigt bei Eigenbedarf die NATO-Mittel und –Fähigkeiten selbst oder in naher Zukunft. Dies gilt insb. für den Bündnisfall nach Art. 5 NATO-Vertrag.

schwerwiegenden Vorbehalten zu erwarten[1009], sodass die Berlin plus-Vereinbarungen letztendlich doch mit hoher Wahrscheinlichkeit einen Zugriff auf die NATO-Mittel und –Fähigkeiten ermöglichen[1010].
Ein Rückruf nach Gestattung der Nutzung von Mitteln und Fähigkeiten der NATO ist grundsätzlich ebenfalls möglich. Dieses Rückrufrecht wird allerdings dadurch begrenzt, dass die in der NATO vertretenen EU-Mitgliedstaaten durchaus die Möglichkeit besitzen, einen für den Rückruf erforderlichen Beschluss im Nordatlantikrat aufgrund der notwendigen Einstimmigkeit zu verhindern[1011].

Beim Rückgriff auf Mittel und Fähigkeiten der NATO stellt sich sodann die Frage, ob die EU auf Mittel und Fähigkeiten der NATO zurückgreifen muss[1012] oder ob die EU alternativ auf Mittel und Fähigkeiten ihrer Mitgliedstaaten zurückgreifen darf. Eine Verpflichtung auf den Rückgriff auf NATO-Mittel und –Fähigkeiten ist allerdings an keiner Stelle beschlossen worden. Vielmehr werden NATO-Mittel und der Rückgriff auf nationale Mittel der EU-Staaten als ebenbürtige Möglichkeiten in Betracht gezogen[1013], sodass die EU Missionen, bei denen der Konflikt mit dem militärischen Potential der EU zu lösen ist, unabhängig von der NATO durchführen kann. Demgemäß wurde die Operation Artemis ohne Rückriff auf NATO-Mittel und –Fähigkeiten durchgeführt und ein Rückgriff wurde auch erst gar nicht in Erwägung gezogen.
Dennoch wird die EU aufgrund fehlender Mittel und Fähigkeiten bei größeren Missionen nicht daran vorbeikommen können, auf die Mittel und Fähigkeiten der NATO zurückzugreifen. Aufgrund des Verzichts der EU, unnötige Duplizierungen aufzubauen, ist auch zukünftig keine andere Entwicklung zu erwarten, sodass zwar keine Verpflichtung auf den Rückgriff auf NATO-Mittel und Fähigkeiten besteht, sie aber für die EU notwendig ist[1014]. Durch den Willen der EU, auf Duplizierungen zu verzichten, wird daher ebenfalls deutlich, dass die EU zukünftig weiterhin von NATO-Kapazitäten abhängig sein wird.

Ein weiteres Problem ergibt sich, wenn NATO und EU unabhängig voneinander Operationen durchführen wollen. Denn beide Organisationen, soweit die Mit-

---

1009 Anm.: Zu denken ist etwa an das Bestreben der NATO, einer eigenständigen Entwicklung der ESVP entgegenzuwirken. Sollte die NATO nämlich wiederholt einen Rückgriff auf ihre Mittel und Fähigkeiten verweigern, könnte die EU als Reaktion eine von der NATO losgelöste autonome ESVP in Betracht ziehen. Dazu vgl. Ausführungen im 3. Kap. C. II. 2.

1010 *S. Graf v. Kielmansegg*, Die Verteidigungspolitik der EU (2005), S. 343-346.

1011 *S. Graf v. Kielmansegg*, Die Verteidigungspolitik der EU (2005), S. 346.

1012 Anm.: Eine solche Verpflichtung würde im Interesse der NATO und speziell der USA liegen.

1013 *S. Graf v. Kielmansegg*, Die Verteidigungspolitik der EU (2005), S. 355.

1014 *S. Graf v. Kielmansegg*, Die Verteidigungspolitik der EU (2005), S. 355.

gliedschaften zusammenfallen, greifen auf dieselben Streitkräfte zur Durchführung von Operationen zurück. Allerdings können diese nur einer Organisation zur Verfügung stehen („single set of forces"). Daraus ergibt sich ein echtes Konkurrenzverhältnis und es stellt sich die Frage, ob eine der beiden Organisationen einen vorrangigen Anspruch auf den Zugriff der Streitkräfte besitzt.
Im Ergebnis ist in Bezug auf konkurrierende Krisenbewältigungsoperationen ein Erstzugriffsrecht für eine der beiden Organisationen abzulehnen. Denn es gibt in keiner der beiden Organisationen für die Mitgliedstaaten eine Beteiligungspflicht. Damit liegt die Entscheidung alleine bei den jeweiligen Mitgliedstaaten, welcher Organisation sie ihre Streitkräfte zur Verfügung stellen wollen[1015]. Vieles dürfte dabei von Absprachen zwischen den beiden Organisationen abhängen. Daher könnte die Entscheidung auch davon abhängen, ob die USA sich mit ihren überragenden militärischen Mitteln beteiligen wollen, dann NATO-Operation, oder nicht beteiligen wollen, dann ESVP-Operation.
Gleiches gilt im Ergebnis bei der Kollision der Beistandspflicht nach Art. 5 NATO-Vertrag mit einer ESVP-Operation. Auch hier gibt es eigentlich keinen Vorrang für die NATO auf den Zugriff auf Streitkräfte. Die Beistandspflicht nach Art. 5 NATO-Vertrag räumt den Mitgliedstaaten einen großen Ermessensspielraum in Bezug auf die Art der Unterstützungsleistung ein und schreibt keinen militärischen Automatismus vor[1016].
Anders wäre dies nur, wenn die WEU bei Vorliegen des Art. V des Brüsseler Vertrags mangels eigener Bündnisstrukturen die Durchführung der Selbstverteidigung der NATO überlassen würde. Denn Art. V des Brüsseler Vertrags fordert *„alle in (der) Macht (der Vertragsparteien) stehende militärische (...) Hilfe und Unterstützung*" ein, weshalb die WEU-Staaten ihre Streitkräfte bei Vorliegen des Bündnisfalls der WEU zur Verfügung stellen müssen und daher gegebenenfalls ihre Streitkräfte aus laufenden EU-Operationen zurückziehen müssten. Daraus könnte sich eine indirekte Vorrangstellung der NATO ergeben[1017]. Diese Vorrangstellung kann jedoch wiederum dadurch begrenzt werden, dass alle WEU-Mitgliedstaaten, die ausnahmslos zugleich EU-Mitglieder sind, einvernehmlich einer konkurrierenden EU-Operation Vorrang einräumen[1018]. Trotzdem dürfte unausgesprochen Einigkeit darüber bestehen, dass die EU keine selbständigen militärischen Operationen durchführt, wenn ein NATO-Bündnisfall nach Art. 5 NATO-Vertrag vorliegt[1019].

[1015] *S. Graf v. Kielmansegg*, Die Verteidigungspolitik der EU (2005), S. 357.
[1016] *S. Graf v. Kielmansegg*, Die Verteidigungspolitik der EU (2005), S. 357.
[1017] *S. Graf v. Kielmansegg*, Die Verteidigungspolitik der EU (2005), S. 357.
[1018] *S. Graf v. Kielmansegg*, Die Verteidigungspolitik der EU (2005), S. 357.
[1019] Vgl. 3. Kap. C. II. 1.

ee.) Praktische Anwendung

Praktisches Beispiel der Berlin plus-Vereinbarungen war die erste Militäroperation unter den Namen Operation Concordia in Mazedonien. Die EU löste dort die NATO-Stabilisierungsmission Allied Harmony ab und übernahm die militärische Verantwortung. Dabei nahm die EU die Planungskapazitäten und Kommandostrukturen der NATO in Anspruch[1020]. Entsprechend den Berlin plus-Vereinbarungen erstattete beispielsweise der Oberbefehlshaber (zugleich stellvertretender NATO-SACEUR) dem Politischen und Sicherheitspolitischen Komitee regelmäßig Bericht.
Ähnlich verhielt es sich bei der Übernahme der von der NATO geführten Friedenstruppe SFOR durch die EU mit der Mission Althea als zweites praktisches Beispiel, aus der noch mehr Erfahrungen gesammelt werden konnten, da es sich um eine wesentlich größere Operation handelte.
Durch die Durchführung der genannten Operationen im Rahmen der Berlin plus-Vereinbarungen und durch die aus den Operationen gewonnenen Erfahrungen konnte die strategische Partnerschaft im Krisenmanagement kontinuierlich ausgebaut werden.
Ferner ging die unter italienischer Ratspräsidentschaft (2. Hj. 2003) durchgeführte erste gemeinsame Krisenmanagementübung von EU und NATO CME/CMX 03 auf die Berlin plus-Vereinbarungen zurück und diente der Verbesserung des transatlantischen Verhältnisses[1021]. Bei dieser Übung ging es im Wesentlichen um die strategische Planung in Reaktion auf eine Krise mit zivilen und militärischen Mitteln[1022].

c.) Europäische Verteidigung: Konsultationen, Planung und Operationen NATO/EU

Des Weiteren war die Umsetzung des von Deutschland, Frankreich und Großbritannien entwickelten und von der italienischen Ratspräsidentschaft (2. Hj. 2003) eingebrachten Dokuments „Europäische Verteidigung: Konsultationen, Planung und Operationen NATO/EU (European Defence: NATO/EU Consulta-

---

[1020] Gemeinsame Aktion 2003/92/GASP des Rates v. 27.1.2003 über die militärische Operation der EU in der ehemaligen jugoslawischen Republik Mazedonien, abgedruckt in: ABl. 2003 Nr. L 34, S. 26.

[1021] *M. Jopp/S. Sandawi*, ESVP, in: W. Weidenfeld/W. Wessels (Hrsg.), Jahrbuch der Europäischen Integration 2003/2004 (2004), 229, 231.

[1022] Bericht des Vorsitzes über die ESVP v. 9.12.2003, Ratsdok. 15814/03, Rn. 16.

tion, Planning and Operations)"[1023] für das Verhältnis von Bedeutung. Dieses Papier geht auf den stark kritisierten Pralinengipfel[1024] zurück. Die Einigung stellte eine Weichenstellung von Bedeutung für die weitere Entwicklung der ESVP und die strategische Partnerschaft zwischen NATO und EU dar[1025] und sorgte für mehr Transparenz zwischen NATO und EU.
In dem Dokument geht es im Wesentlichen um zwei Ziele, zum einen um die Verbesserung der Vorbereitung von EU-Operationen unter Rückgriff auf NATO-Mittel und –Fähigkeiten und zum anderen um die Stärkung der Fähigkeiten der EU, um autonome Operationen, also ohne Rückgriff auf NATO-Mittel und -Fähigkeiten, planen und führen zu können.
Zusätzlich bestätigte dieses Papier die Einigung des Außenministertreffens von Neapel im November 2003[1026], bei dem unter anderen die Hauptquartiersfrage geklärt werden konnte[1027]. Dadurch konnte der Streit um die Schaffung eines eigenständigen europäischen Hauptquartiers beigelegt werden[1028], das insbesondere von den USA als inakzeptable Duplizierung von existierenden Fähigkeiten im NATO-Hauptquartier SHAPE angesehen wurde. Dieser nun erfolgte Kompromiss sah eine kleine zivil-militärische Zelle innerhalb des EU-Militärstabs, bestehend aus etwa 30 Offizieren und Beamten, vor, parallel dazu eine Zelle im obersten Hauptquartier der NATO SHAPE sowie feste Verbindungselemente der NATO beim EU-Militärstab. Die zivil-militärische Zelle der EU soll auch im Bedarfsfall und bei zeitlicher Befristung in ein Planungs- und Führungshauptquartier umwandelbar sein. Voraussetzung für solch einen Fall ist allerdings, dass für eine autonome Operation keines der nationalen Hauptquartiere in Paris, Northwood oder Potsdam zur Verfügung steht[1029].

1023 European Defence: NATO/EU Consultation, Planning and Operations, abgedruckt in: *A. Missiroli*, From Copenhagen to Brussels, European defence: core documents, volume IV, in: Chaillot Papers 67, S. 322.

1024 Zum Pralinengipfel siehe 3. Kap. A. I. 1. a.) cc.).

1025 Schlussfolgerungen des Vorsitzes des ER v. Brüssel v. 12./13.12.2003, Ratsdok. 5381/04, Rn. 90.

1026 Anm.: Frankreich, Deutschland und Großbritannien, einigten sich bereits vorher auf einen Kompromiss. Dazu siehe Joint Paper by France, Germany and the United Kingdom, Neapel, 29.11.2003, abgedruckt in: *A. Missiroli*, From Copenhagen to Brussels, European defence: core documents, volume IV, in: Chaillot Papers 67, S. 283.

1027 *M. Jopp/S. Sandawi*, ESVP, in: W. Weidenfeld/W. Wessels (Hrsg.), Jahrbuch der Europäischen Integration 2003/2004 (2004), 229, 231.

1028 Anm.: Auf dem Pralinengipfel wollten einige die vier beteiligten Mitgliedstaaten einen Nukleus einer unabhängigen militärischen Planungskapazität für die EU einrichten. Vgl. 3. Kap. A. I. 1. a.) cc.).

1029 *H. Bacia*, Vormarsch auf Samtpfoten, in: FAZ, 13.12.2004, Nr. 291, S. 10; Schlussfolgerungen des Vorsitzes des ER v. Brüssel v. 16./17.12.2004, Ratsdok. 16238/04, Rn. 62; *M. Jopp/S. Sandawi*, ESVP, in: W. Weidenfeld/W. Wessels (Hrsg.), Jahrbuch der Europäischen Integration 2003/2004 (2004), 229, 235.

In der Folgezeit wurden schnell Maßnahmen zur Umsetzung des Dokuments „Europäische Verteidigung: Konsultationen, Planung und Operationen NATO/EU“ ergriffen[1030]. Auf dem Gipfel des Europäischen Rates im Dezember 2004 wurden unter niederländischer Ratspräsidentschaft detaillierte Vorschläge für die Umsetzung des Dokuments gebilligt. Daraus wird ersichtlich, dass es noch einmal zwölf Monate gedauert hat, bis ein alle Einzelheiten regelnder Beschluss vorlag. Durch die Umsetzung wurde sichergestellt, dass entsprechend dem Planziel 2010 die zivil-militärische Zelle ihre Arbeit aufnehmen konnte[1031].

d.) Weiteres

Ferner ist bei der Entwicklung militärischer Fähigkeiten eine enge Abstimmung erforderlich. Da 21 Staaten in beiden Organisationen beteiligt sind und somit beiden ihre nationalen Streitkräfte zur Verfügung stellen können, kommt es zu Überschneidungen bei der Streitkräfteplanung. Beide Organisationen haben einen eigenen Plan zur Stärkung der militärischen Fähigkeiten aufgestellt. Die EU mit dem Europäischen Aktionsplan zu den Fähigkeiten (European Capabilities Action Plan – ECAP)[1032] und die NATO mit dem Prague Capability Commitment[1033]. Beim Aufbau der EU-Fähigkeiten wurde der Mechanismus zur Entwicklung der Fähigkeiten (CDM)[1034] entwickelt, der die Überprüfung und das Voranbringen der Entwicklung der europäischen militärischen Fähigkeiten sicherstellen sollte. Dieser Mechanismus ermöglicht auch Schritte der Transparenz und Abgleichung mit der NATO-Streitkräfteplanung, besitzt jedoch keine Beschlussfassungskompetenz. Als formales Gremium wurde dazu im März 2003 die EU/NATO-Gruppe „Fähigkeiten“ eingesetzt. Dementsprechend gab es mit Hilfe dieses Gremiums in der Folgezeit im Bereich des Ausbaus von Fähigkeiten im Einklang mit dem Mechanismus zur Entwicklung der Fähigkeiten Informationsaustausche, vor allem dort, wo sich die Erfordernisse überschneiden, damit die Fähigkeiten sich in kohärenter und sich gegenseitig verstärkender Weise weiterentwickeln[1035]. In der Gruppe wurde unter anderem über die EU-

---

[1030] Bericht des Vorsitzes zur ESVP v. 14.6.2004, Ratsdok. 10547/04, Rn. 9; Europäische Verteidigung: NATO/EU-Konsultation, Planung u. Operation, Anlage zu den Schlussfolgerungen des Vorsitzes des ER v. Brüssel v. 17./18.6.2004, Ratsdok. 10679/2/04 REV 2.

[1031] Schlussfolgerungen des Vorsitzes des ER v. Brüssel v. 16./17.12.2004, Ratsdok. 16238/04, Rn. 62.

[1032] Zum ECAP siehe 3. Kap. A. I. 1. a.) aa.).

[1033] NATO summit, Prag, 21./22.11.2002, abgedruckt in: *J.-Y. Haine*, From Laeken to Copenhagen, European defence: core documents, volume III, in: Chaillot Papers 57, S. 156.

[1034] Zum CDM siehe 3. Kap. A. I. 1.

[1035] Bericht des Vorsitzes über die ESVP v. 14.6.2004, Ratsdok. 10547/04, Rn. 11; Bericht des Vorsitzes zur ESVP v. 13.6.2005, Ratsdok. 10032/05, Rn. 38; ESVP-Bericht des Vor-

Gefechtsverbände und die NATO-Reaktionskräfte (NRF) sowie einige besondere Fähigkeitsbereiche von gemeinsamem Interesse, wie die Datenerfassung im Verteidigungsbereich und der Schutz der eigenen Kräfte, beraten[1036].

Zudem gab es in der jüngeren Vergangenheit Diskussionen um ein so genanntes „Berlin plus in Reverse". Dabei handelte es sich um Rückgriffsmöglichkeiten der NATO auf zivile Fähigkeiten der EU[1037]. Allerdings wurde dies von Seiten der EU-Mitgliedstaaten, insbesondere von Frankreich, bisher abgelehnt, um eine weitere Annäherung zwischen NATO und EU zu verhindern[1038].

e.) Bedeutung für die Terrorismusbekämpfung

In Bezug auf die Terrorismusbekämpfung ist bedeutsam für das Verhältnis zwischen der EU und der NATO, dass der Großteil der EU-Staaten zugleich NATO-Mitglied ist. Sollte in Zukunft ein Terroranschlag auf ein EU-Mitglied verübt werden, das zugleich NATO-Mitglied ist, so dürfte, wie nach den Terroranschlägen vom 11. September 2001[1039], der NATO-Bündnisfall nach Art. 5

---

sitzes v. 15./16.12.2005, Ratsdok. 15891/05, Rn. 59; ESVP-Bericht des Vorsitzes v. 12.6.2006, Ratsdok. 10418/06, Rn. 80-82; ESVP-Bericht des Vorsitzes v. 11.12.2006, Ratsdok. 16696/06, Rn. 83-85; ESVP-Bericht des Vorsitzes v. 18.6.2007, Ratsdok. 10910/07, Rn. 100; vgl. auch Schlussfolgerungen des Rates zur ESVP v. 14.5.2007, Ratsdok. 9491/07, Rn. 7; ESVP-Bericht des Vorsitzes v. 9.12.2008, Ratsdok. 16686/08, XIV.

1036 ESVP-Bericht des Vorsitzes v. 18.6.2007, Ratsdok. 10910/07, Rn. 100; vgl. auch Schlussfolgerungen des Rates zur ESVP v. 14.5.2007, Ratsdok. 9491/07, Rn. 7; Bericht des Vorsitzes über die ESVP v. 14.6.2004, Ratsdok. 10547/04, Rn. 12; Bericht des Vorsitzes zur ESVP v. 13.6.2005, Ratsdok. 10032/05, Rn. 38; ESVP-Bericht des Vorsitzes v. 15./16.12.2005, Ratsdok. 15891/05, Rn. 59.

1037 *M. Jopp/S. Sandawi*, ESVP, in: W. Weidenfeld/W. Wessels (Hrsg.), Jahrbuch der Europäischen Integration 2006 (2007), 241, 248; *M. Jopp/S. Sandawi*, ESVP, in: W. Weidenfeld/W. Wessels (Hrsg.), Jahrbuch der Europäischen Integration 2005 (2006), 231, 238.

1038 *M. Jopp/S. Sandawi*, ESVP, in: W. Weidenfeld/W. Wessels (Hrsg.), Jahrbuch der Europäischen Integration 2006 (2007), 241, 248; *M. Jopp/S. Sandawi*, ESVP, in: W. Weidenfeld/W. Wessels (Hrsg.), Jahrbuch der Europäischen Integration 2005 (2006), 231, 238.

1039 Der Bündnisfall nach Art. 5 NATO-Vertrag wurde nach den Terroranschlägen des 11. September 2001 in weniger als 24 Stunden erstmals als symbolische Geste vom NATO-Rat ausgerufen. Damit wurde ein Höhepunkt der atlantischen Solidarität erreicht und es schien, dass die NATO zukünftig eine bedeutende Rolle spielen könnte. Kurze Zeit später patrouillierten erstmals Überwachungsflugzeuge der NATO im amerikanischen Luftraum. Auch schlugen die europäischen Regierungen vor, den Schlag gegen Afghanistan als NATO-Operation durchzuführen, die NATO blieb dann aber als militärischer Akteur unsichtbar. Dazu siehe: www.nato.int/terrorism/index.htm; *T. Delpech*, International terrorism and Europe, in: Chaillot Papers 56, S. 13; *S. Schmidt*, Westliches Verteidigungsbündnis mit vier Buchstaben, in: UBWV 9/2005, 331, 336.

NATO-Vertrag verkündet werden. Hauptgrund hierfür ist sicherlich die militärische Vormachtstellung der USA. Sie werden darauf drängen, sicherheitspolitische Fragen mit Bedeutung durch die NATO behandeln zu lassen, weil sie in der NATO mit Sitz und Stimme vertreten sind. Ist der Bündnisfall nach Art. 5 NATO-Vertrag ausgerufen, dann ist aufgrund dieser NATO-Verpflichtung kein selbständiges militärisches Handeln der EU auf Grundlage des Art. 17 EUV möglich[1040].

Dies zeigt, dass ein eigenständiges Handeln der EU nur dann in Betracht kommen wird, wenn ein EU-Mitgliedstaat, das nicht zugleich NATO-Mitglied ist, von einem Terroranschlag betroffen ist[1041]. Eine weitere Möglichkeit für ein eigenständiges Handeln der EU besteht dann, wenn ein Drittstaat oder eine internationale Organisation die EU ersucht, in Aktion zu treten, wie etwa - losgelöst von der Terrorismusbekämpfung - bei der Operation Artemis.

Aber es wurden auch durch die EU konkrete Versuche unternommen bei der Terrorismusbekämpfung mit der NATO zusammenzuarbeiten. So bemühte sich die EU aktiv um eine Zusammenarbeit durch Informationsaustausche über den Schutz der Zivilbevölkerung vor Terroranschlägen mit nuklearen, biologischen, radiologischen und chemischen Substanzen[1042].

3. Fazit

Die Zusammenarbeit zwischen der EU und der NATO ist insbesondere deshalb von Bedeutung, weil es zwischen beiden Organisationen aufgrund gleicher Aufgaben zu Konkurrenzproblemen kommen kann. Verstärkt wird diese Problematik dadurch, dass fast alle EU-Mitgliedstaaten zugleich NATO-Mitgliedstaaten sind. Allerdings war die Zusammenarbeit zwischen EU und NATO angespannt. Zwar war die Zusammenarbeit in der Praxis, wie zum Beispiel im Rahmen der Operation Althea, gut, allerdings gab es im politischen Bereich einige Differenzen. Dies lag unter anderem daran, dass es keinen Vorrang für eine der beiden Organisationen gibt. Selbst innerhalb der EU gibt es Differenzen hinsichtlich der Ausrichtung der EU zur NATO. Unterschiedliche Auf-

---

[1040] Vgl. dazu 3. Kap. C. II. 1.

[1041] Anm.: Nicht NATO-Mitglied sind lediglich die EU-Staaten Finnland, Irland, Malta, Österreich, Schweden und Zypern. Alle übrigen EU-Mitgliedstaaten sind zugleich auch Mitglied der NATO.

[1042] Bericht des Vorsitzes über die ESVP v. 10.12.2002, Ratsdok. 15428/02, Rn. 15; Bericht des Vorsitzes an den Europäischen Rat über das außenpolitische Handeln der EU bei der Terrorismusbekämpfung (GASP, einschließlich ESVP), Anlage I zu den Schlussfolgerungen des Vorsitzes des ER in Thessaloniki v. 19./20.6.2003, Ratsdok. 11638/03, F. d); Bericht des Vorsitzes zur ESVP v. 14.6.2004, Ratsdok. 10547/04, Rn. 19.

fassungen sind aufgrund des Konsensprinzips in beiden Organisationen nicht förderlich für Entscheidungen in beiden Organisationen. Zudem fügten Verhaltensweisen der Türkei dem EU-NATO-Verhältnis Schaden zu. Zukünftig ist aufgrund der bestehenden Differenzen nicht zu erwarten, dass diese Probleme schnell beseitigt werden können[1043]. Dennoch wurden Anstrengungen zur Verbesserung des Verhältnisses unternommen. Hervorzuheben sind die Berlin plus-Vereinbarungen, die die „strategische Partnerschaft" zwischen beiden Organisationen sichern und die Grundlage für die Kooperation zwischen EU und NATO bilden sollen.
In das Verhältnis EU-NATO spielen zusätzlich maßgeblich die Beziehungen zwischen der EU und den USA hinein. Hauptgrund hierfür ist die militärische Vormachtstellung der USA. Sie werden darauf drängen, sicherheitspolitische Fragen mit Bedeutung durch die NATO behandeln zu lassen, weil sie in der NATO mit Sitz und Stimme vertreten sind. Ist der Bündnisfall nach Art. 5 NATO-Vertrag ausgerufen, dann ist aufgrund dieser NATO-Verpflichtung kein selbständiges militärisches Handeln der EU auf Grundlage des Art. 17 EUV zu erwarten[1044]. Zudem sind einige EU-Mitgliedstaaten eng an die USA gebunden, sodass die Gefahr besteht, dass diese bei unterschiedlichen Auffassungen zwischen den USA und der Mehrheit der EU-Mitgliedstaaten einen autonomen EU-Einsatz aufgrund des Konsensprinzips blockieren werden. Deshalb ist ein gut funktionierendes Verhältnis zwischen der EU und den USA erforderlich[1045].

III. Verhältnis der EU zur WEU im Bereich der ESVP

Bis zum Vertrag von Nizza war die WEU „*integraler Bestandteil der Entwicklung der Union*" und sollte im Zusammenhang mit den Petersberg-Aufgaben den Zugang zu militärischen operativen Kapazitäten eröffnen (vgl. Art. 17 Abs. 1 UAbs. 2 S. 1 EUV a. F.). Die WEU sollte, ohne ihre selbständige Völkerrechtspersönlichkeit zu verlieren, die EU bei der Festlegung der verteidigungspolitischen Aspekte der GASP unterstützen. Deshalb gab Art. 17 Abs. 1 UAbs. 2 S. 3 EUV a. F. der EU auf, engere institutionelle Beziehungen zur WEU zu

---

1043 Vgl. *M. Jopp/S. Sandawi*, ESVP, in: W. Weidenfeld/W. Wessels (Hrsg.), Jahrbuch der Europäischen Integration 2006 (2007), 241, 248.

1044 Anm.: Aufgrund des großen Ermessensspielraums des Art. 5 NATO-Vertrag gibt es eigentlich keinen Vorrang für Maßnahmen aufgrund Art. 5 NATO-Vertrag. Dennoch dürfte unausgesprochen Einigkeit darüber bestehen, dass die EU keine selbständigen militärischen Operationen durchführt, wenn ein NATO-Bündnisfall nach Art. 5 NATO-Vertrag vorliegt. Dazu siehe Ausführungen im 3. Kap. C. II. 2. b.) dd.).

1045 Zum Verhältnis der EU zu den USA siehe 3. Kap. C. IV.

fördern. Ein in Amsterdam angenommenes Protokoll[1046] zu Art. 17 EUV a. F. bestimmte, dass die EU binnen eines Jahres nach Inkrafttreten des Amsterdamer Vertrags zusammen mit der WEU Regelungen für eine verstärkte Zusammenarbeit erarbeiten sollte. Art. 17 Abs. 3 EUV a. F. sah vor, dass die EU die WEU in Anspruch nehmen kann, um Entscheidungen und Aktionen der EU mit verteidigungspolitischen Bezügen auszuarbeiten und durchzuführen. Ferner regelte Art. 17 Abs. 3 UAbs. 3 S. 2 EUV a. F. die Beteiligung der EU-Mitgliedstaaten, die lediglich einen Beobachterstatus in der WEU besaßen[1047].
Der Vertrag von Nizza hat aus Art. 17 EUV im Wesentlichen die Regelungen über die WEU gestrichen. Dadurch wurden die Aufgaben der WEU in die Unionsarchitektur integriert. So beschloss der WEU-Ministerrat schon am 13. November 2000 in Marseille[1048], die operationellen Funktionen der WEU an die EU zu übergeben. Damit wurde den Beschlüssen aus der Zeit vorher Rechnung getragen[1049]. Seit dem Vertrag von Nizza besteht die WEU daher nur noch als Rumpforganisation für nur wenige wichtige Aufgaben[1050].

Folglich hat die WEU keine Bedeutung für die Terrorismusbekämpfung im Rahmen der ESVP.

IV. Verhältnis der EU zu den USA im Bereich der ESVP

Aufgrund der Bedeutung der USA in der weltweiten Sicherheitspolitik waren sie sehr aktiv bei der Terrorismusbekämpfung. Wie der Afghanistan- und der Irak-Irak gezeigt haben, standen bei den USA, im Gegensatz zu den Maßnahmen der EU, repressive operative Maßnahmen zur Terrorismusbekämpfung im Vordergrund. Fraglich ist daher inwieweit die USA und die EU bei der Terrorismusbekämpfung zusammenarbeiten könnten.

[1046] Protokoll zu Artikel 17 des Vertrags über die EU, abgedruckt in: Sartorius II, Nr. 145 am Ende des Unionvertrags.

[1047] *H.-J. Cremer*, in: C. Calliess/M. Ruffert, EU (2007), Art. 17, Rn. 13.

[1048] WEU-Ministerrat, Marseille-Erklärung, 13.11.2000, abrufbar unter www.weu.int unter Key texts, letzter Zugriff: 2.8.2009.

[1049] Anm.: Insb. die Beschlüsse von den Tagungen des Europäischen Rates in Köln und Helsinki.

[1050] *W. Kaufmann-Bühler*, in: E. Grabitz/M. Hilf, Art. 17 EUV, Rn. 30 (30. EL Juni 2006). Zum Fall des Art. V des Brüsseler Vertrags siehe Ausführungen im 3. Kap. C. II. 2. b.) dd.).

1. Grundverhältnis

Ein gut funktionierendes Verhältnis zwischen der EU und den USA ist eine bedeutsame Voraussetzung für eine effektive ESVP und damit für eine effektive Terrorismusbekämpfung im Rahmen der ESVP. Wie die Ausführungen zum Verhältnis zwischen der EU zur NATO gezeigt haben, ist die EU insbesondere aufgrund der überlegenen militärischen Fähigkeiten der USA auf diese angewiesen[1051]. Die USA verfügen über Schlüsselkapazitäten, die für die Krisenintervention der EU notwendig sein können[1052], weshalb die EU auf die Unterstützungsbereitschaft der USA angewiesen ist[1053]. Dies ist vor allem auch deshalb der Fall, weil für den Fall der Nutzung von NATO-Strukturen ein Konsensbeschluss im Atlantikrat erforderlich ist[1054], weshalb die USA praktisch ein „Veto-Recht" über europäische Aktionen innehaben[1055].
Zudem ist ein gut funktionierendes Verhältnis zu den USA von Bedeutung, weil aufgrund außenpolitischer Prioritäten und Bindungen an die USA einiger EU-Mitgliedstaaten, wie etwa Großbritannien oder Polen, die Gefahr besteht, dass diese bei unterschiedlichen Auffassungen zwischen den USA und der Mehrheit der EU-Mitgliedstaaten einen autonomen EU-Einsatz aufgrund des Konsensprinzips[1056] blockieren könnten.

Eine europäische Sicherheits- und Verteidigungspolitik unabhängig von den USA ist deswegen derzeit nicht vorstellbar.

2. Zusammenarbeit

Trotz der Bedeutung des transatlantischen Verhältnisses war es in der Vergangenheit nicht spannungsfrei und demgemäß verlief die Zusammenarbeit nicht reibungslos. Dies lag vor allem daran, dass die USA die Entwicklung der ESVP von Anfang an argwöhnisch beäugt und die ESVP sogar für überflüssig erachtet

[1051] Dazu siehe Ausführungen im 3. Kap. C. II. 1.
[1052] *F. Algieri*, Die ESVP, in: W. Weidenfeld (Hrsg.), Europa-Handbuch (2002), S. 585, 592.
[1053] *S. Fröhlich*, Das Projekt der GESVP: Entwicklungen u. Perspektiven, in: ZEI Discussion Paper, C 116, 2002, S. 27.
[1054] Anm.: Alle Bündnisvorgänge innerhalb der NATO setzen den Konsens sämtlicher Mitgliedstaaten voraus. Vgl. NATO-Handbuch, S. 167 u. 171 ff., abrufbar unter www.nato.int, letzter Zugriff: 2.8.2009, Dazu vgl. auch Ausführungen im 3. Kap. C. II. 2. b.) dd.).
[1055] *M. Jopp*, ESVP, in: W. Weidenfeld/W. Wessels (Hrsg.), Jahrbuch der Europäischen Integration 1999/2000 (2000), 243, 248.
[1056] Zum Konsensprinzip siehe 3. Kap. B. I. 1.

haben[1057]. Zwar wird auf höchster politischer Ebene die ESVP unterstützt, gleichzeitig machte bereits im Oktober 1998 die damalige US-Außenministerin *Madeleine Albright* deutlich, dass die europäischen Prozesse nicht zur Abkopplung von der NATO, nicht zur Duplizierung von Befehlssträngen und nicht zur Diskriminierung von europäischen NATO-Partnern führen dürfen, in dem sie sagte: *„This means avoiding what I would call the Three D's: decoupling, duplication and discrimination"*[1058]. Daher wird die Haltung der USA gegenüber der ESVP als „yes, but"-Haltung charakterisiert[1059], weil die USA einerseits durch die ESVP und deren Engagement in der Welt eine Entlastung erwarten und erhoffen, jedoch andererseits die Entwicklung zu mehr Eigenverantwortlichkeit mit großer Skepsis beobachten[1060]. Insbesondere befürchten die USA den Verlust an Kontrolle und Einfluss sowie auch eine Verfestigung eines EU-Kerns in der NATO[1061].
Die Haltung der USA gegenüber der ESVP wurde noch zurückhaltender durch die Wahl *George W. Bush* zum US-Präsidenten im Jahr 2000[1062]. Dies zeigte der Inhalt der National Security Strategy, die zwar auch von der Wichtigkeit des Multilateralismus spricht, worunter allerdings ein selektiver Multilateralismus zu verstehen war. Daraus ist zu folgern, dass die USA multilaterale Vorgehensweisen meiden wollten und stattdessen bilaterale Kooperationen anstrebten[1063].

Diese Vorgehensweise kam dementsprechend in der Praxis zum Vorschein. Speziell zeigte sich dies unmittelbar nach dem 11. September 2001, als die USA bilaterale Schulterschlüsse mit ausgewählten Partnern eingingen anstatt multilateral vorzugehen. Zwar bemühte sich die EU nach den Terroranschlägen vom 11. September 2001 zu einer multilateralen und globalen Vorgehensweise bei

---

[1057] Vgl. *M. Jopp,* ESVP, in: W. Weidenfeld/W. Wessels (Hrsg.), Jahrbuch der Europäischen Integration 1999/2000 (2000), 243, 247-248; *M. Jopp,* ESVP, in: W. Weidenfeld/W. Wessels (Hrsg.), Jahrbuch der Europäischen Integration 2001/2002 (2002), 223, 227; *F. Algieri*, Die ESVP, in: W. Weidenfeld (Hrsg.), Europa-Handbuch (2002), S. 585, 593.

[1058] Dazu siehe *M. Albright*, The Right Balance Will Secure NATO's Future, in: Financial Times, 7.12.1998, abgedruckt in: *M. Rutten*, From St. Malo to Nice: European defence, core documents, in: Chaillot Papers 47, S. 10.

[1059] Vgl. *M. Jopp,* ESVP, in: W. Weidenfeld/W. Wessels (Hrsg.), Jahrbuch der Europäischen Integration 1999/2000 (2000), 243, 247-248.

[1060] *M. Jopp,* ESVP, in: W. Weidenfeld/W. Wessels (Hrsg.), Jahrbuch der Europäischen Integration 2001/2002 (2002), 223, 227.

[1061] Vgl. *M. Jopp,* ESVP, in: W. Weidenfeld/W. Wessels (Hrsg.), Jahrbuch der Europäischen Integration 1999/2000 (2000), 243, 247-248.

[1062] *M. Jopp,* ESVP, in: W. Weidenfeld/W. Wessels (Hrsg.), Jahrbuch der Europäischen Integration 2000/2001 (2001), 233, 239.

[1063] Dazu vgl. insb. Kap. VIII der National Security Strategy of the United States of America sowie die Ausführungen im 2. Kap. E. II. 4.

der Terrorismusbekämpfung und um die Schaffung einer weltweiten Anti-Terror-Koalition. Ferner erklärte sich die EU uneingeschränkt solidarisch mit den USA und bewertete die Terroranschläge nicht nur als Angriff gegen die USA, sondern gegen die gesamte Menschheit und gegen die Werte und Freiheiten, in denen alle Menschen leben[1064]. Aber dennoch gingen die USA auf diese Angebote nicht ein, sondern die Afghanistan-Operation Enduring Freedom wurde nahezu im US-amerikanischen und britischen Alleingang vollzogen[1065].
Die Tendenz zur unilateralen beziehungsweise bilateralen Vorgehensweise der USA in der Sicherheits- und Verteidigungspolitik zeigte sich erneut während des Irak-Kriegs. Hier offenbarte sich insbesondere ein Dissens in der Positionierung zu den Vereinten Nationen. Während *„die Union die vorrangige Verantwortung des Sicherheitsrates der Vereinten Nationen für die Aufrechterhaltung des internationalen Friedens und der Sicherheit*" anerkennt, hat der Irak-Krieg gezeigt, dass die USA auch ohne UN-Mandat handeln[1066].
Vorgehensweisen in Form von bilateralen Kooperationen beeinträchtigten folglich das transatlantische Verhältnis zwischen den USA und der EU und sorgten für erhebliche Spannungen. Daneben beeinträchtigten die bilateralen Kooperationen nicht nur das USA-EU-Verhältnis, sondern wirkten sich ebenfalls erheblich negativ auf das innereuropäische Verhältnis aus[1067].

Dementsprechend ist nicht verwunderlich, dass die auswärtigen Beziehungen zwischen den USA und der EU kaum formalisiert sind[1068]. Wichtig sind deshalb bei der Zusammenarbeit zwischen den USA und der EU die Beziehungen zwischen der NATO und der EU. Die Rolle der NATO wird als wesentliche vertraglich geregelte Sicherheitsverbindung angesehen[1069]. Folglich präferieren die USA eine enge Anbindung der ESVP an die NATO, wie auch einige EU-Mitgliedstaaten, zu denen speziell Großbritannien gehört. Die Berlin plus-Vereinbarungen waren deswegen besonders wichtig, um die Vorbehalte der USA gegenüber der ESVP zu minimieren, vor allem auch deshalb, weil die USA sich erhofften, wie bereits erwähnt, durch diese Vereinbarungen Einfluss auf die ESVP zu bekommen[1070].

1064 Erklärung der EU, Sondertagung des Rates für Allg. Angelegenheiten am 12.9.2001, Ratsdok. 11795/01.

1065 Zur Afghanistan-Operation Enduring Freedom siehe 2. Kap. B. III.

1066 Zum Irak-Krieg siehe 2. Kap. D.

1067 Dazu siehe 3. Kap. B. II.

1068 *T. Oppermann*, Europarecht (2005), § 30, Rn. 67.

1069 *F. Algieri/T. Bauer*, Eine Frage der Macht: Die EU auf dem Weg zum sicherheits- u. verteidigungspolitischen Akteur mit globaler Reichweite, in: W. Weidenfeld, Die Europäische Verfassung in der Analyse (2005), 228, 245.

1070 *M. Jopp/S. Sandawi*, ESVP, in: W. Weidenfeld/W. Wessels (Hrsg.), Jahrbuch der Europäischen Integration 2002/2003 (2003), 241, 245.

Dennoch wurden in der Vergangenheit Versuche unternommen, die unmittelbaren Beziehungen zwischen der EU und den USA zu verbessern. Der jährlich stattfindende EU-USA-Gipfel[1071] zwischen dem US-Präsidenten und der EU-Troika dient der Bestandsaufnahme der Beziehungen der EU zu den USA sowie zur Weiterentwicklung der Zusammenarbeit[1072]. Die EU betonte mehrfach die Wichtigkeit der EU-USA-Beziehungen[1073]. Vor allem wird in der Europäischen Sicherheitsstrategie hervorgehoben, dass zu den USA *„eine wirkungsvolle, ausgewogene Partnerschaft"* bestehen soll. Denn in einem *„gemeinsamen Handeln können EU und USA eine mächtige Kraft zum Wohl der Welt"* sein[1074]. Diese Aussagen wurden von den USA begrüßt und als Zeichen des Heranreifens der transatlantischen Beziehung bewertet[1075]. Für die EU ist daher das Verhältnis zu den USA von zentraler Bedeutung, da die USA in allen internationalen Fragen Europas wichtigster Partner sind. Allerdings bestehen in den transatlantischen Beziehungen nach wie vor viele ungelöste Fragen. Infolgedessen könnte die Sicherheitsstrategie die Grundlage für den notwendigen strategischen Dialog zwischen der EU und den USA bilden. Ferner könnte der Aspekt, dass die Europäische Sicherheitsstrategie der National Security Strategy der USA in vielen Punkten ähnelt[1076], zu einer Annäherung im transatlantischen Verhältnis führen[1077].

[1071] Anm.: Die EU-USA-Gipfel gehen auf das Jahr 1990 zurück, als die EU und die USA die Transatlantische Erklärung (abrufbar unter http://ec.europa.eu/external_relations/us/-economic_partnership/declaration_1990.htm, letzter Zugriff: 16.5.2008) abgaben mit dem Ziel die Zusammenarbeit und den Dialog zu vertiefen. 1995 einigten sie sich auf ein neues Dokument „Neue Transatlantische Agenda" (abrufbar unter http://ec.europa.eu/external_-relations/us/new_transatlantic_agenda/text.htm, letzter Zugriff: 16.5.2008) um der transatlantischen Partnerschaft einen neuen Rahmen zu geben und ihr neue Qualität zu verleihen. Durch die Neue Transatlantische Agenda sollte das bis dahin auf Konsultationen ausgerichtete Verhältnis in eine durch gemeinsames Handeln bestimmte Partnerschaft geändert werden.

[1072] Dazu siehe: http://ec.europa.eu/external_relations/us/intro/summit.htm, letzter Zugriff: 16.5.2005.

[1073] Schlussfolgerungen des Vorsitzes des ER in Thessaloniki v. 19./20.6.2003, Ratsdok. 11638/03, Rn. 69.

[1074] Europäische Sicherheitsstrategie, „Ein sicheres Europa in einer besseren Welt" v. 12.12.2003, Ratsdok. 15895/03, S. 15, dazu siehe auch 2. Kap. E. I. 3.

[1075] US arms talk test `realisms`in EU Relations, in: Financial Times v. 24.6.2003.

[1076] Dazu siehe 2. Kap. E. II. 4.

[1077] *S. Flechtner*, Neue Impulse in der europäischen Außen- u. Sicherheitspolitik: Der Verfassungsentwurf des Konvents u. die Sicherheitsstrategie v. *Solana* (2003), S. 9; *J. Faust/D. Messner*, Entwicklungspolitik u. internationale Sicherheit, Die EU-Sicherheitsstrategie als Herausforderung für die Entwicklungspolitik, in: D. Messner/I. Scholz (Hrsg.), Zukunftsfragen der Entwicklungspolitik (2005), 137, 140.

Im Bereich der Terrorismusbekämpfung wurden ebenso Anstrengungen zur Zusammenarbeit unternommen. Die Zusammenarbeit in der Terrorismusbekämpfung ist dahingehend von Bedeutung, als sowohl die USA wie auch die EU spätestens seit den Terroranschlägen von Madrid der Bedrohung durch den internationalen Terrorismus ausgesetzt sind und ein abgestimmtes Verhalten sinnvoll ist.

Bereits nach dem 11. September 2001 wurde die Zusammenarbeit mit den USA in der Terrorismusbekämpfung vertieft. Dies wurde durch einige Treffen auf höchster Ebene unterstrichen, wie beispielsweise im Rahmen eines Besuchs der Troika auf Ministerebene am 20. September 2001 in Washington, auf einem Treffen zwischen dem Präsidenten des Europäischen Rates, dem Präsidenten der Kommission und US-Präsident *George W. Bush* am 27. September 2001 in den USA, im Rahmen von Ministertreffen sowie am Rande der Generalversammlung der Vereinten Nationen[1078].

In der Erklärung zum Kampf gegen den Terrorismus nach den Terroranschlägen von Madrid erklärte der Europäische Rat, dass er sich unter anderem für den weiteren Ausbau der Zusammenarbeit mit den USA bei der Bekämpfung der Bedrohung durch den Terrorismus einsetzen wollte. Grundlage dafür sei die Solidarität und Zusammenarbeit, wie sie im Aktionsplan zur Bekämpfung des Terrorismus von 2001 verankert ist[1079]. In diesem Zusammenhang ist die Aussage des Koordinators für die Terrorismusbekämpfung *Gijs de Vries* zu sehen, nach der er von Europa und den USA *„als natürliche Partner"* im Kampf gegen den Terrorismus ausgeht[1080]. Dementsprechend hat er Kontakte zu den wichtigsten Entscheidungsträgern der USA geknüpft[1081].

Im Wege der Umsetzung der Erklärung zum Kampf gegen den Terrorismus stellte die Terrorismusbekämpfung einen Schwerpunkt auf dem EU-USA-Gipfeltreffen am 26. Juni 2004 in Dromoland Castle dar, indem dort eine Erklärung zum Terrorismus[1082] verfasst wurde. In dieser wurde die enge Zusammenarbeit von USA und EU im Bereich der Terrorismusbekämpfung betont, die in

---

1078 Bericht des Vorsitzes an den ER zum Vorgehen der EU nach den Terroranschlägen in den Vereinigten Staaten v. 13.12.2001, Ratsdok. 14919/1/01 REV 1, Rn. 6.

1079 Vgl. 2. Kap. F. I. 4.

1080 Die Aussage traf *Gijs de Vries* in einer Rede in Washington D.C. (CSIS European Dialogue Lunch) am 13.5.2004. Wortwörtlich sagte er: *„America and Europa are natural partners in the fight against terrorism."* Die Rede ist abrufbar unter www.consilium.europa.eu/uedocs/cmsUpload/CSIS_Washington.13_May_2004.pdf, letzter Zugriff: 2.8.2009.

1081 Anm.: Insb. hat *Gijs de Vries* engen Kontakt mit seinem amerikanischen Counterpart *Tom Ridge*, dem Minister für Heimatschutz, gepflegt.

1082 EU/US-Declaration on Combating Terrorism, Anlage zum EU-US-Summit in Dromoland Castle, 26.6.2004, Ratsdok. 10809/04, S. 4.

der Folgezeit weiter vertieft werden sollte[1083]. Schwerpunkte bei der Zusammenarbeit sollten die Verhinderung des Zugangs von Terroristen zu finanziellen Mitteln[1084], die Erarbeitung von Maßnahmen um die Kapazitäten zur Aufdeckung, Ermittlung und Verfolgung von Terroristen zu maximieren um dadurch Terrorangriffe verhindern zu können[1085], die Verbesserung der Fähigkeiten zur Bewältigung der Folgen eines Terroranschlags (u. a. CBRN-Anschläge)[1086] und die Zusammenarbeit mit Drittstaaten[1087] sein.
Ebenso spielte die Terrorismusbekämpfung in der Folgezeit eine Rolle auf den nachfolgenden EU-US Summits[1088]. So wurde der Kampf gegen den Terrorismus als *„größte Sicherheitsherausforderung"* eingestuft[1089] und es stand speziell die Verhinderung der Finanzierung des Terrorismus im Mittelpunkt[1090].

Dennoch bleibt in den Beziehungen zwischen den USA und der EU zur Terrorismusbekämpfung zu berücksichtigen, dass sie den Terrorismus vor allem auch auf unterschiedliche Art und Weise bekämpft haben. Die USA haben im Gegensatz zur EU repressive operative Maßnahmen bevorzugt.
In den unterschiedlichen Herangehensweisen könnte dann aber sogar eine besondere Chance der EU zur Entwicklung zu einem glaubwürdigen internationalen Akteur zu sehen sein. Wie die Vergangenheit gezeigt hat, haben insbesondere operative Maßnahmen zur Terrorismusbekämpfung nicht den gewünschten

---

[1083] EU/US-Declaration on Combating Terrorism, Anlage zum EU-US-Summit in Dromoland Castle, 26.6.2004, Ratsdok. 10809/04, S. 4 ff., Punkt 1; vgl. auch 2. Kap. F. II. 4. c.).
[1084] EU/US-Declaration on Combating Terrorism, Anlage zum EU-US-Summit in Dromoland Castle, 26.6.2004, Ratsdok. 10809/04, S. 4 ff., Punkt 2.
[1085] EU/US-Declaration on Combating Terrorism, Anlage zum EU-US-Summit in Dromoland Castle, 26.6.2004, Ratsdok. 10809/04, S. 4 ff., Punkt 3.
[1086] EU/US-Declaration on Combating Terrorism, Anlage zum EU-US-Summit in Dromoland Castle, 26.6.2004, Ratsdok. 10809/04, S. 4 ff., Punkt 5.
[1087] EU/US-Declaration on Combating Terrorism, Anlage zum EU-US-Summit in Dromoland Castle, 26.6.2004, Ratsdok. 10809/04, S. 4 ff., Punkt 7.
[1088] Vgl. EU-US Declaration on Enhancing Cooperation in the field of Non Proliferation and the Fight against Terrorism, Washington, 20.6.2005, Ratsdok. 10306/05 (Press 160); EU-US Summit 2006, Vienna Summit Declaration, 21.6.2006, Ratsdok. 10783/06 (Presse 189), S. 7; EU-US Summit 2007, Washington, 30.4.2007, Promoting Peace, Human Rights and Democracy Worldwide, Ratsdok. 9117/07, S. 17; EU-US Summit 2007, Washington, 30.4.2007, Political Progress Report, Ratsdok. 9117/07, S. 37; EU-US Summit 2008, Brdo, 10.6.2008, 2008 EU-US Summit Declaration, Ratsdok. 10440/08, S. 10.
[1089] EU-US Declaration on Enhancing Cooperation in the field of Non Proliferation and the Fight against Terrorism, Washington, 20.6.2005, Ratsdok. 10306/05 (Press 160), Punkt 2.
[1090] EU-US Summit 2007, Washington, 30.4.2007, Promoting Peace, Human Rights and Democracy Worldwide, Ratsdok. 9117/07, S. 17; EU-US Summit 2007, Washington, 30.4.2007, Political Progress Report, Ratsdok. 9117/07, S. 37.

Erfolg gebracht. Die militärischen Maßnahmen der USA werden etwa heute sogar als Auslöser für weiteren Terror betrachtet[1091]. Daher besitzt die EU mit ihren im Vergleich zu den USA besser ausgestatteten soft power-Kapazitäten hervorragende Alternativmöglichkeiten bei der Terrorismusbekämpfung. Insbesondere wäre ein Zusammenspiel zwischen den sehr guten militärischen Fähigkeiten der USA und den im internationalen Vergleich guten soft power-Kapazitäten der EU denkbar. Diese Fähigkeiten könnten sich gegenseitig ergänzen und damit zu einer effektiven und effizienten Bekämpfung des Terrorismus führen.

3. Fazit

Die Zusammenarbeit zwischen den USA und der EU war, genau wie das Verhältnis EU-NATO, nicht spannungsfrei. Das Verhältnis war angespannt, weil die USA, trotz teilweise anders erfolgter Äußerungen, die ESVP für überflüssig erachten („yes, but"-Haltung). Insbesondere befürchten die USA den Verlust an Kontrolle und Einfluss sowie die Verfestigung eines EU-Kerns in der NATO. So versuchten die USA Einfluss auf die Europäische Sicherheitspolitik zu nehmen und reagierten skeptisch auf Schritte in Richtung Eigenverantwortlichkeit der ESVP. Die USA präferieren eine enge Anbindung der ESVP an die NATO, wie auch einige EU-Mitgliedstaaten, vor allem Großbritannien. Erschwert wurde die Zusammenarbeit dadurch, dass die Außenpolitik der USA in den vergangenen Jahren von unilateralen beziehungsweise bilateralen Tendenzen geprägt war. Vorgehensweisen in Form von bilateralen Kooperationen beeinträchtigten das transatlantische Verhältnis und sorgten für erhebliche Spannungen, vor allem auch, weil die bilateralen Kooperationen nicht nur das USA-EU-Verhältnis beeinträchtigten, sondern sich ebenso negativ auf das innereuropäische Verhältnis auswirkten. Daher wurden in der Vergangenheit Versuche unternommen, die unmittelbaren Beziehungen zwischen der EU und den USA zu verbessern.

[1091] Anm.: Nach Studien der Universität Tel Aviv wurde der Aktionsradius des internationalen Terrorismus durch den Irak-Krieg weiter vergrößert. Es bestünde daher die Gefahr, dass der Terrorismus, der im Irak nach Ende des Krieges bis heute herrscht, weiter in andere Länder getragen wird (FAZ, 13.10.2004, Nr. 239, S. 6). Zu einem ähnlichen Ergebnis kam ein im April 2006 erstellter geheimer Nationaler Geheimdienstbericht, der die Erkenntnisse der 16 amerikanischen Geheim- und Aufklärungsdienste zusammenfasste und von dem US-amerikanische Medien im September 2006 berichteten. Der Einmarsch in den Irak führte zur Entstehung vieler dezentral und unabhängig voneinander operierenden Terrorzellen, die etwa via Internet miteinander kommunizieren (FAZ, 25.9.2006, Nr. 223, S. 7). Deshalb könnte gar der Ansatz der USA, durch militärische Maßnahmen den Terrorismus zu bekämpfen, sich ins Gegenteil umgeschlagen haben, nämlich dass diese Vorgehensweise der USA den Terrorismus sogar eher schürte als verhinderte.

Dabei dürften insbesondere die Verbesserungen im Verhältnis EU-NATO positive Auswirkungen auf das EU-USA-Verhältnis besitzen. Ereignisse, wie in der Vergangenheit der Irak-Konflikt könnten dem Verhältnis aber erneut Schaden zufügen und erneut zu einer innereuropäischen Spaltung führen.

V. Verhältnis der EU zu sonstigen Akteuren im Bereich der ESVP

Die Zusammenarbeit mit anderen Organisationen und Ländern kann ebenfalls zu Beiträgen zur Bekämpfung des Terrorismus führen. Denn die Sicherheit Europas ist auch von der Sicherheit der Länder und Gebiete außerhalb der EU abhängig. Insbesondere kommen hier Abkommen mit anderen Organisationen und Drittländern gemäß Art. 24 EUV in Betracht[1092]. Zudem ist daran zu denken, dass sich an EU-Operationen Nicht-EU-Mitgliedstaaten beteiligen könnten. Beispielsweise beteiligten sich an der Operation Concordia 14 Drittstaaten oder an der Operation Artemis Staaten, die nicht den euro-atlantischen Strukturen angehören[1093]. In ähnlicher Form könnten sich Drittstaaten an zukünftigen ESVP-Operationen zur Terrorismusbekämpfung beteiligen. Deshalb sind gute Beziehungen zu solchen Staaten von Bedeutung.

Konkret hat die EU in der Zeit nach dem 11. September 2001 mehrfach hinsichtlich der Terrorismusbekämpfung geäußert, mit anderen Staaten der Welt Antiterror-Koalitionen bilden zu wollen[1094]. Folglich enthielten die Erklärung von Sevilla[1095], die Europäische Sicherheitsstrategie[1096], die Erklärung zum Kampf gegen den Terrorismus vom 25. März 2004[1097], der Konzeptrahmen für die ESVP-Dimension der Terrorismusbekämpfung[1098] sowie das EU-Solidaritätsprogramm zu den Folgen terroristischer Bedrohungen und Anschlä-

---

[1092] Dazu vgl. 2. Kap. J.

[1093] Europäische Sicherheits- und Verteidigungspolitik, Bundesministerium der Verteidigung u. Auswärtiges Amt, Stand Mai 2004, abrufbar unter www.auswaertiges-amt.de/diplo/de/-Infoservice/Broschueren/ESVP.pdf, letzter Zugriff: 14.9.2006.

[1094] Zur unmittelbaren Zeit nach dem 11.9.2001 siehe 2. Kap. B.

[1095] Vgl. Erklärung des ER über den Beitrag der GASP, einschließlich der ESVP, zur Bekämpfung des Terrorismus, Anlage V zu den Schlussfolgerungen des Vorsitzes des ER in Sevilla v. 21./22.6.2002, Ratsdok. 13463/02, Rn. 2; vgl. insb. Ausführungen im 2. Kap. C.

[1096] Europäische Sicherheitsstrategie, „Ein sicheres Europa in einer besseren Welt" v. 12.12.2003, Ratsdok. 15895/03, S. 15, 16; vgl. insb. Ausführungen im 2. Kap. E.

[1097] Vgl. Erklärung zum Kampf gegen den Terrorismus, Ratsdok. 7906/04, Punkt 12 u. 13; vgl. insb. Ausführungen im 2. Kap. F.

[1098] Konzeptrahmen für die ESVP-Dimension der Terrorismusbekämpfung, Anlage, Ratsdok. 14797/04, Rn. 11, 18, 19 g); vgl. insb. Ausführungen im 2. Kap. G.

ge[1099] Ausführungen zur Zusammenarbeit mit Dritten im Bereich der Terrorismusbekämpfung.

Deswegen führte die Troika in der Vergangenheit beispielsweise Gespräche mit Pakistan, Iran, Syrien, Ägypten und dort auch mit der Arabischen Liga[1100]. Ebenso wurde mit Russland vereinbart, die Terrorismusbekämpfung zu intensivieren und auszubauen[1101]. Zudem stand die Anti-Terrorismus-Politik in den Gesprächen mit asiatischen Ländern wie China, Indien, Japan und Südkorea sowie im Rahmen des Asien/Europa ASEM 4 Gipfeltreffens jeweils als eines der Hauptthemen auf der Tagesordnung[1102]. Wie bereits erwähnt ging die EU dann auch vertragliche Beziehungen mit einigen ausgewählten strategischen Partnern ein[1103]. Die Inhalte dieser Abkommen werden dabei regelmäßig angepasst, in Einzelfällen auf den jeweiligen Partner[1104].

Des Weiteren wurden im Wege des Ausbaus der Euromediterranen Partnerschaft[1105] in den vergangenen Jahren Aussagen zur Bekämpfung des Terrorismus getroffen. Der so bezeichnete „Barcelona Prozess" kann deshalb Bedeutung für die Terrorismusbekämpfung besitzen, weil er das einzige Forum außer-

---

[1099] Entwurf EU-Solidaritätsprogramm zu den Folgen terroristischer Bedrohungen u. Anschläge (revidiertes/erweitertes CBRN-Programm), Anlage, Ratsdok. 15480/04, Rn. 46-50; vgl. insb. Ausführungen im 2. Kap. H.

[1100] Anm.: Es sollte insb. deutlich gemacht werden, dass die arabische und muslimische Welt nicht mit fanatischen Terrorgruppen gleichgesetzt werden kann.

[1101] Schlussfolgerungen des Rates zum Vorgehen der EU, 2372. Tagung des Rates – Allg. Angelegenheiten - v. 8. u. 9.10.2001, Ratsdok. 12330/01, Rn. 3; siehe auch *J. Monar,* Die EU als Raum der Freiheit, der Sicherheit u. des Rechts u. die Herausforderung des internationalen Terrorismus, in: int 2002, 171, 176.

[1102] Results of the Danish EU Presidency, One Europe, From Copenhagen to Copenhagen, S. 23, abrufbar unter www.eu2002.dk/ewebeditpro2/upload/OW.Headline/275/Broc_Et_-Europa_UK.pdf, letzter Zugriff: 26.8.2005; vgl. auch Europa, Programm des dänischen EU-Vorsitzes, Juli-Dezember 2002, S. 29-31, abrufbar unter www.eu2002.dk/-programme/default.asp?Menu-ElementID=30004, letzter Zugriff: 23.8.2005; *J. Monar*, Der Raum der Freiheit, der Sicherheit u. des Rechts im Verfassungsentwurf des Konvents, in: int 2003, 536, 539.

[1103] Dazu siehe 2. Kap. J.

[1104] *A. Bendiek*, Terrorismusbekämpfung der EU, in: SWP-Studie, Aug. 2006, S. 19.

[1105] Anm.: Ziel der EU und der zwölf südlichen Mittelmeeranrainer ist es, im Rahmen des 1995 begonnenen „Barcelona Prozesses" einen Raum des Friedens, der Stabilität und des Wohlstandes zu schaffen. Konkretes Ziel der am Barcelona-Prozess beteiligten Länder ist die Schaffung einer Euro-Mediterranen Freihandelszone bis zum Jahr 2010. Siehe Abschlusserklärung der Mittelmeer-Konferenz der EU am 27./28.11.1995 in Barcelona, abgedruckt in: Internationale Politik, 2/1996, S. 107, 111.

halb der Vereinten Nationen ist, in dem arabische Länder und Israel gleichermaßen teilnehmen[1106].

Im Rahmen des fünften Außenministertreffens des EU-Mittelmeerprogramms am 22. und 23. April 2002 in Valencia wurde im „Aktionsplan von Valencia“[1107], der den Barcelona-Prozess bekräftigte und dementsprechend sämtliche Bereiche der Europa-Mittelmeer-Partnerschaft umfasste, ein effektiver Dialog in politischen Fragen und in Fragen der Sicherheit gefordert. Dieser Dialog sollte die ESVP mit einbeziehen[1108]. Speziell schloss er erstmalig im Rahmen des EU-Mittelmeerprogramms Maßnahmen zur Bekämpfung des Terrorismus mit ein[1109]. Denn der kurz vorher verübte Terroranschlag in Djerba[1110] hatte aufgezeigt, wie dringend Europa auf eine effektive Zusammenarbeit bei der Terrorismusbekämpfung angewiesen ist. Konkret wurde im Aktionsplan betont, wie wichtig es sei, den Terrorismus mit multilateralen Ansätzen zu bekämpfen. Denn nur so könne der Terrorismus erfolgreich bekämpft werden. Der Aktionsplan verwies zudem auf die Bedeutung der Entwicklung eines gemeinsamen Konzeptes und befürwortete den Aufbau eines Europa-Mittelmeer-Netzwerks für den Austausch von Informationen und Erfahrungen[1111].

Dementsprechend stellte die Terrorismusbekämpfung in der Folgezeit einen der Schwerpunkte der Mittelmeerpartnerschaft dar[1112]. Am zehnten Jahrestag der Partnerschaft, am 27./28. November 2005, wurde ein Verhaltenskodex für den Kampf gegen den Terrorismus[1113] vereinbart. Die Staaten sollten danach enger und effektiver bei der Terrorismusbekämpfung zusammenarbeiten. Sie ver-

---

[1106] Anm.: Die Lösung des Nahost-Konflikts wird oftmals als wichtigster Ansatzpunkt für die erfolgreiche Bekämpfung des Terrorismus bezeichnet. So etwa Bundeskanzler *Schröder* und Außenminister *Fischer*, siehe in: Das Parlament Nr. 43, 19.10.2001, S. 11 u. 13.

[1107] Aktionsplan von Valencia, Annex I zum Vth Euro-Mediterranean Conference of Ministers for Foreign Affairs, Ratsdok. 8254/02 (Presse 112).

[1108] Aktionsplan von Valencia, Annex I zum Vth Euro-Mediterranean Conference of Ministers for Foreign Affairs, Ratsdok. 8254/02 (Presse 112), II. 1. a.

[1109] Aktionsplan von Valencia, Annex I zum Vth Euro-Mediterranean Conference of Ministers for Foreign Affairs, Ratsdok. 8254/02 (Presse 112), II. 2.

[1110] Anm.: Am 11. April 2002 wurde ein Terroranschlag auf Touristen, die die El Ghriba Synagoge auf der tunesischen Insel Djerba besuchten, verübt. Dabei starben 21 Touristen. Im Juni 2002 bekannte sich das Terrornetzwerk Al Qaida zu diesem Anschlag.

[1111] Aktionsplan von Valencia, Annex I zum Vth Euro-Mediterranean Conference of Ministers for Foreign Affairs, Ratsdok. 8254/02 (Presse 112), II. 2.

[1112] Siehe etwa Mid-Term Euro-Mediterranean Conference, Kreta, 26./27.5.2003, Presidency Conclusions, 9890/03 (Press 151), Rn. 18, 21-22; Euro-Mediterranean Conference of Ministers of Foreign Affairs, Neapel, 2./3.12.2003, Presidency Conclusions, 15380/03 (Press 353), Rn. 30; Euro-Mediterranean Mid-Term Meeting of Ministers of Foreign Affairs, Dublin, 5./6.5.2004, Presidency Conclusions, 9064/04 (Press 137), Rn. 33 ff.

[1113] Euro-Mediterranean Code of Conduct on Countering Terrorism, 10th Anniversary Euro-Mediterranean Summit, Barcelona, 27./28.11.2005, Ratsdok. 15075/05 (Press 328).

pflichteten sich, bei der Terrorismusbekämpfung die Menschenrechte und Grundfreiheiten zu achten und demokratische Werte nicht zu gefährden[1114]. Der Verhaltenskodex war allerdings sehr vage gehalten, was daran lag, dass sich die EU und die arabische Gruppe nicht auf eine gemeinsame Terrorismusdefinition einigen konnten. Zudem enthält er keine konkreten Maßnahmen der Zusammenarbeit, die über die internationalen Konventionen und Standards hinausgehen[1115]. Dennoch wurde in der Folgezeit an der Umsetzung des Verhaltenskodex gearbeitet[1116].

Die im Verhältnis zu Dritten ergriffenen Maßnahmen belegen daher, dass es im Verhältnis zu vielen anderen Staaten und Organisationen keine größeren Probleme gab. Allerdings ist hinsichtlich dieser Beziehungen festzuhalten, dass sie weniger Bedeutung besitzen, als die Beziehungen zu den Vereinten Nationen, zur NATO und zu den USA, die für eine effektive Terrorismusbekämpfung im Rahmen der ESVP wesentlich bedeutsamer sind. Dennoch ist aufgrund der internationalen Dimension des Terrorismus die Zusammenarbeit mit Drittstaaten und internationalen Organisationen nicht unbedeutend.

VI. Fazit

Die Zusammenarbeit mit internationalen Organisationen und anderen Staaten ist eine wichtige Bedingung für eine effektive Terrorismusbekämpfung im Rahmen der ESVP. Wie aufgezeigt, sind auch andere Staaten und Organisationen im Kampf gegen den Terrorismus aktiv. Arbeiten diese mit der EU zusammen, so kann dies zwangsläufig nur eine Verbesserung der Terrorismusbekämpfung zur Folge haben. Insbesondere aufgrund der heutigen internationalen Dimension des Terrorismus muss er weltweit bekämpft werden. Von daher ist zweifelsohne eine Zusammenarbeit der handelnden Akteure von enormer Wichtigkeit. Dabei

---

[1114] Siehe Euro-Mediterranean Code of Conduct on Countering Terrorism, 10th Anniversary Euro-Mediterranean Summit, Barcelona, 27./28.11.2005, Ratsdok. 15075/05 (Press 328).

[1115] *M. Asseburg*, Barcelona Plus 10, in: SWP-Aktuell 57, 12/2005, 1, 3; Schlussfolgerungen des Vorsitzes des ER v. Brüssel v. 15./16.12.2005, Ratsdok. 15914/05, Rn. 17; *H. Bacia*, Verhaltenskodex gegen Terrorismus, in: FAZ v. 29.11.2005, Nr. 278, S. 4; *E. Regelsberger*, GASP, in: W. Weidenfeld/W. Wessels (Hrsg.), Jahrbuch der Europäischen Integration 2006 (2007), 231, 232.

[1116] Dazu siehe 8th Euro-Mediterranean Conference of Ministers of Foreign Affairs, Tampere, 27./28.11.2006, Tampere Conclusions, Ratsdok. 15921/1/06 REV 1 (Press 344), Rn. 12-14; Agreed Conclusions of the 9th Euro-Mediterranean Meeting of Ministers of Foreign Affairs, Lissabon 5./6.11.2007, Ratsdok. 14743/07 (Press 255), I. b.; Joint declaration of the Paris Summit for the Mediterranean, Paris, 13.7.2008, Ratsdok. 11887/08 (Press 213), Rn. 8.

sind für die EU hauptsächlich die Beziehungen zu den Vereinten Nationen, zur NATO und zu den USA von Bedeutung. Das Verhältnis zur WEU ist nahezu bedeutungslos. Aufgrund der weltweiten Dimension der Terrorismusbekämpfung kann aber auch die Zusammenarbeit mit anderen Akteuren zu Verbesserungen im Kampf gegen den Terrorismus führen. Dies entspricht dem Streben der EU, ein globaler Akteur zu werden[1117].

Problematisch in allen Beziehungen zu Drittstaaten und Organisationen sind die jeweiligen Interessen der nationalen Außen- und Sicherheitspolitiken der EU-Mitgliedstaaten. Spannungsverhältnisse zwischen den Interessen der EU und denen der EU-Mitgliedstaaten sind allerdings aufgrund der intergouvernementalen Strukturen nicht zu vermeiden. In diesem Zusammenhang ist ferner an die Problematik der unterschiedlichen Status der Mitgliedstaaten zu denken. So ist der Großteil der EU-Staaten zugleich auch NATO-Mitglied und folglich über Art. 5 NATO-Vertrag zur gemeinsamen Verteidigung verpflichtet. Andere EU-Staaten besitzen dagegen einen neutralen oder blockfreien Status. Aber auch an die Sonderrolle Dänemarks in Fragen mit verteidigungspolitischen Bezügen ist zu denken[1118].

D. Koordination

In der Terrorismusbekämpfung sind heute viele Ministerien und weitere Einrichtungen aktiv. Dadurch kann es immer wieder zu Überschneidungen kommen. Von daher ist ein koordiniertes Vorgehen anzustreben, um eine effiziente Terrorismusbekämpfung gewährleisten zu können.

I. EU-Terrorismuskoordinator

Für mehr Koordination im Bereich der Terrorismusbekämpfung soll der EU-Terrorismuskoordinator sorgen. Mit der Erklärung zum Kampf gegen den Ter-

---

[1117] Zu diesem Anspruch vgl. Ausführungen zur ESS im 2. Kap. E.

[1118] Anm.: Dänemark besitzt im Verteidigungsbereich ein Opt-out. Dieses geht auf das Jahr 1992 zurück, als das dänische Volk in einem Referendum dem Vertrag von Maastricht zunächst die Zustimmung verweigerte. Auf dem Europäischen Rat von Edinburgh im Dezember 1992 wurden deshalb Opt-outs für Dänemark vereinbart, die schließlich dazu führten, dass Dänemark in einem zweiten Referendum im Mai 2003 dem Maastricht-Vertrag zugestimmt hatte. Zum Opt-out Dänemarks siehe Schlussfolgerungen des Vorsitzes des ER in Edinburgh v. 11./.12.12.1992, SN 456/92, Teil B, Anlage 2: Erklärung betreffend der Verteidigung.

rorismus vom 25. März 2004 wurden Maßnahmen zur Bekämpfung des Terrorismus vorangetrieben, wozu unter anderem die Einrichtung des Amtes eines europäischen Anti-Terrorismuskoordinators im Ratssekretariat gehörte[1119]. Dieser Koordinator, der seine Tätigkeit im Rahmen des Ratssekretariats ausübt, soll die Arbeiten des Rates zur Terrorismusbekämpfung koordinieren und soll unter gebührender Berücksichtigung der Befugnisse der Kommission alle der Union zur Verfügung stehenden Instrumente im Auge behalten. Dabei soll er dem Rat regelmäßig Bericht erstatten und soll ein wirksames Vorgehen aufgrund von Ratsbeschlüssen gewährleisten. Mit dieser Tätigkeit wurde von *Javier Solana* der Niederländer *Gijs de Vries* betraut, der diese Tätigkeit bis zum März 2007 ausübte. Ein Nachfolger wurde am 19. September 2007 mit *Gilles de Kerchove* gefunden. Im Verhältnis zueinander ist der Koordinator für die Terrorismusbekämpfung dem Hohen Vertreter untergeordnet. Mit ihm hat der Kampf gegen den Terrorismus eine neue Qualität bekommen[1120], denn dieser Koordinator hat sich im Bereich der Terrorismusbekämpfung sehr aktiv bei der Koordinierung der Arbeiten des Rates eingesetzt.

II. Säulenübergreifende Terrorismusbekämpfung

Die Koordination von internen und externen Anstrengungen zur Terrorismusbekämpfung ist ebenfalls bedeutsam für eine effektive Terrorismusbekämpfung aufgrund der Vermischung von innen- und außenpolitischen Politikfeldern. Der internationale Terrorismus ist aufgrund seiner außenpolitischen, wirtschaftlichen, finanziellen und potenziell militärischen Implikationen eine säulenübergreifende Herausforderung („cross-pillarisation") geworden[1121]. Viele Aufgaben werden damit zu Querschnittsaufgaben, die nicht mehr in den exklusiven Zuständigkeitsbereich eines bestimmten Ressorts fallen. Dies haben insbesondere die ergriffenen Maßnahmen nach dem 11. September 2001 gezeigt. Ein hervorragendes Beispiel für eine säulenübergreifende Maßnahme stellt der Aktionsplan zur Bekämpfung des Terrorismus vom 21. September 2001[1122] dar, mit dem zahlreiche Maßnahmen in Angriff genommen wurden[1123]. Ein weiteres

---

[1119] Zur Erklärung zum Kampf gegen den Terrorismus siehe 2. Kap. F.

[1120] Anm.: So der Koordinator für die Terrorismusbekämpfung *Gijs de Vries* selbst über seinen Posten, siehe: *K. Ridderbusch,* Selbstbewusster Verwalter im Kampf gegen den Extremismus, in: Welt am Sonntag v. 21.11.2004.

[1121] *J. Monar,* Die EU als Raum der Freiheit, der Sicherheit u. des Rechts u. die Herausforderung des internationalen Terrorismus, in: int 2002, 171, 171-172.

[1122] Außerordentliche Tagung des ER v. 21.9.2001, Schlussfolgerungen u. Aktionsplan, SN 140/01, vgl. dazu auch 2. Kap. B. II.

[1123] Vgl. dazu 2. Kap. B. II. u. Ausführungen im 2. u. 3. Kap.

Beispiel für eine säulenübergreifende Maßnahme betrifft die Bekämpfung der finanziellen Grundlagen des internationalen Terrorismus. Im Dezember 2001 nahm der Rat eine Verordnung zur Einfrierung der Vermögenswerte und wirtschaftlichen Einkünfte von mit terroristischen Akten in Verbindung gebrachten Personen und Organisationen an[1124]. Allerdings fehlte es hierfür an einer ausdrücklichen Vertragsgrundlage. Deshalb wurde diese EG-Verordnung auf eine Kombination der Art. 60, 301 und 308 EG und der am gleichen Tag verabschiedeten Gemeinsamen Position 2001/931 im Rahmen der GASP gestützt[1125]. Ferner erwähnt die Europäische Sicherheitsstrategie, dass die Terrorismusbekämpfung eine Kombination von Aufgaben erfordert[1126]. Erwähnenswert ist vor allem auch die EU-weite Strategie zur Terrorismusbekämpfung[1127], die die Vernetzung der mitgliedstaatlichen Außen- und Innenpolitik in der Terrorabwehr anstrebt. Ebenfalls ein sehr gutes Beispiel für diesen Trend zur säulenübergreifenden Zusammenarbeit stellt die Solidaritätsklausel dar, auch wenn sie systematisch in den Bereich der ESVP fällt[1128]. Des Weiteren enthalten noch der Konzeptrahmen für die ESVP-Dimension der Terrorismusbekämpfung[1129] und das EU-Solidaritätsprogramm zu den Folgen terroristischer Bedrohungen und Anschläge[1130] Aussagen zur säulenübergreifenden Zusammenarbeit. Sie belegen damit die Wichtigkeit einer säulenübergreifenden Terrorismusbekämpfung.

III. Zivil-militärische Beziehungen

Die heutigen sicherheitspolitischen Bedrohungen bestehen aus vielen Facetten, wie die Europäische Sicherheitsstrategie bereits gezeigt hatte. Die alte Grundregel „erst militärische, dann zivile Operationen" für Friedens- und Stabilisie-

---

1124 Verordnung (EG) Nr. 2580/2001 des Rates v. 27.12.2001 über spezifische, gegen bestimmte Personen u. Organisationen gerichtete restriktive Maßnahmen zur Bekämpfung des Terrorismus, abgedruckt in: ABl. 2001 Nr. L 344, S. 70 ff.

1125 *J. Monar,* Die EU als Raum der Freiheit, der Sicherheit u. des Rechts u. die Herausforderung des internationalen Terrorismus, in: int 2002, 171, 174.

1126 Europäische Sicherheitsstrategie, „Ein sicheres Europa in einer besseren Welt" v. 12.12.2003, Ratsdok. 15895/03, S. 8, 9; Vgl. auch 2. Kap. E. I. 2.

1127 Zu ihr siehe 2. Kap. F. II. 2. a.).

1128 Zur Einführung der Solidaritätsklausel siehe 2. Kap. F. I. 1., zur Solidaritätsklausel im Rahmen des Vertrags von Lissabon siehe 4. Kap. B. IV. 2.

1129 Zum Konzeptrahmen für die ESVP-Dimension der Terrorismusbekämpfung siehe 2. Kap. G.

1130 Zum EU-Solidaritätsprogramm zu den Folgen terroristischer Bedrohungen und Anschläge siehe 2. Kap. H.

rungseinsätze der EU ist daher heute nicht mehr zeitgemäß[1131]. Vielmehr benötigen die sicherheitspolitischen Risiken und Bedrohungen, wie der Terrorismus, einen umfassenden zivil-militärischen Ansatz. Eine reine militärische Krisenbewältigung ist etwa für die dauerhafte Stabilisierung einer Region nicht ausreichend, wie etwa die NATO-Operationen in Somalia und Bosnien und Herzegowina gezeigt haben[1132]. Es existieren daher zwischen den zivilen und militärischen Fähigkeiten viele Schnittstellen.

Die EU hat deshalb im Rahmen der ESVP wichtige Maßnahmen ergriffen, um die zivil-militärischen Beziehungen zu verbessern. Erwähnenswert ist etwa die erste so bezeichnete zivil-militärische Operation AMIS II[1133] und die EUFOR-Mission Althea, die durch eine Kombination von militärischen und zivilen Mitteln für Stabilität im Einsatzgebiet sorgen soll[1134], auch wenn sie eigentlich eine militärische Operation darstellt. Dadurch wird verdeutlicht, dass die zivilen Fähigkeiten indirekt immer größeren Einfluss auf militärische Operationen nehmen können.
Des Weiteren hat die EU die zivil-militärische Koordinierung (Civil-military co-ordination (CMCO)) entwickelt, die als Oberbegriff für die EU-interne Koordination aller zivilen und militärischen Funktionen und Akteure verstanden wird. Sie soll durch Kohärenz ein effektives Krisenmanagement garantieren[1135] beziehungsweise die Fähigkeit der EU fördern, eine alle Aspekte umfassende Vorgehensweise zu garantieren[1136]. Dementsprechend wurde in den vergange-

---

1131 *M. Reinhardt*, Zivil-militärische Beziehungen im Rahmen der ESVP, Begriffe, Sachstände, Herausforderungen, in: SWP-Berlin, 8/2006, S. 1, 3.

1132 Vgl. *M. Reinhardt*, Zivil-militärische Beziehungen im Rahmen der ESVP, Begriffe, Sachstände, Herausforderungen, in: SWP-Berlin, 8/2006, S. 1, 4.

1133 Anm: Die bisher einzige von der EU als zivil-militärische Aktion betitelte Mission begann am 18. Juli 2005 in Darfur/Sudan (AMIS II-EU Unterstützungsaktion). Diese relativ kleine Mission mit knapp 50 EU-Beratern hatte zur Aufgabe die effektive und schnelle Unterstützung der politischen, militärischen und polizeilichen Bemühungen im Rahmen von AMS II unter Berücksichtigung der Federführung der Afrikanischen Union (Gemeinsame Aktion 2005/557/GASP des Rates v. 18.6.2005 betreffend die zivil-militärische Unterstützungsaktion der EU für die Mission der AU in der Region Darfur in Sudan, abgedruckt in: ABl. 2005 Nr. L 188, S. 46).

1134 *M. Reinhardt*, Zivil-militärische Beziehungen im Rahmen der ESVP, Begriffe, Sachstände, Herausforderungen, in: SWP-Berlin, 8/2006, S. 1, 6.

1135 *M. Reinhardt*, Zivil-militärische Beziehungen im Rahmen der ESVP, Begriffe, Sachstände, Herausforderungen, in: SWP-Berlin, 8/2006, S. 1, 4.

1136 ESVP-Bericht des Vorsitzes v. 15./16.12.2005, Ratsdok. 15891/05, Rn. 50; Schlussfolgerungen des Rates Allg. Angelegenheiten u. Außenbeziehungen, Ratsdok. 14758/05, B.

nen Jahren am Ausbau der zivil-militärischen Koordinierung im Krisenmanagement gearbeitet[1137].

E. Fazit

Wie dargestellt, sind für eine effektive Terrorismusbekämpfung im Rahmen der ESVP weitere Voraussetzungen zwingend erforderlich. Dazu gehören das Vorhandensein entsprechender ESVP-Ressourcen, die Zusammenarbeit der EU-Mitgliedstaaten untereinander, die internationale Zusammenarbeit sowie die Koordination.

Das Vorhandensein entsprechender ESVP-Ressourcen ist deswegen erforderlich, weil für eine ernst zunehmende Sicherheits- und Verteidigungspolitik ausreichend zivile und militärische Fähigkeiten vorhanden sein müssen. Die Terrorismusbekämpfung im Rahmen der ESVP kann dementsprechend nur dann effektiv sein, wenn ihr entsprechende Fähigkeiten zur Verfügung stehen.
Die Zusammenarbeit der Mitgliedstaaten untereinander ist deshalb unerlässlich, weil die ESVP zum Bereich der intergouvernementalen Zusammenarbeit gehört und gerade im Bereich der ESVP zwingend das Konsensprinzip vorgeschrieben ist.
Die internationale Zusammenarbeit ist unentbehrlich, da nicht nur die EU im Kampf gegen den Terror aktiv ist. Die Sicherheit Europas ist ebenso von der Sicherheit der Länder und Gebiete außerhalb der EU abhängig. Durch eine enge Zusammenarbeit kann die Effektivität gesteigert werden. Insbesondere ist eine enge Zusammenarbeit mit den Vereinten Nationen, der NATO und den USA bedeutsam.
Ein koordiniertes Vorgehen ist erforderlich, weil in der Terrorismusbekämpfung heute viele Ministerien und weitere Einrichtungen tätig sind. Von daher ist ein koordiniertes Vorgehen sinnvoll, um mehr Effizienz in der Terrorismusbekämpfung erzielen zu können.

[1137] ESVP-Bericht des Vorsitzes v. 12.6.2006, Ratsdok. 10418/06, Rn. 53; Schlussfolgerungen des Rates zur ESVP v. 13.11.2006, Ratsdok. 15188/06, Rn. 18; ESVP-Bericht des Vorsitzes v. 11.12.2006, Ratsdok. 16696/06, Rn. 55; ESVP-Bericht des Vorsitzes v. 18.6.2007, Ratsdok. 10910/07, Rn. 70; ESVP-Bericht des Vorsitzes v. 9.12.2008, Ratsdok. 16686/08, IV.; ESVP-Bericht des Vorsitzes v. 15.6.2009, Ratsdok. 10748/09, Rn. 82 ff.; vgl. auch *M. Jopp/S. Sandawi*, ESVP, in: W. Weidenfeld/W. Wessels (Hrsg.), Jahrbuch der Europäischen Integration 2006 (2007), 241, 243.

Trotz der Wichtigkeit der Terrorismusbekämpfung sind diese notwendigen Voraussetzungen für eine effektive Terrorismusbekämpfung bisher nicht ausreichend erfüllt worden. Derzeit sind in der ESVP noch zu viele Schwächen vorhanden, die in den vergangenen Jahren nicht entscheidend behoben werden konnten und sich zwangsläufig negativ auf die Terrorismusbekämpfung im Rahmen der ESVP auswirken. Die Schwächen lagen vor allem im unfertigen Entwicklungsstand der ESVP sowie in der mangelnden Kohärenz nach innen und nach außen. Deshalb ist festzustellen, dass die Terrorismusbekämpfung im Rahmen der ESVP derzeit nicht effektiv sein kann. Erst wenn diese Voraussetzungen erfüllt sind, besteht die Basis für eine effektive Terrorismusbekämpfung im Rahmen der ESVP.

VIERTES KAPITEL: DER VERTRAG VON LISSABON - DIE ESVP BEI DER TERRORISMUSBEKÄMPFUNG *DE LEGE FERENDA*

Die Rolle Europas im internationalen Verhältnis der Mächte zu stärken war und ist eine der grundlegenden Motivationen der europäischen Integration. Um den Anforderungen als handlungsfähiger und globaler Akteur in der heutigen Zeit gerecht zu werden, ist eine Reform der Gemeinsamen Außen- und Sicherheitspolitik und der darin eingebundenen Europäischen Sicherheits- und Verteidigungspolitik notwendig. Europa hat seit den Terroranschlägen vom 11. September 2001 erkannt, dass der Terrorismus einer der größten Gefahren darstellt. Wie jedoch die bisherigen Untersuchungen gezeigt haben, war der Beitrag der ESVP zur Terrorismusbekämpfung zu gering. Innerhalb der ESVP gab es noch zu viele Defizite. Darum hat die EU versucht diese Defizite zu beseitigen. Ein sehr wichtiger Schritt zur Verbesserung der ESVP und damit auch zu einer Verbesserung der Rolle der ESVP bei der Terrorismusbekämpfung hätte durch den „Vertrag über eine Verfassung für Europa“ erreicht werden können. Allerdings steht heute fest, dass dieser Verfassungsvertrag nicht in Kraft treten wird. Dennoch wird im Folgenden dargestellt, wie die EU im Bereich der ESVP im Fall des Inkrafttretens des Europäischen Verfassungsvertrags bei der Terrorismusbekämpfung hätte handeln können. Denn die geplanten Neuerungen im Verfassungsvertrag sind trotz des Scheiterns wegweisend für die zukünftige Entwicklung der ESVP im Bereich der Terrorismusbekämpfung. Im Anschluss daran wird aufgezeigt, für welche Alternative sich die EU entschieden hat. Demzufolge wird auf den Vertrag von Lissabon eingegangen.

A. Terrorismusbekämpfung im Rahmen der ESVP im Vertrag über eine Verfassung für Europa

I. Der Vertrag über eine Verfassung für Europa

Wie schon zuvor in den Verträgen von Maastricht 1992 und Amsterdam 1997 sind ebenso in Nizza wichtige institutionelle Reformfragen unbeantwortet geblieben, die als so genannte „left-overs“ bezeichnet werden. Darum enthielt die Schlussakte zum Vertrag von Nizza[1138] vom 28. Februar 2001 eine spezielle Erklärung zur Zukunft der Union[1139] mit einem Ausblick auf den weiteren Verfassungsprozess der EU. Auf dem EU-Gipfel von Laeken im Dezember 2001 wurden vom Europäischen Rat weitere Schritte der sich intensivierenden Verfassungsentwicklung erörtert und in einer „Erklärung zur Zukunft der Europäischen Union"[1140] niedergelegt. In dieser Erklärung heißt es zum Terrorismus, dass aufgrund von neuen Gefahren, zu denen auch der Terrorismus gehöre, Europa in der *„gewandelten Welt"* eine wichtige Rolle übernehmen müsse. Deshalb seien erhebliche Reformen in der EU erforderlich. Um solche Reformen einzuleiten beschloss der Europäische Rat, einen Konvent zur Zukunft Europas einzuberufen[1141]. Zum Präsidenten dieses Konvents wurde der ehemalige französische Staatspräsident *Valéry Giscard d'Estaing* ernannt. Seine Stellvertreter waren der ehemalige Premierminister von Italien *Giuliano Amato* und der ehemalige Premierminister von Belgien *Jean-Luc Dehaene*. Dem Konvent gehörten ferner 15 Vertreter der Staats- und Regierungschefs der Mitgliedstaaten, 30 Mitglieder der nationalen Parlamente, also je zwei pro Mitgliedstaat, 16 Mitglieder des Europäischen Parlaments und zwei Vertreter der Kommission an. Gleichberechtigt mit Sitz und Stimme am Konvent nahmen die Beitrittsstaaten sowie Bulgarien, Rumänien und die Türkei als damalige Beitrittskandidaten teil. Zusätzlich waren der Ausschuss der Regionen, der Wirtschafts- und Sozialausschuss der EU und die Europäischen Sozialpartner durch ihre Vertreter beratend am Konvent beteiligt, wie auch der Europäische Bürgerbeauftragte. Insgesamt setzte sich der Konvent aus 105 stimmberechtigten Mitgliedern zusammen[1142].

Bei seiner Einsetzung war dem Konvent kein ausformuliertes, sondern ein weites Mandat mitgegeben worden. Es bestimmte sich hauptsächlich nach den Vorgaben der Erklärung zur Zukunft der Europäischen Union des Europäischen Rates von Laeken. Im Einsetzungsbeschluss des Europäischen Rates hieß es, dass dem Konvent die Aufgabe zufalle, die wesentlichen Fragen zu prüfen, welche die künftige Entwicklung der Union aufwirft und sich um verschiedene mögliche Antworten zu bemühen. Er sollte ein Abschlussdokument erstellen,

---

[1138] Vertrag von Nizza zur Änderung des Vertrags über die Europäische Union, der Verträge zur Gründung der Europäischen Gemeinschaften sowie einiger damit zusammenhängender Rechtsakte, abgedruckt in: ABl. 2001 Nr. C 80, S. 1.

[1139] Erklärung zur Zukunft der Union der Schlussakte zum Vertrag von Nizza, abgedruckt in: ABl. 2001 Nr. C 80, S. 85.

[1140] Erklärung von Laeken zur Zukunft Europas, Anlage I, SN 300/1/01 REV 1.

[1141] Erklärung von Laeken zur Zukunft Europas, Anlage I, SN 300/1/01 REV 1, vgl. auch *R. Streinz*, Europarecht (2005), Rn. 57.

[1142] *M. Möstl*, Verfassung für Europa (2005), S. 22; *R. Streinz/C. Ohler/C. Herrmann*, Die neue Verfassung für Europa (2005), S. 14; *C. Calliess*, in: C. Calliess/M. Ruffert, VerfEU (2006), Art. I-1, Rn. 1.

das entweder verschiedene Optionen enthalten sollte mit der Angabe, inwieweit diese Optionen im Konvent Unterstützung gefunden haben oder im Fall eines Konsenses Empfehlungen abgeben[1143]. Der Konvent tagte als Plenum insgesamt 25 Mal. Teil der Beratungen des Konvents war auch die Neugestaltung der Sicherheits- und Verteidigungspolitik. Die Bestimmungen über die ESVP wurden zunächst in einer Untergruppe des Verfassungskonvents zum Thema „Verteidigung" unter dem Vorsitz des Mitglieds der EU-Kommission *Michel Barnier* beraten. Die Gruppe hat in der Folgezeit Empfehlungen an das Präsidium und das Plenum des Konvents gerichtet[1144].
Der Konvent legte dem Europäischen Rat durch den Präsidenten des Konvents *Valérie Giscard d'Estaing* schließlich nach bereits anderthalb Jahren auf der Tagung von Thessaloniki im Juni 2003 sein Abschlussdokument vor[1145]. Das Gipfeltreffen in Thessaloniki stellte damit den vorläufigen End- und Höhepunkt der Arbeiten des Konvents dar. Allerdings sah es bis kurz vor Beendigung der Konventsarbeiten und nach 18 Monaten zähen Bemühens nicht danach aus, dass ein für alle Seiten tragfähiger Kompromiss erreicht werden könnte. Der Gesamtentwurf der Konventsverfassung[1146] konnte schließlich am 18. Juli 2003 dem damals amtierenden italienischen Ratspräsidenten der EU in Rom übergeben werden[1147].

Im Anschluss daran übernahm eine Regierungskonferenz (Oktober 2003 bis Juni 2004) die endgültigen Beschlüsse. Ihr Vorteil, im Gegensatz zu den bisherigen Regierungskonferenzen seit der Einheitlichen Europäischen Akte (EEA) 1986[1148], war, dass ihr schon zu Beginn der Verhandlungen ein weitgehend ausverhandelter und konsensfähiger Vertragsentwurf vorgelegen hat. Insgesamt gab es nur noch wenige offene Kontroversen. Dennoch scheiterte der Versuch der Unterzeichnung des Verfassungsvertrags auf der Tagung des Europäischen Rates von Brüssel am 12./13. Dezember 2003 aufgrund inhaltlicher Differenzen in der Frage der zukünftigen Gewichtung der einzelnen Mitgliedstaaten bei der Beschlussfassung mit qualifizierter Mehrheit. So wurde die auf die italienische folgende irische Ratspräsidentschaft aufgefordert, bis zum März 2004 Sondierungsgespräche mit allen Mitgliedstaaten durchzuführen, um herauszufinden, ob ein Kompromiss in Bezug auf den umstrittenen Bereich erreicht werden

---

1143 Siehe dazu „Die Zukunft der EU – Erklärung von Laeken -", SN 273/01.

1144 *W. Kaufmann-Bühler*, in: E. Grabitz/M. Hilf, Art. 17 EUV, Rn. 40 (30. EL Juni 2006).

1145 Schlussfolgerungen des Vorsitzes des ER in Thessaloniki v. 19./20.6.2003, Ratsdok. 11638/03, Rn. 2.

1146 Siehe Entwurf eines Vertrags über eine Verfassung für Europa, CONV 850/03.

1147 Schlussfolgerungen des Vorsitzes des ER in Thessaloniki v. 19./20.6.2003, Ratsdok. 11638/03, Rn. 2; *K. H. Fischer*, Der Europ. Verfassungsvertrag (2005), S. 33.

1148 Anm.: Dies waren die Regierungskonferenzen von Maastricht, Amsterdam und Nizza.

könne[1149]. Dennoch konnten im Rahmen der einzelnen Tagungen, vor allem auf der Klausurtagung der Außenminister vom 28./29. November 2003 in Neapel, bedeutende Fortschritte im Hinblick auf eine spätere Einigung erzielt werden[1150].
Nach einem Kompromiss über die Ausgestaltung der Mehrheitsentscheidungen wurde der endgültige Verfassungsvertrag am 18. Juni 2004 einstimmig von der Regierungskonferenz angenommen und am 29. Oktober 2004 von den Mitgliedstaaten in Rom unterzeichnet[1151]. Der Vertrag über eine Verfassung für Europa vom 29. Oktober 2004[1152] ist in der Endfassung ein in sich geschlossener, selbständiger Vertragstext in vier Teilen mit einer Präambel, 448 Artikeln, 36 Protokollen, zwei Anhängen und einer Schlussakte, dem 50 Erklärungen zu einzelnen Bestimmungen des Vertrags beziehungsweise zu einzelnen Protokollen zum Vertrag beigefügt sind. Mit 68.635 Wörtern stellt dieser Vertrag nach Zimbabwe und Kenia die längste Verfassung der Welt dar[1153]. Systematisch ist der Verfassungsvertrag in vier Teile aufgeteilt, die rechtlich gleichwertig sind und keiner Rangordnung folgen. Teil I enthält die Grundlagen der EU, Teil II die Charta der Grundrechte, Teil III die Politikbereiche und die Arbeitsweise der Union und Teil IV enthält Allgemeine und Schlussbestimmungen. Protokolle und Erklärungen zum Verfassungsvertrag beziehungsweise zur Schlussakte der Regierungskonferenz sind, soweit sie nicht als Vertragsprotokolle selbst unmittelbar rechtlich regelnden Charakter haben, wichtige Elemente für die Vertragsauslegung und für die Anwendung des Verfassungsvertrags.

II. Rechtliche Einordnung des Vertrags über eine Verfassung für Europa

1. Auflösung der Säulenstruktur

Mit dem Vertrag über eine Verfassung für Europa wäre die bisherige Säulenstruktur der EU aufgelöst worden. Die neue EU hätte daher nach außen als eine Organisation mit einheitlichen Verfahren und einheitlicher Rechtsnatur auftre-

---

1149 Schlussfolgerungen des Vorsitzes des ER v. Brüssel v. 12./13.12.2003, Ratsdok. 5381/04, Rn. 2; *W. Obwexer,* Der Entwurf eines Verfassungsvertrages für Europa, Die Ergebnisse der Arbeiten des Europäischen Konvents im Überblick (Teil II), in: Europablätter 1/2004, 4, 20; *U. Guérot,* (Ver)fassungslose EU, in: Internationale Politik 1/2004, 72, 72.

1150 *W. Obwexer,* Der Entwurf eines Verfassungsvertrages für Europa, Die Ergebnisse der Arbeiten des Europäischen Konvents im Überblick (Teil II), in: Europablätter 1/2004, 4, 20.

1151 *C. Calliess,* in: C. Calliess/M. Ruffert, VerfEU (2006), Art. I-1, Rn. 1; vgl. auch *K. H. Fischer,* Der Europ. Verfassungsvertrag (2005), S. 33.

1152 Vertrag über eine Verfassung für Europa, abgedruckt in: ABl. 2004 Nr. C 310, S. 1.

1153 *S. Voigt,* Ein neuer Anlauf für die EU, in: FAZ v. 19.10.2005, Nr. 252, S. 15.

ten können. Folglich wären die bisherige zweite und dritte Säule der EU mit eigenen Handlungsformen in den Katalog der Politikbereiche nach Teil III integriert worden. Diese Politikbereiche hätten also auf einen einheitlichen primärrechtlichen Boden gestellt werden sollen, selbst wenn diese Bereiche weiterhin Sonderregeln besessen hätten[1154].

2. Rechtspersönlichkeit der EU

Der Verfassungsvertrag hätte eine neue Europäische Union mit Rechtspersönlichkeit gegründet, die an die Stelle der bisherigen EU sowie der Europäischen Gemeinschaft getreten wäre (Art. I-1 VVE). Dies hätte Art. I-7 VVE ausdrücklich klargestellt. Durch die Schaffung eines Rechtssubjekts durch diesen einheitlichen Vertrag wären hierfür die Voraussetzung geschaffen worden. Die EU wäre dann Träger von Rechten und Pflichten geworden. Damit wäre es ihr möglich gewesen, die ihr aufgetragenen Aufgaben auch im Außenverhältnis zu erfüllen[1155]. Sie hätte im Rahmen ihrer Kompetenzen völkerrechtliche Abkommen schließen können. Gemäß Art. III-323 Abs. 2 VVE hätten die von der EU geschlossenen völkerrechtlichen Verträge im Innenverhältnis sowohl die Organe der EU als auch die Mitgliedstaaten gebunden[1156].

3. Kompetenzausübung

Hinsichtlich der Kompetenzausübung wäre im Verfassungsvertrag an der bisherigen Kombination aus supranationalen und intergouvernementalen Elementen festgehalten worden. Es hätten nur die von den Mitgliedstaaten übertragenen Zuständigkeiten nach Art. I-1 Abs. 1 S. 1 VVE von der EU in gemeinschaftlicher Weise ausgeübt werden können.

4. Einordnung als Verfassung oder als Vertrag

Für die rechtliche Einordnung ist von Bedeutung, ob es sich bei dem Abschlussdokument um eine „echte“ Verfassung oder „lediglich“ um einen Vertrag gehandelt hätte. Bei dieser Einordnung hätte es sich nämlich nicht nur um eine Frage der Terminologie gehandelt, sondern es wären ebenfalls unterschied-

[1154] *C. Calliess*, in: C. Calliess/M. Ruffert, VerfEU (2006), Art. I-1, Rn. 7; *R. Streinz/C. Ohler/C. Herrmann*, Die neue Verfassung für Europa (2005), S. 32.
[1155] *J. C. Wichard*, in: C. Calliess/M. Ruffert, VerfEU (2006), Art. I-7, Rn. 9.
[1156] *J. C. Wichard*, in: C. Calliess/M. Ruffert, VerfEU (2006), Art. I-7, Rn. 24.

liche Folgen entstanden. Wäre sie etwa als Verfassung einzuordnen gewesen, dann hätte die EU selbst über ihre rechtliche Grundordnung bestimmen können und nicht mehr die Mitgliedstaaten der EU. Dann wäre die EU zu einer selbst tragenden Einrichtung geworden[1157].

a.) Rückschluss aus den Gründerverträgen

Betrachtet man die Gründungsverträge, so wird aus diesen deutlich, dass sie nicht als Verfassung angedacht waren. Sie sprechen an keiner Stelle von „Verfassung" oder „verfassungsmäßiger Ordnung". Ferner vermeiden sie jede Formulierung, die darauf hindeuten könnte[1158]. Bei den Gründerverträgen handelte es sich um völkerrechtliche Verträge, die von den nationalen Regierungen beschlossen und ratifiziert wurden, jeweils nach ihren nationalen Verfassungen.

b.) Staatsrechtliches Verständnis

Nach staatsrechtlichem Verständnis ist der Begriff der Verfassung eng mit den Begriffen von Staat und Volk verknüpft. Dabei nimmt der traditionelle Verfassungsbegriff speziell auf die Idee des Staates Bezug[1159]. Zum Staatsbegriff ist nach völkerrechtlicher Ansicht festzustellen, dass es sich bei der EU nicht um einen (Bundes-)Staat handelt. Denn der EU fehlt es schon an der dem Staat eigenen Kompetenz-Kompetenz in Form einer Allgemeinzuständigkeit in den staatlichen Politikbereichen. Dies war schon vor dem Verfassungsvertrag so und hätte sich durch ihn nicht geändert[1160]. Die einzelnen Mitgliedstaaten wären die Herren der Verträge geblieben. Aber Verfassungen sollen auf der verfassungsgebenden Gewalt des Volkes beruhen[1161]. Dies bedeutet, dass die Bürger die Quellen des öffentlichen Rechts sind. Das Volk ist der Souverän. Geht jedoch die Rechtsgrundlage einer politischen Einheit auf einen geschlossenen Vertrag zurück, dann sind die beteiligten Vertragsparteien der Souverän und die Rechtsgrundlage ist das Produkt einer Fremdbestimmung. In einem solchen Fall kann keine Verfassung vorliegen. Über das Abschlussdokument haben die Staats- und Regierungschefs, die keine Organe der EU sind, entschieden, wäh-

---

1157 *D. Grimm*, Der Vertrag, in: FAZ, 12.5.2005, Nr. 109, S. 6.

1158 *T. Schmitz*, Europäische Verfassung u. europäisches Volk, in: FAZ, 24.11.2004, Nr. 275, S. 7.

1159 *C. Calliess*, in: C. Calliess/M. Ruffert, VerfEU (2006), Art. I-1, Rn. 12.

1160 *C. Calliess*, in: C. Calliess/M. Ruffert, VerfEU (2006), Art. I-1, Rn. 13.

1161 *T. Schmitz*, Europäische Verfassung u. europäisches Volk, in: FAZ, 24.11.2004, Nr. 275, S. 7.

rend das Volk nicht beteiligt war. Selbst wenn es in einigen Mitgliedstaaten Referenden gab, so ist dazu zu sagen, dass die Bürger nicht als EU-Bürger an den Referenden teilgenommen haben, sondern als Staatsbürger ihres Landes, um dadurch über den Vertragsschluss ihrer nationalen Regierung zu befinden[1162]. Zudem ist festzuhalten, dass es kein nationenübergreifendes „europäisches Volk" gibt. In Europa existieren eine Vielzahl an Kulturen, nationalen Traditionen und Sprachen, sodass es an einer geistigen, sozialen und politischen Homogenität eines Staatsvolkes fehlt[1163]. Dennoch könnte man argumentieren, dass in der heutigen Zeit schon eine Gemeinschaft von Menschen in einem Herrschaftsverbund ein „Volk" darstellen könnte[1164]. Dazu müsste es sich bei der EU aber um einen Bundesstaat handeln, was die EU aber gerade nicht ist. Vielmehr handelt es sich bei der EU um einen so genannten „Staatenverbund". Dieser Begriff entstammt dem „Maastricht-Urteil"[1165] des Bundesverfassungsgerichts. Es stellte fest, dass es kein europäisches Staatsvolk gibt und dass die Mitgliedstaaten die Verfügungsgewalt über die Verträge besitzen sowie dass es lediglich eine beschränkte Kompetenzübertragung der Gemeinschaft gibt[1166]. Ferner muss betont werden, dass es auch gar nicht bezweckt war, aus der EU einen Bundesstaat zu machen.
Dementsprechend kann es sich bei dem Dokument nach staatsrechtlichem Verständnis nicht um eine Verfassung handeln.

c.) Begriff eigener Art

Auch wenn es sich bei dem Abschlussdokument nicht um eine Verfassung nach staatsrechtlichem Verständnis handeln kann, so gab es Stimmen, die das Dokument trotzdem als Verfassung bezeichneten. Dies entsprach sogar der üblichen Praxis, in der das Dokument überwiegend als Verfassung bezeichnet wurde. Diese Verwendung ist darin begründet, dass selbst in der Diskussion nicht der Unterschied zwischen Vertrag und Verfassung eindeutig war. Dies wiederum lag daran, dass die Verträge in der EU oft Funktionen übernehmen, die in den Mitgliedstaaten von der Verfassung übernommen werden. Zu denken ist etwa an die Einrichtung von Organen, deren Befugnisse und Verfahren[1167]. Diese

---

[1162] *D. Grimm*, Der Vertrag, in: FAZ, 12.5.2005, Nr. 109, S. 6.
[1163] *C. Calliess*, in: C. Calliess/M. Ruffert, VerfEU (2006), Art. I-1, Rn. 13.
[1164] *T. Schmitz*, Europäische Verfassung u. europäisches Volk, in: FAZ, 24.11.2004, Nr. 275, S. 7.
[1165] BVerfGE 89, 155 ff.
[1166] BVerfGE 89, 155 ff.; vgl. auch *C. Calliess*, in: C. Calliess/M. Ruffert, VerfEU (2006), Art. I-1, Rn. 16.
[1167] *D. Grimm*, Der Vertrag, in: FAZ, 12.5.2005, Nr. 109, S. 6.

Stimmen begründeten die Verwendung des Verfassungsbegriffes mit einem neuen Verfassungsverständnis. Das neue Verfassungsverständnis beruhe auf dem fortlaufenden europäischen Integrationsprozess von der EU beziehungsweise der EG als Wirtschaftsgemeinschaft hin zu einem politischen Gemeinwesen mit spezifischer europäischer Identität und spezifischen europäischen Werten. Deshalb könne der Verfassungsbegriff vom Staat losgelöst werden und der Internationalisierung eines Staates durch Verwendung bei supranationalen Organisationen Rechnung getragen werden. Darum könnten gleichberechtigte, jedoch nicht gleichwertige, Verfassungsbegriffe nebeneinander bestehen[1168]. Gegen eine solche Anwendung ist grundsätzlich auch nichts einzuwenden. Das Dokument kann durchaus aufgrund eines solchen neuen Verständnisses als Verfassung bezeichnet werden. Allerdings muss betont werden, dass ein solcher Verfassungsbegriff nicht mit dem Begriff einer „Staatsverfassung" gleichgesetzt werden darf[1169]. Um eine Verfassung nach staatsrechtlichem Verständnis kann es sich bei dem Abschlussdokument nicht handeln.

d.) Ergebnis

Nach staatsrechtlichem Verständnis handelt es sich bei dem Abschlussdokument nicht um eine Verfassung. Es hat vielmehr die Rechtsnatur eines völkerrechtlichen Vertrags, der wie schon seine Vorläufer von den nationalen Regierungen geschlossen worden ist und in den Mitgliedstaaten nach ihren jeweiligen verfassungsrechtlichen Vorschriften ratifiziert werden muss. Die trotzdem oftmals verwendete Bezeichnung des Dokuments als Verfassung, die auch durchaus möglich ist, wird daher vorliegend nicht verwendet. Das Dokument wird in dieser Arbeit als Verfassungsvertrag bezeichnet.

5. Das rechtliche Zustandekommen des Verfassungsvertrags

Durch den Verfassungsvertrag wäre der Vertrag von Nizza abgelöst worden. Die derzeit noch geltenden Verträge über die Europäische Union und über die Europäische Gemeinschaft wären nach Art. IV-437 VVE aufgehoben worden, allerdings unter Fortgeltung des gesamten übrigen gemeinschaftlichen Besitzstands, einschließlich der Rechtsprechung des Gerichtshofs der Europäischen Gemeinschaften und des Gerichts erster Instanz. Nicht davon umfasst wäre die

---

[1168] *C. Calliess*, in: C. Calliess/M. Ruffert, VerfEU (2006), Art. I-1, Rn. 18; noch ausführlicher zu dieser Argumentation siehe dort Rn. 19 ff.

[1169] *R. Zippelius*, Allg. Staatslehre (2003), § 8 II. 2.

Europäische Atomgemeinschaft gewesen, die als eigenständiges Rechtssubjekt fortbestanden hätte. Die neue EU hätte die Rechtsnachfolge der bisherigen EU und der EG angetreten. Dies hätte bedeutet, dass sie alle Rechte und Verpflichtungen dieser Organisationen übernommen hätte (Art. IV-438 VVE)[1170].

Fraglich ist allerdings, ob es sich dabei um eine Vertragsänderung nach Art. 48 EUV gehandelt hätte, da eigentlich nicht die bestehenden Verträge geändert, sondern die bestehenden Verträge ersetzt werden sollten. Allerdings ist diesbezüglich festzustellen, dass zwischen den Normen des Verfassungsvertrags und denen des EU- und EG-Vertrags ein enger Zusammenhang besteht und dass die bestehenden Normen durch die Normen des Verfassungsvertrags weiterentwickelt werden sollten. Demnach war der Art. 48 EUV anwendbar[1171]. Die Ergebnisse des Verfassungskonvents hätten somit nur dann rechtswirksam in die Struktur der Unionsverträge eingearbeitet werden können, wenn sie das Verfahren des Art. 48 EUV durchlaufen hätten[1172].

III. Die ESVP

1. Die ESVP im Europäischen Konvent

Mit Beginn der Arbeiten des Konvents zur Zukunft Europas wurden viele Fragen der Außenbeziehungen der EU wie auch der sicherheits- und verteidigungspolitischen Handlungsmöglichkeiten aufgeworfen und durch viele innovative Vorschläge angereichert. Die Bestimmungen über die ESVP wurden zunächst in einer Untergruppe des Verfassungskonvents zum Thema „Verteidigung“ (Arbeitsgruppe VIII „Verteidigung“) unter dem Vorsitz des Mitglieds der EU-Kommission *Michel Barnier* beraten. Es fanden insgesamt neun Sitzungen im Zeitraum vom 13. September 2002 bis zum 10. Dezember 2002 statt, wovon eine gemeinsam mit der Arbeitsgruppe VII „Außenpolitisches Handeln“ zur Frage der zivilen Krisenbewältigung abgehalten wurde. Die Gruppe hat in der Folgezeit Empfehlungen an das Präsidium und Plenum des Konvents gerichtet. Diese Empfehlungen wurden in der Endfassung des Verfassungskonvents größtenteils übernommen[1173].

[1170] *C. Calliess*, in: C. Calliess/M. Ruffert, VerfEU (2006), Art. I-1, Rn. 6.
[1171] *H.-J. Cremer*, in: C. Calliess/M. Ruffert, EU (2007), Art. 48, Rn. 1.
[1172] *W. Meng*, in: H. von der Groeben/J. Schwarze, EU (2003), Art. 48, Rn. 23.
[1173] Anm.: Mehr als 90 % der Reformideen des Konvents sind laut *Klaus Hänsch* und *Elmar Brok*, die beide das Parlament in der Regierungskonferenz vertreten haben, in den Verfassungsvertrag eingeflossen. Dazu vgl. *M. Stabenow*, Ein ungewisser Vertrag für ein ungewisses Europa, in: FAZ, 21.6.2004, Nr. 141, S. 3.

Im Folgenden werden die Vorschläge aufgegriffen, die im Rahmen der ESVP Bedeutung für die Terrorismusbekämpfung hätten haben können und umstritten waren. Denn während der Arbeiten im Konvent gab es Themenbereiche, die innerhalb der Untergruppe zum Thema „Verteidigung" kontrovers diskutiert wurden. Es gab in einigen Punkten Schwierigkeiten, sich auf einen Konsens zu einigen[1174].

Insbesondere Frankreich und Deutschland strebten eine größere Flexibilität an. Sie plädierten unter anderem für die Generalisierung von Mehrheitsentscheidung[1175]. Damit stießen sie aber auf großen Widerstand, weshalb sich dieser Vorschlag nicht durchsetzen konnte[1176].

Ein weiterer Diskussionspunkt betraf die Aktualisierung der Petersberg-Aufgaben. Diesbezüglich reichten die Vorschläge von der Ergänzung der Petersberg-Aufgaben über die Ablehnung einer Ergänzung bis zum Vorschlag neue Fähigkeiten zu entwickeln. In ihrem Schlussbericht hat die Arbeitsgruppe sich darauf verständigt, die Erweiterung der Petersberg-Aufgaben um die Konfliktverhütung, Abrüstungsmaßnahmen, die militärische Beratung und Unterstützung von Drittländern, Stabilisierungsmaßnahmen nach Konflikten sowie die Unterstützung der Terrorismusbekämpfung eines Drittlandes vorzuschlagen[1177].

Ferner gab es in Bezug auf Vorschläge zu einer Ständigen Strukturierten Zusammenarbeit großen Diskussionsbedarf. Ein französischer Vorschlag sah einen exklusiven Rat für die Ständige Strukturierte Zusammenarbeit vor. Er wurde allerdings schon sehr frühzeitig während der Konventsarbeiten *ad acta* gelegt, insbesondere aufgrund großer Bedenken kleinerer und der neuen Mitgliedstaa-

---

1174 Anm.: Empfehlungen der Arbeitsgruppe, die nahezu vollständig ohne kontroverse Diskussionen in den Verfassungsvertrag übernommen wurden, betrafen die Stärkung des Hohen Vertreters (Schlussbericht Arbeitsgruppe VIII „Verteidigung", CONV 461/02, Rn. 52) und deshalb die Einführung eines Amtes des Außenministers (Schlussbericht Arbeitsgruppe VIII „Verteidigung", CONV 461/02, Rn. 71), eine verstärkte Zusammenarbeit auch für den Bereich der Sicherheit und Verteidigung sowie die Europäische Verteidigungsagentur. Vgl. Schlussbericht Arbeitsgruppe VIII „Verteidigung", CONV 461/02, Rn. 64 ff.

1175 *M. Jopp/S. Sandawi,* ESVP, in: W. Weidenfeld/W. Wessels (Hrsg.), Jahrbuch der Europäischen Integration 2002/2003 (2003), 241, 246.

1176 Zu Versuche Mehrheitsentscheidungen in den Verfassungsvertrag bzw. Vertrag von Lissabon zu integrieren siehe 4. Kap. B. V. 2. a.).

1177 *S. Uplegger*, in: A. Maurer (Hrsg.), Der Konvent über die Zukunft der EU, in: SWP-Dokumentation, Band 4/2 (2003), S. 10.

ten. Sie befürchteten nämlich die Bildung einer „Avantgarde“, die eine Zweiklassengesellschaft zur Folge gehabt hätte[1178].
Ein weiterer Vorschlag zur Ständigen Strukturierten Zusammenarbeit, der sich allerdings ebenso nicht durchsetzen konnte, sah vor, dass es eine relativ hohe Mindestanzahl von Mitgliedstaaten in der Ständigen Strukturierten Zusammenarbeit geben müsse. Dieser Vorschlag kam von den kleineren Mitgliedstaaten, um so ihrer Befürchtung einer Zweiklassengesellschaft entgegenzutreten[1179].
Aufgrund dieser unterschiedlichen Positionen stellte die Endfassung[1180] zur Ständigen Strukturierten Zusammenarbeit einen Kompromiss dar, der von Deutschland, Frankreich und Großbritannien im Vorfeld des Konklaves der Außenminister in Neapel im November 2003 ausgearbeitet wurde[1181].

Auch über die Solidaritätsklausel gab es zunächst Meinungsunterschiede. Diese betrafen vorwiegend die Reichweite der Klausel. Dementsprechend erwähnte der Schlussbericht, dass ebenso die Möglichkeit der Einführung einer umfassenden Klausel der Solidarität und der gemeinsamen Sicherheit vorstellbar gewesen wäre[1182]. Zugleich sollte im Anhang zum Verfassungsvertrag eine politische Erklärung aufgenommen werden, in der die vielfältigen Gefahren, denen die EU ausgesetzt ist, sowie Mittel zu ihrer Bewältigung aufgenommen werden sollten. Zu diesen Gefahren sollte der Terrorismus gehören. Aus dieser Klausel sollte sich ein weiterer Schritt hin zu einer Europäischen Sicherheits- und Verteidigungsunion ergeben[1183].
Daneben gab es Stimmen, die ganz auf eine Solidaritätsklausel verzichten wollten. Dieser Vorschlag wurde damit begründet, dass die Zielsetzungen der Solidaritätsklausel durch andere Artikel der Verfassung abgedeckt seien[1184].
Andere Mitglieder der Arbeitsgruppe forderten wiederum eine Klausel der kollektiven Verteidigung. Dabei sollte es Mitgliedstaaten möglich sein auf Wunsch

---

1178 *M. Jopp/S. Sandawi,* ESVP, in: W. Weidenfeld/W. Wessels (Hrsg.), Jahrbuch der Europäischen Integration 2003/2004 (2004), 229, 236.

1179 *U. Diedrichs/M. Jopp,* Die Sicherheits- u. Verteidigungspolitik der EU nach dem Verfassungsvertrag: Innovationen, Experimente, Impulse, in: M. Jopp/S. Matl (Hrsg.), Der Vertrag über eine Verfassung für Europa (2005), 343, 352.

1180 Zur Endfassung siehe 4. Kap. B. IV. 3. a.) bb.).

1181 *U. Diedrichs/M. Jopp,* Die Sicherheits- u. Verteidigungspolitik der EU nach dem Verfassungsvertrag: Innovationen, Experimente, Impulse, in: M. Jopp/S. Matl (Hrsg.), Der Vertrag über eine Verfassung für Europa (2005), 343, 352.

1182 *M. Jopp/E. Regelsberger,* GASP u. ESVP im Verfassungsvertrag – eine neue Angebotsvielfalt mit Chancen u. Mängeln, in: int 2003, 550, 551; *M. Jopp/S. Sandawi,* ESVP, in: W. Weidenfeld/W. Wessels (Hrsg.), Jahrbuch der Europäischen Integration 2002/2003 (2003), 241, 247.

1183 Schlussbericht Arbeitsgruppe VIII „Verteidigung“, CONV 461/02, Rn. 60.

1184 *C. Calliess,* in: C. Calliess/M. Ruffert, VerfEU (2006), Art. I-43, Rn. 13.

die im Brüsseler Vertrag verankerte Verpflichtung zum gegenseitigen Beistand zu übernehmen. Ein solcher Vorschlag wurde allerdings von vielen Mitgliedern der Arbeitsgruppe mit der Begründung abgelehnt, dass es einige blockfreie Mitgliedstaaten gebe und dass es eine kollektive Verteidigung schon im Rahmen der NATO gebe[1185].
Der Großteil der Mitglieder der Arbeitsgruppe befürwortete eine Solidaritätsklausel, die als Antwort auf terroristische Bedrohungen gelten sollte. Während der Arbeiten der Arbeitsgruppe bekam sie noch die zusätzliche Option der Unterstützung eines Mitgliedstaats *„im Falle einer Katastrophe"* *„auf Ersuchen seiner politischen Organe innerhalb seines Hoheitsgebiets"*. Im Rahmen der Regierungskonferenz über den Verfassungsentwurf wurde diese Passage dahingehend konkretisiert, dass zwischen einer *„Naturkatastrophe oder (...) vom Menschen verursachten Katastrophe"* unterschieden wurde[1186].

Wie zuvor bereits dargelegt, gab es Befürworter für eine Klausel der kollektiven Verteidigung. Da eine solche Klausel nicht konsensfähig war, wurde angeregt, den Mitgliedstaaten, die ihre Zusammenarbeit verstärken und die im Verhältnis zueinander die Verpflichtung aus dem WEU-Vertrag übernehmen wollen, dies im Rahmen der EU zu ermöglichen, bevor sie dies dann außerhalb der EU täten. Deshalb wurde vom Verfassungskonvent eine engere Form der verteidigungspolitischen Zusammenarbeit für den Vertrag vorgeschlagen. An einer solchen sollten sich die Mitgliedstaaten beteiligen, die zu einem solchen Engagement bereit wären und die vor allem im Hinblick auf ihre Führungs- und Kontrollkapazitäten, die Vorbereitung ihrer Streitkräfte, die Interoperabilität und ihre Dislozierungsfähigkeiten die erforderlichen Voraussetzungen erfüllen. Dadurch sollte ihr Engagement glaubwürdig erscheinen[1187]. Hieraus wurde eine Beistandsverpflichtung für die beteiligten Mitgliedstaaten abgeleitet, die auch militärische Hilfe mit umfassen sollte. So heißt es in den Entwürfen, dass die an der Zusammenarbeit beteiligten Staaten *„alle in ihrer Macht stehende militärische und sonstige Hilfe und Unterstützung"* leisten.
Allerdings konnte sich diese Form der engeren Zusammenarbeit im Vertrag über eine Verfassung für Europa nicht durchsetzen. Die Regierungen von Finnland, Irland, Österreich und Schweden hatten aufgrund ihrer jeweiligen verfas-

---

[1185] Schlussbericht Arbeitsgruppe VIII „Verteidigung", CONV 461/02, Rn. 61 u. 62; *S. Uplegger*, in: A. Maurer (Hrsg.), Der Konvent über die Zukunft der EU, in: SWP-Dokumentation, Band 4/2 (2003), S. 12; *K. H. Fischer*, Der Europ. Verfassungsvertrag (2005), S. 197.

[1186] *C. Calliess*, in: C. Calliess/M. Ruffert, VerfEU (2006), Art. I-43, Rn. 13.

[1187] Schlussbericht Arbeitsgruppe VIII „Verteidigung", CONV 461/02, Rn 63; *C. Einem*, Eine Verfassung für Europa, Anmerkungen zu ausgewählten Aspekten des Verfassungsentwurfs, in: EuR 2004, 202, 212.

sungsrechtlichen Grundlagen Vereinbarungen abgelehnt, die sie als formal bindende Sicherheitsgarantien sahen[1188]. Neben diesen neutralen und paktungebundenen Mitgliedstaaten waren ebenfalls viele NATO-Staaten, vor allem Großbritannien, gegen eine solche Regelung. Sie wollten eine eigenständige Beistandsverpflichtung der EU verhindern, um etwa nicht die kollektive Beistandspflicht des Art. 5 NATO-Vertrag in Frage stellen zu müssen. Die engere Zusammenarbeit stellte also für viele ein großes Problem im Hinblick auf das Verhältnis zwischen EU und NATO dar[1189]. Demzufolge wurde diese engere Zusammenarbeit von der Regierungskonferenz neu definiert. Es wurde eine abgeschwächte Beistandsregelung in den Verfassungsvertrag eingeführt, in der es heißt, dass die anderen Mitgliedstaaten „*alle in ihrer Macht stehende Hilfe und Unterstützung leisten*“ müssen. Aus dieser Formulierung wird deutlich, dass die Möglichkeit der militärischen Hilfe nicht ausdrücklich dargeboten wird. Zudem wird im Verfassungsvertrag die Bedeutung der NATO als Fundament der kollektiven Verteidigung und als Instrument für deren Verwirklichung hervorgehoben (vgl. Art. I-41 Abs. 7 VVE), sowie dass der „*besondere Charakter der Sicherheits- und Verteidigungspolitik (...) unberührt*“ bleibt[1190].

2. Die ESVP im Vertrag über eine Verfassung für Europa

In der Endfassung konnten also nicht alle Ideen des Konvents durchgesetzt werden. Dennoch enthielt die im Oktober 2004 unterzeichnete endgültige Fassung des Verfassungsvertrags eine Reihe innovativer Elemente zur ESVP im Vergleich zu seinen Vorläufern in den Verträgen von Nizza und Amsterdam. Bedeutsam wäre vor allem gewesen, dass die Gemeinsame Sicherheits- und Verteidigungspolitik (GSVP)[1191] erstmals einen eigenen Abschnitt im Primärrecht mit überwiegend neuen Artikeln bekommen hätte. Dadurch wären die Bestimmungen der „Gemeinsamen Sicherheits- und Verteidigungspolitik“ klarer als bisher von denen zur „Gemeinsamen Außen- und Sicherheitspolitik“ ge-

---

[1188] *F. Algieri/T. Bauer*, Eine Frage der Macht: Die EU auf dem Weg zum sicherheits- u. verteidigungspolitischen Akteur mit globaler Reichweite, in: W. Weidenfeld, Die Europäische Verfassung in der Analyse (2005), 228, 244.

[1189] Vgl. *U. Diedrichs/M. Jopp*, Die Sicherheits- u. Verteidigungspolitik der EU nach dem Verfassungsvertrag: Innovationen, Experimente, Impulse, in: M. Jopp/S. Matl (Hrsg.), Der Vertrag über eine Verfassung für Europa (2005), 343, 361; *J. Frank*, Analyse der Ergebnisse des EU-Konvents unter besonderer Berücksichtigung der ESVP, in: G. E. Gustenau (Hrsg.), Aktuelle Entwicklung der ESVP im Lichte des EU-Konvents (2003), 6, 12.

[1190] Zur Beistandsklausel siehe 4. Kap. B. IV. 3. a.) cc.).

[1191] Anm.: Der Verfassungstext spricht von der Gemeinsame Sicherheits- und Verteidigungspolitik, also der „GSVP“. Im Folgenden soll jedoch trotzdem die gängigere Bezeichnung „ESVP“ verwendet werden.

trennt gewesen. Allerdings hob Art. I-41 VVE ausdrücklich hervor, dass die ESVP weiterhin ein integraler Bestandteil der GASP ist. Dadurch wäre der Bildung einer zusätzlichen „Verteidigungssäule" entgegengewirkt worden[1192].
Im Verfassungsvertrag fand sich zunächst in den Zielvorgaben des Art. I-3 VVE eine Normierung mit Bezug zur ESVP wieder. Dort hieß es in Absatz 4 allgemein:

> *„In ihren Beziehungen zur übrigen Welt schützt und fördert die Union ihre Werte und Interessen. Sie leistet einen Beitrag zu Frieden, Sicherheit, globaler nachhaltiger Entwicklung, Solidarität und gegenseitiger Achtung unter den Völkern, zu freiem und gerechtem Handel, zur Beseitigung der Armut und zum Schutz der Menschenrechte, insbesondere der Rechte des Kindes, sowie zur strikten Einhaltung und Weiterentwicklung des Völkerrechts, insbesondere zur Wahrung der Grundsätze der Charta der Vereinten Nationen."*

In Art. I-3 Abs. 4 VVE wurden dementsprechend die Zielvorgaben des künftigen internationalen Handelns der EU genannt. In den Bereich des internationalen Handelns wäre die ESVP als integraler Bestandteil der GASP gefallen.
Konkret befasste sich der Vertrag über eine Verfassung für Europa in den Teilen I [Die Grundlagen der Europäischen Union] und III [Die Politikbereiche und die Arbeitsweise der Union] mit der ESVP.
Der Art. I-41 VVE nannte die besonderen Bestimmungen über die ESVP. Er ging über das bisher festgelegte Ausmaß der ESVP hinaus. Im Absatz 1 wird, wie bereits erwähnt, festgestellt, dass die ESVP *„integraler Bestandteil der GASP"* ist. Die Union will allgemein zur *„Friedenssicherung, Konfliktverhütung und Stärkung der internationalen Sicherheit in Übereinstimmung mit den Grundsätzen der Charta der Vereinten Nationen"* beitragen. Im Vergleich zur Fassung des Vertrags von Nizza - Art. I-41 VVE korrespondierte mit Art. 17 Abs. 1 und 2 EUV - wäre Art. I-41 VVE weiter gegangen. Er sprach von *„Operationen"* und *„Fähigkeiten die von den Mitgliedstaaten bereitgestellt werden"*, während Art. 17 Abs. 1 EUV lediglich von einer *„rüstungspolitischen Zusammenarbeit"* sprach.
Der Absatz 2 des Art. I-41 VVE beinhaltete *„die schrittweise Festlegung einer gemeinsamen Verteidigungspolitik der Union"*. Dies wäre keine Neuerung gewesen, weil sie schon nahezu wortgleich im Art. 17 Abs. 1 EUV enthalten ist.
Der Absatz 3 des Art. I-41 VVE führte die Pflichten der Mitgliedstaaten im Bereich der ESVP aus. Zum einen wären die Mitgliedstaaten verpflichtet worden,

---

1192 *W. Wessels*, Institutionelle Architektur für eine globale (Zivil-) Macht? Die GASP im „Verfassungsvertrag", in: ZSE 2003, 400, 409; *U. Diedrichs/M. Jopp*, Die Sicherheits- u. Verteidigungspolitik der EU nach dem Verfassungsvertrag: Innovationen, Experimente, Impulse, in: M. Jopp/S. Matl (Hrsg.), Der Vertrag über eine Verfassung für Europa (2005), 343, 344.

„der Union (...) zivile und militärische Fähigkeiten als Beitrag zur Verwirklichung der vom Rat festgelegten Ziele zur Verfügung“ zu stellen. Zum anderen sollten die Mitgliedstaaten *„ihre militärischen Fähigkeiten schrittweise (...) verbessern“*. In diesen Absatz wäre zudem die ex-post Verankerung der Europäischen Verteidigungsagentur auf primärrechtlichen Boden gefallen. Absatz 3 hätte damit eine Neuerung im Vergleich zum Vertrag von Nizza dargestellt.

In Absatz 4 wäre die Einstimmigkeit der Beschlussfassung bei ESVP-Einsätzen unter anderem auf Vorschlag des neu geschaffenen Außenministers der Union eingefügt worden. Dies hätte ebenfalls eine Neuerung dargestellt.

In den Absatz 5 wäre die „Koalition der Fähigen und Willigen“ verankert worden. Diese Neuerung betraf die Beauftragung einer *„Gruppe von Mitgliedstaaten mit der Durchführung einer Mission“ „zur Wahrung der Werte der Union und im Dienste ihrer Interessen“*. Diese hätten über die erforderlichen Fähigkeiten verfügen müssen und sich an dieser Mission beteiligen wollen.

Die Ständige Strukturierte Zusammenarbeit für *„Missionen mit höchsten Anforderungen“* wäre in Absatz 6 eingefügt worden. Sie hätte in etwa der verstärkten Zusammenarbeit entsprochen.

In den Absatz 7 wäre die sehr umstrittene so genannte „Beistandsklausel“ neu eingefügt worden. Sie betraf die vollständige Hilfe und die Unterstützung eines Mitgliedstaats im Fall eines bewaffneten Angriffs auf das Hoheitsgebiet dieses Mitgliedstaats. Damit war insbesondere die militärische Unterstützung gemeint.

Das in Absatz 8 festgelegte Anhörungs- und Informationsrecht des Parlaments hätte der Formulierung des Art. 21 EUV entsprochen.

Zur Sicherheits- und Verteidigungspolitik hätte des Weiteren die primärrechtliche Verankerung der Solidaritätsklausel in Art. I-43 VVE gehört. Deren Durchführung wäre in Art. III-329 VVE geregelt worden.

In den Art. III-309 bis 312 VVE wäre dann konkreter auf die Gemeinsame Sicherheitspolitik eingegangen worden. Art. III-309 VVE hätte die Petersberg-Aufgaben beinhaltet. Sie wären um Maßnahmen der Abrüstung, der militärischen Beratung und Unterstützung, der Konfliktverhütung, der Stabilisierung nach Konflikten und der Terrorismusbekämpfung ergänzt worden. Art. III-310 VVE hätte die Durchführung der in Art. I-41 Abs. 5 VVE erwähnten Missionen der „Koalition der Fähigen und Willigen“ beinhaltet. Art. III-311 VVE hätte die Aufgaben der nach Art. I-41 Abs. 3 VVE errichteten Europäischen Verteidigungsagentur beschrieben. Art. III-312 VVE hätte Bezug auf die Ständige Strukturierte Zusammenarbeit genommen.

IV. Die Terrorismusbekämpfung im Rahmen der ESVP

Die eingeführten Neuerungen und Umgestaltungen hätten wichtige Beiträge zur Verbesserung der Bekämpfung des Terrorismus im Rahmen der ESVP bringen können. Denn im Vertrag über eine Verfassung für Europa fand erstmals in den Normierungen zur ESVP ausdrücklich die Terrorismusbekämpfung Erwähnung. Solche Normierungen lassen sich in den bisherigen Verträgen nicht auffinden.

1. Die Petersberg-Aufgaben – Die Außendimension der Terrorismusbekämpfung im Rahmen der ESVP

Die erste zentrale Neuerung des Vertrags über eine Verfassung für Europa, die die Terrorismusbekämpfung im Bereich der ESVP berührt hätte, hätte den Petersberg-Aufgabenkatalog betroffen[1193]. Wie die Ausführungen im ersten Kapitel gezeigt haben, wird die Terrorismusbekämpfung nicht vom Petersberg-Aufgabenkatalog erfasst. Erst über eine dynamische Vertragsauslegung fällt die Terrorismusbekämpfung in das Aufgabenspektrum der ESVP. Da die Petersberg-Aufgaben demzufolge einige wichtige Aufgabenbereiche nicht umfassen, bot sich eine Erweiterung der Petersberg-Aufgabenkatalogs im neuen Verfassungsvertrag an. Eine solche Ausdehnung wäre durch den Verfassungsvertrag hinsichtlich der Terrorismusbekämpfung erfolgt (Art. III-309 Abs. 1 VVE).

2. Die Solidaritätsklausel - Die Innendimension der Terrorismusbekämpfung im Rahmen der ESVP

Eine weitere zentrale Neuerung im Bereich der Sicherheits- und Verteidigungspolitik, die sich auf die Bekämpfung des Terrorismus bezieht, wäre die so genannte Solidaritätsklausel gewesen[1194]. Grund für die Einführung der Solidaritätsklausel war laut Schlussbericht der Arbeitsgruppe VIII „Verteidigung“[1195] die Notwendigkeit *„der Gefahr des Terrorismus sowie einem gegen die Zivilbe-*

[1193] Anm.: Da der neue Petersberg-Aufgabenkatalog wortgleich in den Vertrag von Lissabon aufgenommen wurde, wird an dieser Stelle nicht vertieft auf den neuen Petersberg-Aufgabenkatalog eingegangen. Deshalb vgl. dazu Ausführungen zum neuen Petersberg-Aufgabenkatalog im Vertrag von Lissabon im 4. Kap. B. IV. 1.

[1194] Anm.: Da die Solidaritätsklausel wortgleich in den Vertrag von Lissabon aufgenommen wurde, wird an dieser Stelle nicht vertieft auf die Solidaritätsklausel eingegangen. Deshalb vgl. dazu Ausführungen zur Solidaritätsklausel im Vertrag von Lissabon im 4. Kap. B. IV. 2.

[1195] Schlussbericht Arbeitsgruppe VIII „Verteidigung“, CONV 461/02.

völkerung und die demokratischen Institutionen unserer Länder gerichteten Einsatz von Massenvernichtungswaffen durch terroristische Gruppen zu begegnen". Folglich sollte durch die Solidaritätsklausel eine Antwort auf die neuen „asymmetrischen" Bedrohungen gefunden werden[1196].
Geregelt wäre sie im ersten Teil des Verfassungsvertrags im Kapitel II über „Besondere Bestimmungen über die Gemeinsame Außen- und Sicherheitspolitik, die Gemeinsame Sicherheits- und Verteidigungspolitik sowie den Raum der Freiheit, der Sicherheit und des Rechts" in Art. I-43 VVE gewesen. Die dazugehörige Durchführungsbestimmung (Art. III-329 VVE) hätte sich im Titel V über das „Auswärtige Handeln der Union" befunden, weshalb die Solidaritätsklausel dem Bereich der ESVP zugeordnet worden wäre. Damit wäre aber ebenfalls deutlich gemacht worden, dass die Solidaritätsklausel keinem Bereich alleine zuzuordnen ist und als Rechtsgrundlage für Maßnahmen aus verschiedenen Politikbereichen dienen kann. Dadurch wäre die horizontale Wirkung der Solidaritätsklausel zum Ausdruck gekommen[1197].
Auf die Solidaritätsklausel hätte zudem noch die neunte Erklärung zum Verfassungsvertrag Bezug genommen[1198].

3. Relevanz weiterer Neuerungen im Rahmen der ESVP für die Terrorismusbekämpfung

Wie zuvor bereits dargelegt, hätten die Solidaritätsklausel und der neue Petersberg-Aufgabenkatalog als einzige Bestimmungen im Bereich der ESVP ausdrücklich Formulierungen zur Bekämpfung des Terrorismus enthalten. Neben der Einführung der Solidaritätsklausel sowie der Aktualisierung des Petersberg-Aufgabenkatalogs hätte der Vertrag über eine Verfassung für Europa noch weitere wichtige Neuerungen enthalten, die die ESVP betroffen hätten und Relevanz für die Terrorismusbekämpfung hätten haben können. Dies wären die Bestimmungen zur „Koalition der Fähigen und Willigen" nach Art. I-41 Abs. 5 und Art. III-310 VVE, zur Ständigen Strukturierten Zusammenarbeit nach Art. I-41 Abs. 6 und Art. III-312 VVE, zur Beistandsklausel nach Art. I-41 Abs. 7 VVE sowie zur Europäischen Verteidigungsagentur nach Art. I-41 Abs. 3 und Art. III-311 VVE gewesen[1199].

1196 *C. Calliess*, in: C. Calliess/M. Ruffert, VerfEU (2006), Art. I-43, Rn. 10.
1197 *C. Calliess*, in: C. Calliess/M. Ruffert, VerfEU (2006), Art. I-43, Rn. 5.
1198 Erklärung zu den Artikeln I-43 und III-329 VVE, abgedruckt in: ABl. 2004 Nr. C 310, S. 423.
1199 Anm.: Da die genannten Neuerungen nahezu wortgleich in den Vertrag von Lissabon aufgenommen wurden, wird an dieser Stelle nicht weiter auf sie eingegangen. Deshalb vgl. dazu Ausführungen zur Koalition der Fähigen und Willigen im Vertrag von Lissabon im

4. Fazit

Die Terrorismusbekämpfung wäre also im Bereich der ESVP explizit in der Solidaritätsklausel sowie im Petersberg-Aufgabenkatalog erwähnt worden. Aber auch weitere Neuerungen im Bereich der ESVP hätten Bedeutung bei der Bekämpfung des Terrorismus erlangen können. Zusätzlich hätten Neuerungen der GASP, weil die ESVP weiterhin ein Bestandteil der GASP gewesen wäre, Bedeutung für die ESVP besitzen und dementsprechend zu Auswirkungen für die Terrorismusbekämpfung im Rahmen der ESVP führen können.

V. Bewertung des Vertrags über eine Verfassung für Europa losgelöst von der ESVP

Die Teile des Verfassungsvertrags, die nicht zur ESVP gehören, wurden insgesamt gesehen nicht positiv betrachtet. Die Normierungen zur ESVP hätten im Vergleich zum „Ganzen" eine Ausnahme dargestellt[1200]. Der Vertrag über eine Verfassung für Europa wurde in seiner Gesamtheit bisweilen nicht als großer Fortschritt bewertet. Es wurde gar geschlussfolgert, dass der Verfassungsvertrag im Vergleich zum bisherigen System der EU keine revolutionären Veränderungen enthielt, sondern vielmehr im Wesentlichen eine Zusammenführung von bisherigen Verträgen und Rechtsdokumenten darstellte[1201]. Lediglich an einigen

---

4. Kap. B. IV. 3. a.) aa.), zur Ständigen Strukturierten Zusammenarbeit im Vertrag von Lissabon im 4. Kap. B. IV. 3. a.) bb.), zur Beistandsklausel im Vertrag von Lissabon im 4. Kap. B. IV. 3. a.) cc.) und zur Verteidigungsagentur im Vertrag von Lissabon im 4. Kap. B. IV. 3. b.). Auf weitere Neuerungen im Verfassungsvertrag, die Auswirkungen auf die Terrorismusbekämpfung im Rahmen der ESVP haben könnten, wie etwa die Einführung des Amtes des Außenministers oder die verstärkte Zusammenarbeit werden in der Bewertung der Terrorismusbekämpfung im Rahmen der ESVP im Vertrag von Lissabon (mit weiteren Ergänzungen) behandelt. Denn das Amt des Außenministers, allerdings unter anderer Bezeichnung, oder die verstärkte Zusammenarbeit wurden durch den Vertrag von Lissabon übernommen. Dazu siehe 4. Kap. B. V.

[1200] Dazu siehe Ausführungen zur ESVP im Vertrag von Lissabon, 4. Kap. B. IV.

[1201] *J. Frank*, Analyse der Ergebnisse des EU-Konvents unter besonderer Berücksichtigung der ESVP, in: G. E. Gustenau (Hrsg.), Aktuelle Entwicklung der ESVP im Lichte des EU-Konvents (2003), 6, 8; *M. Jopp/E. Regelsberger*, GASP u. ESVP im Verfassungsvertrag – eine neue Angebotsvielfalt mit Chancen u. Mängeln, in: int 2003, 550, 550; *S. Flechtner*, Neue Impulse in der europäischen Außen- u. Sicherheitspolitik: Der Verfassungsentwurf des Konvents u. die Sicherheitsstrategie v. *Solana* (2003), S. 7; *T. Risse,* Auf dem Weg zu einer gemeinsamen Außenpolitik? Der Verfassungsentwurf u. die europäische Außen- u. Sicherheitspolitik, in: int 2003, 564, 572.

Formulierungen seien Lernprozesse erkennbar gewesen, die die negativen Erfahrungen der vergangenen Jahre verarbeiteten[1202].

VI. Das Scheitern des Vertrags über eine Verfassung für Europa

Ein großes Hindernis für den Vertrag über eine Verfassung für Europa stellte jedoch der Ratifizierungsprozess in den Mitgliedstaaten dar. Nach Art. IV-447 VVE bedurfte das Inkrafttreten des Verfassungsvertrags der Zustimmung aller Mitgliedstaaten[1203]. Die Zielsetzung, den Vertrag am 1. November 2006 in Kraft treten zu lassen, wurde nicht erreicht. Zwar haben Belgien, Bulgarien, Deutschland[1204], Estland, Finnland, Griechenland, Italien, Lettland, Litauen, Luxemburg, Malta, Österreich, Rumänien, Slowakei, Slowenien, Spanien, Ungarn und Zypern den Verfassungsvertrag ratifiziert, aber Rückschläge erlitt der Ratifizierungsprozess durch die Ablehnung in Volksabstimmungen in Frankreich am 29. Mai 2005 und in den Niederlanden am 1. Juni 2005. Daraufhin setzten Dänemark, Großbritannien, Irland, Polen, Portugal, Schweden und Tschechien den Ratifizierungsprozess aus.

VII. Grundsätzlich denkbare Szenarien nach dem Scheitern des Vertrags über eine Verfassung für Europa

Grundsätzlich gab es nach dem Scheitern des Ratifizierungsprozesses durch die negativen Referenden in Frankreich und den Niederlanden mehrere Möglichkeiten für das weitere Vorgehen der EU.
Zunächst war an Neuabstimmungen in Frankreich und den Niederlanden zu denken. Des Weiteren war an die Schaffung einer neuen Verfassungsgrundlage zu denken, gemäß der der Verfassungsvertrag nur für die ratifizierenden Länder gelten würde und Verhandlungen über eine abgestufte Form der Zusammenarbeit mit den Ländern, die den Verfassungsvertrag ablehnen geführt würden. Weiterhin waren Neuverhandlungen über einen neuen konsensfähigen Verfassungsvertrag möglich. Ebenfalls in Betracht zu ziehen war, dass konsensfähige Teile des Verfassungsvertrags, zu denen auch die EVSP gehört, im Rahmen der

1202 *W. Wessels,* Institutionelle Architektur für eine globale (Zivil-) Macht? Die GASP im „Verfassungsvertrag", in: ZSE 2003, 400, 408.

1203 Anm.: Jede Vertragsänderung bedarf der Ratifikation aller Mitgliedstaaten.

1204 Anm.: In Deutschland hat Bundespräsident *Horst Köhler* das Zustimmungsgesetz nicht ausgefertigt. Er wollte eine Verfassungsbeschwerde vor dem Bundesverfassungsgericht abwarten.

bestehenden Verträge in Kraft gesetzt würden[1205]. Eine weitere Möglichkeit war, den Verfassungsvertrag für „null und nichtig“ zu erklären.

Jedenfalls war bei diesen Möglichkeiten zu befürchten, dass die positiven Neuerungen für die Terrorismusbekämpfung im Rahmen der ESVP im Fall eines endgültigen Scheiterns der EU nicht zur Verfügung stehen könnten. Schließlich wurde unter deutscher Ratspräsidentschaft im ersten Halbjahr 2007, auf die vorher hohe Erwartungen im Hinblick auf die Fortführung des Verfassungsprozesses gesetzt wurden[1206], der Verfassungsvertrag auf dem EU-Gipfel im Juni 2007[1207] aufgegeben. Als Kompromiss einigten sich die Staats- und Regierungschefs auf einen Fahrplan zur Reform des EU-Primärrechts.

B. Terrorismusbekämpfung im Rahmen der ESVP im Vertrag von Lissabon

I. Der Vertrag von Lissabon

Nachdem der Verfassungsvertrag im Juni 2007 aufgegeben worden war, konnten sich die Staats- und Regierungschefs der EU als Kompromiss auf einen Fahrplan zur Reform des EU-Primärrechts einigen. Bei der Reform des EU-Primärrechts sollten die wesentlichen Inhalte des Verfassungsvertrags erhalten bleiben. Dazu beschlossen die Staats- und Regierungschefs, nach zwei Jahren der Reflexion eine Regierungskonferenz einzuberufen, um Schritte für ein Vertragsänderungsverfahren nach Art. 48 EUV einzuleiten. Diese für Ende Juli 2007 einberufene Regierungskonferenz erhielt von den Staats- und Regierungschefs nach schwierigen Verhandlungen ein ausführliches Mandat[1208]. In dem 16-seitigen Mandat[1209] wurde die Regierungskonferenz beauftragt, einen „Reformvertrag“ zur Änderung der bestehenden Verträge auszuarbeiten[1210]. Die

---

[1205] So jedenfalls *Jacques Chirac*, siehe FAZ v. 11.1.2006, Nr. 9, S. 1; siehe auch *N. Busse*, Europa vor der Spaltung?, in: FAZ, 22.4.2005, Nr. 93, S. 14.

[1206] Dazu vgl. Europa gelingt gemeinsam, Präsidentschaftsprogramm der deutschen Bundesregierung, S. 4, abrufbar unter www.eu2007.de/includes/Downloads/Praesidentschaftsprogramm/EU-P-AProgr-d-2911.pdf, letzter Zugriff: 2.8.2009.

[1207] Schlussfolgerungen des Vorsitzes des ER in Brüssel v. 21./22.6.2007, Ratsdok. 11177/07.

[1208] *F. C. Mayer*, Die Rückkehr der Europäischen Verfassung? Ein Leitfaden zum Vertrag v. Lissabon, in: ZaöRV 67 (2007), 1141, 1145 ff.

[1209] Entwurf des Mandats für die Regierungskonferenz, Anlage I zu den Schlussfolgerungen des Vorsitzes des ER in Brüssel v. 21./22.6.2007, Ratsdok. 11177/07.

[1210] Entwurf des Mandats für die Regierungskonferenz, Anlage I zu den Schlussfolgerungen des Vorsitzes des ER in Brüssel v. 21./22.6.2007, Ratsdok. 11177/07, Rn. 1.

Regierungskonferenz schloss noch im Oktober 2007 ihre Arbeiten ab. Die Staats- und Regierungschefs einigten sich auf der informellen Tagung in Lissabon über die Reform der EU. Am 13. Dezember 2007 wurde der „Vertrag von Lissabon zur Änderung des Vertrags über die Europäische Union und des Vertrags zur Gründung der Europäischen Gemeinschaft“[1211] unterzeichnet.

II. Rechtliche Einordnung des Vertrags von Lissabon

1. Auflösung der Säulenstruktur

Mit dem Vertrag von Lissabon wird die bisherige Säulenstruktur der EU aufgelöst und eine einheitliche Rechtspersönlichkeit geschaffen[1212]. Zwar soll es nach dem Vertrag von Lissabon weiterhin drei Verträge geben, allerdings wird deren Verhältnis zueinander neu geregelt. Nach Art. 1 Abs. 2 AEUV bilden der „Vertrag über die Arbeitsweise der Union (AEUV)“ und der neue EU-Vertrag *„die Verträge, auf die sich die Union begründet“*. *„Diese beiden Verträge (...) sind rechtlich gleichwertig“*. Daher bilden diese, die gemäß Art. 1 Abs. 2 AEUV als *„die Verträge“* bezeichnet werden, einen einheitlichen und überwiegend homogenen Kern der EU. Um „die Verträge“ herum existiert dann noch der EAG-Vertrag, der durch das Protokoll Nr. 2 zum Vertrag von Lissabon[1213] an die neue EU-Konstruktion angepasst wird[1214].

2. Rechtspersönlichkeit der EU

Der Vertrag von Lissabon gründet eine neue Europäische Union mit Rechtspersönlichkeit, die als Rechtsnachfolgerin an die Stelle der bisherigen EU sowie der Europäischen Gemeinschaft tritt (Art. 1 Abs. 3 des neuen EU-Vertrags). Dies stellt Art. 47 des neuen EU-Vertrags ausdrücklich klar. Die neue EU ist Träger von Rechten und Pflichten. Damit wird es der EU ermöglicht, die ihr aufgetragenen Aufgaben auch im Außenverhältnis zu erfüllen. Sie kann im Rahmen ihrer Kompetenzen völkerrechtliche Abkommen schließen. Die Verleihung der Rechtspersönlichkeit nach Innen wird durch Art. 335 AEUV gewähr-

---

[1211] Konsolidierte Fassungen des Vertrags über die Europäische Union und des Vertrags über die Arbeitsweise der Europäischen Union v. 9.5.2008, abgedruckt in: ABl. 2008 C 115, S. 1.

[1212] *S. Hobe*, Europarecht (2009), Rn. 1069 d.

[1213] Protokoll Nr. 2 zur Änderung des Vertrags zur Gründung der Europäischen Atomgemeinschaft, abgedruckt in: ABl. 2007 C 306, S. 199.

[1214] *P. Terhechte*, Der Vertrag v. Lissabon, in: EuR 2008, 143, 149.

leistet, der im Wesentlichen dem Art. 282 EGV entspricht[1215]. In Zusammenhang mit Art. 47 des neuen EU-Vertrags ist die Erklärung Nr. 24 zur Rechtspersönlichkeit der Europäischen Union[1216] zu sehen. Sie stellt fest, dass durch die Begründung der Rechtspersönlichkeit die EU nicht ermächtigt wird, über die ihr von den Mitgliedstaaten in den Verträgen übertragenen Zuständigkeiten hinaus gesetzgeberisch tätig zu werden oder über diese Zuständigkeiten hinaus zu handeln[1217].

3. Kompetenzausübung

Hinsichtlich der Kompetenzausübung wird im Vertrag von Lissabon an der bisherigen Kombination aus supranationalen und intergouvernementalen Elementen festgehalten. Es werden nur die von den Mitgliedstaaten übertragenen Zuständigkeiten von der EU in gemeinschaftlicher Weise ausgeübt. Dies folgt aus Art. 4 des neuen EU-Vertrags, wonach *„alle der Union nicht in den Verträgen übertragenen Zuständigkeiten (...) gemäß Art. 5 bei den Mitgliedstaaten (verbleiben)*".

Insbesondere wurde dabei der Bereich der Polizeilichen und Justitiellen Zusammenarbeit in Strafsachen aus ihrer überwiegend intergouvernementalen Struktur der dritten Säule in ein Rechtsregime entlassen, welches mit Ausnahmen im Großen und Ganzen der früheren EG entspricht. Der Bereich der GASP behält allerdings seinen intergouvernementalen Charakter[1218].

4. Das rechtliche Zustandekommen des Vertrags von Lissabon

Mit dem Vertrag von Lissabon wird an den bisher vollzogenen klassischen Vertragsänderungen von Maastricht, Amsterdam und Nizza angeknüpft. Der Vertrag von Lissabon kann nur dann rechtlich zustande kommen, wenn er das Vertragsänderungsverfahren des Art. 48 EUV durchlaufen hat. Demgemäß befinden die Mitgliedstaaten gemäß ihren verfassungsrechtlichen Vorschriften über das Zustandekommen des Vertrags. Ratifizieren alle Mitgliedstaaten den Vertrag von Lissabon, dann wird er den Vertrag von Nizza ablösen.

1215 *P. Terhechte*, Der Vertrag v. Lissabon, in: EuR 2008, 143, 147.
1216 Erklärung zur Rechtspersönlichkeit der EU, abgedruckt in: ABl. 2008 C 115, S. 346.
1217 *K. H. Fischer*, Der Vertrag v. Lissabon (2008), S. 168.
1218 *S. Hobe*, Europarecht (2009), Rn. 1069 d; *P. Terhechte*, Der Vertrag v. Lissabon, in: EuR 2008, 143, 173.

III. Vergleich Vertrag von Lissabon mit dem Vertrag über eine Verfassung für Europa

1. Übernahme der Bestimmungen aus dem Verfassungsvertrag

Grundlage für den Reformvertrag ist der Vertrag über eine Verfassung für Europa und folglich nicht der derzeit noch geltende Vertrag von Nizza. Daraus folgt, dass im Wesentlichen die Bestimmungen des Verfassungsvertrags übernommen wurden[1219]. Dazu gehören insbesondere die Stärkung der Rechte des Europäischen Parlaments und die Einführung des ordentlichen Gesetzgebungsverfahrens, die Reform der Zusammensetzung der Kommission und die Stärkung ihres Präsidenten, die Einführung eines gewählten Präsidenten des Europäischen Rates (Art. 15 Abs. 5 des neuen EU-Vertrags), die Verleihung des Organ-Status an den Europäischen Rat (Art. 13 des neuen EU-Vertrags), die flexiblere Ausgestaltung des halbjährlichen Vorsitzes des Ministerrats und die Einführung der 18-monatigen Teampräsidentschaft[1220], die Stärkung der Gemeinsamen Außen- und Sicherheitspolitik, die Einführung der doppelten Mehrheit bei Abstimmungen im Ministerrat ab 2014 (Art. 16 Abs. 4 des neuen EU-Vertrags), die Rechtsverbindlichkeit der Charta der Grundrechte durch einen Verweis in Art. 6 des neuen EU-Vertrags, die Verleihung einer eigenständigen Rechtspersönlichkeit an die EU (Art. 47 des neuen EU-Vertrags), die klarere Kompetenzaufteilung zwischen der Union und den Mitgliedstaaten[1221], die Weiterentwicklung des Differenzierungsinstrumentes der verstärkten Zusammenarbeit (Art. 20 des neuen EU-Vertrags), die Übernahme der Verfahren zur vereinfachten Reform der EU-Verträge (Passerelle-Klausel in Art. 48 Abs. 2 des neuen EU-Vertrags), die Einführung einer Austrittsklausel (Art. 50 des neuen EU-Vertrags und Art. 24 AEUV), die Einführung eines europaweiten Bürgerbegehrens (Art. 11 Abs. 4 des neuen EU-Vertrags) sowie die Verbesserungen hinsichtlich der Steuerung des Euro[1222].

[1219] *J. Wuermeling*, Der Reformvertrag – das Ende der Verfassungsvision?, in: I. Pernice, Der Vertrag v. Lissabon: Reform der EU ohne Verfassung? (2008), S. 25, 28; *S. Hobe*, Europarecht (2009), Rn. 1070; *K. H. Fischer*, Der Vertrag v. Lissabon (2008), S. 43; *A. Weber*, Vom Verfassungsvertrag zum Vertrag von Lissabon, in: EuZW 2008, 7, 7.

[1220] Dazu siehe Erklärung zu Art. 16 Abs. 9 des Vertrags über die EU betreffend den Beschluss des Europäischen Rates über die Ausübung des Vorsitzes im Rat, abgedruckt in: ABl. 2008 C 115, S. 341.

[1221] *J. Wuermeling*, Der Reformvertrag – das Ende der Verfassungsvision?, in: I. Pernice, Der Vertrag v. Lissabon: Reform der EU ohne Verfassung? (2008), S. 25, 28.

[1222] *S. Seeger/J. A. Emmanouilidis*, Die Reform nimmt Gestalt an. Analyse u. Bewertung des EU-Verfassungsgipfels, in: C·A·P Analyse 6/2007, S. 6, 8.

2. Änderungen

Allerdings wurden auch Änderungen im Vergleich zum Verfassungsvertrag vorgenommen. Der größte Unterschied zwischen dem Verfassungsvertrag und dem Reformvertrag besteht darin, dass der Reformvertrag nicht mehr die Bezeichnung Verfassung trägt. Damit soll der Reformvertrag keinen Verfassungscharakter erhalten[1223]. Daher wurde auf jegliche Art von Verfassungssymbolik, wie eine Flagge oder eine Hymne verzichtet[1224]. Eine weitere Änderung liegt darin, dass der EG-Vertrag, im Gegensatz zum EU-Vertrag, der seine Bezeichnung behalten soll, in Vertrag über die Arbeitsweise der Union umbenannt wird. Weitere erwähnenswerte Streichungen stellen die Nicht-Vollintegration der Grundrechtecharta[1225] sowie der Verzicht auf die vereinfachte Bezeichnung der Gesetzgebungsakte und auf einen Hinweis auf einen „freien und unverfälschten Wettbewerb" im Artikel über die Ziele der EU dar[1226].

IV. Die Terrorismusbekämpfung im Rahmen der ESVP

Im Bereich der ESVP entsprechen die Normierungen im Reformvertrag im Wesentlichen denen aus dem Verfassungsvertrag. Die Neuerungen, die Bedeutung für die Terrorismusbekämpfung besitzen, gehen also durch den Reformvertrag nicht verloren. In Titel V des neuen EU-Vertrags, der „die allgemeinen Bestimmungen über das auswärtige Handeln der Union und besondere Bestimmungen über die Gemeinsame Außen- und Sicherheitspolitik" und damit auch die Bestimmungen zur ESVP enthält, wurden die auf der Regierungskonferenz 2004 beschlossenen Änderungen aufgenommen.

[1223] Entwurf des Mandats für die Regierungskonferenz, Anlage I zu den Schlussfolgerungen des Vorsitzes des ER in Brüssel v. 21./22.6.2007, Ratsdok. 11177/07, Rn. 3.

[1224] *J. Wuermeling*, Der Reformvertrag – das Ende der Verfassungsvision?, in: I. Pernice, Der Vertrag v. Lissabon: Reform der EU ohne Verfassung? (2008), S. 25, 27; *I. Pernice*, Der Vertrag v. Lissabon – Ende des Verfassungsprozesses der EU?, in: EuZW 2008, 65, 65; *F. C. Mayer*, Die Rückkehr der Europäischen Verfassung? Ein Leitfaden zum Vertrag v. Lissabon, in: ZaöRV 67 (2007), 1141, 1153.

[1225] Anm.: Die Grundrechtecharta wird dennoch über einen Querverweis im Reformvertrag erwähnt und für rechtsverbindlich erklärt (Art. 6 des neuen EU-Vertrags). Für Großbritannien und Polen war die Charta allerdings nicht bindend. Dazu siehe Protokoll (Nr. 30) über die Anwendung der Charta der Grundrechte der EU auf Polen und das Vereinigte Königreich, abgedruckt in: ABl. 2008 C 115, S. 313.

[1226] *F. C. Mayer*, Die Rückkehr der Europäischen Verfassung? Ein Leitfaden zum Vertrag v. Lissabon, in: ZaöRV 67 (2007), 1141, 1164.

1. Die Petersberg-Aufgaben – Die Außendimension der Terrorismusbekämpfung im Rahmen der ESVP

Die erste zentrale Neuerung des Vertrags von Lissabon, die die Terrorismusbekämpfung im Bereich der ESVP berührt, betrifft den Petersberg-Aufgabenkatalog. Die Erweiterung des Petersberg-Aufgabenkatalogs, die der Verfassungsvertrag vorgesehen hatte, wurde in Art. 43 des neuen EU-Vertrags, der dem Wortlaut des Art. III-309 VVE entspricht, integriert.

a.) Der neue Petersberg-Aufgabenkatalog in Art. 43 des neuen EU-Vertrags

Im Rahmen der ESVP kann die EU laut Art. 42 Abs. 1 des neuen EU-Vertrags[1227] *„bei Missionen außerhalb (ihres Gebietes) zur Friedenssicherung, Konfliktverhütung und Stärkung der internationalen Sicherheit in Überstimmung mit den Grundsätzen der Charta der Vereinten Nationen (auf die eigenen zivilen und militärischen Fähigkeiten zu Operationen) zurückgreifen. Sie erfüllt diese Aufgaben mit Hilfe der Fähigkeiten, die von den Mitgliedstaaten bereitgestellt werden*“. Die in Art. 42 Abs. 1 des neuen EU-Vertrags vorgesehenen Missionen werden vom Petersberg-Aufgabenkatalog in Art. 43 Abs. 1 des neuen EU-Vertrags[1228] präzisiert. Danach umfassen die Petersberg-Aufgaben *„gemeinsame Abrüstungsmaßnahmen, humanitäre Aufgaben und Rettungseinsätze, Aufgaben der militärischen Beratung und Unterstützung, Aufgaben der Konfliktverhütung und der Erhaltung des Friedens sowie Kampfeinsätze im Rahmen der Krisenbewältigung einschließlich Frieden schaffender Maßnahmen und Operationen zur Stabilisierung der Lage nach Konflikten*“. Gemäß Satz 2 des Art. 43 Abs. 1 des neuen EU-Vertrags können die Missionen zur Terrorismusbekämpfung beigetragen, wobei auch Drittländer in ihrem Hoheitsgebiet unterstützt werden sollen.

b.) Durchführung von Missionen i. S. d. Art. 42 Abs. 1 und Art. 43 Abs. 1 des neuen EU-Vertrags

Die Durchführung von Missionen im Sinne des Art. 42 Abs. 1 und Art. 43 Abs. 1 des neuen EU-Vertrags wird in Art. 43 Abs. 2 des neuen EU-Vertrags[1229] geregelt. Danach erlässt der Rat die Beschlüsse über solche Missionen. In diesen

[1227] Anm.: Art. 42 Abs. 1 des neuen EU-Vertrags entspricht Art. I-41 Abs. 1 VVE.
[1228] Anm.: Art. 43 Abs. 1 des neuen EU-Vertrags entspricht Art. III-309 Abs. 1 VVE.
[1229] Anm.: Art. 42 Abs. 2 des neuen EU-Vertrags entspricht Art. III-309 Abs. 2 VVE.

„Beschlüssen (müssen) Ziel und Umfang sowie die für sie geltenden Durchführungsbestimmungen festgelegt“ werden. Der Hohe Vertreter der Union für Außen- und Sicherheitspolitik koordiniert *„unter Aufsicht des Rates und in engem und ständigem Benehmen mit dem Politischen und Sicherheitspolitischen Komitee (...) die zivilen und militärischen Aspekte dieser Missionen“*.

c.) Analyse und Bewertung des neuen Petersberg-Aufgabenkatalogs

aa.) Verbesserungen

Aus dem Vergleich zum Petersberg-Aufgabenkatalog des Art. 17 Abs. 2 EUV wird ersichtlich, dass der Petersberg-Aufgabenkatalog des Vertrags von Lissabon um Abrüstungsmaßnahmen, militärische Beratung und Unterstützung, Konfliktverhütung sowie Stabilisierung der Lage nach Konflikten ergänzt wird. Diese Aktualisierung des Petersberg-Aufgabenkatalogs zeigt, dass erkannt wurde, dass der bisherige Aufgabenkatalog zu allgemein gefasst war. Unter Abrüstungsmaßnahmen dürften dabei etwa Programme zur Waffenzerstörung und zur Rüstungskontrolle fallen. In den Bereich der militärischen Beratung und Unterstützung dürften zum Beispiel die Zusammenarbeit mit Streitkräften eines Drittstaats oder einer regionalen/subregionalen Organisation zwecks des Aufbaus demokratischer Streitkräfte durch den Austausch vorbildlicher Praktiken, wie zum Beispiel Ausbildungsmaßnahmen, gehören. Dem Bereich der Konfliktverhütung dürften Frühwarnsysteme, vertrauensbildende und sicherheitsverstärkende Maßnahmen zuzuordnen sein[1230].

Ebenfalls neu ist, dass die Konfliktverhütung zur Stärkung der internationalen Sicherheit gemäß den Grundsätzen der Charta der Vereinten Nationen Aufgabe der Missionen ist. Nach bisherigem Recht stellte dies lediglich eine Zielvorstellung gemäß Art. 11 EUV dar. Damit kommt zum Tragen, dass heute nicht mehr die konventionelle Landesverteidigung, sondern die Einwirkung auf Drittstaaten im Vordergrund der Sicherheits- und Verteidigungspolitik steht[1231].

Insbesondere wurde explizit im neuen Petersberg-Aufgabenkatalog aufgenommen, dass mit den ganzen Petersberg-Aufgaben der Terrorismus bekämpft werden kann. Dazu gehört die Unterstützung für Drittländer bei der Bekämpfung des Terrorismus in ihrem Hoheitsgebiet (Art. 43 Abs. 1 S. 2 des neuen EU-Vertrags). Aus diesem Wortlaut, nach dem alle Aufgaben in der Perspektive der

---

[1230] Schlussbericht der Gruppe VIII „Verteidigung“, CONV 461/02, Rn. 51.
[1231] *W. Kaufmann-Bühler*, in: E. Grabitz/M. Hilf, Art. 17 EUV, Rn. 42 (30. EL Juni 2006).

Terrorismusbekämpfung stehen, indem es heißt, dass *„alle (...) Missionen (...) zur Terrorismusbekämpfung (herangezogen werden können)"*, wird sichtbar, dass die Terrorismusbekämpfung eine Querschnittsaufgabe sein soll[1232].
Aus dem Wortlaut des Art. 43 Abs. 1 S. 2 des neuen EU-Vertrags wird daher erstmalig deutlich, dass mit den bisherigen und den hinzugekommenen Aufgaben der neuen Hauptbedrohung Terrorismus im Petersberg-Aufgabenkatalog ausdrücklich Rechnung getragen wird[1233]. Durch die Ergänzung um die Terrorismusbekämpfung wird somit endgültig klargestellt, dass die Terrorismusbekämpfung in den Bereich der ESVP fallen kann. Bisher war dies nicht ausdrücklich geklärt, sondern hat sich lediglich aus den erfolgten Maßnahmen im Rahmen der ESVP zur Terrorismusbekämpfung seit dem 11. September 2001 ergeben. Wie zuvor im zweiten Kapitel dargestellt, hat sich die Terrorismusbekämpfung seit diesen Ereignissen zu einer der wichtigsten Aufgaben der ESVP entwickelt.

Zur Bedienung der neuen Petersberg-Aufgaben stehen der ESVP laut Art. 42 Abs. 1 des neuen EU-Vertrags sowohl zivile als auch militärische Mittel zur Verfügung. Aus dieser Wortwahl wird ersichtlich, dass die Mehrzahl der Aktionsfelder eine Ausrichtung auf beide Typen erforderlich gemacht hat. Es wird daher kaum eine Mission geben, die rein zivile oder rein militärische Felder betrifft, sondern vielmehr eine kombinierte zivil-militärische Mission darstellen wird. Demzufolge wird sich die ESVP nicht nur auf militärische Mittel zur Terrorismusbekämpfung stützen. Zu den Mitteln der ESVP gehört folglich das gesamte Spektrum des globalen Krisenmanagements, also sowohl die diplomatische Krisenbewältigung, die militärische Friedenssicherung (peace keeping) als auch die zivil-militärische post-conflict-Stablisierung (nation building)[1234].
Durch den Wortlaut wird nun also erkennbar, dass ausdrücklich militärische Maßnahmen zur Terrorismusbekämpfung in Betracht kommen können. Daher kann durch die Erweiterung der Petersberg-Aufgaben im Fall eines Terroranschlags auf dem Hoheitsgebiet der EU, ähnlich den Terroranschlägen des 11. September 2001, eine Militäraktion der EU gegen den Ausgangsstaat des Ter-

---

[1232] *R. Schmidt-Radefeldt*, Die Weiterentwicklung der ESVP im EU-Verfassungsvertrag: Auf dem Weg zu einer europäischen Armee?, in: UBWV 6/2005, 201, 202.

[1233] Anm.: Die ESVP war entsprechend den Herausforderungen und Bedrohungen, wie sie in den 90er Jahren eingeschätzt wurden, definiert und entwickelt worden. Folglich sind diese heute überholt.

[1234] *U. Diedrichs/M. Jopp*, Die Sicherheits- u. Verteidigungspolitik der EU nach dem Verfassungsvertrag: Innovationen, Experimente, Impulse, in: M. Jopp/S. Matl (Hrsg.), Der Vertrag über eine Verfassung für Europa (2005), 343, 347; *R. Schmidt-Radefeldt*, Die Weiterentwicklung der ESVP im EU-Verfassungsvertrag: Auf dem Weg zu einer europäischen Armee?, in: UBWV 6/2005, 201, 202.

roranschlags auf Grundlage der Petersberg-Aufgaben in Betracht kommen[1235]. Dabei dürfte das Recht zu einer Militäraktion ebenfalls den Fall der präventiven Selbstverteidigung umfassen, solange die völkerrechtlichen Grenzen eingehalten werden. Im Fall einer solchen militärischen Operation bleibt zu berücksichtigen, dass die Durchführung gewissermaßen „à la carte" erfolgt, weil kein Mitgliedstaat von der EU zu einem Einsatz gezwungen werden kann. Die Mitgliedstaaten stellen nämlich der EU zur Umsetzung der ESVP die zivilen und militärischen Fähigkeiten zur Verfügung[1236]. Dies stellt Art. 42 Abs. 3 des neuen EU-Vertrags klar. Unabhängig davon besteht darüber hinaus noch die Möglichkeit der EU, die operative Umsetzung an eine so genannte „Koalition der Fähigen und Willigen" zu übertragen[1237].
Neben den militärischen Fähigkeiten finden sich im Vertrag von Lissabon auch erstmalig die zivilen Fähigkeiten des Krisenmanagements im Vertrag wieder. Bisher ließen sich die zivilen Fähigkeiten nur über eine dynamische Vertragsauslegung in die ESVP einbeziehen[1238]. Beispiele für das zivile Krisenmanagement sind etwa der Einsatz nicht-militärischer Polizeikräfte, humanitäre Hilfe, Rehabilitation im administrativen und rechtlichen Bereich, Suche und Rettung, Wahl- und Menschenrechtsbeobachtungen[1239].

Durch den Wortlaut des Art. 42 Abs. 1 des neuen EU-Vertrags wird zudem klargestellt, dass Missionen zur Terrorismusbekämpfung im Rahmen des neuen Petersberg-Aufgabenkatalogs ausschließlich außerhalb der EU erfolgen können. Denn es heißt ausdrücklich, dass die *„(...) Union bei Missionen außerhalb der Union (...)"* auf ihre Fähigkeiten zur Friedenssicherung, Konfliktverhütung und Stärkung der internationalen Sicherheit zurückgreifen könne. Diese Maßnahmen stellen daher das Gegenstück zum innereuropäischen Krisenmanagement der EU beziehungsweise der ESVP dar[1240]. Die Terrorismusbekämpfung außerhalb der EU hat dabei heutzutage besondere Bedeutung. Im Zeitalter der Globalisierung können weit außerhalb der EU liegende Konflikte eine ernsthafte Be-

---

[1235] Anm.: Hierbei ist zu beachten, dass aufgrund des Gewaltverbots gemäß Art. 2 Ziff. 4 UN-Charta der Einsatz von militärischen Streitkräften völkerrechtlich durch eine entsprechende Vereinbarung mit dem betroffenen Staat oder durch eine UN-Sicherheitsresolution gerechtfertigt werden müsste. Oder es müsste ein Fall der Selbstverteidigung (Art. 51 UN-Charta) vorliegen.

[1236] *R. Schmidt-Radefeldt*, Die Weiterentwicklung der ESVP im EU-Verfassungsvertrag: Auf dem Weg zu einer europäischen Armee?, in: UBWV 6/2005, 201, 207.

[1237] *W. Obwexer*, Europablätter 1/2004, 4, 18; Zur Koalition der Fähigen und Willigen siehe 4. Kap. B. IV. 3. a.) aa.).

[1238] Dazu siehe 1. Kap. B. II.

[1239] *H.-J. Cremer*, in: C. Calliess/M. Ruffert, VerfEU (2006), Art. I-41, Rn. 21.

[1240] Anm.: Die Innendimension der Terrorismusbekämpfung wird durch die Solidaritätsklausel gewährleistet. Dazu siehe 4. Kap. B. IV. 2.

drohung darstellen. Terroristen sind heutzutage in der Lage weltweit zu operieren. Das Netzwerk des Terrors ist in der Lage, auf globaler Ebene tätig zu werden und sich beispielsweise in schwachen Ländern eine territoriale Basis zu schaffen. Daraus wird ersichtlich, dass im Vordergrund der Verteidigungspolitik nicht mehr die klassische Landesverteidigung, wie sie die Verteidigungsbündnisse nach dem Zweiten Weltkrieg betrieben haben, steht, sondern etwa die Friedenssicherung durch Einwirkung auf Drittstaaten, die letztlich sogar bis hin zur Intervention reichen könnte[1241].

bb.) Kritik und zukünftige Entwicklung

Trotz dieser grundsätzlich positiv zu bewertenden Verbesserungen sind die unter dem Begriff „Petersberg-Plus" zusammenfassbaren Aufgaben immer noch nicht ausreichend präzise.
Es stellt sich weiterhin die Frage nach der zukünftigen Aufgabenverteilung zwischen der EU und der NATO, da dieselben militärischen Kräfte sowohl für internationale Einsätze der EU (European Rapid Reaction Force – ERRF) als auch im Rahmen der NATO (NATO Response Force – NRF) herangezogen werden können[1242].
Problematisch sind zudem immer noch die Einschränkungen bei den militärischen Fähigkeiten, vor allem im Bereich der oberen Konfliktintensität. Verbessern könnten dies die beteiligten Staaten, indem sie sich weiter auf die Implementierung konkreter Projekte konzentrieren, wozu in der Vergangenheit schon Maßnahmen ergriffen wurden[1243]. Deshalb muss festgestellt werden, dass der

---

1241 *W. Kaufmann-Bühler*, in: E. Grabitz/M. Hilf, Art. 17 EUV, Rn. 42 (30. EL Juni 2006).

1242 *J. Frank*, Analyse der Ergebnisse des EU-Konvents unter besonderer Berücksichtigung der ESVP, in: G. E. Gustenau (Hrsg.), Aktuelle Entwicklung der ESVP im Lichte des EU-Konvents (2003), 6, 13.

1243 Anm.: Weitere Fortschritte könnten etwa mit dem so genannten Planziel 2010 erreicht werden, das die Hauptparameter für die Entwicklung der militärischen Fähigkeiten der EU mit Blick auf das Jahr 2010 darlegt. Ferner könnten konkrete Fortschritte durch den seit Dezember 2004 laufenden bisher bei weitem größten militärischen ESVP-Einsatz zur Friedenssicherung in Bosnien und Herzegowina erreicht werden. Aus diesem Einsatz, als „Europäisches Versuchsgelände", könnten Rückschlüsse für zukünftige Einsätze gezogen werden und er könnte daher eine bedeutende Zäsur für die ESVP-Politik darstellen. Weitere Maßnahmen zur Bekämpfung des Terrorismus könnten den Bereich der Unterstützung für Drittländer betreffen. Es könnten spezielle Maßnahmen, bspw. in der Entwicklung geeigneter Kooperationsprogramme zur Förderung von Vertrauen und Transparenz, aufgebaut werden. Denkbar wäre auch die Unterstützung von Planungsaktivitäten im Zusammenhang mit der Terrorismusbekämpfung, einschließlich der Folgenbewältigung oder der Unterstützung bei Ausbildung und Übungen.

Petersberg-Aufgabenkatalog immer noch eine große Kluft zwischen politischer Rhetorik und praktisch verfügbarem Handlungspotenzial aufweist[1244]. Darum muss zukünftig weiter daran gearbeitet werden, der EU jene Fähigkeiten zu verleihen, die es ihr ermöglichen, die Petersberg-Aufgaben tatsächlich zu erfüllen. Neben der Implementierung von Projekten ist vor allem der Aufbau der militärischen Fähigkeiten weiter voranzutreiben. Die militärischen Fähigkeiten der EU, die seit dem Europäischen Rat von Helsinki (Dezember 1999) entwickelt wurden, dienen nämlich der Erfüllung der Petersberg-Aufgaben. Nur wenn die militärischen Fähigkeiten ausgereift sind, kann das gesamte Spektrum der Petersberg-Aufgaben erfolgreich erfüllt werden und zur Terrorismusbekämpfung beitragen. Der Ausbau der militärischen Fähigkeiten ist daher von großer Bedeutung. Sie stellten bisher eine der Schwachstellen der EU dar[1245]. Die EU muss also in die Lage versetzt werden, im Extremfall über den Einsatz von Mitteln der „soft security" hinaus auch militärische Mittel zum Einsatz zu bringen[1246]. Zudem ist zu bemängeln, dass die Terrorismusbekämpfung als Querschnittsaufgabe im Petersberg-Aufgabenkatalog immer noch relativ unbestimmt gelassen worden ist. Mit der Terrorismusbekämpfung wird vielmehr ein Ziel genannt als ein konkretes Tätigkeitsfeld. Man kann die Terrorismusbekämpfung sogar als Generalklausel charakterisieren, die je nach Interpretation unterschiedlich ausgelegt werden kann und daher im extremsten Fall ein Ausufern der ESVP in Richtung einer allgemeinen militärischen Konfliktprävention befürchten lässt[1247]. Daher wäre eine Konkretisierung erstrebenswert.

cc.) Fazit

Trotz dieser Kritikpunkte ist die Erweiterung der Petersberg-Aufgaben positiv zu bewerten. Sie zeigt, dass die EU handlungsbereit ist, der Bedrohung durch den Terrorismus entschlossen entgegenzutreten.

[1244] *F. Algieri/Bauer*, in: C. Giering (Hrsg.), Der EU-Reformkonvent - Analyse u. Dokumentation (2003), 103, 105.

[1245] Zu den militärischen Fähigkeiten siehe 3. Kap. A. I.

[1246] *H. Farnleitner/R. E. Bösch*, Ein neuer Impuls für die ESVP, in: CONV 437/02, S. 2.

[1247] *U. Diedrichs/M. Jopp*, Die Sicherheits- u. Verteidigungspolitik der EU nach dem Verfassungsvertrag: Innovationen, Experimente, Impulse, in: M. Jopp/S. Matl (Hrsg.), Der Vertrag über eine Verfassung für Europa (2005), 343, 348; *R. Schmidt-Radefeldt*, Die Weiterentwicklung der ESVP im EU-Verfassungsvertrag: Auf dem Weg zu einer europäischen Armee?, in: UBWV 6/2005, 201, 202.

2. Die Solidaritätsklausel - Die Innendimension der Terrorismusbekämpfung im Rahmen der ESVP

Die Solidaritätsklausel wird ebenfalls vertraglich festgeschrieben, allerdings nicht im neuen EU-Vertrag, sondern im Vertrag über die Arbeitsweise der Union. Dort wird sie im fünften Teil über das auswärtige Handeln unter Titel VII in Art. 222 AEUV integriert. Der Art. 222 AEUV entspricht dem Wortlaut der Art. I-43 und III-329 VVE. Damit wird die Solidaritätsklausel zwar systematisch noch dem auswärtigen Handeln zugeordnet, nicht aber mehr der ESVP. Dies stellt daher einen Unterschied zum Verfassungsvertrag dar.
Dennoch wird, wie es auch der Verfassungsvertrag vorgesehen hatte, die Solidaritätsklausel durch den Vertrag von Lissabon auf primärrechtlichen Boden verankert. Dadurch wird ein klares politisches Signal auf die Ereignisse vom 11. September 2001 und vom 11. März 2004 gesetzt[1248]. Sie wurde schon unter dem Eindruck der Terroranschläge vom 11. März 2004 als Deklaration zur Solidarität gegen den Terrorismus angenommen[1249]. Diese Deklaration ist jedoch, solange der Vertrag von Lissabon nicht in Kraft getreten ist, nur politisch verpflichtend, nicht jedoch rechtlich[1250]. Hervorzuheben an dieser Deklaration ist, dass sie bisher das einzige Dokument der EU im Bereich der Terrorismusbekämpfung ist, welches in allen drei Säulen der EU verortet ist.

a.) Inhalt der Regelung des Art. 222 AEUV

Nach Art. 222 Abs. 1 AEUV handeln *„die Union und ihre Mitgliedstaaten (...) gemeinsam im Geiste der Solidarität, wenn ein Mitgliedstaat von einem Terroranschlag, einer Naturkatastrophe oder einer von Menschen verursachten Katastrophe betroffen ist“*. Dazu soll *„die Union (...) alle ihr zur Verfügung stehenden Mittel, einschließlich der ihr von den Mitgliedstaaten bereitgestellten militärischen Mittel“*, mobilisieren. Dabei bezieht sich Art. 222 Abs. 1 a) AEUV[1251] speziell auf den Terrorismus. Die der Union zur Verfügung stehenden Mittel sollen danach eingesetzt werden, *„um terroristische Bedrohungen im Hoheitsgebiet von Mitgliedstaaten abzuwenden“*, *„die demokratischen Institutionen und die Zivilbevölkerung vor etwaigen Terroranschlägen zu schützen“* sowie *„im Falle eines Terroranschlags einen Mitgliedstaat auf Ersuchen seiner politischen Organe innerhalb seines Hoheitsgebiets zu unterstützen“*. Die Rege-

---

[1248] *K. H. Fischer*, Konvent zur Zukunft Europas (2003), S. 177; *K. H. Fischer*, Der Europ. Verfassungsvertrag (2005), S. 197.
[1249] Zur Einführung der Solidaritätsklausel siehe 2. Kap. F. I. 1.
[1250] *J. Frank/E. Reiter*, Sicherheitspolitische Aspekte der EU-Verfassung (2004), S. 14.
[1251] Anm.: Art. 222 Abs. 1 a) AEUV entspricht Art. I-43 Abs. 1 a) VVE.

lung bezieht sich also auf Prävention, Schutz und Reaktion beziehungsweise Folgenbewältigung von Terroranschlägen.
Darüber hinaus, jedoch ohne Bedeutung für die Terrorismusbekämpfung, werden die der EU zur Verfügung stehenden Mittel auch mobilisiert, um „*im Falle einer Naturkatastrophe oder einer vom Menschen verursachten Katastrophe einen Mitgliedstaat auf Ersuchen seiner politischen Organe innerhalb seines Hoheitsgebietes zu unterstützen*" (Art. 222 Abs. 1 b) AEUV[1252]).

b.) Durchführung der Regelung nach Art. 222 Abs. 2 AEUV

Die Durchführung beziehungsweise Anwendung der Solidaritätsklausel ist in Art. 222 Abs. 2 AEUV[1253] geregelt. Nach Art. 222 Abs. 2 AEUV sollen im Fall eines Terroranschlags die anderen Mitgliedstaaten den betroffenen Mitgliedstaat unterstützen, falls seine politischen Organe diese einfordern. Zu diesem Zweck sprechen sich die Mitgliedstaaten im Ministerrat ab. Dabei werden gemäß Art. 222 Abs. 3 AEUV[1254] „*die Einzelheiten für die Anwendung (...) der Solidaritätsklausel (...) durch einen Beschluss festgelegt, den der Rat aufgrund eines gemeinsamen Vorschlags der Kommission und des Hohen Vertreters der Union für Außen- und Sicherheitspolitik erlässt*". Betrifft dies dann den Bereich der Verteidigung, so entscheidet der Rat nach Art. 31 Abs. 1 des neuen EU-Vertrags[1255], wobei das Europäische Parlament davon unterrichtet wird. Das Politische und Sicherheitspolitische Komitee und der im Rat einzurichtende ständige Ausschuss zur Sicherstellung der operativen Zusammenarbeit im Bereich der inneren Sicherheit (Art. 71 des neuen EU-Vertrags[1256]) wirken unterstützend mit. In diesem Beschluss wird dann ebenfalls enthalten sein, unter welchen Voraussetzungen und in welchem Umfang finanzielle Hilfe gewährt wird[1257].
Nach Art. 222 Abs. 4 AEUV[1258] muss der Europäische Rat zusätzlich in regelmäßigen Abständen eine Einschätzung der Bedrohung vornehmen, damit die EU gegebenenfalls auf effiziente Weise tätig werden kann. Es handelt sich also um ein Frühwarnsystem.

1252 Anm.: Art. 222 Abs. 1 b) AEUV entspricht Art. I-43 Abs. 1 b) VVE.
1253 Anm.: Art. 222 Abs. 2 AEUV entspricht Art. III-329 Abs. 1 VVE.
1254 Anm.: Art. 222 Abs. 3 AEUV entspricht Art. III-329 Abs. 2 VVE.
1255 Anm.: Gemäß Art. 31 Abs. 1 des neuen EU-Vertrags, der dem Art. III-300 Abs. 1 VVE entspricht, werden die Beschlüsse vom Rat einstimmig erlassen, die den Bereich der GASP betreffen.
1256 Anm.: Art. 71 des neuen EU-Vertrags entspricht Art. III-261 VVE.
1257 *W. Obwexer*, Europablätter 1/2004, 4, 19.
1258 Anm.: Art. 222 Abs. 4 AEUV entspricht Art. III-329 Abs. 3 VVE.

c.) Die Erklärung zu Art. 222 des Vertrags über die Arbeitsweise der Europäischen Union

Auf die Solidaritätsklausel nimmt zudem die „Erklärung zu Art. 222 des Vertrags über die Arbeitsweise der Europäischen Union“[1259] Bezug. In ihr heißt es:

> *„Unbeschadet der Maßnahmen der Union zur Erfüllung ihrer Verpflichtung zur Solidarität gegenüber einem Mitgliedstaat, der von einem Terroranschlag (...) betroffen ist, zielt keine der Bestimmungen der Artikel 222 darauf ab, das Recht eines anderen Mitgliedstaats zu beeinträchtigen, die geeignetsten Mittel zur Erfüllung seiner Verpflichtung zur Solidarität gegenüber dem betreffenden Mitgliedstaat zu wählen.“*

d.) Analyse der Regelung des Art. 222 AEUV

Wie der Inhalt der Regelung des Art. 222 Abs. 1 AEUV aufzeigt, bezieht sich Art. 222 Abs. 1 a) AEUV auf die Terrorismusbekämpfung. Deshalb wird im Folgenden Art. 222 Abs. 1 a) AEUV analysiert[1260].

aa.) Art. 222 Abs. 1 a) Spstr. 1 AEUV

Der erste Spiegelstrich, der von der Abwendung terroristischer Bedrohungen auf dem Hoheitsgebiet von Mitgliedstaaten spricht, betrifft die Prävention vor Terroranschlägen. Für sie soll laut Art. 222 Abs. 1 AEUV das gesamte Spektrum der Instrumente der Mitgliedstaaten zur Verfügung stehen. Eine nähere Konkretisierung der möglichen Instrumente bleibt noch einem nach Art. 222 Abs. 3 AEUV zu erlassenden Beschluss des Rates vorbehalten.
In Betracht kommen vielfältige Maßnahmen, um terroristische Bedrohungen schon im Vorfeld zu verhindern. So ist zum Beispiel an effektive Frühwarnsysteme zu denken. Die EU sollte das Ziel verfolgen, das gesamte nationale Wissen, auch das der Geheimdienste, auf europäischer Ebene zu bündeln, damit es zentral zur Verhinderung des Terrorismus zur Verfügung stehen kann. Bei der Informationsbeschaffung kann dann der EU-Anti-Terrorismuskoordinator eine wichtige Rolle übernehmen, da es seine Aufgabe ist, für einen engeren und ef-

---

[1259] Anm.: Sie entspricht der neunten Erklärung zu den Artikeln I-43 und III-329 VVE, abgedruckt in: ABl. 2004 Nr. C 310, S. 423.

[1260] Anm.: Auf eine Analyse des Art. 222 Abs. 1 b) AEUV wird verzichtet, da dieser Fall keine Bedeutung für die Terrorismusbekämpfung besitzt. Dabei dürfte die Fallgruppe Naturkatastrophe aber eindeutig sein. „*Vom Menschen verursachte Katastrophen*“ könnten Industrieunfälle, wie Tankerunglücke oder Unfälle an Kernkraftwerken darstellen.

fektiveren Informationsaustausch zu sorgen[1261]. Die dann gewonnenen Informationen könnten ebenfalls einen Beitrag zu der in Art. 222 Abs. 4 AEUV geforderten regelmäßigen Einschätzung der Bedrohungen leisten. Zusätzlich könnten Maßnahmen, die bisher der dritten Säule der EU zuzuordnen waren, im Rahmen der Prävention im Sinne des Art. 222 Abs. 1 a) AEUV eine Rolle spielen. Durch den Vertrag von Lissabon wird die dritte Säule nämlich aufgehoben und größtenteils in andere Unionspolitiken eingegliedert[1262]. Dementsprechend wurde bereits von der Arbeitsgruppe im Verfassungskonvent betont, dass die Terrorismusbekämpfung einen „interdisziplinären" Ansatz benötige, also eine Kombination von Mitteln. Rückschlüsse diesbezüglich kann man daher aus Maßnahmen zur Prävention ziehen, die schon in der Vergangenheit getroffen worden sind. So erwähnt insbesondere die Europäische Sicherheitsstrategie explizit die Prävention als ein Mittel zur Terrorismusbekämpfung. In ihr wird von einer Kombination aus Aufklärungsarbeit sowie polizeilichen, justitiellen, militärischen und sonstigen Mitteln gesprochen[1263]. Weitere wichtige Maßnahmen zur Prävention könnten die Kontrolle des See- und Luftraums oder die Bekämpfung der Finanzierung des Terrorismus darstellen, wozu in der Vergangenheit ebenfalls schon Maßnahmen ergriffen wurden[1264]. Besonderes hervorzuheben ist auch das EU-Solidaritätsprogramm[1265]. In ihm wurden konkrete strategische Ziele genannt, die in den Bereich des ersten Spiegelstrichs des Art. 222 Abs. 1 a) AEUV fallen könnten. Einen der vier Schwerpunkte des Programms stellt nämlich die Prävention dar. So soll verhindert werden, dass Personen sich dem Terrorismus zuwenden, weshalb verhindert werden muss, dass sich diese radikalisieren oder für den Terrorismus angeworben werden. Dazu sollen etwa die nachrichtendienstlichen und justitiellen Fähigkeiten gestärkt werden, damit terrorismusverdächtige Personen aufgespürt werden können[1266].

Zusammenfassend lässt sich festhalten, dass zur Prävention viele Maßnahmen in Betracht kommen können, die aber noch genauer bestimmt werden müssen. Dazu könnten etwa Maßnahmen im Bereich der polizeilichen und justitiellen

---

[1261] *K. Ridderbusch,* Selbstbewusster Verwalter im Kampf gegen den Extremismus, in: Welt am Sonntag v. 21.11.2004.

[1262] Dazu siehe 4. Kap. B. II. 1.

[1263] Europäische Sicherheitsstrategie, „Ein sicheres Europa in einer besseren Welt" v. 12.12.2003, Ratsdok. 15895/03, S. 9; *C. Callies*, in: C. Calliess/M. Ruffert, VerfEU (2006), Art. I-43, Rn. 31.

[1264] Vgl. Mitteilung der Kommission an den Rat und das EP über die Prävention u. Bekämpfung der Terrorismusfinanzierung mithilfe von Maßnahmen zur Verbesserung des Informationsaustauschs u. zur Förderung der Transparenz u. Rückverfolgbarkeit von Finanztransaktionen, Anlage, Ratsdok. 13982/04.

[1265] Zum EU-Solidaritätsprogramm siehe 2. Kap. H.

[1266] Entwurf EU-Solidaritätsprogramm zu den Folgen terroristischer Bedrohungen u. Anschläge (revidiertes/erweitertes CBRN-Programm), Anlage, Ratsdok. 15480/04, Rn. 21.

Zusammenarbeit, nachrichtendienstliche Aktivitäten, aber auch Maßnahmen zum Bevölkerungsschutz gehören[1267].

bb.) Art. 222 Abs. 1 a) Spstr. 2 AEUV

Dem Schutz der demokratischen Institutionen und der Zivilbevölkerung vor etwaigen Terroranschlägen gemäß dem zweiten Spiegelstrich stehen ebenfalls alle zur Verfügung stehenden Mittel der EU zu. In diesem Zusammenhang ist an Schutzmaßnahmen für bereitgestellte Einsatzkräfte, für Material, für zivile Objekte sowie für die kritischen Infrastrukturen zu denken. Bei einem Angriff auf eine kritische Infrastruktur ist dabei zwar mit weniger Opfern zu rechnen, aber es wären lebenswichtige Bereiche betroffen. Da es eine Vielzahl von kritischen Infrastrukturen gibt, müssten diese durch gezielte Maßnahmen geschützt werden.

Lösungswege im Bereich Schutz könnten zum Beispiel durch Verordnungen und Richtlinien geschaffen werden. Dazu dürfte etwa das Programm zur Verbesserung für den Schutz kritischer Infrastrukturen (European Programme for Critical Infrastructure Protection - EPCIP) gehören, an dem derzeit gearbeitet wird[1268]. Im Zusammenhang mit dem Schutz der Zivilbevölkerung ist überdies an die inhaltliche Erweiterung und Ergänzung der Datenbank, in der die militärischen Mittel und Fähigkeiten erfasst werden, welche für den Schutz der Zivilbevölkerung gegen Terroranschläge, einschließlich CBRN-Anschläge, relevant sind, zu denken[1269]. Dabei spielt der Schutz vor CBRN-Terroranschlägen eine gewichtige Rolle, da ein solcher Anschlag nicht nur Auswirkungen auf Menschen eines einzelnen Mitgliedstaats haben könnte. Gerade deshalb wäre ein solidarisches Vorgehen in diesem Bereich äußerst sinnvoll. So sollte das CBRN-Programm 2002[1270] ständig aktualisiert werden, wie es durch das EU-Solidaritätsprogramm vom Dezember 2004[1271] schon geschehen ist.

[1267] *C. Callies*, in: C. Calliess/M. Ruffert, VerfEU (2006), Art. I-43, Rn. 31.

[1268] Zum EPCIP siehe 2. Kap. H.

[1269] Konzeptrahmen für die ESVP-Dimension der Terrorismusbekämpfung, Anlage, Ratsdok. 14797/04, Rn. 19 f).

[1270] Siehe Annahme des Programms zur Verbesserung der Zusammenarbeit in der EU im Hinblick auf die Prävention u. die Begrenzung der Folgen chem., biolog., radiolog. oder nukl. terroristischer Bedrohungen, Ratsdok. 14627/02.

[1271] Siehe EU-Solidaritätsprogramm, 2. Kap. H.

cc.) Art. 222 Abs. 1 a) Spstr. 3 AEUV

Der dritte Spiegelstrich betrifft die Reaktion und Folgenbewältigung nach einem Terroranschlag. In einem solchen Fall muss jedoch der betroffene Staat um die Unterstützung ersuchen. Dann könnten sowohl zivile als auch militärische Mittel sowohl direkt als auch unterstützend zum Einsatz kommen[1272].
In diesen Bereich gehören ebenfalls die Unterstützung der Opfer und der Familien sowie die Beteiligung an Rehabilitationsbemühungen. Dazu müssten im Haushalt Mittel zur Verfügung gestellt werden. Dies erfolgte beispielsweise in einem Dringlichkeitsverfahren nach den Terroranschlägen von Madrid[1273].
Darüber hinaus sollte auch ein Mechanismus geschaffen werden, der die wirtschaftlichen Lasten nach einem schwerwiegenden Terroranschlag, wie zum Beispiel in der Größenordnung des Anschlags auf das World Trade Center in New York, auf die gesamte EU aufteilt[1274].
Aus diesen Ausführungen ist zu schließen, dass bei der Reaktion und Folgenbewältigung die Bereitstellung von finanziellen Mitteln im Vordergrund stehen könnte.

e.) Die Solidaritätsklausel des Vertrags von Lissabon im Vergleich zur Solidaritätsklausel aus der Erklärung zum Kampf gegen den Terrorismus vom 25. März 2004

Wie bereits erwähnt[1275], wurde als Reaktion auf die Terroranschläge vom 11. März 2004 die Solidaritätserklärung als Deklaration zur Solidarität gegen den Terrorismus in der Erklärung zum Kampf gegen den Terrorismus vom 25. März 2004 angenommen. Damit wurde die Solidaritätsklausel schon unabhängig vom Vertrag von Lissabon umgesetzt[1276].

Der wesentliche Unterschied ist darin zu sehen, dass die Solidaritätsklausel aus der Deklaration vom 25. März 2004 lediglich politisch verpflichtend war, nicht

---

1272 Konzeptrahmen für die ESVP-Dimension der Terrorismusbekämpfung, Anlage, Ratsdok. 14797/04, Rn. 15.

1273 Terroranschläge - Prävention, Vorsorge, Reaktion, Ratsdok. 13978/04, Anlage KOM (2004) 698, 2.3.

1274 Vgl. Terroranschläge - Prävention, Vorsorge, Reaktion, Ratsdok. 13978/04, Anlage KOM (2004) 698, 2.3.

1275 Zur Einführung der Solidaritätsklausel siehe 2. Kap. F. I. 1.

1276 Anm.: Anderer Ansicht ist *C. Calliess*. Er geht nicht von einer echten vorzeitigen Inkraftsetzung der Solidaritätsklausel aus. Dazu siehe *C. Calliess*, in: C. Calliess/M. Ruffert, VerfEU (2006), Art. I-43, Rn. 15.

jedoch rechtlich. Rechtlich verbindlich würde sie erst mit dem Inkrafttreten des Vertrags von Lissabon werden[1277].
Ein weiterer Unterschied ist darin zu sehen, dass es zwar in beiden „Klauseln" heißt, dass alle zur Verfügung stehenden Mittel mobilisiert werden sollen, einschließlich militärischer Mittel, jedoch in der Erklärung zum Kampf gegen den Terrorismus dies dadurch eingeschränkt wird, dass die Mitgliedstaaten selbst die am besten geeigneten Mittel zur Erfüllung dieser Verpflichtung auswählen. Dass diese Einschränkung im Vertrag von Lissabon, und auch schon in der Endfassung des Verfassungsvertrags, nicht mehr enthalten ist, ist auf den Fortentwicklungsprozess während der Konventsarbeiten zum Verfassungsvertrag zurückzuführen[1278].
Daneben liegen noch zwei weitere „kleine" Unterschiede vor. Diese betreffen die Formulierung der Solidaritätsklausel. Zum einen enthält der Vertrag von Lissabon noch die Ergänzung, dass mit der Solidaritätsklausel auch auf Naturkatastrophen oder von Menschen verursachte Katastrophen reagiert werden könne. Daraus wird deutlich, dass die Solidaritätsklausel in der Zeit nach den Terroranschlägen von Madrid noch weiter durch den Verfassungskonvent konkretisiert wurde. Zudem ist dies damit zu begründen, dass nach den Terroranschlägen von Madrid das Hauptaugenmerk auf dem Terrorismus lag und in der Kürze der Zeit nicht weitere Fallgruppen in der Erklärung berücksichtigt werden konnten. Dabei ist zu bedenken, dass die Solidaritätsklausel primär vor dem Hintergrund einer terroristischen Bedrohung entwickelt worden ist. Zum anderen heißt es in der Deklaration vom März 2004, dass die *„Mitgliedstaaten"* zu solidarischem Handeln aufgefordert werden, während Art. 222 Abs. 1 AUEV *„die Union und ihre Mitgliedstaaten"* zum gemeinsamen Handeln auffordert. Diesbezüglich entspricht die Solidaritätsklausel aus der Erklärung zum Kampf gegen den Terrorismus aber der Durchführungsbestimmung des Art. 222 Abs. 2 AEUV, in der auch nur von den *„Mitgliedstaaten"* gesprochen wird.

f.) Gesamtanalyse und Bewertung der Solidaritätsklausel

Durch den Vertrag von Lissabon wird die Solidaritätsklausel auf primärrechtlichen Boden verankert werden. Dabei ist sie aufgrund ihrer Stellung im Vertrag von Lissabon keinem Bereich alleine zuzuordnen und kann als Rechtsgrundlage für Maßnahmen aus verschiedenen Politikbereichen dienen. Dadurch kommt die horizontale Wirkung der Solidaritätsklausel zum Ausdruck.

1277 Vgl. *M. Reichard*, The Madrid terrorist attacks: a midwife for EU mutual defence? – Note -, in: ZEuS 2004, 313, 314.

1278 Zum Fortentwicklungsprozess der Solidaritätsklausel siehe etwa Zusammenfassender Bericht über die Plenartagung – Brüssel, 30./31. Mai 2003, CONV 783/03, VI, Verteidigung.

Die Solidaritätsklausel zielt insgesamt gesehen auf die Verhinderung von Terroranschlägen beziehungsweise auf die Hilfeleistung nach Terrorangriffen im Inneren der EU ab. Sie ist ausdrücklich auf das Territorium der EU beschränkt und unterscheidet nicht zwischen inneren und äußeren Bedrohungen[1279]. Die Solidaritätsklausel kann daher keine Rechtsgrundlage für eine Intervention in einen Drittstaat darstellen. Mit ihr wird damit erstmals die Konzeption von der homeland security auf europäischer Ebene festgeschrieben. Die Solidaritätsklausel ist damit das innereuropäische Gegenstück zum weltweiten Krisenmanagement der EU. Diese Innendimension der ESVP entspricht dem Erfordernis der ESVP nach einer wechselseitigen Weiterentwicklung von externen Krisenmanagementaufgaben und innereuropäischen „Heimatschutzaufgaben“[1280]. Dadurch wird erstmalig ermöglicht, dass militärische Kräfte innerhalb der EU eingesetzt werden. So könnte beispielsweise die deutsche Bundeswehr auf ein Hilfegesuch Spaniens nach einem ETA-Anschlag in Spanien eingesetzt werden. An diesem Beispiel wird sichtbar, dass die militärische Hilfeleistung durchaus bei der innenpolitischen Terrorbekämpfung Bedeutung bekommen könnte. Dies wurde auch in einer Stellungnahme *Fischers* und *de Villepins* zum ersten Entwurf des Abschlussberichtes deutlich, in dem ein eigenes Protokoll für die militärische Terrorismusbekämpfung im Rahmen der Solidaritätsklausel enthalten war[1281].

Obwohl sich die Solidaritätsklausel auf den Innenbereich der EU bezieht, ist sie dem Bereich der ESVP zuzuordnen. Dies liegt darin begründet, dass aus der Sicht der Mitgliedstaaten die Solidaritätsklausel ihre auswärtigen Angelegenheiten betrifft. Die militärische Hilfeleistung auf der Grundlage des Art. 222 AEUV ist aus Sicht der Mitgliedstaaten als bewaffneter Auslandseinsatz ihrer Streitkräfte einzustufen, der sich konzeptionell wenig von einer kollektiven Bündnisverteidigung unterscheidet. Dementsprechend muss ein militärischer Einsatz auch gemäß den entsprechenden verfassungsrechtlichen Bestimmungen der Mitgliedstaaten[1282] über den Einsatz nationaler Streitkräfte durchgeführt werden[1283].

1279 Vgl. Wortlaut Art. 222 AEUV: z. B. „*(...) im Hoheitsgebiet von Mitgliedstaaten (...)*“.

1280 *R. Schmidt-Radefeldt*, Die Weiterentwicklung der ESVP im EU-Verfassungsvertrag: Auf dem Weg zu einer europäischen Armee?, in: UBWV 6/2005, 201, 203.

1281 Vgl. *D. de Villepin/J. Fischer*, Gemeinsame deutsch-französische Vorschläge für den europäischen Konvent zum Bereich ESVP, CONV 422/02.

1282 Zum verfassungsrechtlichen Problematik eines Auslandseinsatzes der Bundeswehr vgl. *P. Dreist*, Prüfschema: Einsatz bewaffneter deutscher Streitkräfte im Ausland, in: NZWehrR 2003, S. 152 ff.

1283 *R. Schmidt-Radefeldt*, Die Weiterentwicklung der ESVP im EU-Verfassungsvertrag: Auf dem Weg zu einer europäischen Armee?, in: UBWV 6/2005, 201, 203.

Des Weiteren beschränkt sich die Solidaritätsklausel auf Bedrohungen durch nichtstaatliche beziehungsweise nicht-militärische Akteure. Dies spiegelt sich im Wortlaut der Solidaritätsklausel wieder, der auf Terroranschläge und den Katastrophenschutz begrenzt ist. Daraus wird deutlich, dass die heutige Verteidigungspolitik überwiegend im Kontext der Terrorabwehr gesehen wird und nicht mehr in der militärischen Bedrohung durch einen anderen Staat.
Allerdings wurde diese Begrenzung der Solidaritätsklausel von einigen als zu eng bewertet. Deshalb wurde schon während der Vorarbeiten zum Verfassungskonvent von einigen Mitgliedern der Arbeitsgruppe Sicherheit und Verteidigung gefordert, anstelle der Solidaritätsklausel eine Klausel der kollektiven Verteidigung einzuführen, die zum militärischen Beistand verpflichtet. Eine solche Beistandspflicht wurde kontrovers diskutiert, konnte sich aber nicht durchsetzen. Sie wurde von der überwiegenden Mehrzahl der Mitglieder als unannehmbar abgelehnt. Sie verwiesen auf den blockfreien Status einiger Mitgliedstaaten und waren der Auffassung, dass eine kollektive Verteidigung schon durch die NATO gewährleistet sei. Als Kompromiss wurde in Art. I-41 Abs. 7 VVE, der dem Absatz 7 des Art. 42 des neuen EU-Vertrags entspricht, eine „Beistandsklausel" anstelle der „engeren Zusammenarbeit" eingefügt. Sie bezieht sich aber „nur" auf den Fall eines bewaffneten Angriffs auf das Hoheitsgebiet eines Mitgliedstaats[1284].
Dass es sich bei der Solidaritätsklausel „lediglich" um eine Klausel handelt, die nicht zu Beistand verpflichtet und die in ihr enthaltene Unterstützung nur nach Einforderung durch den betroffenen Mitgliedstaat erfolgt, hat sich schon in der Praxis offenbart. Großbritannien hat nach den Terroranschlägen von London im Juli 2005 nicht Rückgriff auf die Solidaritätsklausel genommen, obwohl die Voraussetzungen zur Geltendmachung der Solidaritätsklausel vorgelegen hatten. Dies zeigt, dass es sich bei der Solidaritätsklausel nicht um eine kollektive Verteidigungsklausel handelt, sondern um einen Fall der verstärkten Solidarität.

Die Anwendung der Solidaritätsklausel im Einzelnen beziehungsweise wie die Unterstützung genau auszusehen hat, ist aufgrund des großen Interpretationsspielraums des Art. 222 AEUV nicht eindeutig zu bestimmen. Möglichkeiten hierzu wurden in der Analyse der Regelung aufgezeigt[1285]. Dies wird im Einzelnen daher noch durch einen Beschluss des Rates zu bestimmen sein (Art. 222 Abs. 3 AEUV)[1286]. Art. 222 Abs. 1 AEUV stellt diesbezüglich klar, dass der U-

---

1284 Anm.: Auf die Beistandsklausel wird im späteren Verlauf der Arbeit eingegangen. Es sei somit auf die dortigen Erläuterungen verwiesen. Hinsichtlich der Kontroversen im Verfassungskonvent siehe 4. Kap. A. III. 1.

1285 Zu diesen Möglichkeiten siehe 4. Kap. B. IV. 2. d.).

1286 *M. Jopp/E. Regelsberger,* GASP u. ESVP im Verfassungsvertrag – eine neue Angebotsvielfalt mit Chancen u. Mängeln, in: int 2003, 550, 551.

nion alle ihr zur Verfügung stehenden Instrumente für einen synergetischen Einsatz zur Verfügung stehen. Darunter fallen also Maßnahmen im Rahmen der Gemeinschaft, der Gemeinsamen Außen- und Sicherheitspolitik und des Raums der Sicherheit und des Rechts[1287]. Darunter fallen ferner der institutionelle Unterbau des Rates im Bereich der ESVP sowie die nationalen Ressourcen der Mitgliedstaaten. Demzufolge werden von der Solidaritätsklausel Maßnahmen des Bevölkerungs- und Katastrophenschutzes ebenso wie militärische, justitielle und polizeiliche Maßnahmen umfasst. Auch dazu gehören die Strukturen, die ursprünglich für die Petersberg-Aufgaben geschaffen worden sind. Hieraus wird ersichtlich, dass die bisherige Deklaration zur Solidarität gegen den Terrorismus über alle drei Säulen verortet war. Zudem wird dadurch deutlich, dass die Säulenstruktur der EU durch den Vertrag von Lissabon aufgelöst wird. Art. 222 AEUV verstärkt die bereits heute im EU-Vertrag verankerten mitgliedstaatlichen Kooperationspflichten und ergänzt die kollektive Verteidigungsklausel des Art. 42 Abs. 7 des neuen EU-Vertrags um eine nach innen gerichtete Beistandsklausel zwischen den Mitgliedstaaten[1288]. Bei der Formulierung, dass *„die Union (...) alle ihr zur Verfügung stehenden Mittel, einschließlich der ihr von den Mitgliedstaaten bereitgestellten militärischen Mittel, (mobilisiert)*", bleibt jedoch zu bedenken, dass, solange die EU über keine eigenen Mittel verfügt, eigentlich die Mitgliedstaaten Träger der Solidarität sind. Dies können sowohl zivile als auch militärische Mittel zu solidarischen Hilfeleistungen sein. Dabei dürfte es sich im militärischen Bereich vornehmlich um ergänzende Spezialfähigkeiten handeln, die der angegriffene Staat nicht besitzt, wie zum Beispiel ABC-Abwehrkräfte, Flugzeuge zur Luftraumsicherung oder Spezialeinsatzkräfte[1289].

Aus all dem folgend könnte die Solidaritätsklausel einen enormen Beitrag zur Bekämpfung des Terrorismus leisten. Die Einführung der Solidaritätsklausel zeigt, dass der Terrorismus als eine der neuen sicherheitspolitischen Hauptbedrohungen der EU erkannt worden ist. Mit der Solidaritätsklausel wird es der EU ermöglicht durch den Einsatz aller notwendigen Mittel, auch militärischer

---

[1287] *F. Algieri/T. Bauer/K. Brummer*, Entwicklungspotenzial auch ohne Verfassungsvertrag: Optionen für GASP u. ESVP, in: C·A·P Analyse 1/2005, S. 13; *F. Algieri/T. Bauer*, Eine Frage der Macht: Die EU auf dem Weg zum sicherheits- u. verteidigungspolitischen Akteur mit globaler Reichweite, in: W. Weidenfeld, Die Europäische Verfassung in der Analyse (2005), 228, 243; vgl. auch *J. Monar*, Der Raum der Freiheit, der Sicherheit u. des Rechts im Verfassungsentwurf des Konvents, in: int 2003, 536, 544.

[1288] *R. Schmidt-Radefeldt*, Die Weiterentwicklung der ESVP im EU-Verfassungsvertrag: Auf dem Weg zu einer europäischen Armee?, in: UBWV 6/2005, 201, 203; Schlussbericht Arbeitsgruppe VIII „Verteidigung", CONV 461/02, Rn. 57.

[1289] *J. Frank/E. Reiter*, Sicherheitspolitische Aspekte der EU-Verfassung (2004), S. 14; *E. Reiter*, Die Situation der EU in ihrer geplanten strategischen Überdehnung (2004), S. 11.

Art, der terroristischen Bedrohung innerhalb der EU zuvorzukommen und auf sie zu reagieren. Dadurch wird gezeigt, dass die EU gewillt ist, diese neue Hauptbedrohung für ein sicheres Europa effektiv zu bekämpfen. Daher kann sie nicht als „zahnloser" Ersatz für die nicht zustande gekommene kollektive Verteidigungsklausel verstanden werden[1290]. Die Bedeutung und Akzeptanz der Klausel spiegelt sich zudem darin wieder, dass sie schon unabhängig vom Vertrag über eine Verfassung für Europa und vom Vertrag von Lissabon in Kraft getreten ist. Deshalb konnten unabhängig vom Inkrafttreten des Vertrags von Lissabon konkrete Maßnahmen im Sinne dieser Klausel getroffen werden, die der Prävention, dem Schutz vor Terroranschlägen oder der Reaktion nach Terroranschlägen dienen. Erste Maßnahmen wurden hinsichtlich dieser Schwerpunkte schon ergriffen[1291].
Dennoch bleiben einige bedeutende Fragen offen. Es sind zukünftig noch einige Konkretisierungen vorzunehmen. So bleibt die Frage nach der konkreten Rolle der Streitkräfte bei der Terrorismusbekämpfung offen und dabei insbesondere die Klärung der Aufgabenaufteilung mit den Kräften der inneren Sicherheit. Damit verbunden ist die Frage der Kompetenzzuordnung. Darüber hinaus bleibt zu klären, wann und wie genau die Streitkräfte auf dem Gebiet der EU bereitgestellt werden müssen. Zugleich muss geklärt werden, wie der Umfang und die Dauer eines Einsatzes auszusehen haben. Außerdem müsste die Gewichtung der Streitkräfte für die Terrorismusbekämpfung im Innern der EU und außerhalb der EU geklärt werden[1292].

g.) Fazit

Die Solidaritätsklausel muss, trotz der genannten Kritikpunkte, als wichtiger Fortschritt für die Terrorismusbekämpfung im Rahmen der ESVP bewertet werden. Positive Ansätze sind bei den ersten konkreten Maßnahmen erkennbar. Daher kann die Solidaritätsklausel eine bedeutende Rolle für die Sicherheit auf dem Gebiet der EU und für die Bevölkerung übernehmen.

[1290] *J. Frank*, Analyse der Ergebnisse des EU-Konvents unter besonderer Berücksichtigung der ESVP, in: G. E. Gustenau (Hrsg.), Aktuelle Entwicklung der ESVP im Lichte des EU-Konvents (2003), 6, 12.

[1291] Dazu siehe 2. u. 3. Kap.

[1292] *G. E. Gustenau*, Herausforderungen für Österreich, in: G. E. Gustenau (Hrsg.), Aktuelle Entwicklung der ESVP im Lichte des EU-Konvents (2003), 3, 4.

3. Relevanz weiterer Neuerungen im Rahmen der ESVP für die Terrorismusbekämpfung

Wie zuvor dargelegt, enthalten die Solidaritätsklausel und der neue Petersberg-Aufgabenkatalog als einzige Bestimmungen im Bereich der ESVP ausdrücklich Formulierungen zur Bekämpfung des Terrorismus. Neben der Einführung der Solidaritätsklausel sowie der Aktualisierung des Petersberg-Aufgabenkatalogs enthält der Vertrag von Lissabon noch weitere wichtige Neuerungen, die die ESVP betreffen und Relevanz für die Terrorismusbekämpfung haben könnten. Zu untersuchen sind in diese Richtung die „Koalition der Fähigen und Willigen" nach Art. 42 Abs. 5 und Art. 44 des neuen EU-Vertrags, die Ständige Strukturierte Zusammenarbeit nach Art. 42 Abs. 6 und Art. 46 des neuen EU-Vertrags, die Beistandsklausel nach Art. 42 Abs. 7 des neuen EU-Vertrags sowie die Europäische Verteidigungsagentur nach Art. 42 Abs. 3 und Art. 45 des neuen EU-Vertrags[1293].

a.) Terrorismusbekämpfung durch flexiblere Kooperationsformen

Die ESVP im Vertrag von Lissabon ist dadurch charakterisiert, dass es sich um ein Integrationsprojekt handelt, zu dem nicht alle Mitgliedstaaten den gleichen qualitativen und quantitativen Beitrag leisten. Es wird zu berücksichtigen sein, dass die Mitgliedstaaten über unterschiedliche sicherheits- und verteidigungspolitische Konzepte und verschiedenste zivile und militärische Fähigkeiten verfügen. Zudem ist die Bereitschaft zum Handeln, insbesondere in sensiblen Politikbereichen, unterschiedlich stark ausgeprägt. Deshalb sind flexiblere Kooperationsformen notwendig, wozu auch die Solidaritätsklausel gehört, damit Handlungsblockaden vermieden werden können[1294].

1293 Anm.: Auf weitere Neuerungen im Vertrag von Lissabon, die Auswirkungen auf die Terrorismusbekämpfung im Rahmen der ESVP haben könnten, wie etwa die Einführung des Hohen Vertreters der Union für Außen- und Sicherheitspolitik oder die verstärkte Zusammenarbeit werden in der Bewertung der Terrorismusbekämpfung im Rahmen der ESVP im Vertrag von Lissabon (mit weiteren Ergänzungen) behandelt. Dazu siehe 4. Kap. B. V.

1294 *F. Algieri/Bauer*, in: C. Giering (Hrsg.), Der EU-Reformkonvent - Analyse u. Dokumentation (2003), 103, 107; *M. Jopp/E. Regelsberger,* GASP u. ESVP im Verfassungsvertrag – eine neue Angebotsvielfalt mit Chancen u. Mängeln, in: int 2003, 550, 552.

aa.) Die Koalition der Fähigen und Willigen nach Art. 42 Abs. 5 und Art. 44 des neuen EU-Vertrags

(1.) Aufgabe

Neu ist (dementsprechend enthält das Primärrecht *de lege lata* keine korrespondierende Bestimmung), dass die EU sich zur Durchführung einer Operation „*zur Wahrung der Werte der Union und im Dienste ihrer Interessen*" einer Gruppe von Mitgliedstaaten bedienen kann (Art. 42 Abs. 5 des neuen EU-Vertrags[1295]). Eine so bezeichenbare „Koalition der Fähigen und Willigen" muss über die erforderlichen Fähigkeiten verfügen und sich an der Mission beteiligen wollen (Art. 44 des neuen EU-Vertrags[1296]). Die beteiligten Mitgliedstaaten vereinbaren untereinander die Ausführung der Mission in Absprache mit dem Hohen Vertreter der Union für Außen- und Sicherheitspolitik und unterrichten den Rat regelmäßig über den Stand der Mission. Entstehen neue Entwicklungen mit schwerwiegenden Konsequenzen für die Durchführung der Mission oder für ihre Ziele, die eine Änderung notwendig machen, dann würde der Rat die erforderlichen Beschlüsse fassen (Art. 44 Abs. 2 des neuen EU-Vertrags).
Zur Koalition der Fähigen und Willigen ist festzuhalten, dass es sich bei ihr zwar im Prinzip um eine Neuerung handelt, die Gegenwart aber schon gezeigt hat, wie etwa das Vorgehen während der Mission Artemis[1297], dass das bisherige Handeln der EU bereits durch Gruppenbildungen gekennzeichnet war[1298].

(2.) Bedeutung für die Terrorismusbekämpfung

Die Koalition der Fähigen und Willigen kann Missionen des Petersberg-Aufgabenkatalogs nach Art. 43 des neuen EU-Vertrags umfassen (Art. 44 Abs. 1 des neuen EU-Vertrags). Daraus wird ersichtlich, dass eine Koalition der Fähigen und Willigen auch zur Bekämpfung des Terrorismus beitragen kann, da der neue Petersberg-Aufgabenkatalog die Bekämpfung des Terrorismus umfasst.

[1295] Anm.: Art. 42 Abs. 5 des neuen EU-Vertrags entspricht Art. I-41 Abs. 5 VVE.

[1296] Anm.: Art. 44 des neuen EU-Vertrags entspricht Art. III-310 VVE.

[1297] Anm.: Frankreich war die Rahmennation. Beteiligt waren noch Deutschland, Großbritannien, Spanien, Belgien, Griechenland, die Niederlande, Österreich und Schweden.

[1298] *F. Algieri/T. Bauer/K. Brummer*, Entwicklungspotenzial auch ohne Verfassungsvertrag: Optionen für GASP u. ESVP, in: C·A·P Analyse 1/2005, S. 16.

bb.) Die Ständige Strukturierte Zusammenarbeit (Art. 42 Abs. 6 und Art. 46 des neuen EU-Vertrags)

Zudem könnte die Ständige Strukturierte Zusammenarbeit Bedeutung für die Terrorismusbekämpfung bekommen. Grundlage für die Ständige Strukturierte Zusammenarbeit sind die Art. 42 Abs. 6 und Art. 46 des neuen EU-Vertrags[1299] sowie das entsprechende „Protokoll über die Ständige Strukturierte Zusammenarbeit nach Artikel 42 des Vertrags über die Europäische Union"[1300].

(1.) Aufgabe

Die Einführung der Ständigen Strukturierten Zusammenarbeit stellt eine Neuerung im Vergleich zum Vertrag von Nizza dar. Zwar gibt es schon in Art. 17 Abs. 4 EUV eine Form der engeren Zusammenarbeit, jedoch geht Art. 42 Abs. 6 des neuen EU-Vertrags weit darüber hinaus. Nach Art. 42 Abs. 6 des neuen EU-Vertrags wird die Ständige Strukturierte Zusammenarbeit von Mitgliedstaaten begründet, die *„anspruchsvollere Kriterien in Bezug auf die militärischen Fähigkeiten erfüllen und die im Hinblick auf Missionen mit höchsten Anforderungen untereinander weiter gehende Verpflichtungen eingegangen sind*". Die Zusammenarbeit erfolgt nach Maßgabe des Art. 46 des neuen EU-Vertrags. Danach steht die Teilnahme für alle Mitgliedstaaten offen. Will ein Mitgliedstaat sich dieser Form der Zusammenarbeit anschließen, muss er den Europäischen Rat darüber in Kenntnis setzen. Der Rat berät dann über den entsprechenden Antrag. Jedoch können nur die Mitgliedstaaten, die schon an der Ständigen Strukturierten Zusammenarbeit beteiligt sind, über den Antrag abstimmen. Die nicht an der Zusammenarbeit beteiligten Mitgliedstaaten werden vom Hohen Vertreter der Union für Außen- und Sicherheitspolitik regelmäßig über die Entwicklung der Zusammenarbeit informiert. Daraus, dass eine spätere Teilnahme möglich ist, wird ersichtlich, dass es sich nicht um einen geschlossenen Kreis handelt. Im Umkehrschluss wird ebenfalls ersichtlich, dass die Teilnahme freiwillig ist[1301].

[1299] Anm.: Art. 42 Abs. 6 des neuen EU-Vertrags entspricht Art. I-41 Abs. 6 VVE, Art. 46 des neuen EU-Vertrags entspricht Art. III-312 VVE.

[1300] Protokoll über die Ständige Strukturierte Zusammenarbeit nach Artikel 42 des Vertrags über die Europäische Union, abgedruckt in: ABl. 2008 Nr. C 115, S. 275. Es entspricht dem Protokoll über die Ständige Strukturierte Zusammenarbeit gem. Art. I-41 Abs. 6 u. Art. III-312 VVE, abgedruckt in: ABl. 2004 Nr. C 310, S. 364.

[1301] Anm.: Diese Möglichkeit geht auf die starken Kontroversen bzgl. der Ständigen Strukturierten Zusammenarbeit während des Konvents zurück. Ausgearbeitet wurde diese Möglichkeit im Vorfeld des Konklaves der Außenminister in Neapel im November 2003. Die-

(2.) Kriterien für eine Teilnahme

Da es sich bei der Ständigen Strukturierten Zusammenarbeit um ein spezielles Kooperationsregime mit „Clubcharakter“ handelt[1302], macht es die Teilnahme von der Erfüllung bestimmter Kriterien abhängig. Diese spezifischen Qualitätsstandards benennt das Protokoll über die Ständige Strukturierte Zusammenarbeit nach Artikel 42 des Vertrags über die Europäische Union[1303], das gemäß Art. 51 des neuen EU-Vertrags Bestandteil der neuen Verträge ist.
Dieses Protokoll enthält in Art. 1 zwei militärische Zielsetzungen, welche die beteiligten Mitgliedstaaten ab dem Inkrafttreten des Vertrags von Lissabon zu erfüllen haben.
Zum einen verpflichtet sich ein Teilnehmerstaat dazu,

> *„seine Verteidigungsfähigkeiten durch Ausbau seiner nationalen Beiträge und gegebenenfalls durch Beteiligung an multinationalen Streitkräften, an den wichtigsten europäischen Ausrüstungsprogrammen und an der Tätigkeit der Agentur für die Bereiche Entwicklung der Verteidigungsfähigkeiten, Forschung, Beschaffung und Rüstung (Europäische Verteidigungsagentur) intensiver zu entwickeln (...).“*

Durch diese Formulierung in Art. 1 a) des Protokolls wird für die Teilnehmer an der Strukturierten Zusammenarbeit die allgemeine Verpflichtung zur Verbesserung der militärischen Fähigkeiten und Verteidigungsanstrengungen des Art. 42 Abs. 3 UAbs. 2 des neuen EU-Vertrags konkretisiert. Die Erfüllung dieser „Rüstungsverpflichtung“ wird dabei sicherlich in das finanzpolitische Ermessen der Staaten gestellt. Folge davon könnte sein, dass die Teilnehmer ihre Anstrengungen zur Verbesserung der Verteidigungsfähigkeiten an der speziellen Protokollverpflichtung vergleichend messen und den Ausbau ihrer finanziellen Beiträge durch die Europäische Verteidigungsagentur beurteilen müssen. Vorteilhaft für die ESVP könnte dann sein, dass beispielsweise der nationale Haushalt eines Teilnehmerstaats unter bündnis- und integrationspolitischen Druck gerät und als Folge Teile der parlamentarischen Haushaltshoheit den rüstungspolitischen Zwängen zum Opfer fallen[1304].

---

ser Kompromiss wurde von Frankreich, Deutschland und Großbritannien ausgearbeitet. Dazu vgl. Ausführungen zum Europäischen Konvent im 4. Kap. A. III. 1.

1302 Anm.: Die Ständige Strukturierte Zusammenarbeit ist strukturell dem Modell der „Euro-Zone“ und den Mechanismen des Europäischen Stabilitäts- und Wachstumspaktes nachempfunden. Zur Teilnahme mussten, wie jetzt zur Teilnahme an der Ständigen Strukturierte Zusammenarbeit, bestimmte Kriterien erfüllt werden.

1303 Protokoll über die Ständige Strukturierte Zusammenarbeit nach Artikel 42 des Vertrags über die Europäische Union, abgedruckt in: ABl. 2008 Nr. C 115, S. 275.

1304 *R. Schmidt-Radefeldt*, Die Weiterentwicklung der ESVP im EU-Verfassungsvertrag: Auf dem Weg zu einer europäischen Armee?, in: UBWV 6/2005, 201, 204.

Zum anderen verpflichten sich die Teilnehmerstaaten,

> *„spätestens 2010 über die Fähigkeit zu verfügen, entweder als nationales Kontingent oder als Teil von multinationalen Truppenverbänden bewaffnete Einheiten bereitzustellen, die auf die in Aussicht genommenen Missionen ausgerichtet sind, taktisch als Gefechtsverband konzipiert sind, über Unterstützung unter anderem für Transport und Logistik verfügen und fähig sind, innerhalb von 5 bis 30 Tagen Missionen nach Artikel 43 des Vertrags über die Europäische Union aufzunehmen, um insbesondere Ersuchen der Organisation der Vereinten Nationen nachzukommen, und diese Mission für eine Dauer von zunächst 30 Tagen, die bis auf 120 Tage ausgedehnt werden kann, aufrechtzuerhalten".*

Diese bedeutende Zielsetzung betrifft die Beteiligung an einer European Response Force. Dabei handelt es sich um EU-Kampfverbände (Battle Groups), die weltweit eingesetzt werden können und deren Aufstellung von den EU-Verteidigungsministern im Herbst 2004 beschlossen wurde[1305]. Bei der damaligen Aufstellung wurden die Battle Groups schon mit Blick auf die Ständige Strukturierte Zusammenarbeit vorgeschlagen[1306].

Damit diese beiden Zielsetzungen des Art. 1 des Protokolls erreicht werden können, nennt Art. 2 des Protokolls Verpflichtungen der Teilnehmerstaaten beziehungsweise eine Reihe von Tätigkeitsfeldern. Diese Felder decken fünf zentrale Bereiche ab. Dies sind die Verpflichtung zu einer Zusammenarbeit zur Verwirklichung der vereinbarten Ziele für die Höhe der Investitionsausgaben für Verteidigungsgüter und zur regelmäßigen Überprüfung dieser Ziele im Lichte des Sicherheitsumfelds und der internationalen Verantwortung der Union; die Verpflichtung einer möglichst weit gehenden Angleichung ihres Verteidigungsinstrumentariums, indem sie insbesondere die Ermittlung des militärischen Bedarfs harmonisieren, ihre Verteidigungsmittel und –fähigkeiten gemeinsam nutzen und gegebenenfalls spezialisieren sowie die Zusammenarbeit auf den Gebieten Ausbildung und Logistik stärken; die Verpflichtung zu konkreten Maßnahmen zur Stärkung der Verfügbarkeit, der Interoperabilität, der Flexibilität und der Verlegefähigkeit ihrer Truppen insbesondere, indem sie gemeinsame Ziele für die Entsendung von Streitkräften aufstellen und gegebenenfalls ihre nationalen Beschlussverfahren überprüfen; die Verpflichtung zu einer Zusammenarbeit mit dem Ziel, dass sie die erforderlichen Maßnahmen ergreifen, um unter anderem durch multinationale Konzepte und unbeschadet der sie betreffenden Verpflichtungen im Rahmen der Nordatlantikvertrags-Organisation die

---

[1305] Zu Einzelheiten zu den Battle Groups siehe 3. Kap. A. I. 2. a.) aa.).

[1306] *U. Diedrichs/M. Jopp*, Die Sicherheits- u. Verteidigungspolitik der EU nach dem Verfassungsvertrag: Innovationen, Experimente, Impulse, in: M. Jopp/S. Matl (Hrsg.), Der Vertrag über eine Verfassung für Europa (2005), 343, 346 u. 355.

im Rahmen des „Mechanismus zur Entwicklung der Fähigkeiten“ festgestellten Lücken zu schließen; sowie die Verpflichtung zu einer eventuellen Mitwirkung an der Entwicklung gemeinsamer oder europäischer Programme für wichtige Güter im Rahmen der Europäischen Verteidigungsagentur.

(3.) Bewertung der Ständigen Strukturierten Zusammenarbeit

Aus den Inhalten lässt sich entnehmen, dass die Ständige Strukturierte Zusammenarbeit darauf ausgerichtet ist, die EU außerhalb ihres Territoriums handlungsfähiger zu machen. Dies zeigt insbesondere der Aufbau der Battle Groups. Dabei zielt die Ständige Strukturierte Zusammenarbeit trotz des breiten Aufgabenspektrums für die Battle Groups in erster Linie auf die Verbesserung der Kampffähigkeit und die Durchführung von Kampfeinsätzen ab. Vor allem wird sichtbar, dass das Ziel der Ständigen Strukturierten Zusammenarbeit die Verbesserung der militärischen Kapazitäten und der strategischen Handlungsfähigkeit der EU sein wird. Dieses Ziel wird auch deshalb verfolgt, damit die Vereinten Nationen sich für die Durchführung dringender Missionen dieser Staatengruppe bedienen können (einschließlich Kapitel VII-Operationen[1307])[1308]. Durch diese Ständige Strukturierte Zusammenarbeit könnte sich daher zukünftig ein sicherheitspolitisches Kerneuropa mit militärischen Fähigkeiten zur Krisenreaktion und Friedenssicherung herausbilden[1309]. Dann könnte allerdings problematisch sein, dass sich die Kernstaaten als „Avantgarde“ bei einer Gefahr abkoppeln könnten und damit die Entwicklung zu einem kohärenten und einheitlichen Akteur verhindern[1310]. Folge wäre eine Zweiklassengesellschaft innerhalb der EU, trotz der Möglichkeit einer späteren Teilnahme. Es ist nicht zu erwarten, dass alle Mitgliedstaaten sämtliche Punkte abdecken können. Dies zeigt sich schon exemplarisch beim Aufbau der Battle Groups[1311]. So konnten nur Deutschland, Großbritannien, Spanien und Italien rein nationale Verbände aufbauen, während die übrigen multinational zusammengestellt sind. Andere Staaten beteiligen sich derzeit sogar noch gar nicht. Daher muss festgestellt werden,

[1307] Anm.: Bei Kapitel VII-Operationen handelt es sich um Maßnahmen bei Bedrohung oder Bruch des Friedens und bei Angriffshandlungen. Dazu gehören auch militärische Maßnahmen.

[1308] *E. Reiter*, Die Situation der EU in ihrer geplanten strategischen Überdehnung (2004), S. 10.

[1309] *T. Risse*, Auf dem Weg zu einer gemeinsamen Außenpolitik? Der Verfassungsentwurf u. die europäische Außen- u. Sicherheitspolitik, in: int 2003, 564, 572; *W. Obwexer*, Europablätter 1/2004, 4, 18.

[1310] *J. Frank/E. Reiter*, Sicherheitspolitische Aspekte der EU-Verfassung (2004), S. 12.

[1311] Zu Einzelheiten zu den Battle Groups siehe 3. Kap. A. I. 2. a.) aa.)

dass mit dem Battle Groups-Konzept nur das in das Primärrecht verankert wurde, was schon längst auf den Weg gebracht worden war, etwa durch den Europäischen Aktionsplan zu den Fähigkeiten sowie dem neuen Fähigkeitsziel 2010[1312]. Trotzdem wird in Zukunft die Ständige Strukturierte Zusammenarbeit große Bedeutung für den Ausbau der militärischen Fähigkeiten der EU besitzen. Durch diese Form der Flexibilität soll die Ständige Strukturierte Zusammenarbeit verhindern, dass die EU sich aufgrund ihrer unterschiedlichen Mitgliedstaaten selbst blockiert. Sie soll ein wirksames sicherheits- und verteidigungspolitisches Handeln garantieren. Mit ihr kann nämlich eine Gruppe von Staaten enger in der Sicherheits- und Verteidigungspolitik zusammenarbeiten, ohne auf einen dazu vorhandenen Willen sämtlicher Mitgliedstaaten warten zu müssen[1313].

(4.) Bedeutung für die Terrorismusbekämpfung

Bedeutung für die Terrorismusbekämpfung im Rahmen der ESVP könnte die Ständige Strukturierte Zusammenarbeit dahingehend besitzen, dass die militärischen Fähigkeiten verbessert werden. Wie erläutert ist das Ziel der Ständigen Strukturierten Zusammenarbeit die Verbesserung der militärischen Kapazitäten und der strategischen Handlungsfähigkeit der EU. Dies wird daher im Ergebnis zu einer höheren Effektivität der bewaffneten Einheiten führen, die dann eventuell zu Kampfeinsätzen zur Terrorismusbekämpfung im Rahmen der Petersberg-Aufgaben eingesetzt werden könnten[1314]. Dazu gehören speziell die Battle Groups. So werden all die Verpflichtungen, die die Teilnehmerstaaten an der Ständigen Strukturierten Zusammenarbeit eingehen müssen, ebenso der Terrorismusbekämpfung zugute kommen.

1312 *M. Jopp/S. Sandawi*, ESVP, in: W. Weidenfeld/W. Wessels (Hrsg.), Jahrbuch der Europäischen Integration 2003/2004 (2004), 229, 237; *U. Diedrichs/M. Jopp*, Die Sicherheits- u. Verteidigungspolitik der EU nach dem Verfassungsvertrag: Innovationen, Experimente, Impulse, in: M. Jopp/S. Matl (Hrsg.), Der Vertrag über eine Verfassung für Europa (2005), 343, 352. Zum ECAP siehe 3. Kap. A. I. 1. a.) aa.) u. zum Planziel 2010 siehe 3. Kap. A. I. 2.

1313 *F. Algieri/T. Bauer/K. Brummer*, Entwicklungspotenzial auch ohne Verfassungsvertrag: Optionen für GASP u. ESVP, in: C·A·P Analyse 1/2005, S. 15; *F. Algieri/T. Bauer*, Eine Frage der Macht: Die EU auf dem Weg zum sicherheits- u. verteidigungspolitischen Akteur mit globaler Reichweite, in: W. Weidenfeld, Die Europäische Verfassung in der Analyse (2005), 228, 242; *U. Diedrichs/M. Jopp*, Die Sicherheits- u. Verteidigungspolitik der EU nach dem Verfassungsvertrag: Innovationen, Experimente, Impulse, in: M. Jopp/S. Matl (Hrsg.), Der Vertrag über eine Verfassung für Europa (2005), 343, 346.

1314 Anm.: Eine Ständige Strukturierte Zusammenarbeit berührt aber nicht die Bestimmungen zu Missionen im Bereich des erweiterten Spektrums der Petersberg-Aufgaben. Hierfür käme die Koalition der Fähigen und Willigen in Betracht.

cc.) Die Beistandsklausel (Art. 42 Abs. 7 des neuen EU-Vertrags)

Als eine weitere Neuerung könnte die Beistandsklausel Bedeutung für die Bekämpfung des Terrorismus besitzen.

(1.) Aufgabe und Bedeutung

Mit der Beistandsklausel wird dem Umstand Rechnung getragen, dass der klassische militärische Fall eines bewaffneten Angriffs auf das Hoheitsgebiet der EU nicht durch die Solidaritätsklausel abgedeckt wird[1315]. Sie ist in Art. 42 Abs. 7 des neuen EU-Vertrags[1316] geregelt. Danach *„(müssen) im Falle eines bewaffneten Angriffs auf das Hoheitsgebiet eines Mitgliedstaats (...) ihm alle in ihrer Macht stehende Hilfe und Unterstützung, im Einklang mit Artikel 51 der Charta der Vereinten Nationen (geleistet werden).“* Davon unberührt bleibt *„der besondere Charakter der Sicherheits- und Verteidigungspolitik bestimmter Mitgliedstaaten“*.

Die Beistandsklausel ist im Vergleich zum Primärrecht *de lege lata* eine Neuerung. Bemerkenswert an ihr ist die Beistandsverpflichtung. Sie ist für alle Mitgliedstaaten verbindlich. Die EU konstituiert sich damit als echtes Verteidigungsbündnis. Bisher war dies ein Residuum der WEU[1317].

Allerdings ist ein Vorgehen der EU mit der Beistandsklausel als Rechtsgrundlage subsidiär zu einem Vorgehen der NATO, denn Art. 42 Abs. 7 des neuen EU-Vertrags spricht von der NATO als *„Fundament (der) kollektiven Verteidigung“* und als *„Instrument für deren Verwirklichung“*. Mit dieser Einschränkung wurde dem Wunsch der EU-Mitglieder entsprochen, die zugleich NATO-Mitglieder sind. Irland, Österreich, Schweden und Finnland setzten noch hinsichtlich dem Verfassungsvertrag zusätzlich den einschränkenden Passus durch, dass der *„besondere Charakter der Sicherheits- und Verteidigungspolitik bestimmter Mitgliedstaaten unberührt“* bleibt. Problematisch an dieser Formulierung ist die Frage, ob Art und Umfang der Bereitstellung in der souveränen politischen Er-

---

[1315] *R. Schmidt-Radefeldt*, Die Weiterentwicklung der ESVP im EU-Verfassungsvertrag: Auf dem Weg zu einer europäischen Armee?, in: UBWV 6/2005, 201, 202; *F. Algieri/T. Bauer/K. Brummer*, Entwicklungspotenzial auch ohne Verfassungsvertrag: Optionen für GASP u. ESVP, in: C·A·P Analyse 1/2005, S. 13; *F. Algieri/T. Bauer*, Eine Frage der Macht: Die EU auf dem Weg zum sicherheits- u. verteidigungspolitischen Akteur mit globaler Reichweite, in: W. Weidenfeld, Die Europäische Verfassung in der Analyse (2005), 228, 243.

[1316] Anm.: Art. 42 Abs. 7 des neuen EU-Vertrags entspricht Art. I-41 Abs. 7 VVE.

[1317] *R. Schmidt-Radefeldt*, Die Weiterentwicklung der ESVP im EU-Verfassungsvertrag: Auf dem Weg zu einer europäischen Armee?, in: UBWV 6/2005, 201, 202.

messensentscheidung dieser neutralen Staaten liegen, während die anderen Staaten verpflichtet sind. Diese Frage ist ungeklärt. Klar ist nur, dass diese Formulierung die EU nicht verpflichtet, ihr verteidigungspolitisches Handeln am *„besonderen Charakter der Sicherheits- und Verteidigungspolitik bestimmter Mitgliedstaaten"* zu orientieren. Sie lässt diesen lediglich unberührt. Dadurch haben die Mitgliedstaaten die Möglichkeit, sich an verteidigungspolitischen Schritten nicht zu beteiligen, ohne aber entsprechende Beschlüsse blockieren zu müssen[1318]. Aus diesem Dilemma wird ersichtlich, dass die Beistandsklausel sehr interpretationsbedürftig und auslegungsfähig ist.
Ein Grund dafür ist darin zu sehen, dass die Beistandsklausel im Vergleich zum Konventsentwurf des Verfassungsvertrags wesentlich abgeschwächt wurde und letztlich die jetzige Form nur einen Kompromiss darstellt[1319]. Insbesondere entfielen die Pflicht zum „militärischen" Beistand und die Möglichkeit einer „engeren Zusammenarbeit" von Staaten bei der gemeinsamen Verteidigung[1320]. Dies bedeutet, dass die Beistandsklausel die Möglichkeit militärischer Hilfe nicht explizit hervorhebt. Vielmehr wurden, wie aufgezeigt, durch die Neuformulierung die Besonderheiten der Sicherheitspolitiken neutraler und nichtpaktgebundener Staaten geschützt[1321].

(2.) Bedeutung für die Terrorismusbekämpfung

Die Beistandsklausel könnte dann Bedeutung für die Terrorismusbekämpfung besitzen, wenn die Unterstützung der Mitgliedstaaten, die *„alle in ihrer Macht*

1318 *E. Reiter*, Die Situation der EU in ihrer geplanten strategischen Überdehnung (2004), S. 9-10; *J. Frank/E. Reiter*, Sicherheitspolitische Aspekte der EU-Verfassung (2004), S. 10, 11.

1319 Hinsichtlich der Kontroversen im Verfassungskonvent siehe 4. Kap. A. III. 1.

1320 Anm.: Damals hieß es: „*(...) wird im Rahmen der Union eine engere Zusammenarbeit im Bereich der gegenseitigen Verteidigung eingerichtet. Im Rahmen dieser Zusammenarbeit leisten im Falle eines bewaffneten Angriffs auf das Hoheitsgebiet eines an dieser Zusammenarbeit beteiligten Staates die anderen Staaten gemäß Artikel 51 der Charta der Vereinten Nationen alle in ihrer Macht stehende militärische und sonstige Hilfe und Unterstützung. (...)*".

1321 *F. Algieri/T. Bauer*, Eine Frage der Macht: Die EU auf dem Weg zum sicherheits- u. verteidigungspolitischen Akteur mit globaler Reichweite, in: W. Weidenfeld, Die Europäische Verfassung in der Analyse (2005), 228, 243; *M. Jopp/S. Sandawi*, ESVP, in: W. Weidenfeld/W. Wessels (Hrsg.), Jahrbuch der Europäischen Integration 2003/2004 (2004), 229, 236; *U. Diedrichs/M. Jopp*, Die Sicherheits- u. Verteidigungspolitik der EU nach dem Verfassungsvertrag: Innovationen, Experimente, Impulse, in: M. Jopp/S. Matl (Hrsg.), Der Vertrag über eine Verfassung für Europa (2005), 343, 360-361.

stehende Hilfe und Unterstützung" bei einem bewaffneten Angriff umfasst, auch für den Fall eines terroristischen Angriffs gilt.

(a.) Pro Bedeutung für die Terrorismusbekämpfung

Für eine Bedeutung für die Terrorismusbekämpfung spricht, dass die Beistandsklausel eine Beistandsverpflichtung enthält, die mit Art. 5 NATO-Vertrag vergleichbar ist. Art. 5 NATO-Vertrag wurde nach den Terroranschlägen vom 11. September 2001 ausgerufen, weil die Terroranschläge einen Angriff in seinem Sinne darstellten[1322]. Aufgrund der großen Ähnlichkeit des Inhalts von Art. 42 Abs. 7 des neuen EU-Vertrags mit dem des Art. 5 NATO-Vertrag, könnte daher ein ähnlicher Terroranschlag ebenso einen Angriff im Sinne des Art. 42 Abs. 7 des neuen EU-Vertrags sein.
Zudem spricht für eine Rolle der Beistandsklausel bei der Terrorismusbekämpfung, dass Art. 42 Abs. 7 des neuen EU-Vertrags explizit Art. 51 UN-Charta anspricht. In Art. 42 Abs. 7 des neuen EU-Vertrags heißt es nämlich, dass die „*anderen Mitgliedstaaten (...) alle in ihrer Macht stehende Hilfe und Unterstützung, im Einklang mit Artikel 51 der Charta der Vereinten Nationen (leisten)*" müssen. Folglich müsste, da Terroranschläge unter Art. 51 UN-Charta subsumiert werden können[1323], auch die Beistandsklausel als Reaktion auf einen Terroranschlag in Betracht kommen können.

(b.) Contra Bedeutung für die Terrorismusbekämpfung

Gegen eine Bedeutung der Beistandsklausel bei der Terrorismusbekämpfung spricht die Solidaritätsklausel. Wie aus den zuvor vorgenommenen Erläuterungen zur Bedeutung der Beistandsklausel für die Terrorismusbekämpfung im Vergleich zu den vorgenommenen Erläuterungen zur Solidaritätsklausel ersichtlich wird, könnten sowohl die Solidaritätsklausel als auch die Beistandsklausel

---

[1322] Vgl. NATO Press Release (2001) 124 v. 12.9.2001, Statement by the North Atlantic Council, abrufbar unter www.nato.int/docu/pr/2001/p01-124e.htm, letzter Zugriff: 2.8.2009; *H. Arnold*, Die Politik der EU in der UNO als Möglichkeit u. Maßstab für ihre GASP u. ihre ESVP, in: S. von Schorlemer (Hrsg.), Praxishandbuch UNO (2003), 157, 163; *S. Everts/D. Keohane*, The European Convention and EU Foreign Policy: Learning from Failure, in: Survival, vol. 45, Number 3, 167, 172; *M. Clarke/P. Cornish*, The European defence project and the Prague commit, in: International Affairs 78, 4 (2002), 777, 781; *W. Wallace*, Die transatlantischen Beziehungen nach dem 11.9.2001, in: W. Weidenfeld/W. Wessels (Hrsg.), Jahrbuch der Europäischen Integration 2001/2002 (2002), 39, 39; *A. Deighton*, The ESDP, in: JCMS 2002, 719, 731.

[1323] Dazu siehe 2. Kap. B. II. Zu Art. 51 UN-Charta siehe außerdem 3. Kap. C. I. 1. b.).

die Rechtsgrundlage für einen militärischen Einsatz auf dem Territorium der EU als Reaktion auf einen Terroranschlag sein. Es kommt also zu Überschneidungen der Anwendungsbereiche. Die Solidaritätsklausel soll aber *lex specialis* zur Beistandsklausel sein.

(c.) Rechtliche Abgrenzung von Beistandsklausel und Solidaritätsklausel

Deswegen sind Solidaritäts- und Beistandsklausel von einander abzugrenzen. Teilweise wird dabei vertreten, dass die Beistandsklausel *lex specialis* zur Solidaritätsklausel sei[1324]. Vorgetragen werden die zuvor aufgeführten Argumente, die für eine Bedeutung der Beistandsklausel für die Terrorismusbekämpfung sprechen.
Gegen eine Anwendung der Beistandsklausel als Rechtsgrundlage für eine Reaktion nach einem Terroranschlag spricht aber eine Vielzahl von Argumenten. Zu nennen ist insbesondere der Sinn und Zweck der Solidaritätsklausel. Sie bezieht sich nämlich gerade vom Wortlaut her ausdrücklich auf die Terrorismusbekämpfung. Würde die Beistandsklausel ebenfalls den Fall der Reaktion auf einen Terroranschlag mit umfassen, so wäre die Einführung der Solidaritätsklausel überflüssig. Vor allem bleibt zu bedenken, dass, wenn beide Klauseln einen Terroranschlag umfassen würden, die Solidaritätsklausel leicht durch die Beistandsklausel umgangen werden könnte. Denn die Solidaritätsklausel setzt im Gegensatz zur Beistandsklausel das Ersuchen der politischen Entscheidungsträger voraus (Art. 222 Abs. 2 AEUV). Zudem ist noch zu bedenken, dass Terroranschläge in der Regel von nichtstaatlichen Terrororganisationen oder Terroristen verübt werden. Die Beistandsklausel spricht allerdings den Fall eines Angriffs durch einen anderen Staat an. Würde man darüber hinaus die Beistandsklausel auch für einen Terroranschlag für anwendbar erklären, würde, wie beim Art. 51 UN-Charta, eine Zurechnungsproblematik[1325] entstehen. Dies kann nicht gewollt sein, vor allem weil die Solidaritätsklausel diese Problematik nicht hat. Deshalb kann die Solidaritätsklausel nur als *lex specialis* einzuordnen sein. Mit

[1324] Dazu siehe *C. Calliess*, in: C. Calliess/M. Ruffert, VerfEU (2006), Art. I-43, Rn. 20.

[1325] Anm.: Problematisch bei der Geltendmachung des Selbstverteidigungsrechts für einen Gegenschlag gegen Terroristen ist, dass Art. 51 UN-Charta herkömmlicherweise voraussetzt, dass der Angriff von einem anderen Staat ausgegangen sein muss. Terroristen sind jedoch nichtstaatliche Akteure. Also müsste ein terroristischer Angriff, damit das Selbstverteidigungsrecht nach Art. 51 UN-Charta gegen Terroristen angewendet werden kann, einem anderen Staat zurechenbar sein. Auf diese Problematik soll in dieser Arbeit nicht näher eingegangen werden. Zur Zurechnungsproblematik siehe *M. Ruffert*, Terrorismusbekämpfung zwischen Selbstverteidigung und kollektiver Sicherheit, in: ZRP 2002, 247 ff.; *C. Tietje/K. Nowrot*, Völkerrechtliche Aspekte militärischer Maßnahmen gegen den internationalen Terrorismus, in: NZWehrR 2002, 1 ff.

der Solidaritätsklausel existiert ja gerade eine Norm, die den Fall eines Terroranschlags umfasst, weshalb eine Zurechnung, wie es für Art. 51 UN-Charta notwendig ist, nicht erforderlich ist.
Aus diesen Gründen ist nicht die Beistandsklausel *lex specialis* zur Solidaritätsklausel, sondern umgekehrt die Solidaritätsklausel *lex specialis* zur Beistandsklausel.

(d.) Fazit

Die Beistandsklausel ist somit nicht für die Terrorismusbekämpfung anwendbar. Sie trägt lediglich dem Umstand Rechnung, dass die Solidaritätsklausel den klassischen Fall eines bewaffneten Angriffs auf das Hoheitsgebiet der EU nicht abdeckt. Sie ist nicht für die Terrorismusbekämpfung gedacht. Den Fall eines Terroranschlags auf das Hoheitsgebiet umfasst nämlich gerade die Solidaritätsklausel.

b.) Die Agentur für die Bereiche Entwicklung der Verteidigungsfähigkeiten, Forschung, Beschaffung und Rüstung (Europäische Verteidigungsagentur)

Im engen Zusammenhang mit der Ständigen Strukturierten Zusammenarbeit ist die in Art. 42 Abs. 3 und Art. 45 des neuen EU-Vertrags[1326] normierte Agentur für die Bereiche Entwicklung der Verteidigungsfähigkeiten, Forschung, Beschaffung und Rüstung (Europäische Verteidigungsagentur) zu sehen[1327]. Da sie schon unabhängig vom Vertrag von Lissabon in Kraft getreten ist[1328], wird sie durch den Vertrag von Lissabon in das Primärrecht verankert.

(1.) Aufgabe und Bedeutung

Die Europäische Verteidigungsagentur, an der die Mitgliedstaaten *„auf Wunsch“* teilnehmen können, verfolgt als Ziel die Ermittlung und Stärkung der operativen Fähigkeiten der ESVP. Dazu soll sie ein breites Aufgabenspektrum an Informations-, Analyse-, Unterstützungs-, Koordinations- und Vorschlags-

---

[1326] Anm.: Art. 42 Abs. 3 des neuen EU-Vertrags entspricht Art. I-41 Abs. 3 des neuen EU-Vertrags, Art. 45 des neuen EU-Vertrags entspricht Art. III-311 VVE.

[1327] *U. Petersohn/S. Lang*, Die Zukunft der ESVP nach den gescheiterten Referenden, in: SWP-Aktuell 34, 8/2005, 1, 1.

[1328] Zum vorzeitigen Inkrafttreten der Verteidigungsagentur siehe 3. Kap. A. I. 3.

funktionen erfüllen[1329]. Konkret heißt es in Art. 42 Abs. 3 des neuen EU-Vertrags, dass es Aufgabe der Rüstungsagentur ist, „*den operativen Bedarf (zu ermitteln) und (...) Maßnahmen zur Bedarfsdeckung (zu fördern), (...) zur Ermittlung von Maßnahmen zur Stärkung der industriellen und technologischen Basis des Verteidigungssektors (beizutragen) und (...) diese Maßnahmen gegebenenfalls (durchzuführen), (...) sich an der Festlegung einer europäischen Politik im Bereich der Fähigkeiten und der Rüstung (zu beteiligen) und (...) den Rat bei der Beurteilung der Verbesserung der militärischen Fähigkeiten (zu unterstützen)*". Diese Aufgabe wird in Art. 45 des neuen EU-Vertrags präzisiert. Nach Art. 45 des neuen EU-Vertrags ist es Aufgabe der Verteidigungsagentur, „*bei der Ermittlung der Ziele im Bereich der militärischen Fähigkeiten der Mitgliedstaaten und der Beurteilung, ob die von den Mitgliedstaaten in Bezug auf diese Fähigkeiten eingegangenen Verpflichtungen erfüllt wurden, mitzuwirken*" (Art. 45 Abs. 1 a) des neuen EU-Vertrags); „*auf eine Harmonisierung des operativen Bedarfs sowie die Festlegung effizienter und kompatibler Beschaffungsverfahren hinzuwirken*" (Art. 45 Abs. 1 b) des neuen EU-Vertrags); „*multilaterale Projekte zur Erfüllung der Ziele im Bereich der militärischen Fähigkeiten vorzuschlagen, und für die Koordinierung der von den Mitgliedstaaten durchgeführten Programme sowie die Verwaltung spezifischer Kooperationsprogramme zu sorgen*" (Art. 45 Abs. 1 c) des neuen EU-Vertrags); „*die Forschung auf dem Gebiet der Verteidigungstechnologie zu unterstützen, gemeinsame Forschungsaktivitäten sowie Studien zu technischen Lösungen, die dem künftigen operativen Bedarf gerecht werden, zu koordinieren und zu planen*" (Art. 45 Abs. 1 d) des neuen EU-Vertrags); „*dazu beizutragen, dass zweckdienliche Maßnahmen zur Stärkung der industriellen und technologischen Basis des Verteidigungssektors und für einen wirkungsvolleren Einsatz der Verteidigungsausgaben ermittelt werden, und diese Maßnahmen gegebenenfalls durchzuführen*" (Art. 45 Abs. 1 e) des neuen EU-Vertrags).

Mit dieser Agentur hat der Rat also eine neue Einrichtung zur Verfügung, die sich zu einem Anknüpfungspunkt für eine stärkere Harmonisierung und Integration der nationalen Verteidigungspolitiken entwickeln könnte[1330]. Dadurch sollen die vorhandenen nationalen Kapazitäten effizienter genutzt werden können, indem unterschiedliche Projekte zusammengelegt und gemeinsam finanziert

[1329] *S. Flechtner*, Neue Impulse in der europäischen Außen- u. Sicherheitspolitik: Der Verfassungsentwurf des Konvents u. die Sicherheitsstrategie v. *Solana* (2003), S. 7; *S. Everts/D. Keohane*, The European Convention and EU Foreign Policy: Learning from Failure, in: Survival, vol. 45, Number 3, 167, 174.

[1330] *J. Frank*, Analyse der Ergebnisse des EU-Konvents unter besonderer Berücksichtigung der ESVP, in: G. E. Gustenau (Hrsg.), Aktuelle Entwicklung der ESVP im Lichte des EU-Konvents (2003), 6, 11.

werden. Zu denken wäre etwa an die Anschaffung moderner und komplexer Waffensysteme, deren Kosten von einem Staat nicht alleine getragen werden können[1331]. Der Mehrwert dieser Agentur wird der sein, dass Synergieeffekte bei Planung, Verwaltung und Nutzung von Programmen sowohl in operativen Bereich als auch hinsichtlich der industriellen und technologischen Basis der ESVP freigesetzt werden könnten[1332]. Dies könnte dann zu einer Verbesserung der operativen Fähigkeiten führen.

(2.) Bedeutung für die Terrorismusbekämpfung

Durch eine aus ihren Aufgaben konsequenterweise resultierende Stärkung der militärischen Einheiten, müsste die Verteidigungsagentur ebenfalls zu einer besseren und effektiveren Bekämpfung des Terrorismus beitragen können, da die militärischen Einheiten zur Terrorismusbekämpfung im Rahmen der Petersberg-Aufgaben oder der Solidaritätsklausel eingesetzt werden könnten. Daher kann die Europäische Verteidigungsagentur als Knotenpunkt für sämtliche Anstrengungen der EU im Bereich der Militär- und Rüstungspolitik auch Bedeutung auf die Bekämpfung des Terrorismus erlangen[1333].

c.) Fazit

Von den weiteren Neuerungen können die Koalition der Fähigen und Willigen, die Ständige Strukturierte Zusammenarbeit sowie die Europäische Verteidigungsagentur Bedeutung für die Terrorismusbekämpfung im Rahmen der ESVP besitzen und sonstige Beiträge für diese leisten. Keine Bedeutung für die Terrorismusbekämpfung im Rahmen der ESVP hat dagegen die Beistandsklausel.

[1331] *F. Algieri/T. Bauer*, Europa - die gespaltene Macht, Die Konventsvorschläge zur Sicherheits- u. Verteidigungspolitik, in: C. Giering (Hrsg.), Der EU-Reformkonvent- Analyse u. Dokumentation (2003), 103, 105.

[1332] *F. Algieri/T. Bauer*, Eine Frage der Macht: Die EU auf dem Weg zum sicherheits- u. verteidigungspolitischen Akteur mit globaler Reichweite, in: W. Weidenfeld, Die Europäische Verfassung in der Analyse (2005), 228, 233.

[1333] *M. Frenzel*, Bauanleitung für die Agentur, abrufbar unter www.dw-world.de/dw/article/-0,1564,1219259,00.html, letzter Zugriff: 2.8.2009.

V. Bewertung der Terrorismusbekämpfung im Rahmen der ESVP im Vertrag von Lissabon (mit weiteren Ergänzungen)

1. Bewertung der Neuerungen im Bereich der ESVP mit Bedeutung für die Terrorismusbekämpfung

Die Neuerungen im Vertrag von Lissabon im Rahmen der ESVP stellen Verbesserungen für die Terrorismusbekämpfung im Vergleich zum *de lege lata* dar. Dabei sind zunächst die beiden Regelungen hervorzuheben, die die Terrorismusbekämpfung explizit erwähnen, die Solidaritätsklausel und der neue Petersberg-Aufgabenkatalog. Bisher findet die Terrorismusbekämpfung an keiner Stelle der Normierungen zur ESVP im Primärrecht des Vertrags von Nizza Erwähnung. Damit wird das anfängliche Problem gelöst, ob die Terrorismusbekämpfung zu den Zielen der ESVP gehört, auch wenn die Entwicklung in den letzten Jahren dies schon klargestellt hatte und die Terrorismusbekämpfung über eine dynamische Auslegung zu den Aufgaben der ESVP gehört. Durch die Aufnahme der Terrorismusbekämpfung in die Normierungen zur ESVP wird daher deutlich sichtbar, dass sie als eine der heutigen Hauptaufgaben der ESVP erkannt worden ist und die EU bereit ist gegen den Terrorismus vorzugehen. Eine Erwähnung der Terrorismusbekämpfung in den Verträgen der EU wäre noch vor den Terroranschlägen des 11. September 2001 undenkbar gewesen. Durch die Normierung der Terrorismusbekämpfung in den Bereich der ESVP wird deutlich, dass sie inzwischen mehr Aufgabe des internationalen und militärischen Bereichs geworden ist. In den noch geltenden Verträgen ist die Terrorismusbekämpfung primär Aufgabe der polizeilichen und justitiellen Zusammenarbeit in Strafsachen.
Hinsichtlich der Bedeutung der Solidaritätsklausel und des neuen Petersberg-Aufgabenkatalogs sei an dieser Stelle auf die bereits vorgenommenen Bewertungen verwiesen[1334]. Aus diesen ging hervor, dass beide sehr wichtige Rollen bei der Terrorismusbekämpfung übernehmen könnten, trotz noch bestehender Defizite. Die Bewertungen zeigen, dass die EU sich durch den Vertrag von Lissabon mit den Mitteln der ESVP gegen den Terrorismus sowohl nach innen als auch nach außen zur Wehr setzen könnte.

Auch die weiteren Neuerungen im Vertrag von Lissabon, die in diesem Kapitel Erwähnung gefunden haben, könnten Beiträge zur Terrorismusbekämpfung leisten und zu Fortschritten bei der Bekämpfung des Terrorismus führen. Daher sind sie grundsätzlich positiv zu betrachten.

[1334] Zur Bewertung der Petersberg-Aufgaben siehe 4. Kap. B. IV. 1. c.) u. zur Bewertung der Solidaritätsklausel siehe 4. Kap. B. IV. 2. f.).

So sind die flexibleren Kooperationsformen hervorzuheben. Zwar wird die Beistandsklausel als flexible Kooperationsform keinen Beitrag zur Terrorismusbekämpfung leisten können, jedoch könnten die Koalition der Fähigen und Willigen und die Ständige Strukturierte Zusammenarbeit Einfluss auf eine effektivere Bekämpfung des Terrorismus nehmen. Die Koalition der Fähigen und Willigen könnte dies deshalb, weil sie Missionen des neuen Petersberg-Aufgabenkatalogs übernehmen kann, der die Terrorismusbekämpfung mit umfasst. Die Ständige Strukturierte Zusammenarbeit wird dahingehend Einfluss auf die Terrorismusbekämpfung nehmen können, dass sie zur Verbesserung der militärischen Fähigkeiten beitragen kann, die dann positiv bei Einsätzen zur Erfüllung der Petersberg-Aufgaben zum Tragen kommen könnten. Vor allem sollen diese Kooperationsformen für die Fortentwicklung der ESVP dynamisierend wirken. Dies gilt insbesondere für die Weiterentwicklung der Fähigkeiten, die zur Terrorismusbekämpfung eingesetzt werden könnten.
Aber die genannten Kooperationsformen sind nicht nur positiv zu sehen. Sie könnten ebenso negative Effekte für die Fortentwicklung der ESVP nach sich ziehen. So könnten sie etwa verhindern, dass Europa einheitlich auftritt, was sich dann negativ für die Entwicklung zu einem kohärenten und einheitlichen Akteur auswirken kann. Durch Formen der „Abkopplung durch Kernstaaten" besteht die Gefahr der Entstehung einer „Avantgarde". Folge wäre eine ESVP der zwei Geschwindigkeiten. Solche Schwächen der Kooperationsformen können nicht vorteilhaft für die Terrorismusbekämpfung sein.
Zwar ist dennoch zu betonen, dass solche Kooperationsformen das Ziel verfolgen, eine verbesserte Zusammenarbeit zwischen den beteiligten Mitgliedstaaten zu erreichen, dies hat aber nicht automatisch zur Folge, dass sie dadurch dann kohärenter auftreten[1335]. Solche Kooperationen könnten jedoch sicherlich einen Schritt zu einem kohärenten Auftreten bedeuten.
An der Ständigen Strukturierten Zusammenarbeit ist zu bemängeln, dass die im „Protokoll über die Ständige Strukturierte Zusammenarbeit" genannten Tätigkeitsfelder zur Erreichung der genannten Ziele zu allgemein gefasst sind und daher in ihrer konkreten Umsetzung noch zu diffus sind[1336]. Abhilfe könnte die Einführung von militärischen Konvergenzkriterien bringen. Allerdings wurde

---

[1335] *T. Risse,* Auf dem Weg zu einer gemeinsamen Außenpolitik? Der Verfassungsentwurf u. die europäische Außen- u. Sicherheitspolitik, in: int 2003, 564, 572.

[1336] *U. Diedrichs/M. Jopp*, Die Sicherheits- u. Verteidigungspolitik der EU nach dem Verfassungsvertrag: Innovationen, Experimente, Impulse, in: M. Jopp/S. Matl (Hrsg.), Der Vertrag über eine Verfassung für Europa (2005), 343, 354; *J. Frank/E. Reiter*, Sicherheitspolitische Aspekte der EU-Verfassung (2004), S. 12.

eine solche Einführung in den Verfassungsvertrag von einigen Mitgliedstaaten, unter anderem Deutschland, abgelehnt[1337].

Wie dargestellt, kann ebenfalls die Europäische Verteidigungsagentur Einfluss auf die Terrorismusbekämpfung haben. Als Knotenpunkt für sämtliche Anstrengungen der EU im Bereich der Militär- und Rüstungspolitik wird sie zur Stärkung der militärischen Einheiten beitragen, die für Aufgaben zur Bekämpfung des Terrorismus eingesetzt werden könnten. Die Verteidigungsagentur ist, da sie zur Terrorismusbekämpfung beitragen kann, als Fortschritt für die Terrorismusbekämpfung im Rahmen der ESVP einzuordnen.
Positiv ist an ihr hervorzuheben, dass mit ihr politischer Druck auf die Mitgliedstaaten ausgeübt werden könnte und die Mitgliedstaaten dadurch zur Einhaltung ihrer Zusagen bewegt werden könnten. Damit könnte indirekt der Nachteil der bisherigen Kooperationsformen beseitigt werden, der darin liegt, dass sie keine bindenden Bestimmungen enthielten und deshalb keine Sanktionen bei der Nichteinhaltung der zugesicherten Beiträge aussprechen konnten. Zwar kann auch die Verteidigungsagentur dies nicht, aber durch die Ausübung des politischen Drucks, der sich insbesondere aus den Bestimmungen des Protokolls zur Ständigen Strukturierten Zusammenarbeit ergibt, kann dieser Nachteil behoben werden. Denn die Teilnahme an der Ständigen Strukturierten Zusammenarbeit setzt bestimmte Bedingungen voraus[1338]. Werden diese nicht erfüllt, droht etwa der Ausschluss aus der Ständigen Strukturierten Zusammenarbeit[1339].
Aber auch an der Verteidigungsagentur gibt es Punkte zu bemängeln. Sie muss erst noch in der Praxis beweisen, dass sie tatsächlich in der Lage sein wird, flexible Anreize zu einer effizienteren Zusammenarbeit bei der militärischen Kapazitätsbeschaffung zu setzen. Schafft sie dies nicht, wird die Verteidigungsagentur als überflüssige Zusatzbürokratie eingestuft werden[1340]. Ferner ist ihre Stellung zu den einzelnen Mitgliedstaaten problematisch. So entbrannte über dieses Problem schon frühzeitig eine Diskussion zwischen Frankreich und Großbritannien, inwieweit diese auf nationale Streitkräftekonzeptionen und Beschaffungsprozesse Einfluss nehmen können. Während Großbritannien lediglich eine Koordinationsstelle für die Stärkung der europäischen militärischen

---

1337 Vgl. *U. Diedrichs/M. Jopp*, Die Sicherheits- u. Verteidigungspolitik der EU nach dem Verfassungsvertrag: Innovationen, Experimente, Impulse, in: M. Jopp/S. Matl (Hrsg.), Der Vertrag über eine Verfassung für Europa (2005), 343, 354.

1338 Zu diesen Voraussetzungen bzw. Verpflichtungen zur Teilnahme an der Ständigen Strukturierten Zusammenarbeit siehe 4. Kap. B. IV. 3. a.) bb.).

1339 *F. Algieri/T. Bauer/K. Brummer*, Entwicklungspotenzial auch ohne Verfassungsvertrag: Optionen für GASP u. ESVP, in: C·A·P Analyse 1/2005, S. 12.

1340 *W. Wessels*, Institutionelle Architektur für eine globale (Zivil-) Macht? Die GASP im „Verfassungsvertrag", in: ZSE 2003, 400, 416.

Fähigkeiten in Kooperation mit der NATO schaffen wollte, wollte Frankreich eine gegenüber den nationalen Rüstungsbehörden mit mehr Kompetenzen ausgestattete Agentur schaffen. Wie dieses Problem gelöst wird, muss erst die Zukunft zeigen, ebenso weitere Kompetenzfragen und Unterordnungen der Behörde[1341]. Bezüglich der Funktionsfähigkeit wird zudem noch Art. 346 AEUV[1342] kritisiert. Nach ihm sind die Mitgliedstaaten nicht verpflichtet, Auskünfte zu erteilen, deren Preisgabe ihres Erachtens ihren wesentlichen Sicherheitsinteressen widerspricht (Art. 346 Abs. 1 a) AEUV). Zudem darf jeder Mitgliedstaat Maßnahmen ergreifen, die nach seiner Ansicht für die Wahrung seiner wesentlichen Sicherheitsinteressen notwendig sind, soweit sie die Herstellung von Waffen, Munition und Kriegsmaterial oder den Handel betreffen (Art. 346 Abs. 1 b) AEUV). Hieraus ergibt sich eine beträchtliche Einschränkung der Ausgestaltung der ESVP, da die rüstungstechnologische Industrie die Basis für die Realisierung einer selbständigen Sicherheits- und Verteidigungspolitik ist. Folglich stellt Art. 346 AEUV ein großes Kooperationshindernis dar[1343].
Trotz dieser Kritikpunkte wird die Verteidigungsagentur im Wesentlichen als gelungen akzeptiert. Dies spiegelt sich darin wieder, dass sie bereits unabhängig vom Vertrag von Lissabon in Kraft getreten ist.

Abschließend ist festzuhalten, dass die Neuerungen im Bereich der ESVP insbesondere zur Verbesserung der militärischen Handlungsfähigkeit der ESVP führen könnten. Dies ist positiv, da gerade die militärische Handlungsfähigkeit der EU im *de lege lata* stark angezweifelt wurde, trotz Fortschritten in den vergangenen Jahren. Dazu tragen der neue Petersberg-Aufgabenkatalog, die Europäische Verteidigungsagentur, die Solidaritäts- und die beiden flexiblen Kooperationsformen bei. Deshalb werden die Normierungen im Vertrag von Lissabon zur ESVP, dabei insbesondere die zur Terrorismusbekämpfung, als gelungen betrachtet. Sie stellen substanzielle Neuerungen dar[1344].

1341 *F. Algieri/T. Bauer*, Eine Frage der Macht: Die EU auf dem Weg zum sicherheits- u. verteidigungspolitischen Akteur mit globaler Reichweite, in: W. Weidenfeld, Die Europäische Verfassung in der Analyse (2005), 228, 234.

1342 Anm.: Art. 346 AEUV entspricht Art. III-436 VVE.

1343 *F. Algieri/T. Bauer*, Europa - die gespaltene Macht, Die Konventsvorschläge zur Sicherheits- u. Verteidigungspolitik, in: C. Giering (Hrsg.), Der EU-Reformkonvent- Analyse u. Dokumentation (2003), 103, 106; *F. Algieri/T. Bauer/K. Brummer*, Entwicklungspotenzial auch ohne Verfassungsvertrag: Optionen für GASP u. ESVP, in: C·A·P Analyse 1/2005, S. 13.

1344 Anm.: Auch wenn bspw. die Subsidiaritätsklausel oder die Europäische Verteidigungsagentur schon unabhängig vom Vertrag von Lissabon in Kraft getreten sind.

2. Behebung des Kohärenzproblems

Kritikpunkte an der ESVP im Vertrag von Lissabon beziehen sich insbesondere auf das Problem der mangelnden Kohärenz. Es konnte durch den Vertrag von Lissabon nicht entscheidend behoben werden, obwohl die Behebung dieser Schwäche bereits einen der Schwerpunkte in den Vorarbeiten der Arbeitsgruppe VIII zum Verfassungsvertrag gebildet hatte.

a.) Beschlussfassung im Bereich der ESVP im Vertrag von Lissabon

Vor allem Deutschland und Frankreich versuchten während der Vorarbeiten zum Verfassungsvertrag die Generalisierung von Mehrheitsentscheidungen in die GASP einzuführen, doch konnte diesbezüglich kein Konsens unter den nationalen Konventsvertretern erzielt werden[1345]. So sahen Vorschläge der Außenminister und Konventsmitglieder *Joschka Fischer* und *Dominique de Villepin* vor, *„Beschlüsse im Bereich der GASP (...) generell mit qualifizierter Mehrheit zu fassen“*[1346]. Vor allem Großbritannien lehnte diesen Vorschlag ab, sodass im Verfassungsvertrag am Konsensprinzip festgehalten wurde. An diesem Einstimmigkeitsprinzip wird auch im Vertrag von Lissabon festgehalten.

Zwar kann das Konsensprinzip im Bereich der GASP auch an einigen Stellen durchbrochen werden[1347], aber diese wenigen Öffnungen können über ein nati-

---

[1345] *W. Wessels,* Institutionelle Architektur für eine globale (Zivil-) Macht? Die GASP im „Verfassungsvertrag“, in: ZSE 2003, 400, 422; *M. Jopp/S. Sandawi,* ESVP, in: W. Weidenfeld/W. Wessels (Hrsg.), Jahrbuch der Europäischen Integration 2002/2003 (2003), 241, 246; *S. Flechtner,* Neue Impulse in der europäischen Außen- u. Sicherheitspolitik: Der Verfassungsentwurf des Konvents u. die Sicherheitsstrategie v. *Solana* (2003), S. 7; *M. Jopp/E. Regelsberger,* GASP u. ESVP im Verfassungsvertrag – eine neue Angebotsvielfalt mit Chancen u. Mängeln, in: int 2003, 550, 556.

[1346] Anm.: Hierbei ist aber zu berücksichtigen, dass die Vorschläge Frankreichs und Deutschlands nicht vorgesehen haben, Mehrheitsentscheidungen bei Fragen mit militärischen und verteidigungspolitischen Bezügen einzuführen. Dazu siehe *D. de Villepin/J. Fischer,* Deutsch-französischer Beitrag für den europäischen Konvent zur institutionellen Architektur der Union, CONV 489/03, S. 6; *U. Diedrichs/M. Jopp,* Die Sicherheits- u. Verteidigungspolitik der EU nach dem Verfassungsvertrag: Innovationen, Experimente, Impulse, in: M. Jopp/S. Matl (Hrsg.), Der Vertrag über eine Verfassung für Europa (2005), 343, 348.

[1347] Anm.: Zu nennen wäre hier das Prinzip der „konstruktiven Enthaltung“. Dieses wird aber wieder ausgesetzt, wenn ein Drittel der Mitgliedstaaten mit einem Drittel der EU-Bevölkerung sich enthalten. Erwähnenswert sind auch Öffnungsklauseln zugunsten wiederum unterschiedlich qualifizierter Mehrheiten, wenn der Ministerrat aufgrund eines Beonales Veto im Sinne des „Luxemburger Kompromisses“ doch wieder ausgehebelt werden (Art. 31 Abs. 2 des neuen EU-Vertrags[1348]). Danach kann *„jedes Mitglied des Rates (...) aus wesentlichen Gründen der nationalen Politik, die er auch nennen muss“*, eine Abstimmung mit qualifizierter Mehrheit ablehnen. Zudem gilt weiterhin, dass Beschlüsse mit militärischen und verteidigungspolitischen Bezügen einstimmig gefasst werden. Dies stellt Art. 31 Abs. 4 des neuen EU-Vertrags[1349] klar, wonach *„Beschlüsse mit militärischen oder verteidigungspolitischen Bezügen“* aus dem Anwendungsbereich des Art. 31 Abs. 2 des neuen EU-Vertrags herausfallen. Selbst bei nicht-militärischen Missionen des Krisenmanagements, wie zivile Missionen nach Art. 43 des neuen EU-Vertrags, sind Mehrheitsentscheidungen nicht vorgesehen[1350]. Insbesondere zur Beschlussfassung im Bereich der ESVP stellt Art. 42 Abs. 4 des neuen EU-Vertrags klar, dass sie nach wie vor einstimmig erfolgen muss.

Deshalb werden auch im Vertrag von Lissabon durch das Konsensprinzip dem Aufbau einer starken und einheitlichen Sicherheits- und Verteidigungspolitik erhebliche Grenzen gesetzt. Im Extremfall könnte dies in einer EU mit 27 und zukünftig noch mehr Mitgliedstaaten zu einem „Entscheidungskollaps“ führen. Darüber hinaus bedeutet die Beibehaltung des Konsensprinzips, dass innereuropäische Probleme, wie sie etwa während des Irak-Konflikts aufgetreten sind[1351], auch zukünftig nicht zu vermeiden sind. Die Beibehaltung des Konsensprinzips ist daher eine der großen Schwächen der ESVP im Vertrag von Lissabon, wie auch vorher schon im Verfassungsvertrag. Es hindert die EU in ihrer Hand-

---

schlusses des Europäischen Rates oder aufgrund einer Initiative des EU-Außenministers handelt; vgl. hierzu u. a. Art. 31 des neuen EU-Vertrags.

1348 Anm.: Art. 31 Abs. 2 des neuen EU-Vertrags entspricht Art. III-300 Abs. 2 VVE.

1349 Anm.: Art. 31 Abs. 4 des neuen EU-Vertrags entspricht Art. III-300 Abs. 4 VVE.

1350 *T. Risse*, Auf dem Weg zu einer gemeinsamen Außenpolitik? Der Verfassungsentwurf u. die europäische Außen- u. Sicherheitspolitik, in: int 2003, 564, 567; *W. Wessels*, Institutionelle Architektur für eine globale (Zivil-) Macht? Die GASP im „Verfassungsvertrag“, in: ZSE 2003, 400, 423; *J. Frank*, Analyse der Ergebnisse des EU-Konvents unter besonderer Berücksichtigung der ESVP, in: G. E. Gustenau (Hrsg.), Aktuelle Entwicklung der ESVP im Lichte des EU-Konvents (2003), 6, 10; *F. Algieri*, Die Ergebnisse des EU-Konvents bzgl. der ESVP im Lichte des Europäischen Rats von Thessaloniki, in: G. E. Gustenau (Hrsg.), Aktuelle Entwicklung der ESVP im Lichte des EU-Konvents (2003), 15, 17; *M. Jopp/E. Regelsberger*, GASP u. ESVP im Verfassungsvertrag – eine neue Angebotsvielfalt mit Chancen u. Mängeln, in: int 2003, 550, 557; *K. von Wogau*, Die Gemeinsame Verteidigungspolitik, in: J. Schwarze (Hrsg.), Der Verfassungsentwurf des Europäischen Konvents (2004), 147, 147; siehe auch *M. Stabenow*, Ein ungewisser Vertrag für ein ungewisses Europa, in: FAZ, 21.6.2004, Nr. 141, S. 3.

1351 Zum Irak-Krieg siehe 2. Kap. D., zu den innereuropäischen Meinungsverschiedenheiten siehe 3. Kap. B. II. 2.

lungsfähigkeit. Diese Einschränkungen können somit nicht förderlich für die Bekämpfung des Terrorismus in ihrem Rahmen sein[1352].

b.) Die Ausweitung der verstärkten Zusammenarbeit auf den Bereich der ESVP

Wenigstens konnte im Gegenzug zur Beibehaltung des Einstimmigkeitsprinzips die verstärkte Zusammenarbeit auf die ESVP ausgeweitet werden, da Art. 20 des neuen EU-Vertrags[1353] und Art. 329 AEUV[1354] im Gegensatz zum Altentwurf und zum derzeit geltenden EU-Vertrag (Art. 27 b EUV) keinen Ausschluss für die ESVP mehr enthalten.
Die ausdrücklichen Voraussetzungen der verstärkten Zusammenarbeit sind auf den neuen EU-Vertrag und den AEUV verteilt[1355]. Zu beachten ist bei den Voraussetzungen insbesondere, dass die verstärkte Zusammenarbeit, die vor allem konsensfördernd wirken soll, von ihrer Konstruktion her als letzte Ausweichmöglichkeit gedacht ist (vgl. Art. 20 Abs. 2 des neuen EU-Vertrags). Dies bedeutet, dass sie angewendet wird, wenn die angepeilten Ziele des Vertragswerks nicht in einem vertretbaren Zeitraum verwirklicht werden können[1356]. Dementsprechend sind grundsätzlich militärische und verteidigungspolitische Aspekte nicht von vornherein von ihr ausgeschlossen und somit ist sie für die ESVP anwendbar. Allerdings ist für die Anwendung der verstärkten Zusammenarbeit im Bereich der ESVP zu bedenken, dass sie kein bestimmtes Handlungsfeld nennt, in dem die Mitgliedstaaten enger kooperieren könnten. Darin besteht auch der wesentliche Unterschied zur Ständigen Strukturierten Zusammenarbeit. Diese ist mit ihrem Katalog an Handlungsbereichen so ausgestattet worden, dass außer der operativen Dimension kaum eine verteidigungspolitische Frage vernachlässigt wurde. Dadurch wird signalisiert, dass die Ständige Strukturierte Zusammenarbeit präferiert wird und kaum Platz für die verstärkte Zusammenarbeit bleibt. Zudem besteht noch die Möglichkeit der Bildung einer Koalition der Fähigen und Willigen, die somit auch der verstärkten Zusammenarbeit den Platz

---

1352 Anm.: Aufgrund des Urteils des Bundesverfassungsgerichts vom 30.6.2009 zum Vertrag von Lissabon wird es in Zukunft allerdings keine Mehrheitsentscheidungen im Bereich der ESVP geben können. Im Bereich der ESVP muss von Verfassungs wegen am Einstimmigkeitsprinzip festgehalten werden. Dazu siehe 4. Kap. B. VII. 3.

1353 Anm.: Art. 20 des neuen EU-Vertrags entspricht Art. I-44 VVE.

1354 Anm.: Art. 329 AEUV entspricht Art. III-419 VVE.

1355 Anm.: Auf die Darstellung dieser Voraussetzungen wird an dieser Stelle verzichtet. Zu diesen siehe *M. Ruffert*, in: C. Calliess/M. Ruffert, VerfEU (2006), Art. I-44, Rn. 13 ff.

1356 *F. Algieri/T. Bauer/K. Brummer*, Entwicklungspotenzial auch ohne Verfassungsvertrag: Optionen für GASP u. ESVP, in: C·A·P Analyse 1/2005, S. 14; *M. Jopp/E. Regelsberger*, GASP u. ESVP im Verfassungsvertrag – eine neue Angebotsvielfalt mit Chancen u. Mängeln, in: int 2003, 550, 555.

im Bereich der EVSP nimmt[1357]. Daher wird sie in der Praxis kaum Relevanz für die ESVP und damit für die Terrorismusbekämpfung besitzen.

c.) Die Einführung des Amtes des Hohen Vertreters der Union für Außen- und Sicherheitspolitik (Art. 18 des neuen EU-Vertrags)

Ein weiterer Versuch, die Zusammenarbeit zwischen den Mitgliedstaaten effizienter zu gestalten und auch die *„Kohärenz zwischen den einzelnen Bereichen ihres auswärtigen Handelns sowie zwischen diesen und (der internen Politik)"* (Art. 21 Abs. 3 des neuen EU-Vertrags[1358]) sicherzustellen, stellt die Einführung des Amtes des Hohen Vertreters der Union für Außen- und Sicherheitspolitik[1359] dar. Die Einführung dieses Amtes ist eine zentrale Innovation in der institutionellen Architektur des Vertrags von Lissabon[1360]. Dieser Regelung steht im Primärrecht *de lege lata* keine korrespondierende Regelung gegenüber.

Dieses neue Amt strebt die Zusammenführung der Aufgaben und Ämter des Rates beziehungsweise Hohen Vertreters und der Kommission beziehungsweise des Kommissars für die Außenbeziehungen an. Der Hohe Vertreter der Union für Außen- und Sicherheitspolitik soll demzufolge die außenpolitischen Ressourcen auf supranationaler Ebene bündeln. Dazu gehört, dass er die EU auf internationaler Ebene einheitlich repräsentieren soll. Dabei fungiert er sozusagen unter einem „Doppelhut" als Vizepräsident der Kommission und als Repräsentant des Rates. Durch diese Bündelung der Ressourcen und das einheitliche Repräsentieren auf internationaler Ebene soll er für mehr Kohärenz sowie zugleich insgesamt für eine bessere Außendarstellung der EU sorgen. Denn der-

---

[1357] Vgl. *U. Diedrichs/M. Jopp*, Die Sicherheits- u. Verteidigungspolitik der EU nach dem Verfassungsvertrag: Innovationen, Experimente, Impulse, in: M. Jopp/S. Matl (Hrsg.), Der Vertrag über eine Verfassung für Europa (2005), 343, 356-357.

[1358] Anm.: Art. 21 Abs. 3 des neuen EU-Vertrags entspricht Art. III-292 Abs. 2 VVE.

[1359] Anm.: Im Verfassungsvertrag wird dieses Amt als „Außenminister der Union" bezeichnet. Auch wenn diese Bezeichnung nicht mehr im Vertrag von Lissabon verwendet wird, bleiben die geplanten Neuerungen, die die Schaffung des Außenministerpostens hätte bringen sollen, im Vertrag von Lissabon erhalten. Sie bleiben der zukünftigen EU unter der Bezeichnung „Hoher Vertreter der Union für Außen- und Sicherheitspolitik" erhalten. Dazu siehe *P. Craig*, The Treaty of Lisbon: Process, architecture and substance, in: E.L. Rev. April 2008, 137, 156; *J. Wuermeling*, Der Reformvertrag – das Ende der Verfassungsvision?, in: I. Pernice, Der Vertrag v. Lissabon: Reform der EU ohne Verfassung?, S. 25, 28.

[1360] *W. Wessels*, Institutionelle Architektur für eine globale (Zivil-) Macht? Die GASP im „Verfassungsvertrag", in: ZSE 2003, 400, 418; *V. Epping*, Die Verfassung Europas?, in: JZ 2003, 821, 829.

zeit besteht das Problem, dass die EU aufgrund der Trennung von Zuständigkeiten zwischen Rat beziehungsweise dem Hohen Vertreter und der Kommission beziehungsweise dem Kommissar für die Außenbeziehungen EU auf internationaler Ebene nicht mit einer Stimme sprechen kann[1361].

Nicht nur für die Behebung des Kohärenzproblems könnte dieses Amt eine wichtige Rolle spielen, sondern auch für die Bekämpfung des Terrorismus im Rahmen der ESVP. Die Einführung dieses Amtes fällt nämlich in den Rahmen der GASP. Sein Aufgabenfeld schließt nach Art. 18 Abs. 2 S. 3 des neuen EU-Vertrags die ESVP mit ein[1362]. Im Bereich der ESVP wurden dem Hohen Vertreter der Union für Außen- und Sicherheitspolitik dabei einige spezifische Zuständigkeiten zugewiesen. Deshalb kann er Einfluss auf die ESVP nehmen und kann folglich die in ihren Rahmen fallende Bekämpfung des Terrorismus beeinflussen[1363].
So gehört zu seinem Aufgabenbereich, dass *„das Politische und Sicherheitspolitische Komitee (...) die politische Kontrolle und die strategische Leitung von Krisenbewältigungsoperationen (...)*" unter seiner Verantwortung[1364] ausübt (Art. 38 Abs. 2 des neuen EU-Vertrags[1365]). Zudem soll er *„unter Aufsicht des Rates und in engem und ständigem Benehmen mit dem Politischen und Sicherheitspolitischen Komitee für die Koordinierung der zivilen und militärischen Aspekte (von) Missionen*" sorgen (Art. 43 Abs. 2 des neuen EU-Vertrags[1366]). Dazu stellt seine Doppelrolle als Kommissionsmitglied und Repräsentant des Rates einen günstigen Ausgangspunkt dar, da er die zivilen Mittel der EU einbringen kann, um militärische Operationen zu flankieren, oder aber kombinierte militärisch-zivile Komponenten abzustimmen. Dazu passen auch die neuen

---

1361 *V. Epping*, Die Verfassung Europas?, in: JZ 2003, 821, 829; *U. Diedrichs/M. Jopp*, Die Sicherheits- u. Verteidigungspolitik der EU nach dem Verfassungsvertrag: Innovationen, Experimente, Impulse, in: M. Jopp/S. Matl (Hrsg.), Der Vertrag über eine Verfassung für Europa (2005), 343, 349; *F. Algieri/T. Bauer/K. Brummer*, Entwicklungspotenzial auch ohne Verfassungsvertrag: Optionen für GASP u. ESVP, in: C·A·P Analyse 1/2005, S. 6.

1362 Anm.: Auf seine Befugnisse außerhalb der EVSP soll hier nicht weiter eingegangen werden.

1363 Anm.: Zu nennen ist sein Vorschlagsrecht nach Art. 42 Abs. 4 des neuen EU-Vertrags (entspricht Art. I-41 Abs. 4 VVE), die Koordinationsaufgabe nach Art. 43 Abs. 2 des neuen EU-Vertrags (entspricht Art. III-309 Abs. 2 VVE), der Art. 44 Abs. 1 des neuen EU-Vertrags (entspricht III-310 Abs. 1 VVE), bzgl. der Ständigen Strukturierten Zusammenarbeit Art. 46 Abs. 1-3 des neuen EU-Vertrags (entspricht Art. III-312 Abs. 1-3 VVE) sowie bzgl. der Solidaritätsklausel Art. 222 Abs. 3 AEUV (entspricht Art. III-329 Abs. 2 VVE).

1364 Anm.: *„(...) und unter Verantwortung des Rates*".

1365 Anm.: Art. 38 Abs. 2 des neuen EU-Vertrags entspricht Art. III-307 Abs. 2 VVE.

1366 Anm.: Art. 43 Abs. 2 des neuen EU-Vertrags entspricht Art. III-309 Abs. 2 VVE.

Vorschriften zur Finanzierung von EU-Operationen. Der Hohe Vertreter der Union für Außen- und Sicherheitspolitik kann in den Fällen, in denen Ausgaben für eine Krisenbewältigungsoperation im Sinne der Petersberg-Aufgaben entstehen, die nicht aus dem Haushalt der EU finanziert werden, dem Rat einen Vorschlag für einen Beschluss unterbreiten, in dem die Einzelheiten für die Bildung eines von den Mitgliedstaaten finanzierten „Anschubfonds" enthalten sind, vor allem die Höhe der darin enthaltenen Mittel, die Details der Verwendung dieser Mittel sowie die Regelungen über die Finanzkontrolle (Art. 41 Abs. 3 des neuen EU-Vertrags[1367]). Dieser Fall kann dabei insbesondere für Fragen mit militärischen und verteidigungspolitischen Bezügen relevant werden[1368]. Da der Rat nach Art. 41 Abs. 3 des neuen EU-Vertrags den Hohen Vertreter der Union für Außen- und Sicherheitspolitik außerdem zur Inanspruchnahme des Anschubfonds ermächtigt, würde ihm im Fall einer Krisenbewältigungsmission die Möglichkeit gegeben, zeitnah und relativ autonom über den Einsatz von Geldern zu verfügen, die zwar von den Mitgliedstaaten beigesteuert werden, dem unmittelbaren nationalen Zugriff aber entzogen sind. Daraus könnte sich ein innovatives Finanzierungsmittel für militärische ESVP-Operationen entwickeln. Dabei muss aber bedacht werden, dass es sich immer noch um einen Fond im intergouvernementalen Bereich handelt und nicht um einen Fall der Übertragung der Finanzhoheit auf die EU. Jedenfalls könnte der Hohe Vertreter der Union für Außen- und Sicherheitspolitik sich zukünftig zu einer Art „Manager von EU-Missionen" entwickeln[1369].

Ferner gehört zum Amt des Hohen Vertreters der Union für Außen- und Sicherheitspolitik, dass er über die Bildung Ständiger Strukturierter Zusammenarbeiten informiert werden muss. Er besitzt in diesem Fall ein Anhörungsrecht beim Rat vor einem Beschluss (Art. 46 Abs. 1 u. 2 des neuen EU-Vertrags).

Mit diesen Aufgabenzuweisungen im Bereich der ESVP wird der Hohe Vertreter der Union für Außen- und Sicherheitspolitik die Instrumente und Ressourcen der EU und der Mitgliedstaaten koordinieren, zivile und militärische Seiten des Krisenmanagements bündeln und die verschiedenen Politikfelder im auswärtigen Bereich der EU zusammenführen können. Dadurch kann er zu einem ent-

---

1367 Anm.: Art. 41 Abs. 3 des neuen EU-Vertrags entspricht Art. III-313 Abs. 3 VVE.

1368 *U. Diedrichs/M. Jopp*, Die Sicherheits- u. Verteidigungspolitik der EU nach dem Verfassungsvertrag: Innovationen, Experimente, Impulse, in: M. Jopp/S. Matl (Hrsg.), Der Vertrag über eine Verfassung für Europa (2005), 343, 350.

1369 *U. Diedrichs/M. Jopp*, Die Sicherheits- u. Verteidigungspolitik der EU nach dem Verfassungsvertrag: Innovationen, Experimente, Impulse, in: M. Jopp/S. Matl (Hrsg.), Der Vertrag über eine Verfassung für Europa (2005), 343, 350.

scheidenden Faktor bei der Fortentwicklung der ESVP werden[1370]. Vor allem könnte er dadurch für mehr Kohärenz sorgen.

Allerdings bleibt zu bedenken, dass auch erhebliche Zweifel an der Funktionsfähigkeit dieses anspruchsvollen Amtes bestehen. Denn der Hohe Vertreter der Union für Außen- und Sicherheitspolitik hat gewissermaßen eine „Zwitterstellung" inne. Er ist sowohl dem Rat[1371] als auch der Kommission[1372] zugeordnet. Dies kann einerseits vorteilhaft sein, andererseits ist es problematisch „zwei Herren" zu dienen. So könnte etwa der Einfluss der Kommission gestärkt werden, wenn der Hohe Vertreter der Union für Außen- und Sicherheitspolitik den Vorsitz im Rat der auswärtigen Angelegenheiten ausübt[1373]. Ebenfalls unterläge er den für die Arbeitsweise der Kommission geltenden Verfahren, was jedoch nicht zu einer Beeinträchtigung seiner Funktion im Rahmen des Rates beziehungsweise bei der Führung der GASP führen dürfte (vgl. Art. 18 Abs. 4 des neuen EU-Vertrags). Zudem bestünde die Gefahr einer Unterhöhlung der vom Rat unabhängigen Initiativmacht der Kommission, da die Kommission nur im Zusammenwirken mir dem Hohen Vertreter der Union für Außen- und Sicherheitspolitik Vorschläge unterbreiten darf. Auf der anderen Seite wiederum könnte die Kommission über den Hohen Vertreter der Union für Außen- und Sicherheitspolitik als Mitglied des Kollegiums eine neue Mitwirkungsmöglichkeit an der Außenvertretung im Rahmen der GASP erhalten, obwohl der Kommission eigentlich „nur" die Außenvertretung der Union mit Ausnahme der GASP und der in den Verträgen vorgesehenen Fällen zusteht (Art. 17 Abs. 1 des neuen EU-Vertrags[1374])[1375]. Problematisch könnte darüber hinaus das Verhältnis des Hohen Vertreters der Union für Außen- und Sicherheitspolitik zum vorgesehenen Präsidenten des Europäischen Rates[1376] werden. Dadurch könnte er sogar in ein dreiseitiges Abhängigkeitsverhältnis geraten. Denn der Präsident des Europäischen Rates soll unter der Eingrenzung *„auf seiner Ebene (...) (und) unbeschadet der Befugnisse des Hohen Vertreters der Union für Außen- und Sicherheitspolitik die Außenvertretung der Union in Angelegenheiten der Außen- und Sicherheitspolitik wahr(nehmen)"* (Art. 15 Abs. 6 des neuen EU-

[1370] *U. Diedrichs/M. Jopp*, Die Sicherheits- u. Verteidigungspolitik der EU nach dem Verfassungsvertrag: Innovationen, Experimente, Impulse, in: M. Jopp/S. Matl (Hrsg.), Der Vertrag über eine Verfassung für Europa (2005), 343, 351.

[1371] Vgl. Art. 18 Abs. 1 bis 3 des neuen EU-Vertrags.

[1372] Vgl. Art. 18 Abs. 4 des neuen EU-Vertrags.

[1373] *V. Epping*, Die Verfassung Europas?, in: JZ 2003, 821, 830.

[1374] Anm.: Art. 17 Abs. 1 des neuen EU-Vertrags entspricht Art. I-26 Abs. 1 VVE.

[1375] *F. Algieri/T. Bauer/K. Brummer*, Entwicklungspotenzial auch ohne Verfassungsvertrag: Optionen für GASP u. ESVP, in: C·A·P Analyse 1/2005, S. 7.

[1376] Das Amt des Präsidenten des Europäischen Rates wird in Art. 15 Abs. 5 u. 6 des neuen EU-Vertrags geregelt. Im Verfassungsvertrag wurde es in Art. I-22 VVE geregelt.

Vertrags). Dadurch könnte die Gefahr einer Einengung der Funktion des Hohen Vertreters der Union für Außen- und Sicherheitspolitik entstehen. Neben Kompetenzstreitigkeiten könnte dies zu einer Schwächung bis zur Beeinträchtigung der Effektivität des außen- und sicherheitspolitischen Handelns der EU führen[1377].
Angesichts des großen Aufgabenbereichs und der damit verbundenen Erwartungen muss zudem bedacht werden, dass er nur limitierte Mittel hat. Er verfügt nur über eine begrenzte Ausstattung an Verfahrensinstrumenten und operativen Ressourcen. Dies liegt daran, dass die Mitgliedstaaten nicht bereit sind, eigene Vorrechte abzugeben oder einzugrenzen[1378]. Folglich ist zu befürchten, dass er wenig Unterstützung von den nationalen Ministerkollegen erhalten wird. Dies könnte verhindern, dass er dazu beitragen kann, für mehr Kohärenz zu sorgen, vor allem vor dem Hintergrund der unterschiedlichen nationalen Interessen. Denn diesen muss er auch gerecht werden. Deshalb muss er einen gewaltigen „Spagat" zwischen dem Rat, der Kommission, dem Präsidenten und auch den Mitgliedstaaten vollziehen, der nicht fördernd für die weitere Entwicklung sein kann. So werden wohl weiterhin Blockadesituationen durch konstitutionelle „Veto-Spieler" entstehen[1379].

Trotz dieser Kritikpunkte könnte der Hohe Vertreter der Union für Außen- und Sicherheitspolitik zu Fortschritten bei der Erreichung von mehr Kohärenz beitragen, vor allem weil er die Instrumente und Ressourcen der EU und der Mitgliedstaaten koordinieren, zivile und militärische Seiten des Krisenmanagements bündeln, und die verschiedenen Politikfelder im auswärtigen Bereich der EU zusammenführen soll. Dies zeigt, dass er Einfluss auf Krisenbewältigungsoperationen im Sinne der neuen Petersberg-Aufgaben nehmen kann, zu denen die Terrorismusbekämpfung gehört. Damit kann er Bedeutung für die Terrorismusbekämpfung im Rahmen der ESVP besitzen. Dies wird zudem daran er-

---

[1377] *F. Algieri/T. Bauer/K. Brummer*, Entwicklungspotenzial auch ohne Verfassungsvertrag: Optionen für GASP u. ESVP, in: C·A·P Analyse 1/2005, S. 7; *F. Algieri*, Die GASP als Projekt der Mitgliedstaaten – Form u. Wirkung der Konventsvorschläge, in: C. Giering (Hrsg.), Der EU-Reformkonvent- Analyse u. Dokumentation (2003), 95, 101; *F. Algieri*, Die Ergebnisse des EU-Konvents bzgl. der ESVP im Lichte des Europäischen Rats von Thessaloniki, in: G. E. Gustenau (Hrsg.), Aktuelle Entwicklung der ESVP im Lichte des EU-Konvents (2003), 15, 19.

[1378] *W. Wessels*, Institutionelle Architektur für eine globale (Zivil-) Macht? Die GASP im „Verfassungsvertrag", in: ZSE 2003, 400, 427, 428; *F. Algieri*, Die Ergebnisse des EU-Konvents bzgl. der ESVP im Lichte des Europäischen Rats von Thessaloniki, in: G. E. Gustenau (Hrsg.), Aktuelle Entwicklung der ESVP im Lichte des EU-Konvents (2003), 15, 16.

[1379] *W. Wessels*, Institutionelle Architektur für eine globale (Zivil-) Macht? Die GASP im „Verfassungsvertrag", in: ZSE 2003, 400, 427.

sichtlich, dass er die Aufgaben des Hohen Vertreters gemäß dem Vertrag von Nizza übernehmen wird. Wie bereits festgestellt wurde, kann dieser Einfluss auf die Bekämpfung des Terrorismus im Rahmen der ESVP nehmen[1380]. Von daher wird der Hohe Vertreter der Union für Außen- und Sicherheitspolitik durch die Übernahme der Aufgaben zumindest ähnlich große Bedeutung bei der Terrorismusbekämpfung im Rahmen der ESVP besitzen wie der Hohe Vertreter nach dem Vertrag von Nizza.

d.) Fazit zum Kohärenzproblem

Im Ergebnis ist festzuhalten, dass der Vertrag von Lissabon im Fall seiner Ratifizierung nicht zur Lösung des Kohärenzproblems entscheidend beitragen wird. Es muss betont werden, dass grundsätzliche politische Interessendivergenzen nicht durch neue Institutionen und Abstimmungsmethoden beseitigt werden können[1381]. Für eine bessere Handlungsfähigkeit muss aber die EU zukünftig einheitlich auftreten. Gegen das Problem der mangelnden Kohärenz bietet der Vertrag von Lissabon dann zwar die flexibleren Kooperationsformen an, wodurch Mitgliedstaaten im Rahmen der ESVP stärker und effektiver zusammenarbeiten könnten, dennoch besteht bei diesen Kooperationsformen die Gefahr der „Abkopplung von Kernstaaten" und damit Verhinderung der Entwicklung zu einem kohärenten und einheitlichen Akteur. Von daher wird es nicht notwendigerweise zur Flexibilisierung der EU-Politik durch die Kooperationsformen kommen. Zwar kann der Hohe Vertreter der Union für Außen- und Sicherheitspolitik zur Behebung des Kohärenzproblems beitragen, allerdings sind auch bei diesem Amt noch einige Defizite zu bedenken, die wiederum hinderlich für ein kohärentes Auftreten sein könnten.

3. Beibehaltung des Intergouvernementalismus

Ferner gibt es im Bereich der ESVP durch den Vertrag von Lissabon keine Tendenzen zu einer Vergemeinschaftung, sondern es bleibt bei der intergouvernementalen sicherheits- und verteidigungspolitischen Kooperation[1382]. Vor al-

---

[1380] Zur Bedeutung des Hohen Vertreters für die Terrorismusbekämpfung siehe etwa Erklärung von Sevilla (2. Kap. C.), die ESS (2. Kap. F. II. 4. a.), seine Zuständigkeit für die Aktualisierung des EU-Aktionsplans zur Bekämpfung des Terrorismus (2. Kap. F. II. 4. a.) oder die Ausführungen zum EU-Terrorismuskoordinator (3. Kap. D. I.).

[1381] *J. Frank/E. Reiter*, Sicherheitspolitische Aspekte der EU-Verfassung (2004), S. 8.

[1382] *T. Risse*, Auf dem Weg zu einer gemeinsamen Außenpolitik? Der Verfassungsentwurf u. die europäische Außen- u. Sicherheitspolitik, in: int 2003, 564, 567; *S. Flechtner*, Neue lem die Schlüsselstaaten Großbritannien und Frankreich haben nicht den Willen gezeigt, etwa ihre Streitkräfte einer supranationalen Verfügungsgewalt zu unterstellen. Die GASP und die ESVP sind damit die letzten Politikfelder der EU, die intergouvernemental institutionalisiert sind. Daher dürfte die Beibehaltung des Intergouvernementalismus in der Außenpolitik als Behinderung für die EU als internationalen Akteur anzusehen sein und schwächt somit ihre Handlungsfähigkeit. Die Nationalstaaten werden weiterhin die entscheidenden Akteure bei der Gestaltung der europäischen Sicherheitspolitik bleiben. Dies dürfte sich wiederum wenig positiv auf die Terrorismusbekämpfung auswirken. Aber gerade im sicherheits- und verteidigungspolitischen Bereich wäre eine Vergemeinschaftung sinnvoll[1383]. Vor allem könnte dadurch die Handlungsfähigkeit der EU nach außen verstärkt werden. Auch ließe sich argumentieren, dass eine gemeinsame Verteidigungspolitik, gerade in Zeiten immer knapper werdender nationaler Haushalte, zu geringeren Kosten führen könnte. Wünschenswert wäre eine Vergemeinschaftung im Bereich der ESVP vor dem Hintergrund, dass die Sicherheits- und Verteidigungspolitik aufgrund ihrer Akzeptanz in der Bevölkerung der EU selbst von dieser als einer der wenigen Politikbereiche angesehen wird, in dem eine Integration begrüßt werden würde[1384].

4. Gesamtwürdigung der Terrorismusbekämpfung im Rahmen der ESVP im Vertrag von Lissabon

Trotz der genannten Defizite kann man den gesamten Teil, der sich auf die ESVP bezieht, im Vergleich zu seinen Vorläufern in den Verträgen von Nizza und Amsterdam als umfassender bezeichnen. Dementsprechend kann der Vertrag von Lissabon als gradueller Fortschritt zur Schaffung besserer Voraussetzungen einer Europäischen Sicherheits- und Verteidigungspolitik bewertet werden. Vielleicht könnte man diesen Fortschritt sogar dahingehend interpretieren, dass er ein weiterer Schritt (der zweite Schritt) in einem „stufenförmigen Fusi-

---

Impulse in der europäischen Außen- u. Sicherheitspolitik: Der Verfassungsentwurf des Konvents u. die Sicherheitsstrategie v. *Solana* (2003), S. 7; *J. Frank*, Analyse der Ergebnisse des EU-Konvents unter besonderer Berücksichtigung der ESVP, in: G. E. Gustenau (Hrsg.), Aktuelle Entwicklung der ESVP im Lichte des EU-Konvents (2003), 6, 10-11.

1383 Anm.: Aufgrund des Urteils des Bundesverfassungsgerichts vom 30.6.2009 zum Vertrag von Lissabon wird es in Zukunft allerdings keine Vergemeinschaftung im Bereich der ESVP geben können. Im Bereich der ESVP muss von Verfassungs wegen am Einstimmigkeitsprinzip festgehalten werden. Dazu siehe 4. Kap. B. VII. 3.

1384 Vgl. *U. Petersohn/S. Lang*, Die Zukunft der ESVP nach den gescheiterten Referenden, in: SWP-Aktuell 34, 8/2005, 1, 1.

onsprozess“ ist[1385]. Der nächste Schritt müsste dann beim nächsten konstitutionellen Ausbau der institutionellen Architektur erfolgen, also im Rahmen einer Vertragsrevision. Dies ist sicherlich auch zu erwarten, da die erste Zeit nach einem Inkrafttreten des Vertrags von Lissabon als Erprobungsphase anzusehen sein wird. Nach einer ersten Krisensituation wird ein Anpassungsbedarf unumgänglich sein[1386].

Jedenfalls steht fest, dass die Terrorismusbekämpfung im Rahmen der ESVP durch die im Vertrag von Lissabon enthaltenen Fortschritte gestärkt werden könnte. Aufgrund der großen Bedrohung durch den Terrorismus in der heutigen Zeit, muss daher zukünftig weiter versucht werden, die Defizite zu minimieren. Demzufolge muss zukünftig die ESVP weiter gestärkt werden. Verbessert sich die ESVP, wirkt sich dies positiv für die Terrorismusbekämpfung in ihrem Rahmen aus.

VI. Problem Ratifizierung

Der neue Vertragstext muss gemäß Art. 48 EUV in allen Mitgliedstaaten ratifiziert werden. Der neue Vertrag sollte ursprünglich bis zu den Europawahlen im Jahr 2009 in Rechtskraft erwachsen[1387]. Allerdings zeigte sich, wie auch schon bei der Ratifizierung des Verfassungsvertrags, dass die Ratifizierung eine zu hohe Hürde darstellte. Der Vertrag von Lissabon scheiterte vorerst in einem Referendum in Irland am 12. Juni 2008[1388]. Deshalb gibt es heute noch keine Sicherheit dafür, dass der neue Reformvertrag in Kraft treten wird.

1385 *W. Wessels*, Institutionelle Architektur für eine globale (Zivil-) Macht? Die GASP im „Verfassungsvertrag“, in: ZSE 2003, 400, 429.

1386 Vgl. *W. Wessels*, Institutionelle Architektur für eine globale (Zivil-) Macht? Die GASP im „Verfassungsvertrag“, in: ZSE 2003, 400, 408.

1387 Dazu vgl. auch „Berliner Erklärung“ zu den Römischen Verträgen, in der es heißt, dass *„den Menschen bei den Europawahlen berichtet“* werden soll, *„dass wir diese Ziele erreicht haben“*. „Berliner Erklärung“ abrufbar unter: www.eu2007.de/de/About_the_EU/-Constitutional_Treaty/BerlinerErklaerung.html, letzter Zugriff: 2.8.2009.

1388 Anm.: In Irland ist ein Referendum zwingend vorgeschrieben. In allen übrigen EU-Mitgliedstaaten wurde oder soll der Vertrag von Lissabon durch die nationalen Parlamente ratifiziert werden.

VII. Urteil des Bundesverfassungsgerichts vom 30. Juni 2009

1. Ratifizierungsverfahren in Deutschland

In Deutschland beschloss der Bundestag am 24. April 2008 mit großer Mehrheit das Zustimmungsgesetz zum Vertrag von Lissabon[1389] und die Begleitgesetzgebung, die aus dem Gesetz zur Änderung des Grundgesetzes (Artikel 23, 45 und 93)[1390] und dem Gesetz über die Ausweitung und Stärkung der Rechte des Bundestages und des Bundesrates in Angelegenheiten der Europäischen Union[1391] bestand[1392]. Diese ratifizierte der Bundesrat am 23. Mai 2008[1393]. Daraufhin reichten einzelne Bundestagsabgeordnete, die Bundestagfraktion der Linken sowie die Ökologisch-Demokratische Partei durch ihren Vorsitzenden insgesamt sechs Klagen beim Bundesverfassungsgericht ein[1394]. Aufgrund dieser anhängigen Klagen teilte das Bundespräsidialamt mit, dass Bundespräsident *Horst Köhler* die Ratifizierungsurkunde nicht unterschreiben werde bis das Bundesverfassungsgericht abschließend über das Verfahren in der Hauptsache entschieden habe[1395].

2. Das Urteil des Zweiten Senats vom 30. Juli 2009

Am 30. Juni 2009 verkündete der Zweite Senat des Bundesverfassungsgerichts aufgrund der mündlichen Verhandlung vom 10. und 11. Februar 2009 sein Urteil[1396]. Die Entscheidung war im Ergebnis einstimmig, hinsichtlich der Gründe erging sie mit 7:1 Stimmen[1397].

[1389] Gesetz v. 8.10.2008 zum Vertrag von Lissabon v. 13.12.2007, abgedruckt in: Bundesgesetzblatt Jahrgang 2008 Teil II Nr. 27, S. 1038 ff.

[1390] Gesetz v. 8.10.2008 zur Änderung des Grundgesetzes (Art. 23, 45 u. 93), abgedruckt in: Bundesgesetzblatt Jahrgang 2008 Teil I Nr. 45, S. 1926 ff.

[1391] Vgl. Entwurf eines Gesetzes über die Ausweitung u. Stärkung der Rechte des Bundestages u. des Bundesrates in Angelegenheiten der EU, abgedruckt in: Bundestagsdrucksache 16/8489.

[1392] BVerfG, 2 BvE 2/08 v. 30.6.2009, Abs.-Nr. 78 u. 79, abrufbar unter www.bverfg.de/entscheidungen/es20090630_2bve000208.html, letzter Zugriff: 2.8.2009.

[1393] Bundesrat-Pressemitteilung 59/2008 v. 23.5.2008, abrufbar unter www.bundesrat.de/-nn_971006/DE/presse/pm/2008/059-2008.html?__nnn=true, letzter Zugriff: 2.8.2009.

[1394] BVerfG, 2 BvE 2/08 v. 30.6.2009, Rubrum, abrufbar unter www.bverfg.de/entscheidungen/es20090630_2bve000208.html, letzter Zugriff: 2.8.2009.

[1395] BVerfG, 2 BvE 2/08 v. 30.6.2009, Abs.-Nr. 98.

[1396] BVerfG, 2 BvE 2/08 v. 30.6.2009, abrufbar unter www.bverfg.de/entscheidungen/es20090630_2bve000208.html, letzter Zugriff: 2.8.2009.

[1397] BVerfG, 2 BvE 2/08 v. 30.6.2009, Abs.-Nr. 421.

Danach ist sowohl das Zustimmungsgesetz zum Vertrag von Lissabon als auch das Gesetz zur Änderung des Grundgesetzes (Artikel 23, 45 und 93) mit dem Grundgesetz vereinbar. Dagegen verstößt das Gesetz über die Ausweitung und Stärkung der Rechte des Bundestages und des Bundesrates in Angelegenheiten der Europäischen Union gegen das Grundgesetz.

a.) Prüfungsmaßstab

Das Zustimmungsgesetz zum Vertrag von Lissabon wurde vom Gericht am Maßstab des Wahlrechts gemessen.

Das Wahlrecht ist der bedeutendste vom Grundgesetz gewährleistete subjektive Anspruch der Bürger auf freie und gleiche Teilhabe an der demokratischen Selbstbestimmung an der in Deutschland ausgeübten Staatsgewalt. Es ist als grundrechtsgleiches Recht mit der Verfassungsbeschwerde rügefähig (Art. 38 Abs. 1 S. 1 in Verbindung mit Art. 93 Abs. 1 Nr. 4 a GG)[1398].
Dabei ist „*das Recht der Bürger, in Freiheit und Gleichheit durch Wahlen und Abstimmungen die sie betreffende öffentliche Gewalt personell und sachlich zu bestimmen, (...) der elementare Bestandteil des Demokratieprinzips*" und „*in der Würde des Menschen (Art. 1 Abs. 1 GG) verankert*"[1399]. Deshalb müssen verbindliche Entscheidungen im öffentlichen Raum für die Bürger, vor allem Grundrechtseingriffe, auf einen frei gebildeten Mehrheitswillen des Volkes zurückgehen[1400]. Dabei steht jedem wahlberechtigten Bürger ein gleicher Anteil an der Ausübung der Staatsgewalt zu[1401].
Zudem gilt, dass das Demokratieprinzip „*nicht abwägungsfähig*" ist. „*Eine Änderung des Grundgesetzes, durch welche die in Art. 1 und Art. 20 GG niedergelegten Grundsätze berührt werden, ist unzulässig (Art. 79 Abs. 3 GG). Mit der so genannten Ewigkeitsgarantie wird die Verfügung über die Identität der freiheitlichen Verfassungsordnung auch dem verfassungsändernden Gesetzgeber aus der Hand genommen*"[1402]. „*Die verfassungsgebende Gewalt hat (...) den Vertretern und Organen des Volkes kein Mandat erteilt, die nach Art. 79 Abs. 3 GG grundlegenden Verfassungsprinzipien zu verändern*"[1403].

[1398] BVerfG, 2 BvE 2/08 v. 30.6.2009, Abs.-Nr. 208 u. 210.
[1399] BVerfG, 2 BvE 2/08 v. 30.6.2009, Abs.-Nr. 211.
[1400] BVerfG, 2 BvE 2/08 v. 30.6.2009, Abs.-Nr. 212.
[1401] BVerfG, 2 BvE 2/08 v. 30.6.2009, Abs.-Nr. 214; vgl. auch BVerfGE 112, 118, 134.
[1402] BVerfG, 2 BvE 2/08 v. 30.6.2009, Abs.-Nr. 216.
[1403] BVerfG, 2 BvE 2/08 v. 30.6.2009, Abs.-Nr. 218.

Darüber hinaus begründet das Wahlrecht ebenfalls einen Anspruch „*auf die Einhaltung des Demokratiegebots einschließlich der Achtung der verfassungsgebenden Gewalt des Volkes*“[1404]. Allerdings ist das Demokratieprinzip auch „*offen für das Ziel, Deutschland in eine internationale und europäische Friedensordnung einzufügen*“, die „*nicht schematisch den innerstaatlich geltenden verfassungsrechtlichen Anforderungen unterliegt*“ und folglich nicht „*an den konkreten Ausprägungen des Demokratieprinzips (...) gemessen werden*“ kann[1405]. Diesbezüglich ergibt sich in Bezug auf die EU aus der Präambel des Grundgesetzes und aus Art. 23 GG der „*Verfassungsauftrag zur Verwirklichung eines vereinten Europas*“[1406]. Hieraus und aus dem Willen zur europäischen Integration lässt sich der „*Grundsatz der Europarechtsfreundlichkeit*“ des Grundgesetzes herleiten[1407]. Aus diesem Grundsatz ergibt sich, dass Deutschland Hoheitsrechte auf zwischenstaatliche Einrichtungen wie die EU übertragen kann[1408].

Das Bundesverfassungsgericht stellte jedoch klar, dass das Recht zur Übertragung von Hoheitsrechten nicht unbeschränkt ausgeübt werden kann. Die Übertragung steht dabei unter der Bedingung, dass „*die souveräne Verfassungsstaatlichkeit auf der Grundlage eines Integrationsprogramms nach dem Prinzip der begrenzten Einzelermächtigung und unter Achtung der verfassungsrechtlichen Identität als Mitgliedstaaten gewahrt bleibt und zugleich die Mitgliedstaaten ihre Fähigkeit zu selbstverantwortlicher politischer und sozialer Gestaltung der Lebensverhältnisse nicht verlieren*“[1409]. Das Grundgesetz erlaubt deshalb „*nicht (...) den Beitritt (zu einem Europäischen) Bundesstaat*“[1410]. Vielmehr wird die EU explizit als supranationale Organisation bezeichnet, die ermächtigt wird, supranationale Zuständigkeiten auszuüben. Die Mitgliedstaaten bleiben folglich dauerhaft die Herren der Verträge[1411]. Das Gericht legte also fest, dass die Erweiterung europäischer Zuständigkeiten nur nach dem Prinzip der begrenzten Einzelermächtigung erfolgen darf. Die so genannte Kompetenz-Kompetenz steht der EU nicht zu. Dies bedeutet, dass die EU nicht das Recht besitzt, sich selbst neue Kompetenzen zu geben[1412]. Das Integrationsprogramm der EU muss deshalb ausreichend bestimmt sein[1413]. Soweit „*die Mitgliedstaaten das Ver-*

1404 BVerfG, 2 BvE 2/08 v. 30.6.2009, Abs.-Nr. 208.
1405 BVerfG, 2 BvE 2/08 v. 30.6.2009, Abs.-Nr. 219.
1406 BVerfG, 2 BvE 2/08 v. 30.6.2009, Abs.-Nr. 225.
1407 BVerfG, 2 BvE 2/08 v. 30.6.2009, Abs.-Nr. 225.
1408 BVerfG, 2 BvE 2/08 v. 30.6.2009, Abs.-Nr. 226.
1409 BVerfG, 2 BvE 2/08 v. 30.6.2009, Abs.-Nr. 226.
1410 BVerfG, 2 BvE 2/08 v. 30.6.2009, Abs.-Nr. 228.
1411 BVerfG, 2 BvE 2/08 v. 30.6.2009, Abs.-Nr. 231.
1412 BVerfG, 2 BvE 2/08 v. 30.6.2009, Abs.-Nr. 233.
1413 BVerfG, 2 BvE 2/08 v. 30.6.2009, Abs.-Nr. 236.

tragsrecht so ausgestalten, dass unter grundsätzlicher Fortgeltung des Prinzips der begrenzten Einzelermächtigung eine Veränderung des Vertragsrechts (...) ohne Ratifikationsverfahren (...) herbeigeführt werden kann, obliegt neben der Bundesregierung den gesetzgebenden Körperschaften eine besondere Verantwortung im Rahmen der Mitwirkung, die in Deutschland innerstaatlich den Anforderungen des Art. 23 Abs. 1 GG genügen muss (Integrationsverantwortung)“[1414]. „*Das Zustimmungsgesetz und die innerstaatliche Begleitgesetzgebung müssen (...) so beschaffen sein, dass die europäische Integration weiter nach dem Prinzip der begrenzten Einzelermächtigung erfolgt, ohne dass für die EU die Möglichkeit besteht, sich der Kompetenz-Kompetenz zu bemächtigen oder die integrationsfeste Verfassungsidentität der Mitgliedstaaten, hier des Grundgesetzes, zu verletzen. Für Grenzfälle des noch verfassungsrechtlich Zulässigen muss der deutsche Gesetzgeber (...) mit seinen die Zustimmung begleitenden Gesetzen (...) Vorkehrungen dafür treffen, dass die Integrationsverantwortung der Gesetzgebungsorgane sich hinreichend entfalten kann*“[1415]. Für solche Grenzfälle beansprucht das Bundesverfassungsgericht auch nach Inkrafttreten des Lissaboner Vertrags eine weitreichende Kontrolle. Falls beim Europäischen Gerichtshof kein Rechtsschutz zu erlangen ist, prüft es, ob sich die EU beim Erlass von Regelungen im Rahmen ihrer Zuständigkeit bewegt. Es besteht auf die Kontrolle der „*Verfassungsidentität*“. Es will auch künftig kontrollieren, ob europäische Rechtsakte mit dem „*unantastbaren Kerngehalt*“ des Grundgesetzes vereinbar sind[1416].

Die Prüfung einer Verletzung des Wahlrechts umfasste außerdem die Frage, ob „*die Ausgestaltung der EU sowohl in Art und Umfang der Übertragung von Hoheitsrechten als auch in der organisatorischen und verfahrensrechtlichen Ausgestaltung der autonom handelnden Unionsgewalt demokratischen Grundsätzen*“ entspricht (Art. 23 Abs. 1, Art. 20 Abs. 1 u. 2 in Verbindung mit Art. 79 Abs. 3 GG)[1417].

Dazu erklärte das Bundesverfassungsgericht, dass der europäische Einigungsprozess nicht dazu führen dürfe, dass das demokratische Herrschaftssystem Deutschlands ausgehöhlt werde[1418]. Den Mitgliedsstaaten müsse genügend „*Raum zur politischen Gestaltung der wirtschaftlichen, kulturellen und sozialen Lebensverhältnisse*“ bleiben[1419]. Dies betrifft insbesondere die Strafrechtspflege, die polizeiliche und militärische Verfügung über das Gewaltmonopol, fiska-

[1414] BVerfG, 2 BvE 2/08 v. 30.6.2009, Abs.-Nr. 236.
[1415] BVerfG, 2 BvE 2/08 v. 30.6.2009, Abs.-Nr. 239.
[1416] BVerfG, 2 BvE 2/08 v. 30.6.2009, Abs.-Nr. 240.
[1417] BVerfG, 2 BvE 2/08 v. 30.6.2009, Abs.-Nr. 244.
[1418] BVerfG, 2 BvE 2/08 v. 30.6.2009, Abs.-Nr. 244.
[1419] BVerfG, 2 BvE 2/08 v. 30.6.2009, Abs.-Nr. 249.

lische Grundentscheidungen über Einnahmen und Ausgaben, die sozialstaatliche Gestaltung von Lebensverhältnissen sowie kulturell bedeutsame Entscheidungen wie Erziehung, Bildung, Medienordnung und Umgang mit Religionsgemeinschaften[1420].
Außerdem erläuterte das Bundesverfassungsgericht, dass „*die supranationale öffentliche Gewalt für sich genommen (keine) grundlegenden demokratischen Anforderungen verfehlen*“ darf (Art. 23 Abs. 1 S. 1 GG)[1421]. „*Die Struktursicherungsklausel des Art. 23 Abs. 1 Satz 1 GG begrenzt das in der Staatszielbestimmung angesprochene Mitwirkungsziel auf eine EU, die in ihren elementaren Strukturen den durch Art. 79 Abs. 3 GG auch vor Veränderungen durch den verfassungsändernden Gesetzgeber geschützten Kernprinzipien entspricht. (...) Die konkreten Anforderungen an die demokratischen Grundsätze hängen vom Umfang der übertragenen Hoheitsrechte und vom Grad der Verselbständigung europäischer Entscheidungsverfahren ab*“[1422].

b.) Das Urteil im Einzelnen

aa.) Urteil zum Zustimmungsgesetz zum Vertrag von Lissabon

Das Zustimmungsgesetz zum Vertrag von Lissabon ist mit dem Grundgesetz und speziell dem dort verankerten Demokratieprinzip vereinbar. Das Wahlrecht aus Art. 38 Abs. 1 GG ist nicht verletzt[1423].

Das Bundesverfassungsgericht erklärte, dass „*die EU auch bei Inkrafttreten des Vertrags von Lissabon noch keine Ausgestaltung*“ erreichen wird, die staatsanalog ist und deshalb „*dem Legitimationsniveau einer staatlich verfassten Demokratie entspricht*“[1424]. Sie ist kein Bundesstaat, sondern bleibt ein „*Verbund (...) souveräner demokratischer Staaten*“ unter Geltung des Prinzips der begrenzten Einzelermächtigung[1425]. Das Europäische Parlament ist „*kein Repräsentationsorgan eines souveränen europäischen Volkes*“, sondern ein supranationales Vertretungsorgan der Völker der Mitgliedstaaten, sodass der Grundsatz der Wahlgleichheit, der in allen europäischen Staaten gilt, nicht auf das Europäische Parlament anwendbar ist[1426].

[1420] BVerfG, 2 BvE 2/08 v. 30.6.2009, Abs.-Nr. 249 u. 252.
[1421] BVerfG, 2 BvE 2/08 v. 30.6.2009, Abs.-Nr. 244 u. 261.
[1422] BVerfG, 2 BvE 2/08 v. 30.6.2009, Abs.-Nr. 261.
[1423] BVerfG, 2 BvE 2/08 v. 30.6.2009, Abs.-Nr. 274.
[1424] BVerfG, 2 BvE 2/08 v. 30.6.2009, Abs.-Nr. 276 u. 278.
[1425] BVerfG, 2 BvE 2/08 v. 30.6.2009, Abs.-Nr. 278.
[1426] BVerfG, 2 BvE 2/08 v. 30.6.2009, Abs.-Nr. 279 u. 280.

Des Weiteren stellte das Bundesverfassungsgericht klar, dass Deutschland bei Inkrafttreten des Vertrags von Lissabon ein souveräner Staat bleibt[1427]. Vor allem bleibt die deutsche Staatsgewalt in ihrer Substanz geschützt[1428]. Die Verteilung und Abgrenzung der Zuständigkeiten der EU von denen ihrer Mitgliedstaaten wird nach dem Prinzip der begrenzten Einzelermächtigung und weiteren auf konkrete Zuständigkeiten bezogenen Schutzmechanismen vollzogen[1429]. Die so kontrollierte und verantwortbare Übertragung von Hoheitsrechten auf die EU wird durch einzelne Vorschriften des Vertrags von Lissabon[1430] nicht in Zweifel gezogen[1431].

Zudem erklärte das Bundesverfassungsgericht, dass dem Bundestag, trotz der Erweiterung des Kompetenzumfangs und der politischen Handlungsmöglichkeiten des europäischen Integrationsverbundes, weiterhin eigene Aufgaben und Zuständigkeiten von hinreichendem Gewicht verbleiben. Denn die neu begründeten Zuständigkeiten stellen keine „*staatsbegründenden Elemente*" dar, die „*die souveräne Staatlichkeit*" Deutschlands „*in verfassungsrechtlich bedeutsamer Weise verletzen*"[1432].

bb.) Urteil zum Gesetz zur Änderung des Grundgesetzes (Art. 23, 45 u. 93)

Gegen das Gesetz zur Änderung des Grundgesetzes (Artikel 23, 45 und 93), das Änderungen an der deutschen Verfassung vornimmt, damit diese den Bestimmungen des Lissabon-Vertrages und seiner Protokolle zu den Rechten der nationalstaatlichen Parlamente entspricht, bestehen ebenso keine verfassungsrechtlichen Bedenken[1433].

Das Bundesverfassungsgericht erklärte, dass keine Verletzung demokratischer Grundsätze nach Art. 79 Abs. 3 GG erfolgt ist[1434], weder durch Art. 23 Abs. 1 a GG n. F., der das Recht zur Erhebung der Subsidiaritätsklage als Minderheiten-

[1427] BVerfG, 2 BvE 2/08 v. 30.6.2009, Abs.-Nr. 298.
[1428] BVerfG, 2 BvE 2/08 v. 30.6.2009, Abs.-Nr. 298.
[1429] BVerfG, 2 BvE 2/08 v. 30.6.2009, Abs.-Nr. 300.
[1430] Anm.: Zu diesen speziellen Vorschriften gehören Art. 48 Abs. 2-5 des neuen EU-Vertrags, Art. 48 Abs. 6 des neuen EU-Vertrags, Art. 48 Abs. 7 des neuen EU-Vertrags sowie spezielle Brückenklauseln und die Flexibilitätsklausel.
[1431] BVerfG, 2 BvE 2/08 v. 30.6.2009, Abs.-Nr. 306.
[1432] BVerfG, 2 BvE 2/08 v. 30.6.2009, Abs.-Nr. 351.
[1433] BVerfG, 2 BvE 2/08 v. 30.6.2009, Abs.-Nr. 401.
[1434] BVerfG, 2 BvE 2/08 v. 30.6.2009, Abs.-Nr. 402.

recht ausgestaltet[1435] und das Quorum auf ein Viertel der Mitglieder festlegt[1436], noch durch Art. 45 S. 3 GG n. F.[1437].

cc.) Urteil zum Gesetz über die Ausweitung und Stärkung der Rechte des Bundestages und des Bundesrates in Angelegenheiten der EU

Jedoch verletzt das Gesetz über die Ausweitung und Stärkung der Rechte des Bundestages und des Bundesrates in Angelegenheiten der Europäischen Union das Grundgesetz[1438]. Dieses Ausweitungsgesetz erlaubte Bund und Ländern, EU-Initiativen zur Ausweitung des Mehrheitsprinzips bei Entscheidungen im Europäischen Rat abzulehnen. Eine ausdrückliche Zustimmung war nicht erforderlich. Ohne ausdrücklichen Widerspruch bedeutete dies also eine stille Zustimmung, die so genannte allgemeine Brückenklausel (vgl. dazu Art. 48 Abs. 7 UAbs. 3 des neuen EU-Vertrags).

Dazu stellte das Bundesverfassungsgericht fest, dass der deutsche Gesetzgeber durch das Ausweitungsgesetz unzulässigerweise auf einen Teil seiner Kompetenzen verzichten würde. Dabei bezieht sich das Bundesverfassungsgericht auf Änderungen des Einstimmigkeitsprinzips auf EU-Ebene. Um die EU handlungsfähiger zu machen, sollen künftig mehr Entscheidungen im Europäischen Rat mit qualifizierter Mehrheit fallen. Bundestag und Bundesrat dürften dabei ihre *„notwendige und konstitutive Zustimmung (...) weder aufgeben" noch in abstrakter Vorwegnahme „auf Vorrat" erteilen*"[1439]. Bundestag und Bundesrat tragen nämlich für den Vollzug der EU-Verträge die rechtliche und politische Verantwortung gegenüber dem Bürger und dürfen sich insoweit nicht durch einen einmaligen Zustimmungsakt zum Vertragswerk selbst beschränken[1440]. *„Ein Schweigen von Bundestag und Bundesrat reicht daher nicht aus*"[1441]. Ein reines Ablehnungsrecht sei kein ausreichender Ersatz für die notwendige Zustimmung in einem Ratifizierungsverfahren[1442]. Vielmehr dürfe die Bundesregierung im Europäischen Rat nur zustimmen, wenn sie ausdrücklich von Bundestag und Bundesrat dazu ermächtigt wurde[1443]. Das Ausweitungsgesetz schützt deshalb

---

1435 BVerfG, 2 BvE 2/08 v. 30.6.2009, Abs.-Nr. 403.
1436 BVerfG, 2 BvE 2/08 v. 30.6.2009, Abs.-Nr. 404.
1437 BVerfG, 2 BvE 2/08 v. 30.6.2009, Abs.-Nr. 405.
1438 BVerfG, 2 BvE 2/08 v. 30.6.2009, Abs.-Nr. 406.
1439 BVerfG, 2 BvE 2/08 v. 30.6.2009, Abs.-Nr. 413.
1440 BVerfG, 2 BvE 2/08 v. 30.6.2009, Abs.-Nr. 413.
1441 BVerfG, 2 BvE 2/08 v. 30.6.2009, Abs.-Nr. 413.
1442 BVerfG, 2 BvE 2/08 v. 30.6.2009, Abs.-Nr. 414.
1443 BVerfG, 2 BvE 2/08 v. 30.6.2009, Abs.-Nr. 414.

laut dem Urteil den EU-Mitgliedstaat Deutschland nicht effektiv vor unvorhersehbaren Vertragsänderungen[1444].

Insoweit liegt deshalb ein Verstoß gegen Art. 38 Abs. 1 in Verbindung mit Art. 23 Abs. 1 GG vor, als Bundestag und Bundesrat im Rahmen von europäischen Vertragsänderungs- und Rechtssetzungsverfahren keine hinreichenden Beteiligungsrechte eingeräumt wurden[1445].

c.) Fazit

Im Ergebnis bedeutet dies, dass der Vertrag von Lissabon grundsätzlich verfassungskonform ist. Dennoch darf die Ratifikationsurkunde Deutschlands zum Vertrag von Lissabon solange nicht hinterlegt werden, wie die von Verfassungs wegen erforderliche gesetzliche Ausgestaltung der parlamentarischen Beteiligungsrechte nicht in Kraft getreten ist. Dementsprechend muss der Bundestag die Mitwirkungsrechte neu formulieren und entsprechend den Vorgaben des Bundesverfassungsgerichts ausweiten[1446].

3. Bedeutung des Urteils für die Terrorismusbekämpfung im Rahmen der ESVP

Das Bundesverfassungsgericht kam in Bezug auf die ESVP zu dem Ergebnis, dass die Vorschriften des Vertrags von Lissabon zur ESVP und damit zur Terrorismusbekämpfung im Rahmen der ESVP mit dem Grundgesetz vereinbar sind.

Das Bundsverfassungsgericht untersuchte die ESVP-Vorschriften des Vertrags von Lissabon am Prüfungsmaßstab, ob „*die Ausgestaltung der EU sowohl in Art und Umfang der Übertragung von Hoheitsrechten als auch in der organisatorischen und verfahrensrechtlichen Ausgestaltung der autonom handelnden Unionsgewalt demokratischen Grundsätzen*“ entspricht (Art. 23 Abs. 1, Art. 20 Abs. 1 u. 2 in Verbindung mit Art. 79 Abs. 3 GG). Zum Prüfungsmaßstab erklärte das Bundesverfassungsgericht, dass der europäische Einigungsprozess nicht dazu führen dürfe, dass das demokratische Herrschaftssystem Deutschlands ausgehöhlt werde. Den Mitgliedsstaaten müsse genügend „*Raum zur politischen Gestaltung der wirtschaftlichen, kulturellen und sozialen Lebensverhältnisse*“ bleiben[1447]. Zu diesen Sachbereichen gehört unter anderem die militä-

[1444] BVerfG, 2 BvE 2/08 v. 30.6.2009, Abs.-Nr. 415.
[1445] BVerfG, 2 BvE 2/08 v. 30.6.2009, Abs.-Nr. 406 u. 409.
[1446] Bundesverfassungsgericht - Pressestelle -, Pressemitteilung Nr. 72/2009 vom 30.6.2009.
[1447] Zum Prüfungsmaßstab vgl. 4. Kap. B. VII. 2. a.).

rische Verfügung über das Gewaltmonopol[1448] und umfasst demnach die Vorschriften zur ESVP. Das Bundsverfassungsgericht legte fest, dass im Bereich der ESVP wegen des Friedens- und Demokratiegebots, das der Integrationsermächtigung des Art. 23 Abs. 1 GG vorgeht, *„eine Supranationalisierung mit Anwendungsvorrang im Hinblick auf den konkreten Einsatz deutscher Streitkräfte nicht zulässig (ist). Der konstitutive Parlamentsvorbehalt für den Auslandseinsatz der Bundeswehr ist integrationsfest. Damit ist allerdings von Verfassungs wegen keine unübersteigbare Grenze für eine technische Integration eines europäischen Streitkräfteeinsatzes über gemeinsame Führungsstäbe, für die Bildung gemeinsamer Streitkräftedispositive oder für eine Abstimmung und Koordinierung gemeinsamer europäischer Rüstungsbeschaffungen gezogen. Nur die Entscheidung über den jeweiligen konkreten Einsatz hängt von der konstitutiven Zustimmung des Deutschen Bundestages ab*“[1449].

Entgegen der Auffassung, insbesondere des Vorsitzenden der Ökologisch-Demokratischen Partei *Prof. Dr. Buchner*[1450], dass ein Eingriff in den Schutzbereich des Art. 38 GG vorläge, der wegen Überschreitung der Integrationsermächtigung des Art. 23 Abs. 1 S. 3 GG nicht gerechtfertigt sei, weil mit der ESVP *„ganz gezielt der Weg zu einer europäischen Verteidigung unter europäischer Flagge eingeschlagen“* und damit eine Übertragung von Hoheitsrechten vorgenommen werde[1451], kam das Bundesverfassungsgericht zu dem Ergebnis, dass dem Bundestag, trotz der Erweiterung des Kompetenzumfangs und der politischen Handlungsmöglichkeiten des europäischen Integrationsverbundes, weiterhin eigene Aufgaben und Zuständigkeiten von hinreichendem Gewicht verbleiben[1452], wozu auch der Bereich der ESVP gehört. Dementsprechend kam das Bundesverfassungsgericht im Rahmen seiner Prüfung zur ESVP zu dem Schluss, dass der Vertrag von Lissabon der EU keine Zuständigkeit über den Zugriff auf die Streitkräfte der Mitgliedstaaten ohne Zustimmung des jeweils betroffenen Mitgliedstaates oder seines Parlaments überträgt[1453]. Dies wird durch den Wortlaut der ESVP-Vorschriften im Vertrag von Lissabon belegt[1454].

1448 BVerfG, 2 BvE 2/08 v. 30.6.2009, Abs.-Nr. 249, 252, 254 u. 255.

1449 BVerfG, 2 BvE 2/08 v. 30.6.2009, Abs.-Nr. 255.

1450 Zur Verfassungsbeschwerde von *Prof. Dr. Buchner* siehe „Buchner klagt gegen EU-Reformvertrag“, abrufbar unter: www.oedp.de/themen/demokratie-sicherheit/oedp-politik/eu-verfassung/buchner-klagt-gegen-eu-reformvertrag, letzter Zugriff: 2.8.2009.

1451 Buchner klagt gegen EU-Reformvertrag, Teil 2, C. I. 2. b) bb).

1452 BVerfG, 2 BvE 2/08 v. 30.6.2009, Abs.-Nr. 351; vgl. auch 4. Kap. B. VII. 2. b.) aa.).

1453 BVerfG, 2 BvE 2/08 v. 30.6.2009, Abs.-Nr. 381.

1454 BVerfG, 2 BvE 2/08 v. 30.6.2009, Abs.-Nr. 384.

Dem steht die so genannte Beistandsklausel[1455] nicht entgegen, da sie den Einsatz von militärischen Mitteln nicht zwingend vorsieht[1456]. Unabhängig von den Ausführungen des Bundesverfassungsgerichts zur Beistandsklausel hat diese im Ergebnis zudem keine Bedeutung für die Terrorismusbekämpfung im Rahmen der ESVP[1457].

Des Weiteren ist aus der Grundrechtskonformität der Vorschriften zur ESVP zu schließen, dass auch die Vorschriften mit Bedeutung für die Terrorismusbekämpfung – dies sind die Petersberg-Aufgaben, die Koalition der Fähigen und Willigen und die Ständige Strukturierte Zusammenarbeit[1458] - mit dem Grundgesetz vereinbar sind, auch wenn das Bundsverfassungsgericht in seiner Subsumtion nicht ausdrücklich auf sie eingegangen ist.

Die Übernahme von Petersberg-Missionen[1459] verstößt deshalb nicht gegen das Grundgesetz, da gemäß Art. 42 Abs. 4 des neuen EU-Vertrags „*Beschlüsse über die Einleitung einer Mission (...) vom Rat einstimmig (...) erlassen*“ werden. Vor allem bei militärischen Operationen ist zu berücksichtigen, dass die Durchführung gewissermaßen „à la carte“ erfolgt, weil kein Mitgliedstaat von der EU zu einem Einsatz gezwungen werden kann. Die Mitgliedstaaten stellen der EU zur Umsetzung der ESVP die zivilen und militärischen Fähigkeiten zur Verfügung. Dies belegt Art. 42 Abs. 3 des neuen EU-Vertrags[1460]. Demzufolge kann der Bundestag weiterhin darüber entscheiden, ob Deutschland sich an einer Petersberg-Mission beteiligen will.

Die Vorschriften zur Koalition der Fähigen und Willigen[1461] verstoßen nicht gegen das Grundgesetz, weil es den Mitgliedstaaten freisteht, sich an einer solchen Mission zu beteiligen. Eine Verpflichtung besteht nicht[1462]. Dadurch bleibt die Souveränität Deutschlands gewahrt.

Das gleiche gilt für die Ständige Strukturierte Zusammenarbeit[1463]. Die Teilnahme ist freiwillig[1464]. Zwar werden Beschlüsse im Rahmen dieser Zusammenarbeit mit qualifizierter Mehrheit beschlossen, aber die Souveränität Deutschlands und aller anderen Mitgliedstaaten wird zum einen dadurch ge-

---

1455 Zur Beistandsklausel siehe 4. Kap. B. IV. 3. a.) cc.).

1456 BVerfG, 2 BvE 2/08 v. 30.6.2009, Abs.-Nr. 384-386; dazu vgl. auch Ausführungen im 4. Kap. B. IV. 3. a.) cc.) (1.) u. 4. Kap. A. III. 1.

1457 Vgl. dazu 4. Kap. B. IV. 3. a.) cc.) (2.).

1458 Vgl. dazu 4. Kap. B. IV.

1459 Zum Petersberg-Aufgabenkatalog im Vertrag von Lissabon siehe 4. Kap. B. IV. 1.

1460 *R. Schmidt-Radefeldt*, Die Weiterentwicklung der ESVP im EU-Verfassungsvertrag: Auf dem Weg zu einer europäischen Armee?, in: UBWV 6/2005, 201, 207; vgl. dazu auch Ausführungen im 4. Kap. B. IV. 1. c.) aa.)

1461 Zur Koalition der Fähigen und Willigen siehe 4. Kap. B. IV. 3. a.) aa.).

1462 Dazu vgl. Wortlaut der Art. 42 Abs. 5 u. Art. 44 des neuen EU-Vertrags).

1463 Zur Ständigen Strukturierten Zusammenarbeit siehe 4. Kap. B. IV. 3. a.) bb.).

1464 Zur Freiwilligkeit der Teilnahme siehe 4. Kap. B. IV. 3. a.) bb.) (1.).

wahrt, dass die Teilnahme freiwillig ist und zum anderen, weil gemäß Art. 46 Abs. 5 des neuen EU-Vertrags „*ein teilnehmender Mitgliedstaat von der Ständigen Strukturierten Zusammenabstand Abstand (...) nehmen (kann)*", sofern er dies „*wünscht*".
Zudem ist die Solidaritätsklausel[1465], die dem Bereich der ESVP zugeordnet wird[1466], mit dem Grundgesetz vereinbar. Zunächst legt Art. 222 Abs. 3 AEUV fest, dass „*die Einzelheiten für die Anwendung (...) der Solidaritätsklausel (...) durch einen Beschluss festgelegt (werden) (...)*", der, falls der Bereich der Verteidigung betroffen ist, nach Art. 31 Abs. 1 des neuen EU-Vertrags beschlossen wird. Gemäß Art. 31 Abs. 1 des neuen EU-Vertrags werden die Beschlüsse vom Rat einstimmig erlassen[1467]. Durch das Einstimmigkeitsprinzip wird die Souveränität der Mitgliedstaaten folglich gewahrt. Darüber hinaus verpflichtet die Solidaritätsklausel nicht zum Beistand[1468]. Zudem muss insbesondere die militärische Hilfeleistung auf Grundlage des Art. 222 AEUV gemäß den entsprechenden verfassungsrechtlichen Bestimmungen der Mitgliedstaaten über den Einsatz nationaler Streitkräfte durchgeführt werden[1469]. Dies zeigt, dass der Bundestag ein wirksames Mitentscheidungsrecht besitzt.

Jedenfalls bleibt der wehrverfassungsrechtliche Parlamentsvorbehalt des Grundgesetzes gewahrt, durch den „*die Bundeswehr nicht als Machtpotential allein der Exekutive (...) überlassen (ist), sondern (...) als „Parlamentsheer" in die demokratisch rechtsstaatliche Verfassungsordnung*" eingefügt ist[1470]. Dies bedeutet daher, dass ein wirksames Mitentscheidungsrecht des Bundestags in Angelegenheiten der auswärtigen Gewalt weiterhin besteht. Ohne parlamentarische Zustimmung ist ein Einsatz bewaffneter Streitkräfte unter dem Grundgesetz nicht zulässig[1471]. Dieses Mitentscheidungsrecht des Bundestags würde ebenso bei einem Beschluss zu einer gemeinsamen Verteidigung bestehen bleiben. Das Einstimmigkeitsprinzip garantiert, „*dass kein Mitgliedstaat gegen seinen Willen zu einer Beteiligung an einer militärischen Operation der EU verpflichtet werden könnte*"[1472].

[1465] Zur Solidaritätsklausel siehe 4. Kap. B. IV. 2.
[1466] Dazu vgl. Ausführungen im 4. Kap. B. IV. 2. f.).
[1467] Dazu vgl. auch Ausführungen im 4. Kap. B. IV. 2. b.).
[1468] Dazu vgl. auch Ausführungen im 4. Kap. B. IV. 2. f.).
[1469] *R. Schmidt-Radefeldt*, Die Weiterentwicklung der ESVP im EU-Verfassungsvertrag: Auf dem Weg zu einer europäischen Armee?, in: UBWV 6/2005, 201, 203; vgl. dazu auch Ausführungen im 4. Kap. B. IV. 2. f.).
[1470] BVerfG, 2 BvE 2/08 v. 30.6.2009, Abs.-Nr. 382.
[1471] BVerfG, 2 BvE 2/08 v. 30.6.2009, Abs.-Nr. 383.
[1472] BVerfG, 2 BvE 2/08 v. 30.6.2009, Abs.-Nr. 391.

Auf diese Weise wird die Souveränität der Mitgliedstaaten gewahrt und es liegt kein Verstoß gegen das Grundgesetz durch die ESVP-Vorschriften vor. Deshalb hat das Urteil des Bundesverfassungsgerichts keine Auswirkungen auf die Terrorismusbekämpfung im Rahmen der ESVP nach der derzeit geplanten Fassung des Vertrags von Lissabon.

Trotz der durch das Bundsverfassungsgericht festgestellten Grundgesetzkonformität kann das Urteil große Bedeutung für die Fortentwicklung der ESVP bekommen und demzufolge für die Terrorismusbekämpfung im Rahmen der ESVP.
Im Rahmen des Urteils wird postuliert, dass im Bereich der ESVP am Einstimmigkeitsprinzip festgehalten werden muss. Der wehrverfassungsrechtliche Parlamentsvorbehalt darf insbesondere nicht durch eine ordentliche Vertragsänderung (Art. 48 Abs. 2 bis Abs. 5 des neuen EU-Vertrags), durch die das Einstimmigkeitsprinzip im Bereich der ESVP durch eine Abstimmung mit qualifizierter Mehrheit ersetzt werden könnte, umgangen werden. Deutschland dürfte einer solchen Änderung von Verfassungs wegen nicht zustimmen[1473]. Dies bedeutet, dass Deutschland etwa der Einführung von Mehrheitsentscheidungen im Bereich der ESVP nicht zustimmen darf. Die ESVP wird dementsprechend auch in Zukunft durch das Einstimmigkeitsprinzip geprägt sein. Mehrheitsentscheidungen – die eigentlich wünschenswert wären, um zukünftig Kohärenzprobleme zu vermeiden[1474] – können folglich aufgrund des Urteils des Bundesverfassungsgerichts nicht in den Bereich der ESVP eingeführt werden. Wenn sie doch eingeführt werden sollten, würde ein Verstoß gegen das Grundgesetz vorliegen. Daher hat das Urteil durchaus grundlegende Bedeutung für das zukünftige Gesicht der ESVP.

VIII. Auswirkungen eines Scheiterns des Vertrags von Lissabon für die Terrorismusbekämpfung im Rahmen der ESVP

Zu klären ist, wie sich ein mögliches endgültiges Scheitern des Vertrags von Lissabon auf die Terrorismusbekämpfung im Rahmen der ESVP auswirken würde.

Hinsichtlich der Solidaritätsklausel ist festzustellen, dass sie schon unabhängig vom Vertrag von Lissabon nach den Terroranschlägen von Madrid in Kraft ge-

[1473] BVerfG, 2 BvE 2/08 v. 30.6.2009, Abs.-Nr. 391.
[1474] Dazu, dass sich Mehrheitsentscheidungen sich positiv auf die ESVP auswirken könnten, siehe Ausführungen im 4. Kap. B. V. 2. a.) u. im 6. Kap.

treten ist. Die Mitgliedstaaten und die beitretenden Staaten gingen damals die politische Verpflichtung „mit sofortiger Wirkung" ein, im Geiste der Solidaritätsklausel des damaligen Art. I-42 VVE zu handeln. Rechtlich verpflichtend ist sie derzeit allerdings nicht.

Auch hinsichtlich der Erweiterung der Petersberg-Aufgaben ist festzustellen, dass sich ein Scheitern nicht negativ auswirken würde. Die Terrorismusbekämpfung fällt bereits durch eine dynamische Vertragsauslegung in den Aufgabenbereich der ESVP[1475].

Bezüglich der Koalition der Fähigen und Willigen ist zu sagen, dass die Durchführung von Missionen durch eine Gruppe von Mitgliedstaaten gängige politische Praxis ist. Dies zeigen die bisherigen Operationen der EU. An keiner der bisherigen Missionen waren alle Mitgliedstaaten beteiligt[1476]. Von daher ist sie schon heute Realität und benötigt nicht notwendigerweise den Vertrag von Lissabon.

Die Beistandsklausel kann allerdings ohne den Vertrag von Lissabon nicht in der angedachten Form realisiert werden. Damit sie ohne den Vertrag von Lissabon der EU zur Verfügung stehen könnte, wäre etwa an eine gemeinsame Erklärung der Mitgliedstaaten zu denken, die dem Vertragswerk von Nizza beigefügt werden müsste. In einem solchen Fall wäre überdies denkbar, dass sich nicht alle Mitgliedstaaten an ihr beteiligen, sondern nur diejenigen, die dies wollen[1477]. Allerdings spielt die Beistandsklausel für die Bekämpfung des Terrorismus keine Rolle.

Hinsichtlich der Ständigen Strukturierten Zusammenarbeit ist ebenfalls festzustellen, dass sie in der Form, wie sie im Verfassungsvertrag und im Vertrag von Lissabon enthalten ist, nicht der EU zur Verfügung stehen kann. Lediglich ein Teil der Ständigen Strukturierten Zusammenarbeit ist bereits in der Umsetzung. Die Aufstellung der Battle Groups wurde bereits vorangetrieben. Dies muss die Mitgliedstaaten jedoch nicht davon abhalten, beispielsweise militärische Mittel jetzt schon systematisch zusammenzulegen und gemeinsam zu nutzen, damit Duplizierungen vermieden und Kosten gesenkt werden. In der Europäischen

---

[1475] Dazu siehe Ausführungen im 2. Kap. u. 3. Kap.

[1476] *F. Algieri/T. Bauer/K. Brummer*, Entwicklungspotenzial auch ohne Verfassungsvertrag: Optionen für GASP u. ESVP, in: C·A·P Analyse 1/2005, S. 11.

[1477] *F. Algieri/T. Bauer/K. Brummer*, Entwicklungspotenzial auch ohne Verfassungsvertrag: Optionen für GASP u. ESVP, in: C·A·P Analyse 1/2005, S. 13.

Sicherheitsstrategie werden die Mitgliedstaaten dazu schon aufgefordert[1478]. Eine Option wäre auch eine Gruppenbildung außerhalb der EU, die an die Ständig Strukturierte Zusammenarbeit anknüpft. Diese Gruppenbildung könnte integrationsoffen gehalten werden, sodass eine spätere Überführung in die EU, ähnlich wie es bei der Umsetzung von Schengen geschah, ermöglicht wird[1479]. Eine solche Überführung könnte daher das Ziel der EU sein. Denkbar wäre ebenfalls, die Ziele der Ständigen Strukturierten Zusammenarbeit innerhalb der EU zu verfolgen. In Betracht käme die Einbindung der Aktivitäten, die die Ständige Strukturierte Zusammenarbeit anbietet, in das Headline Goal 2010. Notwendig hierfür wäre ein Ratsbeschluss. Diese Lösung hätte gegenüber der anderen Option Vorteile. Zum einen könnten Spannungen mit anderen Mitgliedstaaten aus Furcht vor einem Europa der verschiedenen Geschwindigkeiten vermieden werden und zum anderen könnte der Kerngehalt der Ständigen Strukturierten Zusammenarbeit gerettet werden. Problematisch könnte dagegen sein, dass die angestrebte Konzeption der Ständigen Strukturierten Zusammenarbeit als Flexibilitäts-, Differenzierungs- und Katalysatormechanismus im bürokratischen Prozess der EU versinken würde und seine dynamisierende Wirkung mitsamt der „anspruchsvollen" Fähigkeitsziele verloren ginge[1480].

Ebenso wie die Solidaritätsklausel ist die Europäische Verteidigungsagentur schon unabhängig vom Inkrafttreten des Verfassungsvertrags und des Vertrags von Lissabon eingerichtet worden. Sie wurde rechtlich bereits auf Grundlage des Vertrags von Nizza umgesetzt und würde daher ein Scheitern des Vertrags von Lissabon überleben. Deshalb würde ihre Bedeutung für den Implementierungsprozess des Headline Goals 2010 ebenso bestehen bleiben wie ihr Bestreben die Bedarfsdeckung im Bereich der militärischen Fähigkeiten zu beeinflussen[1481].

Die Bestimmungen zum Außenminister beziehungsweise zum Hohen Vertreter der Union für Außen- und Sicherheitspolitik, der Einfluss auf die Terrorismusbekämpfung nehmen kann, könnten dagegen nur durch das Vertragsänderungs-

---

[1478] Dazu siehe Europäische Sicherheitsstrategie, „Ein sicheres Europa in einer besseren Welt" v. 12.12.2003, Ratsdok. 15895/03, S. 14.

[1479] *U. Diedrichs/M. Jopp*, Die Sicherheits- u. Verteidigungspolitik der EU nach dem Verfassungsvertrag: Innovationen, Experimente, Impulse, in: M. Jopp/S. Matl (Hrsg.), Der Vertrag über eine Verfassung für Europa (2005), 343, 365.

[1480] *U. Diedrichs/M. Jopp*, Die Sicherheits- u. Verteidigungspolitik der EU nach dem Verfassungsvertrag: Innovationen, Experimente, Impulse, in: M. Jopp/S. Matl (Hrsg.), Der Vertrag über eine Verfassung für Europa (2005), 343, 365.

[1481] *F. Algieri/T. Bauer/K. Brummer*, Entwicklungspotenzial auch ohne Verfassungsvertrag: Optionen für GASP u. ESVP, in: C·A·P Analyse 1/2005, S. 13.

verfahren gemäß Art. 48 EUV eingeführt werden[1482]. Diese Neuerungen können damit der derzeitigen ESVP ohne die Ratifizierung des Vertrags von Lissabon nicht zur Verfügung stehen.

In Bezug auf die verstärkte Zusammenarbeit müsste die Sonderregelung Art. 27 b EUV aus dem EU-Vertrag genommen werden, damit sie für die ESVP anwendbar wäre. Notwendig hierfür wäre eine Vertragsänderung, die durch ein Vertragsänderungsverfahren durchsetzbar gemacht werden könnte. Allerdings muss gesagt werden, dass aufgrund der beschriebenen geringen Bedeutung der verstärkten Zusammenarbeit für die ESVP eine Vertragsänderung entbehrlich wäre[1483].

Daraus folgernd ist festzustellen, dass das Scheitern des Ratifizierungsprozesses die weitere Entwicklung der ESVP auf längere Sicht nicht aufhalten würde. Einige Elemente haben sich bereits verselbständigt und andere befinden sich schon in der Umsetzungsphase. Weitere geplante Neuerungen wiederum ließen sich auch ohne den Vertrag von Lissabon verwirklichen. Daher ist in Zukunft im Bereich der ESVP mit einer weiteren Dynamisierung zu rechnen. Im Ergebnis stellen die geplanten Neuerungen im Verfassungsvertrag und im Vertrag von Lissabon das Produkt eines laufenden Prozesses dar, die der Verfassungskonvent aufgegriffen und lediglich explizit gemacht hat.
Das Scheitern sowohl des Verfassungsvertrags als auch des Vertrags von Lissabon im Ratifizierungsprozess zeigt aber auf, dass sich die EU in einer Integrationskrise befindet. Es hat eindeutig gezeigt, dass der politische Anspruch der Entscheidungsträger nicht übereinstimmt mit dem Willen der Wahlbevölkerung.

C. Fazit

Wie die Bewertung über die Terrorismusbekämpfung im Rahmen der ESVP im Vertrag von Lissabon ergeben hat, könnten die Neuerungen zukünftig für eine Verbesserung der Terrorismusbekämpfung im Rahmen der ESVP sorgen. Die Neuerungen stellen Fortschritte zum *de lege lata* dar und würden die Bekämpfung des Terrorismus fördern. Aber auch für den Fall, dass der Vertrag von Lissabon nicht ratifiziert werden sollte, stehen die wesentlichen Neuerungen zur Terrorismusbekämpfung im Rahmen der ESVP dieser auch ohne den Vertrag

[1482] *F. Algieri/T. Bauer/K. Brummer*, Entwicklungspotenzial auch ohne Verfassungsvertrag: Optionen für GASP u. ESVP, in: C·A·P Analyse 1/2005, S. 6.
[1483] *F. Algieri/T. Bauer/K. Brummer*, Entwicklungspotenzial auch ohne Verfassungsvertrag: Optionen für GASP u. ESVP, in: C·A·P Analyse 1/2005, S. 15.

von Lissabon zur Verfügung. Die Neuerungen haben sich bereits verselbständigt und andere befinden sich schon in der Umsetzungsphase.

FÜNFTES KAPITEL: FALLGRUPPEN ZUR TERRORISMUSBEKÄMPFUNG

Auf der Grundlage der gewonnenen Erkenntnisse werden im Folgenden mögliche Fallgruppen für ein Handeln im Bereich der ESVP zur Terrorismusbekämpfung aufgezeigt.

A. Fallgruppen für ein Tätigwerden nach einem Terroranschlag

I. Fallgruppen für ein militärisches Tätigwerden

Eine durch einen Terroranschlag entstandene Situation kann eine militärische Operation der ESVP auslösen. Dies hat die Europäische Sicherheitsstrategie klargestellt, in der zum Ausdruck kommt, dass ein militärisches Handeln ein Mittel zur Bekämpfung des Terrorismus ist, auch wenn diese Vorgehensweise *ultima ratio* sein soll[1484]. Zu differenzieren ist dabei danach, ob der Terroranschlag in einem EU-Staat oder in einem Nicht-EU-Staat verübt wurde.

1. Terroranschlag in einem EU-Staat

Sollte ein EU-Staat von einem Terroranschlag betroffen sein, dann ist ein militärisches Tätigwerden in einem Drittstaat denkbar sowie ein Tätigwerden im vom Terroranschlag betroffenen EU-Staat.

a.) Tätigwerden in einem Drittstaat

Bei einem Tätigwerden in einem Drittstaat kommen militärische Maßnahmen gegen den Ausgangspunkt des Terroranschlags in Betracht. Ziel einer solchen Operation wäre die Zerschlagung und Zerstörung der Terrororganisation. Der Angriff könnte sowohl auf ihre Führung und Kommandostrukturen gerichtet sein, als auch gegen Kommunikationsanlagen sowie gegen die materielle Unterstützung der Terrororganisation. Ziel kann die Lahmlegung der Planungs- und Operationsfähigkeiten der Terroristen sein[1485]. Vergleichbar wäre ein solcher

[1484] Vgl. 2. Kap. E. II. 3. b.).
[1485] Diese Fallgruppen sind der NSS der USA entnommen, dazu vgl. 2. Kap. E. II. 4.

Einsatz mit dem operativen Tätigwerden der USA als Reaktion auf die Terroranschläge vom 11. September 2001 in Afghanistan. Die rechtliche Zulässigkeit für ein solches Handeln der EU aus EU-Sicht würde sich aus der dynamischen Auslegung des Art. 17 EUV ergeben. Sollte der Vertrag von Lissabon in Kraft treten, so ergäbe sich die rechtliche Zulässigkeit aus Art. 42 Abs. 1 des neuen EU-Vertrags in Verbindung mit Art. 43 Abs. 1 des neuen EU-Vertrags. Völkerrechtlich wäre ein solches Handeln durch das Selbstverteidigungsrecht gemäß Art. 51 UN-Charta gedeckt[1486].

Jedoch ist hierbei zu beachten, dass im Fall eines Terroranschlags auf einen EU-Staat ebenso Art. 5 NATO-Vertrag zur Anwendung kommen kann. Dann wäre die Anwendung einer ESVP-Operation aus Sicht der alliierten EU-Staaten ausgeschlossen. Denn für diese läge dann ein Fall der kollektiven Verteidigung vor und nicht ein Fall des internationalen Krisenmanagements im Rahmen der ESVP. Es ist davon auszugehen, dass eine militärische Reaktion auf einen Terroranschlag mit Art. 5 des NATO-Vertrags als Rechtsgrundlage der wahrscheinlichere Fall ist als eine Reaktion mit einer ESVP-Operation. Aufgrund des großen Ermessensspielraums des Art. 5 NATO-Vertrag gibt es zwar eigentlich kein Vorrang für Maßnahmen aufgrund Art. 5 NATO-Vertrag gegenüber Maßnahmen im Rahmen der ESVP. Dennoch dürfte unausgesprochen Einigkeit darüber bestehen, dass die EU keine selbständigen militärischen Operationen durchführt, wenn ein NATO-Bündnisfall nach Art. 5 NATO-Vertrag vorliegt[1487].

Von daher dürfte es derzeit nur Raum für eine militärische Reaktion in einem Drittstaat auf einen Terroranschlag durch eine ESVP-Operation für den Fall geben, dass ein Terroranschlag auf einen EU-Mitgliedstaat verübt wird, der nicht zugleich Mitglied der NATO ist. Dann kann Art. 5 NATO-Vertrag nämlich nicht greifen[1488].

b.) Tätigwerden im Territorium der EU

Rechtsgrundlage für ein Tätigwerden im Rahmen der ESVP im Gebiet der EU kann nur die Solidaritätsklausel[1489] sein. Voraussetzung für ein Eingreifen im Inneren der EU gemäß der Solidaritätsklausel ist das Ersuchen der politischen

[1486] Zum Selbstverteidigungsrecht als Ausnahme vom Gewaltverbot siehe 3. Kap. C. I. 1. b.).
[1487] Dazu siehe Ausführungen im 3. Kap. C. II. 1. u. 3. Kap. C. II. 2. b.) dd.).
[1488] Anm.: Nicht NATO-Mitglied sind derzeit lediglich die EU-Staaten Finnland, Irland, Malta, Österreich, Schweden und Zypern. Alle übrigen EU-Mitgliedstaaten sind zugleich auch Mitglied der NATO.
[1489] Zur Solidaritätsklausel siehe 4. Kap. B. IV. 2.

Organe des betroffenen Staats. Mit ihr kann die EU Aufgaben im Inneren der EU übernehmen, was über Art. 17 Abs. 2 EUV nicht möglich ist.
Hierbei kommen sowohl zivile als auch militärische Mittel in Betracht. Im militärischen Bereich könnte es sich dabei um ergänzende Spezialfähigkeiten handeln, die der betroffene Staat nicht besitzt. Dazu dürften insbesondere ABC-Abwehrkräfte, Flugzeuge zur Luftraumsicherung als auch Spezialeinsatzkräfte gehören. Ziel ist also, insbesondere die Zivilbevölkerung zu schützen. Deshalb spielt hierbei der Katastrophenschutz eine Rolle, der nach einem Terroranschlag möglichst schnell durch gegenseitige Katastrophenschutzhilfe der Mitgliedstaaten der EU eingeleitet werden sollte. Das EU-Unterstützungsteam im Bereich der Ersten Hilfe (EU-FAST) könnte Funktionen übernehmen. Da heutzutage zudem mit Terroranschlägen mit Massenvernichtungswaffen zu rechnen ist, spielen die Fähigkeiten der EU zur CBRN-Abwehr ebenfalls eine gewichtige Rolle in diesem Bereich.

2. Terroranschlag in einem Nicht-EU-Staat

Im Fall eines Terroranschlags in einem Nicht-EU-Staat ist ein militärisches Tätigwerden gegen den Ausgangspunkt des Terroranschlags sowie ein Tätigwerden im vom Terroranschlag betroffenen Staat denkbar.

Bei einem Tätigwerden gegen den Ausgangspunkt des Terroranschlags würde die EU mit einer militärischen Operation die gleichen Ziele verfolgen wie bei einem Vorgehen gegen einen Drittstaat, wenn ein EU-Staat betroffen wäre. Eine solche Operation würde auf Ersuchen des betroffenen Staates erfolgen oder auf Ersuchen einer internationalen Organisation, wie etwa der Vereinten Nationen. Rechtlich zulässig sind solche Maßnahmen aufgrund der dynamischen Auslegung des Art. 17 EUV. Sollte der Vertrag von Lissabon in Kraft treten, so ergäbe sich die rechtliche Zulässigkeit aus Art. 42 Abs. 1 des neuen EU-Vertrags in Verbindung mit Art. 43 Abs. 1 des neuen EU-Vertrags. Völkerrechtlich wäre ein solches Handeln durch die Erteilung eines UN-Mandats gedeckt[1490].

Bei einem operativen Tätigwerden im betroffenen Drittstaat würde dieser Einsatz die gleichen Ziele verfolgen, wie bei einem Tätigwerden im Territorium der EU. Ein solche Operation würde auf Ersuchen des betroffenen Staates erfolgen oder auf Ersuchen einer internationalen Organisation, etwa der Vereinten Nationen. Zusätzlich denkbar wäre das Ziel, EU-Bürger aus dem Drittstaat zu eva-

[1490] Zum Vorliegen eines UN-Mandats als Ausnahme vom Gewaltverbot siehe 3. Kap. C. I. 1. b.).

kuieren oder EU-Bürger aus der Geiselhaft zu befreien. Dabei könnte die EU auch autonom handeln, um ihre Bürger zu schützen. Rechtlich zulässig sind solche Maßnahmen aufgrund der dynamischen Auslegung des Art. 17 EUV. Sollte der Vertrag von Lissabon in Kraft treten, so ergäbe sich die rechtliche Zulässigkeit aus Art. 42 Abs. 1 des neuen EU-Vertrags in Verbindung mit Art. 43 Abs. 1 des neuen EU-Vertrags. Völkerrechtlich wäre dieses Vorgehen durch die Einwilligung des betroffenen Staates gedeckt[1491].

II. Fallgruppen für sonstige repressive Maßnahmen

Neben einem militärischen Eingreifen als Reaktion auf einen Terroranschlag kommen weitere Maßnahmen in Betracht, die die EU im Rahmen der ESVP nach einem Terroranschlag ergreifen könnte.
Dazu gehören als Reaktion auf einen Terroranschlag zivile Krisenbewältigungsmaßnahmen, die zugleich Maßnahmen zur Prävention zukünftiger Terrorakte darstellen können. Diese Maßnahmen könnten den politischen und ökonomischen Wiederaufbau[1492], die Stabilisierung von Regionen und die Schaffung von rechtsstaatlichen Regionen betreffen[1493]. Maßnahmen könnten auch etwa die Vor-Ort-Unterstützung der Zivilbevölkerung im Katastrophengebiet nach einem Terroranschlag, der Wiederaufbau zerstörter Infrastrukturen sowie die Evakuierung von Zivilisten beinhalten[1494]. Dementsprechend nannte das zivile Fähigkeitsziel mit der Polizei, der Stärkung des Rechtsstaats, die Stärkung der Zivilverwaltung und den Katastrophenschutz vier vorrangige Bereiche[1495]. In diesen Bereichen hat die EU bereits einige Krisenbewältigungsoperationen mit zivilen Mitteln ausgeführt, die nach ähnlichem Muster nach einem Terroranschlag erfolgen könnten.
Auch in den repressiven Bereich fällt die Unterstützung der Opfer eines Terroranschlags. In diesen Bereich gehört ebenfalls die Beteiligung an Rehabilitationsbemühungen. Dazu müssten im Haushalt Mittel zur Verfügung gestellt werden. Dies erfolgte beispielsweise in einem Dringlichkeitsverfahren nach den

1491 Zur Einwilligung durch den betroffenen Staat als Ausnahme vom Gewaltverbot siehe 3. Kap. C. I. 1. b.).

1492 Vergleichbar wäre dies mit dem politischen und ökonomischen Wiederaufbau Afghanistans, an dem die EU allerdings lange Zeit nicht beteiligt war. Dazu siehe 2. Kap. B. III.

1493 Zur Stabilisierung von Regionen und der Schaffung von rechtsstaatlichen Regionen trug etwa die European Union Police Mission (EUPM) bei. Dazu vgl. Gemeinsame Aktion des Rates 2002/210/GASP v. 11.3.2002 über die Polizeimission der EU, abgedruckt in: ABl. 2002, Nr. L 70, S. 1.

1494 Dazu vgl. Analyse des Art. 17 Abs. 2 EUV, 1. Kap. B. I. 1.

1495 Zum zivilen Fähigkeitsziel 3. Kap. A. II. 1.

Terroranschlägen von Madrid. Diese Maßnahmen wären primär finanzieller Natur.

Die rechtliche Zulässigkeit von zivilen Missionen außerhalb der EU ergäbe sich aus der dynamischen Auslegung des Art. 17 EUV. Sollte der Vertrag von Lissabon in Kraft treten, so ergibt sich die rechtliche Zulässigkeit aus Art. 42 Abs. 1 des neuen EU-Vertrags in Verbindung mit Art. 43 Abs. 1 des neuen EU-Vertrags. Die Übernahme von Maßnahmen innerhalb der EU würde rechtlich auf der Solidaritätsklausel beruhen.

B. Fallgruppen für ein Tätigwerden vor einem Terroranschlag

I. Fallgruppen für ein militärisches Tätigwerden

Fraglich ist, ob die EU auch präventiv militärisch handeln kann und darüber hinaus sogar präemptiv.

1. Präventives militärisches Tätigwerden

Eine präventive militärische Maßnahme gegen den Terrorismus würde in Betracht kommen, wenn unmittelbar ein Terrorangriff zu erwarten wäre. Ziel einer solchen präventiven militärischen Operation könnte dann die Zerschlagung und Zerstörung von Terrororganisationen sein, in dem etwa die Planungs- und Operationsfähigkeiten der Terroristen zerstört würden. Der Angriff könnte sich auch gegen ihre Führung und Kommandostrukturen, Kommunikationsanlagen oder die materielle Unterstützung der Terrororganisation richten.

Bei einem solchen Vorgehen dürfte, ebenso wie bei einem repressiven militärischen Vorgehen, das Verhältnis zur NATO von Bedeutung sein. Auch hier dürfte es derzeit nur Raum für ein militärisches Handeln durch eine ESVP-Operation für den Fall geben, dass ein Terroranschlag auf einen EU-Mitgliedstaat unmittelbar bevorsteht, der nicht zugleich Mitglied der NATO ist.

Jedoch kommt für ein präventives militärisches Handeln der EU der Fall in Betracht, dass ein Nicht-EU-Mitgliedstaat, der unmittelbar von einem Terroranschlag bedroht ist, die EU ersucht, ihn durch eine präventive militärische Maßnahme zu unterstützen.

Die rechtliche Zulässigkeit einer präventiven militärischen Maßnahme gegen den Terrorismus ergibt sich dabei aus der dynamischen Auslegung des Art. 17 EUV[1496]. Zusätzlich ist zwingend erforderlich, dass die UN-Charta in Kapitel VII präventive Zwangsmaßnahmen erlaubt[1497]. Sollte der Vertrag von Lissabon in Kraft treten, so ergäbe sich die rechtliche Zulässigkeit aus Art. 42 Abs. 1 des neuen EU-Vertrags in Verbindung mit Art. 43 Abs. 1 des neuen EU-Vertrags.

2. Präemptives militärisches Tätigwerden

Des Weiteren könnte ein präemptives militärisches Tätigwerden der EU in Betracht kommen. Diese weiter gefasste Interpretation zu Angriffen zur präventiven Selbstverteidigung haben die USA erstmals in der National Security Strategy ausformuliert, in der von einem „präemptiven Angriff" gesprochen wird. Mit einem präemptiven Vorgehen wollen die USA zukünftig feindliche Akte vermeiden beziehungsweise ihnen vorbeugen. Dieses Vorgehen schließt ein Vorgehen gegen ein Land mit ein, das lediglich im Verdacht steht, einen Angriff zu planen[1498]. Mit dem präemptiven Handeln, das also Maßnahmen gegen ein vermutetes oder eine erst zukünftig akut werdende Gefahr vorsieht, entwickelten die USA eine vollkommen neue Strategie. Als Beispiel für ein präemptives militärisches Tätigwerden kann die Operation Iraqui Freedom der USA genannt werden. Der Irak entwickelte nach Auffassung der USA Massenvernichtungswaffen. Daher lag eine Bedrohung vor, auch wenn diese erst in Zukunft virulent geworden wäre. Dadurch war die Militäraktion aus Sicht der USA vom Selbstverteidigungsrecht gedeckt und wird von ihnen unter das Selbstverteidigungsrecht des Art. 51 UN-Charta subsumiert.

Für ein präemptives Vorgehen durch die EU gibt es allerdings keine Rechtsgrundlage innerhalb der EU. Dass die EU derzeit nicht präemptiv handeln will, wurde durch die Europäische Sicherheitsstrategie klargestellt[1499]. Außerdem sind Präemptiv-Angriffe nach überwiegender Auffassung völkerrechtswidrig[1500]

[1496] Dazu siehe 1. Kap. B. I. 1.
[1497] *S. Graf v. Kielmansegg*, Die Verteidigungspolitik der EU (2005), S. 159.
[1498] Vgl. National Security Strategy of the United States of America, Kap. V.
[1499] Dazu siehe Ausführungen im vorgenommenen Vergleich zwischen ESS u. NSS im 2. Kap. E. II. 4.
[1500] Anm.: Diese Auffassung wird gestützt durch die Völkerrechtsgeschichte, den Wortlaut der Charta, die Rechtsprechung des IGH und die bisherige Staatenpraxis. Dazu siehe *T. Breitwieser*, Vorweggenommene Selbstverteidigung u. das Völkerrecht, in: NZWehrR 2005, 45, 51. Auf eine ausführliche Darstellung dieser einzelnen Argumente wird in dieser Arbeit verzichtet.

und kommen daher als Maßnahme der EU im Rahmen der ESVP als Vorgehensweise gegen den Terrorismus nicht in Betracht.

II. Fallgruppen für sonstige Maßnahmen

Um bevorstehende Terroranschläge zu verhindern könnte die EU zukünftig operativ mit zivilen Missionen tätig werden. Demgemäß hieß es ausdrücklich im zivilen Planziel 2008, dass *„die EU (...) bereits vor Ausbruch einer Krise präventiv handeln können (muss), da ein rechtzeitiges Eingreifen eine Verschlechterung der Lage verhindern kann“*[1501]. Entsprechend dem zivilen Fähigkeitsziel könnten also Operationen in den vier vorrangigen Bereichen der Polizei, der Stärkung des Rechtsstaats, der Stärkung der Zivilverwaltung und dem Katastrophenschutz in Drittstaaten erfolgen[1502]. Sie könnten etwa die Stabilisierung von Regionen und die Schaffung von rechtsstaatlichen Regionen bezwecken[1503]. Dazu gehören auch Maßnahmen zur regionalen Eindämmung von Konflikten. Denn regionale Konflikte werden als mögliche Ursachen für die Entstehung des Terrorismus betrachtet[1504]. Dementsprechend hieß es etwa in der Erklärung von Sevilla zur Polizeimission der EU in Bosnien und Herzegowina (EUPM), dass die EU durch die *„(Förderung des) Stabilisierungsprozesses (...) sowie der entsprechenden Normen und Standards (dazu beitragen kann), dass terroristischen Organisationen die Möglichkeit genommen wird, Fuß zu fassen“*[1505].
Rechtlich zulässig wären solche Operationen in Drittstaaten durch die dynamische Auslegung des Art. 17 EUV. Sollte der Vertrag von Lissabon in Kraft treten, so ergäbe sich die rechtliche Zulässigkeit aus Art. 42 Abs. 1 des neuen EU-Vertrags in Verbindung mit Art. 43 Abs. 1 des neuen EU-Vertrags.

Neben den operativen Maßnahmen könnten aber auch politische Absprachen beziehungsweise Abkommen dazu beitragen, künftige Terroranschläge zu verhindern. Diesbezüglich hat die EU im Rahmen der ESVP bereits in der Vergangenheit gehandelt. Durch die ergriffenen Maßnahmen der EU zur Terrorismus-

---

1501 Ziviles Planziel 2008, Ratsdok. 15863/04, Rn. 3.

1502 Zum zivilen Fähigkeitsziel siehe 3. Kap. A. II. 1.

1503 Anm.: Zur Stabilisierung von Regionen und der Schaffung von rechtsstaatlichen Regionen trug etwa die European Union Police Mission (EUPM) bei. Dazu vgl. Gemeinsame Aktion des Rates 2002/210/GASP v. 11.3.2002 über die Polizeimission der EU, abgedruckt in: ABl. 2002, Nr. L 70, S. 1.

1504 Vgl. dazu die Ausführungen zur ESS, 2. Kap. E. I. 1.

1505 Erklärung des ER über den Beitrag der GASP, einschließlich der ESVP, zur Bekämpfung des Terrorismus, Anlage V zu den Schlussfolgerungen des Vorsitzes des ER in Sevilla v. 21./22.6.2002, Ratsdok. 13463/02, Rn. 5.

bekämpfung im Rahmen der ESVP wurden primär solche Maßnahmen ergriffen, die zukünftige Terroranschläge verhindern sollten, auch wenn sie überwiegend erst als Reaktion auf einen Terroranschlag beschlossen wurden[1506]. Diese Maßnahmen erfolgten mit den Rechtsinstrumenten, die der EU im Rahmen der ESVP zur Verfügung stehen[1507]. Etwa wurden mit Grundsätzen und allgemeinen Leitlinien politische Richtungsvorgaben abgegeben. Ebenfalls wurde vom Rechtsinstrument des Abschlusses von internationalen Abkommen häufig Gebrauch gemacht. Wie die Erläuterungen im zweiten Kapitel gezeigt haben, wurde zur Terrorismusbekämpfung im Rahmen der ESVP insbesondere vom Rechtsinstrument Erklärung Gebrauch gemacht[1508].

Die mit diesen Rechtsinstrumenten eingeführten Maßnahmen betrafen dabei primär den Schutz vor einem Terroranschlag. Schutzmaßnahmen bezogen sich vor allem auf den Schutz der Zivilbevölkerung. Zusätzlich wurden die internationale Zusammenarbeit gestärkt[1509], langfristige und umfassende Strategien entwickelt[1510] und der Austausch von Informationen[1511] sowie die Erarbeitung von Lagebeurteilungen und Frühwarnberichten[1512] vorangetrieben.

Weitere wichtige Maßnahmen zur Prävention könnten die Kontrolle des See- und Luftraums oder die Bekämpfung der Finanzierung des Terrorismus darstellen. Auch könnten Maßnahmen in Betracht kommen, die verhindern sollen, dass Personen sich dem Terrorismus zuwenden. Diesbezüglich sind Maßnahmen erforderlich, die verhindern, dass sich Personen radikalisieren oder für den Terrorismus angeworben werden.

[1506] Dazu siehe 2. Kap.

[1507] Zu den Rechtsinstrumenten siehe 1. Kap. B. III.

[1508] Zu den erfolgten Maßnahmen durch die genannten Rechtsinstrumente siehe 2. Kap.

[1509] Anm.: Dazu gehörten etwa der politische Dialog mit Drittstaaten, die Stärkung internationaler Organisationen, Abkommen über grenzüberschreitende Transporte, die Unterstützung und Ausbildung von Drittstaaten, politische Gespräche durch den Terrorismuskoordinator, die Einbeziehung von Terrorismusklauseln in internationale Abkommen. Im Einzelnen siehe dazu die Ausführungen im 2. u. 3. Kap.

[1510] Anm.: Dazu siehe Ausführungen im 2. Kap.

[1511] Anm.: Dazu gehörte insb. der Austausch von nachrichtendienstlichen Informationen. Dazu siehe die Ausführungen im 2. Kap.

[1512] Anm.: Frühwarnsysteme bezwecken etwa die Bündelung des gesamten nationalen Wissens auf europäischer Ebene, auch das der Geheimdienste, damit es zentral zur Verhinderung des Terrorismus zur Verfügung stehen kann.

SECHSTES KAPITEL: ZUSAMMENFASSUNG UND GESAMTWÜRDIGUNG

Grundsätzlich ist die ESVP-Entwicklung im Bereich der Terrorismusbekämpfung seit den Terroranschlägen vom 11. September 2001 positiv hervorzuheben. Stand vor diesen Anschlägen noch gar nicht fest, ob die Terrorismusbekämpfung überhaupt zu den Aufgaben und Zielen der ESVP gehört, so ist dies heute unumstritten. Die Terroranschläge haben also zu einer Dynamisierung in der ESVP geführt. Solche externen Einflüsse haben daher erheblichen Einfluss auf die Entwicklung der ESVP genommen. Die Terrorismusbekämpfung stellt heute eine der primären Aufgaben der ESVP dar. Die rechtliche Zulässigkeit folgt aus der dynamischen Auslegung des Art. 17 EUV.
Durch die Bedeutung, die die Terrorismusbekämpfung im Rahmen der ESVP infolge der Entwicklungen der vergangenen Jahren erlangt hat, wird eine Verschiebung der Terrorismusbekämpfung von der dritten Säule der EU auf den internationalen und militärischen Bereich, also auf den Bereich der ESVP, erkennbar. Die terroristische Bedrohung wird heute nicht nur als Aufgabe der Innenpolitik verstanden, sondern auch als externes Problem angesehen. Diese Verschiebung spiegelt insbesondere der Inhalt der Europäischen Sicherheitsstrategie[1513] wieder. Solch eine Entwicklung wäre vor den Terroranschlägen des 11. September 2001 illusorisch gewesen und wäre insbesondere zwischen den Mitgliedstaaten gar nicht konsensfähig gewesen. Diese Neuorientierung in der Terrorismusbekämpfung war aber auch notwendig. In der Form, in der die ESVP gegründet worden war, wäre sie heute nicht mehr zeitgemäß, denn die ESVP wurde seinerzeit entsprechend den damaligen Herausforderungen und Bedrohungen definiert und entwickelt. Noch wesentlich deutlicher als durch die Maßnahmen der vergangenen Jahre, hätte diese Verschiebung auf den Bereich der ESVP der Vertrag über eine Verfassung für Europa und der Vertrag von Lissabon gezeigt. Denn die Bestimmungen, die die Terrorismusbekämpfung erwähnen, fallen primär in den Bereich der ESVP.

Trotz der Erkenntnis, dass die Terrorismusbekämpfung angesichts einer der größten Bedrohungen für die Sicherheit der Welt zu einer Hauptaufgabe der ESVP geworden ist, kamen die vorgenommenen Bewertungen zu dem Schluss[1514], dass die in der Vergangenheit erzielten Fortschritte im Bereich der ESVP nicht ausreichend waren. So wird der Terrorismusbekämpfung trotz ihrer Bedeutung nicht durch den Vertragstext des EU-Vertrags Rechnung getragen,

[1513] Zur ESS siehe 2. Kap. E.
[1514] Dazu siehe 2. Kap u. 3. Kap.

weil der Wortlaut des Art. 17 Abs. 2 EUV, der die Hauptaufgaben der ESVP benennt, die Terrorismusbekämpfung an keiner Stelle erwähnt[1515]. Diese Schwäche hätte durch den Vertrag über eine Verfassung für Europa beseitigt werden können[1516] beziehungsweise kann noch durch den Vertrag von Lissabon[1517] beseitigt werden, da sie in den Teilen zur ESVP die Terrorismusbekämpfung ausdrücklich behandeln. Insbesondere sahen die beiden Reformversuche vor, die Terrorismusbekämpfung in den Petersberg-Aufgabenkatalog aufzunehmen. Allerdings hat die Praxis durch die gescheiterten Referenden gezeigt, dass zwischen dem politischen Anspruch der politischen Entscheidungsträger und dem Willen der Wahlbevölkerung eine Lücke klafft[1518].
Aber auch wenn die explizite Erwähnung der Terrorismusbekämpfung in Art. 17 Abs. 2 EUV anstrebenswert ist, muss betont werden, dass diese keine Auswirkungen auf die Bekämpfung des Terrorismus hätte. Auch ohne Erwähnung im Vertragstext zur EVSP ist die Terrorismusbekämpfung, wie die Entwicklung in den vergangenen Jahren gezeigt hat, zu einer der Hauptaufgaben der ESVP geworden[1519]. Die rechtliche Zulässigkeit ergibt sich aus der dynamischen Auslegung des Art. 17 EUV[1520]. Dennoch wäre eine ausdrückliche Erwähnung der Terrorismusbekämpfung als Aufgabe der ESVP sinnvoll, um ihrer Bedeutung Ausdruck zu verleihen.

Einen sehr wichtigen Schritt für die Terrorismusbekämpfung stellte dagegen die Einführung der Solidaritätsklausel[1521] dar. Sie ist als eine der wichtigsten Neuerungen der letzten Jahre im Bereich der Terrorismusbekämpfung zu werten. Durch sie kann der Terrorismus auf dem Territorium der EU bekämpft werden, was Art. 17 Abs. 2 EUV nicht ermöglicht, da dieser nur die Außendimension der EU betrifft. Damit stellt die Solidaritätsklausel das innereuropäische Gegenstück zum weltweiten Krisenmanagement der EU dar. Dadurch konnte eine Lücke im Bereich der ESVP bei der Terrorismusbekämpfung geschlossen werden. Die ESVP kann daher entscheidend dazu beitragen, dass die EU sich zu einem Sicherheits- und Verteidigungssystem entwickelt, das sich nach außen und nach innen gegen die Bedrohung durch den Terrorismus zur Wehr setzen kann. Zusätzlich ist an der Solidaritätsklausel bemerkenswert, dass sie sich über alle drei

---

[1515] Dazu siehe 1. Kap. B.
[1516] Zum Vertrag über eine Verfassung von Europa siehe 4. Kap. A.
[1517] Zum Vertrag von Lissabon siehe 4. Kap. B.
[1518] *U. Petersohn/S. Lang*, Die Zukunft der ESVP nach den gescheiterten Referenden, in: SWP-Aktuell 34, 8/2005, 1, 1.
[1519] Dazu siehe 2. Kap.
[1520] Dazu siehe 1. Kap. B. II.
[1521] Zur Einführung der Solidaritätsklausel siehe 2. Kap. F. I. 1., zur Solidaritätsklausel im Rahmen des Vertrags von Lissabon siehe 4. Kap. B. IV. 2.

Säulen der EU erstreckt. Sie setzt damit ein wichtiges Zeichen für die Zukunft, nämlich die Lösung von der Säulenstruktur und hin zu einer Vergemeinschaftung der Terrorismusbekämpfung. Entscheidend für ihre Effizienz wird jedoch sein, ob sie von einem betroffenen Mitgliedstaat auch in Anspruch genommen wird. Bei der bisher einzigen Gelegenheit, nach den Terroranschlägen von London 2005, wurde sie nämlich nicht in Anspruch genommen.
Aufgrund der hohen Bedeutung der Terrorismusbekämpfung ist die Solidaritätsklausel schon unabhängig vom Vertrag von Lissabon in Kraft getreten. Für die Solidaritätsklausel stellt das Scheitern des Verfassungsvertrags und das mögliche Scheitern des Vertrags von Lissabon kein Hindernis dar. Allerdings muss betont werden, dass die Solidaritätsklausel in der derzeitigen Form lediglich politisch, nicht jedoch rechtlich verpflichtend ist.

Für eine effektive Terrorismusbekämpfung sind daneben weitere praktische Erfordernisse unerlässlich. Dazu gehören die Existenz von militärischen[1522] und zivilen Ressourcen[1523], die Zusammenarbeit zwischen den Mitgliedstaaten[1524], die internationale Zusammenarbeit[1525] sowie ein koordiniertes Vorgehen[1526]. Hinsichtlich dieser praktischen Erfordernisse wurden seit Gründung der ESVP und speziell in der Zeit nach dem 11. September 2001 Fortschritte erzielt. Allerdings fallen Defizite erheblich ins Gewicht, die der Schaffung von notwendigen Voraussetzungen für eine effektive Terrorismusbekämpfung im Rahmen der ESVP im Weg standen und immer noch stehen.

Bei den Ressourcen bestehen sowohl bei den militärischen als auch bei den zivilen noch einige Defizite. Daher ist deren Weiterentwicklung wichtig. Nur wenn die EU über umfassende Kapazitäten verfügt, kann sie auf Krisen im vollen Umfang reagieren. Schafft die EU die Beseitigung der Mängel im Rahmen der ESVP nicht, so kann sie nur punktuelle militärische Einsätze vornehmen, hauptsächlich in solchen Konflikten an denen die USA kein Interesse haben. Dann wird die Tendenz der Mitgliedstaaten zur bilateralen Vorgehensweise mit den USA bestehen bleiben. Zudem kann die EU Dritte, wie etwa die Vereinten Nationen, nur dann effektiv unterstützen durch Bereitstellung von Ressourcen, wenn sie auch über gute Ressourcen verfügt.
Beim Ausbau der Ressourcen richteten sich die Anstrengungen der EU spätestens seit den Terroranschlägen vom 11. September 2001 primär auf die militärischen Ressourcen und haben damit die Weiterentwicklung der zivilen Fähigkei-

[1522] Zu den militärischen Fähigkeiten siehe 3. Kap. A. I.
[1523] Zu den zivilen Fähigkeiten siehe 3. Kap. A. II.
[1524] Zur Zusammenarbeit der EU-Mitgliedstaaten siehe 3. Kap. B.
[1525] Zur internationalen Zusammenarbeit siehe 3. Kap. C.
[1526] Zur Koordination siehe 3. Kap. D.

ten in den Hintergrund gedrängt. Dennoch ist der Entwicklungsstand der militärischen Mittel weiterhin als unfertig zu bezeichnen. Es sind noch weitere Verbesserungen und Implementierungen erforderlich, um die bestehenden Lücken zu schließen. Zudem lässt die Konzentration auf die militärischen Fähigkeiten außer Acht, dass keine der heutigen Bedrohungen, zu denen der Terrorismus gehört, mit rein militärischen Mitteln bekämpft werden kann. Deshalb ist der Ausbau der zivilen Fähigkeiten gleichermaßen von Bedeutung. Infolge der Bevorzugung des Ausbaus der militärischen Fähigkeiten ist es kaum verwunderlich, dass die Defizite bei den zivilen Fähigkeiten noch größer sind als bei den militärischen. Dennoch ist trotz der Defizite erstaunlich, dass die EU im Vergleich zu anderen Staaten und Organisationen mit ihren zivilen Ressourcen bei der Konfliktbearbeitung und der Stabilisierung gefährdeter Staaten sogar eine Art Vormachtstellung innehat. Diese liegt darin begründet, dass andere Staaten beziehungsweise internationale Organisationen noch größere Defizite bei den zivilen Ressourcen aufweisen. Will die EU diese Vormachtstellung beibehalten, die gerade in der Bewältigung von Krisen im Zusammenspiel mit den USA, die unzweifelhaft über die stärksten militärischen Ressourcen verfügen, von Bedeutung sein könnten, darf sie das zivile Handlungsinstrumentarium nicht weiter vernachlässigen und muss es vielmehr fortentwickeln und stärken. Ein hoher Entwicklungsstand bei den soft power-Kapazitäten ist auch wichtig für die EU, weil der Einsatz von militärischen Maßnahmen immer *ultima ratio* bleiben sollte. Als „mildere" Form eines Eingreifens der EU sollte nämlich vor dem Einsatz von militärischen Mitteln eine Bewältigung mit zivilen Ressourcen angestrebt werden. Trotz der Feststellung, dass der Einsatz von militärischen Maßnahmen nur als *ultima ratio* in Betracht kommen soll, darf ihre Bedeutung nicht außer Acht gelassen werden. Alleine schon die bloße Existenz von militärischen Kapazitäten kann die Glaubwürdigkeit der EU erhöhen[1527]. Es muss bedacht werden, dass eine Zivilmacht ohne Zwangsmittel keine Möglichkeit besitzt, einen wirksamen Beitrag zur Wahrung der internationalen Ordnung zu leisten. Im Gegensatz dazu wäre auch eine rein militärische Macht stabilitätspolitisch problematisch.

Bei der Behebung der Defizite im Bereich der Fähigkeiten der ESVP wird das Scheitern des Vertrags über eine Verfassung für Europa und das Zustandekommen oder das Scheitern des Vertrags von Lissabon keinen Unterschied ausmachen. Alleine die Verabschiedung des Verfassungsvertrags oder des Vertrags von Lissabon kann kaum zur Behebung von Defiziten bei den Ressourcen beitragen. Ein neuer Petersberg-Aufgabenkatalog etwa führt nicht zur Verbesserung des Ausbaus von Ressourcen. Zwar könnte die Europäische Verteidi-

---

[1527] Vgl. *A. J. K. Bailes*, Die Europäische Sicherheitsstrategie: programmatische u. praktische Perspektiven für GASP u. ESVP, in: int 2005, 107, 114.

gungsagentur, die dem Verfassungsvertrag entstammt, als „Knotenpunkt" für alle Bemühungen der EU im Bereich der Militär- und Rüstungspolitik zur Stärkung der militärischen Einheiten beitragen. Allerdings ist sie schon unabhängig vom Verfassungsvertrag in Kraft getreten. Von daher macht das Zustandekommen oder Nichtzustandekommen des Vertrags von Lissabon für die Verteidigungsagentur keinen Unterschied aus. Auch die Ständige Strukturierte Zusammenarbeit könnte zu Verbesserungen bei der militärischen Handlungsfähigkeit führen, jedoch ist die Zusammenarbeit von Mitgliedstaaten der EU schon gängige Praxis. Etwa zeigte bereits die Gründung der Europäischen Verteidigungsagentur eine Tendenz zu einer Ständigen Strukturierten Zusammenarbeit auf[1528] ebenso wie die Bildung der Battle Groups.
Im Fall eines endgültigen Scheiterns des Vertrags von Lissabon könnte zwar argumentiert werden, dass sich ohne die Reformen verteidigungspolitische Kooperationen herausbilden werden, insbesondere zwischen den Großen Drei Großbritannien, Frankreich und Deutschland. Negative Begleiterscheinung könnte dann die Stagnation der Entwicklung der ESVP-Fähigkeiten sein, indem die an solchen Kooperationen nicht beteiligten Staaten sich innerhalb der EU ausgegrenzt fühlen und dann die Nähe zu den USA suchen könnten, die diese sicherlich willkommen heißen würden. Weniger ambitionierte Staaten könnten sich sogar im sicherheits- und verteidigungspolitischen Bereich ganz passiv verhalten. Darunter könnte dann die Weiterentwicklung der sicherheits- und verteidigungspolitischen Fähigkeiten leiden. Negative Folge wäre dann etwa die Entstehung einer Mehrklassengesellschaft im sicherheits- und verteidigungspolitischen Bereich, die die Entwicklung der EU zu einem globalen Akteur erschweren oder gar verhindern könnte. Dieser Argumentation muss entgegen gehalten werden, dass trotz der vorhandenen Defizite in der Vergangenheit wichtige Fortschritte im bestehenden System ohne Verfassungsvertrag und Vertrag von Lissabon erzielt wurden. Eine Negativentwicklung ist also nicht zu erwarten, zumal im Bereich der ESVP bei den Vorarbeiten zum Verfassungsvertrag im wesentlichen Einigkeit zwischen den Mitgliedstaaten vorhanden war.

Hinsichtlich der praktischen Erfordernis Zusammenarbeit zwischen den Mitgliedstaaten ging aus den Ausführungen im dritten Kapitel hervor, dass die mangelnde Kohärenz der Mitgliedstaaten ein großes Problem für die EU im Rahmen der ESVP darstellt[1529]. Denn im Bereich der ESVP ist zwingend das Konsensprinzip vorgeschrieben. Daher ist ein geschlossenes Auftreten der Mitgliedstaaten zwingende Voraussetzung für eine effektive Bekämpfung des Ter-

---

[1528] *U. Diedrichs/M. Jopp/S. Sandawi*, Möglichkeiten u. Grenzen militärischer Integration im Rahmen der ESVP, in: int 2004, 223, 228.

[1529] Zur mangelnden Kohärenz siehe 3. Kap. B. II.

rorismus im Rahmen der ESVP und es dürfen durch die Mitgliedstaaten nicht unterschiedliche beziehungsweise sich widersprechende Maßnahmen gesetzt werden. Die mangelnde Kohärenz der Mitgliedstaaten in der Vergangenheit, die rechtlich sogar Verstöße gegen den EU-Vertrag waren, mangels Justitiabilität jedoch keine rechtlichen Konsequenzen zur Folge haben konnten, kann deshalb die Weiterentwicklung der ESVP hemmen und damit einer effektiven Bekämpfung des Terrorismus im Rahmen der ESVP im Weg stehen.

Diesbezüglich wird auch der Vertrag von Lissabon zu keinen westlichen Verbesserungen führen können. Vor allem bleibt es im Bereich der ESVP beim Konsensprinzip. Der Vertrag von Lissabon bringt keine Mehrheitsentscheidungen im Bereich der ESVP mit sich und stellt damit eine Schwäche dieses Vertragswerks dar. Die negative Folge des Belassens beim Konsensprinzip wäre im Extremfall ein Entscheidungskollaps aufgrund der schwierigen Entscheidungsfindung bei immer mehr EU-Mitgliedstaaten[1530].

Zudem wird durch den Vertrag von Lissabon nicht der angesprochene Behebungspunkt „Abkehr von der Säulenstruktur und vom Intergouvernementalismus“[1531] in der Form berücksichtigt, wie es wünschenswert wäre. Zwar wird die Säulenstruktur aufgelöst, es gibt aber keine Tendenzen zur Vergemeinschaftung. Vielmehr bleibt es bei der intergouvernementalen sicherheits- und verteidigungspolitischen Kooperation. Der Bereich der ESVP würde auch nach einem Inkrafttreten des Vertrags von Lissabon weiterhin die am stärksten intergouvernementale Politik der EU bleiben. Dies ist als weitere Schwäche zu bewerten, da weiterhin die nationalen Akteure die ESVP als Träger und Hauptakteure der Sicherheits- und Verteidigungspolitik bestimmen werden, was nachteilig für ein kohärentes Zusammenwirken sein kann, wie die Vergangenheit gezeigt hat[1532].

Hilfreich bei der Behebung des Kohärenzproblems, das der Vertrag von Lissabon mit sich bringen würde, könnte aber die flexibleren Formen der Zusammenarbeit sein, wie etwa die Koalition der Fähigen und Willigen und die Ständige Strukturierte Zusammenarbeit. Dennoch ist diesbezüglich einschränkend wiederum festzuhalten, dass die Durchführung von Missionen durch eine Gruppe von Mitgliedstaaten, wie es die Koalition der Fähigen und Willigen vorsieht, bereits gängige politische Praxis ist. Von daher ist sie schon heute Realität und

---

[1530] Anm.: Aufgrund des Urteils des Bundesverfassungsgerichts vom 30.6.2009 zum Vertrag von Lissabon wird es in Zukunft allerdings keine Mehrheitsentscheidungen im Bereich der ESVP geben können. Im Bereich der ESVP muss von Verfassungs wegen am Einstimmigkeitsprinzip festgehalten werden. Dazu siehe 4. Kap. B. VII. 3.

[1531] Dazu siehe 3. Kap. B. V. 3.

[1532] Anm.: Aufgrund des Urteils des Bundesverfassungsgerichts vom 30.6.2009 zum Vertrag von Lissabon wird es in Zukunft allerdings keine Vergemeinschaftung im Bereich der ESVP geben können. Im Bereich der ESVP muss von Verfassungs wegen am Einstimmigkeitsprinzip festgehalten werden. Dazu siehe 4. Kap. B. VII. 3.

benötigt nicht notwendigerweise den Vertrag von Lissabon. Das gleiche gilt für die Ständige Strukturierte Zusammenarbeit. Ein Teil der Ständigen Strukturierten Zusammenarbeit ist bereits in der Umsetzung, wie die Aufstellung der Battle Groups und die Einführung der Verteidigungsagentur gezeigt haben.
Lediglich die Bestimmungen zum Außenminister beziehungsweise zum Hohen Vertreter der Union für Außen- und Sicherheitspolitik, die zur Behebung der mangelnden Kohärenz beitragen könnten[1533], würden durch ein Scheitern des Vertrags von Lissabon verloren gehen. Dadurch ginge die Bündelung der außenpolitischen Ressourcen verloren. Denn der Hohe Vertreter der Union für Außen- und Sicherheitspolitik würde die Instrumente und Ressourcen der EU und der Mitgliedstaaten koordinieren, zivile und militärische Seiten des Krisenmanagements bündeln und die verschiedenen Politikfelder im auswärtigen Bereich der EU zusammenführen.

Die Zusammenarbeit der EU im Verhältnis nach außen, als weiteres praktisches Erfordernis, war insgesamt gesehen erfolgreich. Im Außenverhältnis spielen vor allem die Beziehungen zu den Vereinten Nationen, zur NATO und zu den USA bedeutende Rollen. Während das Verhältnis der EU zu den Vereinten Nationen spannungsfrei war, waren die Beziehungen zur NATO und zu den USA angespannt. Allerdings sind gute Beziehungen zur NATO und zu den USA erforderlich, weil derzeit eine europäische Sicherheits- und Verteidigungspolitik unabhängig von der NATO und den USA nicht vorstellbar ist. Vor allem das Verhältnis zu den USA bot reichlich Konfliktpotential. Ihre Rolle als wichtigster Partner der EU und als bedeutendster sicherheitspolitischer Akteur hat in der Vergangenheit dazu geführt, dass einige EU-Staaten ihre sicherheitspolitischen Interessen nicht im Rahmen der EU gewahrt sahen, sondern vielmehr durch bilaterale Vorgehensweise die Nähe zu den USA gesucht haben. Vor allem die neuen EU-Mitgliedstaaten haben in der Vergangenheit in sicherheits- und verteidigungspolitischen Fragen mehr Vertrauen zu den USA gehabt als zu den EU-Führungsmächten und folglich zur ESVP. Solche Verhaltensweisen haben die Entwicklung der EU zu einem globalen Akteur gehemmt und haben viele Schwächen der EU, insbesondere das Problem der mangelnden Kohärenz, aufgezeigt. Dies zeigt, dass das Problem der mangelnden Kohärenz nicht nur im Innenverhältnis der EU besteht, sondern auch ein Problem auf internationaler Ebene darstellt. Gefährlich ist hierbei zudem, dass die USA darüber Einfluss auf die ESVP-Entwicklung nehmen könnten. Denn es ist zu bedenken, dass die USA kein großes Interesse an einer starken ESVP haben und durch ihre Einflussnahme die Fortentwicklung der ESVP gezielt verhindern beziehungsweise

[1533] Zum Hohen Vertreter der Union für Außen- und Sicherheitspolitik siehe 4. Kap. B. V. 2. c.).

hemmen könnten. Trotzdem werden wahrscheinlich zukünftig unterschiedliche Vorgehensweisen nicht gänzlich verhindert werden können. Das Verhältnis zu den USA wird auch zukünftig immer eine Bruchstelle in der gemeinsamen Außenpolitik der EU sein[1534]. Dennoch müssen, um das Machtpotenzial der EU aktivieren zu können, solche Vorgehensweisen von Mitgliedstaaten verhindert beziehungsweise minimiert werden. Sollten die EU-Mitgliedstaaten eine gemeinsame Basis in sicherheits- und verteidigungspolitischen Fragen finden können, wäre dies ein wichtiger Schritt für die EU und für die Weiterentwicklung der ESVP. Dabei spielt die Behebung des Kohärenzproblems eine fundamentale Rolle. Aus dem wird deutlich, dass die Schwächen nicht im Außenverhältnis lagen, sondern vielmehr in der ESVP selbst zu finden sind.
Im Verhältnis zu anderen Staaten und Organisationen gab es keine größeren Probleme. Allerdings ist hinsichtlich dieser Beziehungen festzuhalten, dass sie weniger Bedeutung besitzen als die Beziehungen zu den Vereinten Nationen, zur NATO und zu den USA, die für eine effektive Terrorismusbekämpfung im Rahmen der ESVP wesentlich bedeutsamer sind.

Voraussetzung für eine erfolgreiche Terrorismusbekämpfung ist zusätzlich die Koordination. Dies bezieht sich etwa auf die säulenübergreifende Terrorismusbekämpfung. Dadurch, dass die Terrorismusbekämpfung nicht mehr nur eine interne, sondern auch eine externe Aufgabe der EU ist, kann der Terrorismus effektiv nur durch den synergetischen Zusammenschluss aller der EU zur Verfügung stehenden Mittel bekämpft werden, also sowohl mit militärischen Mitteln und mit den ursprünglich für die Petersberg-Aufgaben geschaffenen Strukturen, als auch durch die polizeiliche und justitielle Zusammenarbeit oder den Bevölkerungsschutz. Ein sehr gutes Beispiel für diesen Trend zur säulenübergreifenden Zusammenarbeit stellt die Solidaritätsklausel dar, auch wenn sie systematisch (im Verfassungsvertrag) in den Bereich der ESVP fällt.
Aber auch die Verbesserung der zivil-militärischen Beziehungen ist wichtig. Um hier Probleme zu vermeiden, hat die EU im Rahmen der ESVP wichtige Maßnahmen ergriffen. Zu denken ist etwa an den Ausbau der zivil-militärischen Koordinierung im Krisenmanagement (CMCO), das ein politisches Konzept ist[1535].

Die Zukunft der EU sollte durch den Verfassungsvertrag und nach seinem Scheitern durch den Vertrag von Lissabon bestimmt werden. Aus den vorgenommenen Ausführungen wird jedoch deutlich, dass die erforderliche Anpas-

---

[1534] *T. Risse,* Auf dem Weg zu einer gemeinsamen Außenpolitik? Der Verfassungsentwurf u. die europäische Außen- u. Sicherheitspolitik, in: int 2003, 564, 573.
[1535] Zur CMCO siehe Ausführungen im 3. Kap. D. III.

sung der GASP und der ESVP an die neuen sicherheitspolitischen Anforderungen nicht von der Ratifizierung des Verfassungsvertrags oder des Vertrags von Lissabon abhängig ist, um den neuen Bedrohungen Paroli bieten zu können. Erforderliche Maßnahmen können auch auf anderem Wege eingeleitet werden. Wichtige Maßnahmen zur Anpassung der GASP/ESVP wurden schon in der Vergangenheit ergriffen, insbesondere durch die Europäische Sicherheitsstrategie. Die meisten Neuerungen des Verfassungsvertrags und damit des Vertrags von Lissabon sind Produkte des bereits laufenden Prozesses und wurden vom Verfassungsvertrag nur aufgegriffen und explizit gemacht. Darüber hinaus hat sich bereits durch den Verfassungsvertrag, auch wenn er nie in Kraft treten wird, das Gesicht der EU und damit der ESVP nachhaltig verändert. Anzeichen sind in dem vorzeitigen Inkrafttreten der Solidaritätsklausel und in der Verteidigungsagentur zu erkennen. Zudem bestand zwischen den politischen Entscheidungsträgern Einigkeit über den Inhalt des Verfassungsvertrags, sodass diese Inhalte auf anderem Wege durchgesetzt werden könnten, wie etwa derzeit geplant bei der nächsten Vertragsrevision durch den Vertrag von Lissabon. Dennoch muss betont werden, dass die Ratifizierung des Vertrags von Lissabon ein wichtiger Schritt für die Zukunft wäre, da damit eine Vielzahl von Entwicklungen in einen einheitlichen formalen Rahmen gebracht werden könnten[1536].

[1536] *F. Algieri/T. Bauer/K. Brummer*, Entwicklungspotenzial auch ohne Verfassungsvertrag: Optionen für GASP u. ESVP, in: C·A·P Analyse 1/2005, S. 4.

LITERATURVERZEICHNIS

Albright, Madeleine — The Right Balance Will Secure NATO`s Future, in: Financial Times vom 7.12.1998, abgedruckt in: Rutten, Maartje, From St. Malo to Nice: European defence, core documents, S. 10-12, in: Chaillot Papers 47.

Algieri, Franco — Die Ergebnisse des EU-Konvents bezüglich der ESVP im Lichte des Europäischen Rats von Thessaloniki,
in: Gustenau, Gustav E. (Hrsg.), Aktuelle Entwicklung der ESVP im Lichte des EU-Konvents, Herausforderungen für Österreich, Büro für Sicherheitspolitik des Bundesministeriums für Landesverteidigung, S. 15-21, Wien 2003.

derselbe — Die Europäische Sicherheits- und Verteidigungspolitik,
in: Weidenfeld, Werner (Hrsg.),
Europa-Handbuch, S. 585-601,
2. Auflage, Gütersloh 2002.

derselbe — Die GASP als Projekt der Mitgliedstaaten – Form und Wirkung der Konventsvorschläge,
in: Giering, Claus (Hrsg.) Der EU-Reformkonvent - Analyse und Dokumentation, Elektronische Ressource, S. 95-102, Gütersloh/München 2003.

Algieri, Franco / **Bauer**, Thomas / **Brummer**, Klaus — Entwicklungspotenzial auch ohne Verfassungsvertrag: Optionen für GASP und ESVP,
C·A·P Analyse 1/2005.

Algieri, Franco / **Bauer**, Thomas

Eine Frage der Macht: Die EU auf dem Weg zum sicherheits- und verteidigungspolitischen Akteur mit globaler Reichweite,
in: Weidenfeld, Werner (Hrsg.),
Die Europäische Verfassung in der Analyse, S. 228-249, Gütersloh 2005.

dieselben

Europa - die gespaltene Macht, Die Konventsvorschläge zur Sicherheits- und Verteidigungspolitik,
in: Giering, Claus (Hrsg.) Der EU-Reformkonvent - Analyse und Dokumentation, Elektronische Ressource, S. 103-110, Gütersloh/München 2003.

Arnold, Hans

Die Politik der EU in der UNO als Möglichkeit und Maßstab für ihre Gemeinsame Außen- und Sicherheitspolitik (GASP) und ihre Europäische Sicherheits- und Verteidigungspolitik (ESVP),
in: Schorlemer, Sabine von (Hrsg.),
Praxishandbuch UNO, Die Vereinten Nationen im Lichte globaler Herausforderungen, S. 157-175, Heidelberg 2003.

Asseburg, Muriel

Barcelona Plus 10, Gescheiterter Aufbruch in der Euromediterranen Partnerschaft,
in: SWP-Aktuell 57, 12/2005, S. 1-8.

Bacia, Horst

Eine neue Ära, Seit dem Wochenende werden Rüstungsaufträge europaweit ausgeschrieben,
in: FAZ vom 3.7.2006, Nr. 151, S. 12.

derselbe

Europas neue Aufgabe,
in: FAZ vom 3.12.2004, Nr. 283, S. 10.

derselbe — Widerspruch zwischen Wollen und Können, Das EU-Krisenmanagement ist nur für „einige Operationen“ einsatzbereit, in: FAZ vom 17.12.2001, Nr. 293, S. 5.

derselbe — Vormarsch auf Samtpfoten, in: FAZ vom 13.12.2004, Nr. 291, S. 10.

derselbe — Verhaltenskodex gegen Terrorismus, in: FAZ vom 29.11.2005, Nr. 278, S. 4.

Bailes, Alyson J. K. — Die Europäische Sicherheitsstrategie: programmatische und praktische Perspektiven für GASP und ESVP, in: integration 2005, S. 107-118.

Bendiek, Annegret — Terrorismusbekämpfung der EU, SWP-Studie, Berlin August 2006.

Beutler, Bengt / **Bieber**, Roland / **Pipkorn**, Jörn / **Streil**, Jochen — Die Europäische Union, 5. Auflage, Baden-Baden 2001, zitierter Bearbeiter: Epiney, Astrid.

Bohne, Eberhard — Die Europäische Sicherheitsstrategie und die Nationale Sicherheitsstrategie der USA im Vergleich, in: Festschrift für Hans Herbert von Arnim zum 65. Geburtstag, S. 42-71, Berlin 2004.

Borchardt, Klaus-Dieter — Die rechtlichen Grundlagen der Europäischen Union, 3. Auflage, Heidelberg/München/Landsberg/Berlin 2006.

Bothe, Michael — Die NATO nach dem Kosovo-Konflikt und das Völkerrecht,
in: SZIER 10 (2000), S. 177-195.

Bothe, Michael / **Martenczuk**, Bernd — Die NATO und die Vereinten Nationen nach dem Kosovo-Konflikt,
in: Vereinte Nationen 4/1999, S. 125-132.

Bréadún, Deaglán de — Value of EU plan `Battlegrooup' stressed by Annan,
in: Irish Times vom 15.10.2004, abrufbar unter www.forumoneurope.ie/eng/index.asp?docID=567, letzter Zugriff: 2.8.2009.

Breitwieser, Thomas — Vorweggenommene Selbstverteidigung und das Völkerrecht,
in: NZWehrR 2005, S. 45-58.

Brössler, Daniel — Chirac und der ferne Osten, Die Ausfälle des französischen Präsidenten entfremden die EU-Neulinge,
in: SZ vom 19.2.2003, Nr. 41, S. 4.

Bubnoff, Eckhardt von — Terrorismusbekämpfung – eine weltweite Herausforderung,
in: NJW 2002, S. 2672-2676.

Busse, Nikolas — Europa vor der Spaltung?,
in: FAZ vom 22.4.2005, Nr. 93, S. 14.

Calliess, Christian / **Ruffert**, Matthias — Verfassung der Europäischen Union, Kommentar der Grundlagenbestimmungen (Teil I), München 2006, zitierte Bearbeiter: Calliess, Christian; Cremer, Hans-Joachim; Ruffert, Matthias; Wichard, Johannes Christian.

dieselben — EUV/EGV, Das Verfassungsrecht der Europäischen Union mit Europäischer Grundrechtecharta, Kommentar, 3. Auflage, München 2007, zitierter Bearbeiter: Cremer, Hans-Joachim.

Cameron, Fraser — Europas neue Sicherheitsstrategie, in: Internationale Politik 1/2004, S. 39-50.

Clarke, Michael / **Cornish**, Paul — The European defence project and the Prague commit, in: International Affairs 78, Number 4, October 2002, S. 777-788.

Cooper, Robert — Macht und Ohnmacht – aus europäischer Sicht, in: Internationale Politik 5/2003, S. 31-38.

Cortright, David — Kann die UN den Terrorismus effektiv bekämpfen?, in: W & F, 4/2005, S. 26-30.

Craig, Paul — The Treaty of Lisbon: Process, architecture and substance, in: European Law Review, April 2008, S. 137-166.

Czempiel, Ernst-Otto — Die Globalisierung schlägt zurück, in: FR vom 5.11.2001, Nr. 257, S. 6.

Deighton, Anne — The European Security and Defence Policy, in: Journal of Common Market Studies, Volume 40, Number 4, S. 719-741.

Dembinski, Matthias — Die Beziehungen zwischen NATO und EU von „Berlin" zu „Berlin plus": Konzepte und Konfliktlinien, in: Varwick, Johannes (Hrsg.), Die Beziehungen zwischen NATO und EU, Partnerschaft, Konkurrenz, Rivalität?, S. 61-80, Opladen 2005.

Delpech, Thérèse — International terrorism and Europe, in: Chaillot Papers 56.

Diedrichs, Udo / **Jopp**, Mathias — Die Sicherheits- und Verteidigungspolitik der EU nach dem Verfassungsvertrag: Innovationen, Experimente, Impulse, in: Jopp, Mathias/Matl, Saskia (Hrsg.), Der Vertrag über eine Verfassung für Europa, Analysen zur Konstitutionalisierung der EU, S. 343-366, Baden-Baden 2005.

Diedrichs, Udo / **Jopp**, Mathias / **Sandawi**, Sammi — Möglichkeiten und Grenzen militärischer Integration im Rahmen der ESVP, in: integration 2004, S. 223-233.

Doehring, Karl — Völkerrecht, 2. Auflage, Heidelberg 2004.

Dreist, Peter
Prüfschema: Einsatz bewaffneter deutscher Streitkräfte im Ausland,
in: NZWehrR 2003, S. 152-166.

Einem, Caspar
Eine Verfassung für Europa, Anmerkungen zu ausgewählten Aspekten des Verfassungsentwurfs,
in: Europarecht 2004, S. 202-215.

Epping, Volker
Die Verfassung Europas?,
in: JZ 2003, S. 821-831.

Everts, Steven
Keohane, Daniel
The European Convention and EU Foreign Policy: Learning from Failure,
in: Survival, The IISS Quarterly, Volume 45, Number 3, Autumn 2003, S. 167-186.

Farnleitner, Hannes /
Bösch, Reinhard E.
Ein neuer Impuls für die Europäische Sicherheits- und Verteidigungspolitik,
in: CONV 437/02.

Faust, Jörg /
Messner, Dirk
Entwicklungspolitik und internationale Sicherheit, Die EU-Sicherheitsstrategie als Herausforderung für die Entwicklungspolitik,
in: Messner, Dirk/Scholz, Imme (Hrsg.), Zukunftsfragen der Entwicklungspolitik, S. 137-155, Baden-Baden 2005.

Fink-Hooijer, Florika
The Common Foreign and Security Policy of the European Union,
in: EJIL 5 (1994), S. 173-198.

Fischer, Klemens H.
Konvent zur Zukunft Europas,
Baden-Baden 2003.

derselbe	Der Europäische Verfassungsvertrag, Baden-Baden 2005.
derselbe	Der Vertrag von Lissabon, Baden-Baden 2008.
Fitschen, Patrick **Stehr**, Michael	Eine gemeinsame Armee für Europa, Stand und Zukunft der europäischen Sicherheits- und Verteidigungspolitik, in: Kieler Analysen zur Sicherheitspolitik, Nr. 11, Juni 2003.
Flechtner, Stefanie	Neue Impulse in der europäischen Außen- und Sicherheitspolitik: Der Verfassungsentwurf des Konvents und die Sicherheitsstrategie von Solana, aus der Reihe Eurokolleg, Dezember 2003.
Frank, Johann	Analyse der Ergebnisse des EU-Konvents unter besonderer Berücksichtigung der ESVP, in: Gustenau, Gustav E. (Hrsg.), Aktuelle Entwicklung der ESVP im Lichte des EU-Konvents, Herausforderungen für Österreich, Büro für Sicherheitspolitik des Bundesministeriums für Landesverteidigung, S. 6-14, Wien 2003.
Frank, Johann / **Gustenau**, Gustav E. / **Reiter**, Erich	Anmerkungen zum Entwurf einer Europäischen Sicherheitsstrategie, Büro für Sicherheitspolitik des Bundesministeriums für Landesverteidigung, Wien 2003.

Frank, Johann / **Reiter**, Erich
Sicherheitspolitische Aspekte der EU-Verfassung, Büro für Sicherheitspolitik des Bundesministeriums für Landesverteidigung, Wien 2004.

Frenzel, Markus
Bauanleitung für die Agentur, vom 25.5.2004, Quelle: www.dw-world.de/dw/article/0,1564,-1219259,00.html, letzter Aufruf: 2.8.2009.

Fröhlich, Stefan
Das Projekt der Gemeinsamen Europäischen Sicherheits- und Verteidigungspolitik (GESVP): Entwicklungen und Perspektiven, in: ZEI Discussion Paper, C 116, 2002.

Gareis, Sven Bernhard
Sicherheitspolitik zwischen ‚Mars und Venus'? Die Sicherheitsstrategien der USA und der EU im Vergleich, in: Varwick, Johannes (Hrsg.), Die Beziehungen zwischen NATO und EU, Partnerschaft, Konkurrenz, Rivalität?, S. 81-96, Opladen 2005.

Geiger, Gunnar
Die völker- und verfassungsrechtlich wirksame Erweiterung des Aufgabenspektrums von NATO und WEU um Krisenmanagementaufgaben, in: NZWehrR 2001, S. 133-150.

Geiger, Rudolf
EUV/EGV, Vertrag über die Europäische Union und Vertrag zur Gründung der Europäischen Gemeinschaft, 4. Auflage, München 2004.

Gerteiser, Kristina — Die Sicherheits- und Verteidigungspolitik der Europäischen Union,
Frankfurt 2002.

Glière, Catherine — EU security and defense, core documents 2006, volume VII,
in: Chaillot Papers 98.

dieselbe — EU security and defense, core documents 2007, volume VIII,
in: Chaillot Papers 112.

Grabitz, Eberhardt / **Hilf**, Meinhard — Das Recht der Europäischen Union, Kommentar,
Band I, EUV/EGV,
31. Ergänzungslieferung, Oktober 2006, München,
zitierte Bearbeiter: Folz, Karl-Heinz; Kaufmann-Bühler, Werner; Meyer-Landrut, Nikolaus; Vedder, Christoph.

Gramsch, Corinna — Europa auf dem Weg zu einer gemeinsamen Sicherheits- und Verteidigungspolitik,
Jur. Diss, Universität Bonn 2003.

Grant, Charles — A stronger European foreign and defence policy,
in: Bannerman, Edward/ Everts, Steven/ Grabbe, Heather/ Grant, Charles/ Murray, Alasdair (Hrsg.),
Europe after September 11th, Center of European Reform, New Ideas for a new Europe, S. 31-48, London 2001.

Grimm, Dieter

Der Vertrag, Die „europäische Verfassung“ ist keine echte Verfassung – aus der Europäischen Union wird kein Bundesstaat,
in: FAZ vom 12.5.2005, Nr. 109, S. 6.

Groeben, Hans von der / **Schwarze**, Jürgen

Kommentar zum Vertrag über die Europäische Union und zur Gründung der Europäischen Union, Band 1, Artikel 1-53 EUV, Artikel 1-80 EGV,
6. Auflage, Baden-Baden 2003,
zitierte Bearbeiter: Burghardt, Günter; Krück, Hans; Marquardt, Stephan; Meng, Werner; Tebbe, Gerd.

Groeben, Hans von der / **Thiesing**, Jochen / **Ehlermann**, Claus-Dieter

Kommentar zum EU-/EG-Vertrag, Band 5, Artikel 210-248 EGV, Artikel H-S EUV,
5. Auflage, Baden-Baden 1997,
zitierte Bearbeiter: Burghardt, Günter; Tebbe, Gerd.

Guérot, Ulrike

(Ver)fassungslose EU,
in: Internationale Politik 1/2004, S. 72-74.

Gustenau, Gustav E.

Herausforderungen für Österreich,
in: Gustenau, Gustav E. (Hrsg.), Aktuelle Entwicklung der ESVP im Lichte des EU-Konvents, Herausforderungen für Österreich, Büro für Sicherheitspolitik des Bundesministeriums für Landesverteidigung, S. 3-5, Wien 2003.

Hailbronner, Kay / **Wilms**, Heinrich

Recht der Europäischen Union, Kommentar, Band I,
16. Lieferung, Oktober 2007, Stuttgart,
zitierter Bearbeiter: Wilms, Heinrich.

Haine, Jean-Yves — From Laeken to Copenhagen, European defence: core documents, volume III, in: Chaillot Papers 57.

Haratsch, Andreas / **Koenig**, Christian / **Pechtsein**, Matthias — Europarecht, 5. Auflage, Tübingen 2006.

Hauser, Gunther — Das europäische Sicherheits- und Verteidigungssystem und seine Akteure, 1. Auflage, Wien 2004.

Häußler, Ulf — Irak-Krieg und Völkerrecht, in: NZWehrR 2004, S. 221-233.

Herdegen, Matthias — Europarecht, 8. Auflage, München 2006.

derselbe — Völkerrecht, 5. Auflage, München 2006.

Hobe, Stephan — Europarecht, 4. Auflage, Köln/München 2009.

Hobe, Stephan / **Kimminich**, Otto — Einführung in das Völkerrecht, 8. Auflage, Tübingen/Basel 2004.

Howorth, Jolyon — CESDP after 11 September: From Shortterm Confusion to Longterm Cohesion? in: EUSA Review Essay, Vol. 15, No. 1, Winter 2002, S. 1, 3 und 4.

Hummer, Waldemar / **Vedder**, Christoph — Europarecht in Fällen, 4. Auflage, Baden-Baden 2005.

Ipsen, Knut — Völkerrecht, 5. Auflage, München 2004.

Jopp, Mathias — Europäische Sicherheits- und Verteidigungspolitik, in: Weidenfeld, Werner/Wessels, Wolfgang (Hrsg.), Jahrbuch der Europäischen Integration 2001/2002, S. 223-232, Berlin 2002.

derselbe — Europäische Sicherheits- und Verteidigungspolitik, in: Weidenfeld, Werner/Wessels, Wolfgang (Hrsg.), Jahrbuch der Europäischen Integration 1999/2000, S. 243-250, Berlin 2000.

derselbe — Europäische Sicherheits- und Verteidigungspolitik, in: Weidenfeld, Werner/Wessels, Wolfgang (Hrsg.), Jahrbuch der Europäischen Integration 2000/2001, S. 233-242, Berlin 2001.

Jopp, Mathias / **Regelsberger**, Elfriede — GASP und ESVP im Verfassungsvertrag – eine neue Angebotsvielfalt mit Chancen und Mängeln, in: integration 2003, S. 550-563.

Jopp, Mathias / **Reckmann**, Jan / **Regelsberger**, Elfriede — Ansatzpunkte und Optionen zur institutionellen Weiterentwicklung von GASP und ESVP, in: integration 2002, S. 230-237.

Jopp, Mathias / **Sandawi**, Sammi
Europäische Sicherheits- und Verteidigungspolitik,
in: Weidenfeld, Werner/Wessels, Wolfgang (Hrsg.),
Jahrbuch der Europäischen Integration 2002/2003, S. 241-250, Berlin 2003.

dieselben
Europäische Sicherheits- und Verteidigungspolitik,
in: Weidenfeld, Werner/Wessels, Wolfgang (Hrsg.),
Jahrbuch der Europäischen Integration 2003/2004, S. 229-238, Baden-Baden 2004.

dieselben
Europäische Sicherheits- und Verteidigungspolitik,
in: Weidenfeld, Werner/Wessels, Wolfgang (Hrsg.),
Jahrbuch der Europäischen Integration 2005, S. 231-240, Baden-Baden 2006.

dieselben
Europäische Sicherheits- und Verteidigungspolitik,
in: Weidenfeld, Werner/Wessels, Wolfgang (Hrsg.),
Jahrbuch der Europäischen Integration 2006, S. 241-250, Baden-Baden 2007.

dieselben
Europäische Sicherheits- und Verteidigungspolitik,
in: Weidenfeld, Werner/Wessels, Wolfgang (Hrsg.),
Jahrbuch der Europäischen Integration 2007, S. 233-242, Baden-Baden 2008.

Kielmansegg, Sebastian Graf von	Die Verteidigungspolitik der Europäischen Union, Stuttgart/ München/ Hannover/ Berlin/ Weimar/ Dresden 2005.
Koch, Dirk	Augen und Ohren, in: Der Spiegel, 8/2003, S. 106-107.
Krauze, Jan	America under attack, en diréct sur les écrans du monde entire, in: Le Monde vom 13.9.2001, S. 3.
Küster, Kurt	Europas Kompromiss, in: SZ vom 19.2.2003, Nr. 41, S. 4.
Laursen, Finn / **Laursen**, Berenice L.	The Danish Presidency 2002: Completing the Circle from Copenhagen to Copenhagen, in: ZEI Discussion Paper, C 123, 2003.
Lenz, Carl Otto / **Borchardt**, Klaus-Dieter	EU- und EG-Vertrag, Kommentar, 4. Auflage, Köln 2006, zitierte Bearbeiter: Booß, Dierk; Bitterlich, Joachim.
Martens, Michael	Aus Sfor wird Eufor, in: FAZ vom 2.12.2004, Nr. 282, S. 5.
Mayer, Franz C.	Die Rückkehr der Europäischen Verfassung? Ein Leitfaden zum Vertrag von Lissabon, in: ZaöRV 67 (2007), S. 1141-1217.

Missiroli, Antonio	From Copenhagen to Brussels, European defence: core documents, volume IV, in: Chaillot Papers 67.
Monar, Jörg	Der Raum der Freiheit, der Sicherheit und des Rechts im Verfassungsentwurf des Konvents, in: integration 2003, S. 536-549.
derselbe	Die EU als Raum der Freiheit, der Sicherheit und des Rechts und die Herausforderung des internationalen Terrorismus, in: integration 2002, S. 171-186.
Möstl, Markus	Verfassung für Europa, Einführung und Kommentierung mit vollständigem Verfassungstext, München 2005.
Münch, Lars	Die Gemeinsame Außen- und Sicherheitspolitik (GASP): ein Schaf im Wolfspelz?, in: ZÖR 52 (1997), S. 389-417.
Nolte, Georg	Die „neuen Aufgaben" von NATO und WEU: Völker- und verfassungsrechtliche Fragen, in: ZaöRV 54 (1994), S. 95-123.
Nonnenmacher, Günther	Was die EU tun muss, in: FAZ vom 6.11.2001, Nr. 258, S. 1.
Obwexer, Walter	Der Entwurf eines Verfassungsvertrages für Europa, Die Ergebnisse der Arbeiten des Europäischen Konvents im Überblick (Teil II), in: Europablätter 1/2004, S. 4-20.

Oppermann, Thomas | Europarecht,
3. Auflage, München 2005.

Patten, Christopher | Die Zukunft der Europäischen Sicherheits- und Verteidigungspolitik und die Rolle der Europäischen Kommission,
in: integration 2000, S. 7-17.

Pernice, Ingolf | Der Vertrag von Lissabon – Ende des Verfassungsprozesses der EU?,
in: EuZW 2008, S. 65-65.

Petersohn, Ulrich / **Lang**, Sibylle | Die Zukunft der ESVP nach den gescheiterten Referenden,
in: SWP-Aktuell 34, 8/2005, S. 1-4.

Pieper, Stefan Ulrich / **Schollmeier**, Andreas / **Krimphove**, Dieter | Europarecht – Das Casebook,
2. Auflage, Köln/Berlin/Bonn/München 2000.

Regelsberger, Elfriede | Gemeinsame Außen- und Sicherheitspolitik,
in: Weidenfeld, Werner/Wessels, Wolfgang (Hrsg.),
Jahrbuch der Europäischen Integration 2002/2003, S. 251-260, Berlin 2003.

dieselbe | Gemeinsame Außen- und Sicherheitspolitik,
in: Weidenfeld, Werner/Wessels, Wolfgang (Hrsg.),
Jahrbuch der Europäischen Integration 2001/2002, S. 233-242, Berlin 2002.

dieselbe | Gemeinsame Außen- und Sicherheitspolitik, in: Weidenfeld, Werner/Wessels, Wolfgang (Hrsg.), Jahrbuch der Europäischen Integration 2006, S. 231-240, Baden-Baden 2007.

Reichard, Martin | The Madrid terrorist attacks: a midwife for EU mutual defence? – Note -, in: ZEuS 2004, S. 313-334.

Reinhardt, Markus | Zivil-militärische Beziehungen im Rahmen der ESVP, Begriffe, Sachstände, Herausforderungen, in: SWP-Berlin, August 2006, S. 1-13.

Reiter, Erich | Die Europäische Sicherheitsstrategie, in: Europäische Sicherheit 10/2003, S. 12 -14.

derselbe | Die Sicherheitsstrategie der EU, in: Aus Politik und Zeitgeschichte, Band 3-4, 2004, Beilage zur Wochenzeitung Das Parlament, S. 26-31.

derselbe | Die Situation der EU in ihrer geplanten strategischen Überdehnung, Sicherheitspoltische und strategische Aspekte eines Beitritts der Türkei zur EU, Arbeitspapier des Österreichischen Instituts für Europäische Sicherheitspolitik, Dezember 2004.

Ridderbusch, Katja | Selbstbewusster Verwalter im Kampf gegen den Extremismus, in: Welt am Sonntag vom 21.11.2004.

Risse, Thomas — Auf dem Weg zu einer gemeinsamen Außenpolitik? Der Verfassungsentwurf und die europäische Außen- und Sicherheitspolitik,
in: integration 2003, S. 564-574.

Rostow, Nicholas — Before and After: The Changed UN, Response to Terrorism since September 11th,
in: Cornell International Law Journal 2002, S. 475-490.

Ruffert, Matthias — Terrorismusbekämpfung zwischen Selbstverteidigung und kollektiver Sicherheit,
in: ZRP 2002, S. 247-252.

Rutten, Maartje — From Nice to Laeken: European defence, core documents, volume 2,
in: Chaillot Papers 51.

dieselbe — From St. Malo to Nice: European defence, core documents,
in: Chaillot Papers 47.

Schermers, Henry G. / **Blokker**, Niels M. — International Institutional Law,
3. Auflage, Den Haag/London/Boston 1995.

Schmalenbach, Kirsten — Der internationale Terrorismus – Ein Definitionsversuch,
in: NZWehrR 2000, S. 15-20.

Schmidt, Simon — Westliches Verteidigungsbündnis mit vier Buchstaben, Die Nordatlantikpakt-Organisation im Überblick,
in: UBWV 9/2005, S. 331-340.

Schmidt, Peter	Nationale Entscheidungsspielräume in der Europäischen Union und den Vereinten Nationen, in: Mair, Stefan (Hrsg.), Auslandseinsätze der Bundeswehr, Leitfragen, Entscheidungsspielräume und Lehren, SWP-Studie, Berlin September 2003, S. 50-58.
Schmidt-Radefeldt, Roman	Die Weiterentwicklung der Europäischen Sicherheits- und Verteidigungspolitik im EU-Verfassungsvertrag: Auf dem Weg zu einer europäischen Armee?, in: UBWV 6/2005, S. 201-208.
Schmitz, Thomas	Europäische Verfassung und europäisches Volk, in: FAZ vom 24.11.2004, Nr. 275, S. 7.
Schorlemer, Sabine von	Empfehlungen zur „Europäischen Sicherheits- und Verteidigungspolitik (ESVP) in den Vereinten Nationen (VN)“, in: DGVN Policy Paper 1/2007, S. 1-8.
Schulze, Reiner/ **Zuleeg**, Manfred	Europarecht, Handbuch für die deutsche Rechtspraxis, Baden-Baden 2006, zitierter Bearbeiter: Marauhn, Thilo.
Schweisfurth, Theodor	Völkerrecht, Tübingen 2006.
Seeger, Sarah / **Emmanouilidis**, Janis A.	Die Reform nimmt Gestalt an. Analyse und Bewertung des EU-Verfassungsgipfels, C·A·P Analyse 6/2007, S. 6-14.

Seidl-Hohenveldern, Ignaz / **Loibl**, Gerhard	Das Recht der Internationalen Organisationen einschließlich der Supranationalen Gemeinschaften, 7. Auflage, Köln/Berlin/Bonn/München 2000.
Simma, Bruno	Charta der Vereinten Nationen, Kommentar, München 1991, zitierte Bearbeiter: Bothe, Michael; Bryde, Brun-Otto.
derselbe	NATO, the UN and the Use of Force: Legal Aspects, in: EJIL, Vol. 10 (1999), S. 1-22.
derselbe	The Charter of the United Nations, a commentary, volume 1, 2. Auflage, München 2002, zitierter Bearbeiter: Bryde, Brun-Otto; Reinisch, August.
Solana, Javier	Gemeinsame Außen- und Sicherheits- und Verteidigungspolitik der erweiterten EU, in: Europäische Sicherheit 6/2004, S. 8-10.
derselbe	Die Gemeinsame Europäische Sicherheits- und Verteidigungspolitik – Das Integrationsprojekt der nächsten Dekade, in: integration 2000, S. 1-6.
Stabenow, Michael	Kurzer Burgfrieden, die Nachwehen des EU-Gipfels, in: FAZ vom 19.2.2003, Nr. 42, S. 3.

derselbe — Ein ungewisser Vertrag für ein ungewisses Europa, Durchschaubarer, handlungsfähiger, demokratischer?,
in: FAZ vom 21.6.2004, Nr. 141, S. 3.

Stein, Torsten / **Buttlar**, Christian von — Völkerrecht,
11. Auflage, Köln/Berlin/München 2005.

Streinz, Rudolf — EUV/EGV, Vertrag über die Europäische Union und Vertrag zur Gründung der Europäischen Gemeinschaft,
München 2003,
zitierte Bearbeiter: Regelsberger, Elfriede; Kugelmann, Dieter.

derselbe — Europarecht,
7. Auflage, Heidelberg 2005.

Streinz, Rudolf / **Ohler**, Christoph / **Herrmann**, Christoph — Die neue Verfassung für Europa, Einführung mit Synopse,
München 2005.

Terhechte, Philipp — Der Vertrag von Lissabon: Grundlegende Verfassungsurkunde der europäischen Rechtsgemeinschaft oder technischer Änderungsvertrag,
in: Europarecht 2008, S. 143-189.

Tietje, Christian / **Nowrot**, Karsten — Völkerrechtliche Aspekte militärischer Maßnahmen gegen den internationalen Terrorismus,
in: NZWehrR 2002, S. 1-18.

Uplegger, Silvia — Die Beiträge aus der Arbeitsgruppe VIII, in: Maurer, Andreas (Hrsg.), Der Konvent über die Zukunft der Europäischen Union, Synoptische Darstellungen zur Konventsdebatte, SWP-Dokumentation, Band 4/2, Berlin 2003.

Villepin, Dominique de / **Fischer**, Joschka — Gemeinsame deutsch-französische Vorschläge für den europäischen Konvent zum Bereich Europäische Sicherheits- und Verteidigungspolitik, in: CONV 422/02.

dieselben — Deutsch-französischer Beitrag für den europäischen Konvent zur institutionellen Architektur der Union, in: CONV 489/03.

Vitzthum, Wolfgang Graf — Völkerrecht, 3. Auflage, Berlin 2004, zitierter Bearbeiter: Bothe, Michael; Graf Vitzthum, Wolfgang.

Voigt, Stefan — Ein neuer Anlauf für die Europäische Union, Lehren aus dem gigantischen Misserfolg des Verfassungsentwurfs, in: FAZ vom 29.10.2005, Nr. 252, S. 15.

Wallace, William — Die transatlantischen Beziehungen nach dem 11. September 2001, in: Weidenfeld, Werner/Wessels, Wolfgang (Hrsg.), Jahrbuch der Europäischen Integration 2001/2002, S. 39-46, Berlin 2002.

Walter, Christian / **Vöneky**, Silja / **Röben**, Volker / **Schorkopf**, Frank
Terrorism as a Challenge for National and International Law: Security versus Liberty?, Beiträge zum ausländischen öffentlichen Recht und Völkerrecht, Band 169, Heidelberg 2004.

Weber, Albrecht
Vom Verfassungsvertrag zum Vertrag von Lissabon,
in: EuZW 2008, S. 7-14.

Weiler, Günter
Streitkräfte zur Terrorismusbekämpfung: Eine taugliche Option?,
in: Frank, Hans/Hirschmann, Kai (Hrsg.),
Terrorismus als internationale Herausforderung, S. 381-388, Berlin 2002.

Wessels, Wolfgang
Institutionelle Architektur für eine globale (Zivil-) Macht? Die Gemeinsame Außen- und Sicherheitspolitik im „Verfassungsvertrag",
in: ZSE 2003, S. 400-429.

Wogau, Karl von
Die Gemeinsame Verteidigungspolitik,
in: Schwarze, Jürgen (Hrsg.),
Der Verfassungsentwurf des Europäischen Konvents, S. 147-149, Baden-Baden 2004.

Wuermeling, Joachim
Der Reformvertrag – das Ende der Verfassungsvision?,
in: Pernice, Ingolf (Hrsg.),
Der Verrag von Lissabon: Reform der EU ohne Verfassung?, S. 25-31, Baden-Baden 2008.

Xenakis, Dimitris K. / **Chryssochoou**, Dimitris N.
The 2002 Hellenic Presidency of the European Union, Mediterranean Perspectives on the ESDP,
in: ZEI Discussion Paper, C 128, 2003.

Zippelius, Reinhold | Allgemeine Staatslehre, 14. Auflage, München 2003.

DOKUMENTENVERZEICHNIS

8th Euro-Mediterranean Conference of Ministers of Foreign Affairs, Tampere, 27./28.11.2006, Tampere Conclusions, Ratsdok. 15921/1/06 REV 1 (Press 344)

Abkommen v. 14.9.1963 über strafbare und bestimmte andere an Bord von Luftfahrtzeugen begangene Handlungen (Tokioer Abkommen), abgedruckt in: *C. Walter/S. Vöneky/V. Röben/F. Schorkopf*, Terrorism as a Challenge for National and International Law: Security versus Liberty? (2004), Annex, S. 1036 ff.

Abschlusserklärung der Mittelmeer-Konferenz der EU am 27./28.11.1995 in Barcelona, abgedruckt in: Internationale Politik, 2/1996, S. 107

Agenda for Peace v. 17.6.1992, A/47/277-S/24111, abrufbar unter www.un.org/docs/SG/agpeace.html, letzter Zugriff: 2.8.2009

Agreed Conclusions of the 9th Euro-Mediterranean Meeting of Ministers of Foreign Affairs, Lissabon 5./6.11.2007, Ratsdok. 14743/07 (Press 255)

Aktionsplan der EU zur Bekämpfung des Terrorismus, Ratsdok. 10773/2/02 REV 2

Aktionsplan für die Polizei, Anlage I zu den Schlussfolgerungen des Vorsitzes des ER in Göteborg v. 15./16.6.2001, SN 200/1/01 REV 1

Aktionsplan von Valencia, Annex I zum Vth Euro-Mediterranean Conference of Ministers for Foreign Affairs, Ratsdok. 8254/02 (Presse 112)

Aktualisierter EU-Aktionsplan zur Bekämpfung des Terrorismus, Ratsdok. 10010/3/04

Allg. Rat v. 14./15.2.2000, abgedruckt in: *M. Rutten*, From St. Malo to Nice: European defence, core documents, in: Chaillot Papers 47, S. 93

AMIS II-EU Unterstützungsaktion - Gemeinsame Aktion 2005/557/GASP des Rates v. 18.6.2005 betreffend die zivil-militärische Unterstützungsaktion der EU für die Mission der AU in der Region Darfur in Sudan, abgedruckt in: ABl. 2005 Nr. L 188, S. 46

Annahme des Programms zur Verbesserung der Zusammenarbeit in der EU im Hinblick auf die Prävention und die Begrenzung der Folgen chem., biolog., radiolog. oder nukl. terroristischer Bedrohungen, Ratsdok. 14627/02

Arbeitsdokument der Kommissionsdienststellen, der Kampf gegen den Terrorismus, Bericht zum Gedenken an die Opfer des Terrorismus, SEK (2005) 272, Anlage zum Ratsdok. 6681/05

Außerordentliche Tagung des ER v. 21.9.2001, Schlussfolgerungen und Aktionsplan, SN 140/01

Außerordentliche Tagung des Rates – Allg. Angelegenheiten – am 17.10.2001, Ratsdok. 12859/01

Außerordentliche Tagung des Rates – Justiz, Inneres u. Katastrophenschutz – am 20.9.2001, Ratsdok. 12019/01

Beitrag des Generalsekretärs/Hohen Vertreters für den ER (Nizza) zum Thema Konfliktverhütung, Ratsdok. 14088/00

Beitrag des Generalsekretärs/Hohen Vertreters: Bezugsrahmen für die Krisenbewältigung, Ratsdok. 13957/1/00 REV 1

Beitragskonferenz auf Ministerebene über die polizeilichen Fähigkeiten, Anlage II zum Entwurf eines Berichtes des Vorsitzes über die ESVP v. 11.12.2001, Ratsdok. 15193/01

Beitragskonferenz zu den militärischen Fähigkeiten, Anlage II zum Entwurf von Schlussfolgerungen des Rates zur ESVP, Ratsdok. 14887/2/04 REV 2

Beitragskonferenz zu den zivilen Fähigkeiten, Erklärung der Minister v. 22.11.2004, Anlage I zum Entwurf v. Schlussfolgerungen des Rates zur ESVP, Ratsdok. 14887/2/04 REV 2

Beobachtermission der EU in Aceh (AMM) - Gemeinsame Aktion 2005/643/GASP des Rates v. 9.9.2005 zur Beobachtermission der EU in Aceh, abgedruckt in: ABl. 2005 Nr. L 234, S. 13

Bericht an den ER über die Umsetzung der Erklärung zum Kampf gegen den Terrorismus, Ratsdok. 10009/3/04 REV 3

Bericht des Vorsitzes an den ER (Göteborg) über die ESVP, Ratsdok. 9526/1/01 REV 2

Bericht des Vorsitzes an den ER (Helsinki) über die Stärkung der GESVP u. die nichtmilitärische Krisenbewältigung der EU, Ratsdok. 13619/1/99 REV 1

Bericht des Vorsitzes an den ER über das außenpolitische Handeln der EU bei der Terrorismusbekämpfung (GASP, einschließlich ESVP), Anlage I zu den Schlussfolgerungen des Vorsitzes des ER in Thessaloniki v. 19./20.6.2003, Ratsdok. 11638/03

Bericht des Vorsitzes an den ER zum Vorgehen der EU nach den Terroranschlägen in den Vereinigten Staaten v. 13.12.2001, Ratsdok. 14919/1/01 REV 1

Bericht des Vorsitzes über die ESVP v. 10.12.2002, Ratsdok. 15428/02

Bericht des Vorsitzes über die ESVP v. 14.6.2004, Ratsdok. 10547/04

Bericht des Vorsitzes über die ESVP v. 9.12.2003, Ratsdok. 15814/03

Bericht des Vorsitzes über die ESVP, Anlage VI zu den Schlussfolgerungen des Vorsitzes des ER in Nizza, SN 400/00 ADD 1 REV 1

Bericht des Vorsitzes über die Stärkung der GESVP u. Bericht über die nichtmilitärische Krisenbewältigung der EU, Anlage IV zu den Schlussfolgerungen des Vorsitzes des ER in Helsinki, SN 300/99

Bericht des Vorsitzes über die Stärkung der GESVP, Anhang III zu den Schlussfolgerungen des Vorsitzes des ER in Köln, SN 150/99

Bericht des Vorsitzes über die Stärkung der GESVP, Anlage I zu den Schlussfolgerungen des Vorsitzes des ER in Santa Maria da Feira v. 19./20.6.2000

Bericht des Vorsitzes zur ESVP v. 13.6.2005, Ratsdok. 10032/05

Bericht des Vorsitzes zur ESVP v. 14.6.2004, Ratsdok. 10547/04

Bericht über die nichtmilitärische Krisenbewältigung der EU, Anlage 2 zu Anlage IV zu den Schlussfolgerungen des Vorsitzes des ER in Helsinki v. 10./11.12.1999, SN 300/99

Bericht über die Umsetzung der Europäischen Sicherheitsstrategie – Sicherheit schaffen in einer Welt im Wandel -, Ratsdok. 17104/08

Bericht zum Gedenken an die Opfer des Terrorismus, SEK (2005) 272, S. 5, Anlage zum Ratsdok. 6681/05

Berlin Plus Agreement, abrufbar unter www.nato.int/shape/news/2003/shape_eu/se030822a.htm, letzter Zugriff: 2.8.2009

Berliner Erklärung zu den Römischen Verträgen, abrufbar unter: www.eu2007.de/de/About_the_EU/Constitutional_Treaty/BerlinerErklaerung.html, letzter Zugriff: 2.8.2009

Beschluss 2003/211/GASP des Rates v. 24.2.2003 über den Abschluss des Abkommens zwischen der EU und der NATO über den Geheimschutz, abgedruckt in: ABl. 2003 Nr. L 80, S. 35

Beschluss des Rates v. 17.11.2003 zur Einsetzung eines Stabs zur Vorbereitung der Einrichtung einer Agentur für die Bereiche Entwicklung der Verteidigungsfähigkeiten, Forschung, Beschaffung und Rüstung, abgedruckt in: ABl. 2003 L 318, S. 19

Buchner klagt gegen EU-Reformvertrag, abrufbar unter: www.oedp.de/themen/demokratie-sicherheit/oedp-politik/eu-verfassung/buchner-klagt-gegen-eu-reformvertrag, letzter Zugriff: 2.8.2009

Bundesrat-Pressemitteilung 59/2008 v. 23.5.2008, abrufbar unter www.bundesrat.de/nn_971006/DE/presse/pm/2008/059-2008.html?__nnn=true, letzter Zugriff: 2.8.2009

Bundesverfassungsgericht - Pressestelle -, Pressemitteilung Nr. 72/2009 vom 30.6.2009

Capabilities Commitment Conference, Brüssel, 20./21.11.2000, abgedruckt in: *M. Rutten*, From St. Malo to Nice: European defence, core documents, in: Chaillot Papers 47, S. 158

Capability Improvement Chart 2004, Annex zum EU Meeting of defence ministers, Brüssel, 17.5.2004, abgedruckt in: EU security and defence, core documents 2004, volume V, in: Chaillot Papers 75, S. 74

Civilian Capabilities Improvement Conference 2006 – Ministerial Declaration, abgedruckt in: *C. Glière*, EU security and defence, core documents 2006, volume VII, in: Chaillot Papers 98, S. 369

Civilian Capabilities Improvement Conference 2007, Brüssel, 19.11.2007, abgedruckt in: *C. Glière*, EU security and defence, core documents 2007, volume VIII, in: Chaillot Papers 112, S. 369

Civilian Capabilities Improvement Conference in Brüssel v. 21.11.2005, abgedruckt in: EU security and defence, core documents 2005, volume VI, in: Chaillot Papers 87, S. 346

Conference on EU Capability Improvement, Brüssel, 19.11.2001, abgedruckt in: *M. Rutten*, From Nice to Laeken: European defence, core documents, volume 2, in: Chaillot Papers 51, S. 95

Council of the European Union: Capabiliy Improvement Chart I/2006, Brüssel, 15.5.2006, abgedruckt in: *C. Glière*, EU security and defence, core documents 2006, volume VII, in: Chaillot Papers 98, S. 139

Dauervereinbarungen über die Konsultation und die Zusammenarbeit EU/NATO, Anlage VII der Anlage VI der Schlussfolgerungen des Vorsitzes des ER in Nizza v. 7.-9.12.2000, SN 400/1/00 ADD 1 REV 1

Deutsch-franz. Verteidigungs- u. Sicherheitsrat-Erklärung v. Berlin v. 26.10.2004, abrufbar unter www.deutschland-und-frankreich.de/Erklarung-des-Deutsch,444.html, letzter Zugriff: 17.4.2007

Deutsch-franz. Verteidigungs- u. Sicherheitsrat-Erklärung v. Freiburg v. 12.6.2001, abgedruckt in: *M. Rutten*, From Nice to Laeken: European defence, core documents, volume 2, in: Chaillot Papers 51, S. 20

Deutsch-franz. Verteidigungs- u. Sicherheitsrat-Erklärung v. Mainz v. 9.6.2000, abgedruckt in: *M. Rutten*, From St. Malo to Nice: European defence, core documents, in: Chaillot Papers 47, S. 118

Deutsch-franz. Verteidigungs- u. Sicherheitsrat-Erklärung v. Schwerin v. 30.7.2002, abgedruckt in: *J.-Y. Haine*, From Laeken to Copenhagen, European defence: core documents, volume III, in: Chaillot Papers 57, S. 115

Deutsch-franz. Verteidigungs- u. Sicherheitsrat-Erklärung v. Vittel v. 10.11.2000, abrufbar unter www.deutschland-und-frank-reich.de/public/index.php?sess_id=rDmQrCzF52i7ZMqeVa2YRK3iYSPHcB&id_menu=14&id_contentLanguage=2, letzter Zugriff: 23.3.2005

Deutsch-Französischer Verteidigungs- u. Sicherheitsrat- Erklärung von Nantes, 23.11.2001, abgedruckt in: *M. Rutten*, From Nice to Laeken: European defence, core documents, volume 2, in: Chaillot Papers 51, S. 103

Deutsch-Französischer Verteidigungs- u. Sicherheitsrat-Erklärung von Paris, 22.1.2003, abgedruckt in: *A. Missiroli*, From Copenhagen to Brussels, European defence: core documents, volume IV, in: Chaillot Papers 67, S. 22

Development of European Military Capabilities: The Force Catalogue 2006, abgedruckt in: *C. Glière*, EU security and defence, core documents 2006, volume VII, in: Chaillot Papers 98, S. 366

Die Zukunft der Europäischen Union – Erklärung von Laeken -, SN 273/01

Die Zukunft der zivilen Krisenbewältigung – Aktionsplan, Entwurf eines Aktionsplans für die zivilen Aspekte der ESVP, Anlage III, Ratsdok. 10547/04

Durchführung der Strategie u. des Aktionsplans zur Bekämpfung des Terrorismus, Ratsdok. 15266/1/06 REV 1

Durchführung des Aktionsplans zur Bekämpfung des Terrorismus, Ratsdok. 9589/06

Durchführung des Aktionsplans zur Bekämpfung des Terrorismus, Ratsdok. 9809/1/05

Durchführung des Aktionsplans zur Bekämpfung des Terrorismus, Ratsdok. 15704/05

ECAP-Beurteilung, Anlage B zur Anlage II zum Entwurf von Schlussfolgerungen des Rates zur ESVP, Ratsdok. 14887/2/04 REV 2

Elements of a Civilian Capabilities Improvement Plan, Annex zur Civilian Capabilities Improvement Conference in Brüssel v. 21.11.2005, abgedruckt in: EU security and defence, core documents 2005, volume VI, in: Chaillot Papers 87, S. 348

Entwurf der Europäische Sicherheitsstrategie, „Ein sicheres Europa in einer besseren Welt" v. 20.6.2003, abgedruckt in: *A. Missiroli*, From Copenhagen to Brussels, European defence: core documents, volume IV, in: Chaillot Papers 67, S. 160

Entwurf des Mandats für die Regierungskonferenz, Anlage I zu den Schlussfolgerungen des Vorsitzes des ER in Brüssel v. 21./22.6.2007, Ratsdok. 11177/07

Entwurf einer Erklärung zu den militärischen Fähigkeiten v. 19.5.2003, Ratsdok. 9132/2/03 REV 2

Entwurf einer Erklärung zur Verstärkung der Fähigkeiten v. 5.12.2008, Ratsdok. 16840/08

Entwurf einer EU-Ausbildungspolitik im Bereich der ESVP, Ratsdok. 14176/2/03 REV 2

Entwurf eines Berichtes des Vorsitzes für die Tagung des ER in Lissabon, Ratsdok. 6933/00

Entwurf eines Berichtes des Vorsitzes über die ESVP v. 11.12.2001, Ratsdok. 15193/01

Entwurf eines Berichtes des Vorsitzes über die ESVP v. 18.6.2002, Ratsdok. 10160/02

Entwurf eines Gesetzes über die Ausweitung u. Stärkung der Rechte des Bundestages u. des Bundesrates in Angelegenheiten der EU, abgedruckt in: Bundestagsdrucksache 16/8489

Entwurf eines Programms der EU zur Verhütung gewaltsamer Konflikte, Ratsdok. 9537/1/01 REV 1

Entwurf eines Vertrags über eine Verfassung für Europa, CONV 850/03

Entwurf EU-Solidaritätsprogramm zu den Folgen terroristischer Bedrohungen und Anschläge (revidiertes/erweitertes CBRN-Programm), Anlage, Ratsdok. 15480/04

Erklärung der EU, Sondertagung des Rates für Allg. Angelegenheiten am 12.9.2001, Ratsdok. 11795/01

Erklärung der Minister auf der Beitragskonferenz für die zivile Krisenbewältigung vom 19.11.2002, Annex zu den Council Conclusions, General Affairs and External Relations Council, 19.11.2002, abgedruckt in: *J.-Y. Haine*, From Laeken to Copenhagen, European defence: core documents, volume III, in: Chaillot Papers 57, S. 145

Erklärung der Staats- oder Regierungschefs der EU u. des Präsidenten der Kommission: Die Maßnahmen nach den Terroranschlägen vom 11. September und die Terrorismusbekämpfung, Brüssel, 19.10.2001, SN 4296/2/01 REV 2

Erklärung des ER über den Beitrag der GASP, einschließlich der ESVP, zur Bekämpfung des Terrorismus, Anlage V zu den Schlussfolgerungen des Vorsitzes des ER in Sevilla v. 21./22.6.2002, Ratsdok. 13463/02

Erklärung des ER zum Ausbau der ESVP, Anlage 2 der Schlussfolgerungen des Vorsitzes des ER v. Brüssel v. 11./12.12.2008, Ratsdok. 17271/08

Erklärung des ER zur Stärkung der GESVP, Anhang III zu den Schlussfolgerungen des Vorsitzes des ER in Köln, SN 150/99

Erklärung des Rates zum Vorgehen gegen die Taliban, 2372. Tagung des Rates – Allg. Angelegenheiten - v. 8. u. 9.10.2001, Ratsdok. 12330/01

Erklärung über die Bereitstellung militärischer Fähigkeiten, Anlage I zur Anlage VI zu den Schlussfolgerungen des Vorsitzes des ER in Nizza v. 7./8./9.12.2000, SN 400/00 ADD 1 REV 1

Erklärung über die Verbesserung der europäischen militärischen Fähigkeiten, Anlage I zum Entwurf eines Berichtes des Vorsitzes über die ESVP v. 11.12.2001, Ratsdok. 15193/01

Erklärung von Laeken zur Zukunft Europas, Anlage I, SN 300/1/01 REV 1

Erklärung von Präsident Prodi zu den Anschlägen von Madrid v. 11.3.2004, EC Press Release (IP/04/327), abrufbar unter http://europa.eu/rapid/pressReleasesAction.do?reference=IP/04/327&format=HTML&aged=1&language=DE&guiLanguage=fr, letzter Zugriff: 2.8.2009

Erklärung zu Art. 16 Abs. 9 des Vertrags über die EU betreffend den Beschluss des Europäischen Rates über die Ausübung des Vorsitzes im Rat, abgedruckt in: ABl. 2008 C 115, S. 341

Erklärung zu den Artikeln I-43 und III-329 VVE, abgedruckt in: ABl. 2004 Nr. C 310, S. 423

Erklärung zum Kampf gegen den Terrorismus, Ratsdok. 7906/04

Erklärung zur Einsatzbereitschaft auf dem Gebiet der GSVP, Anlage II zu den Schlussfolgerungen des Vorsitzes des ER in Laeken v. 14./15.12.2001, SN 300/1/01 REV 1

Erklärung zur Rechtspersönlichkeit der EU, abgedruckt in: ABl. 2008 C 115, S. 346

Erklärung zur Stärkung der internationalen Sicherheit, Ratsdok. 16751/08

Erklärung zur Zukunft der Union der Schlussakte zum Vertrag von Nizza, abgedruckt in: ABl. 2001 Nr. C 80, S. 85

Erreichung des Planziels (Headline Goal), Mechanismus zur Beurteilung der militärischen Fähigkeiten, Anhang zur Anlage I der Anlage VI zu den Schlussfolgerungen des Vorsitzes des ER in Nizza, SN 400/00 ADD 1 REV 1

ESVP-Bericht des Vorsitzes v. 10.12.2007, Ratsdok. 16426/07

ESVP-Bericht des Vorsitzes v. 11.12.2006, Ratsdok. 16696/06

ESVP-Bericht des Vorsitzes v. 12.6.2006, Ratsdok. 10418/06

ESVP-Bericht des Vorsitzes v. 15./16.12.2005, Ratsdok. 15891/05

ESVP-Bericht des Vorsitzes v. 15.6.2009, Ratsdok. 10748/09

ESVP-Bericht des Vorsitzes v. 16.6.2008, Ratsdok. 10415/08

ESVP-Bericht des Vorsitzes v. 18.6.2007, Ratsdok. 10910/07

ESVP-Bericht des Vorsitzes v. 9.12.2008, Ratsdok. 16686/08

ESVP-Schlussfolgerungen des Rates Allg. Angelegenheiten und Außenbeziehungen (mit Beteiligung der Verteidigungsminister) v. 23.5.2005, Ratsdok. 9004/05

EU BAM Moldau/Ukraine - Gemeinsame Aktion 2005/776/GASP des Rates v. 7.11.2005 zur Änderung des Mandats des Sonderbeauftragten der EU für Moldau, abgedruckt in: ABl. 2005 Nr. L 292, S. 13

EU BAM Rafah - Gemeinsame Aktion 2005/889/GASP des Rates v. 12.12.2005 zur Einrichtung einer Mission der EU zur Unterstützung des Grenzschutzes am Grenzübergang Rafah (EU BAM Rafah), abgedruckt in: ABl. 2005 Nr. L 327, S. 28

EU Battlegroups, Factsheets, abgedruckt in: *C. Glière*, EU security and defence, core documents 2007, volume VIII, in: Chaillot Papers 112, S. 40

EU NAVFOR Somalia - Gemeinsame Aktion 2008/851/GASP des Rates v. 10.11.2008 über die Militäroperation der EU als Beitrag zur Abschreckung, Verhütung u. Bekämpfung von seeräuberischen Handlungen u. bewaffneten Raubüberfällen vor der Küste Somalias, abgedruckt in: ABl. Nr. L 301, S. 33

EU Police Advisory Team in the Former Yugoslav Republic of Macedonia (EUPAT) - Gemeinsame Aktion 2005/826/GASP des Rates v. 24.11.2005 zur Einsetzung einer Gruppe von EU Polizeiberatern (EUPAT) in der ehemaligen jugoslawischen Republik Mazedonien, abgedruckt in: ABl. 2005 Nr. L 307, S. 61

EU SSR Guinea-Bissau - Gemeinsame Aktion 2008/112/GASP des Rates v. 12.2.2008 betreffend die Mission der EU zur Unterstützung der Reform des Sicherheitssektors in der Republik Guinea-Bissau, abgedruckt in: ABl. Nr. L 40, S. 11

EU/UN-Erklärung zur Zusammenarbeit bei der Krisenbewältigung, abgedruckt in: *A. Missiroli*, From Copenhagen to Brussels, European defence: core documents, volume IV, in: Chaillot Papers 67, S. 217

EU/US-Declaration on Combating Terrorism, Anlage zum EU-US-Summit in Dromoland Castle, 26.6.2004, Ratsdok. 10809/04

EUFOR ALTHEA - Gemeinsame Aktion 2004/570/GASP des Rates v. 12.6.2004 über die militärische Operation der EU in Bosnien und Herzegowina, abgedruckt in: ABl. 2004 Nr. L 252, S. 10

EUFOR RD Congo - Gemeinsame Aktion 2006/319/GASP des Rates v. 27.4.2006 über die militärische Operation der EU zur Unterstützung der Mission der Organisation der Vereinten Nationen in der DR Kongo (MONUC) während der Wahlen, abgedruckt in: ABl. 2006 Nr. L 116, S. 98

EUFOR Tchad/RCA - Gemeinsame Aktion 2007/677/GASP des Rates v. 15.10.2007 über die militärische Operation der EU in der Republik Tschad u. der Zentralafrikanischen Republik, abgedruckt in: ABl. Nr. L 279, S. 21

EUJUST LEX - Gemeinsame Aktion 2005/190/GASP des Rates v. 7.3.2005 betreffend die Integrierte Mission der EU zur Stützung der Rechtsstaatlichkeit im Irak, EUJUST LEX, abgedruckt in: ABl. 2005 Nr. L 62, S. 37

EUJUST THEMIS - Gemeinsame Aktion 2004/523/GASP des Rates v. 28.6.2004 betreffend die Mission der EU zur Stützung der Rechtsstaatlichkeit in Georgien, EUJUST THEMIS, abgedruckt in: ABl. 2004 Nr. L 228, S. 21

EULEX Kosovo – Gemeinsame Aktion 2008/124/GASP des Rates v. 4.2.2008 über die Rechtstaatlichkeitmission der EU im Kosovo, abgedruckt in: ABl. 2008 Nr. L 42, S. 92

EUMM Georgia – Gemeinsame Aktion 2008/736/GASP des Rates v. 15.9.2008 über die Beobachtermission der EU in Georgien, abgedruckt in: ABl. Nr. L 248, S. 26

EUPOL Afghanistan - Gemeinsame Aktion 2007/369/GASP des Rates v. 30.5.2007 über die Einrichtung einer Polizeimission der EU in Afghanistan, abgedruckt in: ABl. 2007 Nr. L 139, S. 33

EUPOL COPPS - Gemeinsame Aktion 2005/797/GASP des Rates v. 24.11.2005 zur Polizeimission der EU für die Palästinensischen Gebiete, abgedruckt in: ABl. 2005 Nr. L 300, S. 65

EUPOL Kinshasa - Gemeinsame Aktion 2004/847/GASP des Rates v. 9.12.2004 zur Polizeimission der EU in Kinshasa (DRK) betreffend die Integrierte Polizeieinheit (EUPOL Kinshasa), abgedruckt in: ABl. 2004 Nr. L 367, S. 30

EUPOL Proxima - Gemeinsame Aktion des Rates 2003/681/GASP v. 29.9.2003 über die Polizeimission der EU in der ehemaligen jugoslawischen Republik Mazedonien, abgedruckt in: ABl. 2003, Nr. L 249, S. 66

EUPOL RD Congo - Gemeinsame Aktion 2007/405/GASP des Rates v. 12.6.2007 betreffend die Polizeimission der EU im Rahmen der Reform des Sicherheitssektors und seiner Schnittstelle zur Justiz in der DR Kongo (EUPOL RD Congo), abgedruckt in: ABl. 2007 Nr. L 151, S. 46

Euro-Mediterranean Code of Conduct on Countering Terrorism, 10th Anniversary Euro-Mediterranean Summit, Barcelona, 27./28.11.2005, Ratsdok. 15075/05 (Press 328)

Euro-Mediterranean Conference of Ministers of Foreign Affairs, Neapel, 2./3.12.2003, Presidency Conclusions, 15380/03 (Press 353)

Euro-Mediterranean Mid-Term Meeting of Ministers of Foreign Affairs, Dublin, 5./6.5.2004, Presidency Conclusions, 9064/04 (Press 137)

Europa gelingt gemeinsam, Präsidentschaftsprogramm der deutschen Bundesregierung, abrufbar unter www.eu2007.de/includes/Downloads/Praesidentschaftsprogramm/EU-P-AProgr-d-2911.pdf, letzter Zugriff: 2.8.2009

Europäische Sicherheits- und Verteidigungspolitik, Bundesministerium der Verteidigung u. Auswärtiges Amt, Stand Mai 2004, abrufbar unter www.auswaertiges-amt.de/diplo/de/Infoservice/Broschueren/ESVP.pdf, letzter Zugriff: 14.9.2006

Europäische Sicherheitsstrategie, „Ein sicheres Europa in einer besseren Welt“ v. 12.12.2003, Ratsdok. 15895/03

Europäische Verteidigung: NATO/EU-Konsultation, Planung und Operation, Anlage zu den Schlussfolgerungen des Vorsitzes des ER v. Brüssel v. 17./18.6.2004, Ratsdok. 10679/2/04 REV 2

European Defence Meeting – `Tervuren`-, 29.4.2003, abgedruckt in: *A. Missiroli*, From Copenhagen to Brussels, European defence: core documents, volume IV, in: Chaillot Papers 67, S. 76

European Defence: NATO/EU Consultation, Planning and Operations, abgedruckt in: *A. Missiroli*, From Copenhagen to Brussels, European defence: core documents, volume IV, in: Chaillot Papers 67, S. 322

European Union Police Mission (EUPM) - Gemeinsame Aktion des Rates 2002/210/GASP v. 11.3.2002 über die Polizeimission der EU, abgedruckt in: ABl. 2002, Nr. L 70, S. 1

European-NATO-Declaration on ESDP v. 16.12.2002, abgedruckt in: *J.-Y. Haine*, From Laeken to Copenhagen, European defence: core documents, volume III, in: Chaillot Papers 57, S. 178

Europeans – Working together, Programme of the Irish Presidency of the European Union, January – June 2004, Punkt IV., abrufbar unter www.eu2004.ie/templates/standard.asp?sNavlocator=5,11,153, letzter Zugriff: 16.1.2006

EUSEC RD Congo - Gemeinsame Aktion 2005/355/GASP des Rates v. 2.5.2005 betreffend die Beratungs- und Unterstützungsmission der EU im Zusammenhang mit der Reform des Sicherheitssektors in der DR Kongo, abgedruckt in: ABl. 2005 Nr. L 112, S. 20

EU-US Declaration on Enhancing Cooperation in the field of Non Proliferation and the Fight against Terrorism, Washington, 20.6.2005, Ratsdok. 10306/05 (Press 160)

EU-US Summit 2006, Vienna Summit Declaration, 21.6.2006, Ratsdok. 10783/06 (Presse 189)

EU-US Summit 2007, Washington, 30.4.2007, Political Progress Report, Ratsdok. 9117/07

EU-US Summit 2007, Washington, 30.4.2007, Promoting Peace, Human Rights and Democracy Worldwide, Ratsdok. 9117/07

EU-US Summit 2008, Brdo, 10.6.2008, 2008 EU-US Summit Declaration, Ratsdok. 10440/08

EU–VN, Anlage II zum Bericht des Vorsitzes über die ESVP v. 14.6.2004, Ratsdok. 10547/04

Force Catalogue 07, Ratsdok. 5637/07

Gemeinsame Aktion 2004/551/GASP des Rates v. 12.7.2004 über die Einrichtung der Europäischen Verteidigungsagentur, abgedruckt in: ABl. 2004 Nr. L 245, S. 17

Gemeinsame Aktion 2005/824/GASP des Rates v. 24.11.2005 über die Polizeimission der EU in Bosnien und Herzegowina, abgedruckt in: ABl. 2005 Nr. L 307, S. 25

Gemeinsame Erklärung Deutschlands, Frankreichs, Luxemburgs und Belgiens zur ESVP v. 29.4.2003 in Brüssel, abgedruckt in: Internationale Politik, 9/2003, S. 85

Gemeinsame Erklärung zur Zusammenarbeit zwischen Vereinte Nationen und EU bei der Krisenbewältigung, abrufbar unter www.eu2007.de/de/News/download_docs/Juni/0607RAA/010VNEUErklaerung.pdf, letzter Zugriff: 2.8.2009

Gemeinsamer Standpunkt 2001/930/GASP des Rates v. 27.12.2001 über die Bekämpfung des Terrorismus, abgedruckt in: ABl. 2001 L 344, S. 90

Gemeinsamer Standpunkt 2001/931/GASP des Rates der v. 27.12.2001 über die Anwendung besonderer Maßnahmen zur Bekämpfung des Terrorismus, abgedruckt in: ABl. 2001 L 344, S. 93

General Affairs and and External Relations Council, Brüssel, 19.11.2002, abgedruckt in: *J.-Y. Haine*, From Laeken to Copenhagen, European defence: core documents, volume III, in: Chaillot Papers 57, S. 142

General Affairs and External Relations Council in Brüssel v. 17.5.2004, abgedruckt in: EU security and defence, core documents 2004, volume V, in: Chaillot Papers 75, S. 63

General Affairs Relations Council, Summary of the intervention of *Javier Solana*, abgedruckt in: *J.-Y. Haine*, From Laeken to Copenhagen, European defence: core documents, volume III, in: Chaillot Papers 57, S. 147

Geschäftsordnung des Rates v. 15.4.2004, abgedruckt in: ABl. 2004 L 106, S. 22

Gesetz v. 8.10.2008 zum Vertrag von Lissabon v. 13.12.2007, abgedruckt in: Bundesgesetzblatt Jahrgang 2008 Teil II Nr. 27, S. 1038 ff.

Gesetz v. 8.10.2008 zur Änderung des Grundgesetzes (Art. 23, 45 u. 93), abgedruckt in: Bundesgesetzblatt Jahrgang 2008 Teil I Nr. 45, S. 1926 ff.

Gesonderte Erklärung zur Erklärung zum Kampf gegen Terrorismus, Ratsdok. 7906/04

Goldwater-Nichols Department of Defense Reorganization Act (PL99-433, October 1, 1986, 100 Stat 992

Grünbuch über ein Europäisches Programm für den Schutz kritischer Infrastrukturen. KOM (2005), 576

Informal meeting of EU defence ministers, Rethymnon, 4.-5.10.2002, abgedruckt in: *J.-Y. Haine*, From Laeken to Copenhagen, European defence: core documents, volume III, in: Chaillot Papers 57, S. 132

Informelle Tagung der Verteidigungsminister der EU-Mitgliedstaaten in Sintra v. 28.2.2000, abgedruckt in: *M. Rutten*, From St. Malo to Nice: European defence, core documents, in: Chaillot Papers 47, S. 94

Internationale Übereinkommen v. 18.12.1979 gegen Geiselnahme, abgedruckt in: BGBl. 1980 II, S. 1362 ff.

Joint declaration of the Paris Summit for the Mediterranean, Paris, 13.7.2008, Ratsdok. 11887/08 (Press 213)

Joint Paper by France, Germany and the United Kingdom, Neapel, 29.11.2003, abgedruckt in: *A. Missiroli*, From Copenhagen to Brussels, European defence: core documents, volume IV, in: Chaillot Papers 67, S. 283

Konkrete Ziele für die Polizeikräfte, Anlage 4 zum Bericht des Vorsitzes an den ER (Feira) über die „Stärkung der GESVP“, Ratsdok. 9149/00

Konsolidierte Fassungen des Vertrags über die Europäische Union und des Vertrags über die Arbeitsweise der Europäischen Union v. 9.5.2008, abgedruckt in: ABl. 2008 C 115, S. 1

Konzeptrahmen für die ESVP-Dimension der Terrorismusbekämpfung, Anlage, Ratsdok. 14797/04

Mid-Term Euro-Mediterranean Conference, Kreta, 26./27.5.2003, Presidency Conclusions, 9890/03 (Press 151)

Ministerial Declaration, Civilian Capabilities Improvement Conference 2007, Brüssel, 19.11.2007, abgedruckt in: *C. Glière*, EU security and defence, core documents 2007, volume VIII, in: Chaillot Papers 112, S. 369

Ministerial Meeting of the North Atlantic Council, Berlin, 3.6.1996, Press Communiqu M-NAC-1(96)63, abrufbar unter www.nato.int/docu/pr/1996/p96-063e.htm, letzter Zugriff: 2.8.2009

Mitteilung der Kommission an den Rat und das EP über die Prävention und Bekämpfung der Terrorismusfinanzierung mithilfe von Maßnahmen zur Verbesserung des Informationsaustauschs und zur Förderung der Transparenz und Rückverfolgbarkeit von Finanztransaktionen, Anlage, Ratsdok. 13982/04

Mitteilung der Kommission über ein Europäisches Programm für den Schutz kritischer Infrastrukturen, KOM (2006), 786

National Security Strategy of the United States of America, abrufbar unter www.whitehouse.gov/nsc/nss.pdf, letzter Zugriff: 12.10.2005

NATO Press Release (2001) 124 v. 12.9.2001, Statement by the North Atlantic Council, abrufbar unter www.nato.int/docu/pr/2001/p01-124e.htm, letzter Zugriff: 2.8.2009

NATO summit, Prag, 21./22.11.2002, abgedruckt in: *J.-Y. Haine*, From Laeken to Copenhagen, European defence: core documents, volume III, in: Chaillot Papers 57, S. 156

NATO-Handbuch, abrufbar unter www.nato.int, letzter Zugriff: 2.8.2009

Neue konkrete Ziele für die zivilen Aspekte der Krisenbewältigung, Anlage III zu den Schlussfolgerungen des Vorsitzes des ER in Göteborg v. 15./16.6.2001, SN 200/1/01 REV 1

Neue Transatlantische Agenda, abrufbar unter http://ec.europa.eu/external_relations/us/new_transatlantic_agenda/text.htm, letzter Zugriff: 16.5.2008

North Atlantic Council summit, Washington D.C., 24.4.1999, abgedruckt in: *M. Rutten*, From St. Malo to Nice: European defence, core documents, in: Chaillot Papers 47, S. 20

Offener Brief der acht EU-Länder zum Irak, abrufbar unter www.tagesschau.de/aktuell/meldungen/0,1185,OID1767938_TYP1_NAVSPM 3~1765902_REF,00.html, letzter Zugriff: 15.2.2009

Operation Artemis - Gemeinsame Aktion 2003/423/GASP des Rates v. 5.6.2003 über die militärische Operation der EU in der DR Kongo, abgedruckt in: ABl. 2003 Nr. L 143, S. 50

Operation Concordia - Gemeinsame Aktion 2003/92/GASP des Rates v. 27.1.2003 über die militärische Operation der EU in der ehemaligen jugoslawischen Republik Mazedonien, abgedruckt in: ABl. 2003 Nr. L 34, S. 26

Petersberg-Erklärung der Außen- und Verteidigungsminister der WEU, Bull.BReg. v. 23.6.1992, Nr. 68, S. 649

Planziel 2010, Ratsdok. 6309/6/04

Pressemitteilung des Rates der EU v. 15.3.2004, Europäischer Rat: Terrorismusbekämpfung im Mittelpunkt, Ratsdok. 7429/04 (Presse 81)

Programm zur Verbesserung der Zusammenarbeit in der EU im Hinblick auf die Prävention und die Begrenzung der Folgen chem., biolog., radiolog. oder nukl. terroristischer Bedrohungen, Ratsdok. 14627/02

Protokoll (Nr. 30) über die Anwendung der Charta der Grundrechte der EU auf Polen und das Vereinigte Königreich, abgedruckt in: ABl. 2008 C 115, S. 313

Protokoll Nr. 2 zur Änderung des Vertrags zur Gründung der Europäischen Atomgemeinschaft, abgedruckt in: ABl. 2007 C 306, S. 199

Protokoll über die Ständige Strukturierte Zusammenarbeit gem. Art. I-41 Abs. 6 und Art. III-312 VVE, abgedruckt in: ABl. 2004 Nr. C 310, S. 364

Protokoll über die Ständige Strukturierte Zusammenarbeit nach Artikel 42 des Vertrags über die Europäische Union, abgedruckt in: ABl. 2008 Nr. C 115, S. 275

Protokoll v. 10.3.1988 zur Bekämpfung widerrechtlicher Handlungen gegen die Sicherheit fester Plattformen, die sich auf dem Festlandsockel befinden, abgedruckt in: *C. Walter/S. Vöneky/V. Röben/F. Schorkopf*, Terrorism as a Challenge for National and International Law: Security versus Liberty? (2004), Annex, S. 1062 ff.

Protokoll v. 24.2.1988 zur Bekämpfung widerrechtlich gewalttätiger Handlungen auf Flughäfen, die der internationalen Zivilluftfahrt dienen, abgedruckt in: *C. Walter/S. Vöneky/V. Röben/F. Schorkopf*, Terrorism as a Challenge for National and International Law: Security versus Liberty? (2004), Annex, S. 1015 ff.

Protokoll zu Artikel 17 des Vertrags über die EU, abgedruckt in: Sartorius II, Nr. 145 am Ende des Unionvertrags

Requirement Catalogue 05, Ratsdok. 13732/05 EXT 1

Results of the Danish EU Presidency, One Europe, From Copenhagen to Copenhagen, abrufbar unter www.eu2002.dk/ewebeditpro2/upload/OW.Headline/275/Broc_Et_Europa_UK.pdf, letzter Zugriff: 26.8.2005

Schlussbericht Arbeitsgruppe VIII „Verteidigung", CONV 461/02

Schlussfolgerungen des Rates All. Angelegenheiten und Außenbeziehungen, Ratsdok. 14758/05

Schlussfolgerungen des Rates zum Vorgehen der EU, 2372. Tagung des Rates – Allg. Angelegenheiten- v. 8. u. 9.10.2001, Ratsdok. 12330/01

Schlussfolgerungen des Rates zur ESVP v. 11.5.2004, Ratsdok. 9485/04

Schlussfolgerungen des Rates zur ESVP v. 13.11.2006, Ratsdok. 15188/06

Schlussfolgerungen des Rates zur ESVP v. 14.5.2007, Ratsdok. 9491/07

Schlussfolgerungen des Rates zur ESVP v. 19.11.2007, Ratsdok. 15417/07

Schlussfolgerungen des Rates zur ESVP v. 26.5.2008, Ratsdok. 9841/08

Schlussfolgerungen des Rates zur ESVP, Tagung des Rates (Allg. Angelegenheiten u. Außenbeziehungen) am 10.11.2008, Ratsdok. 15465/08

Schlussfolgerungen des Rates, Sondertagung des Rates für Allg. Angelegenheiten am 12.9.2001, Ratsdok. 11795/01

Schlussfolgerungen des Vorsitzes der Sondertagung des ER in Lissabon v. 23./24.3.2000, SN 100/00

Schlussfolgerungen des Vorsitzes der Sondertagung des ER zum Irak am 17.2.2003 in Brüssel, abgedruckt in: Internationale Politik, 3/2003, S. 121

Schlussfolgerungen des Vorsitzes des ER in Brüssel v. 21./22.6.2007, Ratsdok. 11177/07

Schlussfolgerungen des Vorsitzes des ER in Edinburgh v. 11./.12.12.1992, SN 456/92, Teil B, Anlage 2: Erklärung betreffend der Verteidigung

Schlussfolgerungen des Vorsitzes des ER in Göteborg v. 15./16.6.2001, SN 200/1/01 REV 1

Schlussfolgerungen des Vorsitzes des ER in Helsinki v. 10./11.12.1999, SN 300/99

Schlussfolgerungen des Vorsitzes des ER in Köln v. 3./4.6.1999, SN 150/99

Schlussfolgerungen des Vorsitzes des ER in Laeken v. 14./15.12.2001, SN 300/1/01 REV 1

Schlussfolgerungen des Vorsitzes des ER in Nizza v. 7.-9.12.2000, SN 400/1/00 ADD 1 REV 1

Schlussfolgerungen des Vorsitzes des ER in Santa Maria da Feira v. 19./20.6.2000

Schlussfolgerungen des Vorsitzes des ER in Sevilla v. 21./22.6.2002, Ratsdok. 13463/02

Schlussfolgerungen des Vorsitzes des ER in Tampere v. 15./16.10 1999, SN 200/99

Schlussfolgerungen des Vorsitzes des ER in Thessaloniki v. 19./20.6.2003, Ratsdok. 11638/03

Schlussfolgerungen des Vorsitzes des ER v. Brüssel v. 11./12.12.2008, Ratsdok. 17271/08

Schlussfolgerungen des Vorsitzes des ER v. Brüssel v. 12./13.12.2003, Ratsdok. 5381/04

Schlussfolgerungen des Vorsitzes des ER v. Brüssel v. 12./13.12.2003, Ratsdok. 5381/04

Schlussfolgerungen des Vorsitzes des ER v. Brüssel v. 15./16.12.2005, Ratsdok. 15914/05

Schlussfolgerungen des Vorsitzes des ER v. Brüssel v. 16./17.12.2004, Ratsdok. 16238/04

Schlussfolgerungen des Vorsitzes des ER v. Brüssel v. 16./17.6.2005, Ratsdok. 10255/05

Schlussfolgerungen des Vorsitzes des ER v. Brüssel v. 17./18.6.2004, Ratsdok. 10679/2/04 REV 2

Schlussfolgerungen des Vorsitzes des ER v. Brüssel v. 25./26.3.2004, Ratsdok. 9048/04

Size of UN Peacekeeping Forces: 1947-2007, abrufbar unter www.globalpolicy.org/security/peacekpg/data/pcekprs.htm, letzter Zugriff: 2.8.2009

Sondertagung des Rates für Allg. Angelegenheiten am 12.9.2001, Ratsdok. 11795/01

Stärkung der Fähigkeiten der EU im Bereich der nichtmilitärischen Aspekte der Krisenbewältigung, Anlage II zur Anlage VI zu den Schlussfolgerungen des Vorsitzes des ER in Nizza, SN 400/00 ADD 1 REV 1

Statement of the Vilnius Group Countries in Response to the Presentation by the United States Secretary of State to the United Nation Security Council Concerning Iraq, 5.2.2003, abgedruckt in: *A. Missiroli*, From Copenhagen to Brussels, European defence: core documents, volume IV, in: Chaillot Papers 67, S. 345

Strategie der EU gegen die Verbreitung von Massenvernichtungswaffen, Ratsdok. 15708/03

Strategie der EU zur Terrorismusbekämpfung, Ratsdok. 14469/4/05 REV 4

Strategie zur Bekämpfung von Radikalisierung und Anwerbung für den Terrorismus, Ratsdok. 14781/1/05

Strategische Ziele der EU für die Bekämpfung des Terrorismus (Überarbeiteter Aktionsplan), Anlage I der Erklärung zum Kampf gegen den Terrorismus, Ratsdok. 7906/04

Studie über konkrete Ziele im Bereich der nichtmilitärischen Aspekte der Krisenbewältigung, Anlage 1 zu Anlage III der Schlussfolgerungen des Vorsitzes des ER in Santa Maria da Feira v. 19./20.6.2000

Terroranschläge - Prävention, Vorsorge, Reaktion, Ratsdok. 13978/04, Anlage KOM (2004) 698

The Alliance's Strategic Concept, abgedruckt in: *M. Rutten*, From St. Malo to Nice: European defence, core documents, in: Chaillot Papers 47, S. 24

Transatlantische Erklärung, abrufbar unter http://ec.europa.eu/external_relations/us/economic_partnership/declaration_1990.htm, letzter Zugriff: 16.5.2008

Übereinkommen v. 1.3.1991 über die Markierung von Plastiksprengstoff zum Zweck des Aufspürens, abgedruckt in: *C. Walter/S. Vöneky/V. Röben/F. Schorkopf*, Terrorism as a Challenge for National and International Law: Security versus Liberty? (2004), Annex, S. 1068 ff.

Übereinkommen v. 10.3.1988 zur Bekämpfung widerrechtlicher Handlungen gegen die Sicherheit der Seeschifffahrt (Römisches Seeschifffahrtsübereinkommen), abgedruckt in: BGBl. II 1990, S. 496 ff.

Übereinkommen v. 13.4.2005 zur Verhinderung nuklearterroristischer Akte, abrufbar unter http://untreaty.un.org/English/Terrorism/English_18_15.pdf, letzter Zugriff: 15.2.2009

Übereinkommen v. 14.12.1973 über die Verhütung, Verfolgung und Bestrafung von Straftaten gegen völkerrechtlich geschützte Personen, abgedruckt in: BGBl. 1976 II, S. 1746 ff.

Übereinkommen v. 15.12.1997 zur Bekämpfung terroristischer Bombenanschläge, abgedruckt in: *C. Walter/S. Vöneky/V. Röben/F. Schorkopf*, Terrorism as a Challenge for National and International Law: Security versus Liberty? (2004), Annex, S. 1078 ff.

Übereinkommen v. 16.12.1970 zur Bekämpfung der widerrechtlichen Inbesitznahme von Luftfahrzeugen (Haager Übereinkommen), abgedruckt in: BGBl. 1972 II, S. 1506 ff.

Übereinkommen v. 23.9.1971 zur Bekämpfung widerrechtlicher Handlungen gegen die Sicherheit der Zivilluftfahrt (Montrealer Übereinkommen), abgedruckt in: BGBl. 1977 II, S. 1230 ff.

Übereinkommen v. 3.3.1980 über den physischen Schutz von Kernmaterial, abgedruckt in: *C. Walter/S. Vöneky/V. Röben/F. Schorkopf*, Terrorism as a Challenge for National and International Law: Security versus Liberty? (2004), Annex, S. 1036 ff.

Übereinkommen v. 9.12.1999 zur Bekämpfung der Finanzierung des Terrorismus, abgedruckt in: *C. Walter/S. Vöneky/V. Röben/F. Schorkopf*, Terrorism as a Challenge for National and International Law: Security versus Liberty? (2004), Annex, S. 1091 ff.

Übungspolitik der EU, Anlage IV zu den Schlussfolgerungen des Vorsitzes des ER in Göteborg v. 15./16.6.2001, SN 200/1/01 REV 1

Umfassendes Konzept für die Verlegefähigkeit, Anlage C zur Beitragskonferenz zu den militärischen Fähigkeiten, Anlage II zum Entwurf v. Schlussfolgerungen des Rates zur ESVP, Ratsdok. 14887/2/04 REV 2

Umsetzungsschema zum Entwurf EU-Solidaritätsprogramm zu den Folgen terroristischer Bedrohungen und Anschläge (revidiertes/erweitertes CBRN-Programm), Anhang zur Anlage, Ratsdok. 15480/04

UN-Generalversammlung-Resolution 3314 (XXIX) v. 14.12.1974, abgedruckt in: Sartorius II, Nr. 5

UN-Generalversammlung-Resolution 60/288 (2006) v. 8.9.2006

UN-Sicherheitsratresolution 1368 (2001) v. 12.9.2001

UN-Sicherheitsratresolution 1373 (2001) v. 28.9.2001

UN-Sicherheitsratresolution 1484 (2003) v. 30.5.2003

UN-Sicherheitsratresolution 1535 (2004) v. 26.3.2004

UN-Sicherheitsratresolution 1551 (2004) v. 9.7.2004 zum Dayton Friedensabkommen, siehe: ILM 35 (1996), 89 ff.

UN-Sicherheitsratresolution 1671 (2006) v. 25.4.2006

UN-Sicherheitsratresolution 1701 (2006) v. 11.8.2006

UN-Sicherheitsratresolution 425 (1978) v. 19.3.1978

UN-Sicherheitsratresolution 426 (1978) v. 19.3.1978

Verordnung (EG) Nr. 2580/2001 des Rates v. 27.12.2001 über spezifische, gegen bestimmte Personen und Organisationen gerichtete restriktive Maßnahmen zur Bekämpfung des Terrorismus, abgedruckt in: ABl. 2001 Nr. L 344, S. 70 ff

Vertrag über die Europäische Union (Vertrag von Maastricht), abgedruckt in: ABl. 1992 Nr. C 191, S. 1

Vertrag über eine Verfassung für Europa, abgedruckt in: ABl. 2004 Nr. C 310, S. 1

Vertrag von Amsterdam zur Änderung des Vertrags über die Europäische Union, der Verträge zur Gründung der Europäischen Gemeinschaften sowie einiger damit zusammenhängender Rechtsakte, abgedruckt in: ABl. 1997 Nr. C 340, S. 308

Vertrag von Nizza zur Änderung des Vertrags über die Europäische Union, der Verträge zur Gründung der Europäischen Gemeinschaften sowie einiger damit zusammenhängender Rechtsakte, abgedruckt in: ABl. 2001 Nr. C 80, S. 1

WEU-Ministerrat, Marseille-Erklärung, 13.11.2000, abrufbar unter www.weu.int unter Key texts, letzter Zugriff: 2.8.2009

WEU-Ministerrat, Noordwijk-Erklärung, 14.11.1994, abrufbar unter www.weu.int unter Key texts, letzter Zugriff: 2.8.2009

WEU-Ministerrat, Oostende-Erklärung, 19.11.1996, Rn. 10, abrufbar unter www.weu.int unter Key texts, letzter Zugriff: 2.8.2009

WEU-Ministerrat, Porto-Erklärung, 15./16.5.2000, abrufbar unter www.weu.int unter Key texts, letzter Zugriff: 2.8.2009

Wie EU und VN zusammenarbeiten, abrufbar unter www.unric.org/html/german/pdf/Leporello_EU-VN_d.pdf, letzter Zugriff: 2.8.2009

Ziviles Planziel 2008, Ratsdok. 15863/04

Ziviles Planziel 2010, Ratsdok. 14823/07

Zusagen der Minister für die Entwicklung der zivilen Fähigkeiten, Anlage zu den Schlussfolgerungen des Rates zur ESVP, Tagung des Rates (Allg. Angelegenheiten u. Außenbeziehungen) am 10.11.2008, Ratsdok. 15465/08

Zusagen der Verteidigungsminister für die Entwicklung der militärischen Fähigkeiten, Anlage zu den Schlussfolgerungen des Rates zur ESVP, Tagung des Rates (Allg. Angelegenheiten u. Außenbeziehungen) am 10.11.2008, Ratsdok. 15465/08

Zusammenarbeit der EU mit internationalen Organisationen bei den zivilen Aspekten der Krisenbewältigung, Anlage V zum Bericht des Vorsitzes an den ER (Göteborg) über die ESVP, Ratsdok. 9526/1/01 REV 2, Rn. 11

Zusammenfassender Bericht über die Plenartagung – Brüssel, 30./31. Mai 2003, CONV 783/03

Zwischenbericht des Vorsitzes an den ER (Helsinki) über die Stärkung der GESVP, Anlage 1 zu Anlage IV zu den Schlussfolgerungen des Vorsitzes des ER in Helsinki v. 10./11.12.1999, SN 300/99

JUDIKATUR

BVerfG, 2 BvE 2/08 v. 30.6.2009, abrufbar unter www.bverfg.de/entscheidungen/es20090630_2bve000208.html, letzter Zugriff: 2.8.2009

BVerfGE 90, 286 ff.

BVerfGE 112, 118 ff.

EuGH, Urteil v. 8.4.1976, Rs. 43/75, *Gabrielle Defrenne/Société anonyme belge de navigation aérienne Sabena*, Slg. 1976, 455

ICJ, *Reparations for Injuries Suttered in the Service of the United Nations ("Bernadotte")*, ICJ. Rep. 1949, 182

Maastricht-Urteil, BVerfGE 89, 155 ff.

Dresdner Schriften zu Recht und Politik der Vereinten Nationen
Papers on Law and Policy of the United Nations

Herausgegeben von Sabine von Schorlemer

Band 1 Sabine von Schorlemer (Hrsg.): „Wir, die Völker (...)" – Strukturwandel in der Weltorganisation – Konferenzband. Konferenz aus Anlass des 60-jährigen Bestehens der Vereinten Nationen vom 27.–29. Oktober 2005 in Dresden in Kooperation mit dem Zentrum für Internationale Studien (ZIS) und der Deutschen Gesellschaft für die Vereinten Nationen (DGVN). 2006.

Band 2 Philipp von Hülsen: Die Vereinten Nationen als Gesetzgeber im Kosovo. Rechtmäßigkeitsanforderungen an Rechtssetzungsakte der UNMIK am Beispiel der Unternehmensprivatisierung durch die Kosovo Trust Agency. 2007.

Band 3 Sabine von Schorlemer (Hrsg.): Die Vereinten Nationen und neuere Entwicklungen der Frauenrechte. 2007.

Band 4 Tina Miller: Die Frage der Rückkehr palästinensischer Flüchtlinge, unter Berücksichtigung der Lösungsansätze der Vereinten Nationen. 2007.

Band 5 Isabel Hörtreiter: Die Vereinten Nationen und Wirtschaftsunternehmen – zwischen Kooperation und Kontrolle. Steuerungsformen zur Stärkung menschenrechtlicher Unternehmensverantwortung unter dem Dach der Vereinten Nationen. 2007.

Band 6 Ariane Wewers: Die Pflicht der EU-Partner zur Koordinierung in internationalen Organisationen und auf internationalen Konferenzen (Art. 19 EUV). Die Praxis der GASP dargestellt am Beispiel der Vereinten Nationen. 2009.

Band 7 Niklas Keller: Die „Principles on Housing and Property Restitution for Refugees and Displaced Persons" der Vereinten Nationen. Die Lösung der Wohnraum- und Eigentumsproblematik bei der Rückkehr von Flüchtlingen und Displaced Persons. 2009.

Band 8 Martin Ramsperger: Die Terrorismusbekämpfung im Rahmen der Europäischen Sicherheits- und Verteidigungspolitik (ESVP). 2009.

www.peterlang.de

FSC
www.fsc.org
MIX
Papier | Fördert gute Waldnutzung
FSC® C083411

Kolibri 360 GmbH
Ferdinand-Jühlke-Straße 7
99095 Erfurt, Deutschland
produktsicherheit@kolibri360.de

Druck:
CPI Druckdienstleistungen GmbH
im Auftrag der
Kolibri 360 GmbH
Ferdinand-Jühlke-Str. 7
99095 Erfurt